Erprobte Kochrezepte

aus süddeutscher Klosterküche

Reproduktion auf Basis der gebundenen Erscheinung von 1937

aus der Buchdruckerei Hermann Hügle, Friedrichshafen a. B.

Damals herausgegeben im Selbstverlag des Mutterhauses

der Barmherzigen Schwestern in Untermarchtal/Württemberg

aktuell überarbeitet von Yvonne von der Flüe

und John Schacher 2012

© copyright John Schacher 2012. All rights reserved.

© der deutschen Ausgabe: e-Ratgeberverlag, Speyer 2012.

Alle Rechte vorbehalten, insbesondere das der Übersetzung, des öffentlichen Vortrags sowie der Übertragung durch Rundfunk und Fernsehen, auch einzelner Teile.

Kein Teil des Werkes darf in irgendeiner Form (durch Fotografie, Mikrofilm oder andere Verfahren) ohne schriftliche Genehmigung des Verlages reproduziert oder unter Verwendung elektronischer Systeme verarbeitet, vervielfältigt oder verbreitet werden.

www.e-ratgeberverlag.com

ISBN 978-3-943231-49-6

Vorwort zur 2. Auflage 1937

Hinter dem Titel „Erprobte Kochrezepte", Kochschülerinnen geboten von den barmherzigen Schwestern in Untermarchtal, wandert das Büchlein zum zweitenmal hinaus in die Fremde, verbessert, erweitert und bereichert durch eine 40-jährige Erfahrung in allen Kochformen, in Kurhaus und Sanatorium. Es enthält eine reiche Sammlung selbsterprobter Rezepte und Speisezettel für einfache, bürgerliche und größere Ansprüche, für nicht vegetarische und vegetarische und für Kranken- und Diätküche, nebst gründlicher und leichtfasslicher Anleitung und Anhang. Grundmengen pro Person sind gegeben. Besonders wurde auf leichtfasslicher Darstellung gegeben, um allen Schülerinnen und Anfängerinnen, auch ohne Kurs und besondere Anleitung, die Ausführung der Rezepte zu ermöglichen.

Möge die Arbeit, von Gottes Segen begleitet, zum Wohle und Nutzen der Familien werden.

Die Herausgeber.

Inhaltsübersicht

	Seite
Suppen	1 – 113
Kalte und warme Vorspeisen	114 – 178
Fische, Frösche, Schnecken	179 – 245
Fleischgerichte: Ochsenfleisch	246a – 289
Kalbfleisch	290 – 356
Schweinefleisch	357 – 393
Würste	394 – 406
Hammelfleisch	407 – 414
Wild	415 – 418
Hasen	419 – 421
Kaninchen	422 – 425
Wildschwein	426
Geflügel	427 – 442
Rebhühner	443 – 446
Warme, kalte und süße Soßen	447 – 500
Gemüse	501 – 559
Tomatengerichte	560 – 581
Pilze	582 – 594
Salate	595 – 664
Obstsalate und Obstrohkost	665 – 676
Eierspeisen	677 – 708
Restverwertung und Mehlspeisen	709 – 822
Kartoffelspeisen	823 – 882
Verschiedene Teige	883 – 896
Hefebackwerk	897 – 944
Kuchen und Torten	945 – 1040d
Törtchen und Schnitten	1041 – 1059b
Kleinbackwerk	1060 – 1156b

Schmalzgebackenes	1157 – 1194a
Mehlspeisen mit Zucker und andere Süßspeisen	1194b – 1245
Strudel	1246 – 1252
Puddings und Aufläufe	1253 – 1317
Flammeris, kalte Puddings, Köpfchen, Kaltschalen	1318 – 1343
Schlagrahmspezialitäten und Speisen aus frischen und getrockneten Früchten	1344 – 1374
Cremen	1375 – 1412
Cremen zum Füllen und Hilfsmittel zum Garnieren	1413 – 1428
Glasuren	1429 – 1445
Das Eis und feine Zubereitung	1446 – 1463
Bomben (Eisbomben)	1464 – 1472
Das Einmachen oder Haltbarmachen	1473a – 1506
Getränke	1507 – 1551
Säfte und Liköre	1552 – 1596
Rohkost und Obstgerichte	1597a – 1611
Krankenkost, Diätformen und Anhang	1612 – 1820
Grundkost oder Basiskost	1828
Strenge Rohkost, feste und flüssige Form	1829 – 1830
Gemilderte Rohkost, Übergangskost	1831
Kochsalzlose Diät	1832
Schonungsdiät für Magen-Darm- und Gallenleidende	1833
Grund- oder Dauerkost für Zuckerkranke	1822
Fieberdiät	1834
Schrotkur oder Trockenkur	1835
Speisezettel für billige, einfache, neuzeitliche und vegetarische Küche	1823
Speisezettel für die Wintermonate	1824
Speisezettel für bürgerliche und größere Ansprüche	1825
Speisezettel für gemischte u. vegetarische Ansprüche	1825
Speisezettel für hohe Feiertage	1826
Festtagsspeisezettel	1827
Das Tischdecken und Servieren	1836

Grundmenge für 1 Person:

Suppe: 1/3 Liter

Suppe als Eintopf: ½ - ¾ Liter

Eier: 1-2 Stück

Fische: Fischfilets ¼ Pfund, ½ Pfund im Einkauf oder Portionsfische

Fleischgerichte: Gewichtes Fleisch 60-100 g, sonst 100-200 g

Geflügel: 1 Stück Kleingeflügel oder 1/3 - 1/2 Pfund

Sossen: 7-10 Esslöffel

Kartoffeln: ½ Pfund

Gemüse als Beilage: 150 g oder 8-10 Esslöffel

Gemüse als Hauptgericht: ½ Pfund

Salate: 100-150 g = 8-10 Esslöffel

Blattsalate: 30 g

Süßspeisen: 100 g

Gebäcke: 1-4 Stück je nach Größe.

Maße und Gewichte.

5 ccm =	5 g = 1 Teelöffel
12 ccm =	12 g = 1 Kinderlöffel
15 ccm =	15 g = 1 Esslöffel
90 ccm =	90 g = 1 Weinglas
150 ccm =	150 g = 1 Wasserglas oder 1 Tasse
500 ccm =	500 g = 1 Pfund
1000 ccm =	1000 g = 2 Pfund = 1 Liter

1. Fleischbrühe.

Um eine kräftige Fleischbrühe zu erhalten, wird Rind- oder Ochsenfleisch mit zerkleinerten Knochen und ziemlich viel Suppengrün, Sellerie, Lauch, gelben Rüben und mit auf dem Herd gebräunten Zwiebeln in kaltem Wasser, mit wenig Salz zugesetzt und 2-3 Stunden langsam gekocht.

2. Kraftbrühe.

Gewaschenes, klein geschnittenes Suppengrün wird mit gehacktem Rind- oder Kuhfleisch und 2 Eiweiß gut verrührt, dann zur kalten Fleischbrühe gerührt, 1-2 Stunden langsam gekocht.

3. Hühnerbrühe.

Ein altes fettes Huhn wird mit einem Stück Rindfleisch, einigen Rindsknochen und ziemlich viel Suppengrün in kaltem Wasser zugesetzt und 2-3 Stunden langsam gekocht.

4. Knochenbrühe.

Übrige Knochen werden zerkleinert, mit Suppengrün, Salz und kaltem Wasser aufgestellt und langsam gekocht. Um die Knochen vollständig auszunützen, sollen sie 8-10 Stunden ausgekocht werden.

5. Knochenbrühe von Bratenknochen.

Gebratene Geflügel, Kalbs- und Schweinsknochen werden mit Zwiebeln, Lauch, Sellerie, gelben Rüben, Tomaten und kaltem Wasser zugesetzt, 4-5 Stunden gekocht. Der erste Absud (oder Abkochung) wird zur Bratensoße verwendet. Dann können die Knochen noch einmal abgekocht werden. Mit dieser Brühe können Schleim- und Gemüsesuppen, sowie auch Gemüse selbst gut zubereitet werden.

6. Gemüsebrühe.

Zwiebeln, gelbe Rüben, Sellerie, Lauch, Wirsing, Petersilie, Tomaten, Spargelabfälle und rohe geschälte Kartoffeln werden im Wasser 2-3 Stunden gekocht, abgeseiht und diese Brühe zu Suppen verwendet.

Suppen.

Anmerkung: Alle Suppen können mit einigen Tropfen Maggi verbessert werden. Nachdem sie mit Ei und Rahm legiert oder abgezogen sind, dürfen sie nicht mehr kochen.

7. Klare Reissuppe.

Zutaten: 300 g Reis, 4 l Fleischbrühe.

Der Reis wird zweimal gebrüht und in kochender Fleischbrühe ungefähr eine halbe Stunde weich gedünstet. Man darf nicht viel rühren, damit die Körner ganz bleiben. Beim Anrichten wird mit Schnittlauch und Muskat gewürzt.

Man kann den Reis auch in Wasser weichkochen und beim Anrichten klare weiße Fleischbrühe zugeben.

8. Sago-Suppe.

Zutaten: 200 g Sago, 4 l Fleischbrühe.

Perlsago oder Tapioka läßt man in kochende Fleischbrühe unter ständigem Rühren einlaufen und ungefähr ¼ Stunde kochen bis er glasig ist. Die Suppe wird mit Rahm und Ei abgezogen und mit Muskat und Schnittlauch gewürzt.

Kartoffelsago wird nur 10 Minuten gekocht.

9. Braune Sago-Suppe.

Zutaten: ½ Pfund Sago, 4 l Fleischbrühe oder Wasser 60 g Butter oder Rindschmalz, 2-3 Eigelb, 1/8 l Rahm.

Der Sago wird eine halbe Stunde gekocht, von Butter und Mehl eine braue Mehlschwitze gemacht, unter den Sago gegeben und beim Anrichten mit Rahm und Eigelb abgezogen.

10. Reissuppe mit Tomaten.

Zutaten: 250 g Reis, ½ Pfund Tomaten, 4 l Fleischbrühe oder Wasser, nach Belieben 2 Eier, 2 Löffel Rahm.

Der gebrühte Reis wird in kochender Fleischbrühe mit den geschälten und in Scheiben geschnittenen Tomaten ½ Stunde gekocht und mit Schnittlauch angerichtet.

11. Reissuppe mit Gemüse.

Der gebrühte Reis wird mit feingeschnittenen gelben Rüben, Wirsing, Kartoffeln und 2-3 Tomaten in Fleischbrühe eine halbe Stunde gekocht. 2-3 Eier werden mit Rahm verquirlt und an die Suppe gerührt. Nach Belieben kann Schweizer- oder Parmesankäse zugegeben werden.

12. Reissuppe mit Lauch.

Zutaten: 5-6 Lauchstengel, 2 Zwiebeln, 250 g Reis, 40-60 g Butter, 4 l Fleischbrühe oder Wasser, 2-3 Eigelb, 2 Löffel Rahm.

Der in feine Streifen geschnittene Lauch wird mit Zwiebeln in Butter gedämpft: der gebrühte Reis mit Wasser oder Fleischbrühe zugegeben und weich gekocht. Die Suppe kann nach Belieben durch ein Sieb getrieben und beim Anrichten mit Eigelb und Rahm abgezogen werden.

Statt Reis kann zu dieser Suppe auch eine helle Mehlschwitze von 200 g Mehl und 100 g Butter verwendet werden.

13. Reis-Gersten-Haferflocken-Grünkernschleim.

werden mit den entsprechenden Mehlen gemacht.

In ca. 100 g Butter gibt man 180 g Mehl und läßt es einige Minuten anziehen, ehe mit Fleischbrühe ausgefüllt wird. Nachdem die Suppe gut ausgekocht ist, wird sie mit Eigelb und Rahm abgezogen. Schleimsuppen können auch von ganzen Körnern hergestellt werden. Nach etwa 2-stündiger Kochzeit wird diese Suppe durchpassiert und mit Rahm und Eigelb abgezogen.

14. Gerstensuppe.

Zutaten: 250 g Haferflocken 4 l Fleischbrühe.

In die siebende Fleischbrühe läßt man die Gerste unter Rühren einlaufen und 1-2 Stunden zugedeckt kochen. Will man nur Gerstenschleim, gibt man die Suppe in ein Sieb und zieht den Schleim mit Eigelb und Rahm aber ist besonders für Kranke.

15. Haferflockensuppe.

Zutaten: 250 g Haferflocken, 4 l Fleischbrühe.

Man läßt die Haferflocken unter Rühren in die siebende Fleischbrühe, in Wasser oder Gemüsebrühe einlaufen, 1-2 Stunden kochen. Der Schleim wird durch ein Sieb gegossen, mit Ei und Rahm abgezogen und mit Schnittlauch und Muskat gewürzt angerichtet. Haferflocken können auch in gutem Fett geröstet werden.

16. Grießsuppe.

Zutaten: 250 g Grieß und 3-4 l Fleischbrühe.

In die siedende Fleischbrühe wird der Grieß eingerührt und langsam ungefähr eine halbe Stunde gekocht. Man läßt in die Suppe mit Rahm verrührte Eier einlaufen, damit sich schöne Flöckchen bilden und richtet mit Muskat und Schnittlauch an.

17. Eier-Grießsuppe.

Zutaten: 3-4 Eier, und 6 Esslöffel Grieß.

Wenn die Fleischbrühe am Kochen ist, rührt man obige Zutaten an, läßt sie einlaufen, einigemal aufkochen und stellt dann die Suppe beiseite. Mit Muskat und Schnittlauch wird gewürzt.

18. Einlaufsuppe.

Zutaten: 200 g Mehl, 1/8 l Wasser, 4-5 Eier, Salz und Muskat, 4 l Fleischbrühe.

Das Mehl wird mit Milch oder Wasser glatt gerührt und zuletzt die Eier zugegeben. Das Teigchen läßt man unter Rühren in kochende Fleischbrühe einlaufen, damit sich Flöckchen bilden und ungefähr fünf Minuten kochen. Will man die Suppe feiner, rechnet man zu einem Esslöffel Mehl 1 Ei.

19. Grünkernsuppe.

Zutaten: 250 g Grünkern, 60 g Fett, 4 l Fleischbrühe, 2 Eigelb, 2 Esslöffel Rahm, 2 Brötchen.

Grünkern wird in Fett oder Butter geröstet, mit Fleischbrühe oder Wasser abgelöscht, unter öfterem Zugießen von heißer Flüssigkeit 3-4 Stunden gekocht, durch ein Sieb gestrichen, mit Eigelb und Rahm abgezogen, über geröstete Brotwürfel, gebähte Schnitten, Markklößchen oder Eierkäse angerichtet und mit Schnittlauch und Muskat gewürzt.

20. Mutschelmehlsuppe.

4 Eier werden mit 8 Esslöffel Mutschelmehl und etwas kaltem Wasser bis zur Flüssigkeit angerührt. Man läßt die Masse in kochende Fleischbrühe einlaufen und aufkochen und stellt die Suppe zur Seite. Das Mehl darf nicht angerührt werden, ehe die Fleischbrühe kocht.

21. Geröstete Mutschelmehlsuppe.

Man röste Mutschelmehl in etwas Fett gelblich, lösche mit Fleischbrühe ab und lasse es einige Minuten aufkochen. Beim Anrichten wird die Suppe mit Ei und süßem Rahm abgezogen.

22. Mutschelmehlklößchensuppe.

4 Eier werden mit 8 Esslöffeln Mutschelmehl, etwas Salz und Muskat verrührt zum Aufquellen eine Stunde stehen gelassen, dann mit einem Kaffeelöffel davon längliche Klößchen in kochende Fleischbrühe eingelegt und 1-15 Minuten je nach Größe, leicht gekocht.

23. Mutschelmehlklößchchen mit Butter.

50 g Butter leicht rühren, dazu 4 Eier, 8 Esslöffel Mutschelmehl, Salz, Muskat beimengen, alles zusammen gut verrühren, 1 Stunde stehen lassen, dann wie in voriger Nummer weiterbehandeln.

24. Fleischklöße mit Mutschelmehl.

Auf 150 g Mutschelmehl 375 g Hackfleisch, feingeschnittene Zwiebel und Petersilie werden gedämpft, etwas Salz, Muskat und Pfeffer beigegeben. 1 ½ Tassen Milch und 3 Eier werden mit dem Fleisch glatt gerührt, das Mutschelmehl dazu gemengt. Ein Stückchen Rindschmalz wird heiß gemacht, über die Masse gegossen, alles nochmals gut durchgerührt. Es darf nicht zu fest sein. Zum Aufquellen eine Stunde beiseite stellen, dann runde Klößchen formen, in kochende Fleischbrühe einlegen und 10 Minuten zugedeckt leicht köcheln lassen.

25. Weinsuppe.

Zutaten: 2 l Wein (kann auch Apfelmost verwendet werden) ¼ l Wasser, 120 g Butter, 200 g Mehl, 4 mit Wasser verklopfte Eigelb, ein Stückchen Zimt und Zitronenschale, Zucker nach Belieben.
Von Butter und Mehl wird eine helle Mehlschwitze bereitet, mit Wasser abgelöst, mit Wein und den anderen Zutaten bis zum Kochen erhitzt, mit Eigelb abgezogen und über gebähte Weckwürfel oder Bisquit angerichtet. Mandelklößchen oder Croutonen können auch dazu verwendet werden.

26. Andere Art.

Zutaten: ½ l Wasser, 1,5 l Wein 80 g Mehl, 4 Eigelb, 40 g Butter, Zucker und Zimt nach Belieben.
Die Zutaten werden zusammen glatt verrührt und auf dem Feuer geschlagen bis zum Kochen, dann über Weckwürfel angerichtet.

27. Andere Art.

Zutaten: ½ l Wasser, 1,5 l Wein, 2 Teller Schwarzbrotbrösele, 1 Kochlöffel Mehl, Zucker und Zitronenschale nach Belieben, 100 g Rosinen, 100 g Butter.

In heißer Butter werden Mehl und Brösele bräunlich geröstet, mit Wasser abgelöst und mit den anderen Zutaten zum Kochen gebracht.

28. Feine Semmelsuppe.

Zutaten: 5-6 Wecken, 3-4 l Fleischbrühe oder Wasser, Salz, Muskat und Schnittlauch.

Die gebähten Weckschnitten werden mit kochender Fleischbrühe oder Wasser übergossen, dann für jede Person vorsichtig ein Ei draufgeschlagen. Nun wird die Schüssel gut zugedeckt an einem warmen Ort stehen gelassen, bis das Weiße gestockt ist. Mit Schnittlauch bestreut und mit Bratwürsten garniert wird die Suppe zu Tisch gegeben. Wird Wasser statt Fleischbrühe verwendet, dann wird die Suppe mit Butter, Zwiebeln und gerösteten Brotwürfeln geschmälzt.

29. Froschschenkelsuppe.

Zutaten: 40-50 Stück Froschschenkel, 130 g Butter, 1 Zwiebel, 3-4 hartgekochte Eier 2 Brötchen, Salz, Muskat.

Die gewaschenen und getrockneten Froschschenkel werden in Wasser weichgekocht, abgemacht und mit Petersilie und Zwiebel gewiegt. Dann wird eine helle Mehlschwitze gemacht, das Gewiegte zugegeben, kurz mitgedämpft, dann mit der Butter abgelöst, gut durchgekocht mit Eigelb und Rahm abgezogen, gut abgeschmeckt mit Maggi, Wein und Salz und über Weckwürfel angerichtet.

30. Rumford'sche Suppe.

Zutaten: 4-5 l Fleischbrühe, 90 g Gerste, 90 g Erbsen, 100 g Brot, 80-100 g Fett, 1 Kaffeelöffel Zucker, 80-100 g Mehl, 1 Zwiebel, 1 Prise Pfeffer.

Gerste, Erbsen und Brot werden mit kalter Fleischbrühe zugesetzt, weich gekocht und durchgetrieben. Zum Fett wird Zucker gebräunt und von angegebenem Mehl eine hellgelbe Mehlschwitze bereitet, die durchgeriebene Suppe dazu gerührt und gut durchgekocht.

31. Mailänder Kartoffelsuppe.

Zutaten: 100 g Maccaroni, 100 g Mehl, 80 g Fett, 2 Pfund Kartoffeln, 6-8 Tomaten, 1 Sellerie, 1 Lauchstengel, ¼ Pfund gelbe Rüben, 100 g geriebener Schweizer oder Parmesankäse, 4 l Wasser.

Lauch, Sellerie, gelbe Rüben und Tomaten werden geputzt, gewaschen und klein geschnitten, die rohen Kartoffeln geschält, das Wasser dazugegeben und alles gekocht, bis es weich ist, dann durchgetrieben. Nun wird das Mehl in Fett weiß geröstet, die durchgetriebene Masse, die geriebene Käse, die abgekochten zentimeterlangen Maccaronistückchen hineingeben. Nach ¼ stündigem Kochen wird die Suppe mit Ei und Rahm abgezogen. Statt frischen Tomaten kann auch Tomatenpüree verwendet werden.

32. Windsorsuppe.

120 g Mehl werden mit 70 g Butter schön dunkelgelb geröstet, dann mit 5 Liter guter kräftiger Fleischbrühe aufgefüllt und mit ¼ l Weißwein 2 Stunden gekocht. Eine Handvoll Maccaroni wird weich gekocht, abgekühlt und in 2 Zentimeter lange Stücke geschnitten, eingemachte Champignons in Scheiben geschnitten, mit etwas Pfeffer gewürzt und im letzten Moment noch ein Gläschen Cognac oder Madeira hinzugegeben. Die Suppe wird mit Maggi und Salz abgeschmeckt, kochend über die Maccaroni und Champignons gegossen und serviert.

33. Wildsuppe.

Zutaten: Wildreste, 1 grosse Zwiebel, ¼ Pfund Fett, 3 Nelken, Pfefferkorn, Zitrone, ¼ l Wein, Petersilie, 200 g Mehl, 4 l Wasser.

Übrig gebliebene Wildbraten wird zweimal mit Zwiebel und Peterling durch die Maschine getrieben. Das Mehl wird im Fett mit einem Kaffeelöffel Zucker braun geröstet, das durchgetriebene Fleisch dazu gegeben und mit der Brenne abgerührt, kalt abgelöscht, mit Wildbrühe aufgefüllt (oder Wasser) und gut durchgekocht. Vor dem Anrichten wird Wein, etwas saurer Rahm, noch übrig Wildsoße, einige Esslöffel Madeira, Maggi, Salz zugegeben.

34. Bisquitschöberl.

4 Eigelb werden mit 4 Löffeln Schlagrahm verrührt, der steife Eierschnee hinzugegeben, 60 g Mehl ausgesiebt und alles leicht vermengt. Die Masse wird fingerdick auf ein Blech gestrichen und bei guter Hitze gebacken.

35. Minestra.

Zutaten: 1-2 Löffel voll klein geschnittener Speck, Zwiebel, Lauch, gelbe Rüben, Sellerie Wirsing, klein geschnittene Tomaten, Reis, Spaghetti, Käse, 2 Kartoffeln, Schnittlauch, Fett, 4-5 l Wasser oder Fleischbrühe.

Speck, Zwiebel und Lauch werden im Fett etwas angebraten, mit Wasser oder Fleischbrühe abgelöscht und die Gemüse (kleingeschnitten) beigegeben. Nach 1 ½ stündigem Kochen werden der gewaschene Reis und die kleingebrochenen Spaghetti zugegeben und ½ Stunde mitgekocht. Kurz vor dem Anrichten wird geriebene Käse hineingestreut und mit Maggi, Salz und Schnittlauch abgeschmeckt.

36. Brätknödel.

1 1/2 Pfund Brät wird mit ¼ l Milch gut abgerührt, dann 200 bis 250 g Semmelbrösele, 100 g zerfallene Butter oder heißes Schmalz, 3 Eier, feingewiegte Zitronenschale, Salz, Muskat, noch ¼ l Milch und 1/8 l Wasser dazugegeben und das Ganze zusammen noch gut gerührt. Dann werden mit einem Löffel beliebig große Knödel davon abgestochen, in siedendem Salzwasser eine Viertelstunde langsam gekocht und nach Belieben mit in Butter gelb gerösteten Brotbrösele abgeschmälzt.

37. Suppe mit grünen Nocken.

Zutaten: 250 g Spinat, 1 Hand voll Petersilie, 100 g Butter, 125 g Mehl, 5 Eier, Salz, Muskat, Fleischbrühe.

Petersilie und Spinat werden gewaschen, fein verwiegt, gut ausgedrückt, in Butter schnell weich gedämpft und die anderen Zutaten darunter gemengt, zuletzt die Eigelb sowie der steife Schnee. Diese Masse wird in einer butterbestrichenen Form gebacken, nach dem Erkalten in verschobene Bierecke geschnitten, die Nocken in siedend heiße Fleischbrühe gelegt und die Suppe mit Schnittlauch gewürzt aufgetragen.

38. Brätklößchen.

Zutaten: 500 g Kalbs- oder Rindsbrät, 70-100 g Abschöpffett, 2 Eier, 4 Handvoll Brösele, Salz, Muskat, Fleischbrühe.

Das Brät wird mit 1/8 l Milch oder Rahm gut durchgeknetet, mit heißem Fett gut abgerührt, die anderen Zutaten darunter gemengt, dann eine Zeit lang stehen gelassen. Nun werden kleine Klößchen in kochende Fleischbrühe eingelegt: sie sollen auf der Seite nur langsam ziehen. Die Suppe wird mit Muskat gewürzt angerichtet.

39. Hirnklößchen.

Zutaten: 2 Hirn, 4 Wecken, 160 g Butter, 50 g Weckmehl, 1 Esslöffel gedämpfte Zwiebel und Petersilie, 3-4 Eier, Salz, Muskat, Fleischbrühe.

Das gewässerte, gehäutete Hirn wird mit dem Grünen fein gewiegt, die Butter schaumig gerührt, bis eingeweichten, gut ausgedrückten Brötchen nebst dem Hirn und den anderen Zutaten daruntergemengt, kleine Klößchen in die kochende Fleischbrühe eingelegt und zugedeckt 8-10 Minuten langsam gekocht.

40. Hirnpasteten zur Suppe.

Zutaten: 1 Kalbshirn, 3 Esslöffel Semmelbrösele, fein gewiegte Zwiebel und Petersilie, 6 Eier 60 g Butter, 1/4 l Milch oder Fleischbrühe, Salz und Muskat.

Das gekochte Hirn wird mit Butter gedünstet, bis Semmelbrösele in Butter gelb geröstet. Wenn diese etwas abgekühlt sind, werden sie mit Milch verklopften Eier, das Hirn, sowie die andern Zutaten darunter gemengt, in mit Butter bestrichene Förmchen oder Tassen gefüllt und im Wasserbad 20-30 Minuten gekocht.

41. Milzschnitten.

Zutaten: 50 g Butter, 3 Eigelb, 1 Milz, einige Löffel Mehl oder Semmelbrösele, Salz, Muskat und der feste Schnee. Zu Schnitten 4-5 Brötchen.

Die Butter wird leicht gerührt, dann mit der geschabten Milz und den anderen Zutaten vermengt, zuletzt der steife Schnee leicht darunter gezogen. Gebähte Weckschnitten werden in dieser Masse umgewendet und in Fleischbrühe oder Wasser 6-8 Minuten gekocht. Ebenso kann man Leber oder Hirnschnitten machen.

42. Andere Art.

Zutaten: 1 Milz, 2 Eier, 4 Esslöffel Brösele, Salz und Muskat.

Die geschabte Milz, in Butter gedämpfte Zwiebeln, sowie die anderen Zutaten werden untereinander gemengt. Diese Masse streicht man auf die Weckschnitten und backt sie in einer Omelettpfanne. Beim Anrichten wird kochende Fleischbrühe darübergegossen.

43. Milzwurst.

Zutaten: Eine große Kalbsmilz, 1 Bries, 250 g gewiegtes Schweinefleisch, 2 Esslöffel Fett, 3-4 Brötchen, Zwiebel, Petersilie, 1 Ei, Salz, Pfeffer, Muskat, 1 Kalbsnetz.

Das Fleisch wird gewiegt, die Milz geschabt, das Bries in Würfel geschnitten. Die in Scheiben geschnittene Brötchen werden mit heißem Fett übergossen und mit kochender Milch überbrüht. Alles wird gut mit der gedämpften Petersilie und Zwiebel vermengt, in das Kalbsnetz gefüllt, 1/2 Stunde gekocht, dann in Scheiben geschnitten und zur Fleischbrühe gegeben. Pro Person 1 Scheibe.

44. Kaviarsuppe.

Zutaten: 60 g Butter, 1/4 Pfund Käse, 4 Eier, 180 g Mehl, Schweizer oder Parmesankäse.

Die Butter wird leicht gerührt, dann abwechselnd Mehl und Eigelb zuletzt die geriebene Käse und der Eierschnee dazugegeben. Dann werden durch den Seiher Spätzchen in die kochende Fleischbrühe getrieben, dieselben beim Hochkommen mit Seiher in eine Schüssel geschöpft bis alle fertig sind, mit Fleischbrühe übergossen und die Suppe abgeschmeckt.

45. Grießspätzle.

Zutaten: 1 ½ l Milch, 60 g Butter, 200 g Grieß, 4 Eier, etwas Salz.

Die Milch wird mit Butter und Salz kochend gemacht und der Grieß hineingerührt, bis er sich von der Pfanne löst. Wenn die Masse etwas erkaltet ist, werden die Eier, eines nach dem andern, dazu gerührt. Die durch den Spatzenmodel in die kochende Fleischbrühe getrieben Spätzchen läßt man hochkommen und gibt sie dann mit dem Seiher in eine Schüssel. Wenn alle fertig sind, kommen sie wieder in die Fleischbrühe und werden serviert.

Diese Masse kann auch in heißes Backfett gedrückt und schön gelb gebraten werden. Die Spätzchen werden mit kochender Fleischbrühe übergossen und die Suppe abgeschmeckt.

46. Schinkenklößchen.

Zutaten: 5-6 Brötchen, 100 g Schinken, 60 g Butter, 4-5 Eier, Salz, Muskat, Fleischbrühe.

Die Brötchen werden abgerieben in Scheiben geschnitten und mit kochender Milch überbrüht. Unter die schaumig gerührte Butter gibt man Eigelb, gewiegten Schinken, die Brötchen und zuletzt den steifen Eierschnee. Kochzeit 6-8 Minuten.

47. Fleischbrühe nach Colbert

Feingeschnittenes Gemüse wird in Salzwasser weichgekocht und mit verlorenen Eiern in klare Fleischbrühe gegeben.

48 a. Grünkernsuppe.

Zutaten: 250 g Grünkern, 60 g Fett, 4 l Fleischbrühe, 2 Eigelb, 2 Löffel Rahm, 2 Brötchen.

Grünkern wird in Fett oder Butter geröstet, mit Fleischbrühe oder Wasser abgelöscht, unter öfterem Zugießen von heißer Flüssigkeit 3-4 Stunden gekocht, durch ein Sieb gestrichen, mit Eigelb und Rahm abgezogen über geröstete Brotwürfel, gebähte Schnitten, Markklößchen oder Eierkäse angerichtet und mit Schnittlauch und Muskat gewürzt.

48 b. Grünkernmehlsuppe.

Zutaten: 12 Esslöffel Grünkernmehl, 4 l Fleischbrühe.

Das Grünkernmehl wird mit kaltem Wasser angerührt und in siebender Fleischbrühe 20-25 Minuten gekocht. Die übrige Behandlung ist wie in voriger Nummer.

49. Selleriesuppe.

Zutaten: 4 Sellerieknollen, 80-100 g Mehl, 4 l Fleischbrühe oder Wasser, 2-3 Eigelb und Rahm.

Die Selleriewurzeln werden sauber gewaschen, geschält, in kleine Würfel geschnitten und in Fleischbrühe oder Wasser weich gekocht. Eine von Butter oder Fett mit Mehl bereitete weiße Mehlschwitze wird mit kaltem Wasser abgelöscht, mit Fleischbrühe aufgefüllt, gut durch gekocht, die Selleriewürfel dazugegeben, mit Rahm und Ei abgezogen. Man kann in Butter geröstete Brotwürfel und das gewiegte innere feine Sellerielaub dazugeben.

50. Gelbe Rübensuppe.

Zutaten: 2,5 Pfund gelbe Rüben, 80 g Butter, ½ Zwiebel, 3-4 Brötchen, Salz, eine Brise Zucker, 1/8 l Rahm.

Die gelben Rüben werden sauber gewaschen, gekocht, geschält und durchgerieben. Die Brötchen werden in Würfeln oder Scheiben geschnitten mit Zwiebel in Butter geröstet mit dem Absud abgelöscht und mit den durchgeriebenen gelben Rüben und Rahm aufgekocht.

51. Erbsensuppe.

Zutaten: 1 Pfund Erbsen, 4 l Einweichwasser, 50 g Fett oder Butter, 4 Esslöffel Mehl, ½ Zwiebel, Salz und Muskatnuss, 2 Brötchen. 20 g Fett, 2 Eier.

Die verlesenen, sauber gewaschene Erbsen werden am Abend vor dem Kochen in Wasser eingeweicht und mit dem Einweichwasser aufgestellt. Wenn sie weich sind (noch ungefähr 2 Stunden) werden sie durch den Seiher gestrichen, damit die Hülsen zurückbleiben. Eine helle Mehlschwitze wird mit dem Erbsenwasser aufgefüllt, die Erbsen zugegeben und gut durch gekocht, mit Ei und Rahm abgezogen und über geröstete Weckwürfel, welche man vor dem Rösten mit Ei und Milch anfeuchten kann, angerichtet.

52. Kräutersuppe.

Zutaten: Blumenkohl, Bohnen, Kartoffeln, gelbe Rüben, 1 Kohlrabi, 1 kleines Wirsingköpfchen, Sellerie, Lauch, Petersilie, Eier, Rahm.

Die Gemüse werden geputzt, fein geschnitten und in Salzwasser oder Fleischbrühe weich gekocht. Vor dem Anrichten verrührt man Eier und Rahm und gibt sie in die kochende Suppe. Man kann die Suppe auch durchtreiben, dann braucht man die Zutaten nicht so fein zu schneiden. Oder man kann 200 g Mehl in 100 g Fett weiß rösten und an die Suppe geben.

53. Kartoffelsuppe.

Zutaten: 40 g Fett oder Butter, 4-5 gelbe Rüben, Sellerie, Petersilie, ½ Zwiebel, 2 Esslöffel Mehl, 2,5 Pfund Kartoffeln, Salz und Muskat.

Obige Zutaten werden sauber gewaschen, in Salzwasser weich gekocht, durchgerieben und mit Zwiebeln geschmälzt. Von einigen Löffeln Mehl wird ein Teigchen angerührt, das man sodann mit der Suppe gut durchkochen läßt. Zur Verbesserung der Suppe werden mit Rahm verrührte Eier vor dem Anrichten zugegeben und 1 Mal in der Suppe aufgekocht. Über geröstete Weckwürfel wird angerichtet.

54. Blumenkohlsuppe.

Zutaten: 2 Blumenkohlköpfe, 80 g Butter, 200 g Mehl, 4 l Fleischbrühe oder Blumenkohlabsud.

Der Blumenkohl wird in ganz kleine Röschen geteilt, die Strunzen werden geschält und in kleine Würfel geschnitten, dann alles in Salzwasser oder Fleischbrühe weich gekocht. Von Butter und Mehl wird ein heller Beguß bereitet, mit Blumenkohlabsud oder Fleischbrühe abgelöscht, aufgefüllt und gut durchgekocht. Beim Anrichten werden die Röschen in die Suppe gegeben. Der Beiguss kann mit Eigelb und Rahm abgezogen werden.

55. Andere Art.

Die Blumenkohlröschen werden in ein Teigchen, daß man mit einigen Löffeln Mehl, etwas Milch und 1-2 Eiern bereitet hat, getaucht, schwimmend in Schmalz gebacken, und mit Fleischbrühe zu Tisch gegeben.

56. Tomatensuppe.

Zutaten: 2 Pfund Tomaten, Zwiebel, Petersilie, 100 g Butter, 200 g Mehl.

Die Tomaten werden einige Sekunden in kochendem Wasser gehalten, dann sauber geschält und in Scheiben geschnitten, die Zwiebeln und Petersilie fein gewiegt. Von Mehl und Butter wird eine helle Mehlschwitze bereitet. Vor dem Ablöschen werden die Zutaten hinein gegeben und angedämpft. Dann wird kalt abgelöscht, mit Fleischbrühe oder Wasser ausgefüllt, ½ Stunde alles gut durchgekocht, mit Eigelb und Rahm legiert und mit Salz, Maggi und Muskat abgeschmeckt zu Tisch gegeben.

57. Spargelsuppe.

Suppen- oder Bruchspargeln werden sauber geschält, gespalten und in zentimeterlange Stückchen geschnitten, diese in Wasser oder Fleischbrühe weich gekocht. Von Butter oder Fett und Mehl wird eine weisse Sauce bereitet, gut durchgekocht, die gekochten Spargeln hineingegeben, mit süßem Rahm und Ei abgezogen und abgeschmeckt.

58. Hirnsuppe.

Zutaten: 1 Kalbshirn, 80 g Butter, 1 Teelöffel Zwiebel, Petersilie, 2 Brötchen, 4 l Fleischbrühe.

Das Hirn wird gewaschen, abgehäutet, gewiegt und dann mit Butter, einigen Löffeln Mehl, feingeschnittenen Zwiebeln und Petersilie gedämpft, mit Fleischbrühe abgelöscht und gut durchgekocht, mit Rahm und Eigelb abgezogen und über gebähte Schnitten oder Würfel angerichtet. Es können verschiedene Klößchen dazu gegeben werden.

59. Erbsensuppe mit Schweinsohren.

Zutaten: 1 ½ Pfund Erbsen, 1 Selleriewurzel, 1 Zwiebel, 80 g Fett, 100 g Mehl, 1 Schweinsohr.

Die Erbsen werden sauber gewaschen, dann eingeweicht, andern Tags mit dem Einweichwasser, einer Selleriewurzel und 1 Schweinsohr zugesetzt und 1-1 ½ Stunden gekocht. Von Fett, Mehl und der gewiegten Zwiebel wird eine helle Mehlschwitze gemacht. Das Ohr wird aus den Erbsen genommen, gewaschen und nudelartig in Streifen geschnitten. Erbsen und Sellerie werden durchpassiert, mit der Mehlschwitze abgerührt, mit Wasser oder Fleischbrühe aufgefüllt, nochmals durchgekocht, abgeschmeckt und über das geschnittene Ohr angerichtet.

60. Weckklößchen.

Zutaten: 6 Brötchen, 60 g Butter, 3 Eier, gedämpfte Zwiebeln und Petersilie, Salz, Muskat, Fleischbrühe.

Die abgeriebenen Brötchen werden in feine Scheiben geschnitten, mit heißer Milch angefeuchtet, die Butter schaumig gerührt, gedämpfte Zwiebeln, Petersilie, Gewürz, Eier, die abgeriebene Rinde der Brötchen und die eingeweichten Brötchen darunter gegeben. Mit dem Kaffeelöffel legt man kleine Klößchen in siedende Fleischbrühe und läßt sie 5-6 Minuten langsam ziehen.

61. Leberklößchensuppe.

Zutaten: 500 g Kalbsleber, 6-8 Brötchen, 60-80 g Butter, 4 Eier, gedämpfte Zwiebeln und Petersilie, Salz, Muskat, Fleischbrühe, 3 Esslöffel Weckmehl.

Unter die schaumig gerührte Butter gibt man die eingeweichten, gut ausgedrückten Brötchen, die durchgetriebene Leber, Eier, gedämpfte Zwiebeln, Petersilie, Salz, Muskatnuss und nach Bedarf einige Löffel Brösele. Dann legt man mit dem Kaffeelöffel Klößchen in kochende Fleischbrühe und läßt sie ungefähr 10 Minuten ziehen.

62. Lebernockensuppe.

Zutaten: 250 g Leber, 100 g Butter, 4 Eier, 150 g Brösele, Salz, Muskat, Fleischbrühe, Petersilie, Zwiebeln.

Unter die schaumig gerührte Butter gibt man die gewiegte Kalbs- oder Geflügelleber, die Brösele, gedämpfte Petersilie und Zwiebel, Muskat und Salz. Nach halbstündigem Stehen können die Nocken in beliebiger Form mit dem Esslöffel ausgestochen und in kochendes Wasser gelegt werden. Wenn sie einmal aufgekocht sind, läßt man sie noch 1/4 Stunde ziehen.

63. Lebereinlaufsuppe.

Zutaten: 500 g Leber, 60 g Butter, 5-6 Eier, 6-8 Löffel Milch, 120 g Brösele, Salz, Muskat, Fleischbrühe.

Die Butter wird schaumig gerührt, abwechslungsweise Eier, Leber, Brösele und Milch dazugeben, mit Salz und Muskat gewürzt. Nach Beliebigen kann das Eiweiß zu Schnee geschlagen werden. Man läßt die Masse siebende Fleischbrühe einlaufen, 1-mal aufkochen und 10 Min. ziehen. Mit Schnittlauch gewürzt wird die Suppe angerichtet.

64. Leberreissuppe.

Zutaten: 500 g Leber, 60 g Butter, 5-6 Eier, 4-5 Brötchen, ¼ l Milch, 1 Esslöffel Salz, 2 Esslöffel Mehl, 4-5 Löffel Brösele.

Die Butter wird schaumig gerührt, die eingeweichten, gut ausgedrückten Brötchen, sowie die anderen Zutaten darunter gemengt. Diese Masse wird mit einem Kochlöffel durch ein umgekehrtes Reibeisen oder einem kleinlöcherigen Seiher in kochende Fleischbrühe oder Salzwasser gedrückt. Wenn der Reis herauskommt, wird er in klare Fleischbrühe gegeben, oder in ein Sieb zum abkühlen, falls er nicht gleich verwendet wird.

65. Leberspätzchen.

Zutaten: 375 g Leber, 3 Eier, 1/8 l Milch und Grünzeug.

Die gewiegte Leber wird mit Eiern, Milch und Grünzeug verrührt, dann das Mehl dazu gemengt. Durch den Spatzenhobel wird die Masse in kochende Fleischbrühe gegeben. Wenn die Spätzchen oben herkommen, gibt man sie mit dem Schaumlöffel in klare Fleischbrühe. Die Suppe wird mit Schnittlauch gewürzt angerichtet.

66. Andere Art.

Zutaten: 100 g Butter, 4 Eier, 100 g Brösele, 2 Esslöffel Mehl, Petersilie und Zwiebel.

Die Butter wird gerührt, die Zutaten werden zugegeben und alles miteinander verrührt, das Mehl hinzugemengt. Im Übrigen wie vorige Nummer.

67. Butterspätzchen.

Zutaten: 120 g Butter, 4-5 Eier, 300 g Mehl, Salz, Muskat, Fleischbrühe.

Zur schaumig gerührten Butter werden die übrigen Zutaten gegeben und ein dickflüssiger Teig gemacht, der durch den Spatzenhobel in siedende Fleischbrühe oder Salzwasser gedrückt wird. Die Suppe wird wie in Nr. 65 weiter behandelt.

68. Schwammklößchen.

Zutaten: ½ l Milch, 140 g Butter, 140 g Mehl, 4 Eier, Salz und Muskatnuss.

Die Milch wird mit 60 g Butter zum Kochen gebracht, das Mehl darin zu einem Kloss abgerührt. Die übrigen Butter wird schaumig gerührt, Eigelb und die erkaltete Masse und zuletzt der Schnee zugegeben. Man legt mit der Spritze oder mit dem Kaffeelöffel Klößchen in kochende Fleischbrühe, läßt sie 4-6 Minuten kochen. Dieselben müssen sofort serviert werden, weil sie zusammenfallen.

69. Andere Art.

Zutaten: ½ Milch, 50 g Butter, 250 g Mehl, 6 Eier, Gewürz.

Von den Zutaten wird ein gerührter Teig bereitet, von dem man, wenn er erkaltet ist, mit Spritzsack und Sterntülle auf ein mit Butter bestrichenes Blech kleine Klößchen spritzt. Sie werden in mittlere Hitze lichtgelb gebacken, beim Anrichten in klare, siedende Fleischbrühe gegeben.

70. Bisquitsuppe.

Zutaten: 120 g Butter, 6 Eier, 125 g Mehl, Salz, Muskat und Fleischbrühe.

Die Butter wird schaumig gerührt, abwechselnd Eigelb, Mehl, Gewürz, sowie der steife Eierschnee darunter gemengt. Man gibt die Masse auf ein mit Butter bestrichenes Blech, streicht sie fingerdick aus und backt sie in mittlerer Hitze schön gelb. Nach dem Erkalten werden schräge Vierecke geschnitten und vor dem Anrichten mit kochender, klarer Fleischbrühe übergossen.

71. Andere Art.

Zutaten: 6 Eier, 160 g Mehl, 2 Löffel Rahm, 40 g Butter.

Die Eiweiße werden zu steifen Schnee geschlagen: Eigelb, Gewürz und zuletzt das Mehl und die zerlassene Butter leicht darunter gezogen. Man bäckt die Masse wie die vorhergehende.

72. Käsenockensuppe.

Zutaten: 120 g Butter, 6 Eier, 60 g Mehl, 60 g Parmesankäse Salz, Muskat, Fleischbrühe.

Käsenocken werden auf dieselbe Masse wie Bisquit zubereitet.

73. Suppenschaumklößchen.

Zutaten: 2-3 Esslöffel Mehl, 6 Eier, 3 Löffel süßen Rahm, Salz und Muskatnuss.

Die Eiweiße werden zu steifem Schnee geschlagen. Eigelb, Gewürz und Mehl darunter gemengt, kleine Klößchen in kochende Fleischbrühe eingelegt, 5 Minuten langsam gekocht, herausgenommen und in klare Fleischbrühe gegeben. Man kann auch einen Teil der Masse in kochende Fleischbrühe geben und zugedeckt 5 Minuten kochen lassen, dann Klößchen abstechen und mit Schnittlauch gewürzt die Suppe zu Tisch geben.

74. Schwämmchensuppe.

Zutaten: 4 Eier, 2 Esslöffel Kartoffelmehl oder anderes Mehl.

Die Eigelb werden schaumig gerührt, das Eiweiß zu Schnee geschlagen. Dann wird das Mehl leicht darunter gemengt und mit dem Kaffeelöffel Schwämmchen in die kochende Fleischbrühe gegeben. Man kann auch den Esslöffel benützen, wenn man sie größer will. Sobald sie kochen, zieht man sie auf die Seite und läßt sie dort 10 Minuten stehen.

75. Maultaschensuppe.

Zutaten: Zum Teig: ½ Pfund Mehl, 2-3 Eier, einige Löffel Wasser, Salz. Zur Fülle: 1 Pfund Spinat (roh), 2-3 Brötchen, 2 Eier, Salz und Muskat, Petersilie, Zwiebel.

Von ersteren Zutaten wird ein weicher Nudelteig bereitet. Zur Fülle werden die Brötchen in Wasser eingeweicht, gut ausgedrückt, mit gedämpfter Zwiebel und Petersilie, dem abgekochten, durchgetriebenen Spinat, sowie den andern Zutaten untereinander gemengt. Anstatt Brötchen können auch einige Löffel Grieß oder Brösele zur Fülle verwendet werden. Die halbe Seite der ausgewellten Kuchen wird mit Fülle, der äußere Rand des Kuchens mit Eiweiß bestrichen. Dann wird die leere Hälfte herüber geschlagen und gut angedrückt. Mit dem Kochlöffelstiel werden nun die Maultaschen in der gewünschten Größe abgedrückt, zuerst der Länge, dann der Breite nach. Zuletzt werden die Maultaschen mit dem Rädchen angeradelt, 10 Minuten in Salzwasser gekocht, dann in heller Fleischbrühe angerichtet. In Ermangelung von Fleischbrühe können sie mit Butter oder Fett abgeschmälzt werden.

76. Flädchensuppe.

Zutaten: 4 Eier, ½ l Milch, ¾ Pfund Mehl, 4 l Fleischbrühe.

Von obigen Zutaten wird ein dünnflüssiger Teig gemacht, von dem in der heißen Pfanne, in die man etwas Fett gegeben hat, dünne Kuchen gebacken werden. Die erkalteten Flädchen werden in Streifen oder in verschobene Vierecke geschnitten, mit klarer Fleischbrühe angerichtet und mit Schnittlauch und Muskat gewürzt.

77. Baumwollsuppe.

Zutaten: 60 g Butter, ½ Pfund Mehl, 4 Eier, 6-8 Löffel Milch, 1 Kaffeelöffel Salz.

Unter die schaumig gerührte Butter werden obige Zutaten gemengt und diese Masse durch einen grosslöcherigen Seiber in kochender Fleischbrühe eingeträufelt. Wenn die Klößchen herauskommen, gibt man sie mit dem Schaumlöffel in die Suppenschüssel und gießt klare Fleischbrühe darüber. Mit Muskat und Schnittlaub wird die Suppe zu Tisch gegeben.

78. Gebackene Erbsensuppe.

Zutaten: ¼ l Milch, 35 g Butter, 200 g Mehl, 3-4 Eier, Salz.

Von diesen Zutaten wird ein Brandteig gemacht, der durch einen grosslöcherigen Seiher in heißes Fett gedrückt, und gelb gebacken wird. Die Erbsen werden mit dem Schaumlöffel auf ein Sieb zum Abtropfen gegeben, beim Anrichten mit kochender Fleischbrühe übergossen, mit Schnittlauch bestreut und sogleich zu Tisch gegeben.

79. Andere Art.

Zutaten: 250 g Mehl, 3 Eier, ½ l Milch.

Die Milch wird heiß gemacht, leicht an das Mehl gerührt, was rasch geschehen soll, Eigelb und Eierschnee leicht darunter gehoben. Im Übrigen Weiterbehandlung wie in voriger Nummer.

80. Gebackene Grießknödel.

Zutaten: ½ l Milch, 60-80 g Butter, 200 g Grieß, 4 Eier, Salz und Muskat.

Der Grieß wird unter Rühren in die siedende Milch gegeben und so lange gekocht, bis er sich von der Pfanne löst. Wenn er etwas abgekühlt ist, werden die Eier, eines nach dem andern, zugegeben. Mit der Backspritze oder einem Kaffeelöffel gibt man kleine Klösschen in heißes Fett, oder in kochende Fleischbrühe und richtet sie mit klarer Fleischbrühe an.

81. Grießknödel von rohem Grieß.

Zutaten: 120g Butter, 180 g Grieß, 5-6 Eier, 1 Teelöffel Salz, 1 Priese Muskat.

Oder: 120 g Grieß 100 g Butter, 4 Eier, 1 Löffel Mehl.

Die Eier werden in lauwarmes Wasser gelegt, damit die Butter sie besser annimmt. Ein Ei, ein Löffel Grieß werden abwechselnd unter die schaumig gerührte Butter gegeben. Man rechnet gewöhnlich zu 2 Eiern 3 Löffel Grieß. Dann läßt man die Masse 1 Stunde stehen. Hernach legt man mit dem Kaffeelöffel kleine Klößchen in die kochende Fleischbrühe und läßt sie 15 Minuten zugedeckt kochen. Anmerkung: von allen Klößen müssen 1 oder 2 Stück zur Probe in kochende Fleischbrühe eingelegt werden. Ist die Masse zu fest, kann mit einem Ei und etwas Butter, ist sie zu leicht, mit etwas Semmelbrösel oder sonstigem feinen Mehl, nachgeholfen werden. Zieht man bei den Suppen mit Klößchen auf klare Brühe, so werden letzere in leicht gesalzenes Wasser eingelegt, nach Vorschrift abgekocht und hierauf mit dem Schaumlöffel in die bereits angerichtete Fleischbrühe gelegt

82. Butterknödel.

Zutaten: 160 g Butter, 4 Eier, 160 g Weckmehl, 1 Esslöffel Mehl, 1 Teelöffel Salz, 1 Zwiebel, 1 Stücken Zitronenschale, feingewiegte Petersilie.

Unter die schaumig gerührte Butter gibt man abwechslungsweise Eier und Weckmehl, sowie die übrigen Zutaten, formt Klößchen und läßt sie 1 Stunde stehen. 10 Minuten vor dem Anrichten werden sie in kochende Fleischbrühe gegeben.

83. Butterklößchen.

Zutaten: 140g Butter, 210 g Mehl 5 Eier, Salz und Muskat, 4 l Fleischbrühe, 1 Zwiebel, wenig Petersilie und Zitronenschale.

Unter die schaumig gerührte Butter gibt man abwechslungsweise Eier, Mehl und Gewürz und läßt die Masse 1 Stunde in der Kälte stehen. Dann legt man kleine Klößchen in kochende Fleischbrühe und kocht sie 8-10 Minuten.

84. Markklößchen.

Zutaten: 100 g Mark, 60 g Butter, 4 Eier, Salz und Muskat, 3-4 l Fleischbrühe, 1 Zwiebel, fein gewiegte Petersilie, etwas Zitronenschale, 60-80 Weckmehl.

Das Mark wird gewässert, mit 3 Löffeln Milch oder Wasser ausgekocht bis es klar ist, durch ein Sieb zur Butter gegeben und mit dieser schaumig gerührt. Eier, Gewürze und Weckmehl werden dazu gegeben und zwar so viel, als die Masse annimmt, ohne bröselig zu werden. Dann formt man kleine Klößchen und kocht sie in Salzwasser oder Fleischbrühe 6-8 Minuten.

85. Kartoffelklößchen.

Zutaten: 70 g Butter, 3-4 Eier, 5-6 große, gekochte, kalte Kartoffeln, Weckmehl, Gewürz, Backfett und Fleischbrühe.

Unter die schaumig gerührte Butter gibt man 2 Eigelb und 2 ganze Eier, Salz, Muskatnuss und die geriebenen Kartoffeln. Man läßt den Teig eine Zeit lang stehen, formt nussgroße Klößchen, paniert sie mit dem zerschlagenen Eiweiß und Weckmehl und backt sie in schwimmendem Fett. Beim Anrichten gibt man kochende, kräftige, klare Fleischbrühe daran.

86. Andere Art.

Zutaten: 80-100 g Butter, 3 Eier, 300 g gekochte, kalte, geriebene Kartoffeln 2-3 Esslöffeln Semmelbrösel, 2 Esslöffel Parmesankäse, Salz und Muskatnuss.

Von dieser Masse formt man Klößchen und läßt sie 6-8 Minuten in siedender Fleischbrühe kochen.

87. Schwemmklößchen.

Zutaten: ½ l Milch, 50 g Butter, 250 g Mehl, 4-5 Eier, Salz und Muskatnuss.

Die Milch wird mit etwas Butter und Salz zum kochen gebracht, das Mehl schnell hineingerührt und so lange gerührt, bis sich die Masse von der Pfanne löst; wenn dieselbe etwas erkaltet ist, kommen die Eier hinein. Mit einem Kaffeelöffel werden Klößchen in siebende Fleischbrühe eingelgt oder in schwimmendem Schmalz gebacken.

88. Krebssuppe.

Zutaten: 1 Dutzend Krebse, 80-100 g Butter, 100 g Mehl, 4-6 Löffel Rahm, 2-3 Eigelb, Salz und Fleischbrühe.

Die Krebse werden sauber abgebürstet und in siedendem Wasser gekocht bis sie rot sind. Dann werden die Scheren und Schwänze ausgelöst, das Innere der Krebse entfernt. Nun dämpft man in Butter die Schalen, dann das Mehl, ohne es zu bräunen, damit die rote Farbe nicht verloren geht, löscht mit Fleischbrühe ab und läßt die Suppe 1 Stunde kochen. Man gibt sie durch ein Haarsieb und zieht mit Rahm und Eigelb ab.

89. Andere Art.

Zutaten: 12 Krebse, 120 g Butter, Suppengemüse, 150 g Reis, Salz, 4-6 Löffel Rahm, 1/8 l Weißwein, 1 Kaffeelöffel Cognac.

Die geschnittenen Suppengemüse werden in Butter angeröstet, mit Fleischbrühe abgelöscht und die geputzten Krebse darin gekocht bis sie rot sind. Die Krebse werden zugerichtet wie in voriger Nummer, das Fleisch in Würfel geschnitten und beim Anrichten zugeben. In der durchgeseihten Brühe wird der Reis weichgekocht, dann durch ein feines Sieb gestrichen. Man gibt die anderen

Zutaten hinzu, füllt mit der nötigen Fleischbrühe auf und gibt als Einlage Fleisch, gefüllte Krebsnasen oder verschiedene Klößchen. Gefüllte Krebsnasen; die Masse von feinen Fleischklößchen wird mit einem Spritzsack und einer glatten Fülle in die gesäuberten Krebsnasen eingefüllt und mit kochender Fleischbrühe übergossen. Dann läßt man sie 10-15 Minuten ziehen, dürfen aber nicht kochen.

90. Feine Fleischklößchen.

Zutaten: ¼ Pfund Kalbsfleisch, ¼ Pfund Schweinefleisch, 1 Ei, 1 Brötchen, 1 Brise Salz und Pfeffer, Majoran, 1 Teelöffel Zwiebel, Petersilie, 20 g Butter.

Das durchgetriebene Fleisch wird mit einigen Löffeln Milch oder Rahm durchgeknetet, das abgeriebene, eingeweichte und ausgebrückte Brötchen mit Zwiebeln und Petersilie gedämpft und mit den andern Zutaten unter das Fleisch gemengt. Mit feuchten Händen werden Klößchen geformt, die man in siedender Fleischbrühe 10-15 Minuten ziehen läßt.

91. Feine Fleischknödel (zur Gruppe von Ragout)

Kalbsbrät oder rohes Hühnerfleisch wird 2-mal durch die Fleischmaschine getrieben, durch ein Sieb passiert und mit süßem Rahm gut abgerührt. Eine Bratenkachel wird gut mit Butter ausgestrichen, dann mit einer länglichen Fülle beliebige Formen von der Masse hineingespritzt, warmes Wasser darüber gegossen und 10 Minuten zum Ziehen auf die Seite des Herdes gestellt. Sie werden zu feinem Ragout, Königin- Ochsenschwanz, Kalbskopf- oder Krebssuppe gegeben.

92. Riebelsuppe.

Zutaten: ½ Pfund Mehl, 2-3 Eier, 4 l Fleischbrühe.

Eier und Wasser werden miteinander verrührt, unter das Mehl gemischt und mit beiden Händen gerieben, so daß es keine Mehlklümpchen gibt. Ist der Teig zu mehlig, nimmt man noch etwas Wasser, ist er zu feucht, noch etwas Mehl nach. Die Riebelen sollen nicht zusammenballen, aber auch nicht zu mehlig sein. Man kann die Masse auch mit dem Wiegenmesser verwiegen und durch einen großlöcherigen Seiher schütteln, damit sie gleichmäßig sind. Auch kann man den Teig fest zusammenballen und auf dem Reibeisen reiben. Die trockenen Riebele werden in kochende Fleischbrühe gesät und 1-mal unter Umrühren aufgekocht. Man läßt sie noch 5 Minuten beiseite ziehen und richtet die Suppe mit Muskat und Schnittlauch an.

93. Nudelsuppe.

Zutaten: ½ Pfund Mehl, 3 Eier, einige Löffel Wasser und 4 l Fleischbrühe.

Von Mehl, Eiern und einigen Löffeln Wasser wird ein Nudelteig gemacht und so lange geschafft, bis er nicht mehr anklebt beim Auswellen, (man bestäubt Nudelbrett und Wellholz ein wenig mit Mehl). Dann wird der Teig in zwei Laibchen geteilt und runde Kuchen ausgewellt, bis dieselben durchsichtig sind. Wenn die Kuchen trocken sind, werden sie fein geschnitten und im Salzwasser 1-mal aufgekocht. Dann werden sie abgeschüttet, geschwenkt und in helle, kochende Fleischbrühe gegeben. Auf der Seite des Herdes läßt man sie noch einige Minuten ziehen. Werden die Nudeln nicht gleich verbraucht, müssen sie ganz kalt abgeschwenkt werden, sonst ballen sie zusammen.

94. Nudelfleckchen.

Zutaten: ½ Pfund Mehl, 3 Eier, 4 l Fleischbrühe.

Aus obigen Zutaten wird ein Nudelteig bereitet und nicht zu dünn ausgewellt. Wenn die Kuchen halb trocken sind, werden verschobene Rechtecke oder kleine Fletschen mit dem Backrädchen ausgerädelt. Man kann auch mit einem kleinen Austecher verschiedene Formen ausstechen. Wenn sie trocken sind, werden sie wie die Suppennudeln behandelt.

95 a. Eierstich.

Zutaten: 1/8 l Milch oder Fleischbrühe, 4 Eier, eine Brise Salz und Muskat.

Obige Zutaten werden gut verrührt, in mit Butter bestrichene Förmchen oder Tassen gefüllt und im Wasserbad 15-20 Minuten gekocht. Ein Pastetchen wird in den Teller gestürzt und mit heller Fleischbrühe serviert, oder es werden kleine Klößchen ausgestochen.

95 b. Eierstich mit Tomaten.

Zutaten: 1/10 l Tomatenmark, 2 Esslöffel Fleischbrühe, 1 Ei und 2 Eigelb.

Die Zutaten werden mit einer Brise Zucker und etwas Salz untereinander gemengt und wie in voriger Nummer angegeben, fertig gemacht. Statt Tomaten kann auch Püree von Karotten oder Erbsen verwendet werden.

96. Königin- oder Hühnersuppe.

Kochendes Wasser wird mit wenig kaltem Wasser abgestreckt, dann über das Huhn gegossen (das Rupfen geht so leichter). Nachdem es gerupft, ausgenommen und ausgewaschen ist, wird es mit dem sauber geputzten Magen, gelben Rüben, Lauch, Sellerie in kaltem Wasser aufgesetzt und weich gekocht. Eine helle Mehlschwitze wird mit der Hühnerbrühe abgelöscht und 1 Stunde langsam durch gekocht. Die Schenkel des Huhnes werden einmal durch die Fleischmühle gelassen und in die Suppe gegeben. Sie wird vor dem Anrichten mit Rahm und Eigelb abgezogen. Das Brustfleisch in kleine Würfel geschnitten und so als Einlage gegeben.

97. Falsche Königin-Suppe.

Diese Suppe wird auf dieselbe Weise wie in vorheriger Nummer bereitet. Statt des Huhnes wird Kalbfleisch verwendet, daß man in Butter und Brühe weich gedämpft hat.

98. Ochsenschweifsuppe.

Zutaten: Ein gebrüteter Ochsenschwanz, 120 g Butter oder gutes Fett, 180-200 g Mehl, Zwiebeln, gelbe Rüben, Sellerie, Petersilie, Lauch, 2 Tomaten. 1/8 l Rotwein, 5 Esslöffel Madeira, 2 Eigelb, 1/8 l Rahm.

Der in Stücke geschnittene Ochsenschwanz wird mit 20 g Butter, Zwiebel und Grünem, Pfefferkörner, Lorbeerblatt, Nelken und einer Zitronenschale angebraten, mit Wasser, Fleischbrühe und etwas Weißwein abgelöscht und 2-3 Stunden weich gekocht. Dann wird das Fleisch von dem Knochen gelöst; die besseren Stücke werden in Würfel geschnitten, die Abfälle durch die Fleischmaschine getrieben. Das Mehl wird in der Butter braun geröstet, kalt abgelöscht, mit Ochsenschwanzbrühe aufgefüllt, das gewiegte Fleisch zugegeben und alles miteinander gut durch gekocht. Nach einer Stunde kommt Wein dazu, Eigelb und saurer Rahm, Maggi, Madeira und Salz. Die Suppe wird über die Würfel geschnittenen Ochsenschwanzstückchen, in Scheiben geschnitten Champignons und feinen Fleischknödeln angerichtet.

99. Kalbskopfsuppe.

Zutaten: wie bei Ochsenschweifsuppe.

Der gebrühte und sauber geputzte Kalbskopf wird mit Gewürz und Suppengrün weich gekocht, ausgebeint und zwischen zwei nassen Brettchen gepreßt. Inzwischen wird mit Butter, Zwiebeln und Mehl ein hellgelbes Beiguß bereitet gut durch gekocht, beim Anrichten mit Madeira und Wein gewürzt, mit Rahm und Eigelb abgezogen und über die Würfel geschnittenen Kalbskopfstücke angerichtet. Man kann das Fleisch auf vor dem Anrichten im Beiguss erhitzen und dann abziehen.

Suppen ohne Fleischbrühe.

100. Schwarzbrotsuppe.

Zutaten: Schwarzbrotreste, Salz, Wasser.

Schwarzbrotreste werden in kaltem Wasser eingeweicht, mit dem Einweichwasser und etwas Salz gekocht und durchgetrieben. In heißer Butter werden Zwiebeln gelb geröstet und die Suppe abgeschmälzt.

101. Bröselesuppe.

Zutaten: 250 g Brösele, 2-3 Eier, 2-3 Löffel Rahm, 50-80 g Butter oder Fett.

Die Brösele werden mit fein geschnittenen Zwiebeln in zerlassener Butter schön gelb geröstet, mit der nötigen Portion Wasser aufgefüllt, mit Salz und Muskat eine Viertelstunde gekocht. Unterdessen werden die Eier mit Rahm verklopft, dann einmal mit der Suppe aufgekocht. Mit Schnittlauch gewürzt wird angerichtet.

102. Panadensuppe.

Zutaten: 4-5 trockene Brötchen, 60 g Butter, 1/8 l Milch oder Rahm, 1 Esslöffel Zwiebeln, 2-3 Eier.

In die verlaufene Butter gibt man Zwiebeln, röstet darin die Schnitten, löscht mit Wasser ab, füllt auf und läßt die Suppe gut durchkochen. Dann läßt man die mit Rahm verklopften Eier in die kochende Suppe einlaufen. Sie wird mit Salz und Muskat gewürzt und mit Schnittlauch angerichtet.

Vor dem Ablöschen können auch einige Löffel Mehl mit den Schnitten geröstet werden.

103. Brennsuppe.

Zutaten: 100 g Fett, 150-200 g Mehl, 2 Brötchen, 2 Eier, Salz und Muskat.

In heißem Fett, in welchem ein wenig Zucker gebräunt ist, wird Mehl hellbraun geröstet, mit kaltem Wasser abgelöscht. Dann aufgefüllt. Die Suppe wird eine halbe Stunde gut durchgekocht, über verklopfte Eier und geröstete Weckwürfel angerichtet.

Kommentar: Früher wurde diese sehr schnell und leicht zubereitete Suppe, die Brennsuppe auf Vorarlbergische Art als Heilmittel und Volksmedizin gegen Magenverstimmung oder aufbauende Kost nach Krankheiten auf den Tisch gebracht.

104. Geröstete Grießsuppe.

Zutaten: 100 g Fett oder Butter, 250 g Grieß, 2-3 Eier, ½ Zwiebel, Salz und Muskat.

In heißem Fett wird Grieß gelblich geröstet. Mit kaltem Wasser wird abgelöscht, mit warmem Wasser aufgefüllt und die Suppe gut durchgekocht. Vor dem Anrichten gibt man die mit Rahm verklopften Eier hinein.

105. Eiergerstensuppe.

Zutaten: 100 g Butter, 5-6 Eier, 2 l Wasser, 200 g Mehl, Salz und Muskat.

Eier und Wasser werden gut verquirlt. Mehl wird in der Butter hellgelb geröstet und mit den verrührten Eiern abgelöscht. Man rührt kreuzweise, damit sich kleine Klümpchen bilden, gibt so viel Flüssigkeit nach als nötig ist, würzt mit Salz und Muskat und läßt die Suppe eine Viertelstunde kochen.

106. Rahmsuppe.

Zutaten: 1 ¾ Wasser, ¼ l Rahm, 2-3 Wecken.

Wasser, Milch und Salz werden einmal aufgekocht und über das in feine Scheiben geschnittene Brot gegeben. Der Rahm wird glatt gerührt und die Suppe langsam darangegossen.

(Mein Kommentar: auch gut für die Kinder.)

107. Milchsuppe.

Zutaten: 2 l Milch, 1 Kaffeelöffel Salz, 10 g Butter, nach Belieben Zucker.

Die Milch wird mit dem Salz zum Kochen gebracht und über geröstete Weckscheiben oder Zwieback gegossen. Man gibt die Butter hinzu und läßt die Suppe zugedeckt 5 Minuten stehen.

108. Andere Art.

Zutaten: 2 l Milch, 1 Kaffeelöffel Salz, 70-80 g Zucker, 3 Eigelb, gerösteter Zwieback oder Bisquit.

Milch, Zucker und Salz werden aufgekocht, das mit wenig kalter Milch verrührte Eigelb unter Rühren zugegeben und die Suppe über Zwiebackstückchen angerichtet. Oder man gibt folgende Klößchen als Einlage in die Suppe; 2 Eiweiß werden zu steifem Schnee geschlagen und 2 Esslöffel feinen Zucker darunter gemengt. Dann werden mit einem Esslöffel längliche Klößchen davon abgestochen, die man auf die kochend heiße Suppe legt und zugedeckt ziehen, aber nicht kochen läßt.

Kommentar: sogar Kleinkinder würden diese Suppe essen.

109. Spinatsuppe.

Zwiebel, gehackter Spinat und Brotbrösel werden in Butter gedämpft, mit Wasser oder Fleischbrühe abgelöscht, ¼ Stunde gekocht. Vor dem Anrichten wird die Suppe mit Rahm und Eigelb legiert und mit Salz und Maggi abgeschmeckt.

110. Schlossersuppe.

Zutaten: 180 g weiße, geweichte Bohnen, 60 g Gerste, 2 Löffel Mehl, Petersilie, 1 Lauchstengel, 1 gelbe Rübe, 1 Löffel Fett.

Bohnen und Gerste werden mit lauwarmem Wasser aufgesetzt und gekocht (1 Stunde). Eine halbe Stunde vor dem Anrichten wird das Mehl im Fett geröstet, die fein zerhackten Zutaten mitgedünstet, mit etwas Wasser abgelöscht und an die Suppe gegeben. Diese Suppe ist sehr nahrhaft.

111. Endiviensuppe.

Zutaten: 2 Köpfe Endivien, 1 Zwiebel, Peterling, 80 g Fett, 125 g Mehl.

Der Salat wird sauber geputzt, gewaschen und gewiegt, Zwiebel und Petersilie ebenfalls. Dann wird von Butter und Mehl eine weiße Mehlschwitze gemacht, das Gewiegte mitgedämpft, mit kaltem Wasser abgelöscht und mit Fleischbrühe oder kochendem Wasser aufgefüllt. Nach ½ stündigem Kochen wird mit süßem Rahm und Eigelb legiert und mit Maggi und Salz abgeschmeckt.

112. Lauchsuppe.

Wird ebenso gemacht wie Endiviensuppe. Statt Endivie wird Lauch verwendet, der vor dem Wiegen auch abgekocht werden kann.

113. Linsensuppe.

Zutaten: 2 Pfund Linsen, 100 g Fett, 200 g Mehl, Essig oder Wein, Zwiebel.

Die Linsen werden gewaschen und eingeweicht. Am nächsten Tag werden sie nochmals gewaschen, mit Wasser und einer Messerspitze Natron zugesetzt, 1 Stunde gekocht, dann durchpassiert. Von Fett und Mehl wird eine hellbraune Brenne gemacht und zu den passierten Linsen gegeben, mit Essig, Wein, Salz und Maggi abgeschmeckt. Saitenwürstchen werden in Scheiben geschnitten oder Schinkenwurst in Würfel, oder in der Suppe mitgekochtes Rauchfleisch in Würfel und die Suppe darüber gegossen.

Kommentar: Natron wird als Allround-Hausmittel geschätzt. Man kann es als Pulver kaufen (Handelsname in BRD: Kaiser Natron)

Vorspeisen.

Kalte Speisen werden vor der Suppe, warme nach der Suppe gegeben.

114. Pasteten.

Zutaten: 250 g Mehl, 250 g Butter, 1/8 l Wasser, 1 Brise Salz.

Blätterteig mit 5-6 Touren wird ½ cm dick ausgewellt. Man sticht mit einem glatten Ring (6 – 8 cm im Durchmesser), doppelt so viel Rundungen aus, als man Pastetchen haben will. Die eine Hälfte setzt man auf ein mit Wasser befeuchtetes Blech, die obere Seite nach unten, bestreicht den äußeren Rand vorsichtig mit zerschlagenem Eiweiß, wobei darauf zu achten ist, daß nichts an die Seite kommt, da sonst die Pastetchen an dieser Seite nicht aufgehen und einseitig werden. Aus der übrigen Anzahl sticht man mit einem kleinen Ausstecher die Mitte aus und setzt die Ringe sorgfältig auf die Böden. Die kleinen Ausstecher, welche man als Deckel benützt, setzt man ebenfalls auf ein Blech, bestreicht die Oberfläche mit Eigelb und backt sie in gut heißem Ofen. Backzeit für die Pasteten ungefähr 20-30 Minuten.

Man kann den Teig auch fingerdick auswellen, die ausgestochenen Rundungen aufs Blech setzen, mit einem kleinen Ausstecher Deckelchen bezeichnen, nicht ganz durchstechen und dieselben nach dem Backen vorsichtig abnehmen, die Pastetchen ein wenig aushöhlen und beliebig füllen.

Kommentar: dauerte Backen zu diesen früheren Zeiten vielleicht länger als heute? Dann lieber nachschauen, ob es genug gebacken ist. Sonst ist es vielleicht verbrannt...

115. Pastetchen mit Kalbsfleischfülle.

Zutaten: ¾ Pfund Kalbsbraten, 1 ½ Brötchen, 1 Ei, 60 g Butter, 1 Teelöffel gewiegte Zwiebeln und Petersilie, 4 Esslöffel Wein, Salz, Pfeffer, Muskat nach Belieben 2 Sardellen und Bratensauce.

Das Kalbfleisch wird fein durchgetrieben. In heißer Butter dämpft man Zwiebeln und Petersilie, gibt die eingeweichten, gut ausgedrückten Brötchen, sowie die andern Zutaten dazu, löscht mit Wein und Bratensauce ab und verwendet diese Fülle zu Pasteten.

116. Pastetchen mit feinem Ragout.

Schinken, Kalbfleisch, Zunge, nach Belieben Champignons, Trüffel und Gänseleber werden in kleine Würfel geschnitten und in eine gut ausgekochte Madeirasoße gegeben.

117. Römische Pasteten.

Zutaten: 80 g Mehl, 4 Eier, 2 Teelöffel Olivenöl, 2 Esslöffel saurer Rahm, Salz wenn nötig etwas Milch.

Das Mehl wird mit den verklopften Eiern und den andern Zutaten zu einem dickflüssigen Teig angerührt, dann in eine Tasse gefüllt. Die Pastetenform läßt man in Backfett heiß werden, taucht sie dann bis auf ½ cm vom Rand entfernt, in den Teig, der sich sofort ansetzt. Hierauf hält man das Eisen ins heiße Fett, bis das Pastetchen hellbraun gebacken ist, und legt es dann zum Entfetten aufs Papier. So fährt man fort, bis alle gebacken sind. Als Fülle können verschiedene Ragout von Briesle, Zunge, Fleischklößchen usw. verwendet werden. Zum Garnieren von Roastbeef und Filetbraten können sie auch mit Gemüse gefüllt werden.

118. Briespasteten.

Das Bries wird zuerst gekocht, gehäutet und in Würfel geschnitten. Dann wird eine helle Mehlschwitze gemacht, das Bries mit gedämpften Champignons, Kapern und Zitronen zugegeben, mit Weißwein, Salz, Pfeffer gewürzt. Die erwärmte Pastete wird kurz vor Gebrauch gefüllt.

119. Hirnpasteten.

Werden ebenso gemacht wie Briespasteten.

120. Fleischpasteten.

Zutaten: Ein halbes Kalbsbries, ½ Hirn, ein Stück Kalbs- oder Hühnerfleisch, 100 g Schinken, einige Löffel Weißwein, Salz, Muskat, Zitronensaft.

Das gekochte Kalbsbries und Hirn, sowie das Fleisch werden in Würfel geschnitten, der Schinken fein gewiegt. Dann wird alles in Butter mit etwas Petersilie und Mehl gedünstet und mit den anderen Zutaten gewürzt, die erwärmten Pasteten damit gefüllt und zu Tisch gegeben.

121. Wildpastete.

Zwei Hasenkeulen oder ein entsprechendes Stück Rehkeule werden gehäutet und zunächst in fingerdicke Scheiben geschnitten. Ebenso wird eine fette Gänseleber in Scheiben geschnitten und alles in einer Schüssel mit 1-2 Glas Madeira und etwas Maggi übergossen und einige Stunden zugedeckt stehen gelassen. Das Fleisch wird einigemal gewendet. Die Fleisch- und Leberabfälle werden mit einem Pfund magerem Schweinefleisch und ½ Pfund frischem Speck gehackt und mit Salz und Pfeffer kräftig gewürzt. Eine Kastenform wird mit Pastetenteig zentimeterdick ausgelegt.

An der Längsseite läßt man den Teig etwas vorstehen, damit er zum Deckel verwendet werden kann. Der Boden der Pastete wird 2 cm dick mit gebacktem Fleisch bestricken und dann mit Scheiben von Wildfleisch und Gänseleber belegt. Darauf kommt wieder gebacktes Fleisch, dann wieder Wildfleisch und Gänseleber und so fort bis die Pastete gefüllt ist. Der Rand wird mit Ei bestrichen, der Deckel darüber geschlagen, alles gut an den Rändern zusammen gekniffen, resp. übereinander geschlagen und mit Teigrosetten verziert. Um den Rand legt man eine Kante von ausgestochenen Blättern. Der Teig ist vor dem Auflegen der Verzierung mit Ei zu bestreichen. In der Mitte des Deckels wird ein kleines Loch gestochen und eine Quaste von Blätterteig darauf gesetzt. Backzeit etwa 1 Stunde. Nach dem Erkalten wird durch die mittlere Öffnung aufgelöstes Fleischgelee gegossen.

122. Wildpastete andere Art (sehr gut).

Eine Kastenform wird mit Blätterteig so angelegt, daß er etwas über die Form hinausgeht. ½ Pfd. fettes durchgetriebenes Schweinefleisch, ½ Pfd. Brät, ein paar Eier, etwas Madeira und Paprikagewürz werden mit Wein gut abgerührt und davon 1 Lage in die Form gefüllt, darauf in Scheiben geschnittener Reh- oder Hasenbraten und wieder von der Fülle. Dann wird der Teig oben hereingeschlagen, mit Ei bestrichen und ein von Pastetenteig gemachter Deckel aufgesetzt. In der Mitte wird mit dem Ausstecher eine Rundung ausgestochen, damit der Dampf entweichen kann. Auf dem Deckel kann von Teig eine schöne Verzierung angebracht werden. Backzeit im Ofen 1 Stunde. Nach Erkalten wird die Rundung im Deckel mit Aspik zugegossen, bis die Pasteten aus der Form gehoben, in Scheiben geschnitten und serviert.

123. Hasenpasteten.

Zutaten: 1,5 Pfund Schweinsleber, 1,5 Pfund Bratwurstbrät, 2 eingeweichte, gut ausgedrückte Wecken, 2 Eier.

Die Zutaten werden untereinander gemengt und in die Hasensoße gedünstet, dann kommt eine Büchse Champignons darunter, sowie Kapern und Salz. Ein gebratener Hasenziemer wird in Scheiben geschnitten. In die Gläser füllt man abwechselnd eine Lage von obiger Masse, dann Scheiben von Hasenziemer, und stellt sie kalt. Zum Garnieren wird Kalbsfleischgelee oder Sulz verwendet.

124. Ragout zum füllen bei Pasteten.

Der Grundbestanteil eines jeden Ragouts ist eine dicke weiße Mehlsoße. Einen gehäuften Esslöffel voll Mehl läßt man in 30-40 g Butter unter beständigem Rühren hellgelb anlaufen, dann wird mit ¼ l Fleischbrühe abgelöscht. Die Soße wird verbessert mit süßer oder saurer Sahne oder Buttermilch, mit etwas Weißwein, Zitronensaft, Sardellen und einigen Kapern, Salz. In die Soße wird zu Würfeln geschnittenes weißes Geflügel, zur Hälfte mit weich gedünsteten Pilzen vermischt, oder Kalbsfleisch, Zunge und Kalbsbriesle zu gleichen Teilen, ebenfalls würzig geschnitten, gegeben. Auch Fischfleisch oder Wildfleisch kann zum Füllen der Pasteten genommen werden. Bei Wildfleisch wird die Soße dunkler bereitet.

125. Wildfülle.

Wird wie Kalbsfleischfülle bereitet mit Wildfleisch und saurem Rahm. Nach Belieben wird Gänseleber und Madeira dazu genommen.

126. Schinkenfülle.

½ Pfund fein gewiegter Schinken wird mit 3-4 Esslöffeln Schlagrahm oder saurem Rahm, mit einem Brötchen, Zwiebeln und Petersilie abgedämpft, dann ein Löffel geriebener Käse daruntergemengt.

127. Pastetchen mit Käsefülle.

Zutaten zum Blätterteig: ¼ Pfund Mehl, 1 Prise Salz, einige Löffel Wasser, ein Teelöffel Rum oder Essig, 1/4 Pfund Butter.

Zutaten zur Fülle: ½ Kaffelöffel Stärkemehl, 1/8 l Milch, 3 Eier 1 Prise Salz, 6 Esslöffel geriebener Käse.

Kleine Förmchen werden mit Blätterteig belegt, obige Zutaten zur Fülle untereinander gemengt und damit ¾ der Förmchen eingefüllt und bei starker Hitze gebacken.

128. Muschelragout.

Zutaten ein Pfund Kalbsfleisch, 50 g Butter, 50 g Mehl, Salz, Zitronensaft, Eigelb, Rahm, Käse.

Kalbfleisch wird gedämpft und in kleine Würfel geschnitten, von Butter und Mehl eine helle Mehlschwitze bereitet, mit Eigelb und Rahm abgezogen und die andern Zutaten darunter gemengt. Auf kleine Muscheln wird bergig aufgestrichen, mit geriebenem Käse bestreut, mit Butterstückchen belegt und überbacken.

129. Rissolen (16 Jhd.).

Zutaten zum Blätterteig: 250 g Mehl, 200 g Butter, 1/8 l Wasser, 1 Prise Salz.

Zutaten zur Fülle: ½ Kalbsbries oder Hirn, einige Hühnerlebern, ein Stückchen Kalbsleber und Abfall von Hühnerfleisch.

Das in Salzwasser gekochter Hirn oder Bries wird gehäutet und mit den anderen Zutaten fein gehackt, dann alles in Butter mit gewiegter Petersilie gedünstet, mit Mehl betäubt, ein wenig Fleischbrühe oder Bratensoße zugegeben und aufgekocht. Wenn dieses etwas abgekühlt ist, wird ein rohes Eigelb daran gerührt und mit Salz und Muskat gewürzt. Die Fülle muß ziemlich dick sein und darf erst, wenn sie etwas abgekühlt ist, verwendet werden. Der Blätterteig wird messerrückendick ausgerollt, mit einem zackigen Austecher ausgestochen, der halbe Rand mit verklopftem Eiweiß bestrichen – in die Mitte gibt man etwas Fülle – zusammenschlagen und in heißem Schmalz schwimmend gebacken.

130. Käsestäbchen.

Ein fertiger Blätterteig mit 3 Touren wird dünn ausgewellt, mit Cayenne vermischtem geriebenem Parmesankäse betreut und dünne fingerlange Stückchen davon abgeschnitten. Wird in nicht zu heißem Ofen gut gebacken.

131. Käsegebäck.

Zutaten: 150 g Mehl, 80 g geriebenen Parmesankäse, 40 g Schweizerkäse, 100 g Butter, 8 Löffel saurer Rahm, 1 Brise Salz, Muskat, Paprika, Muskat.

Obige Zutaten werden auf dem Nudelbrett zusammengehäckelt, zu einem Teig verarbeitet und kaltgestellt. Der Teig wird ½ cm dick ausgewellt und in 5 cm lange und 1 cm breite Streifen geschnitten,. Diese werden auf einem mit Butter bestrichenem Blech in mittlerer Hitze 10 Minuten gebacken und warm serviert.

132. Käseröllchen.

Zutaten: Blätterteig, zur Fülle: 80 g Butter, 5 Eier, 150 g Parmesan- oder Schweizerkäse, 1 Brise Salz, Paprika, 3 Eiweiß.

Unter die schaumig gerührte Butter gibt man Eigelb, Gewürze, die geriebenen Käse, sowie den steifen Eierschnee. Den dünn ausgerollten Blätterteig schneidet man in Quadrate, verteilt die Fülle darauf, bestreicht die Ränder mit Eiweiß, rollt sie zusammen, bestreicht sie oben mit Eigelb und backt sie im heißen Ofen. Man gibt die Röllchen warm zu Tisch.

133. Kaiserbrötchen zur Käseplatte.

Es wird dazu am besten schon aufgeschnittener Pumpernickel verwendet, der in kleinen Pastetchen oder Büchsen gekauft werden kann. Die Scheiben werden auf beiden Seiten dick mit Butter (die schaumig gerührt wird) bestrichen. Nun werden 4 oder 5 Brötchen aufeinander gelegt, dazwischen dünne Scheiben von verschiedenem Käse. Das erste und das oberste Brötchen können nur auf einer Seite bestrichen werden. Nun werden die Brötchen beschwert und an einen kalten Ort gestellt. Nach etwa 2 Stunden werden verschobene Viereck geschnitten. Verschieden farbiger Käse sieht sehr hübsch aus.

Kommentar: Die Schweizer Bauern essen zum Znüni oder Zvieri (Zwischenmahlzeit um 9 oder 16 Uhr) gerne solche Käseplatten, dazu Bündnerfleisch oder Aufschnitte und Brot mit Most (Saftbirne)

134. Käsewindbeutel.

Zutaten: ¼ l Milch, 50 g Butter, 150 g Mehl, 4 Eier, 80 g Schweizer Käse, Salz.

Von Milch, Butter, Mehl und Salz wird ein gebrühter Teig bereitet, nach und nach der in Würfel geschnittene Käse und die 4 Eier dazu gegeben und nussgroße Häufchen davon in heißem Fett gebacken.

135. Käseschnitten.

Dünne, abgerindete Scheiben von weißem Stollenbrot werden mit Butter bestrichen und mit Käsescheiben belegt, dann zwei zusammengelegt, in Ei gewendet und in schwimmendem Fett schön braun gebacken. Mit grünem Salat wird garniert. Statt Käse können auch Ölsardinen, Sardellen, Wurst oder Lachs zwischen die Brötchen gelegt werden.

136. Vegetarischer Käsering.

Zutaten: 50 g Butter, 80 g Mehl, ¼ l Milch, 4 Eier, 1 Eigelb, 250 g geriebene Schweizerkäse.

Das Mehl wird mit 1/8 l Milch glatt angerührt, dann 1/8 l Milch mit der Butter zum Kochen gebracht und das angerührte Mehl hineingegeben. Es wird weitergerührt bis der Teig sich vom Topfe löst. Wenn die Masse abgekühlt ist, kommen Eigelb, Käse und zuletzt der steife Eierschnee dazu. In gut ausgefetteter Ringform wird die Masse eine Stunde im Wasserbad gekocht, gestürzt und heiß, mit feinem Gemüse garniert, zu Tisch gegeben.

137. Wurstkörbchen.

Eine dicke Wurst wird mit der Haut in ½ cm dicke Scheiben geschnitten, dann in einer Pfanne mit etwas Fett angebraten, bis sie sich zusammenrollen. Sie werden beliebig mit Rühreiern oder warmen Wurststreifen, mit Kartoffeln, Pfifferling usw. gefüllt auf Dessertteller gesetzt und mit Salat umlegt.

138. Schwedische Platte.

Italienischer Salat, der in eine runde Form gepresst war, wird auf eine große runde Platte gestürzt, mit Sardellen- und Lachsringen schön verziert. Obenauf wird ein schöner Stern von Lachs gesetzt, außen herum mit Mayonnaise garniert. Weißbrot wird in längliche etwa 8 cm lange und 4 cm breite Scheiben geschnitten, angeröstet und nach Erkalten mit Butter bestrichen. Diese Brotscheiben werden abwechselnd Sardellen oder Sardinen, Schinken oder Käse, Zunge oder Hartwurst, Lachs und Kaviar, Monatrettichen oder einer anderer Rohkost rings herum gelegt, schön verteilt. Zwischendrin nimmt sich Peterling (im Winter Winterkohl) sehr hübsch aus. Die Platte muß bis zum Servieren kalt gestellt werden.

Kommentar: Monatrettiche (wo es sie gerade gibt) - sonst andere nehmen. Rettich wurde schon im alten Ägypten als heilkräftige Nahrungspflanze geehrt.

139 a. Falscher Lachs.

5-6 kleine Tomaten werden zu Mus gekocht (es kann auch Tomatenmark verwendet werden), 2 kleine Lorbeerblätter, sowie 1 Teelöffel rohe gewiegte Zwiebeln und dicke Butter hinzugeben und ausgekocht; währenddessen wird etwas feiner Grieß hinein gestreut und mitgekocht. Man braucht 4-5 Tassen Flüssigkeit auf eine Tasse Grieß. Die Masse muss dick werden. Wenn alles gar gekocht ist, werden die Lorbeerblätter entfernt und die Masse in eine mit kaltem Wasser ausgespülte, längliche oder Fischform gefüllt. Nach dem Erkalten wird der falsche Lachs in Scheiben geschnitten und mit Salat serviert.

139 b. Krabbenmayonnaise mit Heringschlupfen.

Die Heringe werden abgezogen, gehälftet und gewaschen. In die Mitte einer Platte werden Krabben hoch angerichtet, ringsherum werden sie in Schlupfen zusammengelegten Heringe gelegt, mit guter Remoulade übergossen und mit Schnittlauch bestreut. Aussen herum wird mit Salatblättchen, Ackersalat und Tomatenscheiben garniert. Zu Nachtessen mit Pellkartoffeln.

140. Frühstücksplatte.

In der Mitte einer runden Platte werden Spiegeleier angerichtet. Am Rand herum, oder auf die Spiegeleier, werden kleine Bratwürste gelegt, mit gewiegter Petersilie überstreut und außen herum eine nicht zu dicke Tomatensoße gegeben.

141. Andere Art.

In einer warmen Schüssel knetet man frische Butter bis sie geschmeidig ist. Nun stellt man die Schüssel auf einen Topf mit warmem, nicht heißem Wasser und gibt langsam, unter beständigem Rühren mit einem starken Schneebesen Wasser, Salz, Zitronensaft und zuletzt den Schlagrahm darunter. Man füllt die Schaumbutter in einen Spritzsack mit Sterntülle, spritzt sie in eine Glasschale und reicht sie zu gekochtem Fisch.

142. Gurken.

Eingemachte Essiggurken können als Schiffchen oder rund ausgehöhlte Tönnchen geschnitten und mit gewiegtem Lachs, Hering und hartgekochten Eiern gefüllt werden.

143. Mosaikbrot.

Zutaten: 150 g Brot, 90 g Sardellen, 150 g Schinken, 100 g Zunge, 100 g Emmentalerkäse, 2 hartgekochte Eigelb, ½ Teelöffel Kapern, Salz, Pfeffer, Senf, ein länglichschmales Kapselbrot.

Die fein gewiegten Sardellen werden unter die schaumig gerührte Butter gemengt, die durch ein Sieb gestrichenen Eigelb, feingewiegte Kapern, Salz, Pfeffer, Senf und nach Belieben etwas Essig in die feine Würfel geschnittene Zunge, Käse, Schinken dann gut unter die Sardellenbutter gemischt. Die Masse wird einige Stunden vor dem Gebrauch fertig gemacht. Ein länglich schmales Kapselbrot wird ausgehöhlt, die Fülle fest eingedrückt und zum Festwerden in den Keller gestellt. Vor Gebrauch schneidet man das Brot in feine Scheiben.

144. Kartoffelsalatschüssel mit Braten und Tomatensülzen.

Der fertig zubereitete Kartoffelsalat wird blockartig ausgeschichtet und mit dünnen Scheiben von kaltem Braten belegt. Mit kleinen Sülzen aus Eiern und Tomatenscheiben und mit Petersilie wird garniert. Wenn die Sulz in kleinen Becherformen oder Tassen erstarrt ist, wird sie kurz in warmes Wasser gehalten, dann gestürzt.

145. Hirn in Muscheln.

Ein Kalbs- oder Rindshirn wird in warmes Wasser gelegt und gehäutet. Dann wird es unter Beigabe von Butter und Salz gar gebraten. Inzwischen hat man junge, in Butter geschwenkte grüne Erbsen heiß gestellt. Dann wird in jede leicht erwärmte Muschel eine Scheibe Hirn, um dieselbe ein Kranz von Gemüse, auf das Hirn ein Löffel voll flockiges Rührei mit etwas geriebenem Käse darüber gegeben, nochmals 2-3 Minuten in das Backrohr geschoben und sofort serviert.

146. Gefüllte Eier.

Die Eier werden hart gekocht, dann die Spitze und ein wenig von der Breitseite abgeschnitten, damit sie stehen bleiben. Das Gelbe wird vorsichtig herausgenommen, mit einem Löffel fein zerrieben und mit saurer Sahne und gewiegten Kräutern oder Sardellen, oder mit Öl und Senf vermischt. Dann wird die Fülle in die Eier gegeben und ein wenig Mayonnaise darauf gespritzt. Auf gerösteten Brotschnitten stehend, zwischen Petersilie und Salatblättern, werden die Eier serviert.

147. Spinat und Ei.

Der rohe Spinat wird gewiegt und im eigenen Saft in einer Kasserole gedünstet, mit Butter, Salz und Muskat fertig gemacht, dann in der Mitte einer Schüssel angerichtet. Ringsherum wird mit gedünstetem Reis garniert. Auf den Spinat werden Einviertel in Form einer Blume gelegt, in die Mitte derselben wieder etwas Reis.

148. Tomatenhälften mit Erbsen gefüllt.

Große feste Tomaten werden geteilt und ausgehöhlt, aus zarten jungen Erbsen eine Fülle bereitet. Am besten werden diese nur im Butter geschwenkt und etwas gewiegter Petersilie vermischt. Die Tomaten nun mit Salz ausgestreut, gefüllt dann nur leicht in Butter angedünstet. Statt Erbsen können zur Füllung auch Spargeln, Schwarzwurzeln oder Blumenkohlröschen genommen werden.

149. Schinkeneier in der Form.

Kleine Förmchen werden mit Butter ausgefettet, dann ein frisches Ei hineingeschlagen. Darauf wird reichlich (gut zwei Finger breit) gehackter Schinken gegeben und dann das Ganze ins Wasserbad gestellt, bis gestockt ist. Die Eier werden auf leicht in Essig und Öl marinierte Salatblätter gestürzt und sofort aufgetragen.

150. Tomatenfleisch.

In dünne Scheiben geschnittene Fleischreste werden einige Stunden in eine Marinade aus Essig, etwas Senf, Öl, Salz und Pfeffer gelegt. Dann werden sie lagenweise mit Tomaten und Eischeiben angerichtet und die Marinade darüber gegossen.

151. Luzerner Pfannkuchen.

Es wird ein guter Pfannkuchenteig gemacht und davon kleine Pfannkuchlein gebacken. Von Geflügelfleisch oder Kalbfleisch wird ein gutes Haschee bereitet, in die Pfannkuchen gefüllt, dieselben im Dreieck zusammengeschlagen und mit grünen Bohnen und Salat garniert.

152. Die pikante Eierplatte.

Weißbrot wird entrindet und in rechteckige Scheiben geschnitten, leicht mit Butter bestrichen und mit dünnen Lachsscheiben belegt, auf jede Schnitte wird ein halbes hartgekochtes Ei gegeben, das auf beiden Seiten etwas ausgeschnitten und mit Kaviar ausfüllt wird. Für je 6 Brötchen werden 3 harte Eidotter fein zerdrückt und mit Mayonnaise gut zu einem dicken Brei verrührt. Mit einem kleinen Spritzbeutelchen werden die Brötchen garniert.

153. Kräuterbutter.

Petersilie wird mit 2 kleinen Zwiebeln fein gewiegt, dann wird 1/2 Pfd. Butter leicht gerührt und die Kräuter nebst Salz und weißem Pfeffer, Muskat und dem Saft einer halben Zitrone darunter gemengt.

Anmerkung: Diese Butter wird öfters zu Koteletten, Beefsteak, Rostbraten und Kalbsschnitzeln gegeben; durch den Saft des Fleisches vergeht sie und gibt eine vortreffliche Sauce.

154. Sardellenbutter.

150 g Sardellen werden gewaschen, geschabt, ausgrätet und fein gewiegt, dann mit ½ Pfd. Butter und etwas weißem Pfeffer vermischt.

155. Kaviar.

Kaviar ist der eingesalzene Rogen vom Stör und Hausen; er soll immer recht kalt gegeben werden. Er kann auf folgende Weise serviert werden: auf ein Tablett wird ein Glasschüsselchen mit Kaviar, ein Schüsselchen mit Butter, 1 Schüsselchen mit Zwiebeln und Zitronenscheiben gestellt; dazu serviert man Toast.

156. Bismarckhering und Rollmops.

Werden mit der eigenen Brühe angerichtet mit etwas Zwiebeln und Salzgurken garniert.

157. Fischsalat.

Der gekochte und ausgegrätete Fisch wird in Würfel geschnitten, mit etwas Essig und Salz mariniert, dann mit Zwiebeln und Mayonnaise angemacht. Mit roten Rüben oder Sardellen kann schön garniert werden. Man kann ihn in ausgehöhlte Tomaten füllen oder in Glasschalen servieren.

Pikante Brotaufstriche.

158. Heringsaufstrich.

Zutaten: 1 Hering, einige Fleischreste, 1 Löffel Milch, 65 g Speck, etwas Zitronensaft, einige Kapern.

Der Hering wird gewässert und entgrätet. Dann dreht man ihn mit Speck und Fleischstreifen durch die Hackmaschine, mischt die Heringsmilch darunter, würzt mit Zitrone, bestreicht damit die Brötchen, die mit Kapern verziert werden. Diese schmecken fast noch besser als Sardellenbrötchen.

159. Heringsaufstrich, andere Art.

Ein gut gewässerter Hering wird von Geräten befreit, mit einem hartgekochten Ei, Petersilie, Zwiebeln, Kapern und Zitronenschale fein gewiegt. Dazu gibt man geriebene Parmesankäse, Salz, Pfeffer und Muskat, rührt alles gut durcheinander, mengt 40 g Butter darunter und streicht es auf Semmelschnitten.

160. Schinkenaufstrich.

Zutaten: 125 g rohe Schinkenreste, 125 Speck, 1 Ei nach Belieben etwas Zwiebeln.

Das weich gekochte Ei wird mit den übrigen Zutaten 2 Mal durch die Fleischmaschine gedreht. Der Aufstrich ist ergiebig und schmeckt gut.

161. Kräuteraufstrich.

Butter wird mit gewiegten frischen Kräutern und Petersilie vermengt, aufgestrichen und mit Kresseblättchen verziert.

162. Pikanter Aufstrich.

Nachdem ein Bückling von Haut und Gräten gelöst ist, wird er mit Mayonnaise verrührt und auf trockenes Weißbrot aufgetragen. Zur Verzierung für jedes Brötchen wird eine halbe, in drei Stückchen geschnittene Eischeibe verwendet, sowie dünne Streifchen von Essiggurken.

163. Brotaufstrich.

Bratenreste werden gewiegt und mit Mayonnaise vermengt. Ist ein sehr ergiebiger Brotaufstrich.

164. Käseaufstrich.

Geriebener Käse, wird mit Mayonnaise vermengt. Ist ein sehr pikanter Brotaufstrich. Die Brötchen können mit Tomatenscheiben garniert werden, wozu auch Eierscheiben passen.

165. Rettichaufstriche.

Ein frischer Rettich wird gerieben. ¼ Pfd. Butter leicht gerührt, der Rettich gut dazu gerührt und mit Salz auf Schwarzbrotscheiben gestrichen, mit fein gewiegten Zwiebeln und Schnittlauch bestreut.

166. Tomatenaufstrich.

Wird gemacht wie in vorheriger Nummer. Tomaten werden geschält und passiert und zur Butter gegeben.

167. Gemüsebrötchen.

Rettiche werden fein gerieben, Gurken gehobelt, mit Salz, Mayonnaise und etwas Essig angemacht. Davon legt man auf die bestimmten Brötchen mit der Gabel Streifen, abwechselnd Gurken und Rettich, bis die Brötchen voll sind.

168. Verschiedene Arten von belegten Brötchen.

Gleichmäßig geschnittene Schwarzbrotscheiben werden mit Butter bestrichen und beliebig belegt, Gemüse wird mit wenig Salatsoße angerichtet.

1. Geriebene Karotten, Radieschen und gehackte Petersilie.
2. Geriebene Sellerie mit Petersilie, außen herum Tomaten
3. Gehackte Brunnenkresse garniert mit Radieschen.
4. Gehobelte Gurken, Tomatenschnitze und Petersilie.

5. Dünner Tomatenscheiben mit dünner Mayonnaise, rings herum fein gehackten Schnittlauch.
6. In der Mitte ein Häufchen feingehackter Spinat, außen herum Tomatenstückchen.
7. Ziemlich dick mit Quark und Kümmel bestreichen.
8. Geriebenen Käse mit etwas Rahm und Schnittlauch verrührt aufstreichen, außen herum ein Kränzchen von gehacktem Schnittlauch.

169. Käsebrot.

Weiss- oder Schwarzbrot wird mit Butter bestrichen und mit in Streifen geschnittenem Emmentaler Käse (kann auch in Scheiben geschnitten werden) belegt. Es wird etwas Schnittlauch darüber gegeben.

170. Frühlingsbrötchen.

Geschnittene Scheiben Schwarzbrot werden mit gerührter Butter bestrichen und dick mit feingeschnittenem Schnittlauch bestreut. In die Mitte der Brote kommt eine dünne Scheibe Hart- oder Rahmkäse, um die Käse feine Kresse, außen herum in feine Scheiben geschnittene und gesalzene Radischen.

171. Verschiedene Brötchen.

Schwarzbrot- oder Pumpernickelscheiben werden mit Butter bestrichen, in die Mitte 2 Eierscheiben gesetzt. Von Lachs- und Sardellenstreifen werden kleine Röschen gemacht und darauf gesetzt. Mit Tomatenscheiben und Käsestreifen können verschiedene Muster gemacht werden, auch Wurst, Schinken und kalter Braten ist verwendbar.

172. Kaviarbrötchen.

Semmeln werden in der Mitte durchschnitten und auf der heißen Herdplatte angeröstet, zuerst mit Butter, dann mit Kaviar bestrichen. Am Rande können mit der Garnierspritze kleine Buttersternchen als Verzierung gespritzt werden. Beim Servieren werden etwas Zitronenschnitten und feingeschnittene Zwiebeln dazu gegeben.

173. Sardellenbrötchen.

Auf Weiss- oder Schwarzbrot oder Toast wird Butter gestrichen. Dann werden sauber geputzte und in Streifen geschnittene Sardellen gitterartig über die Brötchen gelegt, in jedes Karo ein Kaper.

Oder: Auf die geschnittenen Brötchen können zuerst Scheiben von hartgekochten Eiern und auf diese dann Sardellenstreifen und Kapern gelegt werden.

174. Sardinen.

Die Sardinen werden, wie man sie erhält, samt ihrem Öl auf kleine Teller gelegt, mit etwas Peterling garniert und so serviert.

175. Geräucherter Lachs.

Man schneidet den Lachs in feine Scheiben, diese werden zu Düten gerollt, zierlich auf eine Platte geordnet, mit Petersilie und Fleischsulz serviert.

176. Lachs in Öl.

Die geschnittenen Lachsstückchen werden auf ein Plättchen gelegt, mit etwas Peterling garniert; nach Belieben können etwas Kapern dazu gegeben werden.

177. Lachsbrot.

In Scheiben geschnittenes Schwarz- oder Weißbrot oder Toast wird mit Butter bestrichen und mit Scheiben oder Streifen von Lachs gitterartig belegt.

178. Lachsheringe.

Die Heringe werden ungefähr 1 Stunde ins Wasser gelegt und dann geschält. Man fasst das Rückgrat am Kopfe und zieht es vorsichtig nach hinten heraus. Der Hering sollte nicht verletzt werden. Er wird so auf eine Platte gesetzt, der Kopf aufrecht gesetzt. Mit einem Messer werden Einkerbungen gemacht in Form von Karo, der Hering schön mit Zwiebelringen garniert. Der Rogen oder die Milch wird zu beiden Seiten des Herings herumgelegt, etwas Essig und Öl darüber gegossen und sie serviert.

179. Fische.

Anmerkung: Frische Fische erkennt man an den hellen Augen, an den frischen roten Riemen und an den im Fleisch liegenden Gräten. Wenn die Gräten sich lösen und aus dem Fleisch vorstehen, sind sie nicht mehr gut. Flußfische werden meist lebend gekauft, mit einem Schlag auf den Kopf getötet, geschuppt und sofort ausgenommen. Beim Schuppen wird der Fisch mit einem Tuch am Schwanz gefaßt, dann fährt man mit dem Messer dem Kopf zu, bis alle Schuppen entfernt sind. Darauf wird der Bauch der Länge nach aufgeschnitten, die Eingeweide werden herausgenommen (ohne die Galle zu verletzten), die Riemen entfernt. Der ausgenommene Fisch wird gut ausgewaschen, das Blut sauber entfernt. Der so hergerichtete Seefisch wird schmackhafter, wenn er einige Stunden vor dem Kochen eingesalzen und mit Zitronensaft oder Essig beträufelt wird. Bei allen Fischen werden die Flossen entfernt, bevor sie gekocht werden. Fast alle Fische können auf die gleiche Weise zubereitet werden. Die gebräuchlichsten Zubereitungsarten sind folgende:

1. Das Kochen im Salzwasser, wobei etwas Milch zugegeben werden kann für Schellfisch, Stockfisch, Kabeljau, Steinbutt und Heilbutt.
2. Das Blaukochen; hauptsächlich für Forellen, Schleien und Karpfen.
3. Das Dämpfen in Wein und saurem Rahm.
4. Das Braten in Butter.
5. Das Backen in Fett oder Öl.
6. Das Gratinieren im Ofen.

Zum Kochen der Fische eignet sich am besten ein Fischkessel mit Einsatz, der das herausnehmen und Anrichten der Fische sehr erleichtert.

180. Fischsud.

Das Wasser darf gut gesalzen und mit Zwiebeln, Zitronenscheiben, Lorbeerblatt, Pfefferkörnern und wenig Nelken gewürzt werden. Der Sud wird zum Kochen gebracht, dann zurückgezogen, und der vorbereitete Fisch hineingegeben. Wenn er kocht, wird er Abseits gestellt, wie man ihn ziehen, aber nicht mehr kochen läßt, da er sonst zerfällt. Zeit für das Ziehen je nach Größe der Fische ¼ - ½ Stunde. Dann wird der Fisch mit Zitronenscheiben, Petersilie und etwas Fischsud auf eine heiße Platte angerichtet.

181. Backen der Fische.

Alle Fische können gebacken werden, entweder in schwimmendem, heißem Fett oder in einer Pfanne mit reichlich Fett. Sie werden auf Brotschnitten oder in einem Seiher mit Unterfass entfettet, mit Zitronenscheiben und Petersilie angerichtet und serviert.
Anmerkung; es ist gut, wenn man den gebackten Fisch zugedeckt einige Minuten durchziehen läßt. Man rechnet für 1 Person als Einzelspeise ½ Pfund Fisch; werden mehrere Speisen gegeben 1/3 Pfund, von Salm ¼ Pfund.

182. Forelle Blau.

Zutaten: 12 Stück 1/3-pfündige Forellen, 3 l Wasser, ¼ l Essig, 40 g Salz.

Die Forellen werden getötet, aber nicht geschuppt. Auch die Flossen werden nicht abgeschnitten. Beim Ausnehmen dürfen sie nur mit der nassen Hand und so wenig als möglich berührt werden, damit der Schleim erhalten bleibt, der das Blauwerden bewirkt. Nachdem sie innen sauber ausgewaschen sind, wird mit Dressiernadel und Bindfaden durch den Schwanz und die Löcher am Kopfe gestochen und der Fisch soweit zusammen gezogen, daß zwischen Kopf und Schwanz noch etwas Raum frei bleibt, da er bei stärkerem Zusammenziehen bricht. Zum Sud nimmt man Wasser, Essig und Salz wie angegeben, aber kein Gewürz, bringt es in einer Messingpfanne zum Kochen, zieht es dann vom Feuer zurück und gibt die dressierten Forellen hinein. Man läßt sie in dem Sud ziehen, aber nicht kochen, etwa 15 bis 20 Minuten. Mit frischer Butter und Salzkartoffeln wird serviert.

183. Forelle gedämpft.

Zutaten: 12 Stück 1/3 pfündige Forellen, 100 g Butter, 1 Zwiebel, etwas Petersilie, 3 Eßlöffel saurer Rahm, 1 Eßlöffel Mehl, 1/8 l Weißwein, Salz.

Die Forellen werden ausgenommen, ausgewaschen, mit Salz und Pfeffer eingerieben. Auf beiden Seiten mit einem scharfen Messer in der Haut in schräger Richtung Einschnitte gemacht, damit die gerade Form erhalten bleibt. In einer Pfanne läßt man Butter vergehen und gibt die Fische hinein. Sie werden auf beiden Seiten angebraten, dann bis gewiegte Zwiebel und Petersilie sowie das Mehl zugegeben und alles gut mit der Butter verrührt. Zuletzt kommt der Wein dazu. Dann werden die Fische zugedeckt ¼ Stunde darin gedämpft, danach auf einer heißen Platte angerichtet. Zu der Soße in der Pfanne wird noch der saure Rahm gerührt, alles nochmals aufgekocht, dann über den Fisch gegossen. Wenn die Soße zu stark eingekocht ist, wird mit Fleischbrühe oder Wasser nachgeholfen.

184. Forellen mit Aspik.

Die Forellen werden blau gekocht, nachdem sie ausgekühlt sind, schön auf eine Platte angerichtet und mit gehacktem Aspik, harten Eiern, Brunnenkresse, Essiggurken oder Mayonnaise verziert.

185. Forellen gesulzt.

Die blau gekochten Forellen läßt man im Sud erkalten; sie werden nicht entgrätet, sondern ganz in eine tiefe, ovale Form gegeben. Oder es wird der Boden vorher 1 cm hoch mit Sulz ausgegossen;

wenn diese fest ist, die Forellen wie schwimmend hübsch darauf verteilt und mit Salz überzogen. Die Platte garniert man mit Sulzhalbmond oder Dreieck, Zitrone und Petersilie.

186. Blaufelchen in Wein gedämpft.

Zutaten: 12 Stück 1/8-pfündige Blaufelchen, 100 g Butter, ¼ l Weißwein, Salz und Pfeffer.

Die Felgen werden geschuppt, sauber ausgenommen ausgewaschen, mit Salz und wenig Pfeffer eingerieben, dann in die Bratenkachel gelegt, die man dick mit Butter bestrichen hat. Auch oben werden die Fische mit Butter bestrichen, dann in der zugedeckten Kasserolle in heißem Rohr ½ Stunde gedämpft. Farbe sollen die Fische nicht bekommen. Dann werden sie angerichtet, mit gut abgeschmeckter Kapernsauce übergossen, der man die Brühe aus der Kasserolle zugefügt hat.

187. Blaufelchen auf Müllerin Art.

Die hergerichteten Blaufelchen werden eingesalzen und in Mehl gewendet. Gutes Fett wird in einer Pfanne heiß gemacht, die Fische darin auf beiden Seiten schön angebraten, und noch 10 Minuten zugedeckt gedämpft. Underdessen wird ¼ Pfund Butter heiß gemacht. Dann werden die Felchen angerichtet, das zurückgebliebene Fett aus der Pfanne mit der heißen Butter darüber gegossen und ziemlich viel gewiegte Petersilie darauf gestreut.

188. Blaufelchen anderer Art.

Den Fisch, das weiss ja jede Frau, schuppt man vor allem sehr genau.

Ist er geputzt, dann reibt man fein, den Fisch mit Salz und Pfeffer ein

und gibt dann in die Kasserol, darin das Felchen braten soll,

ein Stücken Butter fein und zart mit einem einzigen Lorbeerblatt.

Ein wenig Nelken und Zitrone sind als Gewürz auch gar nicht ohne.

Dann Petersilie fein verwiegt, mit Zwiebel wird noch beigefügt.

Dazu 3 Löffel weißen Wein

Darauf wird die Pfanne zugedeckt, damit der Fisch recht saftig schmeckt.

Lasst ihn „ne Viertelstunde braten.

Ist groß er, kann es auch nicht schaden,

wenn er fortgedämpft ´ne halbe Stunde.

Ich bin gewiß daß er euch munde.

189. Silberfelchen.

Ebenso werden wie die Blaufelchen zubereitet.

190. Barben gedämpft.

Zutaten: 100 g Butter, 4 Pfund Barbe, 2 Esslöffel Mehl, 1 Tasse saurer Rahm, ¼ l Wasser, 1/8 Weißwein, Zwiebel, Nelken und Zitrone.

Die Barbe wird geschuppt, ausgenommen und ausgewaschen, mit Salz und wenig Pfeffer eingerieben und in Mehl gewendet.

In einer Kasserolle werden Butter, fein geschnittene Zwiebel, das übrige Gewürz mit dem Mehl kurz gedämpft, mit Wein und Wasser abgelöscht und noch etwas gekocht. Dann wird der in Portionen geschnittene Fisch sowie der Rahm dazu gegeben und alles ½ Stunde gedämpft. Wenn der Fisch angerichtet ist, wird die Soße durchpassiert und darüber gegossen.

191. Zander gekocht.

Zutaten: 4 Pfund Zander, 3 l Wasser, 3 gehäufte Esslöffel Salz, Zwiebel, Zitrone, Lorbeerblatt und Pfefferkorn.

Wenn der von obigen Zutaten bereitete Sud kocht, wird der in Portionen geschnittene Fisch hineingegeben. Man läßt ihn eine halbe Stunde ziehen, dann wird er angerichtet und mit einer Soße (Hollandaise oder Kapernsoße) sowie mit Butter und Salzkartoffeln serviert.

192. Karpfen in der Sauce.

Von Mehl und Butter wird eine braune Einbrenne gemacht, mit Rotwein und Wasser abgelöscht, dann ein Löffel feingewiegte Zwiebel mit dem nötigen Salz dazu gerührt. Wenn die Sauce gut durch gekocht ist, werden die sauber hergerichtete Fischstücke hineingegeben. Man läßt sie in dieser Sauce gut durchziehen, aber nicht kochen. Der Fisch kann mit hartgesottenen Eiern und Fleurons garniert werden.

193. Gefüllter Karpfen.

Ein Pfund schwerer Karpfen wird geschuppt, ausgenommen, ausgewaschen und eingesalzen. Dann werden 30 g Butter leicht gerührt und einige feingewiegte Sardellen, etwas gewiegte Zwiebel und Petersilie, ein abgerindeter Wecken, der in Wasser eingeweicht und wieder ausgedrückt wurde, 1 Ei und etwas Salz (wenn nötig), dazu geben. Wenn dieses alles gut verrührt, wird der Karpfen damit gefüllt und zugenäht. Eine Bratenkachel wird mit gut bestrichenem Pergamentpapier ausgelegt, der

Fisch daraufgelegt, und gut mit Butter bestrichen. Während dem Braten wird der Fisch oft mit dickem saurem Rahm übergossen. Bratzeit ½ - ¾ Stunden.

194. Bemooster Karpfen.

Ein schöner, großer Karpfen wird mit Salz eingerieben, dann mit ¼ l Wein, Pfeffer, Gewürz und Petersilie im Fischkessel langsam gekocht. Man läßt ihn in der Brühe erkalten. Aus 5 hartgesottenen, geriebenen Eigelb, 2 geriebenen Zwiebeln, 6 Löffeln Öl, 1 Löffel Senf, Salz, Pfeffer, etwas Zucker und Essig, nebst etwas kräftigem Jus (Saft) aus Liebigs Fleischextrakt, wird ein dicklicher Beiguß bereitet, der Karpfen damit gleichmäßig überzogen, mit Eivierteln und Petersilie schön garniert.

195. Schollen in Weintunke.

Die Schollen werden abgezogen, indem man den Schwanz einen Augenblick in kochendes Wasser hält, dann die Haut am Schwanz mit dem Messer loslöst und gegen den Kopf zu abzieht. Unter dem Kopf wird ein Schnitt gemacht, die Scholle ausgenommen, ausgewaschen, dann in schräge Stücke geschnitten und dieselben kurze Zeit in Zitronensaft mit Essig und Gewürzkörnern gelegt, damit sie im Fleisch fester werden. Nachdem die Stücke abgetrocknet sind, werden sie mit Salz und Pfeffer betreut, in Mehl gewendet, schön in eine passende Pfanne nebeneinander gelegt, ziemlich viel feingeschnittene Zwiebel und 100 g Butter gleichmäßig darüber verteilt und etwas Weißwein und saurer Rahm dazugegeben. Im heißem Ofen sind sie in kurzer Zeit fertig.

196. Hecht.

Der Hecht ist ein Raubfisch, hat flach gedrückten Kopf mit spitzen Zähnen. Er ist ein sehr beliebter Fisch, hat zartes, leicht verdauliches Fleisch; am schmackhaftesten ist es von mittelgroßen Hechten von 4-6 Pfund und diese sind am wohlschmeckendsten vom September bis Februar. Das Fleisch von älteren Tieren ist trocken. Wenig empfehlenswert ist der Fisch während der Laichzeit (März und April). Die Leber dient als Leckerbissen. Man kocht sie mit dem Sud oder dämpft sie in Butter.

197. Hecht blau.

Zutaten: 3 l Wasser, ¼ l Essig, 40 g Salz, Zwiebel, Lorbeerblatt, Zitrone, 3 Pfund Hecht.
Der geschuppte, ausgenommene und sauber ausgewaschene Fisch wird in dem vor obigen Zutaten bereiteten Sud etwa ½ Stunde gekocht. Es werden Salzkartoffeln, zerlassene Butter, Rahmmeerrettich oder eine beliebige Soße dazu gegeben.

198. Hecht gebraten.

Zutaten: 3 Pfund Hecht, 30 g Speck zum Spicken, 1 Zitrone, 80 g bis 100 g Butter, ¼ l Rahm, Salz, Pfeffer, Weißwein, 1 ½ Esslöffel Stärkemehl.

Der hergerichtete Fisch wird auf beiden Seiten vorsichtig gehäutet und mit ganz feinen Speckstreifen gespickt. In eine Bratpfanne gibt man Butter. Der mit Salz und Pfeffer eingeriebene Fisch wird hineingelegt, Zwiebeln und Suppengrün zugegeben und im Bratofen, unter fleißigem Begießen und Zufüllen von Rahm, ½ - ¾ Stunden gebraten, dann auf eine Platte gelegt. Die Soße wird mit Wein, verrührtem Stärkemehl, Fleischertrakt oder Bratensoße aufgekocht, pikant abgeschmeckt und durch einen Seiher über den Fisch gegeben.

199. Hecht-Kraut.

An das weichgekochte Kraut gibt man einen hellgelben, ziemlich dicken Beiguss. Der gekochte Hecht wird entgrätet, in Stückchen geschnitten. Dann gibt man abwechslungsweise auf eine Platte Kraut und Hecht, zuletzt über das Ganze etwas Butter, sauren Rahm und geriebenen Käse. Am Rohr läßt man es ½ Stunde aufziehen.

200. Aal gekocht.

Der Aal ist ein schlangenähnlicher Fisch. Im Sommer ist der Aal schmackhafter als im Winter. Durch feinen hohen Fettgehalt ist er schwer verdaulich und muß bei der Zubereitung darauf Rücksicht genommen werden. Um den Aal zu töten, wird er mit einem Tuch beim Kopf genommen und einigemale fest auf die Kante des Tisches geschlagen oder es wird ein Nagel durch den Kopf gedrückt und dieser als dann auf einem Brett befestigt. Nun wird mit einem scharfen Messer die Haut ringsum am Kopfe leicht abgelöst und der Aal ein wenig mit Salz bestreut, damit man ihn besser halten kann, ist die Haut fingerbreit überbogen, so wird sie mit dem Tuch gefaßt und mit starkem Zug über den Aal herabgezogen, worauf derselbe wie jeder andere Fisch aufgeschnitten, ausgenommen, ausgewaschen und in drei fingerbreite Stückchen geschnitten wird. Er wird gekocht wie der Hecht. Man richtet ihn auf einer heißen Platte an, garniert mit ausgestochenen Kartöffelchen, gibt ihn mit einer Buttersoße, welche mit süßem Rahm und einem Esslöffel feingewiegter Kapern abgeschmeckt wird, zu Tisch. Rahmmehrretich ist sehr gut dazu.

201. Aal in Salbei.

Die gut vorbereiteten Aalstücke werden mit Salz und Pfeffer eingerieben, mit Zitronensaft beträufelt und mit gewaschenen Salbeiblättern umbunden. In heißer Butter werden die Stücke unter fleißigem Begießen ringsum gelb gebraten, Zwiebelscheiben, Lorbeerblätter und Thymian dazugegeben. Die Blätter entfernt man beim Anrichten und gibt den Fisch mit kleinen Kartöffelchen zerschlagener oder Schaumbutter zu Tisch; er schmeckt auch kalt sehr gut.

202. Lachs oder Salm gekocht.

Zutaten: 3 Pfund Salm, 1 Esslöffel Salz, 1 Zitronenrädchen, einige Pfefferkörner, Nelken, Zwiebel, 2 l Wasser.

Der Sud wird aufgekocht; darin läßt man die Fischscheiben 10 bis 15 Minuten ziehen. Dann werden sie mit etwas Fischsud auf einer Platte angerichtet und mit einem Zitronenrädchen und Peterling garniert. Soße Hollandaise wird dazu gegeben.

203. Lachs gebraten.

In der Pfanne gibt man Öl oder Butter und die gesalzenen Lachsscheiben, die man auf beiden Seiten gut anbraten läßt. Sie werden auf eine Platte angerichtet, etwas Petersilie darauf gestreut. Zum zurückgebliebenen Fett in der Pfanne gibt man noch etwas Butter, läßt sie zergehen und gibt dann alles über den Fisch. Salat oder Salzkartoffeln werden dazu serviert.

204. Rheinsalm gedämpft.

Zutaten: 3-4 Scheiben Salm (2 Pfund), ½ l Weißwein, 250 g frische Champignons oder Blumenkohl, 2-3 Schalotten, Petersilie, Gewürz, 60-70 g Butter, 2 Esslöffel Mehl.

Die Salmschscheiben werden mit Weißwein, den geputzten, gewiegten Champignons sowie den anderen Zutaten ungefähr ½ Stunde gedämpft und auf eine erwärmte Platte angerichtet. Der Fischsaft wird noch eingekocht, bis mit Mehl verknetete Butter zugegeben, einigemal aufgekocht, pikant abgeschmeckt und durch ein Sieb über den angerichteten Fisch gegossen.

205. Salm mit Mayonnaise.

Der Fisch wird gekocht, im Sud kaltgestellt. Dann werden die Scheiben auf einem Brotsockel angerichtet, mit Salatherzchen, hartgekochten Eiern und Petersilie verziert. Man gibt Mayonnaise dazu.

206. Auf dem Rost gebratener Salm.

Der in Scheiben geschnittene Salm wird Salz und Pfeffer eingerieben und eine Stunde liegen gelassen. Nun werden die Scheiben von beiden Seiten mittels eines Pinsels mit zerlassener Butter, worunter etwas Zitronensaft gedrückt ist, bestrichen und auf einem Rost, auf guter Glut, unter öfterem Bestreichen mit zerlassener Butter, gebraten. Auf eine warme Platte wird angerichtet und mit Remouladensosse serviert.

207. Rheinsalm gesulzt.

Wird ebenso bereitet wie Forellen. Karpfen und Hechte können ebenfalls gesulzt werden.

208. Lachs mit Kräuterbutter.

Ein schönes Lachsmittelstück wird ausgenommen, im Fischsud gekocht und kaltgestellt. Dann legt man es auf einen Sockel, überstreicht es ganz mit Kräuterbutter und spritzt Sardellen oder Kräuterbutter mit einer feinen Tülle oben darauf. Garniert wird mit gebackter Sulz.

209. Schellfisch.

Zutaten: 5 Pfund Schellfisch 4 l Wasser, 1 Guß Essig, 4 Esslöffel Salz, Fischsudgewürz.

Der geschuppte, sauber ausgenommene und ausgewaschene Fisch wird eingesalzen, damit das Fleisch fester wird, dann in Portionen geschnitten und in den kochenden Sud gegeben. Man läßt ihn ½ Stunden ziehen. Der Fisch wird mit etwa Sud angerichtet. Senfsoße ist gut dazu.

210. Kabeljau.

Wird gemacht wie Schellfisch. Auf die gleiche Weise werden auch Heilbutt, Steinbutt und Scholle bereitet.

211. Fischfilet.

Von Kabeljau, Schellfisch, Rotbarsch, Seelachs, Rotzunge und Seezunge.

Die abgezogenen Filets werden gewaschen, abgetrocknet und eingesalzen, mit Zitronensaft oder Essig beträufelt. Man läßt sie 1 Stunde marinieren. Dann werden sie in Mehl, Ei und Weckmehl umgedreht, mit Backkorb in schwimmendem Fett oder in der Pfanne mit reichlich Fett gebacken und mit kalter Remouladensoße oder Rahmmehrrettich serviert.

212. Fischfilets gekocht.

Die eingesalzenen Filets läßt man in einem Sud (wie zu Schellfisch) ¼ Stunde ziehen. Nachdem sie abgetropft sind, gibt man sie auf eine Platte und übergießt sie mit einer guten Tomatensoße, die man mit noch saurem Rahm verbessert hat. Mit Schnittlauch bestreut, werden sie zu Tisch gegeben.

213. Fisch menniére.

Fisch wird gesalzen, mit Mehl paniert und in schwimmendem Fett 4 Minuten gebacken. Dann läßt man in einer anderen Pfanne Butter zergehen; darin wird der aus dem Fett genommene Fisch etwa 2 Minuten lang auf beiden Seiten schön angebraten, dann angerichtet. Butter zergehen lassen, mit gehackter Petersilie und Zitronensaft (je nach Geschmack auch Essig) schnell heiß werden lassen und über den angerichteten Fisch gießen, dann servieren. Einige Tropfen Whorchester (oder Worcestersauce, ist eine englische Würzsauce) Sauce machen den Fisch noch schmackhafter.

214. Stockfisch.

Der Stockfisch kann schon gewässert gekauft werden. Er wird gesalzen und kommt in eine gute schließende Kasserolle, ohne jede Flüssigkeit; darin wird er je ½ Stunde gedünstet. Dann werden Haut und Gräten entfernt und der Fisch bis zum Anrichten warm gestellt. Vor dem Servieren wird eine schöne hellgelbe Zwiebelschmälze von ¼ Pfd. Fett oder Butter gleichmäßig darüber gegeben.

Zu Sauerkraut und Kartoffeln ist der Stockfisch vorzüglich.

215. Stockfischkraut.

Wird wie Hechtkraut gemacht. Nr. 199.

216. Weißfisch, Barsch.

Die Fische werden geschuppt, ausgenommen und gesalzen. Man wendet sie in Mehl und bäckt sie in heißer Butter stark gelb und gut durch. Hierauf ordnet man sie auf eine Platte und gibt sie sofort zu Tisch.

Kleinere Fisch werden ganz gelassen, größere in Stücke geschnitten, mit Salz und Pfeffer eingerieben und einige Zeit liegen gelassen, dann in Weissmehl, in mit Milch verklopftem Ei und Weckmehl gewendet und schwimmend in heißem Fett gebacken.

217. Kabeljau gebacken.

Zutaten: 4-5 Pfund Kabeljau, 2-3 Eier, 100 g Mehl, Salz und Pfeffer, Backfett.

Der gehäutete Kabeljau wird in Stücke geschnitten und mariniert, vor dem Backen in Weissmehl, Ei und Weckmehl gewendet und wie in vorhergehender Nummer gebacken, Zitronenrädchen und Petersilie garniert, aufgetragen.

218. Fischhackbraten.

Zutaten: 3 Pfund Fisch, 3 Brötchen, 2 – 3 Eier, Salz, Pfeffer, Muskat, geriebene Zwiebeln und Zitronensaft, 1 Esslöffel geriebene Käse.

Dazu wird immer ein Stück von größeren Fischen, wie Kabeljau und Seelachs verwendet. Der Fisch wird gehäutet, damit dies leichter geht, einige Zeit in kochendes Wasser gehalten, das Fleisch von den Gräten gelöst und 2mal mit den abgeriebenen, eingeweichten, gut ausgedrückten Brötchen durch die Hackmaschine getrieben. Dann gibt man die andern Zutaten darunter, formt aus der Masse einen länglichen Stollen, wendet ihn in Weckmehl und bratet ihn in heißem Fett unter fleißigem Begießen in ½ Stunde. Die Soße wird mit einem Esslöffel Rahm und mit angerührtem Stärkemehl aufgekocht.

219. Fischküchlein.

Von obigen Zutaten formt man Küchlein, wendet sie in Weckmehl und backt sie 6-8 Minuten in heißem Fett goldgelb. Man kann auch Klopse davon formen und diese in einer beliebigen Soße 10-15 Minuten ziehen lassen.

220. Fischkotelette.

Hierzu eignet sich am besten das Fleisch vom Weißfisch. Dasselbe wird fein gehackt, mit eingeweichten Semmeln, Ei, Salz und Pfeffer untereinander gemengt, Koteletten heraus geformt, paniert und gebacken.

221. Andere Art.

Abfälle von gebratenen Fische werden in Zitronenschale und Petersilie fein gewiegt, ein Stückchen Butter schaumig gerührt, eingeweichte Semmeln, Eier, Salz und Pfeffer dazugegeben, Koteletten heraus geformt, paniert und in heißem Fett gebacken.

222. Fischwurst.

Von einem Weißfisch zieht man die Haut ab und löst die Gräten heraus. Nun backt man 1 Pfund Fleisch sehr fein und bringt es in eine Schüssel. Dann gibt man 4-5 Löffel Milch dazu, 5-6 Eiweiß, Salz, und etwas gewiegt Zitronenschale und rührt das Ganze tüchtig ab, bis die Masse schön weiß ist und mengt dann noch einen Löffel Milch hinein. Darnach drückt man mittels eines dazu bestimmten Säckchens Würste in heißes Wasser, in welchem sie ungefähr ein Viertelstunde bleiben und ähnlich wie Bratwürste bereitet werden.

223. Fischauflauf.

Zutaten: 2 ½ - 3 Pfund übrig gebliebener Fisch, 70-80 g Butter, 80-100 g Mehl, ¼ l süßer Rahm oder Milch, Salz, Muskat, 1 Esslöffel Käse, 2-3 Eier.

Der gekochte Fisch wird gehäutet und in kleine Blättchen geteilt. Von Mehl, Milch, Butter, Fischsud, Salz und Muskat bereitet man eine dicke Soße, läßt sie gut auskochen und erkalten. Dann rührt man Eigelb, Käse, Fischblättchen und den steifen Schnee leicht darunter, füllt die Masse in eine mit Butter bestrichene und mit Wechmehl bestreute Form und läßt sie im Ofen 30-40 Minuten aufziehen. Diese Masse kann auch in Muscheln gefüllt werden.

224. Fischfilet mit Senf und Tomatenmark.

Fischfilet werden in eine gefettete Kachel der Länge nach eingelegt, schwach gesalzen, dann mit Senf und Tomatenmark bestrichen, mit ¼ Pfund geriebenem Käse bestreut. So 2 Lagen aufeinander. Mit Butterstückchen belegt und mit etwas Rahm übergossen, wird die Masse im Rohr etwa eine halbe Stunde gebacken.

225. Schwedische Fischpfeife.

3 ½ Pfd. Fischfilet werden in einem Fischsud weich gekocht. Wenn sie auf dem Seiher abgelaufen sind, werden sie in eine große Kachel gegeben. 125 g Butter werden mit 125 g Mehl weiß geröstet, mit ¾ l Milch aufgegossen. In die heiße Masse werden 4 Eigelb und 1/8 l Schlagrahm gerührt, sowie der Saft einer Zitrone und das nötige Salz dazugegeben. Wenn die Masse etwas erkaltet ist, kommt der steife Eierschnee dazu, dann wird sie über die Fische in der Kachel gegossen, mit einigen Butterflöckchen belegt und ½ Stunden im Rohr gebacken.

226. Fischpudding.

Zutaten: 2 ½ - 3 Pfund Seefische, 3-4 Brötchen, 3-4 Eier, 30-40 g Butter, gewiegte Zwiebeln und Petersilie, Salz, Pfeffer nach Belieben Parmesankäse.

Das von Haut und Gräten befreite Fischfleisch wird zweimal durch die Hackmaschine getrieben. Die eingeweichten, gut ausgedrückten Brötchen, gedämpfte Zwiebeln und Petersilie, sowie die anderen Zutaten werden darunter gemengt, zuletzt der steife Schnee. Der Pudding wird in gut bestrichener Form ungefähr 1 Stunde im Wasserbad gekocht.

227. Fischpasteten.

Zutaten: Mürbteig von ½ Pfund Mehl, 120 g Butter, 2-3 Löffel Rahm, 1 Eigelb und einer Prise Salz.
Zur Fülle: 2 ½ Pfund Fischreste, 1 Ei, einige Löffel Buttersoße.

Aus dem zubereiteten Teig sticht man grosse, runde Scheiben aus. Die durchgetriebenen Fischreste werden mit einem Ei und etwas Soße gebunden. Man legt in die Mitte der Scheibe etwas von dieser Fülle, bestreicht den Rand mit Ei, legt sie zu einem Halbmond zusammen und drückt die Ränder fest aufeinander. Die Pastetchen werden in heißem Fett schwimmend oder im Ofen gebacken.

228. Andere Art.

Fischreste werden in einer Einmachsoße heiß gemacht und in erwärmte Pastetchen gefüllt. Statt der Fischreste kann auch Büchsensalm verwenden.

229. Fisch in Muscheln.

Zutaten: 2 Pfund gekochter Fisch, Soße von 80-100 g Butter, 80-100 g Mehl, ¼ l Rahm, ¼ l Fischsud, Salz, Muskat, zum Bestreuen 2 Löffel Weckmehl, 2 Löffel geriebene Käse, 40 g Butter.

Der gekochte Fisch wird vorsichtig von Haut und Gräten befreit, unter die gut ausgekochte Rahmsoße gegeben, in Muscheln gefüllt, mit Weckmehl und Käse bestreut, mit Butter beträufelt und gelb gebacken.

230. Pichelsteiner von Fisch.

Zutaten: 2 ½ - 3 Pfund Fisch, 1 Pfund rohe Kartoffelscheiben, verschiedenes Gemüse, wie gelbe Rüben, Sellerie, Lauch, Wirsing oder Weißkraut, 40-60 g Butter, 1 Zwiebel, Salz nach Belieben.

Der hergerichtete Fisch wird in Würfel geschnitten, mit Salz und Pfeffer bestreut; die Zwiebel dämpft man in Butter in einem gut schließenden Topf, gibt das hergerichtete, fein geschnittene, gewaschene Gemüse und Salz zu, löscht mit Wasser ab und läßt alles fast weichkochen. In den letzten 10 Minuten gibt man die rohen Fischstücke hinzu.

231. Fischragout.

Übrig gebliebene Fischreste, die man von Haut und Gräten befreit hat, werden in Stückchen geschnitten und unter eine fertige braune oder Buttersoße gegeben. Man kann dieses Fischragout zu jeder beliebigen Mehlspeise oder zu Pasteten verwenden.

232. Frikassee von Kabeljau und Seelachs oder anderen Seefischen.

Zutaten: 4-5 Pfund Milch, 2 Stück Blumenkohl oder 1 Pfund Pilze, Saft einer halben Zitrone oder Essig, Salz, Pfeffer, einige Löffel Schweizerkäse, Buttersoße von 80-100 g Butter, 80-100 g Mehl, 4-5 Löffel Weißwein, 2-3 Eigelb, 4-5 Löffel Rahm.

Der Fisch wird gehäutet und von den Gräten befreit. Man schneidet ihn in kleinere Filets und mariniert sie mit Salz und Zitronen. Blumenkohl oder Pilze werden in Salzwasser beinahe weich gekocht, in eine mit Butter bestrichene Auflaufform gegeben, die Filets in der geriebenen Käse gewendet, um den Blumenkohl gelegt, mit Buttersoße übergossen, mit Parmesankäse betreut, mit Butterstückchen belegt und ungefähr ¾ Stunden gebacken.

233. Fischknödel.

1/4 Pfund Butter wird gerührt, Zwiebel und Peterling fein gewiegt und gedämpft, dann mit 12 eingeweichten und gut ausgedrückten Brötchen an die Butter gerührt. Dazu kommen 3 Pfund ausgegrätetes, gewiegtes rohes Fischfleisch, am besten Filets, 6 Eier, Muskat und Salz. Von dieser gut vermengten Masse werden Knödel in kochendes Salzwasser gelegt, bis man einigemal aufkochen und auf der Seite des Herdes noch eine Viertelstunde ganz langsam weiterkochen läßt.

Die Knödel werden mit einer Kapern- oder Tomatensauce zu Tisch gegeben.

234. Frikadellen von Seefisch.

1 ½ kg gekochter Fisch wird aus Haut und Gräten gelöst, gewiegt und mit 600 g feingeriebenen, gekochten Kartoffeln vermischt. Dazu kommen 4 Eier, Pfeffer, Salz und 2 fein geschnittene, in Butter gelb gedünstete Zwiebeln. Nun werden Frikadellen geformt in Größe eines Esslöffels, mit Ei und geriebener Semmeln paniert und goldbraun gebacken. Dazu passen Kartoffel-, Sellerie-, Kressesalat, Kapernbeiguß und verschiedene Gemüse.

235. Frikadellen anderer Art.

Zutaten: 3 ½ - 4 Pfund gekochter Fisch, 3 Brötchen, 3 Eier, Salz und Muskat, einige Löffel Weckmehl, 3-4 Esslöffel zerlassene Butter, 1 Esslöffel gehackte Petersilie.

Der gekochte Fisch wird enthäutet, entgrätet, durch die Hackmaschine getrieben und mit den obigen Zutaten vermengt. Nachdem alles gut verarbeitet ist, formt man runde Küchlein, wendet sie in Weckmehl und backt sie in heißem Fett.

236. Fisch auf Norderney-Art mit Senfbutter.

Entgrätete Fischfilets mit Salz und Zitronensaft marinieren, in Mehl und dann in Ei wenden und auf flacher Pfanne in Butter goldgelb backen. Zur Senfbutter 80 g Butter schaumig rühren, ein Esslöffel Senf, Salz und Pfeffer und 1 feingewiegtes Ei gut darunter mengen und diese Sauce extra dazu servieren.

237 a. Fischrollen mit holländischer Soße.

Fischfilet von Rotzungen mit Salz und Zitronensaft marinieren, aufrollen und auf eine Platte nebeneinander setzen. Die fertige holländische Soße darüber streichen, etwas geriebenen Parmesankäse darauf geben und überbacken.

237 b. Holländische Soße.

Zutaten: 1 Esslöffel Mehl, 1/4 l kalte Flüssigkeit, 1-2 Eigelb, 40 g Butter, Salz, 1 Prise Zucker, Zitronensaft, Wein, Rahm. Mehl mit kalter Flüssigkeit anrühren, Eigelb dazugeben, im Wasserbad dicklich rühren, Butter stückweise und zuletzt die Gewürze dazugeben.

238 a. Fischmayonnaise.

Gekochte Fische werden gehäutet und entgrätet, in kleinere Stückchen geteilt und mit etwas Mayonnaise, Salz und Essig angemacht. Nachdem man gut abgeschmeckt hat, werden die Fischstückchen auf einer Platte erhöht angerichtet und mit Mayonnaise überstrichen. Dann werden Sardellen geputzt, in Streifen geschnitten und gitterartig über die Mayonnaise gelegt, in jedes Karo eine Kaper. Der Plattenrand wird mit Tomatenscheiben, Kopfsalatblättchen, Endivien- oder Ackersalat garniert.

238 b. Fischmayonnaise anderer Art.

Fische in der Tüte dämpfen, entgräten und in kleine Stücke teilen. Glasplatte mit gelben Salatblättern belegen und 1 Lage Fische darauf verteilen, etwas mit Salz und Zitronensaft beträufeln und 1 Lage Mayonnaise darüberstreichen und so mit Fisch und Mayonnaise fortfahren, bis die gewünschte Höhe erreicht ist. Zuletzt das Ganze mit Mayonnaise bestreichen und mit hartgekochten Eischnitten, Tomaten und etwas Gurken verzieren.

239. Gratinierter Fisch.

Dazu eignet sich Rotzunge, Seezunge und Filet. Es können auch gekochte Fische verwendet werden. Rotzunge oder Seezunge (letztere ist feiner, aber auch teurer) werden abgezogen. Man löst die Haut am Schwanze und zieht sie mit einem Tuch in der Hand ab. Nachdem der Fisch ausgenommen und ausgewaschen ist, wird er mit Salz und Pfeffer eingerieben und mit Zitronensaft beträufelt. Eine feuerfeste Platte wird mit Butter bestrichen, der rohe Fisch hineingelegt, mit dickem saurem Rahm bestrichen, mit geriebenem Käse bestreut und mit Butterstückchen belegt. Der Plattenrand wird mit gutem Kartoffelpüree garniert. Im Bratofen wird ungefähr ½ Stunde alles schön braun gebraten. Gekochte Fische werden ebenso zubereitet.

240. Fischauflauf von gekochten Fischresten.

Der Fisch wird von Haut und Gräten befreit, davon eine Lage in eine Auflaufschüssel gegeben, mit Zitronensaft, holländischer Soße und geriebener Käse; darauf kommt wieder Fisch, Zitronensaft, Soße und Käse. Der Auflauf wird 1 Stunde im Ofen gebacken.

241. Fischsulz.

Zutaten: 2 ½ - 3 l Wasser, 3/8 l Essig, 60 g Salz, Suppengrün, Zitronenschale, 2 Pfund Kabeljau oder eine anderer Fisch.

Der zubereitete Fisch wird mit obigen Zutaten aufgestellt und zum Kochen gebracht. Darin läßt man in 20 Minuten ziehen und erkalten. Dann wird er von Haut und Gräten befreit. Mit Zitronensaft beträufelt und mit Salz bestreut. Zu 1 l Fischsud gibt man 15 bis 20 Blatt weiße Gelatine, etwas Maggi, ½ Eiweiß, welches mit etwas Wasser zerschlagen wurde, läßt das Ganze unter Rühren zum kochen kommen, stellt es ungefähr 20 Min. auf die Seite, schüttet es durch ein Tuch und füllt die geklärte Sulz 1 cm hoch in eine Ringform. Wenn diese fest ist, legt man die Fischstücke darauf, füllt die übrige Sulz ein und läßt alles fest werden.

242. Froschschenkel in der Soße.

Die abgezogenen Froschschenkel werden gut gewaschen. Von Butter und Mehl wird eine weiße Mehlschwitze gemacht, gut durchgekocht, 1 Esslöffel gewiegt Petersilie dazugegeben und die Froschschenkel; sie werden ¼ Stunde in der Soße gekocht, mit etwas Weißwein oder Zitronensaft, Maggi und Salz abgeschmeckt. Zu Spätzle oder Eierhaber sind sie sehr gut.

243. Froschschenkel gebraten.

Sie werden, nachdem sie abgezogen und gewaschen sind, wenig gesalzen, in Mehl gewendet, in zerschlagenes Ei getaucht, in Brösel umgedreht und in heißem Fett in der Pfanne angebraten, mit gemischtem Salat oder Gemüse gereicht.

244. Froschschenkel, gebacken.

Die gesalzenen und in Mehl gewendeten Froschschenkel werden in Ausbackteig getaucht und in schwimmendem Schmalz gebacken.

(Kommentar: Den Fröschen werden lebend die beiden Beinen weggerissen, dann wieder ins Wasser geworfen. Es wird nur die Schenkel gegessen. Das heißt, die Frösche müssen elend leiden, ohne Beine. Sie sterben qualvoll. Jeder soll ein Gewissen haben und keine Froschschenkel essen)

245. Gefüllte Schnecken.

Die Schnecken werden sauber gewaschen und in kochendes Salzwasser gegeben, 10 Minuten darin gekocht, auf einen Seiher geschüttet und kalt abgeschwenkt. Dann werden sie mit einer Gabel aus den Häuser geholt und nachdem man das Schwarze entfernt hat, 2-3 mal im Salzwasser gut durchgewaschen. In einer Kasserolle werden sie mit so viel Wasser, das es darüber geht 1 Stunde gekocht. Dann werden die Schneckenhäuser im Salzwasser gut ausgewaschen und umgekehrt auf ein Sieb gesetzt, damit das Wasser herauslaufen kann. *Schneckenbutter:* ¼ Pfund Butter wird schaumig gerührt, 10 Sardellen werden sauber geputzt und mit 5 Stück Champignons, 1 Zwiebel, ziemlich Petersilie fein gewiegt, an die Butter gerührt, ebenso 5-6 Esslöffel Weißbrotbrösel und 4 Löffel Weißwein. Wenn alles gut durcheinander gerührt ist, gibt man in ein Blech 1 cm hoch Salz und setzt die Schneckenhäuser darauf, gibt in jedes Haus eine Schnecke, etwas von der Brühe, in der die Schnecken gekocht wurden, darauf einen Kaffeelöffel Schneckenbutter, die oben glatt gestrichen wird. Dann werden die Häuschen und Inhalt wieder auf den Platz im Blech gesetzt und ¼ Stunde in den Backofen gegeben.

Fleischgerichte.

246 a. Suppengrün.

Sellerie, Petersilie, Lauch, gelbe Rüben, eine gebräunte, auf der Herdplatte geteilte Zwiebel (im Winter Erbsenschoten)

246 b. Das ganze Gewürz zum Braten.

Zwiebel, Lorbeerblatt, Tomaten, gelbe Rüben, Petersilwurzeln, Lauch, Sellerie, Pfefferkörner, Nelken, 1 Zitronenscheibe.

246 c. Einfaches Bratengewürz.

Zwiebel, gelbe Rüben, Lauch, Sellerie.

247 a. Ochsenfleisch, gekocht.

Zutaten: 3 Pfund Ochsenfleisch, 5-6 l Wasser, Salz, Suppengrün Nr. 246 a.

Die klein zerschlagenen Knochen werden mit obigen Zutaten in kaltem Wasser aufs Feuer gebracht, wenn es anfängt zu kochen, wird das Fleisch zugegeben und ungefähr 2 Stunden zugedeckt, langsam gekocht. Beim Anrichten wird das Fleisch mit Salz betreut mit Fleischbrühe übergossen und mit Petersilie verziert. Es soll erst kurz vor dem Servieren geschnitten werden.

247 b. Gebackenes Siedfleisch.

Das Fleisch wird in Scheiben geschnitten mit Salz und Pfeffer eingerieben, in Mehl gewendet, mit verklopftem Ei bestrichen, mit Weckmehl paniert, in heißem Fett gebacken und mit Bratensauce serviert.

248. Geröstetes Siedfleisch.

Das Fleisch wird in Scheiben geschnitten, in heißer Butter mit Zwiebeln geröstet, mit Rahm und verklopften Eiern übergossen, mit Salz und Pfeffer gewürzt und mit Bratensoße zu Tisch gegeben.

249. Zwiebelfleisch.

Von erkaltetem Siedfleisch werden Scheiben geschnitten, mit Salz und Pfeffer eingerieben, in Mehl gewendet, in einer Pfanne mit heißem Fett auf beiden Seiten angebraten, 1 Esslöffel Mehl dazugerührt, mit Fleischbrühe oder Bratensauce und 1 Esslöffel Essig abgelöscht und alles aufgekocht. Dazu kommen noch in Fett hell gedämpfte, in Scheiben geschnittene Zwiebeln, die mit Fleisch und Sauce nocheinmal aufgekocht werden, sowie das fehlende Salz etwas Maggi.

250. Rindfleisch mit Sardellen und Rahm.

Von gekochtem Suppenfleisch werden nette Scheiben geschnitten und in ein Kafferol gelegt. Dann werden 2 geputzte, gewiegte, mit einigen Löffeln Rahm gut abgerührte Sardellen (ziemlich dick) über das Fleisch gegeben und mit demselben noch etwa ¼ Stunde gekocht.

251. Rindsbraten in Rahmsoße.

Schoss vom Ochsen oder Rind wird ausgebeint und zugerichtet, der sehnige Streifen weggeschnitten, gut geklopft, mit Salz und Pfeffer eingerieben, gerollt und mit Bindfaden gebunden. In einer gutschließenden Kasserolle wird Fett heiß gemacht, der Braten hinein gegeben mit dem ganzen Gewürz 246 b. Ist das Fleisch schön angebraten, wird Wasser oder Fleischbrühe darangegeben, (jedoch immer nur wenig) die Kasserolle gut geschlossen und das Fleisch ungefähr 2 Stunden gebraten; es muss öfters gewendet werden, damit es nicht anbrennt. Nachdem man den Braten aus der Kasserolle genommen hat, läßt man die Sauce gut einbraten, bis das Fett klar und der Satz schön braun ist. Dann wird ein Stückchen Butter dazugegeben und so viel Mehl, als dieses annimmt, und sofort kalt abgelöscht. Mit heißer Fleischbrühe wird aufgefüllt, ¼ l Wein zugegeben und das Ganze gut durchgekocht. Vor dem Anrichten kommt noch etwas Wein, eine Tasse saurer Rahm, einige Löffel Maggi und das fehlende Salz dazu. Beim Anrichten wird die Soße passiert und über den Braten gegeben.

252. Tomatenbraten.

Wird gemacht wie Rindsbraten. In die Kasserole gibt man gutes Fett oder Butter, gewiegte Zwiebeln und eine Tasse Tomatenpüree, läßt dieses andämpfen und gibt es zur Rahmsauce, siehe Nr. 251.

253. Rindsbraten mit Gurkensoße.

Frische Gurken werden geschält und gehobelt, mit etwas Butter und Fleischbrühe kurz gedämpft, mit Maggi, Salz und einigen Löffeln Wein gut abgeschmeckt und zur Rahmsoße gegeben, siehe Nr. 251.

254. Ungarischer Rindsbraten.

Roher Schinken wird in Würfel geschnitten, in Fett angebraten, 1 Tasse Tomatenpüree zugegeben und das Ganze zur Rahmsoße gegeben, siehe Nr. 251.

255. Wurzelbraten.

Eine Schoss wird hergerichtet wie zu Rindsbraten, mit den gleichen Zutaten zugesetzt und weich gebraten. Die Sauce wird nicht angestaubt, sondern gleich aufgefüllt und mit Kartoffelmehl säumig gemacht. Gelbe Rüben, Sellerie, Lauch, Wirsing, Kohlraben werden fein nudelartig geschnitten, mit etwas Tomatenscheiben oder Püree in Butter und Fleischbrühe gedämpft, weich zur Sauce gegeben, nochmals durchgekocht, gut abgeschmeckt und beim Anrichten über den Braten gegeben.

256. Sauerbraten.

Zutaten: 3 Pfund Schoss, 50 g Fett, Zwiebel, Lauch, Sellerie, gelbe Rüben, Lorbeerblatt, Zitronenscheibe, Pfefferkörn, ¼ l Weinessig, 60 g Speck, 1/8 l saurer Rahm, ¼ Pfund Mehl, 1 l Wasser.

Weinessig, Wasser und Gewürz wird kalt an das Fleisch gegeben, das 4-5 Tage im Keller stehen bleibt. Dann wird in einer gut schliessenden Kafferole Fett heiß gemacht, das geklopfte und gesalzene Fleisch hineingegeben und angebraten, mit der Beize aufgefüllt und das Fleisch gebraten bis es weich ist (etwa 2 Stunden). Den Bratensatz läßt man nach herausnehmen des Fleisches schön braun werden, staubt mit etwas Mehl das Fett an, löscht mit der kalten Beize ab, füllt mit Knochen- oder Fleischbrühe auf und läßt die Sauce gut durchkochen. Dann wird der Rahm zugegeben, mit Maggi und dem fehlenden Salz gut abgeschmeckt und die Sauce passiert über den Braten gegossen.

257. Schmorbraten.

Zutaten: 3 Pfund Rindfleisch vom Eckstück, 4 Rübchen, 2 Zwiebeln, Nelken, 2 Lorbeerblätter, Sellerie, Pfefferkörner, 3-4 Tomaten, etwas geräucherter Speck, 5-6 Löffel Rotwein.

Alles wird miteinander zu den etwas gerösteten Speckwürfeln gegeben, das Fleisch allseitig gut angebraten, etwas Suppenbrühe zugegossen, gut zugedeckt, fast weich geschmort und die Brühe beinahe eingekocht. Dann wird ein Löffel Mehl mit Wasser glatt gerührt, mit dem Rotwein zum Fleisch gegeben und alles fertig gekocht. Die Sauce wird passiert.

258. Boeuf à la Mode.

3 Pfund Rind- oder Ochsenfleisch wird mit Salz eingerieben, dann in eine leichte Essigbeize mit ziemlich viel Knoblauch gelegt. Es muss in der Beize öfters gewendet werden. Nach 5-6 Tagen wird die Beize mit noch etwas weiterem Knoblauch zum Kochen gebracht, dann das Fleisch hineingegeben und darin gekocht bis es fast weich ist. Ein Esslöffel Zucker wird im Fett gelb geröstet, Mehl zugegeben, braun geröstet, kalt abgelöscht und mit der Beize aufgefüllt. In dieser Sauce wird dann das Fleisch vollends weich gekocht. Die Sauce wird vor dem Anrichten mit Salz und Maggi abgeschmeckt und passiert über das Fleisch gegossen. Kartoffelknödel von rohen oder gekochten Kartoffeln werden dazu gegeben.

259. Rindsbraten ohne Fett.

3 Pfund Spickschoss wird mit Salz und Pfeffer eingerieben, in einer gut schließenden Kasserolle mit 1/4 l kochendem Wasser, Zwiebeln- und Suppengrün zugesetzt. Man läßt das Fleisch auf der Seite des Herdes unter öfterem Begießen anbraten, löscht mit Fleischbrühe ab und bindet die Soße mit Kartoffelmehl.

260. Roastbeef, Englischer Braten.

Schoss vom Ochsen oder Rind, die gut abgelagert sein soll, wird ausgebeint, vom Rand die dicke Sehne entfernt, gut geklopft, mit Salz und Pfeffer eingerieben, dann in die Bratpfanne gegeben mit Sellerie, Lauch, gelben Rüben, Pfefferkörnern, Nelken und Tomaten und mit heißem Fett übergossen. Das Fleisch muß lebhaft braten, doch achte man darauf, daß man nicht viel zuzugießen braucht, um das Verbrennen des Bratensaftes zu verhindern. In heißem Bratofen und möglichst kleiner Kasserolle wird 1 kg Roastbeef in ½ Stunde fertig sein. Um zu erfahren, ob es weich ist, wird eine ins Wasser getauchte Spicknadel wagerecht so ins Fleisch gestochen, daß die Spitze möglichst bis zur Mitte kommt. Nach 5 Sekunden wird sie herausgezogen und durch die geschlossenen Lippen geführt. Ist die Nadel lauwarm, ist das Roastbeef fertig, wird es sofort aus dem Ofen gezogen und etwas abgekühlt. Es wird erst nach der Abkühlung geschnitten, da es sonst grau wird. Das Bratenfett wird abgegossen, der Satz mit Fleischbrühe aufgekocht, mit Kartoffelmehl gebunden und als Sauce zum Fleisch gereicht.

261. Roastbeef, garniert.

Man gibt das in Scheiben geschnittene Roastbeef in die Mitte einer Platte und garniert mit Karotten, grünen Erbsen, Spargeln, roh gebackenen Kartoffeln (Pommes frites) und geschabten Mehrrettich, auch gedämpftem Reis.

262. Wiener Rostbraten.

Von einem Schoss werden 2 cm dicke Scheiben geschnitten, geklopft mit Pfeffer und Salz eingerieben, in einem kleinen Geschirr Zwiebelscheiben in Butter weich gedämpft. Die Schoßscheiben werden in einer Pfanne in heißem Fett 5 Minuten gebraten, auf eine Platte angerichtet, mit den gedämpften Zwiebeln und etwas Bratensoße übergossen, mit einem Stückchen Butter belegt und zu Kartoffeln serviert.

263. Ungarischer Rostbraten.

Die hergerichteten Rostbraten werden schnell in einer Pfanne angebraten, dann in eine gut schliessende Kasserolle gegeben mit Butter, Zwiebeln, Tomatenscheiben, etwas saurem Rahm, etwas in Würfel geschnittenem geräuchertem Speck, einige Löffeln Bratensoße oder Wasser und darin 1 Stunde gedämpft. Beim Anrichten wird der Braten mit der Sauce übergossen und zu Salz- oder Bratkartoffeln gereicht.

264. Schwedischer Rostbraten.

Wird gemacht wie ungarischer Rostbraten. Speck und Tomaten werden weggelassen und nur Zwiebeln und saurer Rahm zur Soße verwendet.

265. Rumpsteak.

Von einem Schoss werden 2 cm dicke Scheiben geschnitten, geklopft, mit Salz und Pfeffer eingerieben und in heißem Fett auf beiden Seiten 8 Minuten gebraten. Beim Anrichten werden die Scheiben mit etwas Kräuterbutter und einer Mehrrettichrose belegt und mit etwas Bratensauce serviert.

Meerrettichrose: Der geputzte Meerrettich wird mit dem Messer fein geschabt und auf einer Zitronenscheibe in Form einer Rose geordnet. Der Kopf der Rose kann mit Speisefarbe oder Rotrübenbrühe etwas gefärbt werden, außen herum werden Petersilblättchen gelegt.

Kräuterbutter: Weiche Butter wird mit etwas Petersilie und Schnittlauch vermengt, zu einer Rolle geformt, dann in dünne Scheiben geschnitten, die auf das Rumpfsteak gelegt werden.

Anmerkung: Zu allen Pfannensachen, Rostbraten, Schnitzel, Beefsteaks, Koteletten usw. werden vor dem Anrichten Zwiebeln zum Fleisch gegeben, mit Fleischbrühe abgelöscht und alles zur Soße gekocht, oder es wird zerfallene Butter zum Bratensatz gegeben. Die Sauce wird passiert und über das Fleisch gegossen.

266. Entrecotes.

Wird gemacht wie Rumpsteak, jedoch ohne Mehrrettich.

267. Rindsroullädchen.

Ochsenfleisch vom Schlegel oder Schoß wird in handlange und handbreite, 2 cm dicke Stücke geschnitten, geklopft, mit Salz und Pfeffer eingerieben, mit länglichen Streifen von rohem Speck belegt (3-4 Streifen in einiger Entfernung), gerollt und mit Bindfaden gebunden. In einer Kasserolle wird Fett heiß gemacht, Zwiebel und gelbe Rüben zugegeben, dann die Roulädchen. In der gut zugedeckten Kasserole werden sie in etwa 1 ½ Stunden schön braun gebraten. Nachdem man sie herausgenommen hat, wird Mehl an das Fett gestaubt, mit Fleischbrühe ausgefüllt, etwas Weißwein zugegeben und darin das Fleisch noch 1 Stunde gekocht. Dann wird etwas saurer Rahm zugegeben, mit Maggi und dem fehlenden Salz gewürzt. Die Kasserolle muß immer gut zugedeckt bleiben.

268. Pökelbrust.

Eine nicht zu fette Brustspitze vom Ochsen (vom Metzger ausbeinen lassen) wird mit Salz und ein wenig Salpeter eingerieben. In einem Hafen gibt man Wasser und soviel Salz, bis ein Ei oben schwimmt, dann die gesalzenen Fleischstücke hinein. Nach etwa 3 Wochen wird das Fleisch aus der Beize genommen, in Wasser weich gekocht, in dünne Stücke geschnitten, mit Fleischbrühe und zu Gemüse serviert.

269. Filet- oder Schlachtbraten in Rahmsoße.

Zutaten: Das ganze Gewürz wie Nr. 246 b, 3 Pfund Filet, 60 g Speck.

Das Filet wird ausgebeint, gehäutet und mit dem Speck, der in gleichmäßig lange Streifen geschnitten wurde, gepickt. Die Knochen und Häute geben, klein gehackt, mit ziemlich Suppengrün, eine gute Fleischbrühe zur Suppe und Bratensauce. Im übrigen wird der Filetbraten wie Rindsbraten in Rahmsauce Nr. 251 gemacht.

270. Filetbraten, englisch.

Das gut abgelagerte Filet wird gehäutet und gespickt. In eine Bratenkachel gibt man das ganze Gewürz (Nr. 246 b) und das mit Pfeffer und Salz eingeriebene Filet. Nun wird es mit Fett, das in einer Pfanne heiß gemacht wird bis es raucht, übergossen, dann in den Bratofen geschoben (nicht zudecken) und öfters mit dem eigenen Fett übergossen; wenn nötig muss etwas Fleischbrühe hinzugegeben werden. Man kann den Braten auch mit Butter bestreichen. In ½ - ¾ Stunden wird er fertig sein. Vor dem Schneiden läßt man den Braten etwas abkühlen. Der Bratensaft wird mit Fleisch- oder Bratenbrühe aufgefüllt und mit etwas Kartoffelmehl gebunden. Es können auch in Scheiben geschnittene Champignons über den Braten gegeben werden.

271. Husarenbraten.

Das gehäutete und gepickte Filet wird an der Seite aufgeschnitten, aber nicht ganz durch. Dann werden kleine Essiggurken an die Wandung gedrückt und mit Rührei von 3 Eiern (weich) Oeffnung gefüllt und wieder zugenäht. Bratezeit je nach Größe des Bratens 1 ½ Stunden. Der Bratensaft wird mit Fleisch- oder Knochenbrühe abgelöscht, mit etwas saurem Rahm und Kartoffelmehl gebunden, dann an den Braten gegeben.

272. Filetbraten in Madeirasoße.

Wird gemacht wie Filetbraten in Rahmsoße Nr. 269. Es werden einige Löffel Madeira hinzugefügt.

273. Filet oder Schlachtbraten mit Gemüsen.

Der auf einem Brotsockel angerichtete Braten wird mit jungen Gemüsen, wie Erbsen, Karotten, Blumenkohl, Spargeln, Bohnen, Kartoffelbällchen, Makkaroni und Tomaten verziert.

274. Jäger- oder Lendenschnitten.

Zutaten: 3 Pfund Lenden ohne Knochen, Salz und Pfeffer.

Vom Mittelstück eines gut abgehängten Lendens schneidet man, nachdem derselbe gehäutet ist, quer über 2 cm dicke Scheiben. Sie werden leicht geklopft, kurz vor dem Braten mit Salz und Pfeffer eingerieben, in heißem Fett 8-10 Minuten gebraten, dann herausgenommen. Im Fett wird ein Esslöffel Zwiebeln geröstet, mit einem Löffel Mehl betäubt, mit Fleischbrühe abgelöscht, gut durch gekocht und über die angerichteten Schnitten gegeben. Die Schnitten können auch mit gedämpften Zwiebelringen, Sardellen- oder Kräuterbutter angerichtet werden. Sie sollen immer rosa Farben haben.

275. Lendenschnitten mit Ei.

Auf die fertig gebratenen Lendenschnitten gibt man ein Spiegelei und nach Belieben unter das Ei ein Stückchen Kräuterbutter.

276. Gefüllte Lendenschnitten.

Das Filet wird gehäutet, davon schräge, dünne Schnitten gemacht und geklopft. Hierauf bereitet man folgende Fülle; gekochtes Rindfleisch, etwas Mark, Sardellen oder Kapern und Zwiebeln werden feingewiegt. Es wird Butter schaumig gerührt, 2 Eier, 3 Löffel Fleischbrühe, einige Löffel Semmelbrösel und das gewiegte Fleisch dazugegeben. Die Schnitzel werden gesalzen und gepfeffert, auf jedes 2 messerrückendick Fülle gestrichen, 2 aufeinandergelegt. In ein Kasserol mit heißem Fett gibt man 2 zerschnittene Zwiebeln, legt die Schnitzel hinein, deckt sie zu und läßt sie so lange braten, bis die Zwiebeln gelb sind. Dann wendet man die Schnitzel um, gibt ein wenig Essig und Fleischbrühe zu und läßt die Soße etwas einkochen.

277. Filetbeefsteaks, englisch.

Von einem gehäuteten Filet werden 2-3 cm dicke Scheiben geschnitten, geklopft, mit Salz und Pfeffer eingerieben, in heißem Fett rasch (5 Minuten) gebraten und auf die Platte angerichtet. Jede Scheibe wird mit einem Stückchen Butter belegt oder mit heißer Butter und Petersilie übergossen, dann mit etwas Bratensoße zu Tisch gegeben.

278. Tiroler Beefsteaks.

Werden ebenso gemacht. Um die angerichteten Beefsteaks werden Zwiebeln und Tomatenscheiben gelegt. Die in Scheiben geschnittenen Zwiebeln werden in heißem Fett etwas angedämpft, die Tomaten einige Sekunden in kochendes Wasser gehalten, dann geschält, in Scheiben geschnitten und zu der Zwiebeln gegeben, ebenso 1 Esslöffel geriebener Käse und 1 Esslöffel saurer Rahm. Wenn alles gut durchgekocht ist, wird es neben die Beefsteaks auf die Platte gegeben.

279. Gehacktes Beefsteaks.

Zutaten: 1 Pfund Filet ohne Haut und Knochen, 100 g Butter, wenig Salz und Pfeffer.

Von dem durch die Hackmaschine gelassenen Filet werden kleine Steaks geformt, gesalzen und in Butter auf beiden Seiten langsam gebraten. Beim Anrichten wird die Butter, in der die Steaks gebraten wurden, über dieselben gegossen.

280. Carbonaden mit Ei.

2 Pfund fettes Schweinefleisch, ½ Pfund mageres Ochsenfleisch, 1 Pfund Kalbfleisch, 1 geschälte Zwiebel, ein wenig Petersilie, und 3-4 eingeweichte Brötchen werden durch die Hackmaschine getrieben, dann kommen Salz, Pfeffer und 3 ganze Eier dazu. Nachdem die Masse gut verrührt ist, werden runde Beefsteaksformen gemacht und mit dem Messerrücken gleichmäßige Garreau eingedrückt. In einer Pfanne mit heißem Fett werden die Garbonaden auf beiden Seiten gelb gebraten, dann läßt man sie in einer Bratpfanne zugedeckt vollends durch dämpfen und gibt dann folgende Sauce daran. Sauce; Das meiste Fett wird abgeschüttet, Fleischbrühe oder Wasser darangegeben, sowie etwas Kartoffelmehl und Maggi. Oder man läßt Butter heiß werden und gibt Petersilie dazu.

281. Rohes Beefsteak oder àla Tartar.

100 g Rindsfilet wird durch die Hackmaschine getrieben, mit Salz und Pfeffer vermengt, zu einem schönen Steaks geformt, dann auf eine Platte gerichtet und mit einem Ei eine Vertiefung eingedrückt. Ein frisches Eigelb wird schön hineingeschlagen, mit großen Zwiebelringen eine Krone darüber gemacht und mit fein geschnittenen Zwiebeln und Zitronenschnitten, Kapern, Essiggurken und Sardellen verziert.

282. Beefsteaks.

Zutaten: 3 Pfund Ochsenfleisch, 5-6 gekochte Kartoffeln, 1 Esslöffel Stärkemehl, 3 kleinere Zwiebeln, 3 Eier, Salz, Pfeffer, ¼ l lauwarmes Wasser.

Das gehäutete Fleisch wird zweimal mit Zwiebeln durch die Hackmaschine getrieben, mit Eiern, Wasser, Gewürz und den geriebenen Kartoffeln vermengt. Von dieser Masse werden runde Beefsteaks geformt, diese mit dem Messerrücken eingekerbt und unter Wenden und fleißigem Begiessen 8-10 Minuten in heißer Butter gebraten. Ist die Zwiebel etwas gebräunt, so löscht man ab, kocht etwas angerührtes Stärkemehl mit auf und gießt die Soße beim Anrichten über das Beefsteak. Sie können auch ohne Kartoffeln zubereitet werden.

283. Rindfiletgulasch.

Zutaten: 3 Pfund Rindsfilet, 100 g Fett, 60 g Mehl, Salz, Zwiebel, 1 l Fleischbrühe.

Das Filet wird in große Würfel geschnitten, die ebenfalls in Würfel geschnittene Zwiebel wird in Fett oder Butter angebraten, das Fleisch dazu gegeben und angebraten, bis es gebräunt ist. Dann wird das mit etwas Wasser angerührte Mehl mit Salz zugegeben. Nach zweistündigem Schmoren (1/4 Stunde vor dem Anrichten) wird 1 Tasse saurer Rahm, 1 Tasse Tomatenpüree, Paprika und Pfeffer dazu gerührt. Beim Anrichten kann nach Belieben 1 Glas Wein und Madeira zugegeben werden.

284. Italienische Ochsenzunge.

Eine frische Ochsenzunge wird mit Salz eingerieben und 3 Tage unter Druck getan, damit das Salz gut durchziehen kann. Dann wird sie in so viel kochendem Wasser zugesetzt, daß es darüber geht und langsam etwa 3 Stunden gekocht. Wenn sie weich und die Haut abgezogen ist, wird sie zu Scheiben geschnitten. Eine braune Mehlschwitze wird mit Zungenbrühe zu gebundener Tunke gekocht, welcher 1 Glas Rotwein, 2 Esslöffel Essig und Maggi beigefügt wird. Sie wird durchgeseiht, dann mit 2 Esslöffel Kapern verbessert. Inzwischen hat man schöne, klein gebrochene Makkaroni in reichlich Salzwasser weich gekocht. Dann werden in Scheiben geschnittene Zwiebeln und in Scheiben geschnittene Tomaten (gleiche Menge) in Fett weich gedämpft. Die Makkaroni werden abgeseiht und in Butter und geriebener Käse geröstet, doch sollen sie keine Farbe bekommen. Die gedämpften Zwiebeln und Tomaten werden mit einem Kaffeelöffel Kartoffelmehl gebunden, mit Maggi, Salz und Rahm verbessert. Die Zunge wird in die Mitte einer Platte angerichtet, mit den Makkaroni umgeben, auf welche die Tomaten und Zwiebelscheiben gegeben werden. Statt frischer Tomaten kann auch Tomatenmark verwendet werden.

285. Gefüllte Zungen.

Gekochte, erkaltete Zungen werden in schöne Scheiben geschnitten, kleine Zungen der Länge nach. Eine Fülle wie Netzwurst Nr. 394 wird ziemlich dick aufgestrichen, dann die Zunge in einer Kasserole mit etwas Butter, Fleischbrühe und saurem Rahm im Ofen gedünstet, bis sie eine schöne gelbe Farbe haben.

286. Geräucherte Ochsenzunge.

Die eingesalzene Zunge wird 8-14 Tage in einer Beize von 1 l Wasser, 150-200 g Salz, ½ Kaffeelöffel Salpeter, 1 Zwiebel und einiger Knoblauchzehen gelegt. Dann wird sie abgewaschen und 1 Tag geräuchert, hierauf in kaltem Wasser eingeweicht, mit der Bürste gut gereinigt, 3-4 Stunden gekocht, gehäutet, in Scheiben geschnitten und zu Gemüse oder auch kalt gegeben.

287. Saure Nieren.

Zutaten: 2 Rindsnieren, 60-80 g Butter oder Fett, 4 feingeschnittene Zwiebeln, etwas Salz, 1 Prise Pfeffer, Zitronensaft, einige Löffel Mehl, Essig und Wein nach Belieben.

Die feingeschnittenen Zwiebeln werden im Fett gedämpft, die in feine Scheiben geschnittenen Nieren schnell mitgedämpft, bis sie nicht mehr rot aussehen, mit Mehl betäubt, mit Bratensoße oder Fleischbrühe abgelöscht, mit obigen Zutaten 1 mal aufgekocht, mit Salz gewürzt und gleich angerichtet, da sie sonst hart werden.

288. Kutteln geröstet.

Zutaten: 4 Pfund Kutteln, 80-100 g Butter.

Die 2 Stunden in viel Wasser gut weich gekochten Kutteln werden in Finger lange Streifen geschnitten. In heißer Butter werden fein geschnittene Zwiebeln hellgelb geröstet, die Kutteln, Salz und Pfeffer zugegeben und so lange gedämpft, bis sie leicht angebacken sind. Nach Belieben kann ein verklopftes Ei darüber geschlagen werden.

289. Ochsenschweif.

Ein gebrühter Ochsenschweif wird in schöne Stücke geschnitten, dann in eine Schüssel gegeben mit Zwiebeln, gelben Rüben, Pfefferkörnern, 3-4 Nelken, 1 Zitronenscheibe, so viel Wasser, daß es darüber geht, sowie einigen Esslöffel Essig und ein Tag darin stehen gelassen. Dann gibt man alles in eine Kasserole und läßt es drei Stunden kochen, bis der Schweif weich ist. Von Mehl und Fett und 1 Löffel Zucker wird eine dunkle Mehlschwitze gemacht, mit der Brühe ausgefüllt, gut durch gekocht, das Fleisch dazugegeben, und nochmals darin aufgekocht. Die Soße wird mit Wein, 1 Glas Madeira, Maggi und dem fehlenden Salz gut abgeschmeckt, durchpassiert, und über den auf die Platte angerichteten Schweif gegeben, mit einigen Löffeln geschnittenen Champignons. Die Platte wird mit Fleurons garniert und die übrige Sauce im Sauciere dazugegeben.

Fleurons: Von ½ Pfund Mehl und 200 g Butter macht man einen Blätterteig, sticht halbmondförmige Stückchen ab, bestreicht sie mit Eigelb, setzt sie auf ein feucht gemachtes Blech und backt sie in guter Hitze schön gelb.

Kalbfleisch.

290. Kalbsbraten.

Zutaten: 3 Pfund Kalbsschlegel, Salz und Pfeffer, 90 g Fett, eine Zwiebel, 2 gelbe Rüben, 1 Teelöffel Kartoffelmehl, 1 Tomate.

Zum Braten eignet sich am besten: Schlegel, Bug, Brust oder das Nierenstück. Das Fleisch wird mit Salz und Pfeffer eingerieben, in heißem Fett auf beiden Seiten angebraten, wenn die Zwiebel gebräunt ist, mit Fleischbrühe abgelöscht und unter fleißigem Begießen ungefähr 2 Stunden gebraten. Zum Bratensatz gibt man etwas Rahm oder angerührtes Kartoffelmehl, läßt alles nochmals gut aufkochen und gibt es durchgeseiht über den Braten. Wird der Braten im Ofen gemacht, wird er nicht zuerst angebraten, sondern es wird rauchend heiß gemachtes Schmalz über das Fleisch gegossen. Während dem Braten wird es fleißig mit Butter bestrichen und übergossen, im Übrigen behandelt wie oben.

(Kommentar: „von einem Kalbsschlegel geschnittenes und gebratenes Stück Fleisch")

291. Gespickter Kalbsbraten.

Zutaten: 3 Pfund Kalbsschlegel, 60 g Speck, einige gelbe Rüben, Zwiebel, Salz, Pfeffer, 60-80 g Butter, ¼ l saurer Rahm.

Das Fleisch wird gehäutet und gespickt, mit Salz und Pfeffer eingerieben, mit heißem Fett übergossen, auf beiden Seiten schön angebraten. Dann wird der saure Rahm darüber gegeben und der Braten im Backofen unter fleißigem Begießen mit obigen Zutaten weich gedämpft.

292. Gebeizter Kalbsbraten.

Zutaten: 4 Pfund Kalbsschlegel, ½ l Wein oder Essig, 1 Zwiebel, gelbe Rüben, Lauch, Sellerie, Lorbeerblatt, Pfefferkörner, 2 Zitronenscheiben.

Der Kalbsschlegel wird in eine Marinade von aufgekochtem Essig mit Gewürz, in leichten Weißwein, oder in saure Milch gelegt. Man läßt in 5-6 Tage darin liegen, dann wird er zubereitet wie gespickter Kalbsbraten.

293. Kalbsschinken.

Von einem schönen großen Kalbsschlegel löst man den Schlußknochen und das Rohrbein aus, reibt ihn innen und außen mit Salz und etwas Zucker ein, übergießt in mit der erkalteten Lacke Nr. 286, beschwert ihn leicht und läßt ihn 14 Tage darin liegen. Dann wird er rasch abgewaschen und 24-36 Stunden in den Rauch gehängt. Mit Zwiebeln und Suppengrün wird der Schinken ungefähr 2 Stunden gekocht, dann in der Brühe kalt gestellt. Der Kalbsschinken übertrifft den Schweineschinken an Geschmack.

294. Kalbsrücken mit Gemüse.

Zutaten: 4 Pfund Kalbsrücken, 40-50 g Speck, 100 g Butter, ½ l Rahm, 1 Esslöffel Stärkemehl, etwas Zitronensaft. Salz, Pfeffer, Suppengrün, 1 Glas Rotwein.

Der Kalbsrücken wird gehäutet und gespickt, mit Salz und Pfeffer betreut, mit Suppengrün in die Bratpfanne gegeben und mit heißer Butter übergossen. Ist er schön angebraten, übergießt man ihn mit saurem Rahm. Beim Aufschneiden löst man die beiden Filets ab und schneidet sie in schräge Scheiben, die man wieder zusammenschiebt und auf den Rücken ordnet. Die Kalbsnieren werden in Scheiben geschnitten und schuppenförmig auf den angerichteten Rücken gelegt, der mit Zitronenschnitzen, Petersilie und einem Spiess verziert wird. Die Sauce wird durch den Seiher gegeben.

Das angerichtete Kalbsrücken kann mit verschiedenen jungen Gemüsen verziert werden.

295. Nierenbraten.

Zutaten: 4 Pfund Fleisch, Salz, Pfeffer, 80 g Butter, 1 Zwiebel, 1 gelbe Rübe, 2 Tomaten, 1 Esslöffel Mehl.

Das ausgebeinte Nierenstück wird mit Salz und Pfeffer eingebrieben, mit der Niere fest zusammengerollt und schön geschnürt. Dann bratet man das Fleisch ringsum schön an, röstet, wenn die Zwiebel sich gebräunt hat, das Mehl auf der Seite mit, löscht mit wenig Wasser oder Fleischbrühe ab und bratet das Fleisch unter ständigem Begiessen 2 Stunden. Übriggebliebenes Fleisch läßt sich sehr als Fülle zu Pasteten verwenden.

296. Westfälischer Nierenbraten.

Der ausgebeinte Nierenbraten wird gespalten, die Nieren und das Fett herausgeschnitten. Das Fett von den Nieren und dem Filet wird durch die Hackmaschine getrieben, mit 1-2 eingeweichten, ausgedrückten Wecken und 2 Eiern, Salz, Pfeffer und Muskat gut vermengt. Diese Fülle wird auf das Fleisch gestrichen, die Niere halbiert und auf die Fülle gelegt, dann dünngeschnittener Schinken darüber gegeben, zusammengerollt, zugenäht, fest gebunden und behandelt wie in vorhergegebener Nummer.

297. Andere Art.

Zutaten: 3 Pfund Fleisch, Salz und Pfeffer, ½ Pfund Schweinefleisch, 2 Brötchen, nach Belieben 2-3 Sardellen, 1 Kaffelöffel Kapern, feingehackte Zwiebel und Petersilie, 2 Eier, 1 Brise Majoran, 70 g Butter.

Von dem ausgebeinten Nierenstück wird die Niere herausgeschnitten, fein gewiegt und mit dem Schweinefleisch, den abgedämpften Brötchen, Zwiebeln und Petersilie, sowie den anderen Zutaten gut gemischt. Man streicht diese Fülle auf und verfährt im Übrigen wie bei der vorhergehenden Nummer.

298. Kalbsbrust, gefüllt.

Zutaten: 3 Pfund Kalbsbrust, Salz und Pfeffer. Zum Braten: gelbe Rüben, Zwiebel und Fett. Zur Fülle: 60 g Butter, 3-4 Brötchen, 3 Eier, ein wenig Zitronensaft, 1 kleine Zwiebel, einige Petersilienzweige, Muskat, Salz.

Die Kalbsbrust wird abgerieben, die Knochen vorsichtig herausgelöst, eine Öffnung zum Füllen gemacht an der Breitseite, mit Salz und Pfeffer eingerieben. Petersilie, Zwiebel und Zitronenschale werden fein gewiegt. Die Butter wird leicht gerührt, die abgerindelten, in Milch eingeweichten und gut ausgedrückten Brötchen dazu gerührt, ebenso das Gewiegte mit Salz, Muskat und die Eigelb, zuletzt wird der steife Eierschnee darunter gemischt. Die Brust darf nicht ganz voll eingefüllt werden, damit die Fülle aufgehen kann. Dann wird sie in der Kachel mit rauchend heißem Schmalz übergossen, während dem Braten öfters mit Butter bestrichen. Die Brust soll nur auf der Knochenseite auf dem ausgelösten Knochen liegen. Um beim Aufschneiden schöne Stücke zu erhalten, schneidet man jedes Stück an der Oberseite mit einer Schere ein. Bratezeit 1 ½ - 2 Stunden. Man kann die Brust auch mit Brät oder Rührei füllen.

299. Gebackene Kalbsbrust.

Zutaten: 3 Pfund Brust, Salz und Pfeffer2 Eier, Weckmehl und Backfett.

Die Brust wird gewaschen und ausgebeint, in kochendem Wasser beinahe weich gekocht. Dann wird das Fleisch in handgroße Stücke geschnitten, mit Salz und Pfeffer bestreut, in Weissmehl, zerschlagenem Ei und Wechmehl gewendet und in heißem Fett schön braun gebacken.

Anmerkung: Gekochtes Fleisch wird zuerst in Mehl gewendet, dann mit Ei bestrichen und in Brösel umgedreht.

300. Glasierte Kalbsbrust.

Zutaten: 3 Pfund Brust, Salz, Weissmehl, Butter, Zwiebeln und Milch.

Die Kalbsbrust wird in handgroße Stücke geschnitten, gesalzen, in Mehl gewendet, dann in heißer Butter mit der in Scheiben geschnittenen Zwiebel schön angebraten, mit süßer oder saurer Milch abgelöscht und langsam eine halbe Stunde gedämpft.

301. Kalbsbrust, gedämpft mit Madeira.

Die Brust wird ausgebeint und 10 Minuten in kochendes Wasser oder Fleischbrühe gehalten, dann gerollt und in ein gut schließendes Kasserol gegeben, mit Butter, Gewürz und etwas Wein weichgedämpft. Nachdem man sie heraus genommen hat, gibt man dem Fett etwas Mehl zu, löscht kalt ab, gibt sauren Rahm und beim Anrichten etwas Madeira und Maggi hinzu.

302. Gefüllter Kalbsschlegel.

Zutaten: 4 Pfund Fleisch, 50 g Speck, Salz und Pfeffer.

Zur Fülle: 250 g Kalbsfleisch, 250 g mageres Schweinefleisch, 60 g grünen Speck, Schale einer halben Zitrone, nach Belieben 2 Sardellen, ½ Teelöffel Kapern, 1 Kaffeelöffel gewiegte Zwiebel und Petersilie, 2 Eier, Salz, Pfeffer und Muskat. Zum Braten: 80 g Butter, 1 Zwiebel, 1 gelbe Rübe, ¼ l sauren Rahm.

Dazu nimmt man das glatte, fleischige Stück aus der Schale; es wird gehäutet, gespickt, an der Seite 1 oder 2 mal eingeschnitten, doch so, daß das Fleisch noch zusammenhängt. Zur Fülle wird das feingehackte Fleisch mit den abgedämpften Brötchen und den andern Zutaten gut gemischt, die Fülle aufgestrichen, der Schlegel zugenäht, gut mit Salz und Pfeffer eingerieben und ungefähr 2 Stunden gebraten. Der gefüllte Kalbsschlegel kann warm mit Gemüse oder kalt mit Sulz verziert werden.

303. Wiener Tomatenschlegel.

Das lange Stück von einem Kalbschlegel wird gespickt (ist aber nicht notwendig), mit Salz und Pfeffer eingerieben. In einer gut schließenden Kasserole wird Fett heiß gemacht, das ganze Gewürz (Nr. 246 b) zugegeben, das Fleisch darin gewendet und leicht angebraten. Dann kommen ziemlich Tomaten dazu. Der Braten wird auf dem Herd gut zugedeckt gebraten, öfters umgedreht, auch die Tomaten müssen aufgerührt werden, damit sie nicht anbrennen. Wenn notwendig, wird etwas Wein und Fleischbrühe dazugegeben. Wenn der Braten weich ist, wird er herausgenommen und warm gestellt. Der Bratensatz wird eingekocht bis sich das Fett scheidet, dann wird so viel Mehl dazu gestaubt als das Fett annimmt, kalt abgelöscht, glatt gerührt, und mit heißem Wasser oder Fleischbrühe aufgefüllt. Wenn die Sosse gut durch gekocht ist, wird saurer Rahm dazu gegeben, einige Tropfen Maggi und das fehlende Salz. Dann wird die Soße durchpassiert und über das Fleisch gegeben. Man serviert es zu breiten Nudeln oder Reis oder Serviettenknödel oder abgeschmälztem Blumenkohl.

304. Kalbsnuss.

Wird gemacht wie Tomatenschlegel. Keine Tomaten.

305. Kalbsfilet.

Das Kalbsfilet wird eingesalzen. In eine Kasserole werden Zwiebel und gelbe Rüben, 1 kleines Lorbeerblatt, 1 Nelke, 10 g Butter, das Filet mit dem anhaftenden Fett und einige Löffel Weißwein gegeben, alles ½ Stunden zugedeckt gedämpft. Wenn es angebraten ist, wird Mehl gestaubt, mit Wasser abgelöscht, noch etwas Wein zugegeben, 1-2 Löffel saurer Rahm, Maggi das fehlende Salz.

Beim Anrichten wird die Soße über das Fleisch passiert.

306. Eingemachtes Kalbfleisch oder Kalbsfrikassee.

Dazu eignet sich der Kalbshals am besten. Die Knochen werden in kaltem Wasser mit dem ganzen Gewürz (Nr. 246 a zugesetzt. Wenn es kocht, kommt das Fleisch dazu und wird weich gekocht (1 ½ - 2 Stunden.) Eine weiße Einbrenne von Butter und Mehl wird kalt abgelöscht, mit der Kalbsbrühe aufgefüllt und gut durch gekocht. Vor dem Anrichten wird die Soße passiert, Weißwein, das fehlende Salz und Maggi hinzugegeben, mit süßem Rahm und Eigelb abgezogen. Die Soße darf nicht mehr kochen. Man gibt gedämpften Reis, Spätzle oder Nudeln dazu.

307. Kalbsfrikando. (wie Magdeburger Pastete)

Zutaten: 3 Pfund Kalbsschlegel, 150 g Fett, 2 große Zwiebeln, eine gelbe Rübe, 3 Lorbeerblätter, 4 g Nelken, ½ Kaffeelöffel Pfefferkörner, etwas Selleriewurzel, 1 Tasse saurer Rahm, 100 g Mehl und 1 Tasse Wein.

Das lange Schlegelstück wird gespickt (ist aber nicht unbedingt notwendig). In eine starke, gut schliessende Kachel wird Butter gegeben, gut angebraten, dann mit Fleischbrühe oder Wasser abgelöscht und gut zugedeckt 1 ½ - 2 Std. auf dem Herd gedämpft. Wenn das Fleisch fast weich ist, wird es herausgenommen, der Bratensatz eingekocht bis das Fett klar ist, dann Mehl hinzugestaubt und verrührt, kalt abgelöscht, mit Knochen- oder Fleischbrühe aufgefüllt. Wenn alles gut durch gekocht ist, wird das Fleisch darin vollends weich gekocht. Vor dem Anrichten kommt Wein und saurer Rahm dazu, etwas Maggi und das fehlende Salz. Das Fleisch wird in Scheiben geschnitten, etwas Sauce darüber gegossen, die übrige Sauce im Sauciere zu Tisch gegeben. Kartoffelpüree, Spätzle, Kartoffel- Kroketten grüner oder Gemüsesalat kann dazu gegeben werden.

308. Kalbfleisch auf polnische Art.

Kalbfleisch vom Schlegel, Nuss oder Frikandeau wird mit Essiggurken, Sardellen und Speck gespickt. Dann wird es weiterbehandelt wie gewöhnlicher Kalbsbraten.

309. Kalbsrolle.

Zutaten: 3 Pfund Kalbsbrust. Zur Fülle ½ Pfund Schweinefleisch, 2 Eier, 2 in Wasser eingeweichte Wecken , Salz und Muskat, gedämpfte Zwiebeln und Petersilie.

Das Fleisch wird durch die Hackmaschine getrieben, mit den eingeweichten, gut ausgedrückten Brötchen und den andern Zutaten vermengt. Eine schöne Brust wird ausgebeint, auch die grössten Knorpel werden weggeschnitten, dann die Fülle darauf gestrichen, aufgerollt, zusammengenäht und gebunden. Die Kalbsrolle wird in einer Kasserole mit heißem Schmalz übergossen, mit Zwiebeln und gelben Rüben unter öfterem Bestreichen mit Butter gebraten. Diese Fülle kann auch zum Füllen der Kalbsbrust verwendet werden.

310. Kalbfleischvögele.

Zutaten: 4 Pfund Kalbfleisch vom Schlegel, ¾ Pfund Schweinefleisch, 40 g Butter zum Dämpfen für Zwiebel und Petersilie, Salz und Pfeffer, 1 Brötchen, 2 Eier, 3-4 Löffel sauren Rahm, 2 Esslöffel Weißwein, etwas Zitronensaft. Zum Braten 80-100 g Butter oder Fett.

Vom Schlegel werden handgroße Scheiben geschnitten und geklopft, mit Salz und Pfeffer eingerieben. Das feingewiegte Schweinefleisch wird mit den eingeweichten, gut ausgedrückten Brötchen, sowie mit den anderen Zutaten untereinander gemengt, die Schnitzel damit bestrichen, gerollt, umwunden, in Weissmehl gewendet und in heißem Fett ringsum angebraten. Dann löscht man mit Fleischbrühe oder Wasser ab, gibt Zwiebel und gelbe Rüben, Zitronensaft und Rahm zu und läßt die Vögel zugedeckt noch ½ Stunden dämpfen. Beim Anrichten wird die Schnur abgenommen, die Soße mit Wein abgeschmeckt und die Vögel mit ihrer Soße glasiert.

311. Kalbsröllchen.

Zutaten: 3 Pfund Kalbfleisch, 1 Pfund in Scheiben geschnittener Schinken, 6 Eier, 80-100 g Butter oder Fett.

Diese werden zubereitet wie vorhergehende Nummer. Statt der Fülle wird gehackte Zwiebel und Petersilie darauf gestreut, die Scheiben gerollt, mit Speckstreifen gespickt und zusammengehalten. Mit Ei und Weckmehl paniert, werden sie dann schwimmend in Schmalz gebacken oder wie vorhergehende Nummer angebraten und wie diese fertig gemacht.

312. Schwalbennestchen.

Die hartgesottenen Eier werden mit Schinken und einem Stückchen Kalbfleisch, welches geklopft wurde, umwunden und leicht zugenäht, mit wenig Salz und Pfeffer eingerieben, in Mehl gewendet oder mit verklopftem Ei und Weckmehl paniert und in heißem Fett gebraten wie Koteletten. Beim Anrichten werden sie in der Mitte durchschnitten.

313. Geschnetzeltes (ein Schwabengericht).

Zutaten: 3 Pfund Kalbsfleisch vom Schlegel, 100 g Butter, Zwiebel, 6 geschälte und 1 in Scheiben geschnittene Tomate, 1 gelbe Rübe, Salz, Paprika, 1 Tasse saurer Rahm, 1/8 l Weißwein, etwas Zitronensaft und 4 gehäufte Esslöffel Mehl.

Das Fleisch wird in dünne Scheiben geschnitten, diese wieder in Streifen wie Kutteln. Die fein geschnittene Zwiebel wird mit der Butter etwas angedämpft, dann das Fleisch mit den Tomatenscheiben zugegeben, angebraten, mit Mehl gestaubt, mit Fleischbrühe oder Wasser aufgefüllt und ½ Stunde gedämpft, währenddessen öfters umgerührt werden muß. Zuletzt werden Wein und Rahm zugegeben und alles nocheinmal aufgekocht, dann mit Maggi abgeschmeckt und angerichtet und zu einem Kartoffelgericht serviert.

314. Zephir von Kalbfleisch.

2 Pfund rohes Kalbfleisch wird 2mal durch die Fleischmaschine getrieben, 150 g Butter werden 20 Minuten gerührt, dann 4 Eigelb, eines nach dem andern, zugegeben, 5 Esslöffel geschlagener Rahm, das gewiegte Kalbfleisch, etwas Salz und das Abgeriebene einer Zitrone. Zuletzt wird der Eierschnee zugegegen, die Masse in gefettete Puddingförmchen oder Tassen gefüllt und ½ Stunde bei schwachem Feuer im Wasserbad gekocht.

315. Wiener Schnitzel.

Zutaten: 3 Pfund Kalbschlegel, 2-3 Eier, Salz und Pfeffer, Weckmehl und Fett.
Vom Schlegel werden handgroße Stücke geschnitten, geklopft, mit Salz und Pfeffer eingerieben, in zerschlagenem Ei und Weckmehl gewendet und in heißem Fett auf beiden Seiten schön gelb gebacken. Man löscht mit ein wenig Fleischbrühe ab und dämpft sie mit zerschnittenen Zwiebeln 15-20 Minuten. Mit Zitronenscheibe und Petersilie verziert, werden die Schnitzel angerichtet. Das Zurückgebliebene in der Pfanne wird zum Bereiten einer Soße verwendet.

316. Pariser Schnitzel.

Werden wie vorhergehende Nummer zubereitet. Zuerst in Mehl und dann in verklopften Ei gewendet und gebacken.

317. Schnitzel, naturell.

Die Schnitzel werden geklopft, mit Salz und Pfeffer eingerieben, in Weißmehl gewendet und mit in Scheiben geschnittenen Zwiebeln auf beiden Seiten in heißem Fett gebraten. Man löscht mit Fleischbrühe ab und läßt sie zugedeckt weichdämpfen.

318. Rahmschnitzel.

Den Schnitzeln Nr. 317 werden beim Ablöschen 2-3 Esslöffel Rahm und etwas Zitronensaft gegeben.

319. Paprikaschnitzel.

Diese werden wie Rahmschnitzel zubereitet und beim Braten eine Brise Paprika zugegeben.

320. Holsteiner Schnitzel.

Zutaten: 4 Pfund Kalbschlegel, 40 g Sardellenbutter, 4 Sardellen, Salz und Pfeffer, 2 kleine Zwiebeln, 80 g Butter zum Braten.

Die Schnitzel werden leicht geklopft, mit Salz und Pfeffer eingerieben, in heißem Fett schnell angebraten, dann etwas Butter darüber gegeben. Beim Anrichten bestreicht man sie an der oberen Seite mit Sardellenbutter, gibt auf jedes Schnitzel ein Spiegelei und legt Sardellenstreifen schräg darüber. Auch Kapern und Essiggurken können zum Garnieren verwendet werden.

321. Jägerschnitzel.

Vom Kalbsschlegel werden Schnitzel geschnitten, gut geklopft und gesalzen, in Mehl gewendet und in heißem Fett gebacken. Dann wird in einer Pfanne die Sauce auf folgende Weise bereitet: Die in Scheiben geschnittenen Zwiebeln werden in Butter schön gelb gedünstet, mit Mehl gestaubt, kleine geschnittene Steinpilz dazugegeben, saurer Rahm (pro Schnitzel ein Esslöffel), mit Bratensoße oder Fleischbrühe aufgegossen, und alles über die Schnitzel gegeben. Im Rohr werden sie 15-20 Minuten gedünstet.

322. Rahmkoteletten.

Werden gestreift und geklopft, dann weiterbehandelt wie Rahmschnitzel Nr. 318.

323. Koteletts, paniert.

Zutaten: 12 Koteletts, Salz, Pfeffer, 2-3 Eier, Zwiebel, gelbe Rüben, Weckmehl und Fett.

Die vorgerichteten Koteletts werden geklopft, mit Salz und Pfeffer betreut, in Ei und Meckmehl gewendet und in heißem Fett gebacken. Man läßt sie auf der Seite des Herdes unter Zugabe von zerschnittenen Zwiebeln und gelben Rüben 10-15 Minuten weiterdämpfen. Dann werden sie herausgenommen, das Fett abgegossen und der Bratensatz mit wenig Wasser oder Fleischbrühe und etwas Butter gut durchgekocht. Die Sauce wird extra serviert.

324. Koteletts, gespickt und paniert.

Die Koteletts werden etwas dicker geschnitten und nicht gehäkelt, schön gespickt und mit Salz und Pfeffer eingerieben, dann auf dieselbe Weise wie vorhergehende fertiggemacht.

325. Koteletts Nelson.

Zutaten: 4 Pfund Kalbskoteletts oder Schlegel, 1 Pfund Schweinefleisch und 2 Brötchen, 2-3 Eier, Käse, ¼ l saurer Rahm, 100 g Butter, Zwiebeln, Petersilie, Salz, Pfeffer, Muskat.

Die Koteletts werden geklopft und rundgehäckelt, die abgeriebenen, eingeweichten und gut ausgedrückten Brötchen mit gedämpfter Zwiebel und Petersilie und mit dem feingewiegten Brät oder Schweinefleisch, Eier und Gewürz untereinander gemengt, diese Masse auf die leicht gesalzenen Kotelettstücke erhöht aufgestrichen und mit geriebenem Parmesan- oder Schweizerkäse betreut.

Sie werden auf der unteren Seite kurz angebraten dann in eine Kasserolle mit heißer Butter, Zwiebeln und gelben Rüben gelegt (die angebratene Seite nach unten) und im Ofen weiter gebraten. Wenn sie Farbe haben, wird saurer Rahm darüber gegossen und wenn sie etwas angebraten sind, wird Fleischbrühe zugegeben. Bratzeit ¾ - 1 Stunde. Man richtet mit Kartoffelbällchen an und gibt Blumenkohl oder grüner Salat dazu.

326. Kalbskoteletts, Naturelle.

Zutaten: 12 Koteletts, Salz, Pfeffer, Weissmehl und Fett.

Die Haut an den Rippenknochen wird abgeschabt, das Fleisch bis zur Hälfte der Knochen zurückgestreift, die Schlussknochen entfernt, die Koteletts geklopft und mit Salz und Pfeffer eingerieben. Man wendet sie leicht in Weissmehl, läßt sie in heißem Fett auf beiden Seiten anbraten, löscht mit Fleischbrühe ab und läßt sie zugedeckt ungefähr 20 Minuten auf der Seite des Herdes dämpfen.

327. Kalbsteak.

Von der Kalbsnuss werden fingerdicke Stücke abgeschnitten (in der Form von Beefsteaks), geklopft, gesalzen, in Mehl gewendet und in heißem Fett rasch angebraten. Dann wird das Fett abgegossen, 1 Esslöffel Rahm und etwas Zitronensaft dazugegeben, alles 10 Minuten gedämpft. Beim Anrichten wird die Sauce über die Steaks passiert.

328. Gehacktes Kalbssteak für Magenkranke.

Zutaten: 2 Pfund Kalbfleisch, 1 Pfund Schweinefleisch (nicht fett) 6-7 Wecken, 2 Eier, Salz.

Das Fleisch wird durch die Fleischmaschine getrieben. Die Wecken werden abgeschält, eingeweicht, fest ausgedrückt und mit den Eiern glatt gerührt, dann zum Fleisch gemischt, alles gut durcheinander gemengt und Beefsteaks davon geformt. In heißem Fett werden sie rasch angebraten, dann in eine flache Kachel gelegt und folgender Soße übergossen: 140 g Mehl werden in 70 g Butter hell geröstet, mit Fleischbrühe aufgefüllt, glatt gerührt und gut durch gekocht, mit Tomatenpüree und einigen Löffeln saurem Rahm verbessert.

329. Kalbsragout.

Kalbfleisch von Bug, Schlegel, Hals oder Brust wird in große Würfel (pro Person 2 Stück) geschnitten, leicht angebraten mit Zwiebeln, ziemlich Tomaten und dem ganzen Gewürze (Nr. 246 b), kann angestaubt und mit wenig kaltem Wasser abgerührt. Mit Wein und heißer Fleischbrühe wird aufgefüllt, daß es eine sämige Soße gibt, dann zugedeckt und das Fleisch 1 Stunde in dieser Soße gekocht; dann wird das Fleisch auf die Platte angerichtet, die Soße wird mit saurem Rahm, Maggi und dem fehlenden Salz abgeschmeckt und passiert über das Fleisch gegeben. Nudeln, Kartoffelpüree oder grüner Salat sind gut dazu.

330. Saures Kalbfleisch.

Kalbfleisch von der Brust oder vom Hals wird mit kochendem Wasser und dem Gewürz (Nr. 246 b) sowie mit Salz und etwas Essig zugesetzt und weich gekocht, gelbe Rüben werden mit dem Bundmesser geschnitten und mit Zwiebelringen in Kalbfleischbrühe extra weich gekocht. Wenn das Fleisch weich ist, wird es in Scheiben geschnitten und mit etwas Kalbsbrühe, sie mit Maggi abgeschmeckt ist, übergossen, mit gelben Rüben und Zwiebelringen belegt, zu Salz- oder Röstkartoffeln serviert.

331. Kalbsgulasch.

Zutaten: 3 Pfund Kalbfleisch vom Bug oder Schale, 80 g Butter, einige Tomaten, 1 große Zwiebel, 6 Esslöffel Mehl, Salz, Paprika, 1 Tasse Rahm, einige Löffel Wein, Zitronensaft, etwas Maggi.

Die fein geschnittene Zwiebel wird in Butter gelbgedämpft, das in Würfel geschnittene Fleisch leicht angeröstet, mit Mehl bestäubt, mit Wasser oder Fleischbrühe abgelöscht und mit einigen geschälten und in Scheiben geschnittenen Tomaten oder Püree und den andern Zutaten ½ Stunde gekocht, gut abgeschmeckt und mit Nudeln oder Salzkartoffeln serviert.

332. Gebackene Kalbshaxe.

Die Haxe wird in Wasser mit Suppengrün weich gekocht, dann mit Salz und Pfeffer bestreut, in Mehl gewendet, mit Ei bestrichen, mit Brösel paniert und in heißem Fett ringsum schön gebacken. Mit Zitrone und Petersilie verziert, wird sie mit Kartoffeln oder grünem Salat zu Tisch gegeben. Die Brühe wird zur Suppe verwendet.

333. Kalbshaxen, gebraten.

Zutaten: 6 Pfund Kalbshaxen, 80 f Fett, Zwiebeln, gelbe Rüben, Salz und Pfeffer.

Die Kalbshaxe wird mit Salz und Pfeffer eingerieben, in heißem Fett langsam gebraten, dann zugedeckt, mit ein wenig Flüssigkeit unter fleißigem Begießen weichgedämpft. Die Kalbshaxe soll schön braun und glänzend aussehen und wird mit Salat oder Gewürz serviert.

334. Saure Kalbshaxe.

Wird zubereitet wie Nr. 330.

335 a. Kalbskopf, bürgerlich.

Der Kalbskopf hält sich in feiner Brühe vorzüglich und so lange, daß man gut auch für einen kleinen Haushalt, einen ganzen Kopf kaufen kann. Er wird ausgebeint, dann in eine Kasserolle gelegt, mit frischem Wasser bedeckt und blanchiert, d.h. 5 Minuten darin gekocht. Die Brühe wird abgegossen, der Kopf in frischem Wasser gekühlt und in passende Stücke geschnitten. Von 3 Eßlöffel Mehl u. 150 g Butter wird eine helle Mehlschwitze gemacht, mit 2 ½ l Wasser ausgefüllt. Wenn dieses etwas aufgekocht ist, wird das Fleisch hineingegeben mit 2 zerschnittenen gelben Rüben, einer mit Nelke und Lorbeerblatt gespickten Zwiebel, 1 großen Kräutersträußchen, 6 Pfefferkörnern und 20 g Salz. Kochzeit 1 ¾ Stunden. Die Zunge wird mitgekocht, das Gehirn wird in wenig Brühe besonders gekocht. Beim Anrichten wird für jede Person neben das Fleisch eine Scheibe Zunge und eine Scheibe vom Gehirn gelegt. Mit grüner Petersilie wird die Platte schön garniert. Dazu wird folgende Soße gegeben: In einer kleinen Kasserolle werden 2 Eßlöffel gehackte Schalotten, mit 2 Eßlöffeln Essig auf 2/3 eingekocht, dann ¾ l von der durch ein Sieb gegossenen Kalbskopfbrühe zugegeben. Wenn die Soße gut aufgekocht ist, wird sie mit einem kleinen Kaffeelöffel Maggi, einer starken Brise Pfeffer, einem Eßlöffel gebacktem Kerbelkraut und dem nötigen Salz abgeschmeckt.

335 b. Kalbskopf andere Art.

Zutaten: ½ bis 1 Kalbskopf, Grünes, 2 Löffel Mehl, Fett und Weißwein.

Der Kopf wird im Salzwasser so lange gekocht, bis man das Fleisch ohne Mühe von den Knochen ablösen kann. Hierauf wird es abgelöst, in Stücke geschnitten und in weisser Sauce unter Zugabe von einem Gläschen Weißwein, Most oder 1 Löffel Essig sowie viel gehackter Petersilie und Schnittlauch angerichtet.

335 c. Kalbskopf, paniert.

Die vom nicht zu weich gekochten Kalbskopf gelösten Stücke werden in zerklopftem Ei und Paniermehl gewendet und angebraten. Mit Kräutersauce servieren.

336. Kalbsbrieschen, gedämpft.

Zutaten: 2 Kalbsbrieschen, 20 g Speck, 40 g Butter, Zwiebeln, Suppengrün, 2 Esslöffel Mehl, Salz, Pfeffer, ½ Glas Wein, Fleischbrühe.

Die Briesle werden gewässert, in kochendem Salzwasser einigemal aufgekocht und gehäutet. Man brät sie in heißer Butter mit Zwiebeln, dämpft Mehl mit und löscht mit Fleischbrühe und Wein ab. Verfeinert wird die Soße mit Madeira.

337. Briesle, gebacken.

Die Briesle werde wie oben gekocht, gehäutet und in fingerdicke Scheiben geschnitten, mit Salz und Pfeffer bestreut, in zerschlagenem Ei und Weckmehl gewendet und in heißem Fett schön gebacken.

338. Kalbshirn, gedämpft.

Zutaten: 2 Hirn, 50 g Butter, Zwiebel und Petersilie 1 Teelöffel Salz, etwas Pfeffer und Zitronensaft, einige Löffel Weißwein.

In der heißen Butter dämpft man feingewiegte Zwiebeln, gibt das gehäutete Hirn zu und einige Löffel Fleischbrühe und läßt ungefähr 10 Minuten dämpfen. Mit Zitronensaft und Wein wird gewürzt, beim Anrichten feingewiegte Petersilie darüber gegeben.

339. Gebackenes Hirn.

Zutaten: 2 Kalbshirn, Salz, Pfeffer, 1-2 Weckmehl, Backfett.

Das Hirn wird in kaltes Wasser gelegt, damit es das Blut herauszieht, dann gehäutet. Man läßt es 5 Minuten im Salzwasser kochen, dann etwas abkühlen, bestreut es mit Salz und Pfeffer, wendet es vorsichtig in Ei und Weckmehl und backt es in heißem Fett.

340. Hirn mit Ei.

Das Hirn wird gerichtet wie in voriger Nummer, Ei mit einem Esslöffel Rahm verklopft. In eine Pfanne gibt man Butter, dann Ei und Rahm, darauf das Hirn; es wird mit Ei umhüllt, dann gestürzt.

341. Hirnroulade.

In einer Schüssel werden 10 Eigelb geschlagen (ohne zu rühren), dazu der steife Eierschnee und 10 Esslöffel geschlagener Rahm gegeben. Darauf werden 150 g Mehl gesiebt und das nötige Salz, nicht rühren, sondern nur mit dem Kochlöffel leicht mischen. Auf einem gut gefetteten Blech wird die Masse 6-7 Minuten in guter Hitze gebacken, dann auf ein Blech gestürzt, mit untenstehender Fülle bestrichen, zusammengerollt und warm gestellt. Beim Anrichten wird die Roullade in Stücke geschnitten und mit Petersilie verziert.

Zubereiten der Fülle: 1 Pfund Kalbshirn wird gewässert, gehäutet, grob gewiegt, 100 g Mehl in 80 g Butter weiss angeröstet, mit Fleischbrühe aufgegossen. Darin wird das Hirn einmal mit aufgekocht, dann mit Zitronensaft, dem Abgeriebenen der Zitrone und Salz abgeschmeckt.

342. Hirnkoteletts.

2 Kalbshirn werden gehäutet und grob gewiegt und dann zu 50 g gerührter Butter, 2 Esslöffel saurem Rahm, 4-5 Eiern, Petersilie, Zwiebel, Pfeffer, Salz und so viel Brösel (4-5 Esslöffel) gegeben, daß man einen weichen Teig bekommt. Wenn alles gut vermengt ist, gibt man von der Masse auf ein mit Brösel bestreutes Brett und formt längliche Küchlein, die in der Pfanne auf beiden Seiten schön gelb gebraten werden. Sie sind sehr gut zu Salat.

343. Kalbzunge, gebacken.

Die Zunge wird in Wasser mit Zwiebeln, Lauch und gelben Rüben 1 Stunde gekocht. Wenn sie weich ist, wird die Haut abgezogen, die Zunge der Länge nach durchschnitten, etwas gesalzen, im Mehl gewendet, mit Ei bestrichen und mit Brösel paniert. Dann wird sie in Butter auf beiden Seiten schön gelb angebraten und mit Zitronenschnitzen und Bratensoße serviert. Die Zungenbrühe, mit Maggi verbessert, gibt eine gute Suppe.

344. Kalbszunge in Rahmsoße.

Wird gekocht wie in voriger Nummer, dann in der Mitte, der Länge nach durchschnitten, gesalzen, in Mehl gewendet, in Butter mit Zwiebeln auf beiden Seiten angebraten. Mit 2 Löffeln Wasser, 2 Löffel saurem Rahm und Zitronensaft wird abgelöscht, kurz aufgekocht, die Sauce beim Anrichten mit Maggi und Salz abgeschmeckt und über die Zunge passiert.

345. Gedämpftes Kalbsherz.

Ein Kalbsherz wird in der Mitte durchschnitten, mit Salz und Pfeffer betreut und in Mehl gewendet. In eine Kasserolle gibt man Butter, ziemlich in Scheiben geschnittene Zwiebeln und läßt darin das Herz etwas anbraten. Dann wird Mehl gestaubt und mit Fleischbrühe oder Soße aufgefüllt, Wein und wenig Essig zugegeben und das Herz ¼ Stunde darin gedämpft. Beim Anrichten wird die Sauce mit Salz und Maggi abgeschmeckt und mit den Zwiebeln über das Kalbsherz gegossen.

346. Kalbsnieren.

Werden gemacht wie gedämpfte Kalbsleber. Die Nieren werden aber in kleine Scheiben geschnitten.

347. Saure Kalbslunge.

Zutaten: 4 Pfund Kalbslunge, Zwiebel, Nelken, 100 g Fett, 200 g Mehl, 1 Zitronenschnitz, 2-3 Lorbeerblätter, 4 Löffel Essig, etwas Wein.

Die Lunge wird gekocht (1/2 - 1 Stunde), etwas beschwert, dann in feine Scheiben und diese zu Streifen geschnitten. Von Fett und Mehl wird eine hellbraune Mehlschwitze gemacht, mit der Lungenbrühe abgelöscht, die Gewürze, Essig und Wein zugegeben, die Soße gut durch gekocht, dann geseiht, die Lunge hineingegeben und gut mit gekocht. Das Ganze wird mit Maggi, den fehlenden Salz und Essig, sowie einem Kaffeelöffel Zucker gut abgeschmeckt und mit Weck- oder Kartoffelknödel zu Tisch gegeben.

348. Gedämpfte Leber.

Zutaten: 4 Pfund Kalbsleber, 100 g Butter, 2 Zwiebel, 80 g Mehl, Essig oder Wein.

Die Kalbsleber wird in nicht zu große Würfel geschnitten, dann in die vergangene Butter, in der man die Zwiebeln etwas angedämpft hat, gegeben. Unter ständigem Rühren wird die gedämpft, bis sie weiß wird. Dann wird mit Mehl gestäubt, gut verrührt, mit Fleischbrühe abgelöscht und noch kurz aufgekocht. Mit Maggi, Essig und Salz wird abgeschmeckt. Die Leber darf nicht zu lange kochen, da sie dadurch hart wird. Es werden Salz- oder Rostkartoffeln dazu gegeben.

349. Italienische Leber.

Die Leber wird in größere Scheiben geschnitten, in Mehl gewendet und in Butter angebraten, mit Fleischbrühe, Wein, einem Löffel Tomatenpüree, 1 Löffel saurem Rahm abgelöscht, kurz aufgekocht, mit Maggi und Salz abgeschmeckt und angerichtet.

350. Gebackene Leber.

Die Kalbsleber wird in Scheiben geschnitten, wenig gesalzen, in Mehl gewendet, mit Ei bestrichen, mit Brösel paniert und 5 Minuten in Butter gebacken. Über die Leber wird die zurückgebliebene Butter in der Pfanne oder Bratensoße gegeben.

351. Geröstete Kalbsleber.

Die Leber wird in Würfel geschnitten, leicht gesalzen, mit einem Esslöffel Brösel vermischt. In heißer Butter werden fein geschnittene Zwiebeln gedämpft, die Leber darin angeröstet (5 Minuten), dann mit Bratensoße serviert.

352. Leberpudding.

Zutaten: 200 g Butter, 1 Pfund Leber, 6 Eier, Salz, Pfeffer, Muskat etwas Majoran.

Die Butter wird schaumig gerührt, die Eigelb mitgerührt, die von aller Haut befreite Kalbsleber fein gewiegt und durch ein Sieb gestrichen. Nun werden 6 altgebackene, abgeriebene Wecken in Milch geweicht, dann ausgebrückt, mit der Butter gut abgerührt und mit den andern Zutaten unter die Leber gemengt. Zuletzt wird der steife Schnee leicht darunter gezogen. Alsdann streicht man eine glatte Puddingform gut mit Butter aus, bestreut sie mit feinem Semmelmehl, füllt die Masse ein und kocht sie im Wasserbad ungefähr 1 Stunde. Die gleiche Masse kann auch in einer Auflaufform gebacken und beim Anrichten mit einer beliebigen Soße serviert werden.

353. Kalbsgekröse.

Das Gekröse muss schön weiß und frisch, aus mehreren Wassern gewaschen und von den Drüsen, d.h. von den runden weißen Klümpchen, welche in dem Gekröse sitzen, gereinigt sein. Alsdann wird es in Salzwasser mit einem Lorbeerblatt, einer mit Nelken bestreckten Zwiebel, einer Sellerie und einer gelben Rübe weichgekocht und zum Ablaufen in einem Durchschlag gebracht. Danach wird es in einer weissen Einmachsoße einigemal aufgekocht, mit dem Saft einer halben Zitrone oder nach Belieben mit einigen Löffel Wein abgeschmeckt.

354. Geröstetes Herz, Lunge und Gekröse.

Lunge, Leber und Herz, sowie das gekochte Kalbsgekröse werden sehr fein, nudelartig geschnitten. Zwiebeln werden in Fett oder Butter gedämpft, dann Lunge und Herz, zuletzt die Leber zugegeben. Wenn diese angezogen hat, wird mit einigen Löffeln Mehl gestäubt, dann kommt das Gekröse hinein. Mit Bratensoße und Fleischbrühe wird abgelöscht, mit 1 Brise Nelken, Pfeffer, Salz, Zitronensaft und einigen Löffeln Wein gewürzt und sofort angerichtet.

355. Saure Lunge, Herz, Gekröse und Leber.

Lunge, Herz und Gekröse werden in Salzwasser gekocht. Von Butter oder Fett und Mehl macht man eine hellgelbe Mehlschwitze, dämpft fein geschnittene Zwiebeln mit, löscht mit einigen Löffeln Essig ab, füllt mit Wasser oder Fleischbrühe auf und läßt den Beiguss gut durch kochen. Nun gibt man das feingeschnittene Herz, Lunge und Gekröse zu und läßt alles aufkochen; die feingeschnittene Leber kommt zuletzt hinein (sie darf nur einmal aufkochen, weil sie sonst hart wird), würzt nach Belieben mit Wein, Zitronensaft, Salz, Pfeffer und Nelken.

356. Kalbshaschee für Magenkranke.

100 g gekochtes oder gebratenes Kalbsfleisch wird durch die Fleischmühle getrieben. In einer Kasserolle werden 50 g Mehl in 20 g Butter weiss geröstet, das durchgetriebene Fleisch dazugegeben, ein wenig angedämpft, mit Wasser oder Fleischbrühe abgelöscht (wenig Flüssigkeit, daß es dicklich bleibt) und mit Wein, Maggi und Salz abgeschmeckt.

Schweinefleisch.

357. Schweinebraten.

Zutaten: 3 Pfund Schweinefleisch, 2 Zwiebeln, 2 Tomaten, 2 gelbe Rüben, Salz und Pfeffer.
Zum Braten eignet sich Fleisch vom Bug, Hals oder Schlegel, auch Brust, Schoss oder Rippenstück. Es wird mit Salz und Pfeffer eingerieben, in einem Bratkasserol mit obigen Zutaten und ein wenig Wasser zugesetzt. Man läßt dasselbe einkochen, bis die Zwiebeln braun sind; dann wird mit Wasser abgelöscht und unter fleißigem Begießen das Fleisch fertig gebraten.

358. Schweinebraten, Pökelfleisch.

Das Fleisch wird aus der Salzlake genommen, mit etwas Wasser, Zwiebeln, gelben Rüben, Lauch und Sellerie aufgestellt, ½ Std. gekocht, dann mit ziemlich Zwiebeln weich gebraten.

359. Gebeizter Schweinebraten.

Zutaten: 3 Pfund Schweinefleisch (Schlegel oder Bug). Zur Beize: 1/8 l Essig, 1 l Wasser, eine kleine Zwiebel, 1 Zitronenrädchen, 4 Nelken, 1 Lorbeerblatt, 6 Pfefferkörner.
Zum Braten: 40g Fett, Salz, Pfeffer. 2 Eßlöffel Mehl, 1 Zwiebel, 1 gelbe Rübe, Tomaten und 4 Eßlöffel Rahm, einige Löffel Wein.
Das Fleisch wird mit der Beize übergossen und unter täglichem Wenden 4-6 Tage darin stehengelassen. Vor der Zubereitung trocknet man das Fleisch ab, brät es mit Zwiebeln in heißem Fett an, röstet auf der Seite das Mehl braun, löscht mit Fleischbrühe ab, füllt mit der Beize auf und läßt es 1 ½ Stunden braten. Zuletzt gibt man sauren Rahm und Wein hinzu.

360. Schweinskarree.

Ein Rippenstück wird zum Braten hergerichtet, mit Salz und Pfeffer eingerieben, mit Zwiebeln und gelben Rüben zugesetzt und unter öfterem Begießen gebraten. Wenn das Fleisch weich ist, wird es warm gestellt, das Fett abgeschüttet, etwas Fleischbrühe zugegeben, gut aufgekocht und die Sauce mit etwas Kartoffelmehl sämig gemacht.

361. a. Gedämpfter Schweineschlegel.

Der Schweinschlegel wird ausgebeint, geteilt und mit ½ l Wasser und Zwiebeln zugedeckt gedämpft. Das Fleisch soll keine Farbe bekommen. Wenn es weich ist, wird die Brühe abgefettet, ziemlich viel gewiegte Petersilie darangegeben, gewürzt und über die angerichteten Portionen gegeben. Schmeckt gut zu Bayerisch- und zu Sauerkraut.

361. b. Schweinsfilet.

Wird gemacht wie Kalbsfilet. Kann auch nur gebraten werden.

362. Gedünstete Schweinsrippchen.

Zutaten: 12 Rippchen, ½ Lorbeerblatt, 2 gelbe Rüben und Zwiebeln mit Nelken besteckt.

Die Schweinsrippchen werden mit Salz und Pfeffer eingerieben, auf beiden Seiten in heißem Fett gelb angebraten; dann kommen Zwiebeln, gelbe Rüben und Lorbeerblatt hinzu; wenn die Zwiebeln gelb sind, wird abgelöscht, dann läßt man alles ungefähr 20 Minuten dämpfen. Man kann dem Beiguß ein Teigchen von 2 Löffel Mehl beifügen und gut durch kochen lassen. Will man die Rippchen besonders fein, werden sie 1 Stunde vor dem Braten in zerlassener Butter gewendet und kaltgestellt.

363. Schweinskoteletten, naturell.

Die Koteletten werden zugerichtet, indem oben am Knochen etwa 2 cm breit das Fleisch weggeschabt wird, weil sie nicht gestreift werden können wie Kalbskoteletten; der untere Knochen wird etwas gewürzt. Sie werden mit Salz und Pfeffer eingerieben, in Mehl gewendet und auf beiden Seiten schön gelb angebraten, dann läßt man sie 10 Minuten dämpfen. Kurz vor dem Anrichten wird mit etwas Fleischbrühe abgelöscht und die Soße über die Koteletten geseiht.

364. Schweinskoteletten, paniert.

Sie werden zubereitet wie vorhergehende, nur vor dem Backen in Ei und Weckmehl gewendet.

365. Mailänder Koteletten.

Die Koteletten werden gerichtet wie Schweinskoteletten naturell, dann auf einer Seite mit Ei bestrichen, mit Brösel paniert und auf dieser Seite angebraten. Dann kommen sie in einer Bratenkachel, die angebackene Seite nach unten, werden mit dickem saurem Rahm bestrichen, mit geriebenem Käse bestreut, und im Ofen 1 Stunde gedämpft. Nachdem die Koteletten angerichtet sind, wird zum Bratensatz 1 Löffel Tomatenpüree, etwas saurer Rahm und Bratensosse oder Fleischbrühe gegeben, dieses einmal aufgekocht und mit den Koteletten zu Tisch gegeben.

366. Bigosch (Eintopfgericht).

Vom Schweineschlegel werden Schwarte und Fett entfernt, dann Würfel geschnitten wie zu Gulasch, diese gepfeffert und gesalzen. In Scheiben geschnittene Zwiebeln werden mit Butter geröstet, das Fleisch zugegeben, das man im eigenen Saft kurz ziehen läßt. Dann wird mit Mehl gestaubt, mit Fleischbrühe und Wasser aufgefüllt und das Fleisch weich gedämpft (etwa ½ Stunde). Gute Kartoffeln werden geschält, in nicht zu dicke Scheiben geschnitten und in Wasser ¾ Stunden gar gekocht. Sauerkraut wird mit Speck weich gekocht. In eine tiefe Schüssel, in der serviert werden kann, gibt man zuerst von den Kartoffeln, dann von Kraut und darauf eine Schichte Fleisch, und nochmals so. Zum Abschluss nimmt man am besten Kraut. Im Ofen läßt man es durchziehen. Vor dem Servieren wird das ganze reichlich mit Gulaschsoße gegossen.

367. Schweinefleisch auf Schwarzwaldart.

Ein beliebiges Stück Schweinefleisch wird mit Essig bespritzt mit Wachholderbeeren, feingewiegtem Suppengrün, Zwiebeln und Pfeffer fest eingerieben, einige Stunden liegen gelassen und dann in Salzwasser weichgekocht. Währenddessen macht man eine braune Einbrenne, gibt 3-4 Esslöffel geriebenes Schwarzbrot daran, füllt mit dem Absud auf, gibt einige Löffel Rotwein, 1 Lorbeerblatt und etwas Pfeffer dazu, passiert das Ganze durch ein Sieb und läßt das Fleisch noch einigemal in der Soße aufkochen.

368. Andere Art.

Ein nicht zu fetter Schweineschlegel, wenn möglich mit dünner Schwarte, wird mit 1/8 l Essig, 1 Liter Wasser, 1 Esslöffel Wachholderbeeren, 2 Lorbeerblättern, 1 Kaffeelöffel Pfefferkörnern, 4 Nelken, 2 Zitronenscheiben, 1 Zwiebel und Suppengrün, 5 Tage eingebeizt. Man trocknet das Fleisch ab, stellt es mit Butter auf, gibt Rotwein und die Beize hinzu und bratet den Schlegel unter fleißigem Begießen 2 Stunden. Man kann denselben dick mit geriebenen Schwarzbrotbrösel, die mit Salz gemischt sind, betreuen, mit Butter beträufeln und eine Kruste anbacken lassen. Der Braten kann warm oder kalt serviert werden. Wird derselbe kalt gegeben, gibt man eine feine Soße dazu. Spinat und feine Kräuter werden fein gewiegt und unter Mayonnaise gemischt. Zum warmen Braten gibt man bunten Salat, bestehend aus Gurken, Kartoffeln, grünem Salat und Tomaten.

369. Mannheimer Braten.

Eine Schweineschoss wird ausgebeint, zwei Tage in eine Salzbeize gelegt, gerollt, ein paar Stunden in den Rauch gehängt, dann mit viel Zwiebeln gebraten wie Schweinebraten. Es wird Bohnensalat oder Gemüse dazu gereicht.

370. Schweinshaxe.

Wird mit kochendem Wasser und Zwiebeln zugesetzt und gut weichgekocht. Sie kann auch im Sauerkraut gekocht werden; dann wird sie, nachdem das Kraut kocht und falls zu sauer, abgewässert ist, ins Kraut gesteckt und mitgekocht. Kraut und Haxe werden so besser.

371. Schweineschnitzel, naturell.

Werden zubereitet wie Kalbschnitzel.

372. Schweineschnitzel, paniert.

Werden zubereitet wie Wienerschnitzel Nr. 315.

373. Schweinskoteletten mit pikanter Tunke.

Auf die naturellen Schweinskoteletten kommt folgende Tunke: Kapern, Zwiebel, 1 Essiggurke und etwas Petersilie werden feingewiegt und in der Pfanne, in welcher die Koteletten gebraten wurden, angedämpft. Mit Weißwein, 1 Esslöffel Senf und Bratensoße oder Fleischbrühe, auch etwas saurem Rahm wird ausgefüllt und alles zu einer dicklichen Tunke gekocht, beim Anrichten über die Koteletten gegeben.

374. Schweinsrollen.

Zutaten: 3 Pfund Schweinefleisch vom Schlegel, 80 g Butter oder Fett, Zwiebel, Petersilie, Salz, 1 Brötchen, 1 Ei, 1 Esslöffel Tomatenpüree.

Vom Schweinfleisch schneidet man dünne Schnitzel, gibt feingehackte Zwiebel und Petersilie darauf, rollt sie zusammen, wendet sie in Mehl, bratet sie in heißer Butter schön braun, gibt Tomatenpüree, etwas Bratensoße und etwas sauren Rahm zu und richtet die Rollen auf einem Ring von Tomatenreis an, aber gibt den Reis erhöht in die Mitte und die Röllchen im Kranz herum. Man kann auch die gleiche Fülle wie bei Kalbfleischvögele Nr. 310 verwenden.

375. Fleisch einpökeln und räuchern.

Zum Einsalzen kann man Schlegel, Bug, Kamm. Bauchlappen, Maden, Zunge, Füße und Schwanz nehmen, auch Ochsenfleisch, Ochsenzunge und Kalbszunge können eingesalzen werden. Die Hälfte vom Salz wird trocken, besonders in der Nähe der Knochen, in das Fleisch eingerieben, das Übrige läßt man mit Wasser, Salpeter, Zucker und Gewürz aufkochen und gießt die Lake erkaltet über das Fleisch. Zum Einlegen nimmt man eine Stande oder einen Steintopf, legt die größeren Stücke zuerst hinein und beschwert das Ganze leicht mit einem Holzdeckel. Kleinere Stücke kann man nach 8 Tagen, größere nach 3-4 Wochen verwenden. Der Aufbewahrungsort soll kühl sein. Es ist gut, wenn man das Fleisch 2 Tage eingesalzen liegen läßt ohne Beize.

Beize: 1 Esslöffel Salpeter, 1 Handvoll Zucker, 2 l Wasser, Knoblauch, Zwiebel und Wacholderbeeren, 400 g Salz im Sommer, 300 g Salz im Winter.

Im Sommer ist es gut, wenn die Beize 1mal erneuert wird. Bevor man das Fleisch in den Rauch hängt, läßt man es ablaufen.

376. Kasseler Ripple.

Zutaten: 3 Pfund Fleisch, 4 l Wasser, 1 Zwiebel, Suppengrün.

Das eingesalzene Rippenstück wird einen Tag in den Rauch gehängt, vor dem Kochen in Wasser abgebürstet, mit so viel kochendem Wasser aufgestellt, daß daßelbe darüber geht und gekocht bis es weich ist.

377. Schweinesulz.

Schweinsfüße, Ohren, Kopf etc. werden in kaltem Wasser abgewässert (damit das meiste Blut wegkommt), dann in einem Kessel gegeben mit so viel Wasser, daß es darüber geht, Salz und Essig nach Belieben, Zwiebeln, gelben Rüben, 1 Lorbeerblatt, Nelken, Pfefferkorn und einer Zitronenscheibe. In 2-3 Stunden wird alles weich sein. Wenn es auf einem Seiher gut abgelaufen ist, bringt man es auf das Tranchierbrett. Man kann das Fleisch auch etwas in kaltes Wasser legen, damit es weisser wird, aber nur kurz. Die Sulz (Aspik) wird über Nacht kalt gestellt. Dann wird das Fett davon entfernt und die Sulz im Kessel wieder auf das Feuer gebracht (Salz zurücklassen), bis sie verschlichen ist. Bevor sie warm wird, werden einige verklopfte Eiweiß hineingerührt und so lange weitergerührt, bis die Masse kocht. Dann wird der Kessel vom Feuer gezogen; auf der Seite des Herdes läßt man langsam ziehen, bis die Sulz klar ist. An die Füsse eines umgekehrten Stuhles wird eine Serviette gebunden und die Sulz darauf geschüttet, so daß sie langsam durchlaufen kann.

Wenn noch Essig oder Maggi fehlen sollte, muss beim Klären nachgeholfen werden (späteres Verbessern macht die Sulz trübe). Bevor die Sulz gestanden ist (sie soll aber kalt sein), wird sie über die schön im Teller gerichteten, geschnittenen Fleischstücke gegossen, dann kalt gestellt.

378. Sulzkoteletten.

Ein Kotelettstück wird in kochendem Wasser mit Sellerie, Lauch, Zwiebel, Essig und einer Schweineschwarte weich gekocht. Am nächsten Tag wird die Brühe abgefettet und mit Eiweiß geklärt wie bei Schweinesulz. Jetzt (nicht später) wird etwas Gelatine, sowie noch fehlendes Salz oder Essig zugegeben. In die Sulzkoteletteform werden einige Esslöffel Sulz gegeben. Sobald diese fest ist, werden Verzierungen mit gelben Rüben, gekochtem Eiweiß, Essiggurken, ausgestochenen Formen von Lauchstengeln (letztere müssen vor dem Ausstechen 5 Minuten gekocht werden), auf den Sulzboden gelegt. Darauf wird mit dem Löffel langsam etwas Sulz geträufelt, und dann werden die schön geschnittenen Scheiben von dem ausgebeinten Kotelettstück auf die Verzierungen gelegt. Nach kurzem Stehen wird mit erkalteter, aber noch nicht gestandener Sulz aufgefüllt. Am nächsten Tag wird die Form einen Augenblick in heißes Wasser gehalten, dann umgestülpt, mit Tomatenscheiben oder grünem Salat garniert.

379. Gefülltes Weißkraut.

Loses Weißkraut wird entblättert, die dicken Rippen werden etwas beschnitten. Schweinefleisch und das Herz des Krautes wird fein gewiegt, gewürzt mit Salz, Pfeffer und Zwiebeln und mit einem Ei gut verrührt. Die Krautblätter werden nun einige Augenblicke in heißes Wasser gegeben, damit sie geschmeidig werden, eine Puddingform mit einem großen Blatt ausgelegt, andere rings herum in der Form aufgestellt und dann die bereitete Fülle im Wechsel mit Krautblättern in die Form gefüllt. Mit einem Krautblatt wird abgeschlossen, die Form gut zugedeckt und dann das Ganze im Wasserbad 1- 1 1/2 Stunden gekocht.

Zugabe: Salzkartoffeln, Kapernsause oder Hollandaise.

380. Hackbraten.

Zutaten: 1 ¼ Pfund Schweinefleisch, ½ Pfund Kalbfleisch, 3-4 Brötchen, 4-6 Eiweiß, 1 Esslöffel Salz, 1 Brise Pfeffer, 1 feingewiegte Zwiebel, ¼ l Milch oder Rahm. Zum Braten: 60 g Fett.

Das durchgetriebene Fleisch wird mit Milch oder Rahm gut durchgeknetet, die anderen Zutaten darunter gemengt, längliche Stollen mit nassen Händen geformt und wie Braten zugesetzt. Sie werden unter fleißigem Begießen 1-1 ½ Stunden gebraten.

381. Gefüllter Hackbraten.

Zutaten: wie oben, zum Einlegen nach Belieben Eier und saure Gurken.

Die Hälfte der Masse wird auf einem nassen Brett zu einem Stollen geformt, etwas platt gedrückt, dann die harten Eier und zu beiden Seiten derselben Essiggurken gelegt. Darauf kommt die zweite Hälfte der Masse, die mit nasser Hand schön glatt gestrichen wird. Im Übrigen Behandlung wie in voriger Nummer.

382. Fleischbrühe oder Frikadellen.

Zutaten. 2 Pfund Fleischreste, 3-4 Brötchen, 2-3 gedämpfte Zwiebel und Petersilie, Salz und Pfeffer.

Das durchgetriebene Fleisch wird mit den eingeweichten, gut ausgedrückten Brötchen und übrigen Zutaten untereinander gemengt, davon runde Küchlein oder Würstchen geformt, sie in heißem Fett gebacken werden. Nach Belieben können sie vor dem Backen in Ei und Weckmehl gewendet werden.

383. Fleischauflauf.

Zutaten: 1 Pfund übriges Fleisch am besten Kalbfleisch, etwas Kapern und Petersilie, 2 abgeriebene Semmeln, 4 Eier, Pfeffer, Salz und Muskat, 140 g Butter etwas Zitronensaft.

Das Fleisch wird durchgetrieben, die Butter schaumig gerührt, und mit den in Milch eingeweichten, gut ausgedrückten Brötchen, Eiern und übrigen Zutaten untereinander gemengt. Dieser Masse wird in eine gut bestrichene Auflaufform gefüllt und in mäßiger Hitze gebacken. Kann auch als Fülle zu Pasteten verwendet werden.

384. Fleischpasteten.

Zutaten: Mürbteig von ½ Pfund Mehl, 150 g Butter, 1 Prise Salz, 1 Eigelb und einigen Löffeln Rahm oder Milch. Zur Fülle: 2 Pfund Fleischreste, 3-4 Brötchen, 3 Eier, Salz.

Aus dem Teig sticht man runde Scheiben aus. Das feingewiegte Fleisch wird mit Gewürz, Brötchen und Eiern gut vermengt. Man legt in die Mitte der Scheiben etwas von dieser Fülle, bestreicht die Ränder mit Ei, legt sie zu Halbmonden zusammen und drückt die Ränder fest aufeinander. Die Pastetchen werden in heißem Fett schwimmend oder in heißem Ofen gebacken. Man kann auch folgende Fülle verwenden: Die feingewiegten Fleischreste werden mit gehackten Zwiebeln und Petersilie vermischt und mit einem Ei und etwas Soße gebunden.

385. Schinkenkrapfen.

Zutaten: ½ Pfund, Schinken, 1 Esslöffel feingewiegte Zwiebel und Petersilie, 2 Eigelb, 1 Esslöffel Parmesankäse, 1 Esslöffel sauren Rahm.

Zum Teig: 200 g Mehl, 50 g Mark oder Butter, 50 g Parmesankäse, Salz, Wasser.

Diese Zutaten verarbeitet man zu einem weichen glatten Teig, schneidet nach dem Auswellen Vierecke aus, setzt auf jedes einen Kaffeelöffel Fülle, bestreicht den Rand mit Eiweiß, drückt alle vier Ecken gegeneinander und backt sie in heißem Fett schön gelb.

Man kann auch aus einem Nudelteig runde Scheiben ausstechen und zubereiten wie Fleischpasteten oder sie werden im Salzwasser 8-10 Minuten gekocht und hierauf mit kräftiger Fleischbrühe angerichtet.

386. Gekochter, geräucherter Schinken.

Der sauber gewaschene Schinken wird einen Tag in kaltem Wasser eingeweicht, dann in kochendes Wasser gegeben, mit Zwiebeln und Suppengrün und zugedeckt, an der Seite der Herdes langsam 3-4 Stunden gekocht. Er ist fertig, wenn man den Schlußknochen leicht herausziehen kann. Man nimmt den Schinken aus der Brühe, ohne hineinzustechen. Der Schinken kann warm zum Blumenkohl oder Spargel, auch kalt gegeben werden.

387. Gebackener Schinken.

Der geräucherte, gewaschene, eingeweichte, abgetrocknete Schinken wird in einen Brotteig eingeschlagen, daß er ganz damit bedeckt ist und im Backofen 3-3 ½ Stunden gebacken. Die Brotkruste wird weggeschnitten und der Schinken kalt oder warm gegeben.

388. Schweinsleber im Netz.

Zutaten: 2 Pfund Schweinsleber, 1 Schweinsnetz, Schalotten, Zwiebeln, Petersilie, Basilikum und Thymian, Salz, Pfeffer, 8 Esslöffel feines Öl.

Von der Leber werden 1 cm dicke Scheiben geschnitten, mit Salz und Pfeffer eingerieben und mit den obengenannten feingewiegten Gewürzkräutern bestreut. Das Schweinsnetz wird gut gewässert, abgetrocknet, in Stücke geschnitten und jede einzelne Scheibe Leber eingewickelt. Das Öl gibt man in ein flaches Gefäss, legt die Leberscheiben hinein und läßt sie einige Stunden marinieren. Kurz vor Gebrauch bratet man sie auf beiden Seiten auf dem Rost oder in der Pfanne und richtet sie mit gehackter Petersilie und Zwiebelscheiben an. Man gibt Kartoffelsalat dazu.

389. Gebackene Würstchen.

Zutaten: 2 Pfund gehacktes Schweinefleisch Salz, Pfeffer, Zitrone, 4 Brötchen, 1 große Zwiebel, Fett.

In ¼ Wasser wird die geschnittene Zwiebel und das Mark der Zitrone ohne Kerne ausgekocht, dann die Brühe durch ein Sieb zum Fleisch gegossen, die abgeriebenen, eingeweichten, gut ausgedrückten Brötchen und Gewürz zugegeben, alles gut vermengt. Man formt Würstchen aus der Masse, wendet sie leicht in Weißmehl und bratet sie in heißem Fett.

390. Fleischwürstchen.

Zutaten: 2 Pfund gehacktes Schweinefleisch oder Kalbsfleisch vom Bug, nach Belieben kann auch zur Hälfte Rindfleisch genommen werden, Salz, Pfeffer, Muskat, ½ l Milch.

Das Fleisch wird gebackt, nach und nach die Milch und das Gewürz zugegeben, Würstchen geformt, in Weckmehl oder Grieß gerollt und im Fett gebacken.

391. Bauernfrühstück.

Etwa 3 Pfund in der Schale gekochte, kalte Kartoffeln werden wie zu Bratkartoffeln in Scheiben geschnitten, ca. 1 Pfund gekochter Schinken wird in kleine Würfel geschnitten. 10 Eier werden wie zu Rühreiern in einen Topf geschlagen und mit etwas Salz gut verquirlt. Die Kartoffeln werden gut angebraten, dann der Schinken zugegeben, etwas mitgebraten. Dann wird mit dem Löffel in der Pfanne oder Kachel eine Stelle frei gemacht und darauf etwas Butter gegeben sowie die Eier. Sobald diese unten etwas fest geworden sind, werden die Schinkenkartoffeln darüber geschoben und das Ganze noch etwas fester gebraten. Die Masse wird zum Servieren auf eine Platte gestürzt und sofort aufgetragen.

392. Fleischstrudel.

Zutaten: 500 g übriggebliebener Braten oder anderes gutes Fleisch, 150 g Butter, 5 Eier, 2 Esslöffel Semmelbrösele, Salz, Muskat, Zitronenschale.

Von 2 Eiweiß, 1 Gläschen lauem Wasser, 20 g Butter, einer Messerspitze Salz und soviel Mehl als dieses aufnimmt, wird ein glatter, nicht zu fester, Nudelteig ähnlicher Teig gearbeitet, dieser mit einem warmen Geschirr bedeckt und eine halbe Stunde stehen gelassen. Das feingewiegte Fleisch wird mit den andern Zutaten untereinander gemengt. Alsdann wird der Teig auf einem Tuch mit bemehlten Händen fein ausgezogen, die Fleischfülle gleich dick darauf gestrichen. Man hebt nun das Tuch auf der einen Seite mit beiden Händen in die Höhe und läßt den Teig wurstähnlich über sich selbst zusammenrollen; dann legt man den Strudel in ein butterbestrichenes Kasseroll schneckenförmig ein, gießt einen Schöpflöffel siedende Fleischbrühe daran und läßt ihn im Bratrohr gut zugedeckt langsam dämpfen. Nach einer Stunde wird der Strudel fertig, die Brühe ganz eingekocht sein; sollte solche jedoch vor der bestimmten Zeit einkochen, so mußte man noch etwas Fleischbrühe nachgießen. Man hebt ihn mit 2 Backschäufelchen auf die Platte heraus. In dem zurückgebliebenen Saft wird mit 35g Butter ein kleiner Kochlöffel Mehl gedämpft, dies mit einem Schöpflöffel Fleischbrühe abgerührt, einigemal durchgekocht, mit einigen Tropfen Zitronensaft gesäuert, durchs Sieb in eine Soße gegossen und mit dem Strudel zu Tisch gegeben.

393. Königsberger Klops.

Zutaten: ¾ Pfund Schweinefleisch, 375 g Ochsen- oder Kalbfleisch, ¼ l Milch, 2 Sardellen oder ein halber Hering, 1 Esslöffel Salz, 1 Prise Pfeffer, 4 Eiweiß, 3-4 Brötchen, 1 Esslöffel gedämpfte Zwiebel und Petersilie, 3 Esslöffel Essig.

Zum Beiguss: 80 g Fett oder Butter, ¼ Pfund Mehl, 2 l Fleischbrühe, eine mit 4 Nelken bedeckte Zwiebel, 3-4 Esslöffel Essig, Saft einer halben Zitrone, 1/8 l Wein.

Schweinefleisch vom Schlegel, Ochsenfleisch (Schwanzstück), werden mit Sardellen oder Hering durchgetrieben, mit ¼ l Milch verarbeitet, mit den abgeriebenen, eingeweichten, gut ausgedrückten Brötchen und obigen Zutaten untereinander gemengt und mit naßgemachten Hände Klöße geformt. Dann wird ein brauner Beiguß bereitet, gut durch gekocht und die Klöße 20-30 Minuten darin gedämpft. Nach Belieben kann vor dem Anrichten Wein zugegeben werden. Mit einer Kartoffel- oder Mehlspeise oder mit gedünstetem Reis werden die Klöße angerichtet.

Würste.

394. Netzwürste.

Zutaten: 2 Pfund Kalbfleisch vom Schlegel, ½ Pfund Speck, 4 abgeriebene Semmeln, einige Esslöffel Mehl, Salz, Pfeffer, Nelken, ½ Kaffeelöffel verwiegte Zitronenschalen, 6 Eier, ¼ l Milch.

Fleisch und Speck werden zusammen fein gehackt, die Semmeln in Milch eingeweicht, fest ausgedrückt und mit Gewürz, Milch und Eiern unter das gehackte Fleisch gemengt. Dieses wird dann wurstartig in Netze eingewickelt, mit Bindfaden umwunden, in eine Bratpfanne eingelegt und mit einem Stückchen Butter und etwas Wasser unter öfterem Begießen 1 Stunde gebraten. Beim Anrichten wird der Bindfaden abgenommen, die Soße abgefettet, mit etwas Zitronensaft gewürzt und die Würste mit der Soße angerichtet.

395. Netzwürste mit Gurke und Zunge.

Werden bereitet wie vorige, nur mengt man unter die Masse 4-5 Essiggurken, und geräucherte, abgekochte Ochsenzunge, beide in kleine, länglich viereckige Stückchen geschnitten.

396. Bratwürstchen.

Zutaten: 3 Pfund Fleisch, 2 Eier, 2 Esslöffel Mehl, 3/8 l Wasser oder Milch, 1 Kaffeelöffel Pfeffer, feingewiegte Zitronenschale, Muskat, Salz.

Von einem frisch geschlachteten, noch ganz warmen Schwein, nimmt man das Fleisch mit dem Speck, doch ohne Schwarte, klopft es gut und verwiegt es sehr fein, indem man es zugleich etwas salzt. Hierauf nimmt man es in eine Schüssel, gibt die angegebenen Zutaten zu, knetet alles gut untereinander und füllt dann die Masse mittels Wurstspitze, in kleine Schafsdärme, wobei der Darm auf das Röhrchen geschoben wird.

397. Bratwürste, andere Art.

Zutaten: 5 Pfund geschlagenes Schweine- und Kalbfleisch, 1 Pfund Mehl, ½ l Wasser, 2 Eier, 1 l Milch, Salz, Muskat, Pfeffer, das Abgeriebene einer halben Zitrone.

Das Brät wird am Tage vor dem Gebrauch mit dem Wasser fest durchgeschafft, am andern Tag mit den andern Zutaten auf dem Nudelbrett. Es darf so dünn sein, daß es läuft; dann werden mit einem Stückchen Würste in laues Wasser gelegt und erhitzt. Wenn sie sich fest anfühlen, sind sie fertig.

Bratwürste werden in lauem Wasser bis beinahe zum kochen erhitzt. Dann werden sie in Milch getaucht und langsam gebraten, mit Bratensoße serviert. In Ermanglung von Bratensoße röstet man in Butter Zwiebeln braun, gibt einen Esslöffel Mehl zu, löscht mit Wasser oder Fleischbrühe ab und kocht die Soße einigemal auf.

398. Servelatwurst.

Zutaten: 3 Pfund mageres Schweinefleisch, 2 Pfund mürbes Rindfleisch, 1 Pfund Speck, Salz, Pfeffer und ein klein wenig Salpeter.

Fleisch und Speck werden sehr fein gehackt, das Gewürz darunter gemengt und gleich in Därme fest eingefüllt. Die Würste werden leicht mit Salz eingerieben, dann 2-3 Tage gut aufeindandergepackt liegen gelassen, darnach 6-8 Tage an einem luftigen Ort aufgehängt und noch ein wenig in den Rauch gegeben.

399. Leberwürste.

Dazu nimmt man Leber, Milz, Lunge, Herz, Nieren, ein Stück Hals, die Füße und den Kopf vom Schwein, kocht dieses zusammen so weich, daß das Fleisch von den Knochen abfällt. Die Leber wird nach einmaligem Aufkochen herausgenommen, weil sie sonst rauh würde. Nun wird das Ganze noch warm durch die Hackmaschine getrieben, ein wenig heiße Fleischbrühe zugegeben, bis es eine dickflüssige Masse ist. Dann dämpft man feingeschnittene Zwiebel in gutem Fett, gibt Salz, Pfeffer, Muskat, Zitronenschale, ein wenig Majoran und etwas gewiegten Knoblauch dazu und mengt es darunter. Man füllt die Masse in dünne Schweinsdärme ein, unterbindet in beliebiger Größe und setzt die Würste in lauwarmem Wasser aufs Feuer. Wenn sie in die Höhe kommen, wird mit einem spitzigen Hölzchen hineingestochen; ist die herausspritzende Masse klar, sind sie fertig, bei rötlichem Aussehen der Brühe müssen sie noch auf dem Feuer bleiben.

400. Blutwürste.

Das Blut vom Schwein wird während des Schlachtens unter beständigem Rühren aufgefangen. Zu den Blutwürsten nimmt man 3 Teile Blut, das durch ein Sieb gegossen wurde, und 1 Teil Milch. Unter diese Flüssigkeit rührt man in Würfel geschnittenen Speck, den man mit feingeschnittenen Zwiebeln abgeröstet hat, gibt Salz, Pfeffer, Nelken und etwas Majoran dazu und füllt die Masse in weite Schweinsdärme. Dann gibt man die Würste in gut warmes Wasser und läßt sie nach und nach bis zum kochen kommen. Um zu sehen, ob sie fertig sind, sticht man mit einem dünnen Hölzchen hinein; ist die Brühe klar, sind die Würste fertig.

401. Schwartenmagen oder Presswurst.

Von einem Schwein werden die Schwarten so gut als möglich abgezogen, gewaschen und zum kochen gegeben. Man kann auch einige Kalbsfüsse, sowie das Backenfleisch vom Schwein verwenden. Ist alles weich, werden feine Streifen geschnitten. Die Brühe, in der das Fleisch gekocht wurde, wird entfettet, abgegossen, etwas Essig, Salz, feingewiegte Zwiebel, Pfeffer, Zitrone und Piment darangegeben und zuletzt das in Streifen geschnittene Fleisch. Jetzt füllt man die Masse in Därme, bindet sie gut zu und gibt sie eine Stunde in kochend heißes Wasser.

402. Presskopf.

Ein gesalzener Schweinerüssel, Ohr und 1 Pfund gesalzenes Schweinefleisch werden wie Sulz gekocht. Wenn sie weich sind, werden sie herausgenommen, verkühlt, in Streifen geschnitten und mit Salz, Pfeffer, Essig und etwas Zitronensaft mariniert. Dann wird die Brühe abgegossen, entfettet und geklärt, schichtenweise Sulz und Fleischstreifen in eine mit kaltem Wasser ausgeschwenkte Form gelegt, indem man jede Lage erstarren läßt. Der Presskopf muss, bevor man ihn stürzt, einige Stunden kaltgestellt sein.

403. Roter Schwartenmagen.

Die Zutaten sind wie bei Nr. 401. Man nimmt zuerst 1 l Schweinsblut und gießt daßelbe in eine Schüssel zu ½ l Fleischbrühe, gibt das feingeschnittene Fleisch daran, behandelt das Ganze wie Presswurst, nur läßt man die Masse 2 ½ - 3 Stunden in kochend heißem Wasser.

404. Leberkäse.

2 Pfund Rindsbrät wird auf einem Brett tüchtig abgerührt und 2 Pfund gehacktes, mit Salpeter eingesalzenes Fleisch, ein wenig Semmelbrösel, ein Stück feingewiegte Rindsleber, sowie Abfälle von gekochtem Fleisch, feine Speckwürfel, Salz, Pfeffer, feingewiegte Zwiebel und Piment hinzugegeben. Alles wird tüchtig durch geschafft, in ein flaches Bratenkasseroll oder in eine Kachel, die vorher gut mit Schweinefett ausgestrichen wurde, gegeben und langsam entweder im Backofen oder im Rohr gebacken.

405. Schinkenwurst.

1 Teil Rindsbrät wird mit kaltem Wasser gut abgerührt. 2 Teile mageres Rindfleisch, sowie 2 Teile fettes Schweinefleisch werden in Scheiben geschnitten und mit Salpeter 4-5 Tage eingesalzen, durch die Hackmaschine getrieben, dann alles zusammen mit kaltem Wasser tüchtig abgerührt, ein wenig Salz, einige Pfefferkörner, sowie ein Kaffeelöffel Senfkörner, mit Rotwein angefeuchtet, dazugegeben und die Masse in sauber gereinigte Rindsdärme gefüllt. Die Würste gibt man dann 3-4 Stunden in den Rauch und läßt sie ungefähr ½ Stunde in heißem Wasser durchziehen. An einem kühlen Orte werden sie aufgehängt.

406. Streichwurst.

1 Pfund gekochtes Kopffleisch, 1 Pfund rohes durchgetriebenes Fleisch, 1 Pfund Schweinsleber1 Mecken (in Milch eingeweicht), Zwiebel, Pfeffer, Salz, Muskat.

Kopffleisch und Leber werden mit heißer Kopfbrühe überbrüht, dann mit den übrigen Zutaten durch die Fleischmaschine getrieben und heiß in saubere Därme gefüllt.

Hammelfleisch.

407. Hammelbraten.

Zutaten: 4 Pfund Hammelfleisch, Salz und Pfeffer, 1 Zwiebel, 1 Knoblauchzehe, Suppengrün, 1 Teelöffel Stärkemehl.

Das Hammelfleisch ist am besten vom Schlegel oder Bug; es wird gut geklopft, mit Salz und Pfeffer eingerieben, mit den obigen Zutaten in die Bratpfanne gegeben, mit kochendem Wasser begossen, dann in heißem Bratofen gelassen, bis die Zwiebeln gebräunt sind. Dann wird abgelöscht und unter fleißigem Begießen fertiggebraten, die Soße mit dem angerührten Stärkemehl aufgekocht, durchgeseiht und entfettet.

Gutes Hammelfleisch soll saftig sein, rot aussehen und weißes Fett haben.

408. Hammelschlegel auf Wildart.

Zutaten: 4 Pfund Schlegel, Salz und Pfeffer, Zwiebeln, gelbe Rüben, ¼ l saurer Rahm. Zur Beize: Einige Zwiebeln, 1 zerschnittene gelbe Rübe, 1 Stengelchen Lauch, einige Zitronenschalen und Lorbeerblätter, ein klein wenig Muskatblüte, 4 Nelken und Knoblauch.

Ein Hammelschlegel wird ausgebeint und mit Salz und Pfeffer eingerieben. In ein Bratenkasserol gibt man wenig Essig, 6 Stück geschälte Knoblauchzehen, das Fleisch und etwas Fleischbrühe und läßt den Schlegel zugedeckt 2-3 Stunden unter fleißigem Begießen schön braun einbraten. Wenn das Fleisch halb weich ist, nimmt man es heraus, gießt etwas Fett ab, gibt ein Stücken Butter daran, stäubt mit Mehl an, löscht mit kalter Fleischbrühe ab, füllt mit heißer Fleischbrühe oder Wasser auf, gibt sauren Rahm, Weißwein, Zitronensaft und das noch fehlende Salz dazu, kocht es noch etwas auf und läßt den Schlegel in dieser Sauce vollends weich werden. Vor dem Servieren wird das Fleisch in schöne Stücke geschnitten, die Sauce gut abgeschmeckt und über den Braten passiert.

409. Gedünstete Hammelkoteletten.

Die Rippchen werden geklopft, mit Salz und Pfeffer eingerieben, in Mehl gewendet und in einem Kasserol, in welchem man Zwiebeln und einige Gelbrübenscheiben in Butter anlaufen liess, mit einigen Löffeln Senf und Fleischbrühe weichgedünstet, gibt dann 1 Löffel angerührtes Mehl in die Soße, schmeckt sie gut ab und gibt sie über die angerichteten Rippchen.

410. Hammelragout.

Zutaten: 3 Pfund Hammelfleisch Brust oder Hals, einige gelbe Rüben, eine kleine Zwiebel, ein wenig Knoblauch, 3 Esslöffel Tomatenpüree, 40-50 g Butter, 60-80 g Mehl, ein Glas Wein, 3 Esslöffel saurer Rahm.

Das Fleisch wird in Stücke zerteilt. In heißer Butter dämpft man Zwiebeln und Knoblauch gelb, gibt das Fleisch zu, läßt es ein wenig anbraten, bestäubt es mit Mehl, löscht mit Fleischbrühe, Bratensoße und Essig ab, gibt Tomatenpüree zu und läßt das Ganze in gut geschlossenem Topfe weichkochen. Kurz vor dem Anrichten wird der Wein zugegeben, sowie saurer Rahm; dann soll es nicht mehr kochen.

411. Hammelrücken.

Zutaten: 4 Pfund Hammelrücken, 50-70 g Butter, 60 g Speck, 2 Knoblauchzehen, ¼ l saurer Rahm, gelbe Rüben, Zwiebel, Salz, Pfeffer, 2 Esslöffel Mehl.

Der mit Salz und Pfeffer eingeriebene Rücken wird wie Roastbeef ¾ Stunden gebraten. Er soll innen noch rosa Farbe haben. Die Soße wird gut abgefettet, mit Kartoffelmehl gebunden, gut abgeschmeckt und durchpassiert über den Braten gegossen.

412. Gedämpftes Hammelfleisch.

Vom Schlegel werden fingerlange Schnitzel geschnitten, geklopft, mit Salz und Pfeffer bestreut, im Übrigen zubereitet wie gedünstete Hammelkoteletten.

413. Hammelkoteletten.

Die Koteletten werden gestreift, geklopft, eingesalzen und in heißem Fett oder Öl in einer Pfanne innerhalb 5 Minuten angebraten. Beim Anrichten wird auf jedes Stück ein Scheibchen Butter und etwas gewiegte Petersilie gegeben.

414. Osterlammrücken.

Zutaten: 1 Lammrücken (vom Metzger ausgebeint verlangen), 1 Pfd. Schweinefleisch, 2 eingeweichte Brötchen, 2-3 Eier, 2 Knoblauchzehen, etwas Petersilie und Zwiebel.

Das Schweinefleisch wird durch die Fleischmaschine getrieben, dann die eingeweichten Brötchen und die Eier zugegeben, sowie gewiegte Zwiebel, Knoblauchzehen und Peterling, alles gut miteinander vermengt, dann eingefüllt, zugenäht und wie Hammelbraten weiterbehandelt. Ein Esslöffel Essig verbessert die Sauce.

Wild.

415. Rehrippchen.

Es werden gleichgroße fingerdicke Rehkoteletten geschnitten, mit Salz und Pfeffer bestreut und in Butter über flottem Feuer nicht zu sehr durchgebraten. Dann werden sie in tiefer Schüssel angerichtet und zugedeckt warm gehalten. Unterdessen hat man 4 Hände voll recht frische Steinpilze oder Champignons geputzt, mit einem trockenen Tuch sauber abgewischt und in Scheiben geschnitten. Sie werden nun in die Pfanne gegeben, aus der man soeben die Koteletten genommen hat, etwas Butter, Salz und Pfeffer zugegeben, und über flottem Feuer unter fleißigem Umschwenken ziemlich weich, unter Zugabe von etwas saurem Rahm, nicht zu wenig frischer, gehackter Petersilie vollends fertig gekocht. Beim Anrichten wird mit etwas Maggi abgeschmeckt und die Pilze über die Rehkoteletten gegossen.

416. Rehschlegel.

Der Rehschlegel wird ausgebeint, gehäutet und gespickt, nicht gebeizt, mit Salz und Pfeffer eingerieben. Zu einem gut schließenden Kasserol wird Fett heiß gemacht, das Fleisch darin gewendet, das ganze Gewürz (Nr. 246 a) zugegeben, ein wenig Flüssigkeit dazu und der Schlegel unter öfterem Bestreichen mit Butter, gut zugedeckt, weich gebraten. Am besten wird der Braten auf dem Herd gemacht (ja nicht offen, da er sonst austrocknet) und etwas Wein zugegeben. Wenn er weich ist, wird er herausgenommen und warm gestellt. Zum Bratensatz gibt man noch ein Stückchen Butter und etwas Tomaten, läßt alles schön einbraten, bis es braun wird und das Fett klar, staubt Mehl in das Fett, löscht kalt ab und füllt mit Wein und folgender Wildbrühe auf. Wildbrühe: Die Knochen werden klein gehackt, mit dem ganzen Gewürz und kaltem Wasser zugesetzt und mehrere Stunden gekocht. Es können auch 3-4 Löffel Essig dazu gegeben und diese Brühe zum Auffüllen der Soße verwendet werden. Wenn die Sauce gut durch gekocht ist, wird sie mit Wein, saurem Rahm, Maggi und dem fehlenden Salz abgeschmeckt und über das Fleisch passiert. Spätzle, Italienische Makkaroni, gemischter oder Gemüsesalat, Kopfsalat oder Gurkensalat kann dazu gegeben werden, auch Rotkraut.

417. Rehziemer.

Kann wie vorige Nummer gemacht werden.

418. Rehragout.

Zu Ragout kann man Bug, Brust, Hals, Leber, Herz und Kopf nehmen. Das Fleisch wird in Portionen geteilt, in einer gut schließenden Kasserolle im Fett auf allen Seiten angebraten, dann werden Zwiebeln, Lorbeerblatt, wenig Nelken, etwas Pfefferkorn und Tomaten zugegeben, mit Mehl angestaubt, mit kaltem Wasser abgelöscht, mit Fleischbrühe oder heißem Wasser aufgefüllt, etwas Wein zugegeben. Das Fleisch wird unter öfterem Umrühren 1 ½ - 2 Stunden gekocht. Vor dem Anrichten wird saurer Rahm zugegeben, das Fleisch auf eine Platte gelegt, mit Salz, Wein und Maggi die Sauce abgeschmeckt, durchpassiert und über das Fleisch gegossen. Die übrige Soße wird extra serviert. Das Fleisch kann auch einige Tage in eine Essigbeize gelegt werden.

419. Hasenbraten.

Zutaten: 1 junger Hase, 80 g Speck, ¼ - ½ l saurer Rahm, 120 g Butter, Salz, Zwiebel, Suppengrün, Zitrone.

Der Hase wird abgezogen, an den Hinterläufen beginnend. Das Fell wird an den Pfoten ringsum durchschnitten, abgelöst und der Balg über den Rücken heruntergezogen, die Löffel abgeschnitten und die Haut über den Kopf gezogen. Vom Schwanz aufwärts schneidet man den Bauch auf und trennt die Gedärme zwischen Magen und Leber. Gedärme und Magen werden fortgeworfen, Leber, Herz und Lunge werden mit Bauchlappen, Kopf und Hals und dem gesammelten Blut, das mit wenig Essig verrührt wird, zu Hasenpfeffer verwendet. Man vergesse dabei nicht, die Gallenblase aus der Leber zu entfernen. Der Rücken und die Schlegel werden gehäutet, gespickt und mit Salz und Pfeffer eingerieben, dann weiter behandelt wie Rehbraten.

420. Gebeizter Hase.

Zutaten: wie in voriger Nummer.

Wenn der Hase nicht mehr jung ist, wird er 2 Tage in Sauermilch gelegt oder in eine Essigbeize. Übrige Zubereitung ist wie in Nummer 419. Ein brauner Beiguß wird mit der Beize abgelöscht; nach Geschmack Essig, Rahm und Zitronenrädchen zugegeben und mit dem Bratenbeiguss gut durch gekocht. Beim Anrichten wird der Beiguß entfettet, mit Wein oder Madeira gewürzt und der Hase gut zerlegt, mit Nudeln oder Spätzchen aufgetragen.

421. Hasenragout.

Wird gemacht wie Rehragout Nr. 418.

Kaninchen.

422. Kaninchen in Rahmsoße.

Zutaten: Ein Ziemer, 2 Schlegel, 1/8 saurer Rahm, 80 g Butter, 1 große Zwiebel, ½ Zitrone, 1 Lorbeerblatt, Salz, Pfeffer, 3-4 Löffel Mehl, ¼ l Rotwein.

Schlegel und Ziemer werden etwas abgehäutet, mit Salz und Pfeffer eingerieben und in heißer Butter mit Zwiebel und Lorbeerblatt angebraten. Dann wird das Fleisch herausgenommen, das Mehl im Fett geröstet, mit Fleischbrühe und Rotwein abgelöscht, Zitrone und Salz zugegeben und das Fleisch zugedeckt ¾ - 1 Stunde darin gedämpft. Zuletzt wird 1/8 l saurer Rahm dazugegeben. Beim Anrichten wird die Soße durchpassiert und über das Fleisch gegossen.

423. Gebackenes Kaninchen.

Zutaten: 1 junges Kaninchen, Zwiebel, Suppengrün, Salz, 1-2 Eier, Weissmehl, Weckmehl, Zitrone, Salz, Pfeffer, Backfett.

Das abgezogene Kaninchen wird in Schlegel, Ziemer, Bug, Bauchlappen und Hals zerlegt, in leichtem Salzwasser mit Zwiebeln und dem ganzen Gewürz (Nr. 246 a) 5-10 Minuten gekocht und zum Abtropfen auf ein Sieb gelegt. Man mariniert sie 1-2 Stunden mit Zitronensaft, Weißwein, Salz, Pfefferkörnern, Schalotten und Suppengrün. Nachdem sie in Weissmehl, zerschlagenem Ei und Weckmehl gewendet sind, werden sie in heißem Fett gebacken. Man kann die Stücke auch nur in Weissmehl wenden und in heißer Butter unter öfterem Wenden schön braun becken. Mit Zitronenschnitzel und Petersilie verziert, werden sie mit Salat oder Remouladensoße zu Tisch gegeben.

424. Kaninchenragout.

Zutaten: 3 Pfund Fleisch, 60-80 g Fett, 120 g Mehl, ein halbes Glas Rotwein.

Zur Beize: 1/8 l Essig, 1 l Wasser, 1 Zwiebel, 4 Nelken, 8 Pfefferkörner, 1 Lorbeerblatt, 1 Zitronenscheibe, Suppengrün und Salz.

Zu Ragout verwendet man Kopf, Hals, Bauchlappen und Bug. Man schneidet das Fleisch in Stücke und legt sie einen Tag in die Beize. Vor der Zubereitung läßt man sie abtropfen, bratet sie in heißem Fett mit Zwiebeln schön an, betäubt sie mit Mehl, löscht mit Fleischbrühe und Beize ab, würzt mit

Salz und Pfeffer und läßt das Fleisch in der Soße weich kochen. Vor dem Anrichten wird Rotwein zugegeben, die Soße passiert und über das Fleisch gegossen. Man gibt Spätzle oder Nudeln dazu.

425. Kaninchen in weißer Soße.

Zutaten: 3-4 Pfund Kaninchenfleisch, 1 Zwiebel, das ganze Gewürz (Nr. 246 a), 100 g Butter, 6 Esslöffel Mehl, 1 Eigelb, 1/8 l Weißwein, 4 Esslöffel saurer Rahm.

Das Kaninchen wird zerlegt in Schlegel, Bug, Bauchlappen und Hals. Das Fleisch wird in kochendem Salzwasser aufgestellt, dem das Gewürz zugegeben wird und weich gekocht. Dann wird von Butter und Mehl eine weiße Mehlschwitze gemacht, mit der Brühe abgelöscht, Zitronensaft und Muskat zugegeben und die Soße ½ Stunde gut ausgekocht. Vor dem Anrichten wird die Soße mit Eigelb, Rahm und Wein legiert, mit Maggi und Salz abgeschmeckt und über das Fleisch gegossen.

426. Wildschweinbraten.

Schlegel oder Rücken werden in Wasser abgebürstet oder die Schwarte abgeschnitten, mit Salz und Pfeffer eingerieben, mit halb Fleischbrühe, halb Rotwein, dem ganzen Gewürz (Nr. 246 a) und Wachholderbeeren aufgestellt und weich gedämpft. Wenn der Braten weich ist, gibt man eine Weinsoße dazu und übergießt den Braten fleißig, um ihn zu glasieren. Beim Anrichten wird das Fleisch in Scheiben geschnitten, auf eine Platte hübsch angerichtet, mit der entfetteten Soße übergossen, die übrige extra dazugegeben. Es kann auch Wildschweinsulz gemacht werden. Sie wird gemacht wie Schweinesulz.

Geflügel.

427. Dressieren des Geflügels.

Das Geflügel wird auf den Bauch gelegt, die Haut vom Hals über die Öffnung gezogen. Mit Dressiernadel und Bindfaden wird der eine Flügel an den Leib gezogen, unter dem Rücken durchgestochen, dann durch den zweiten Flügel. Die Schenkel werden an den Oberkörper geschoben, am unteren Teil mit der Nadel durchgestochen, fest angezogen und fest zusammengebunden, so daß Flügel und Schenkel fest am Körper sind, wodurch sie saftig bleiben.

428. Junge Hähnchen.

Zurichten: Die Hähnchen werden geköpft, etwa 10 Minuten in kaltes Wasser gelegt und das Wasser abgeschüttet. Dann werden sie mit kochendem Wasser, das mit wenig kaltem Wasser abgeschreckt ist, übergossen und sauber gerupft. Man achte darauf, daß die Haut nicht zerreißt. Die ausgenommenen Eingeweide werden in eine mit Wasser gefüllte Schüssel gelegt, Herz und Leber, Milz, Magen und Nieren im Wasser davon gelöscht. Es darf nicht vergessen werden, von der Leber die Galle zu entfernen, die mit den Gedärmen weggeschüttet wird. Die Hähnchen werden sauber ausgewaschen, die Hälfte abgeschnitten, ebenso das erste Flügelglied und die Füße, dann dressiert, damit sie beim Braten saftig bleiben. Das Geflügel soll nie am Schlachttag gebraten, sondern erst tags darauf. Es wird mit Salz und Pfeffer eingerieben, in die Bratkachel gegeben mit Zwiebeln, gelben Rüben, Sellerie und Lauch, mit zerlassenem Butter bestrichen und etwas Wasser dazugegeben. Während der ersten Bratzeit wird die Kasserolle gut zugedeckt, später aufgedeckt, um eine Farbe zu erhalten. Die Hähnchen müssen oft mit Butter bestrichen werden, damit sie saftig bleiben. Der Bratensatz wird, wenn er schön braun geworden ist, mit Fleischbrühe aufgefüllt und mit Kartoffelmehl gebunden. Die sauber geputzten Füße, der Hals, der Kopf, die Flügelstückchen, werden mit dem Magen, einem Rindsknochen und ziemlich viel Suppengrün in kaltem Wasser zugesetzt und etwa 1 Stunde gekocht. Leber, Herz und Nieren werden mit dem gekochten Magen, Zwiebeln und Petersilie fein gewiegt. 2 Eßlöffel Mehl werden mit Wasser glatt gerührt, das Gewiegte zugegeben, zuletzt ein Ei. Die Brühe wird abgeseiht und zum Kochen gebracht, dann mit dem Schneebesen alles hinein gerührt, mit Maggi, dem fehlenden Salz und Muskat gewürzt. Auf diese Weise kann ohne Fleisch eine sehr kräftige Suppe hergestellt werden.

Zum Füllen: Pro Hahn 1 Wecken, 1 Ei, 10 g Butter, Petersilie, Muskat.

Der Wecken wird eingeweicht, die Butter leicht gerührt, dann der gut ausgedrückte Wecken mit der feingewiegten Petersilie und etwas Zitronenschale, Muskat und 1 Eigelb dazu gerührt, zuletzt das zu Schnee geschlagene Eiweiß hineingemischt. Damit wird der Hahn gefüllt und gut zugenäht.

429. Hahn gedämpft.

Der Hahn wird vorgerichtet wie der gebratene Hahn. In eine gutschließende Kachel wird das ganze Gewürz gegeben und der Hahn hellgelb angebraten, mit 2 Eßlöffel Mehl bestaubt, mit Wasser oder Fleischbrühe und 4 Löffeln Weißwein abgelöscht. Nach 1-stündigem Dämpfen und öfteren Bestreichen mit Butter werden 3 Eßlöffel saurer Rahm dazugegeben, nochmals kurz aufgekocht, mit Salz, Maggi und etwas Zitronensaft abgeschmeckt und die Soße über das Fleisch passiert. Spätzle, Nudeln oder gedämpfter Reis sind gut dazu, ebenso in Butter gedämpfte Gemüse. Zum Dämpfen darf der Hahn etwas älter sein.

430. Huhn mit Reis.

Zutaten: 200 g Reis, 60 g Butter, 100 g Mehl, 2 Eigelb, Zitronensaft, 1 Tasse Weißwein, 1 Huhn, 4 l Wasser, Gewürz Nr. 246 a.

Wasser mit Gewürz wird zum Kochen gebracht, dann das Huhn zugegeben und weich gekocht. Der Reis wird mit 1 l Hühnerbrühe, 20 g Butter und etwas Salz weichgedämpft, dann in eine Ringform gedrückt und auf eine runde Platte gestürzt. Das weiche Huhn wird in 8 Teile zerschnitten, in den Reisring gelegt und mit einer Einmachsoße übergossen. *Einmachsoße:* Das Mehl wird in Butter weiss geröstet, kalt abgelöscht und mit Hühnerbrühe aufgefüllt, 20 Minuten gekocht, dann mit Weißwein und Zitrone gesäuert, mit Eigelb gebunden und mit Maggi und dem fehlenden Salz abgeschmeckt. Die übrige Soße wird im Sauciere zu Tisch gegeben.

431. Hühnerragout.

Ein älteres Huhn wird in Stücke geschnitten und 1 Tag in eine leichte Beize von Essig und dem ganzen Gewürz (Nr. 246 a) gelegt, dann in der Beize weich gekocht. 100 g Mehl werden in 60 g Butter oder Fett hellbraun geröstet, kalt abgelöscht, mit Hühnerbrühe aufgefüllt, gut durch gekocht, mit Salz und Maggi abgeschmeckt und über das Huhn geseiht. Die übrige Sauce wird im Sauciere zu Tisch gegeben. Kartoffel- oder Brotknödel sind gut dazu.

432. Hühnerfrikassee.

Dazu müssen die Hühner fleischig und ausgewaschen, aber nicht etwa alt sein. Die vorgerichteten Stücke werden roh in Stücke zerlegt und in eine passende Kasserolle mit so viel leichter Fleischbrühe und etwas Weißwein gegeben, daß das Fleisch bedeckt ist; mit Salz, einigen Pfefferkörnern und einer Scheibe Zitrone wird das Huhn darin ½ Stunde gekocht. Dann wird von 100 g Mehl und 80 g Butter eine helle Mehlschwitze gemacht, die durchgeseihte Hühnerbrühe zugegeben und alles zu einer leicht gebundenen Sauce gekocht, die mit 3 Eigelb und 2 Löffeln Sahne abgezogen wird. Gekochter Reis wird mit einem Löffel in einen Reisring gedrückt, auf eine runde Platte gestürzt, die Hühnerstücke in die Mitte derselben geordnet. Die durchpassierte, mit Wein, Salz und Maggi abgeschmeckte Soße wird über das Fleisch gegossen, die übrige Sauce extra serviert. Mit Blätterteigstückchen und ganzen Champignons, die in ihrer Brühe heiß gemacht wurden, wird garniert. Das Frikassee kann durch Klößchen, Brieschen, Krebsschwänze und Trüffelscheiben verfeinert werden.

433. Huhn nach Jägerart.

Zutaten: 1 Huhn, 70 g Butter, 1 Zwiebel, 2 gelbe Rüben, Salz, Pfeffer, 2-3 Tomaten, 1 Zitronenschnitz, 1/8 l Rotwein, nach Belieben 8-10 Champignons.

Ein junges Huhn wird in 4-6 Stücke geschnitten, in heißer Butter mit der in Scheiben geschnittenen Zwiebel angebraten, die Geflügelstücke mit den anderen Zutaten darin weichgedämpft, dann wird etwas braune Soße zugegeben; vor dem Anrichten wird die Soße durchgeseiht. Ein Reisring wird auf eine runde Platte angerichtet; in die Mitte gibt man einen gebackenen Brotsockel, darauf ein garniertes Zitronenkörbchen, legt die Geflügelstücke um daßelbe und übergießt sie mit Soße. Man kann das Ragout auch in einer Pastete oder in einem Nudelring geben.

434. Poularden und Kapaunen.

Werden zubereitet wie die Hähnchen. Wenn man sie ganz gut haben will, wird die Brust mit dünnen Speckscheiben eingewickelt.

435. Gefüllte gebratene Tauben.

Zutaten: 6 junge Tauben, 3 Wecken, 20 g Butter, 3 Eier, Pfeffer, Salz und Muskat. Zum Braten: 70-80 g Butter oder Fett, Zwiebel und gelbe Rüben.

Die Tauben werden trocken gerupft, flammiert, ausgenommen, sauber gewaschen und ausgetrocknet. Die Haut wird mit dem Fingern vom Hals an über die Brust losgelöst, dann zurückgestreift und der Hals abgeschnitten. 20 g Butter werden gerührt, die abgeschälten, eingeweichten und gut ausgedrückten Brötchen, sowie Magen, Leber, gedämpfte Zwiebel und Petersilie (alles fein gewiegt), die Eigelb mit etwas Pfeffer und Salz und zuletzt das zu Schnee geschlagene Eiweiß hineingegeben. Nun werden die Brusthaut und das Innere gefüllt, die Tauben zugenäht und dressiert. Dann werden sie 10 Minuten in kochende Fleischbrühe oder kochendes Wasser gegeben, mit Salz und Pfeffer eingerieben und in einer Bratenkachel mit Butter oder Fett und Bratengewürz (Nr. 246 a), ¾ - 1 Stunde gebraten. Während dem Braten müssen sie oft mit Butter bestrichen werden. Der Bratensatz wird mit Wasser oder Fleischbrühe aufgekocht und mit etwas Kartoffelmehl säumig gemacht. Füsse, Kragen und der sauber geputzte Kopf können mitgebraten werden, sie verbessern die Sauce.

436. Alte Tauben.

Die Tauben werden gekocht mit Suppengrün, man erhält eine schmackhafte, kräftige Brühe für Kranke. Zum Fleisch kann eine weiße Soße gemacht werden, oder es wird zu Nudelsuppe oder Geflügelpudding verwendet.

437. Eingemachte Tauben.

Können wie Hühnerfrikassee (Nr. 432) zubereitet werden.

438. Gedämpfte Tauben.

Werden zubereitet wie gedämpfte Hähnchen (Nr. 429).

439. Taubensalmy.

Die gut abgelegenen Tauben werden je in 4 Teile geschnitten und die Haut abgezogen. Herz, Leber, Magen, rohe Speckwürfelchen, Zwiebel und Petersilie werden in frischer Butter gedämpft, einige Löffel Wasser oder Weißwein zugegeben, da sonst das Fett austritt und nachher die feine, kraftvoll duftende Sauce verdirbt. Dann werden die rohen Taubenstücke daraufgelegt, etwas Mehl darüber gestäubt und alles miteinander gedämpft. Nach ¼ Stunde wird ein 1/8 l Fleischbrühe zugegeben, nach einer weiteren Viertelstunde ½ Glas Weißwein. Man läßt es dann noch eine Viertelstunde dämpfen. Kochzeit ungefähr 1 1/4 Stunde. Auf die Servierplatte kommen nebeneinander gebähte Semmelscheiben, darauf die Taubenstücke. Über das Ganze wird die gut durch gekochte Sauce geseiht.

440. Gänsebraten.

Wenn die Gans getötet ist, wird sie trocken sauber gerupft, einige Minuten in kaltes Wasser gelegt, dann mit gut zerdrücktem Bierharz eingerieben. Kochendes, mit kaltem Wasser etwas abgeschrecktes Wasser wird ganz langsam über die geharzte Gans gegossen, so daß das Harz gut ankleben kann. Dann wird sie noch einigemal im heißen Wasser umgedreht, hierauf fest mit der Hand abgerieben. Das Harz nimmt alles Unsaubere weg. Weniger gut ist das Verfahren mit Sodawasser. In kochendem Wasser wird ziemlich Soda aufgelöst, mit kaltem Wasser leicht abgeschreckt, die Gans einige Stunden hinein getaucht, dann tüchtig abgerieben. Wenn sie etwas trocken geworden ist, wird sie abgeflämmt, dann sauber ausgenommen. Man gibt Bauchfett und Eingeweide in eine Schüssel Wasser, trennt darin vorsichtig Darmfett, Magen, Herz und Leber, aus der die Galle, ohne sie zu verletzen, abgelöst werden muss. Bauchfett und Darmfett werden extra gewässert und ausgelassen. Nachdem die Gans sauber ausgewaschen ist, werden Kopf und Hals abgeschnitten, die Flügel bis an die Gelenke und die Füße. Dann wird sie mit Salz und Pfeffer eingerieben, dressiert und in einem Gansbräter mit ziemlich Zwiebeln, Gelben Rüben und etwas Wasser in heißem Ofen unter öfterem Begießen 1 ½ - 2 Stunden gebraten, zuerst zugedeckt, später offen. Das Fett wird gut abgeschöpft, die Sauce mit Kartoffelmehl gebunden und abgeschmeckt.

441. Gefüllte Gans.

Nach Belieben kann eine Kartoffel-, Weck- oder Kastanienfülle zur Gans bereitet und eingefüllt werden. Rohe Kartoffeln werden ausgestochen, die Kartöffelchen gesalzen, dann eingefüllt. Kastanien werden geschält, dann eingefüllt. Weckmehl kann zubereitet werden wie Nr. 428. Auch rohe, geschälte Apfelschnitze eignen sich zum Füllen.

442. Das Gänseklein.

Kopf, Hals, Kragen, Füße, Magen, Herz und Leber werden mit ziemlich Grünem gekocht und mit Nudel- oder Reissuppe zu Tisch gegeben. Das weichgekochte Gänseklein kann auch einige Minuten in einer braunen Brenne, die mit Brühe und etwas Essig abgelöscht und gut durch gekocht wurde, mit gekocht und so zu Tisch gegeben werden. Oder es wird in eine Essigbeize mit dem Gewürz 246 a gelegt und nach einigen Tagen in dieser Brühe weichgekocht. Man gibt dann eine braune, mit der Brühe abgelöschte und gut durchgekochte Sauce, die mit Salz und Maggi gut abgeschmeckt wird, darüber und serviert Semmelknödel oder Spätzle dazu.

Rebhühner.

Anmerkung: Junge Rebhühner erkennt man an den hellgelben Füssen; bei älteren werden dieselben dunkelgelb, dann blaugrau. Reisst man eine Feder aus und ist sie weich und mit Blut gefüllt, so ist das Rebhuhn jung, ist sie innen hohl, ist das Rebhuhn alt.

443. Rebhühner gebraten.

Zutaten: 3 Rebhühner, 3 Speckscheiben, Salz und Pfeffer, 70 g Fett, 3 Rebblätter, 1 Zwiebel, gelbe Rüben.

Die Rebhühner werden gerupft, ausgenommen, gesengt und rasch ausgewaschen, mit Salz und Pfeffer eingerieben, in den Körper 2 Pettersilienzweige gesteckt, dann dressiert.

Die Brust wird mit einer Speckscheibe, der Rücken mit einem Rebblatt bedeckt, mit Bindfaden umwunden und unter fleißigem Begießen die Hühner mit obigen Zutaten in guter Hitze gebraten. Bratzeit ungefähr 30 Minuten. Die Hühner werden schön angerichtet, nach Belieben der Speck dazugegeben und mit gefüllten Brötchen verziert.

444. Gebratene Rebhühner mit Rahm.

Die leicht angebratenen Rebhühner werden nach und nach mit ½ l Rahm übergossen.

445. Rebhühner mit Sauerkraut.

Die vorgerichteten Rebhühner werden mit Scheiben von geräuchertem Speck umwunden, mit Fleischbrühe und dem ganzen Gewürz und einem Glas Wein aufgestellt und ¼ Stunde gedämpft. Das Sauerkraut wird auf einer Platte erhöht angerichtet, im Kranz herum die zerlegten Rebhühner auf die Speckscheiben geordnet. Die Soße wird mit etwas Kartoffelmehl gebunden.

446. Rebhühner mit Gemüse.

Zutaten: 80 g Butter, 2 gelbe Rüben, 1 Weissgrübe, 1 Sellleriewurzel, 1 große Zwiebel, Bohnen, Blumenkohl, 1 Kohlrabe, Salz und Pfeffer.

Die vorgerichteten Rebhühner werden gesalzen, mit Speck umwunden und in einer gut schließenden Kasserolle in Butter gebraten. Das geputzte Gemüse wird in Würfel geschnitten, mit Salz, 1 Prise Zucker, Fleischbrühe und Butter weichgedünstet, die halbierten Rebhühner mit dem Gemüse angerichtet und mit Petersilie überstreut.

Anmerkung: Auf Rost oder Grill gebraten werden Fische und Fleisch schmackhafter und leichter verdaulich, weil sich durch das rasche Anbraten mit Oberhitze die Poren des Fleisches schließen und das Ausrinnen des Fleischsaftes verhindert wird. Nährwert und Aroma bleiben so erhalten. Die modernen Gasgrillapparate sind zu empfehlen.

Warme, kalte und süße Soßen.

447. Weiße Grund oder Buttersoßen.

Zutaten: 100 g Butter, 150 g Mehl, Salz, Muskat, Fleischbrühe oder Wasser.

An ein Kasserol gibt man Butter, wenn sie flüssig ist, kommt das Mehl hinzu und wird geröstet, bis es aufsteigen will. Es darf durchaus feine Farbe annehmen. Man löscht mit kaltem Wasser oder Fleischbrühe ab, füllt unter fortwährendem Rühren nach, und läßt die Sauce gut durchkochen. Durch Zugabe von Milch, Rahm, Tomaten, Brühe, Pilzen, Kapern, Weißwein usw. kann die weiße Grundsoße den meisten warmen Gerichten angepasst werden. Je nach der Zugabe erhält man eine andere Sauce.

448. Bechamellesauce.

Die Zubereitung ist dieselbe wie in der vorhergehenden Nummer. Abgelöscht wird mit Milch statt mit Fleischbrühe oder Wasser.

449. Weiße Einmach- oder Frikassee-Sauce.

In die weiße Buttersoße werden 1 Glas Wein und etwas Zitronensaft, zerschnittene gelbe Rüben, eine mit 2 Nelken besteckte Zwiebel und 1 Lorbeerblatt gegeben und alles gut durch gekocht. Vor dem Anrichten wird die Soße mit Eigelb und süßem Rahm abgezogen und mit etwas Maggi abgeschmeckt.

450. Rahmsoße zu Fischen.

Zutaten: 100 g Butter, 150 g Mehl, 1/4 l saurer Rahm, 1/8 l Weißwein, 1 Zwiebel, 1 Lorbeerblatt, einige Nelken und Pfefferkörner.

Die mit Butter und Mehl bereitete weiße Soße wird mit kaltem Wasser und etwas Fischsud ab gelöscht. Dazu kommen die übrigen Zutaten. Alles wird ungefähr eine halbe Stunde gut durchgekocht, dann durchpassiert und zum gekochten Fisch gegeben. Süßwasserfische können auch in dieser Soße gedämpft werden.

451. Kapernsoße zu Fischen.

Zu der durchpassierten Rahmsoße Nr. 450 werden 1 Kaffeelöffel Kapern und 1 kleine Zwiebel gegeben und mitgekocht.

452. Einfache Fischsoße.

Zu 100 g zerlassene Butter wird so viel Mehl eingerührt, daß sie noch flüssig bleibt, weiß geröstet, mit Fischsud oder Fleischbrühe abgelöscht und gut durch gekocht. Vor dem Anrichten werden 2 verklopfte Eigelb, etwas Rahm und Zitronensaft zugegeben.

453. Geschlagene Fischsoße.

Ein Kochlöffel Mehl wird mit 1/8 l gutem, süßem Rahm glatt angerührt, 4 Eigelb und 100 g Butter dazugegeben und dieses mit einem Schöpflöffel Fischsud abgerührt. Die Soße wird auf dem Feuer mit dem Schneebesen solange geschlagen, bis sie aufsteigen will, mit Salz und Muskat gewürzt, angerichtet. Geschlagene Fischsoßen dürfen nur im Wasserbad warmgestellt werden.

454. Holländischer Beiguß.

Zutaten: 3 Löffel Wasser, 1 Löffel Zitronensaft, 1 ¼ Löffel Essig, 3 Eigelb, 70 g Butter, etwas Salz.
Die Zutaten werden auf dem Feuer mit dem Schneebesen geschlagen bis die Masse lauwarm ist, dann wird die Butter hineingeschnitten. Das Ganze wird weitergeschlagen, bis die Soße dick ist; sie muss im Wasserbad warm gestellt werden bis zum Gebrauch.

455. Andere Art.

2 Löffel Mehl, 4 Eigelb, 4 Löffel Weißwein, 2 Löffel zerfallene Butter, 1 Schöpflöffel Fleischbrühe oder Fischabsud werden auf dem Feuer geschlagen.

456. Hollandaise, anderer Art.

Zutaten: 90 g Butter, ½ l Fleischbrühe, 30 g Mondamin, 5 Eigelb, 1 Löffel Zitronensaft, 2 Löffel Essig, Salz und Maggi.
Die Zutaten werden auf dem Herd geschlagen, bis sie dick sind.

457. Sauce Mouslen.

Unter die fertige Sauce Hollandaise werden 4-5 Esslöffel geschlagener süßer Rahm gegeben (ungesüßt).

458. Senfsoße.

In 100 g Butter werden einige Löffel Mehl mit einem Esslöffel feingehackter Zwiebel lichtgelb geröstet, hernach mit kalter Fleischbrühe abgelöscht, ein wenig Pfeffer, 2 Lorbeerblätter und 3 Nelken zugegeben und alles zusammen ½ Stunde gekocht. Das Ganze wird durch ein Sieb getrieben, auf dem Feuer mit nussgroß Butter und zwei Esslöffel franz. Senf nochmals heiß gemacht.

459. Geschlagene Senfsoße.

2 Löffel Mehl, oder 30 g Mondamin, 2 Löffel Senf, 4 Eigelb, 6 Löffel Wein, 60 g Butter, etwas Zitronensaft, nach Belieben Salz, Pfeffer oder etwas Zucker und ½ l Fleischbrühe, werden zusammen auf dem Feuer geschlagen und sofort zu Tisch gegeben.

460. Warme Schnittlauchsoße.

Zutaten: 50 g Fett, 100 g Mehl, 4 Eigelb, 1/4 l saurer Rahm, Salz, Saft einer halben Zitrone, 2 Esslöffel fein geschnittenen Schnittlauch.

Das Fett wird heiß gemacht, das Mehl weiß geröstet, mit kaltem Wasser abgelöscht, mit Fleischbrühe aufgefüllt, zu einer dicklichen Soße abgerührt und ¼ Stunde gut durchgekocht. Dann werden die mit dem Rahm verrührten Eigelb an die Sauce gegeben, sowie Salz, Maggi und Schnittlauch.

461. Gurkensoße.

Mittelgroße Gurken werden geschält und gehobelt, dann mit etwas Butter und wenig Fleischbrühe weich gedämpft. Von 100 g Butter, 1 Brise Zucker und 200 g Mehl wird eine braune Sauce gemacht und etwas Essig, Salz und Gurkenkraut etwa ½ - 1 Std. gut durchgekocht, dann durchpassiert und an die Gurken gegeben, noch ganz kurz damit gekocht. Diese Soße ist gut zu Hammelfleisch, Rindsbraten, Gurkenspätzle usw.

462. Petersiliensoße.

In die weiße Buttersoße Nr. 447 werden 2 Esslöffel gewiegte Petersilie gegeben.

463. Sauce bernaise.

Zutaten: 3 Eigelb, 40 g Butter, 4 Esslöffel Weinessig, 3 Schalottenzwiebeln oder auch andere kleine Zwiebeln, Petersilie, Salz, Pfeffer, ½ Glas Wein, 1 Lorbeerblatt, 3 Nelken, 5-6 Pfefferkörner.

Die Zwiebeln werden fein gewiegt, mit Essig, Wein und Gewürz ausgekocht, erkaltet durch ein Sieb zu den Eigelb und der Butter gegossen und alles zusammen auf gelindem Feuer oder im Wasserbad mit dem Schneebesen gerührt, bis die Soße dicklich ist. Zuletzt wird etwas Zitronensaft und gewiegte Petersilie dazugegeben.

464. Weiße Zwiebelsoße.

Zutaten: 120 g Butter, 200 g Mehl, 4 Zwiebeln, ½ l Milch, Fleischbrühe, Salz, Pfeffer, ½ Tasse Rahm.

Die in Scheiben geschnittenen Zwiebeln werden in 20 g heißer Butter kurze Zeit gedämpft; Farbe sollen sie nicht bekommen. Das Mehl wird in 100 g heiß gemachter Butter weiß geröstet, mit Fleischbrühe, Milch und Rahm abgelöscht, die gedämpften Zwiebeln hinzugegeben und alles an der Seite des Herdes etwa eine halbe Stunde langsam gekocht. Vor dem Anrichten wird mit Maggi, Salz und Zitronensaft gewürzt.

465. Braune Grundsoße.

In ein Kasserol gibt man Butter oder Fett, läßt 2 Kaffeelöffel Zucker darin gelb bräunen, gibt so viel Mehl hinzu, als das Fett aufschluckt, läßt es unter beständigem Rühren auf schwachem Feuer braungelb rösten, löscht mit kaltem Wasser oder Fleischbrühe ab und füllt unter fortwährendem Rühren nach und nach mit kalter Fleischbrühe auf. Dieses bildet den Grundbestandteil aller braunen Soßen.

466. Andere Art.

In heißem Fett dämpft man Schinken oder Speckwürfel, in Scheiben geschnittene Zwiebeln, Suppengrün und Gewürz, gibt Mehl hinzu und röstet es an der Seite des Herdes hellbraun. Man löscht mit kaltem Wasser oder Fleischbrühe ab, fügt einige Löffel Tomatenpüree oder frische Tomaten, ein Glas Rotwein, 1 Nelke, 1 Lorbeerblatt und einige Pfefferkörner hinzu und läßt die Soße langsam 2-3 Stunden auskochen.

467. Braune Soße ohne Fett.

Das Mehl wird in einer eisernen Kasserolle im Backofen lichtgelb geröstet, dann kaltgestellt. Bei Gebrauch rührt man dasselbe mit Wasser glatt an, gibt Gewürz und Essig zu und kocht die Soße gut aus.

468. Braune Zwiebelsoße.

Die braune Zwiebelsoße wird ebenso gemacht wie die weiße Nr. 464. Das Mehl wird braun geröstet und etwas Essig zugesetzt.

469. Braune Sardellensoße.

Zutaten: 100 g Butter, 120 g Mehl, 10-12 gewaschene, fein gewiegte Sardellen, eine Hand voll feingewiegte Petersilie und ebenso viel Zwiebeln.

Das Mehl wird in der Butter hellbraun geröstet, dann die übrigen Zutaten zugegeben, kalt abgelöscht mit Fleischbrühe aufgefüllt und ½ Stunde langsam gekocht. Die Sauce wird mit Zitronensaft, Essig, Salz und Maggi gewürzt und durchpassiert.

470. Frikassierte Sardellensoße.

Zutaten: ¼ Pfund Butter, 1 Kochlöffel Mehl, 2 Eigelb, feingewiegte Sardellen, Salz, Muskat, nach Belieben Zitronensaft, ¼ l kaltes Wasser.

Die Butter wird mit Mehl geknetet, die anderen Zutaten nach und nach zugegeben, sodann unter fortwährendem Rühren solange auf dem Feuer gelassen, bis die Sauce leicht und dicklich ist, doch darf sie nicht zum Kochen kommen.

471. Madeirasoße.

Zutaten: 2 l braune Soße, (Nr. 465), 6-8 Esslöffel Madeira.

Unter die fertig gekochte Soße wird abseits des Feuers der Madeira gemengt. Die Soße darf nicht mehr kochen und soll im Wasserbad warmgestellt werden.

472. Geschlagene Tomatensoße.

Zutaten: 1/8 l Tomatenmark, 30 g Mondamin, ½ l Fleischbrühe, 6 Eigelb, 120 g Butter, 2 Esslöffel Essig, Salz, Zitronensaft.

Die Zutaten werden in einer Schüssel gemischt, die Butter blättrig fein dazu geschnitten, dann wird in einer Pfanne auf dem Feuer alles geschlagen, bis es dick ist, soll aber nicht kochen. Im Wasserbad warm stellen bis zum Gebrauch.

473. Braune Sulzsoße.

Zu 1 l brauner Grundsoße (Nr. 465) werden ¾ l fertige Sulz gegeben und alles zusammen eingekocht, bis die Soße die richtige Dicke hat, nach Belieben wird etwas Madeira zugefügt. Sie wird durch ein feines Sieb gegossen, bis zum Erkalten gerührt und die Fleischbrühe damit übergossen.

474. Weiße Sulzsoße.

Unter die weiße Grundsoße (Nr. 447) wird ½ l Sulz gegeben und bis auf 2/3 eingekocht. Während des Kochens gibt man nach und nach 1/5 l süßen Rahm dazu, seiht die Soße und rührt sie bis zum Erkalten. Sie wird zum Überziehen von Geflügelstücken verwendet.

475. Mayonnaise ausgiebig und schnell bereiten.

Zutaten: 4 Eigelb, 1 Teelöffel Mehl, ¼ l Milch, 1/8 l Essig, 1/8 l Öl, Salz, Paprika, Zucker.

Das Mehl wird mit der Milch glatt angerührt, Eigelb und die anderen Zutaten zugegeben und an nicht zu heißer Stelle auf dem Herd solange gerührt, bis die Soße sich bindet. Dann wird sie vom Feuer genommen und bis zum Erkalten weitergerührt.

Anmerkung: Die Mayonnaise muss – hauptsächlich im Sommer – an einem kalten Ort gerührt werden. In der Kälte kann sie 8-10 Tage aufbewahrt werden.

476. Gekochte Mayonnaise.

Zutaten: 2 Eier, 2 Esslöffel feines Öl, 2 Esslöffel Essig, 2 Esslöffel kalte Fleischbrühe, wenig Senf, Zucker, Salz, Zitronensaft.

Alles zusammen nimmt man in ½ l-Maß, stellt dieses in kochendes Wasser und quirlt die Soße, bis sie dick ist. Sie wird kalt serviert.

477. Mayonnaise anderer Art.

3 Eigelb werden mit einer Brise Salz gut gerührt. Dann läßt man unter ständigem Rühren mit dem Schneebesen 1/8 l Öl tropfenweise strohhalmdünn hineinlaufen. Sobald die Soße dick wird, wird ein Esslöffel Essig hinzugegeben, dann mit dem Öl fortgefahren, bis es fertig ist. Wenn das Öl zu schnell hinzukommt, gerinnt die Masse.

Diese Mayonnaise kann zu allem verwendet werden.

478. Cumberland-Sauce.

Zutaten: Eine halbe Zitrone, ½ Orangenschale, 6 Esslöffel Johannisbeergelee, etwas Weißwein, Essig, Senf.

Die Zitronen- und Orangenschalen werden in feine Stäbchen geschnitten - halb so groß wie Zündhölzer -, in heißem Wasser aufgekocht und sofort in kaltem Wasser abgekühlt. Zu Johannisbeergelee wird Weißwein und Essig gerührt, von beiden Teilen so viel, daß eine gut bindende Soße entsteht. Man mischt die präparierten Schalen unter die Sauce und fügt ein wenig Senf hinzu. Diese Sauce wird zu kaltem Wildpret gegeben.

Kommentar: Cumberlandsauce ist eine pikante Tafelsauce der klassischen englischen und französischen Küche aus rotem Johannisbeergelee, Portwein und Gewürzen.

479. a. Vinaigrette-Kräutersauce.

2 hartgekochte Eier, 2-3 Schalotten, 1 kleine Zwiebel, 3 Essiggurken, 1 Löffel Kapern und Petersilie werden gehackt und mit Senf, Öl und Essig verrührt.

479. b. Andere Art.

In fertige Mayonnaise wird eingerührt: je ½ Esslöffel feingehackte Petersilie, Kerbel, Estragon, Schnittlauch, Essig, Gurken und Senf. Diese Kräutersoßen eignen sich gut zu kaltem Braten, Geflügel, gebackenem Kalbshirn, Kalbskopf und Blumenkohl.

480. Remouladensauce.

Einige Sardellen, 1 Kaffelöffel Kapern, 1 klein Zwiebel und 1 Essiggurke werden fein gewiegt und mit einem Löffel Senf unter Mayonnaise gerührt.

Falls unter diese Soße 2 Esslöffel Tomatenmark gerührt werden, erhält man eine ausgezeichnete Soße zu gebackenem Fisch, kaltem und gebackenem Fleisch, wie auch zu Aufschnitt und Sulz.

481. Remouladensauce anderer Art.

Zutaten: 1 mittelgroße Zwiebel, das gleiche Quantum kleine Essiggurken, Kapern, etwas Schnittlauch und Petersilie.

Nachdem man alles fein gehackt hat, wird es unter Mayonnaise gemischt. Diese Sauce ist gut zu gebackenem Fisch oder kaltem Braten.

482. Schaum-Sauce.

Unter fertige Mayonnaise werden 5-6 Esslöffel gut geschlagener Rahm gemischt, jedoch erst unmittelbar vor dem Servieren. Die Schaumsauce ist gut zu Spargeln oder Fisch.

483. Aprikosensoße.

Reife Aprikosen werden durch ein Sieb gestrichen, verdünnt mit Läuterzucker und gekocht. Vor dem Anrichten gibt man nach Belieben Kirschwasser dazu.

484. Himbeer- oder Johannisbeersoße.

Zutaten: ½ Pfund Johannisbeeren, ½ Pfund Himbeeren, ½ l Wasser, 1 Esslöffel Stärkemehl, Zucker nach Belieben.

Die Beeren werden kurze Zeit mit Zuckerwasser gekocht und durch ein Sieb gestrichen. Das Stärkemehl rührt man mit kaltem Wasser oder Wein glatt, läßt es unter Rühren in den kochenden Fruchtsaft einlaufen und einigemal aufkochen. Auf diese Weise kann man Soßen von jedem Früchtesaft herstellen.

485. Hägenmarksoße.

Zutaten: 5-6 Löffel Hägenmark, ¼ l Weißwein, ¼ l Wasser, Zucker nach Belieben, 1 Teelöffel Stärkemehl.

Das Hägenmark wird mit Wasser und Wein verdünnt aufs Feuer gesetzt und heiß gemacht. Das angerichtete Stärkemehl läßt beim Kochen einlaufen und die Soße ungefähr 5 Minuten auskochen.

486. Waldmeistersoße.

Zutaten: 2 Büschel Waldmeister, ¾ l Weißwein, 2 Eigelb 120 g bis 140 g Zucker.

Man läßt die Waldmeister im Wein 1 Stunde ziehen. Dann gießt man den Wein in eine Messingpfanne ab, gibt die andern Zutaten zu und schlägt das Ganze auf schwachem Feuer bis zum Kochen.

487. Vanillesoße.

¼ l Milch, 5 Eigelb, etwas Zucker und Vanille werden auf dem Feuer bis zum kochen abgerührt.

488. Vanillesoße anderer Art.

Zutaten: ½ l Milch, ½ Vanilleschote oder Vanillin, 20 g Stärkemehl oder Sossenpulver und 3 Eigelb, 60 g Zucker.

Die Milch wird mit der Vanilleschote oder dem Vanillinzucker kochend gemacht, das Stärkemehl oder das Soßenpulver mit kalter Milch angerührt und in die kochende Milch gerührt. Nun werden die Eigelb mit dem Zucker in einer Schüssel gerührt, dann die Milch mit dem Schneebesen schnell dazu gegeben, das Ganze unter ständigem Rühren in der Pfanne nochmals erhitzt, darf aber nicht kochen.

489. Andere Art.

Es werden 5 Eigelb in einer Schüssel schaumig gerührt, unterdessen ½ l Milch mit Vanille zum kochen gebracht, und dann unter ständigem Rühren an die Eier gegeben. Danach wird die Masse in der Pfanne nochmals heiß gemacht, darf aber nicht kochen.

490. Andere Art.

Zutaten: 1 ½ l Milch, 3 Eigelb, 3 Esslöffel Stärkemehl 120 bis 150 g Zucker, 1 Stücken Vanille.

Milch wird mit Zucker und Vanille langsam gekocht und dann ¼ Stunde zugedeckt beiseite gestellt, das Stärkemehl mit kalter Milch angerührt, Eigelb und die Vanillemilch zugegeben und alles auf dem Feuer bis zum Kochen geschlagen. Nach dem Erkalten gibt man den steifen Schnee darunter.

491. Milchsoße mit Zitronen.

Zutaten. 1 ½ l Milch oder Rahm, 120-150 g Zucker, 2 Esslöffel Mehl oder Saucenpulver, am besten Kartoffelmehl, 1 Stückchen Zitronenschale, 5 Eigelb und einige Körnchen Salz.

Nachdem das Mehl in einer Messingpfanne mit wenig kalter Milch glatt angerührt ist, gibt man die Eigelb, sowie den Zucker dazu, füllt mit der übrigen Milch auf und schlägt das Ganze auf dem Feuer bis zum Kochen. Beim Anrichten wird der steife Eierschnee darunter gemengt.

492. Schokoladensoße.

Zutaten. ½ l Wein, ¼ l Wasser, 125 g geriebene Schokolade, Zucker nach Belieben, 2 Eigelb, 1 Löffel Mehl.

Man bräunt einen Löffel Mehl mit Zucker, löscht mit Wasser ab, gibt die geriebene Schokolade und die andern Zutaten hinzu und läßt es langsam bis zum kochen kommen. Beim Anrichten wird die Soße mit 2 Eigelb abgezogen.

493. Andere Art.

Zutaten wie oben, anstatt Wein wird Milch verwendet. Die zerbröckelte Schokolade wird mit ¼ l Milch unter fortwährendem Rühren gut verkocht, ½ l Milch dazu gegossen. Hat dieses zusammen gekocht, so wird es ¼ Stunde beiseite gestellt. Unterdessen wird ein Esslöffel Mehl mit ¼ l kalter Milch und 2 Eigelb glatt angerührt, die Schokolade daran gegossen und alles auf dem Feuer mit dem Schneebesen unter beständigem Rühren bis zum Kochen gebracht. Nach Belieben kann beim Anrichten der steife Schnee daruntergezogen werden.

494. Andere Art.

Zutaten: ½ l Milch, 50 g Zucker, 2 Eigelb, 50 g Schokolade, ein Kaffeelöffel Saucenpulver.

Die Schokolade wird in 1/8 l Milch aufgelöst, dann wird die übrige Milch dazu gegeben, ebenso der Zucker, das Saucenpulver und die Eigelb und unter Rühren das Ganze aufgekocht.

495. Weinsoße.

Zutaten: 2 Kochlöffel Stärkemehl, 1/8 l Wasser, 4 Eigelb, ½ l Wein, 35 g Zucker.

Mehl wird mit Wasser, Wein und Eigelb glatt verrührt, dieses mit Zucker nach Belieben, Zitronenschalen und einem Stückchen Zimt aufs Feuer gegeben und unter fortwährendem Rühren aufgekocht. In der Regel mischt man das zu Schnee geschlagene Eiweiß darunter, dann nimmt man ¼ l Wein mehr – diese Soße wird gewöhnlich über Pudding angerichtet.

496. Andere Art.

½ Flasche Rotwein, 1 Stücken Zimt, 1 Nelke, 100 g Zucker und 1 Stückchen Zitronenschale werden einmal aufgekocht, dann mit Wasser angerührtes Stärkemehl kurz darin aufgekocht, die Soße passiert und etwas Rum dazu gegeben.

497. Geschlagener Weinschaum (Chaudeau).

Zutaten: ½ l Wein, 2 Eier, ¼ Pfund Zucker, 1 Zitronenschale, 20 g Saucenpulver, etwas Apfelwein.

Der Wein wird mit der Zitronenschale aufgekocht, das Pulver mit Apfelwein angerührt und mit dem Wein einmal aufgekocht. Eier und Zucker werden schaumig gerührt und der kochende Wein dazu gegeben. Diese Sauce kann kalt oder warm serviert werden.

498. Andere Art.

Zutaten: ½ l Wein, 200 g Zucker, 1 Stückchen Zitronenschale, sechs ganze Eier und 4 Eigelb.

Sämtliche Zutaten kommen in eine Messingpfanne und werden auf schwachem Feuer mit dem Schneebesen so lange geschlagen, bis sich ein dicker Schaum bildet und die Sosse aufsteigen will. Dann wird sie vom Feuer genommen und noch eine Zeit lang weiter geschlagen. Der Geschmack wird sehr erhöht, wenn man einen Esslöffel Rum oder feinen Likör darein gibt.

499. Andere Art.

Zutaten: 2 Eier, 3 Eigelb, 100 g Zucker, ¼ l Weißwein, 1 Zitrone (Saft und Schale).

Alles wird mit dem Schneebesen auf dem Feuer geschlagen. Darf ja nicht kochen. Im Wasserbad warm stellen.

500. Caramelsauce.

Zutaten: ½ l Milch, 60 g Zucker, 1 Löffel Saucenpulver, 1 Stange Vanille, 2-3 Eier.

Der Zucker wird in einer Pfanne gebräunt, mit der Milch abgelöscht, Vanille zugegeben. Das Saucenpulver wird mit wenig Milch und den Eiern angerührt, dann mit dem Schneebesen an die kochende Caramelsauce gerührt und einmal aufgekocht.

Gemüse.

501. Spinat.

Sobald das Wasser kocht, wird der gewaschene Spinat hineingegeben, einmal aufgekocht, kalt abgeschwenkt und fein gewiegt oder durch die Hackmaschine getrieben. Mit Butter und Mehl wird eine helle Mehlschwitze gemacht, mit kaltem Wasser abgelöscht, mit Spinatbrühe und etwas Milch verdünnt und die Soße 10 Minuten gut durchgekocht. Dann kommt der gewiegte Spinat dazu, wird bis zum Kochen gebracht (nicht kochen), dann mit Salz und Maggi gut abgeschmeckt.

502. Mangold- und Meldeblätter.

Werden ebenso zubereitet wie Spinat, doch werden die Blätter von den Stielen gestreift.

503. Mangold-Stielgemüse.

Die abgestreiften Stiele werden, falls sie groß sind, in der Mitte gespalten und in zentimeterlange Stücke geschnitten, in wenig Wasser weich gekocht (etwa ½ Stunde). Von Fett und Mehl wird eine weiße Mehlschwitze gemacht, kalt abgelöscht und Milch und Gemüsebrühe verdünnt, 1 Tasse saurer Rahm und der Saft einer Zitrone zugegeben. Soße mit Gemüse wird gut durch gekocht, mit Maggi und Salz abgeschmeckt.

504. Braunes Stielgemüse.

Die Stengel werden zubereitet wie in vorige Nummer, einige in Scheiben geschnittene gelbe Rüben mitgekocht. Statt der weißen Soße wird eine braune gemacht, mit Essig, einigen Stückchen Zucker, Maggi und Salz abgeschmeckt.

505. Spinatküchlein.

Zutaten: 2 Pfund roher Spinat, 6 Brötchen, 3-4 Eier, 1 Esslöffel gewiegte Zwiebel und Petersilie, 30 g Butter, 2 Esslöffel Mehl, Salz, Pfeffer und Muskat.

Der gekochte, feingewiegte Spinat wird mit Zwiebeln und Petersilie gedämpft, die abgeweichten, ausgedrückten Brötchen mit den andern Zutaten darunter gemengt, runde Küchlein geformt und in heißem Fett gebacken. Auch Fleisch oder Fleischreste können dazu verwendet werden, statt Spinat nach Belieben Weißkraut oder Wirsing.

506. Spinatauflauf.

Zutaten: 3 Pfund Spinat, 1 Pfund Rauchfleisch oder Schinken, (gewiegt), ½ l Milch, 6 Eier, 1/8 l Rahm, 3-4 Esslöffel geriebener Käse, ein Esslöffel Salz, Muskat. 120 g Mehl.

Der abgekochte Spinat wird fein gewiegt, das Mehl mit der Milch glatt gerührt und zu einem dicken Brei gekocht. Vom Feuer genommen gibt man Spinat und die andern Zutaten darunter, zuletzt den steifen Schnee. In einer gut bestrichenen Auflaufform wird die Masse ¾ - 1 Stunde aufgezogen.

507. Spinatpudding.

Zutaten: 80 g Butter, 6 Milchbrötchen, 4-6 Eier, 1 kleiner Teller gekochter Spinat, Zwiebel, Petersilie, Salz und Muskat.

Die Wecken werden in Milch eingeweicht und gut ausgedrückt, Butter und Eigelb miteinander gerührt, mit Gewürz und den andern Zutaten unter die Brötchen gemengt und zuletzt der steife Schnee leicht darunter gezogen. Die Masse wird in eine mit Butter bestrichene und mit Flädchenstreifen ausgelegte Serviette gefüllt und eine Stunde in Salzwasser gekocht, mit Buttersoße serviert.

Man kann die Masse auch in einer gut bestrichenen, mit Flädchenstreifen ausgelegten Puddingform kochen.

508. Spinatwürste.

Zutaten: ¾ Pfund Mehl, 3 Eier, ½ l Milch, 1 Kaffeelöffel Salz.

Zur Fülle: 1 Pfund gekochter Spinat, Salz, Muskat, 4-5 Eier, 1 Brise Salz und ¼ l Rahm.

Der gekochte, feingewiegte Spinat wird mit Zwiebeln, Salz und Muskat vermengt, die Flädchen damit bestrichen und ausgerollt. Dann legt man sie auf eine butterbestrichene, feuerfeste Platte oder in einer Auflaufform nebeneinander. Eier werden mit Rahm verklopft und darüber gegossen. Man läßt die Würstchen ½ Stunde im Rohr aufziehen.

509. Winterkohl.

Der Winterkohl ist am besten, wenn er einige Nachtfröste erlitten hat. Die schönen Blätter werden von den Stielen gestreift, gut gewaschen und zubereitet wie Spinat. Um ihn weicher zu machen, wird dem Abkochwasser ½ Kaffeelöffel Natron zugesetzt.

510. Wildgemüse.

Ein sehr billiges, gesundes Frühlingsgemüse kann von Brennnesseln, jungen Blätter von Löwenzahn, Huflattich, Brunnenstresse, Sauerampfer und Spitzwegerich bereitet werden. Wildgemüse wird zubereitet wie Spinat, nach Belieben gibt man Spinat, etwa zur Hälfte dazu, zum Dämpfen oder Abkochen etwas Natron.

511. Wirsing.

Zutaten: 6 Pfund Wirsing, 4-5 l Abkochwasser, 4 Löffel Salz.

Zum Beiguß: 100 g Butter oder Fett, ¼ Pfund Mehl, Salz, Pfeffer, Muskat und geschnittene Zwiebel, 1 Messerspitze Natron zum Abkochwasser.

Die Wirsingköpfe werden von Strunk und den größten Rippen befreit, sauber gewaschen, in kochendem Salzwasser schnell weichgekocht und kalt abgeschwenkt. Dann wird ein heller Butterbeiguß bereitet, mit kaltem Wasser abgelöscht, mit Wirsingbrühe aufgefüllt, gut durchgekocht, dann der Wirsing dazu gegeben und kurz mitgekocht. Mit Maggi und Salz abgeschmeckt.

512. Weißkraut – Kümmelkraut.

Das Weißkraut wird vorbereitet, wie Wirsing und weichgekocht, dann grob gehackt. Die Sauce wird bereitet wie zu Wirsing, ½ Kaffeelöffel Kümmel mitgekocht, dann gut abgeschmeckt. Das Weißkraut kann auch in Blättchen geschnitten werden.

513. Rosenkohl.

Zutaten: 3 Pfund Röschen, 2 l Abkochwasser, 1 ½ Esslöffel Salz, Muskat, 80 g Butter, 120-150 g Mehl, etwas süßer Rahm.

Die Köpfchen des Rosenkohls sollen geschlossen und fest sein. Beim Putzen befreit man sie von den schlechten Blättchen, wäscht das Gemüse und kocht es schnell ab in offenem Topfe. Einen hellen Butterbeiguß läßt man gut durchkochen, fügt eine Tasse Milch hinzu, dann das Gemüse würzt es mit Salz und Muskat und läßt es auf der Seite des Herdes und etwas süßem Rahm noch 10 Minuten ziehen. Die Röschen sollen ganz bleiben.

514. Gurkengemüse.

2 mittelgroße Gurken werden geschält, in Scheiben geschnitten oder gehobelt, mit 30 g Butter kurze Zeit gedämpft, dann in eine braune Sauce gegeben. Mit Essig, 1 Stückchen Zucker, Salz und Maggi wird abgeschmeckt. Die gedämpften Gurken können auch unter saure Kartoffelblättchen gegeben werden. Das Gemüse ist gut zu Rindfleisch oder Knödeln.

515. Bayerisches Kraut.

Zutaten: 2 große Krautköpfe, einige Löffel Essig, 1 Esslöffel Zucker, 1 Gläschen Wein oder Most, 2 Esslöffel Salz, ein wenig Pfeffer, eine mit Nelken besteckte Zwiebel.

Das Kraut wird von den größten Rippen befreit, nudelartig geschnitten, mit geschnittenen Zwiebel in heißem Schweinefett eine Viertelstunde gedämpft, mit Fleischbrühe und Wasser abgelöscht und mit den übrigen Zutaten weich gekocht. ½ Stunde vor dem Anrichten wird ein dünnes Teigchen hinein gerührt und mitgekocht. Das Kraut kann durch Mitkochen von Schweinefleisch oder Schweinsknöchelchen sehr verbessert werden.

516. Blau- oder Rotkraut.

Zutaten: 6 Pfund Kraut, 5-6 Löffel Essig, 1 Esslöffel Zucker, 2 geschälte und in feine Scheiben geschnittene Apfel, 1 Gläschen Wein oder Most, 100 g Fett, Salz und 1 Messerspitze Zimt.

Das gehobelte oder feingeschnittene Kraut wird mit Salz, Zucker und Essig untereinander gemengt, dann in heißem Fett mit zerschnittenen Zwiebeln und den andern Zutaten gedämpft, mit Wasser oder Fleischbrühe aufgefüllt. ½ Stunde vor dem Anrichten wird ein dünnes Teigchen hineingerührt und mitgekocht.

517. Sauerkraut.

Zutaten: 3 Pfund Sauerkraut, 80 g Schweine- oder Gänsefett, drei Esslöffel Mehl, 1 Apfel nach Belieben Wachholderbeeren oder Kümmel, Weißwein oder Most.

Wenn das Kraut sauer ist, wird es rasch durch kaltes Wasser gezogen, ausgedrückt und aufgelockert. Die feingeschnittene Zwiebel dämpft man in heißem Fett hellgelb, gibt das Kraut zu, füllt mit Fleischbrühe oder Wasser auf, und gibt einen Schweinsknochen, sowie etwas frischen, durch die Hackmaschine gelassenen Speck oder rohes Rindernierenfett und 2 Stücken Zucker hinzu und läßt es zugedeckt 3-4 Stunden kochen. ½ Stunde vor dem Anrichten wird ein dünnes Mehlteigchen hinein gerührt und mitgekocht.

518. Andere Art.

Wenn das Kraut sauer ist, wird es gewässert, mit so viel Wasser aufgestellt, daß es gerade darüber geht, ein feingeschnittener Apfel zugegeben und zugedeckt weichgedämpft. ½ Stunde vor dem Anrichten dämpft man feingeschnittene Zwiebel und 2 Löffel Mehl in heißem Fett hellgelb, gibt dieses in das Kraut und kocht es damit fertig. Wird Speck oder Rauchfleisch mitgekocht, schmälzt man nicht.

519. Pariser Karotten.

Zutaten: 3-4 Pfund Karotten, 80 g Butter, 100-120 g Mehl, 1 Brise Zucker, Salz, Zwiebel und Petersilie, ½ Tasse süßen Rahm oder Milch.

Die gewaschenen Karotten werden mit Salz abgerieben und nochmals gewaschen. In Butter dämpft man feingeschnittene Zwiebel, gibt die Karotten hinein und läßt sie mit etwas Fleischbrühe, unter öfterem Schütteln weichdämpfen. Kurz vor dem Anrichten betäubt man sie mit Mehl, läßt sie damit gut durchkochen, gibt Rahm oder Milch und die gewiegte Petersilie dazu.

520. Gelbe Rübe mit Erbsen.

Zutaten: 3-4 Pfund gelbe Rüben, 100 g Butter, 100 g Mehl, eine Brise Zucker, 1 Tasse Milch, ½ Tasse Rahm, Salz, gewiegte Petersilie.

Nachdem das Kraut von den Rüben abgeschnitten ist, werden sie gewaschen, sauber geschabt, in Stengelchen geschnitten und nochmals schnell gewaschen. In einer Kasserole werden die Rüben mit Fleischbrühe und ½ von der Butter weichgedämpft. Die Erbsen werden nur etwa 20 Minuten mit gedämpft. (Büchsenerbsen kommen nur ganz kurz dazu). Dann wird von der übrigen Butter und dem Mehl eine weiße Mehlschwitze gemacht, kalt abgelöscht, Milch und die Rübenbrühe zugegeben, die Sauce gut durch gekocht und mit dem Gemüse und der gewiegten Petersilie nochmals aufgekocht. Mit Salz, Rahm und Maggi wird abgeschmeckt.

521. Teltower Rübchen.

Zutaten: 3-4 Pfund Rübchen, 80 g Butter, 3-4 Esslöffel Weissmehl, Salz nach Belieben Zucker.

Die Rübchen werden geschabt, aber nicht zerschnitten und mit Wasser, Butter und Salz weichgedämpft. Dann werden in Butter 2 Esslöffel geriebenes Schwarzbrot oder Meckmehl, Weissmehl und Zucker braungeröstet und zu den Rüben gegeben, mit Fleischbrühe oder Wasser aufgefüllt und alles gut durch gekocht. *Oder:* die weichgekochten Rüben werden in eine Buttersoße gegeben. Zu Hammel- oder Schweinefleisch sind sie sehr gut.

522. Teltower Rübchen, andere Art.

Die Rüben werden geschabt, im Salzwasser 5 Minuten gekocht, Butter und 1 Esslöffel Zucker werden braun geröstet, die abgetropften Rübchen dazu gegeben. Unter Schütteln läßt man sie glänzend werden, stäubt dann Mehl darüber, läßt sie 5-10 Minuten dämpfen, gibt Fleischbrühe oder Wasser und Salz zu und läßt die Rübchen an der Seite ungefähr 1 Stunde langsam kochen.

523. a. Brockelerbsen.

In heißer Butter werden die Erbsen mit einer Brise Zucker und Salz gedünstet. Wenn sie weich sind, kann nach Belieben ein wenig Mehl und Fleischbrühe zugegeben werden. Beim Anrichten überstreut man sie mit gewiegter Petersilie.

523. b. Andere Art.

Man kocht die Erbsen in Salzwasser weich, schwenkt sie in heißer Butter mit Salz, Pfeffer und einer Brise Zucker. Gibt man das Gemüse zu feineren Essen, so sieht es sehr hübsch aus, wenn man die Erbsen in einen Blätterteigring anrichtet, den man am Rand noch mit ausgestochenen Dreiecken von Blätterteig umlegt.

524. Leipziger Allerlei.

Zutaten: 3-4 Pfund geputztes Gemüse, Karotten, Blumenkohl, Brockelerbsen, Spargeln, Kohlraben, nach Belieben Pilze, 80-100 g Butter, 80 g Mehl, Salz, Muskat, 1 Brise Zucker.

Die geputzten Karotten werden mit den Erbsen in Butter mit Gemüsewasser gedämpft. Die Spargeln werden in 3 cm lange Stücke, der Blumenkohl in Röschen geschnitten und mit den geschälten, in

Streifen geschnittenen Kohlraben in Salzwasser gekocht. Dann werden die Gemüse in Butter geschwenkt und angerichtet. Nach Belieben verziert man das Gemüse mit Weck- oder Fleischklößchen. Werden Pilze dazu verwendet, dann dämpft man dieselben in Butter mit feingeschnittenen Zwiebeln.

525. Weiße Rüben.

Zutaten: 8 weiße Rüben, 80 g Butter, 4-5 Esslöffel Mehl, 1 Zwiebel, Salz, Pfeffer, Muskat, 2-3 Kartoffeln.

Die geschälten Rüben werden in Streifen geschnitten, dann mit kaltem Wasser, Gewürz und ungefähr 20 g Butter aufgestellt, oder ein Stück grüner Speck mitgekocht, mit in Streifen geschnittenen Kartoffeln.
Wenn die Rüben halb weich sind, wird ein heller Beiguß bereitet, ein wenig gebrannter Zucker zugegeben und die Rüben damit vollends weichgedämpft.

526. Kohlraben.

Zutaten: 8 Kohlraben, 2 l Abkochwasser, 1 Kaffeelöffel Salz.
Zum Beiguß: 80 g Butter, 140 g Salz, Muskat, 1 Tasse Milch, 4 Esslöffel Rahm.

Nachdem die Blätter entfernt sind, werden die Kohlraben geschält, und zwar wird an der Wurzel begonnen. Auch junge Kohlraben sind unten holzig. Zuerst wird der holzige Deckel weggeschnitten, dann wird das holzige etwas tief gefasst und die Haut bis oben abgezogen. Auf diese Weise wird die weiche dünne Haut oben nur leicht, das holzige unten tiefer entfernt. Die Kohlraben sollen niemals im Streife, sondern auf diese Weise geschält werden. Nachdem man sie dann zu dünnen Scheiben geschnitten hat, werden sie im Wasser weich gekocht. Bei älteren Kohlraben wird etwas Natron oder wenig Soda dem Wasser beigefügt. Die zarten Blätter werden von den groben Stengeln gestreift, in Salzwasser schnell abgekocht, in kaltem Wasser abgeschwenkt. Dann wird von Butter und Mehl ein weisser Beiguß bereitet, kalt abgelöscht, mit Kohlrabenwasser und Milch aufgefüllt und gut durch gekocht. Die weichgekochten Kohlraben werden nun in die Sauce gegeben und darin aufgekocht. Die Blätter werden gewiegt, mit dem Rahm angerührt und kurz vor dem Anrichten an das Gemüse gegeben, das jetzt nicht mehr kochen soll, damit es schön grün bleibt. Mit Maggi, Salz und Muskat wird abgeschmeckt.

527. Bodenkohlrüben.

Zutaten: 4 Pfund Kohlrüben, 1 Stange Lauch, 1 Sellerieknollen, 4 gelbe Rüben, 1 Zwiebel, Petersilie, 50-60 g Butter, Salz, Muskat.

Die Kohlrüben werden mit einigen geschälten Kartoffeln und Suppengrün weichgekocht, dann durch die Hackmaschine getrieben. Zwiebel und Petersilie werden in Butter gedämpft, das Mehl zugegeben, dann das durchgeriebene Gemüse mitgedämpft und noch eine Zeit lang auf der Seite des Herdes gekocht. Bodenkohlrüben können auch zubereitet werden wie Kohlraben, nur soll der Beiguß gelber sein.

528. Büchsengemüse oder sterilisierte Gemüse.

Sie werden auf ein Sieb geschüttet. Dann werden sie in heiß gemachter Butter geschwenkt und gesalzen. Falls das Gemüse in Sauce gewünscht wird, schmeckt man diese mit Salz und Maggi ab und erhitzt das Gemüse darin. Es darf nicht viel gerührt werden.

529. Lauchgemüse.

Zutaten: 8 große, dicke Lauchstengel, 80 g Butter, 6 Esslöffel Mehl, 1 Tasse Milch oder Rahm.

Von den Lauchstengeln werden die lose stehenden Blätter weggenommen, die Wurzelfasern entfernt. Die in Scheiben geschnittenen Stengeln werden einige Minuten in Salzwasser gekocht und in einer Buttersoße mit Milch weichgedämpft.

530. Selleriegemüse.

Die Knollen werden geschält, in Scheiben geschnitten und in Fleischbrühe oder Salzwasser beinahe weichgekocht. Eine helle Mehlschwitze wird mit Gemüsewasser abgelöscht, die gekochten Sellerie zugegeben, das Gemüse in der Soße weichgedämpft und mit einigen Löffeln Rahm verbessert.

531. Selleriegemüse.

Zutaten: 1 Sellerieknolle mittlerer Grösse, 220 g Zwiebeln, 4-5 Tomaten oder 5 Esslöffel Tomatenmark, 2 Esslöffel Haferflocken, 100 g Fett, etwas Butter, Salz, 1 l Fleischbrühe.

Die Sellerie wird geschält und in kleine Würfel geschnitten. Das Fett wird heiß gemacht und die feingeschnittenen Zwiebeln darin 20 Minuten gedämpft; sie müssen jedoch hell bleiben. Nun werden die Selleriewürfel dazu gegeben und noch weitere 20 Minuten mit gedämpft. Zuletzt wird das Tomatenmark und die Fleischbrühe zugegeben. Wenn frische Tomaten verwendet werden, müssen sie geschält und mit den Zwiebeln gedämpft werden. Eine halbe Stunde vor dem Anrichten werden 2 Esslöffel Haferflocken dazu gerührt, und etwas saurer Rahm.

532. Sellerie überbacken.

Zutaten: 2 Sellerie, 150 g Butter, 1 ¼ Milch, 3 Eier, Salz.

Die Selleriewurzeln werden weich gekocht und in Scheiben geschnitten. Butter wird mit Mehl weiß geröstet, dann mit Milch aufgegossen und die Eigelb hinein gerührt. Wenn die Masse etwas erkaltet ist, wird der Eierschnee dazugegeben. Die Selleriescheiben werden in Auflaufförmchen schuppenförmig eingelegt, die obige Masse darüber gegeben und das Ganze 20 Minuten im Rohr überbacken.

533. Schwarzwurzeln.

Zutaten: Ungefähr 2-3 Pfund Schwarzwurzeln, 80-100 g Butter, 80-100 g Mehl, ½ Zwiebel, Salz, Muskat, einige Löffel Rahm oder Milch, etwas Essig.

Die geschabten Schwarzwurzeln werden in 3 cm lange Stücke geschnitten, diese je nachdem sie dick sind, noch einmal durchgeschnitten und sogleich in kaltes Wasser gelegt, in das man ein Teigchen von Mehl und Essig eingerührt hat. Dann werden sie in Salzwasser mit etwas Milch weichgekocht, eine helle Mehlschwitze mit dem Absud abgelöscht, Gewürz und Zitronensaft zugegeben und darin die Schwarzwurzeln noch einmal aufgekocht. Die Soße wird vor dem Anrichten mit Rahm und Eigelb abgezogen.

534. Spargeln.

Zutaten: 3 Pfund Spargeln, 60-80 g Butter, 3-4 Löffel süßer Rahm, 80-100 g Mehl, 2 Eigelb, Salz, Muskat, Saft einer halben Zitrone, 2 Esslöffel Weißwein.

Die Spargeln werden vorsichtig, vom Köpfchen aus, geschält, in Büschel gebunden, gleichmäßig abgeschnitten und in Salzwasser gekocht. Eine mit Spargelwasser und Fleischbrühe abgelöschte Buttersoße wird abgeschmeckt und Rahm, Eigelb, sowie ein Stückchen Butter vor dem Anrichten hinein gerührt. Die Spargeln werden hübsch auf eine heiße Platte angerichtet, die Soße wird extra dazugegeben. An Stelle der Buttersoße kann auch zerlassene Butter oder Essig und Öl gegeben werden, oder eine Sauce Hollandaise. *Oder:* Sie werden mit in Butter gelb gerösteten Bröseln übergossen.

535. Blumenkohl.

Kann wie Spargel zubereitet werden.

536. Blumenkohl, andere Art.

Zutaten: 4 Pfund Blumenkohl (ungefähr 2 Stück), 3 l Abkochwasser, 80-100 g Butter, 120-150 g Mehl, 2 Eigelb und einige Löffel Rahm, Salz.

Der Blumenkohl soll weiss und fest sein. Er wird, nachdem alle grünen Blätter und ein Teil des Strunkes entfernt sind, einige Zeit in leichtes Salzwasser gelegt, damit die etwa vorhandenen Raupen herauskriechen. Dann wird er in kochendem Salzwasser mit etwas Milch langsam weichgekocht. Man muss aber sehr achtgeben, daß er nicht zu weich wird. Unterdessen wird ein Butterbeiguß mit Blumenkohlabsud gut durch gekocht, mit Eigelb und Rahm abgezogen. Beim Anrichten wird die ganze Blume auf eine Platte gegeben, ein Teil der Soße darüber gegossen, der Rest extra serviert. Nach Belieben kann auch ein holländischer Beiguß gegeben werden. Das Blumenkohlwasser verwendet man zur Suppe.

537. Gebackener Blumenkohl.

Der Blumenkohl wird in Salzwasser mit wenig Milch halbweichgekocht, wenn er abgekühlt ist, in große Röschen zerteilt. Diese werden in eine dicke Buttersoße eingetaucht, dann in Weckmehl gewendet, nachher in verschlagenem Ei und nochmals in Weckmehl und schließlich schwimmend in Fett schön gelb gebacken.

538. Blumenkohl überbacken (au gratin).

Der abgekochte Blumenkohl wird in eine mit Butter bestrichene und mit Weckmehl betreute Auflaufform gegeben, mit einer dicken Buttersoße übergossen, mit Parmesankäse und Weckmehl überstreut, mit Butterstückchen belegt und im Wasserbad im Bratofen gelb überbacken. Anstatt Buttersoße können auch mit Rahm verklopfte Eier über den Blumenkohl gegeben und derselbe im Rohr aufgezogen werden.

539. Blumenkohl mit saurem Rahm und Käse überbacken.

Wenn der Blumenkohl geputzt und zerteilt ist, wird er im Salzwasser nicht zu weich gekocht und auf einen Seiher zum Abtropfen gegeben. Dann wird er in einer Auflaufform mit zerfallener Butter und einer Tasse saurem Rahm, die mit 3 Eiern und Salz gut verquirlt wurde, übergossen und mit ziemlich geriebener Käse betreut.

540. Grüne Bohnen gedämpft.

Junge zarte Bohnen werden gewaschen, geputzt und in Streifen geschnitten oder in der Mitte zerbrochen. In heißer Butter dämpft man feingeschnittene Zwiebel und Petersilie, dämpft die Bohnen mit, löscht mit Fleischbrühe ab und läßt sie mit dem Gewürz weichkochen. Kurz vor dem Anrichten werden die Bohnen mit etwas Mehl betäubt.

541. Grüne Bohnen anderer Art.

Die gewaschenen Bohnen werden in kochendem Salzwasser mit einer Messerspitze Natron gekocht. In Butter oder gutem Fett werden einige Löffel Mehl mit zwei Esslöffel Zwiebeln hellbraun geröstet, mit guter Fleischbrühe glatt abgerührt und verdünnt an die Bohnen gegeben mit Essig, Salz, Maggi und einigen Stückchen Zucker und einigemal aufgekocht.

542. Geschmälzte Bohnen.

Die geputzten, geschnittenen Bohnen werden in leichtem Salzwasser mit einer Messerspitze Natron abgekocht, in einer Kasserole mit Butter, etwas Fleischbrühe und Salz heiß gemacht und mit Salz abgeschmeckt. Dann werden sie auf einer Platte mit Zwiebelschmälze abgeschmeckt. Die Zwiebeln werden fein gewiegt und in gutem Schmalz hell gedämpft. Um das Braunwerden der Zwiebeln zu verhindern, werden sie mit etwas Butter in ein kleines Geschirr gegeben.

543. Eingemachte Bohnen.

Zutaten: 3 Pfund Bohnen, 60 g Fett, 100 g Mehl, 1 kleine Zwiebel, Fleischbrühe, 2 Esslöffel Essig oder Zitronensaft, Salz und Pfeffer, 3 Stückchen Zucker.

Die Bohnen werden sauber gewaschen und in kochendem Wasser mit etwas Natron weich gekocht. Von Fett, Zwiebeln und Mehl wird eine hellbraune Mehlschwitze bereitet, mit Fleischbrühe abgelöscht, gewürzt, die Soße gut durch gekocht und die Bohnen noch einige Zeit mitgekocht. Mit Zucker, Essig, Salz und Maggi wird abgeschmeckt.

544. Gedörrte Bohnen.

Zutaten. 200 g gedörrte Bohnen, 80 g Butter, 1 Kaffeelöffel gewiegte Zwiebel und Petersilie, Salz, Pfeffer, Muskat, Fleischbrühe.

Die gedörrten Bohnen werden ach dem Waschen gleich in kochende Wasser gegeben, (das gilt für alle Dörrgemüse), weichgekocht und auf ein Sieb geleert. In heißer Butter dämpft man Zwiebel und Petersilie, gibt die abgetropften Bohnen und etwas Fleischbrühe zu, betäubt sie mit einigen Löffeln Mehl und läßt sie an der Seite des Herdes noch 5-10 Minuten kochen.

545. Puffbohnen.

Von diesen Bohnen werden nur die Kerne verwendet; sie werden kurze Zeit in Wasser gekocht und auf ein Sieb gegeben. In kleine Würfel geschnittener Speck wird angebraten, etwas Butter und das nötige Mehl zugegeben und eine gelbe Mehlschwitze gemacht. Man löscht mit Fleischbrühe oder Wasser ab, würzt die Soße, gibt nach Belieben Essig und Zitronensaft sowie die Bohnen zu und läßt sie in der Soße weichkochen. Sie werden mit gekochtem Speck, Schinken oder Wurst serviert.

546. Bohnenpüree von Kernbohnen.

Die ausgelegenen Bohnen werden über Nacht in kaltes Wasser eingeweicht, am Morgen abgegossen und in frischem Wasser aufs Feuer gesetzt, wo man sie mit etwas Salz und feingebacktem Bohnenkraut zugedeckt weichkocht. Dann werden sie verdünnt und durchgetrieben. In heißer Butter werden einige Esslöffel Mehl gelbgeröstet und die durchgetriebene Masse daran gerührt. Falls das Mus zu dick sein sollte, wird mit guter, fetter Fleischbrühe verdünnt. Nun wird mit Salz und Pfeffer gewürzt, das Püree schnell aufgekocht und nach Belieben mit in Butter gelbgerösteter, feingeschnittener Zwiebel abgeschmälzt. Das Püree kann auch sauer bereitet werden; man kocht dann ein Esslöffel Essig und etwas Zitronensaft damit auf.

547. Bohnenpudding.

Zutaten: ¾ Pfund Weckmehl, ¾ l Milch oder Wasser, 1 Pfund grüne Bohnen, Zwiebel, Petersilie, 50 g Butter, 3-4 Eier, Salz, Muskat.

Das Weckmehl läßt man mit Milch übergossen 1 Stunde stehen. Die in Salzwasser gekochten Bohnen werden mit Zwiebeln und Petersilie in Butter gedämpft. Die übrige Butter wird schaumig gerührt, die Eigelb mitgerührt, dann Weckmehl, Gewürz, Bohnen und zuletzt der Schnee leicht unter die Masse gemengt, in eine bestrichene Puddingform eingefüllt und 1 ½ Stunden gekocht. Der Pudding kann mit einer beliebigen Soße serviert werden.

548. Linsen.

Zutaten: 2 Pfund Linsen, 80-100 g Fett, 120-150 g Mehl, eine große Zwiebel, 1-2 Esslöffel Essig, Zitronensaft, Salz, Pfeffer, 3 Stückchen Zucker.

Die Linsen werden über Nacht in kaltem Wasser eingeweicht. Am andern Tag stellt man sie mit frischem weichem Wasser auf, schüttet das erste Kochwasser ab, gibt heißes Wasser nach und läßt die Linsen vollends weichkochen. Dann röstet man mit etwas Zucker in heißem Fett das Mehl hellbraun, gibt die feingeschnittene Zwiebel, wenn das Mehl beinahe die gewünschte Farbe hat, zu, löscht mit kalter Fleischbrühe oder Wasser ab, füllt mit dem Absud auf und läßt die Soße mit Gewürz und Linsen gut aufkochen. Mit Zucker, Essig, Salz und Maggi wird abgeschmeckt.

549. Linsenpüree.

Wird wie vorige Nummer zubereitet, nur werden die Linsen durch ein feines Sieb gestrichen.

550. Weiße Kernbohnen.

Werden zubereitet wie Linsen, die Mehlschwitze soll weiß sein.

551. Erbsenpüree.

Zutaten: 3 Pfund gelbe Erbsen, 80 g Butter, 80-100 g Mehl, 1 kleine Zwiebel, Salz und Pfeffer.

Die gut verlesenen Erbsen werden gewaschen, über Nacht in kaltes Wasser geweicht, mit dem Einweichwasser aufgestellt, weichgekocht und durch ein Sieb gestrichen. Von Fett, Mehl und Zwiebeln bereitet man eine gelbe Mehlschwitze, gibt die durchgestrichenen Erbsen zu und läßt das Püree mit Salz, Pfeffer und Muskat noch kurze Zeit kochen. Es soll nicht zu dünn sein. Erbsenpüree wird gerne zu Sauerkraut gegeben.

552. Kastanien.

Die Kastanien werden in kochendes Wasser gegeben, einmal überkocht, dann herausgelegt. Nach dem Erkalten werden die beiden Schalen abgelöst; sollte die zwei Schale nicht abgehen, bringt man die Kastanien wiederholt in siedendes Wasser. Werden sie gesotten verwendet, kocht man sie in siedender Fleischbrühe noch einigemal auf. Will man die Kastanien glasiert, werden in einem Kasserol 2 Esslöffel weißer Zucker in 70 g Butter gelbgeröstet, 1 Pfund geschälte Kastanien mit etwas weißem Pfeffer, einige Löffel Bratensoße und ein wenig Fleischbrühe zugegeben und das Ganze zugedeckt ¼ Stunde gekocht. Die Kastanien sollen weich sein, doch ganz bleiben und schön gelb aussehen. Gewöhnlich verwendet man sie zur Verzierung von Gemüsen und Fleischspeisen.

553. Meerrettichgemüse.

Zutaten: 1 Meerrettich, 1 Löffel frische Butter, 1 Tellerchen Brotbrösel, einige Löffel süßer Rahm, 1 Tasse Gemüsebrühe oder Wasser, Salz, Pfeffer oder nach Belieben 2 Kaffeelöffel Zucker.

Der Meerrettich wird geschabt und am Reibeisen gerieben, das Brot in der Butter gut gedämpft, mit Rahm und Gemüsebrühe auf dem Feuer verrührt, der Meerrettich nebst Gewürz dazugegeben und alles ca. 1 – 1 ½ Stunden gekocht.

554. Rahmmeerrettich.

In 4 Esslöffel gerieben Meerrettich gibt man eine Brise Salz, Pfeffer, Zucker und einen Kaffeelöffel Essig. Das Ganze zieht man unter ¼ l geschlagenen Rahm. Man gibt das Gemüse zu Tisch, warmen oder kaltem Braten.

555. Meerrettichgemüse.

Zutaten: 2 Stangen Meerrettich, 100 g Butter, 150 g Mehl, Fleischbrühe, ¼ l Milch.

Die Meerrettichstangen werden gewaschen, sauber mit dem Messer geschabt, dann gerieben. Von Butter und Mehl wird eine helle Mehlschwitze gemacht, vor dem Ablöschen der Meerrettich zugegeben und kurz mitgedämpft. Dann wird mit kaltem Wasser abgelöscht mit Fleischbrühe und Milch ausgefüllt. Nach halbstündigem gutem Durchkochen wird das Gemüse mit Salz, Maggi und einer Brise Zucker abgeschmeckt und mit Rindfleisch zu Tisch gegeben. Es ist darauf zu achten, daß es nicht zu dick ist.

556. Meerrettich anderer Art.

Der geriebene Meerrettich wird mit kalter Milch und wenig Zucker zugesetzt und mit Weißbrotbrösel oder Geigenmehl sämig gemacht.

557. Meerrettich.

Kann auch zu Wurst roh gerieben oder mit Essig und Öl angemacht gegeben werden. (Kommentar: Meerrettich wurde früher als Heilpflanze gegessen, sowie auch für die Haut. Auch gut gegen Erkältung, um die Abwehrkräfte zu stärken - enthält sehr viel Vitamin C).

558. Artischocken.

Nachdem 12 Artischocken gewaschen sind, werden mit der Schere die Spitzen abgeschnitten. Sie werden im Salzwasser weich gekocht, dann in 100 g Butter, die man in einer Kasserole zergehen läßt, mehrmals aufgekocht mit ½ l Rahm, 4 Zwiebeln und 1 Bündel Petersilie. Die Soße wird vor dem Anrichten mit 4 Eidottern legiert und mit Paprika gewürzt. Man kann Artischocken, nachdem sie weich gekocht sind, auch mit Sauce Hollandaise servieren oder mit Essig und Öl übergießen.

559. Gurkengemüse mit Tomaten.

Die Gurken werden geschält und in Scheiben geschnitten, dann in eine Kasserolle mit ziemlich Butter gegeben, ebenso geschälte, in Scheiben geschnittene Tomaten, ziemlich saurer Rahm, etwas Haferflocken und alles gut weich gekocht. Mit Zitronensaft, Salz und Maggi wird abgeschmeckt. Diese Speise eignet sich auch für Zuckerkranke.

Einige Tomaten-Gerichte.

560. Tomaten nach Genueser Art (Pesto).

Schöne, fleischige Tomaten werden halbiert und in ein niedere, mit Butter belegte Form oder Platte gegeben, dann mit weichgekochten, in kleine Stücke geschnittenen Makkaroni gefüllt, mit geriebenem Käse und fein gewiegtem Schinken überstreut. Nachdem man noch auf jede Tomate fein gewiegte Petersilie gestreut hat, werden sie 10 bis 15 Minuten gedünstet.

561. Gefüllte Tomaten.

Zutaten: 12 schöne Tomaten, 3-4 Brötchen, 2-3 Eier, 120 bis 150 g gewiegter Schinken oder Bratenreste, 90 g Butter, 1 Esslöffel gewiegte Zwiebeln und Petersilie, 2 Esslöffel geriebener Parmesankäse, Weckmehl, Fleischbrühe.

Nachdem von den Tomaten ein Deckelchen abgeschnitten ist, werden sie vorsichtig ausgehöhlt, die abgeriebenen, in Milch eingeweichten, gut ausgedrückten Brötchen mit Zwiebeln und Petersilie gedämpft; dann kommen die anderen Zutaten, sowie Salz und Muskat, zuletzt der Schnee dazu. Die Tomaten werden in eine mit Butter bestrichene Pfanne gegeben, eingefüllt, mit Käse und Weckmehl betreut, Butterstückchen darauf gelegt und im Backofen kurze Zeit gedämpft. Nun gibt man wenig Fleischbrühe zu und stellt sie etwas erhöht, damit sie oben überbacken.

562. Andere Art.

Die Tomaten werden wie die vorhergehenden ausgehöhlt; das herausgenommene Mark streicht man durch ein Sieb, vermischt es mit 60 g zerlassener Butter, 3 Kaffeelöffel Weißbrotbrösele, 6 gekochten, fein gehackten Steinpilzen, 2 Teelöffeln gewiegter Petersilie, Salz und Pfeffer. Die Masse wird erwärmt, doch nicht erhitzt und kann mit 2 Esslöffeln Rahm und 2 Eigelb verrührt. Damit füllt man die Früchte, stellt sie in eine mit Butter gestrichene Form und überstreicht sie mit Brotkrumen, geriebener Käse und Butter. Backzeit 20 Minuten.

563. Tomaten mit Reis gefüllt.

Zutaten: 200 g Reis, 30 g Butter, 1 l Wasser oder Fleischbrühe, Salz, Muskat, 130 g Schinken, ½ Zwiebel, nach Belieben 1 Esslöffel geriebener Parmesankäse, 12 Tomaten.

Der gebrühte Reis wird mit der geriebenen Zwiebel und dem gewiegten Schinken gedämpft, mit Wasser oder Fleischbrühe abgelöscht und zugedeckt, ohne zu rühren, ½ Stunde im Backofen gekocht. Dann füllt man die vorgerichteten Tomaten ein, überstreut sie mit geriebenem Käse und backt sie im Ofen gelb. Man gibt zu den Tomaten Buttersoße oder richtet sie zu Braten an.

564. Mit Hackfleisch gefüllte Tomaten.

Zutaten: 12 Tomaten, ½ Pfund gehacktes Schweinefleisch, ein halbes Pfund gehacktes Kalbfleisch, 3-4 Eier, 1 Zwiebel, 4-5 Löffel geriebenes Brot, 1 Esslöffel gehackte Petersilie, Salz, Muskat und geriebene Käse.

Die ausgehöhlten Tomaten salzt und pfeffert man, das Hackfleisch arbeitet man mit 1/4 l Milch, sowie mit den andern Zutaten gut durch, füllt mit dieser Masse die hergerichteten Tomaten, stellt sie in eine gefettete Form, überstreut sie mit geriebenem Käse und backt sie bei mittlerer Hitze ½ Stunde.

565. Tomaten mit Sauerkraut.

Man legt eine Kasserolle mit Speckscheiben aus, darauf eine Lage geschälte, in Scheiben geschnittene Tomaten, dann rohes Sauerkraut mit Salz, Pfeffer und gebackter Zwiebel gemischt, dann wieder Tomaten und fährt so fort, bis Kraut und wieder eine Lage Speckscheiben den Schluß machen. Man dämpft das Gemüse langsam weich.

566. Tomaten mit italienischem Salat gefüllt.

Die Tomaten werden, nachdem man zuerst am Stiel ein Deckelchen abgeschnitten hat, mit einem Kaffeelöffel ausgehöhlt, dann in einer Mischung von Salz und Essig etwa 10 Minuten mariniert. Das Mark wird unter guten italienischen Salat gemischt, die Tomaten damit hochauf gefüllt, mit geriebener Käse bestreut. Wird zu Aufschnitt oder als kleine Vorspeise gegeben.

567. Tomaten mit russischem oder Gemüsesalat.

Werden ebenso gemacht, nur werden sie mit dem entsprechenden Salat gefüllt.

568. Italienische Tomaten.

Die Tomaten werden einige Sekunden in kochendes Wasser gehalten, dann geschält, in der Mitte durchgeschnitten und in eine niedere Auflaufform gesetzt, die Schnittfläche nach oben, mit etwas Salz und Pfeffer obenauf und einem Stückchen Butter, sowie etwas geriebener Käse. Sie werden im Backofen eine Viertelstunde überbacken und in der Form serviert.

569. Tomaten-Auflauf.

Ein Pfund in Salzwasser weichgekochte Makkaroni werden schichtenweise mit geschälte, klein geschnittenen Tomaten, Pfeffer, Salz und Butterstückchen in eine ausgefettete Form gegeben, mit einer Tunke von ½ l saurem Rahm und 4 Eiern übergossen und ½ Stunde gebacken.

570. Tomaten-Frikassee.

Die gewaschenen Tomaten werden halbiert ohne sie zu schälen und in eine breite Pfanne mit einem Löffel Butter gegeben, mit Pfeffer und Salz betreut, mit Mehl betäubt, mit einem Deckel bedeckt, 10 Minuten gekocht, 1 mal gewendet, 1 Tasse Rahm darüber gegossen und noch einigemal aufgekocht.

571. Tomaten-Schnitzel.

Zutaten: 1 Pfund gekochte, geriebene Kartoffeln, 4 Esslöffel Tomatenmark, 1 Ei, 1 Teelöffel Salz, 1 Esslöffel zerfallene Butter, 1 Esslöffel gehackte Petersilie und 20 g Mehl.

Die Zutaten werden zu einem Teig verarbeitet. Daraus wird eine dicke Stange geformt, Scheiben davon abgeschnitten, diese etwas breitgedrückt und in dampfend heißem Fett gebacken.

572. Tomaten-Schnitten.

In Scheiben geschnittene Tomaten werden in Paniermehl gewendet, in heißem Butter oder Fett gebacken, mit ein wenig Salz betreut. Man richtet die Schnitten kranzförmig auf eine Platte an und gibt in die Mitte Rührei.

573. Tomatenpudding.

Zutaten: 140 g Mehl, 100 g Butter, 6 Eier, ¼ l Milch, 10 Esslöffel Tomatenmark, 4 Esslöffel geriebener Parmesankäse.

Das Mehl wird in heißer Butter gedämpft, mit Milch abgelöscht, auf dem Feuer noch ein wenig gerührt, dann die Eigelb, eines nach dem andern zugegeben und die Masse kalt gestellt. Nach Erkalten werden Parmesankäse, Tomatenpüree und zuletzt der steife Schnee zugegeben. Der Pudding wird eine Stunde im Wasserbad gekocht und mit Butter und Tomatensoße serviert.

574. Nudelauflauf mit Tomaten.

Zutaten: 1 Pfund Suppennudel, 2 Pfund Tomaten, 1 große Zwiebel, Salz, Käse.

Die Suppennudel werden halb weichgekocht, kalt abgeschwenkt, die feingeschnittenen Tomaten mit Zwiebeln in Butter gedämpft, Salz und Fleischbrühe zugegeben und gekocht bis sie dick sind. Dann werden die abgetropften Nudeln unter das Tomatenpüree gegeben und die Masse mit geriebenem Käse und Butterstückchen in eine gut gestrichene Auflaufform gefüllt. Der Auflauf wird mit ziemlich Käse überstreut und im Backofen gelb überbacken.

575. Tomaten mit Makkaroni.

¼ Pfund Makkaroni wird in Salzwasser gekocht, dann in 1 cm lange Stückchen geschnitten. 1 Zwiebel und 4 große geschälte Tomaten werden in Scheiben geschnitten, dann mit 60 g Butter gedämpft, 2 Esslöffel geriebene Käse, 1 Löffel saurer Rahm, die Makkaroni und etwas Salz zugegeben.

576. Tomatenkraut.

Wird zubereitet wie Bayerisch Kraut. Es werden 2 Pfund Tomaten geschält und in Scheiben geschnitten oder eine Tasse Tomatenpüree mitgedämpft.

577. Pikante gefüllte Tomaten.

Rohe Tomaten werden ausgehöhlt und mit leicht in Essig marinierten abgekochten Spargelstückchen, die mit Mayonnaise vermischt werden, gefüllt. Obenauf wird kalte Mayonnaise gespritzt. Man kann auch von geriebenen Äpfeln und Sellerie oder italienischem Salat eine Fülle bereiten.

578. Tomaten gefüllt mit Sellerie.

Die ausgehöhlten Tomaten werden mit Selleriesalat gefüllt und mit Mayonnaise und einer Eischeibe garniert.

579. Tomatenkörbchen.

Gefüllte Tomaten erhalten einen ½ cm breiten Streifen als Henkel, auf jeder Seite als Abschluß ein kleines Zweiglein Petersilie.

580. Fliegenpilz.

Eine kleinere Tomate wird halbiert und ausgehöhlt einige Minuten in Salatsauce gelegt. Von einem hartgekochten Ei wird am runden Teil ein wenig weggeschnitten, damit es gerade steht. Dann wird die Tomaten aufgesetzt und mit Mayonnaise verziert, was den Flecken des Fliegenpilzes gleichkommt.

581. Tomaten mit grünen Erbsen gefüllt.

Die Tomaten werden ausgehöhlt und 5 Minuten in Salz und Essigwasser gelegt. Wenn sie abgetropft sind, werden das Ausgehöhlte und die grünen Erbsen mit Mayonnaise angemacht, eingefüllt und zu Braten oder als Vorspeise gegeben.

Pilze.

582. Pilze zur Verfeinerung von Suppen.

Die vorgerichteten Pilze werden kleingeschnitten, in Butter 8 bis 10 Minuten gedämpft, in die Suppe gegeben und mit dieser aufgekocht.

583. Pilzsuppe.

Die zugerichteten kleingebackten Pilze werden in kochendes Wasser oder in Fleischbrühe gegeben, gesalzen und ½ Stunde gekocht. Dann macht man eine Mehlschwitze, löscht mit Pilzbrühe ab, läßt sie gut durchkochen und fügt dann noch einen Esslöffel Butter und je nach Geschmack feingewiegte Petersilie und Pfeffer dazu. Besonders nahrhaft wird die Suppe, wenn sie mit Eigelb und Rahm abgezogen wird oder wenn man Fleisch, auch in Butter geröstete Semmelschnitten dazu gibt.

584. Getrocknete Pilze.

Getrocknete Pilze werden am Tage vorher in kaltem Wasser eingeweicht, in diesem Wasser etwa 1 Stunde gedünstet, mit der nötigen Flüssigkeit (Wasser oder Fleischbrühe) aufgekocht und im übrigen genau wie oben angegeben weiterbehandelt. Das Einweichwasser soll stets mit verwendet werden, damit die darin enthaltenen wertvollen Näherstoffe nicht verloren gehen.

585. Feinere Pilzsuppe.

Zu dieser ausgezeichneten Suppe werden die geputzten feingehackten Pilze in etwas Butter gedünstet und nach Möglichkeit in Fleischbrühe 15-20 Minuten gekocht. Inzwischen hat man eine braune Mehlschwitze gemacht, gibt sie dazu und würzt die Suppe mit etwas Salz und Pfeffer, sowie nach Geschmack mit kleingehackter Petersilie und läßt nochmals durchkochen. Vor dem Anrichten wird die Suppe mit saurem Rahm und Eigelb abgezogen.

586. Pilzsoße (Champignon-Soße).

Eine braune Mehlschwitze wird mit dem Kochwasser von Pilzen (auch eingemachten) verrührt. Die Soße wird mit einer geriebenen Zwiebel, Salz und Pfeffer abgeschmeckt, auch Bratensoße Reste und der Saft einer Zitrone können zugegeben werden. Zuletzt wird die Sauce mit Eigelb abgezogen und mit den Pilzen angerichtet. Die Soße, die natürlich auch mit Pilzpulver allein bereitet werden kann, ist vorzüglich zu Fleischspeisen, pikanten Aufläufen oder Pasteten.

587. Pilzragout.

Nachdem man die Pilze sauber geputzt hat, werden sie in Stücke geschnitten und rasch gewaschen. Dann wird Butter heiß gemacht, feingeschnittene Zwiebeln darin gelblich gedämpft, die Steinpilze zugegeben und 10-15 Minuten mitgedämpft. Dann wird mit Mehl gestäubt, noch etwas weitergedämpft, mit Fleischbrühe abgelöscht, gesalzen und nochmals 10 Minuten gedämpft. Kurz vor dem Anrichten gibt man feingewiegte Petersilie dazu.

588. Pilzpulver (Bereitung).

Die vollständig getrockneten Pilze werden gerieben oder mit der Pfeffermühle gemahlen. Das so gewonnene Pulver ist eine ausgezeichnete Würze für Suppen, Soßen usw. Man nimmt dazu ganz besonders duftende kräftig schmeckende Sorten. Die Aufbewahrung des Pilzpulvers geschieht am besten in gut verschlossenen Flaschen.

589. Pilzpulver (Verwendung).

Man nimmt bei Suppen, je nach Menge der Flüssigkeit und Geschmack auf je 4 Teller etwa einen Teelöffel Pilzpulver. Das Pulver wird mit der Suppe gekocht und verleiht ihr einen ausgezeichneten Geschmack. Ebenso ist es vorzüglich zum Panieren von Fleisch- und Fischkoteletten usw. sowie auch zu anderen Fleischspeisen. Auch Fleischbrühe kann mit Pilzpulver besonders kräftig gemacht werden. Um das Pilzpulver vollständig auszunützen, empfiehlt es sich, daßelbe am Tage vor Gebrauch in Wasser einzuweichen.

590. Pilzragout in Reisring.

Der gedünstete Reis wird in eine mit Butter bestrichene Ringform fest eingefüllt, auf eine runde Platte gestürzt und die Pilze in die Mitte angerichtet.

591. Pilze mit Tomaten.

Zutaten: 3 Pfund Steinpilze, 80 g Butter, 4 Schalotten, 1 Pfund feste Tomaten, Salz, Pfeffer, 1/8 l Weißwein, einige Löffel Bratensoße.

Die gut gewaschenen und in Stücke geschnittenen Pilze werden mit den gehäuteten und in feine Scheiben geschnittenen Tomaten in heißer Butter, worin Zwiebeln geröstet wurden, mit Salz, Pfeffer und den anderen Zutaten weichgedämpft, beim Anrichten mit gewiegte Petersilie betreut. Nach Belieben können die Pilze mit einigen Löffeln Mehl gestäubt werden.

592. Champignons.

Von den Stielen der Champignons werden die äußeren, Häutchen abgezogen, die Champignons halbiert und in frisches, mit etwas Essig abgeschärftes Wasser gelegt, damit sie weiss bleiben. Dann werden die gereinigten Schwämme (2 Teller voll) in 100 g zerlassener Butter mit Salz und Pfeffer weichgedämpft, etwas Fleischbrühe nachgegossen. Nach ½ - 1 Stunde werden sie mit Frikassesoße, die mit Zitronensaft pikant gemacht wurde, übergossen und noch einmal heiß aber nicht kochend gemacht. Sie können in eine offene Butterpastete angerichtet und zu eingemachtem Fleisch gegeben werden. Champignons eignen sich gedämpft auch zu Beefsteck, Filet und Schnitzeln.

593. Einmachen der Pilze in Essig.

Die gereinigten und gesalzenen Pilze werden in leichtgesalzenem Butter weich gekocht. Die Brühe kann anderweitig nach Belieben verwendet werden. 2/3 guter Weinessig wird mit 1/3 Wasser vermischt. Aus 6 l frische Pilze rechnet man ¾ l Essigmischung, dazu kommen Perlzwiebeln, etwas feingewiegter Meerrettich, einige Pfefferkörner, Nelkenpfeffer und Lorbeerblätter, etwas Dill oder Estragon. Alles zusammen wird ¼ Stunde gekocht und nach Erkalten in weithalsige Glasflaschen gefüllt. Zum Auffüllen verwendet man abgekochte Weinessigmischung. Die Pilze halten sich, wenn sie gut zugebunden werden, ausgezeichnet.

594. Pfifferling (Rehling).

Die Stiele werden unten etwas abgeschnitten, dann bis zum Hut durchschnitten und sauber gewaschen. In einem Kasserol wird Butter heiß gemacht, gewiegte Zwiebel und Petersilie, und die Pilze darin gedämpft. Nach etwa 20 Minuten wird mit Mehl gestaubt, mit Wasser oder Fleischbrühe ausgefüllt und alles noch ½ Stunde gedämpft. Mit Salz, Maggi und Zitronensaft abgeschmeckt, wird die Speise zu Tisch gegeben.

Salate.

Anmerkung: Die Zubereitung ist einfach und geht rasch, besonders wenn man sich eingewöhnt hat, stets ½ l gute Salatsauce vorrätig zu haben. Grüne Salate werden erst kurz vor dem Servieren fertig gemacht. Knollen-, Tomaten-, Wurst- oder Kartoffelsalate etc. hingegen ca. 1 Stunde vor dem Servieren.

595. Vinaigrette Sauce.

Zutaten: 1 hartgekochtes Ei, eine gleich grosse Zwiebel, einige kleine Essiggurken und Kapern, Essig und Öl, wie zu Salatsauce, Salz, Pfeffer, Senf, etwas Petersilie und Schnittlauch.

Die festen Zutaten werden feingehackt und mit Essig, Öl, Pfeffer, Salz und Senf nach Bedarf zu einer ziemlich dickflüssigen Sauce angemacht. Diese kann mit etwas Fleischbrühe oder mit Fischsud verdünnt werden.

Vinaigrette Sauce wird vorteilhaft für ca. 2 Monate auf einmal angemacht. In einem, Steinguttopf hält sie sich am besten. Zu Fleischsalaten, speziell zu Kalbskopf, sowie zu kaltem Fisch und zu den verschiedenartigsten Salaten schmeckt diese Sauce ausgezeichnet.

596. Salat-Sauce mit Ei.

Zutaten: 1 gewiegte Ei, 6 Esslöffel Öl, etwas Estragon-Essig, 5-6 Esslöffel Essig, Salz, Pfeffer.

Alles wird gut miteinander vermengt. Diese Soße ist zu allen Salaten verwendbar. In größeren Mengen angemacht, läßt sie sich in einem Steintopf oder in einer Flasche 3-4 Monate aufbewahren.

597. Einfache Salatsauce.

3-4 Löffel Öl, 3 Löffel Essig, Salz, Pfeffer und etwas Senf.

Alles wird tüchtig verrührt. Eine Zugabe von gehackten Kräutern verfeinert und verändert den Geschmack dieser Sauce.

Anmerkung: Um den Salatsaucen einen angenehmen Geschmack zu geben, verwendet man Estragon-Essig oder mischt fein gehackte Zwiebeln, Petersilie und Schnittlauch darunter.

598. Estragon-Essig.

Wird auf folgende Weise zubereitet: In 2-3 Flaschen Essig gibt man je 2-3 Zweiglein Estragon. Nach einigen Wochen hat der Essig den feinen Estragon-Geschmack angenommen. So hat man das ganze Jahr Estragon-Essig zur Verfügung.

599. Kopfsalat.

Die äußeren Blätter von 2 möglichst festen Köpfen werden 4 bis 5-mal geteilt, es soll von der Rippe ein Teil am Blatt bleiben. Die inneren Blättchen werden in der Mitte geteilt, die Herzchen bleiben ganz. Nach gründlichem Waschen in viel Wasser läßt man den Salat auf einem Sieb ablaufen und vermengt ihn dann mit einer beliebigen Salatsaucen Nr. 595-597.

Oder: Kopfsalat kann auch mit Rahm angemacht werden: 3 Teile Rahm, 1 Teil Essig oder Zitronensaft.

Oder: 2 hartgekochte oder rohe Eigelb, 1 Eßlöffel Senf, 5 Eßlöffel Öl, 4 Eßlöffel Estragon-Essig, Salz, Pfeffer, Schnittlauch oder gewiegte Kräuter werden mit dem feingewiegten Eiweiß vermengt und zum Salat gegeben.

600. Endivien-, Acker-, Kresse- und Lattich-Salat.

Werden auf dieselbe Weise wie Kopfsalat angemacht. Man kann dieselben mit feinzerdrückten Eigelb und grobgeschnittenem Eiweiß verzieren.

601. Kartoffelsalat.

4 Pfund warme, gekochte, geschälte Kartoffeln werden in messerückendicke Scheiben geschnitten, auf feingeschnittenen Zwiebeln, Salz und Pfeffer gewürzt, mit ¾ l kochender Fleischbrühe übergossen und zugedeckt ¼ Stunde stehen gelassen. Dann vermischt man die Kartoffeln mit ungefähr 4 Eßlöffeln Öl und 3-4 Löffeln Essig und mengt alles gut durcheinander. Um Öl zu sparen, kann 1 Eßlöffel Kartoffelmehl kalt angerührt, in ¾ l kochendes Wasser gegeben, 1 mal aufgekocht, dann mit den Kartoffeln vermischt werden.

602. Geriebener Kartoffelsalat.

Die frischgekochten Kartoffeln werden geschält und heiß durch die Kartoffelpresse gedrückt, mit dem Salz, Pfeffer, geriebener Zwiebel, Essig und Öl, sowie mit heißer Fleischbrühe vermengt. Den angerichteten Salat streicht man glatt und kerbt ihn mit einem Messer oder Schäufelchen ein. Man kann einen Teil der Kartoffeln mit Saft von roten Rüben rosa färben und mit dem Spritzsack den Salat verzieren. Nach Belieben kann auch etwas süßer Rahm zugegeben werden. Zu diesem Salat können auch Kartoffeln vom Vortag gerieben werden.

603. Selleriesalat.

Die in Salzwasser weichgekochten Sellerieknollen werden mit kaltem Wasser abgekühlt, geschält, in feine Streifen geschnitten und dann mit Essig, Öl, Salz und Pfeffer und nach Belieben mit geriebener Zwiebel vermischt. Verziert wird der Salat mit Rotkraut- oder Rotrübensalat.

604. Selleriesalat, andere Art.

Die Knollen werden gut gereinigt und in Salzwasser mit Zugabe von etwas Milch weichgekocht, erkaltet in feine Streifen geschnitten und mit einer beliebigen Salatsauce übergossen. Dieser Salat wird Rheumatikern ärztlich sehr empfohlen, besonders, wenn er aus rohen, geriebenen Knollen zubereitet wird.

605. Selleriesalat mit Ei verziert.

Der Salat wird in einer Glasschale erhöht angerichtet und mit gehacktem Ei bestreut. Aussen herum können Salatherzchen mit Mayonnaise und zwischen diese Scheiben von hartgekochten Eiern gelegt werden.

606. Gelbrübensalat.

Zutaten: 3 Pfund gelbe Rüben, 3-4 Esslöffel Öl, Essig, Salz und Pfeffer, oder Salatsoße Nr. 595-597.

Die in Salzwasser weichgekochten gelben Rüben werden geschält, mit dem Buntmesser in feine Rädchen geschnitten und mit obigen Zutaten vermischt. Man gibt nach Belieben feingeschnittene Zwiebeln zu.

607. Tomatensalat.

Zutaten: 3 Pfund feste Tomaten, 3-4 Esslöffel Öl, 2 Esslöffel Essig oder Saft einer Zitrone, Salz, Pfeffer, 1 Brise Zucker, 1 Schalotte oder feingewiegte Zwiebel oder Salatsoße Nr. 595-597.

Die Tomaten werden sauber abgerieben, mit einem scharfen Messer oder Tomatenmesser in feine Scheiben geschnitten und mit obigen Zutaten vermischt.

608. Spargelsalat.

Zutaten: 3 Pfund Spargeln, 4 Esslöffel Öl, 3-4 Esslöffel Essig, Salz und Pfeffer.

Die Spargeln werden geschält, zusammengebunden, im Wasser weich gekocht, auf eine Platte gegeben und eine Salatsauce oder Mayonnaise darüber gegossen.

609. Grüner Bohnensalat.

Zutaten: 4 Pfund Bohnen, 4 Esslöffel Öl, 4-5 Esslöffel Essig oder Zitronensaft, Salz, Pfeffer, eine große feingeschnittene Zwiebel oder Salatsoße Nr. 595-597.

Die abgezogenen Bohnen werden fein geschnitten oder entzwei gebrochen, in Salzwasser weich gekocht, mit kaltem Wasser abgekühlt und mit obigen Zutaten angemacht, 1 l Löffel Mayonnaise dazugegeben.

610. Bohnensalat, andere Art.

Zarte Bohnen werden in schwach gesalzenem Wasser weich gekocht und wenn sie erkaltet sind, mit einer einfachen Salatsauce, der man viel gehackte Zwiebeln beigefügt hat, übergossen.

611. Russischer Salat I.

(1 Büchse Konservengemüse-Mischung). Das Wasser wird gut abgegossen, die Gemüsemischung mit Mayonnaise leicht gebunden und mit folgenden Zutaten, alle fein verhackt, gemischt: 6 Sardellenfilets, 6 kleine Essiggurken, 1 Esslöffel Kapern, etwas Zwiebeln und nach Belieben noch ein Heringsfilet. Russischen Salat verwendet man zu Hors -d' oeuvres, (Vorspeisen) kalten Fischen und Eiern.

612 a. Russischer Salat II.

In Ermanglung von Gemüsekonserven kann man auch verschiedene Knollen, z. B. Karotten, Kartoffeln, Sellerie in einer Suppe weich kochen. Erkaltet zerschneidet man die Knollen in kleine Würfelchen, mischt Erbsen und geschnittene Bohnen bei und behandelt den Salat weiter nach obigem Rezept.

612 b. Russischer Salat, andere Art.

Zutaten: 8 mittelgroße Kartoffeln, 2 gelbe Rüben, Sellerieknollen, 1 Kaffeelöffel Kapern etwas geriebener Meerrettich, 1 Teller rote Rüben, 8-10 Essiggurken, 1 Esslöffel feiner Senf, Salz, Paprika, Mayonnaise.

Die Kartoffeln und das Gemüse werden weichgekocht, in Würfel oder ganz feine Streifen geschnitten, ebenso die Gurken und roten Rüben und alles mit Mayonnaise gemischt. Man garniert mit Sardellen, Hering und grünem Salat.

613. Salat von Kernbohnen.

Die weißen, weichgekochten Kernbohnen werden wie vorhergehende Nummer angemacht.

614. Gurkensalat.

Am besten sind Schlangengurken. Sie werden von der Spitze gegen den Stiel geschält und gehobelt. Kurz vor dem Gebrauch wird der Salat mit einer beliebigen Salatsoße und etwas Rahm vermischt und mit Schnittlauch bestreut. Vorheriges Einsalzen und Ausdrücken der Gurken macht den Salat schwer verdaulich. Nach Belieben können auch feingeschnittene, kurze Zeit gesalzene Rettiche zugegeben werden.

615. Gurkensalat mit Rahm.

Rahm wird mit Essig oder Zitronensaft, Salz und Pfeffer gut verrührt, die Gurkenscheiben daruntergemischt, der Salat angerichtet und mit feingeschnittenem Schnittlauch bestreut.

616. Rettich-Salat.

Die Rettiche werden geschabt, gewaschen in dünne Blättchen gehobelt, diese mit Salz überstreut, untereinander gemengt und eine halbe Stunde beiseite gestellt und wie Gurkensalat Nr. 614 zubereitet.

617. Rotrübensalat.

Die Rüben, von denen die Blätter nicht ganz weggeschnitten sein dürfen, werden in Salzwasser weich gekocht, dann abgeschält und in feine Scheiben geschnitten. Noch warm werden sie mit etwas Salz und Pfeffer überstreut, mit Essig übergossen und nach Belieben mit einem Kaffeelöffel Zucker, Kümmel und Zwiebel untereinander gemengt.

618. Rotrübensalat, andere Art.

Die weichgekochten roten Rüben werden geschält, mit einem glatten oder gezackten Messer in feine Scheiben geschnitten, alsdann in einem Steintopf gegeben, mit Salz, 1 Teelöffel Zucker, einer mit Nelken besteckten Zwiebel, Pfefferkörner und Koriander. Dann wird Essig mit Wasser vermischt, darüber gegossen und die Rüben zugedeckt einige Tage stehen gelassen. Wenn sie längere Zeit aufbewahrt werden sollen, wird der Essig gekocht, erkaltet darüber gegossen und die Rüben mit Brettchen und Stein beschwert.

619. Blumenkohlsalat.

2 Stück Blumenkohl werden geputzt, in kleine Röschen zerteilt, gewaschen in Salzwasser mit etwas Milch nicht zu weich gekocht und wie Spargelsalat angemacht. *Oder:* der geputzte Blumenkohl wird ganz gekocht, nach dem Erkalten in eine Salatschüssel angerichtet und mit Mayonnaise übergossen.

620. Eiersalat.

Die hartgekochten Eier werden mit dem Eierschneider in Scheiben geschnitten und mit einer Salatsauce Nr. 595-597 übergossen. Oder: Man kann auch von den Eiern vorsichtig das Gelbe herausnehmen, mit Salatsauce anmachen, in die Eierhälften einfüllen und mit Petersilie verzieren.

621. Krautsalat.

Das Kraut wird gehobelt oder nudelig fein geschnitten, in kochendem Wasser einmal aufgekocht, 1 Stunde stehen gelassen, dann abgeschüttet, mit Essig, Öl und Salz angemacht. Statt Öl kann auch würzig geschnittener, ausgebratener Speck verwendet werden.

622. Rotkrautsalat.

Das gehobelte oder geschnittene Blaukraut wird in Schweineschmalz und Zwiebeln ½ Stunde gedämpft, dann mit etwas Essig und wenig Öl und Salz vermengt.

623. Blaukrautsalat mit Kartoffelsalat und Ei.

Kartoffelsalat wird auf eine Platte angerichtet, darauf Blaukraut, so daß vom Kartoffelsalat noch ein Ring sichtbar bleibt. Ein hartes Ei wird in 4 Teile geschnitten. Diese werden so auf das Blaukraut gelegt, daß das Innere unten, das Äussere oben liegt; in die Mitte kommt Eigelb.

624. Bunter Salat.

Endiviensalat, Rotkraut, nach Belieben gekochte Sellerie, Kartoffeln und rote Rüben werden in feine Streifen geschnitten und mit einem Salatbeiguss Nr. 595-597 gut untereinander gemengt, mit Ackersalat und Kresse verziert.

625. Bunter Salat, andere Art.

Kartoffeln, rote Rüben, Essiggurken, Bohnen, gelbe Rüben und Sellerie zu gleichen Teilen werden in feine Scheiben geschnitten. Zu ungefähr 3 Pfund mischt man 4 hartgekochte, gewiegte Eier, 6 Esslöffel Essig, 3 Esslöffel Öl, 6 Esslöffel dicken, sauren Rahm, Salz, Pfeffer, 1 Prise Zucker und 2

Teelöffel Senf. Es kann auch jede Zeit für sich vermischt und eine schöne Farbenzusammenstellung gemacht werden. Siehe auch Salatsaucen Nr. 595-597.

626. Gemüsesalat.

Zutaten: Blumenkohl, Spargelspitzen, weisse Rüben, grüne Bohnen, junge Erbsen, Karotten, zu gleichen Teilen; Öl, Essig, Salz, Pfeffer oder Mayonnaise oder Salatsoße Nr. 595-597.

Der geputzte Blumenkohl wird in kleine Röschen zerteilt, zarte Bohnen werden in kleine schräge Vierecke, Karotten, und weiße Rüben mit dem Bundmesser in Scheiben geschnitten oder in der Größe der Erbsen ausgestochen. Jedes Gemüse wird für sich im Salzwasser abgekocht, mit Salatsauce Nr. 595-597 oder einer Mayonnaise angemacht. Dann werden die Farben in einer Glasschale schön zusammengestellt, zur Verzierung kann noch Kresse, Gurken- und Rettich-Salat verwendet werden.

Nach Belieben können obige Zutaten mit einigen gekochten, in kleine Würfel geschnittene Kartoffeln vermischt und mit Mayonnaise angemacht werden.

627. Hering-Salat.

Zutaten: 2 Pfund Kartoffeln, 2 Heringe, 1 Zwiebel, 2 Äpfel, rote Rüben, Salz oder Essiggurken, 4 Löffel Öl, 4 Esslöffel saurer Rahm, Essig, Salz und Pfeffer, etwas gekochtes, in Würfel geschnittenes Rindfleisch.

Die ausgewässerten, geputzten Heringe werden in kleine Würfel geschnitten, ebenso die Kartoffeln und Äpfel; die roten Rüben und Gurken werden verwiegt. Die durch ein Sieb gestrichene Heringsmilch wird mit Öl, Senf, einer Brise Zucker und Rotrübensaft verrührt und mit den Kartoffeln gut vermischt. Hering und Äpfel werden mit Rahm untereinander gemacht, der Salat in einer Glasschale schön angerichtet, mit Eierschnitzen und Essiggurken verziert.

628. Gemischter Salat mit Mayonnaise.

Zutaten: 8 mittelgroße Kartoffeln, 2 gelbe Rüben, Sellerieknollen, 1 Kaffeelöffel Kapern, etwas geriebener Meerrettich, 1 Teller rote Rüben, 8 bis 10 Essiggurken, 1 Esslöffel feine Senf, Salz, Paprika, Mayonnaise, rote Rüben.

Die Kartoffeln und das Gemüse werden weichgekocht, in Würfel oder ganz feine Streifen geschnitten, ebenso die Gurken und roten Rüben und alles mit Mayonnaise gemischt. Man garniert mit Sardellen, Hering und grünem Salat.

629. Lauchsalat.

10 Stück schöne dicke Lauchstengel werden geputzt und in große Stücke geschnitten, dann werden sie in wenig Wasser mit etwas Salz zugedeckt eine Viertelstunde gedünstet. Wenn sie weich sind, werden sie mit Zitronensaft, Öl, Schnittlauch oder Gemüsekräutern vermengt und mit Kartoffelsalat verziert.

630. Italienischer Salat.

Kalte Reste von Braten, Zunge, Schinken, Sardellen, Hering, Fischen und harte Wurst, hartgekochte Eier, Emmentaler Käse, rohe Äpfel, gekochter Kartoffeln, gelbe Rüben, Bohnen, grüne Erbsen, rote Rüben (sämtliche Gemüse müssen gekocht und kalt sein), Essiggurken, werden in gleichmäßige Würfel geschnitten. Dann werden Senf, Kapern und Mayonnaise zugegeben, alles gut untereinander gemengt, in eine Schüssel gegeben und verziert. Von hartgekochte Eiern wird das Weisse fein gewiegt, ebenso das Gelbe, Essiggurken und rote Rüben, jedes extra und für sich. Die Schüssel wird in 4 Felder eingeteilt, 1 Feld mit gewiegtem Eiweiß, das 2te mit Eigelb, das 3te mit Essiggurken, das 4te mit roten Rüben ganz bedeckt. Zwischen die Felder wird eine Reihe Kapern gelegt. Oben, in die Mitte, kommt eine zusammengerollte Sardelle und ein Sträusschen Petersilie, in die Mitte des Sträusschens etwas von einer roten Rübe, das dieses einer Rose ähnlich wird. Wenn Essig und Salz fehlt, sollte nachgeholfen werden.

631. Italienischer Salat, andere Art.

Zu diesem sehr gut schmeckenden Salat verwendet man eine Büchse Konserven-Gemüsemischung, 1 sauren Äpfel, 100 g Schinken, 30 g kleine Essiggurken, nach Geschmack 50 g Käse, alles in kleine Würfelchen geschnitten. Wird mit Mayonnaise gebunden. Garniert wird dieser Salat mit Schinkenstreifen, Cornichons (Essiggurken), Ei- oder Tomatenscheiben und Petersilie.

632. Fleischsalat.

Jede Art von Fleischresten oder Wurst kann in Streifen geschnitten und mit Vinaigrette-Sauce oder Mayonnaise übergossen, serviert werden.

633. Käsesalat.

Käse wird gehobelt, ein wenig mit Kümmel bestreut und mit Vinaigrette-Sauce übergossen. Dieser Käsesalat ist ein Herrengericht und schmeckt zu Weißwein vorzüglich.

634. Fischsalat.

Von Gräten gesäuberte Fischreste (oder Büchsensalm) werden pyramidenförmig auf einer Platte angerichtet und mit Mayonnaise ziemlich dick überstrichen. Als Garnitur dienen grüne Salatblättchen, Zitronen- und Eischeiben, Tomaten, Petersilie.

635. Fischsalat.

Zutaten: 2 Pfund gekochter Fisch, ¼ l saurer Rahm, 5 Esslöffel Essig, Salz, Pfeffer, 2 Teelöffel Senf, Fleischbrühe, gewiegte Petersilie oder Schnittlauch.

Der von Haut und Geräten befreite Fisch wird in kleine Stücke zerteilt, obige Zutaten verrührt und mit dem Fisch gut vermengt. Oder: Die Fischstückchen werden mit Mayonnaise vermischt und beim Anrichten mit gewiegter Petersilie oder Schnittlauch bestreut.

636. Fischsalat auf Tomaten mit Aspik.

Von einem gut zubereiteten Aspik (Sulz) wird in runde, kalt ausgespülte Förmchen eine Schicht hinein gegossen. Ist diese im Wasser oder auf Eis erstarrt, wird eine Scheibe von hartgekochtem Ei darauf gelegt und nochmals etwas mit abgekühltem Aspik übergossen, so daß man nach dem Erkalten und Stürzen etwa 2 cm hohe Sockel erhält. Nun erhält jeder Sockel eine Tomatenscheibe und darauf bergartig etwas mit Mayonnaise angerührten und mit Kapern gewürzten Fischsalat. Um den Sockel kann etwas ungesüßte, fein gehackte Rotweingallerte gespritzt werden.

637. Eiersalat.

In die Mitte eines Tellers wird ein wenig Kartoffelsalat gegeben, um denselben herum Eierscheiben. Auf die Mitte kommt etwas geriebenes Blaukraut oder ähnliches, vielleicht auch eine Rosette von Radieschenscheiben, mit etwas Grünen garniert. Über die Eierscheiben wird ein Guß von Essig, Wasser, Salz, etwas feinen Zwiebeln und Mayonnaise gegeben.

638. Pikanter Mischsalat.

Wurzelsellerie, Sardellen, Spargeln, rote Rüben, Kartoffeln werden einzeln gekocht, dann in Würfel geschnitten und mit Kapern und Mayonnaise angemacht.

639. Ochsenmaulsalat.

Das in Salzwasser weichgekochte Ochsenmaul wird, so lange es warm ist, ausgebeint, bis zum Erkalten leicht gepresst, dann in Streifen oder Scheiben geschnitten und mit Salz, Pfeffer, Essig, Öl und feingeschnittenen Zwiebeln sowie 1 Esslöffel Mayonnaise gut vermengt.

Ochsenmaulsalat, beschwert in steinernem Topf, kann an kühlem Orte längere Zeit aufbewahrt werden, doch darf dann das Öl erst vor dem Gebrauch zugegeben werden.

640. Kalbsfuß-Salat.

Die weichgekochten Kalbsfüße werden, solange sie noch warm sind, ausgebeint, dann gepreßt, nach dem Erkalten in dünne Streifen geschnitten und wie die vorhergehende Nummer angemacht.

641. Herschner Salatplättchen.

2-3 grüne Salatblätter werden in einem Blättchen leicht mit Mayonnaise bestrichen, mit einer Tomatenscheibe belegt, darauf ein Löffelchen Mayonnaise gegeben, nochmals Tomatenscheibe und Mayonnaise. Zuletzt werden einige Spargelspitzen sorgfältig darauf gesetzt.

642. Sofien-Salat-Plättchen.

Nachdem von einer schönen reifen Tomate ein Deckelchen abgeschnitten ist, wird sie sorgfältig ausgehöhlt. Ein Sellerieknollen wird in Salzwasser weich gekocht und in kleine Würfel geschnitten, ebenso ein Tafelapfel, beides mit Mayonnaise gebunden. Dann wird die Tomate gefüllt, zuletzt mit etwas Mayonnaise, das Deckelchen aufgesetzt und mit einem Zweiglein Petersilie schön garniert.

Auf einem grünen Salatblatt wird sie zu Tisch gegeben.

643. Flumser Salat-Plättchen.

Grüne Salatblätter werden auf einem Plättchen mit etwas Vinaigrette-Sauce übergossen, mit zwei Tomaten- und zwei Gurkenscheiben belegt, und nochmals mit etwas Vinaigrette-Sauce übergossen.

644. Salat-Plättchen.

Roher Sellerie wird geschält, gerieben und mit Mayonnaise angemacht. Einige Salatblätter werden auf einem Tellerchen damit gefüllt, mit Peterling bestreut, und mit etwas Tomatenscheiben garniert.

645. Felicitas-Salat-Plättchen.

4-5 mit Mayonnaise bestrichene Salatblätter werden auf einem Tellerchen lagenweise aufeinander gelegt, darauf zwei, dünne, mit Mayonnaise bestrichene Tomatenscheiben. Zuletzt gibt man einige Spargelspitzen darauf und legt Tomatenstreifen so darüber, daß es wie gebunden aussieht.

646. Wilder Salat-Plättchen.

2-3 Esslöffel Erbsen werden mit Mayonnaise gebunden, dann auf ein großes Salatblatt gegeben. Darauf kommt abwechselnd Tomaten- und Eischeibe, etwa dreimal.

647. Spanische Salat-Plättchen.

2-3 Salatblätter werden auf einem Plättchen mit Mayonnaise bestrichen und mit angemachter Brunnenkresse kranzförmig umlegt. In die Mitte werden einige Spargelspitzen gesetzt, mit etwas gehackten Essiggurken bestreut.

648. Meta-Salat-Plättchen.

Feingeschnittenes, angemachtes Weisskraut oder Kohl wird auf einem Tellerchen mit zwei grünen, mit etwas Mayonnaise bestrichenen Salatblättchen, sowie mit 4 Tomatenschnitzen und einigen gekochten Selleriestäbchen belegt. Über das Ganze kommt ein Esslöffel Vinaigrette-Sauce.

649. Gertrud-Salat-Blättchen.

2-3 ca. 1/2 cm dicke, in Salzwasser weich gekochte Selleriescheiben werden mit 1 Esslöffel Mayonnaise, die mit etwas Paprika vermischt ist, bestrichen. Darauf kommt eine Reihe Zichoriensalat, der auch mit etwas Mayonnaise bestrichen wird, zuletzt eine Lage dünne Birnenscheiben. Schmeckt vorzüglich.

650. Zichorien-Salat.

Zichorienblätter werden wie Endiviensalat geschnitten oder in feine Blättchen zerpflückt, dann mit Salatsauce angemacht.

651. Helmut-Salat-Blättchen.

Auf ein schönes Salatblatt gibt man 2 Esslöffel italienischen Salat und drei Eischeiben. Von gekochtem Blumenkohl werden drei Röschen in Mayonnaise getaucht und schön in den Salat gesteckt. Mit Salatblattstreifen kann verziert werden.

652 a. Salat von Pilzen.

Die in kleine Scheiben geschnittenen Pilze werden in Salzwasser abgebrüht und mit Essig (am besten Weinessig), Öl, Zwiebeln, Salz und Pfeffer angerichtet. Die Beigabe von verschiedenen Gewürzkräutern wie Schnittlauch, Petersilie und Estragon sagt Vielen sehr zu. Man kann Pilzsalat auch mit grünem Salat mischen oder statt Fleisch als Zugabe zu Heringssalat benützen.

652 b. Rohkostplatte.

Knollensellerie, rote Rüben, Karotten werden ganz sauber gewaschen und geputzt, jedes für sich gerieben. Tomaten werden in dünne Scheiben, Spinat, Kohl und Lauch in dünne Streifen geschnitten, die einzelnen Gemüse mit dünner Mayonnaise angemacht, hübsch auf eine Platte geordnet, daß die Farben harmonisieren. Die Platte kann schön mit ausgehülsten Erbsen, Salatplättchen, Radischenscheiben, die mit Öl und Zitronensaft beträufelt und mit Schnittlauch bestreut sind, garniert werden.

Kompotte.

Anmerkung: Es ist gut, wenn die Kompotte am Tage vor Gebrauch gekocht werden.

653. Apfelkompott.

Zutaten: 5-6 Pfund Apfel, 1/2 l Wasser, 1 Pfund Zucker, 1 Stücken Zimt und Zitrone.

Die Äpfel werden von Blume und Stiel befreit, in der Mitte durchgeschnitten, mit Zimt und Zitrone weich gekocht, durch den Seiher gedrückt, mit Zucker vermischt und schön angerichtet. Das Kompott kann mit Sultaninen, Kirschen oder Gelee verziert werden.

654. Apfelstückchen.

Zutaten: 5-6 Pfund saure Äpfel, ½ Pfund Zucker, ¼ Zitrone, 1 l Wasser, etwas Wein.

Wein, Zucker und Wasser werden 10 Minuten mit der Zitronenschale gekocht, dann die Apfelstückchen zugegeben und weich gekocht.

655. Birnenkompott.

Zutaten: 20-24 mittelgroße, gute Birnen, 1 l Wasser, 1 Glas Weißwein, 1 Stückchen Zimt, etwas Zitronenschale, Zucker nach Beliegen.

Nachdem die Birnen geschält, von Butzen befreit, die Stiele gekürzt sind, werden sie sogleich in frisches Wasser gelegt. Wein und Zucker werden mit den anderen Zutaten zum Kochen gebracht, die Birnen zugegeben und langsam weichgekocht. Dann werden sie zum Ablaufen und Erkalten auf ein Sieb, hernach pyramidenartig, mit den Stielen aufwärts, in die Kompottschale gelegt. Der zurückgebliebene Saft wird inzwischen noch besser eingekocht, zum Erkalten auf die Seite gestellt und dann völlig erkaltet, über die angerichteten Birnen gegossen.

656. Birnenkompott, andere Art.

Zutaten: 3 Pfund Birnen, 1 l Wasser, 100 g Zucker, 1 Stückchen Zitrone oder Zimt.

Die Birnen werden mit einem Bundmesser geschält, gerippt und der Stiel abgeschabt. Dann werden sie ganz, halbiert oder in Schnitze geschnitten, hernach gewaschen und in Zuckerwasser mit Zitrone oder Zimt, je nach Art der Birnen, 1 ½ Stunden gekocht. Der Saft kann nach Belieben gefärbt werden.

657. Kirschenkompott.

Zutaten: 3-4 Pfund Kirschen, Zucker nach Belieben, Zimt, Zitronenschale, ¼ l Wasser.

Die abgezupften Kirschen werden gewaschen und mit Zucker, Zimt oder Zitrone zugedeckt langsam weich gekocht. Man rechnet ungefähr 20-25 Minuten. Die Kirschen können auch ausgesteint werden, sind dann aber nicht so gut.

658. Stachelbeerenkompott.

Zutaten: 2-3 Pfund Beeren, 300 g Zucker, ¼ l Wasser.

Die geputzten, gewaschenen Beeren werden in siedendem Wasser einmal aufgekocht, dann mit dem Schaumlöffel auf ein Sieb gegeben. Wasser und Zucker werden gekocht bis das Wasser anfängt dick zu werden, dann die Stachelbeeren zugegeben und das Kompott 1 mal aufgekocht, dann kalt gestellt. Es muß sehr darauf geachtet werden, daß die Beeren nicht zerplatzen. Sollte der Saft noch zu dünn sein, nimmt man die Beeren heraus, gibt sie in die Kompottschale und kocht den zurückgebliebenen Saft mit Zucker noch ein, bis er anfängt, Blasen zu werfen und langsam vom Löffel abläuft. Dann wird der schöne, rötliche Saft über die Stachelbeeren gegossen.

659. Johannisbeer- und Heidelbeerkompott.

Die verlesenen, gewaschenen Beeren werden auf ein Sieb zum Abtropfen gegeben, dann werden sie mit Zucker in einer Messingpfanne 5-10 Minuten gekocht.

660. Himbeer- und Erdbeerkompott.

Die ausgelesenen Beeren werden mit Zucker und einigen Löffeln Wasser einigemal aufgekocht. Nach Belieben kann ein Kaffelöffel Kirschwasser oder ein Gläschen Wein daran gegossen werden.

661. Zwetschgen- oder Pflaumenkompott.

Zwetschen oder Pflaumen werden mit einem Schaumlöffel in kochendes Wasser gehalten und dann geschält. Unterdessen werden 180 g Zucker mit ½ l Wasser aufs Feuer gesetzt, die Zwetschgen oder Pflaumen zugegeben, dann auf die Seite des Herdes gestellt, wo man sie mehr ziehen als kochen läßt. Hernach werden sie mit dem Schaumlöffel auf ein Sieb gegeben, der zurückgebliebene und abgelaufene Saft noch mehr eingekocht und etwas abgekühlt über das angerichtete Kompott gegossen.

662. Aprikosen- oder Pfirsichkompott.

Zutaten: 3-4 Pfund, ½ l Wasser, ¾ Pfund Zucker.

Die Früchte werden in kochendes Wasser gehalten, geschält und ausgesteint. Zucker mit Wasser zum Faden gekocht, ein Teil der Früchte und einige geschälte Kerne hineingegeben, zum Ziehen einige Minuten auf die Seite gestellt, dann vorsichtig mit einem Löffel herausgenommen und in einer Glasschale zierlich angerichtet. Der zurückgebliebene Saft wird noch dicker eingekocht und etwas erkaltet über das Kompott gegossen. Die Kerne können gebrüht abgeschält und grobgeschnitten über die Aprikosen gestreut werden.

663. Dörrobst.

(Apfel, Birnen, Zwetschen, Aprikosen, Pfirsiche, Mirabellen.)

Das Obst wird sauber gewaschen, das Wasser mit Zucker etwa 10 Minuten gekocht, darin das Obst einmal gut aufgekocht; dann wird es auf der Seite des Herdes zum Ziehen 10 Minuten stehen gelassen. In einer Porzellan- oder Emaille-Schüssel wird es bis zum andern Tag kalt gestellt und kann dann kalt zu Fleisch oder warm zu Mehlspeisen serviert werden.

664 a. Steinfrüchte.

(Zwetschgen, Pflaumen, Mirabellen und Reineklauden).

Zutaten: ½ l Wasser, 250 g Zucker, 4 Pfund Obst.

Zucker und Wasser werden 10 Minuten gekocht, daß Obst 1 mal darin aufgekocht; dann wird es vom Feuer genommen und in eine Porzellan- oder gute Emaille Schüssel geleert, wo es bis zum andern Tag ziehen bleibt.

664 b. Brestlinge und andere Beerenkompott.

Können wie Nr. 664 a zubereitet werden.

Obstsalate und Obstrohkost.

Anmerkung: Fruchtsalat werden recht kalt mit Gebäck serviert.

665. Salat Eva.

Rotbackige Äpfel werden ausgehöhlt, Ananas und Bananen (gleiche Menge) werden fein geschnitten, mit etwas geschälten, gehackten Mandeln vermischt mit Zitronensaft, Zucker und Schlagrahm gebunden und in die Äpfel gefüllt.

666. Waldorfsalat.

Eine Sellerie wird in Zitronensaft gerieben, 2 geschälte Äpfel dazu, dann mit Mayonnaise angemacht. Sellerie und Äpfel können auch fein stiftlich geschnitten werden.

667. Aurorasalat.

2 geschälte Äpfel werden in feine Scheiben geschnitten, mit 6 Esslöffeln süßem Rahm angerührt, 1 Esslöffel Tomatenmark und der Saft einer halben Zitrone zugegeben.

668. Bircher-Müsli.

2 Esslöffel Haferflocken werden über Nacht in Wasser eingeweicht. 2 Äpfel werden gewaschen und nachdem man Stiel und Butzen entfernt hat, mit der Schale in den Saft einer halben Zitrone gerieben und mit zwei Esslöffeln süßem Rahm und den Haferflocken gut vermischt.

669. Müsli.

Zutaten: (Nach Dr. Bircher-Benner) 150 g Äpfel, 30 g Haferflocken, 10 geriebene Nüsse oder Mandeln, 10 g Bienenhonig, 1 Esslöffel Rahm, 10 g Sultaninen, den Saft einer halben Zitrone, abgeriebene und gezuckerte Zitronenschale, 3 Esslöffel Wasser.

Die Haferflocken werden mit 3 Esslöffel Wasser mindestens 8 Stunden vorgeweicht, die erweichten Flocken werden tüchtig verrührt und dabei vermengt mit obigen Zutaten. Die fertige Speise wird in Glasschale angerichtet und mit Haselnüssen oder Sultaninen verziert.

670. Apfelsalat.

Gute säuerliche Äpfel werden geschält, in 4 Teile geschnitten, Kernhaus beseitigt, dann in feine Scheiben geschnitten. Mit einer Salatsauce und 1 Brise Zucker werden sie angemacht und nach dem Anrichten mit gehackten Walnüssen überstreut. Dieser Salat ist sehr gut zu Wild, Geflügel, Schweinebraten und kaltem Fleisch.

671. Apfelsalat, andere Art.

6 Äpfel werden geschält und fein geschnitten, mit 3 Esslöffel Sultaninen oder Rosinen, 3 Esslöffel gemahlenen Haselnüssen, ebenso viel Walnüssen, mit einer ½ Tasse roher Milch, ½ Tasse Rahm, Saft und Schale einer halben Zitrone und 3 Esslöffel Staubzucker vermischt. Es ist ein sehr nährwertreicher Salat.

672. Aprikosen- oder Pfirsichsalat.

Kann wie in voriger Nummer zubereitet werden. Es können ganz fein geschnittene, saure Äpfel dazu gemischt werden.

673. Gemischter Frucht-Salat.

400 g Erdbeeren, 400 g Johannisbeeren, 400 g Kirschen, 400 g Stachelbeeren werden sorgfältig mit 400 g Puderzucker gemischt, kann mit 2 Gläschen Kirsch, dem Saft von 2 Zitronen und etwas Weißwein übergossen, 1 Stunde stehen gelassen.

674. Orangen mit Bananen.

Scheiben von 8 Orangen und 6-8 Bananen werden mit 200 g Puderzucker übersiebt, mit ein wenig Maraschino und Weißwein übergossen und ca. 1 Stunde kalt gestellt. Eiswaffeln sind gut dazu.

675. Kompottfrüchtesalat.

Verschiedene Kompottfrüchte, je 400 g von 4 Sorten, werden in einer Glasschale mit 2 Gläschen Kirsch und 2 Gläschen Arak übergossen. Es können auch Konserven-Kompottfrüchte auf diese Weise bereitet werden.

676. Bananenschiffchen.

Von der gebogenen Fruchtseite wird 1 cm breit die Schale entfernt, die Frucht sorgfältig herausgenommen, in Scheibchen geschnitten, mit Puderzucker bestäubt und etwas Maraschino bespritzt. Nach etwa 20 Minuten wird die Frucht wieder in die Schale gefüllt. Aus dem abgezogenen Streifen wird ein Ruder geschnitten.

Eierspeisen.

Anmerkung: Das Ei ist 2-3 Minuten weich, in 4-5 Minuten wachsweich, in 8-10 Minuten hartgekocht. Um das harte Ei besser schälen zu können, wird es sofort in kaltes Wasser gelegt. Es ist sehr vorteilhaft, zum Schneiden von Scheiben einen Eierteiler zu benützen.

677. Italienische Eier.

12 Eier werden hartgesotten, geschält, in der Mitte geteilt und mit feinen Sardellenstreifen gitterartig belegt. Gewiegte Schalotten und Petersilie werden in wenig Butter geröstet und auf jedes Ei ½ Kaffeelöffel davon gegeben. Dann werden die Eier in ein mit Butter bestrichenes Kasserol oder in eine Omelettenpfanne gesetzt, einige Löffel saurer Rahm zugegeben und in der heißen Röhre 5-6 Minuten aufgezogen. Sie werden bergartig auf eine heiße Platte angerichtet und sofort zu Tisch gegeben.

678. Gefüllte Eier.

Die hartgekochten Eier werden geschält und halbiert. Das Eigelb wird sorgfältig herausgenommen, mit etwas saurem Rahm, einen Sardellenfilets und etwas gehackter Petersilie durch ein Sieb gedrückt und mit Öl, Essig und Senf zu einem Brei angerührt. Die Eier werden dann gefüllt, mit etwas Mayonnaise bespritzt und auf einem grünen Salatblatt zu Tisch gegeben.

679. Warme gefüllte Eier.

Hartgekochte Eier werden geteilt, Butter wird mit den fein zerdrückten Eigelb und einem rohen Eigelb verrührt, ein Löffel Rahm und eine Brise Salz zugegeben und die Eier damit gefüllt. Sie werden in einer mit Butter bestrichenen Form mit Eiern und Rahm, die gut verklopft sind, übergossen und zum Aufziehen ins Rohr gestellt.

680. Gefüllte Eier anderer Art.

Zutaten: 12 Eier, 4 Esslöffel Öl oder Mayonnaise, 4 Esslöffel Essig, 1 gewiegte Zwiebel, etwas Petersilie, 1 Löffel Senf, etwas Rahm und Salz.

Die Eier werden hartgekocht, mit dem Buntmesser quer durchschnitten, dann die Spitzen abgeschnitten; daß sie stehen bleiben. Das Eigelb wird herausgenommen, durch ein Sieb gestrichen und mit obigen Zutaten fein verrührt, gut abgeschmeckt. Mit Rahm wird nachgeholfen, wenn es zu fest sein sollte. Die ausgehöhlten Eier werden sauber auf Glas- oder Porzellanplatten gestellt und die Fülle mit Dressiersack und Sterntülle sauber eingefüllt. Jedes Ei wird mit einem Lachsröschen und feiner Petersilie, der Plattenrand mit grünem Salat oder Tomaten garniert.

681. Kanapees von Eiern.

Zutaten: 12 Eiern, 2 Kochlöffel Mehl, ¼ l Wasser, in feiner Würfel geschnittene Sardellen, Petersilie, Schnittlauch, 70 g Butter, Salz, Muskat.

Die hartgesottenen Eier werden geschält, der Länge nach halbiert und das Gelbe herausgelöst. Das Mehl wird mit kaltem Wasser glatt angerührt; 6 Eigelb, Butter, geschnittene Sardellen, fein gewiegte Petersilie und Schnittlauch, Salz und Muskat werden zusammen auf dem Feuer unter beständigem Rühren bis zum Kochen gebracht. Diese Fülle wird jetzt in die ausgehöhlten, im Stern auf einer Platte geordneten, warm gestellten Eiweiß, gleich heiß und womöglich hoch eingefüllt, hernach die im Mörser mit nussgroß Butter etwas Salz und Muskat gestoßenen weiteren Eigelb durch das Sieb darüber gedrückt und serviert.

682. Verlorene Eier (poschierte Eier).

Frische Eier werden sorgfältig in kochendes Essigwasser (auf 1 l Wasser ca. ½ Tasse Essig) geschlagen, 3 Minuten langsam gekocht, mit einem Schaumlöffel herausgenommen und auf geröstetem Weißbrotscheiben (Toast) zu Tisch gegeben.

683. Verlorene Eier.

Auf geröstete Kastenbrotschnitten gelegt und mit einer Tomatensauce übergossen, schmecken vorzüglich. (Warmes Gericht)

684. Sauce Eier.

Zutaten: Braune Sauce von 100 g Butter, 160-200 g Mehl, 6-8 Löffel Rotwein, 1 Lorbeerblatt, 1 Stückchen Zitrone, nach Belieben einige Löffel Madeira, Salz, Pfeffer, wenig Essig.

Die verlorenen Eier werden mit der gut ausgekochten Soße übergossen und nach Belieben zu Spätzchen, breiten Nudeln, Knödeln u. f. w. gegeben.

685. Sardellen-Eier.

Die Eier werden der Länge nach zerschnitten. Das herausgenommene Eigelb wird mit Sardellenfilets (auf ein Eigelb 1 Filet) durch ein Sieb gedrückt mit Mayonnaise zu einem Brei angerührt und durch den Dressiersack in die Eiweißhälften gefüllt. Wird als Zugabe zu hors – d'oeuvres oder auf russischem Salat serviert. Man rechnet 2 Eihälften für jede Person.

686. Susanna-Eier.

Fein zerschnittene Brathuhnreste; werden mit etwas gekochtem, klein geschnittenem Sellerie gemischt und in Eiweißhälften gefüllt. Mit italienischem Salat schmecken diese Eier ausgezeichnet.

687. Saucen-Eier.

Frisch gekochte Eier werden geschält und auf geröstete Brotschnitten (Toast) gesetzt. Dann wird eine weisse Sauce, die mit geriebener Käse vermischt ist, darüber gegossen.

688. Holländische Eier.

Eier werden hart gekocht, geschält, dann in Mehl gewendet und in Bratwurstbrät eingewickelt, mit Ei bestrichen und in Brösel gewendet, dann in schwimmendem Schmalz gebacken. Ist sehr gut zu Salat oder Gemüse.

689. Tomateneier.

Die hartgekochten Eier werden mit dem Eierschneider in Scheiben geschnitten, auf eine Platte geordnet und mit Tomatensoße übergossen. Ebenso können Eier mit Sardellen-, Kapern- oder Senfsoße zubereitet werden.

690. Russische Eier.

Hartgekochte Eier werden der Länge nach durchschnitten, auf eine Platte gesetzt und mit Remouladensoße übergossen. Mit grünem Salat (Acker- Kresse-, Kopf- oder Endivien) oder Tomatenscheiben, mit Schnittlauch bestreut, wird aussen herum schön garniert. Oder; die Eier werden auf russischen oder guten Kopfsalat angerichtet und mit Remoulade übergossen, mit feinem Schnittlauch bestreut. Ist sehr gut.

691. Rühreier.

Zutaten: 6 Eier, 6 Esslöffel süßer Rahm oder Milch, 1 Brise Salz, 30 g Butter.
Die Eier werden mit Rahm verquirlt, dann in der heiß gemachte Butter gegeben; es wird leicht mit dem Löffel darin gerührt und sobald die Masse anfängt, dick zu werden, wird sie verhäckelt und schön auf die Platte gegeben.

692. Rühreier mit Tomaten.

Geschälte Tomaten werde in beliebige Stücke geschnitten, mit Rühreier gemischt, Salz und Maggi gewürzt, recht heiß serviert.

693. Rühreier mit Schinken.

Zutaten: 6 Eier, 6 Esslöffel Rahm 30 g Butter, 100 g Schinken (kein Salz).
Eier und Rahm werden mit dem feingewiegten Schinken gut verrührt, die Butter auf gutem Feuer heiß gemacht (soll hell bleiben). Nun wird die Masse hineingegeben und mit dem Löffel darin gerührt, bis sie stockt, aber noch weich ist, dann auf die Platte gegeben, mit dem Löffel verhäckelt und mit Schnittlauch bestreut.

694. Eier mit Schinken.

In eine Omlettpfanne mit etwas Butter gibt man feingeschnittene Schinkenscheiben, schlägt Eier darauf und läßt sie solange anbraten bis das Weiße etwas fest ist.

695. Andere Art.

Man gibt in eine feuerfeste Spiegeleierform etwas Butter, dann die Schinkenscheiben dazu und die Eier darauf und läßt sie anbraten, bis das Weiße fest ist. Diese Speise wird in der Form serviert.

696. Tomaten-Spiegeleier.

Die Eier werden vorsichtig getrennt, das Gelbe muß unverletzt in einer Schale zurückbleiben, das Weiße wird mit einer Brise Salz, mit einem Löffel Tomatenmark und ein wenig zerlassene Butter verrührt, in eine gebutterte Spiegeleierpfanne gegeben, in jede Mitte ein Eigelb gesetzt und gebacken, mit Schnittlauch bestreut, angerichtet.

697. Spiegeleier mit Nieren und Hirn.

Zutaten: 2 Kalbsnieren, 1 Kalbshirn, 100 g Butter, 1 Zwiebel, nach Belieben Rotwein und Bratensoße, 12 Eier.

Die Nieren werden in feine Scheiben geschnitten, die fein geschnittenen Zwiebeln hellgelb gedämpft, die Nieren kurz gedünstet, ein wenig Bratensoße und Wein zugegeben. Das gehäutete Kalbshirn wird klein geschnitten, in Butter und Zwiebeln gedünstet, mit Salz und Pfeffer gewürzt. Auf eine Platte gibt man geröstete Brotscheiben, auf dieselben Spiegeleier, das Hirn in die Mitte und die gedämpften Nieren kranzförmig um die Eier.

698. Eierkuchen mit Tomaten.

Zutaten: 10 mittelgroße, feste Tomaten, 6 Eier, 3 Esslöffel Rahm, Salz, Petersilie.

Die Tomaten werden mit gewiegter Petersilie und Zwiebeln leicht angebraten, mit Salz, Pfeffer und etwas Bratensoße eine Viertelstunde gedämpft. Von Eiern und Rahm bereitet man Eierkuchen, füllt sie mit den Tomaten und gibt etwas gehackte Petersilie darauf.

699. Tomaten-Eierkuchen.

Zutaten: 2 Eigelb, 1/8 l Milch, 3 Esslöffel Tomatenmark, 1/4 Pfund Mehl, 1 gekochte, geriebene Kartoffel, Salz, 2 Eiweiß zu Schnee.

Von obigen Zutaten wird ein Teig angerührt, zuletzt der Steife Schnee daruntergemischt. Davon werden Kuchen gebacken.

700. Eierkuchen mit Hühnerleber.

Zutaten: 4 Eier, 2 Hühnerlebern, 40-50 g Butter, 1 kleine Zwiebel, 2 Esslöffel Wein, Salz, Pfeffer.

Die feingeschnittene Zwiebel wird in Butter gelb gedämpft, die in Scheiben geschnittene Leber zugegeben und gedämpft bis sie nicht mehr rot ist, mit Wein und Salz gewürzt. Man macht in der Mitte des Eierkuchens der Länge nach einen Einschnitt, füllt die Leber mit feingewiegter Petersilie hinein und stürzt ihn auf eine Platte.

701. Eierkuchen mit Kräutern.

Unter die Eier gibt man 2 Kaffeelöffel, feingewiegte Kräuter und backt die Omelette wie die französische, Nr. 702.

702. Französische Omelette.

(Grundlage zu allen Omeletten.)

Zutaten: 3 Eier, 15 g Butter, 3 Esslöffel Rahm, 1 Brise Salz.

Die Eier werden mit Rahm oder Milch und Salz verklopft. In einer Pfanne läßt man Butter zergehen, gibt die Eier hinein und rührt sie lange darin bis sie anziehen; dann schafft man sie zusammen und läßt sie unten eine schöne Farbe nehmen. Innen soll die Omelette noch weich sein. Sie wird auf eine Platte gestürzt und sofort serviert.

703. Omelette mit Schinken.

Wird ebenso gemacht wie die französische Omelette; es kommen 30 g gewiegte Schinken dazu, jedoch kein Salz.

704. Omelette mit Nieren.

Schweins- oder Kalbsnieren werden fein geschnitten. In eine Pfanne wird Butter und feingeschnittene Zwiebel gegeben, die Nieren darin gedämpft, bis sie weiss sind, dann mit einem Kaffelöffel Mehl gestäubt, mit wenig Bratensoße abgelöscht, das fehlende Salz, sowie 2 Esslöffel Madeira dazugegeben. Dann wird die bereitete französische Omelette oben aufgeschnitten und die Nieren eingefüllt.

705. Omelette mit Tomaten.

Eine in Scheiben geschnittene Zwiebel und 2-3 geschälte Tomaten werden in 10 g Butter angedämpft, dann 1 Esslöffel saurer Rahm dazu gegeben und das nötige Salz. Die französische Omelette wird oben aufgeschnitten und mit den Tomaten gefüllt.

706. Omelette mit Käse.

6 Eier werden mit 6 Esslöffel süßem Rahm und 4 Esslöffeln geriebenem Parmesan- oder Emmentaler Käse gut untereinander gemacht. In einer Omelettpfanne läßt man Butter vergehen, gibt die Masse hinein und rührt mit dem Löffel darin, bis sie anfängt hart zu werden. Dann wird alles zusammen geschoben, damit es feucht bleibt, läßt es auf der unteren Seite Farbe nehmen und stürzt die Omelette auf die Platte, die untere Seite nach oben.

707. Omelette mit Kräutern.

Zwiebel, Petersilie, auch einige Kapern werden fein gewiegt und in wenig Butter leicht angedämpft, dann zu den verklopften Eiern (siehe französisches Omelett, Nr. 702) gegeben.

708. Mailänder Omelette.

¼ Pfund Makkaroni wird in Salzwasser gekocht, dann in 1 cm lange Stückchen geschnitten. 1 große in Scheiben geschnittene Zwiebel und 4 große geschälte und in Scheiben geschnittene Tomaten werden in 20 g Butter gedämpft, 2 Esslöffel geriebene Käse, 1 Löffel saurer Rahm, Salz und die Makkaroni dazu gegeben. Dann werden 3 Eier mit 3 Esslöffel Milch verrührt, gesalzen und in einer Omelettenpfanne mit 15 g heiß gemachter Butter zu einer Omelette gebacken. Wenn sie oben noch weich ist, wird die zubereitete Makkaroni-Masse darauf gegeben und die Omelette auf eine Platte gestürzt.

Resteverwertung und Mehlspeisen.

Anmerkung: Reste müssen stets kühl aufbewahrt werden, nur dann kann eine praktische Verwertung empfohlen werden. Da durch langes Stehenlassen in der Wärme und durch Aufwärmen viele Nährwerte verloren gehen, ist es ratsam, aus den Resten neue Gerichte herzustellen durch Umarbeitung und Zugabe von etwas frischen Zutaten.

Suppen können durch Zugabe von Gemüsewasser, Gemüseresten, Würze, Grünzeug, Tomaten, Grieß, Rahm und Eigelb verändert und verbessert werden.

Aus Kartoffelbrei können Küchlein gebacken werden, nachdem man Ei, Mehl, nach Belieben Käse und Gewürz hineingearbeitet hat. Auch Croquettes, Pfannkuchen und Knödel können davon gemacht werden. Spinatreste können zu Spinatomeletten, Spinatsuppe, Spinatspätzchen oder Spinatauflauf umgearbeitet werden. Gehackte oder durch das Sieb in kochende Fleischbrühe gedrückte Gemüsereste ergeben stets gute Suppen. Sauerkraut ist aufgewärmt gut, es kann aber auch ein Auflauf davon gemacht werden. Teigwaren werden klein gehackt und in Suppen oder Omelettenteig gegeben. Sie können auch gebraten und vor dem Anrichten mit verklopften Eiern übergossen werden. Reisreste werden mit verklopftem Ei vermischt, zu Würstchen oder runden Plätzchen geformt und gebacken. Sie können auch als Suppeneinlage in Betracht kommen. Aus Fleischresten können Groquettes, Omeletten, Küchlein, Haschee, Pastetchen, Salat-Plätzchen und Aufläufe hergestellt werden.

Aus verschiedenen Resten von rohem Gemüse können die besten Gemüsebrühen gekocht werden. Z. B. : 1 Sellerieknollen, 2 Karotten, 2 Lauchstengel, etwas Blumenkohl, Kohl, Kohlrabi, 2 Kartoffeln, 1 Tomate, 2 Zwiebeln und Salz werden klein geschnitten, fünf Minuten in Butter gedämpft, mit 4 l Wasser abgelöscht und 1 ½ Stunden gekocht; ist eine vorzügliche Gemüsesuppe.

709. Gefüllte Brötchen zu Wildgeflügel.

Man verwendet Herz, Leber, nach Belieben auch ein Stückchen Kalbsleber dazu. Leber und Herz von 4 Rebhühnern, 40 g Speck werden fein verwiegt, ein Brötchen abgerieben, eingeweicht und mit ½ Teelöffel feingewiegter Zwiebel und Petersilie, mit Salz und einer Brise Majoran in Butter gedämpft. Man streicht die Fülle auf runde oder viereckige Brötchen, die man auf einer Seite in Butter hellgelb gebacken hat, fingerdick auf. Die Brötchen setzt man auf ein bestrichenes Blech, streut Parmesankäse darauf, legt auf jedes ein Stückchen Butter und stellt sie kurze Zeit erhöht in den heißen Ofen. Diese Brötchen können zu allem Wildgeflügel serviert werden.

710. gefüllte Brötchen, andere Art.

Zutaten: ½ Pfund Fleischreste, 1-2 gut gewässerte Heringe, 1 kleine Zwiebel, Brotkrume von 2 Brötchen, Salz, Pfeffer und Muskat.

Obige Zutaten werden fein gewiegt, die Brotkrume wird eingeweicht, leicht ausgedrückt und alles gut untereinander gemengt; dann rührt man die Masse mit etwas Butter und Bratensoße auf dem Feuer ab und mengt nach dem Erkalten 1 Ei darunter. Von 4 Milchbrötchen schneidet man kleine Deckel ab, höhlt sie aus, bestreicht sie innen mit zerlassener Butter, füllt sie mit obiger Masse so, daß der Deckel gut darauf paßt. In einer Bratpfanne läßt man 1 Esslöffel Butter oder Fett heiß werden, setzt die Brötchen hinein, bestreicht sie mit zerlassener Butter und backt sie im Ofen.

711. Wildschnitten.

Zutaten: ½ Pfund Fleisch, 1 Teelöffel feingewiegte Zwiebeln, 40 g Butter, 2 Sardellen, einige Löffel Wein oder Rahm, Salz, Pfeffer und 1 Ei.

Dazu verwendet man Reste von gebratenem Wild. Man dämpft das feingewiegte Fleisch und die Sardellen in heißer Butter mit oben angegebenen Zutaten, gibt nach dem Erkalten das Ei zu, streicht die Masse dick auf mit Butter bestrichene Scheiben von Weißbrot und backt dieselben rasch im Ofen oder in heißem Fett. Vor dem Anrichten übergießt man sie mit heißer Bratensoße. Ebenso können auch Schnitten von Kalbsbratenresten hergestellt werden.

712. Rehpudding.

Zutaten: Reste von Wildfleisch (1 Pfund), 80 g Butter, 2 Brötchen, 5 Eier, 1 Esslöffel Parmesankäse und 2 Löffel saurer Rahm.

Das Fleisch wird fein gewiegt, Zwiebel und Petersilie mit den eingeweichten, gut ausgedrückten Brötchen in Butter gedämpft. Die schaumig gerührte Butter, Fleisch, Eigelb, sowie die anderen Zutaten werden untereinander gemengt; zuletzt gibt man den steifen Schnee leicht darunter. Die Masse wird in eine gut bestrichene Form (3/4 voll) gefüllt, eine Stunde im Wasserbad gekocht und mit Bratensoße oder anderer pikanter Soße serviert.

713. Kalbsfleischpudding.

Wird ebenso bereitet wie die vorhergehende Nummer.

714. Briespudding.

Zutaten: ein großes Kalbsbries, 6 Milchbrote, 80 g Butter, ¼ warme Milch, 4-5 Eier, 1 Kaffeelöffel gewiegte Zwiebeln und Petersilie, Salz und Muskat.

Die Brötchen werden mit Milch angefeuchtet, Eigelb, Salz und Muskat, gedämpfte Zwiebel und Petersilie, das gekochte, in Würfel geschnittene Bries und zuletzt der steife Schnee dazu gegeben. Die Masse wird eine Stunde im Wasserbad gekocht.

715. Briespudding, andere Art.

1 Kalbsbries wird gekocht. 60 g Grieß und 60 g Butter werden in ½ l Milch gekocht, bis sich der Teig von der Pfanne löst, mit 5 Eigelb abgerührt, das in Würfel geschnittene Bries, Petersilie und Zwiebel gewiegt dazu gegeben, zuletzt der Eierschnee. Eine Puddingform wird mit Butter

ausgestrichen und ausgebröselt, die Masse eingefüllt und eine Stunde im Wasserbad gekocht, mit Tomaten- oder Einmachsoße serviert.

716. Geflügelpudding.

150 g Mehl werden in 100 g Butter weiß geröstet, mit 5/8 l Milch abgelöscht, etwas ausgekocht. In die heiße Masse werden nach und nach 10 Eigelb gerührt, 1 Pfund in Würfel geschnittenes Geflügelfleisch (gesotten oder gebraten), zuletzt der steife Eierschnee hinzugegeben. In gut ausgefetteten Tassen wird der Pudding 20 Minuten im Wasserbad gekocht.

717. Kalbsfleischpudding.

Wird ebenso gemacht wie die vorige Nummer.

718. Englischer Pudding oder Auflauf mit Gemüse.

Zutaten: 2 Tassen Mehl, 1 Tasse Milch, 100 g Butter, 5 Eier, Salz, Pilze oder Spargeln, oder sonstiges Gemüse.

Die Butter wird schaumig gerührt. Nach und nach kommen Eigelb, Mehl, Milch und die übrigen Zutaten dazu, zuletzt das zu Schnee geschlagene Eiweiß. Die Masse wird in eine gut gefettete Puddingform gefüllt und eine Stunde im Wasserbad gekocht.

719. Spinatpudding.

Semmeln werden abgerindet, in Scheiben geschnitten und mit etwas Rahm angefeuchtet. Der Spinat wird gekocht, gewiegt oder durchpassiert, mit Zwiebeln und Petersilie gedämpft und mit Salz und Maggi abgeschmeckt. Dann werden 4 Eigelb zugegeben und das zu Schnee geschlagene Eiweiß. Wenn nötig, werden noch etwas Brösel dazugegeben. Die Masse wird in eine Puddingform gefüllt und eine Stunde im Wasserbad gekocht.

720. Gemüsepudding.

Karotten, Sellerie, Blumenkohl, Bohnen werden in kleine Würfel geschnitten und jedes einzeln für sich abgekocht. 80 g Butter und 120 g Mehl werden weiß geröstet, mit ½ l Milch aufgegossen, Eigelb zu der heißen Masse gegeben. Nach Erkalten wird das Gemüse und der steife Eierschnee hineingemischt, die Masse in gefettete Förmchen oder Tassen gefüllt und im Wasserbad etwa ½ Stunde langsam gekocht.

721. Tomatenpudding.

140 g Mehl werden in 100 g Butter geröstet, mit ¼ l Milch abgelöscht, 6 Eigelb, 8 Esslöffel Tomatenmark und geriebene Käse nach Belieben hinzugeben. Wenn die Masse erkaltet ist, kommt der steife Eierschnee dazu. Eine Puddingform wird gut mit Butter ausgestrichen, mit Bröseln bestreut, die Masse hinein gefüllt und ¾ Stunden im Wasserbad gekocht.

722. Spinatpudding.

2 Pfund roher Spinat wird durch die Maschine getrieben oder feingewiegt, 5 abgeriebene in feine Scheiben geschnittene Semmeln mit ¼ l kochender Milch überbrüht, und zugedeckt stehen gelassen. In 100 g Butter wird der rohe Spinat etwas angedämpft, Muskatnuss, 5 Eigelb und wenn erkaltet, das zu Schnee geschlagene Eiweiß dazugegeben. Die Masse wird in ausgefettete Förmchen gefüllt und ½ Stunde im Wasserbad gekocht, dann noch ¼ Stunde ins offene Rohr gegeben.

723. Grießpudding.

½ Pfund Grieß: wird langsam in 1 l kochende Milch gegeben, gut durchgerührt, zugedeckt und zum Abkühlen auf die Seite gestellt. 4 in kleine Würfel geschnittene Wecken werden mit 125 g Butter verrührt, 4 ganze Eier dazugegeben, nebst einer gewiegten kleinen Zwiebel, Petersilie und einem Kaffeelöffel Backpulver. Die gut untereinander gemengte Masse wird in ausgestrichene Förmchen gefüllt und ½ - 1 Stunde gekocht.

724. Reisauflauf mit Bries oder Pudding.

Zutaten: 2 große Bries, 400 g Reis, 80-100 g Butter, 1 Esslöffel gewiegte Zwiebel und Petersilie, 5-6 Eier, Salz und Muskat.

Das gekochte Bries wird gehäutet, in Würfel geschnitten, mit Zwiebel und Petersilie in Butter gedämpft. Die übrige Butter wird schaumig gerührt, Eigelb, der gedünstete Reis, Gewürz und Bries zugegeben, der steife Schnee leicht daruntergezogen und die Masse in eine mit Butter gestrichene und mit Weckmehl bestreute Auflaufform gefüllt. Backzeit; ¾ Stunden. Der Auflauf wird mit Buttersoße serviert.

725. Schinkenauflauf.

Zutaten: Nudeln von 3 Eiern, 300 g Schinken, 5 Löffel saurer Rahm, 1 Tasse Milch, 3-4 Eier, Parmesankäse, Schnittlauch, Muskat und Weckmehl.

Der Nudelteig wird so dünn wie möglich ausgewellt, mit dem Rädchen kleine viereckige Stückchen daraus geschnitten, diese in Salzwasser abgekocht und in einen Seiher gegeben. Der feingewiegte Schinken wird mit Eiern, Rahm und den anderen Zutaten vermengt. Die Nudelstückchen abwechslungsweise mit dieser Masse in eine vorbereitete Auflaufform gefüllt, mit Parmesankäse bestreut und im Ofen gelb gebacken.

726. Schinkenauflauf.

Es werden dünne Pfannkuchen gebacken und dieselben nudelartig geschnitten. Eine Auflaufform wird mit Butter bestrichen, eine Lage Pfannkuchen hineingegeben, auf diese eine Lage gewiegte Schinken und so fortgefahren bis die Form gefüllt ist. 3-4 Eier, ein Kaffeelöffel Salz, 1 Esslöffel Mehl und 4 Löffel saurer Rahm werden gut verrührt und darüber gegossen. Der Auflauf wird ungefähr 1 Stunde im Rohr gebacken und mit Salat serviert.

727. Schinkennudelauflauf.

Zutaten: 2 Pfund Nudeln, ¾ Pfund Schinken, ½ l Milch, ¼ l dicker saurer Rahm, 2 Esslöffel geriebener Käse, 40 g Butter, Salz, 4-5 Eier.

Die in Salzwasser gekochten Nudeln werden, wenn sie abgetropft sind, lagenweise mit gewiegtem Schinken und Käse in eine gut bestrichene Auflaufform gefüllt, mit Rahm verklopften Eiern übergossen, mit Weckmehl bestreut und Butterstückchen belegt, im Rohr 3/4 Stunden aufgezogen.

728. Makkaroniauflauf.

Die abgekochten Makkaroni werden zur Hälfte in eine gebutterte Auflaufform gegeben, ziemlich geriebener Käse darauf, dann die andere Hälfte Makkaroni und 50 g zerlassene Butter. Oben wird Salz über die Masse gegossen und ½ - ¾ Stunden im Ofen aufgezogen.

729. Nudelauflauf mit Quark.

Zutaten: ½ Pfund breite Nudeln, 250 g Quak, 1 Esslöffel Parmesan- oder Schweizerkäse, 7 Esslöffel Tomatenpüree, 30 g Butter, Salz.

Die in Salzwasser gekochten Nudeln werden kalt abgeschwenkt und zum Abtropfen auf ein Sieb gegeben. Der durchgestrichene Quark wird mit Tomatenpüree vermischt. In eine gut gestrichene

Auflaufform werden die 3 Massen abwechselnd eingefüllt; oben sollen Nudeln sein. Der Auflauf wird mit Käse bestreut und Butterstückchen belegt, ¾ Stunden in gut heißem Backofen gebacken. Will man den Auflauf feiner, können einige mit Rahm verklopfte Eier darüber gegeben werden.

730. Sauerkrautauflauf.

Eine Auflaufform wird mit Schinken ausgelegt, dann mit gekochtem Sauerkraut oder Tomatenkraut aufgefüllt. 1 Eigelb wird mit dickem saurem Rahm verrührt, das zu Schnee geschlagene Eiweiß dazu gegeben und dieses über das Kraut gegossen. Backzeit im Rohr etwa ¼ Stunde.

731. Tomatensouffle.

½ l Milch wird mit 100 g Butter oder Schmalz aufgekocht, 250 g Mehl wird mit ½ l Milch angerührt, langsam in die kochende Milch gegeben und darin aufgekocht. In die warme Masse werden 10 Eigelb gerührt, nach Erkalten das zu Schnee geschlagene Eiweiß dazu gegeben, in ausgefettete Auflaufform gefüllt und mit Zentimeter dicken Stückchen von Tomaten schuppenförmig besteckt. Backzeit im Rohr 20 Minuten.

732. Blumenkohlauflauf.

1 Stück Blumenkohl wird ganz im Salzwasser abgekocht, 50 g Butter werden schaumig gerührt, 3 abgeriebene eingeweichte Brötchen dazu gegeben, nebst etwas feingewiegter Zwiebel, Petersilie, ein wenig abgeriebener Zitronenschale, etwas Paprika und Salz, 50 g geriebener Käse oder Schinken, 2 ganzen Eiern, 1/8 l süßem oder saurem Rahm. Eine Auflaufform wird ausgefettet, der Blumenkohl hineingegeben, die Masse darüber und das Ganze ¾ Stunden im Rohr gebacken. Man kann Tomatensoße oder Salat dazu geben.

733. Schweizer-Rahmauflauf.

Abgerindete und in Scheiben geschnittene Brötchen werden etwas angeröstet und in eine gut ausgestrichene Auflaufform gefüllt. Dann wird von Eiern, saurem Rahm, Käse, Salz, Muskat, Zwiebeln und Petersilie ein Guss bereitet und darüber gegeben. ½ Stunde Backzeit.

734. Diplomatenspeise.

Wird gemacht wie Schweizerrahmauflauf. Die Semmeln werden zu Würfeln geschnitten und statt saurem Rahm wird süßer verwendet.

735. Große Blätterteigpastete.

Von Blätterteig mit 3-4 Touren wellt man eine lange Bahn ungefähr ½ cm dick aus. Davon rädelt man in der Größe eines Tellers 2 Platten aus, die eine ungefähr 4 cm größer als die andere. Die kleinere Platte legt man, die obere Seite nach unten, auf ein nasses Blech und dieses gibt den Boden der Pastete. In die Mitte legt man einen leicht zusammengeknüllten Ballen von Papier, der mit Butterpapier zusammengehalten wird. Dann bestreicht man den Rand der Platte mit zerschlagenem Eiweiß und gibt die größere Rundung als Deckel darüber; er wird am Boden leicht angedrückt, gleichmässig geschnitten, mit Teigfiguren oder ausgerädelten Streifen verziert, dann ein 2 cm breiter Rand um die Pastete gelegt, sowie ein kleiner Ring an die Stelle, an der nach dem Backen der Deckel abgeschnitten wird. Vor dem Backen wird die Pastete mit Eigelb bestrichen, in gut heißem Ofen 30-40 Minuten gebacken. Hat die Pastete vorher schon Farbe, wird sie mit einem naßgemachten Papier überdeckt. Nach dem Backen schneidet man den Deckel ab, entfernt vorsichtig das Papier und füllt die Pastete nach Belieben. Man kann die Pastete auch einfacher herstellen, wenn man einen dicken Boden ausrädelt und 2 cm vom Rand entfernt, mit der Messerspitze einen Deckel einritzt. Oder man kann auf den Boden einen gleich großen Ring aufsetzen.

736. Schinkenpastete.

Zutaten: Blätterteig, 400 g mageres Schweinefleisch oder Kalbfleisch, 200 g Speck, 180 g Schinken, 2 Eier, 2 Löffel Cognac oder Madeira, 2 eingeweichte Brötchen mit Zwiebeln und Petersilie gedämpft, 180 g Schinkenscheiben.

Von Blätterteig wird ein 25 cm langer und 15 cm breiter Boden ausgewellt und auf ein nassgemachtes Blech gelegt. Der Schinken wird in Scheiben geschnitten, von den anderen Zutaten eine Fleischfülle zubereitet; von dieser wird fingerdick auf die Teigplatte gestrichen, so, daß an allen Seiten ein 2 cm breiter Rand freibleibt. Darauf legt man Schinkenscheiben, dann wieder Fleischfülle und fährt so fort bis alles aufgebraucht ist. Der übrige Teig wird ausgewellt, über die Pastete gebreitet, an dem mit Eiweiß bestrichenen Rand des Bodens leicht angedrückt und glattgeschnitten. Man verziert die Pastete mit Blätter- oder Teigstreifen, macht oben 1 oder 2 Öffnungen, in die man zusammengerolltes, steifes Papier steckt. Vor dem Backen bestreicht man die Pastete mit Ei und backt sie eine Stunde in gut heißem Ofen. Sie kann warm oder kalt gegeben werden.

737. Leberpastete.

Zutaten: 1 Pfund Kalbs- oder Schweinsleber, 200 g mageres Schweinefleisch, 400 g grüner Speck, nach Belieben einige Sardellen, Salz, Pfeffer, Majoran, 4 Esslöffel Madeira oder Cognac, feine Speckscheiben zum Auslegen der Form.

Leber, Fleisch, Speck und Sardellen treibt man 2 mal durch die Hackmaschine, mischt es gut mit den übrigen Zutaten und füllt die Masse in eine mit Speck ausgelegte Form; den Boden kann man nach Belieben mit einem Stern aus Zunge verzieren. Oben daraus legt man ebenfalls eine feine Scheibe Speck, schließt die Form gut und kocht die Pastete 1 ½ - 2 Stunden im Wasserbad. Nach dem Erkalten schneidet man sie in feine Scheiben und verziert sie mit Sulz.

738. Leberpastete, andere Art.

Zutaten: ½ Pfund frische Kalbsleber, ¼ Pfund grüner Speck, einige Sardellen, 1 Milchbrot, 6 Eigelb, 2 Schalottenzwiebeln, eine Tasse saurer Rahm, ein Löffel Rum, 100 g Butter und Gewürz, 1 Milchbrot.

Leber und Speck werden 2 mal durch die Hackmaschine getrieben. 1 Milchbrot wird abgerieben, eingeweicht, mit Schalottenzwiebeln gedämpft. Nun werden die Sardellen fein gewiegt, die Butter zerlassen, alle Zutaten nebst Salz, Pfeffer, Majoran, Thymian, einer Brise Nelken und 1 Löffel Rum gut gemengt, eine Form mit Speckstreifen ausgelegt, die Masse eingefüllt und 1 ½ - 2 Stunden fest verschlossen und beschwert im Wasserbad gekocht.

739. Fleischpastete.

Zutaten: ½ Pfund Blätterteig, 8-10 Kalbschnitzel, 2 Brötchen, 80 g Butter, 1 Ei, Zwiebel und Petersilie, Salz, Pfeffer, Muskat, Zitronensaft.

Die Hälfte des Blätterteigs wird ausgewellt und in ein Kuchenblech gegeben, aussen mit Eiweiß bestrichen und ein zwei fingerbreiter Rand darauf gelegt. Die Schnitzel werde leicht geklopft, mit Salz und Pfeffer eingerieben, die Brötchen in Scheiben geschnitten, geröstet, gestoßen, gesiebt und das so erhaltene Weckmehl mit Gewürz, Zwiebel und Petersilie vermischt, dieses streut man auf den Kuchenboden, gibt die Schnitzel darauf, auf jedes ein Stückchen Butter und Zitronensaft, und streut dann wieder Weckmehl darüber. Den übrigen Teig wellt man zu einem Deckel aus, verziert denselben hübsch, macht in der Mitte kreuzweise einen Einschnitt, bestreicht die Pastete mit Eigelb und backt sie 1 Stunde in gut heißem Ofen.

740. Fleischpastete, andere Art.

Zutaten. 2 Pfund Kalbsbraten, 2 eingeweichte Brötchen, 1 Esslöffel Mehl, 1 Glas Wein, 1 Teelöffel Kapern, Saft einer halben Zitrone, 1 Teelöffel gewiegte Zwiebel und Petersilie, 60 g Butter, Salz, Pfeffer und Muskat.

Das Fleisch wird zweimal durch die Hackmaschine getrieben, mit Zwiebeln, Petersilie, Mehl, den eingeweichten, gut ausgedrückten Brötchen in Butter gedämpft, mit Wein und Bratensoße abgelöscht, Eier und Gewürz zugegeben und alles nach kurze Zeit zusammen gedämpft. Dann streicht man es zum Erkalten auf eine Platte, Blätterteig wird ausgewellt, wie Nr. 739, der Boden dick mit der Fülle bestrichen, der Deckel aufgesetzt und nachdem derselbe verziert ist, noch einmal ein Rand vom Teig. Vor dem Backen wird die Pastete mit Eigelb bestrichen, ungefähr 1 Std. in gut heißem Ofen gebacken.

741. Pastetchen mit Wildpret.

Zutaten: 12 Pastetchen, 1 Pfund Wildpret, 140 g Speck, 1 Wecken, 2 Eier, etwas feingewiegte Zitronenschale, eine kleine Messerspitze gestoßene Lorbeerblätter Nelken, Thymian, Pfeffer und Salz.

Das von allen Häuten gereinigte Wildpret wird mit 140 g Speck, feingehackt. Dann schält man 1 Wecken, schneidet ihn in ¼ l Fleischbrühe und kocht dieses auf dem Feuer dick wie einen Brandteig. Nach dem Erkalten mengt man die anderen Zutaten darunter und rührt das Ganze mit einigen Esslöffeln Fleischbrühe ab. Auf die eine Hälfte der ausgestochenen Butterteigblättchen wird, wie in Nr. 740 in die Mitte ein Kaffelöffel von dem angerührten Wildpret gesetzt; die ein wenig größeren Blättchen bei denen in der Mitte ein Deckelchen bezeichnet ist, werden genau darüber gedeckt, am Rand leicht angedrückt, mit Ei sorgfältig bestrichen, dann die Pastetchen in nicht zu heißem Ofen goldgelb gebacken. Wenn sie aus dem Ofen kommen, wird das bezeichnete Deckelchen sorgfältig herausgelöst. Von einer braunen Soße, welche mit einigen Löffeln Bratenbrühe, dem Saft einer halben Zitrone und nach Belieben einem Esslöffel Knoblauchwasser aufgekocht wurde, gießt man je einen Esslöffel voll in die Pastetchen, setzt den Deckel wieder auf und gibt sie sogleich heiß zu Tisch.

742. Pastetchen mit Kalbfleischfarce.

Von Butter oder Blätterteig werden runde Blättchen in der Größe einer Kaffeetasse ausgestochen, dann mit einem etwas größeren Ausstecher die gleiche Anzahl Blättchen, welche zu Deckeln bestimmt sind. Die kleineren Blättchen bringt man, die obere Seite nach unten, auf ein mit Wasser befeuchtetes Blech, bestreicht sie sorgfältig mit Ei, belegt sie in der Mitte mit einem Kaffeelöffel Kalbfleischfarce, unter welche etwas Zitronensaft und einige Esslöffel Bratensoße gerührt wurde. Dann bedeckt man sie genau mit den größeren Blättchen, drückt letztere rund herum leicht an, setzt in die Mitte dieser Blättchen ein Butterteigblümchen und bestreicht sie vor dem Backen sorgfältig mit verklopftem Ei. Die Pastetchen werden in nicht zu heißem Ofen gelb gebacken und heiß serviert.

743. Pastetenfülle von gebratenen Gansresten.

Das Fleisch wird von den Knochen gelöst, das Gerippe etwas zerhackt und mit fein zerschnittener Zwiebel angebraten, dann gibt Wasser und das nötige Salz hinzu und läßt dieses einige Stunden aufkochen, damit man eine gute Soße bekommt. Das Fleisch wird mit der gedünsteten Leber, 100 g Schinken oder Zunge, in kleine Würfel geschnitten oder grob gewiegt, mit der durchgeseihten Soße vermengt, etwas Zitronensaft und Madeira zugegeben. Diese Fülle kann zu großen oder kleinen Pasteten verwendet werden.

744. Pastetchen mit Gemüsefüllung.

Blätterteig aus 250 g Quark, 200 g Butter und 1 Pfund Mehl wird ausgewellt, dann werden kleine Pastetchen ausgestochen und in guter Hitze gebacken. Füllung: Gemüse oder Fleischragout. Mit etwas Grünem wird serviert.

745. Croquettes von Geflügel, Bries, Fleisch und Wild.

Fleischreste werden fein nudelig geschnitten und mit dicker Einmachsoße, die man mit Eigelb abgezogen und gut mit Maggi und Salz abgeschmeckt hat, vermengt. Man rechnet zu einer Tasse Fleisch ½ Tasse Sauce, so daß es eine feste Masse wird. Auf einem mit Brösel bestreuten Brett werden dann längliche Küchlein geformt, paniert und in heißem Fett schön gelb gebacken. In jedes Küchlein wird ein Stückchen Makkaroni gesteckt. Man serviert sie zu Salat oder Gemüse.

746. Gurkenfleisch.

Von Mehl, Fett, Fleischbrühe und Gewürz bereitet man eine braune Soße. Man läßt dieselbe gut durch kochen. Die in Würfel geschnittenen Gurken und das ebenfalls in Würfel geschnittene Fleisch werden in der Soße einmal aufgekocht, mit Essig, Zitronensaft oder Wein abgeschmeckt.

747. Gansleber, gedämpft.

Zutaten: 1 Gansleber, 40 g Butter, Salz, Zwiebel, ½ Glas Rotwein oder Madeira, ¼ l Fleischbrühe.
Die von der Galle befreite Leber wäscht man mit Milch und trocknet sie ab. Nach Belieben spickt man sie mit Trüffelstückchen und bindet sie zwischen zwei Speckscheiben. In der heißen Butter, mit Zwiebeln, Wein oder Madeira und Fleischbrühe läßt man die Leber ungefähr eine halbe Stunde langsam dünsten.

748. Gansleber, gesulzt.

Eine gebratene Gansleber schneidet man nach dem Erkalten in Scheiben, übersulzt dieselben ein wenig, damit sich die andere Sulz beim Einlegen nicht trübt. Eine Ringform wird mit Sulz ausgegossen, eine beliebige Verzierung darauf gemacht und diese mit Sulz befestigt. Dann werden die Gansleberscheiben im Kranz herum gelegt und mit flüssiger Sulz übergossen.

749. Fleischreste im Kartoffelrand.

Aus Fleischresten wird ein Ragout bereitet, von Kartoffelbrei ein Ring auf die Platte gestürzt. In die Mitte kommt das Ragout, außen herum Bohnen.

750. Spätzle.

Zutaten: 2 Pfund Mehl, ½ l Wasser, 5-6 Eier, Salz.

Mit obigen Zutaten wird ein zäher Teig angerührt, der geschlagen wird, bis er Blasen wirft. Dann werden von einem nassen Brettchen mit einem langen Messer oder Spatzenschäufelchen feine lange Spätzchen in kochendes Salzwasser eingeschlagen. Sobald sie in die Höhe kommen, werden sie mit dem Schaumlöffel herausgenommen, in heißem Wasser abgeschwenkt und sogleich angerichtet. Mit gerösteten Brotsamen, Weckwürfeln oder gelb gedämpften Zwiebeln werden sie abgeschmälzt. Sehr gut ist es, wenn abwechselnd Sauerkraut und Spätzle lagenweise auf eine Platte angerichtet und mit Zwiebeln geschmälzt werden.

Werden die Spätzchen geröstet, müssen sie mit kaltem Wasser abgeschwenkt und wenn sie abgetropft sind, auf ein Brett zum Trocknen gelegt werden. In heißem Wasser werden sie dann gebraten, nach Beliebigen können mit Rahm verquirlte Eier darüber gegeben werden. Zu Maschinen-Spätzchen ist Milch besser als Wasser, da der Teig dann nicht so zäh wird. Statt Schmälzen können die Spätzchen, wenn sie abgelaufen sind, in Butter heiß gemacht, gesalzen und dann auf die Platte gegeben werden.

751. Krautnudeln.

Zutaten: 3 Pfund Kartoffeln, 1 Pfund Mehl, 2 Eier, Salz und Muskat.

Gekochte, geschälte Kartoffeln werden heiß durchgetrieben und mit Mehl und Eiern zu einem Teig verarbeitet. Dann werden fingerlange Nudeln ausgewirkt, in kochendes Salzwasser gelegt, wenn sie oben schwimmen herausgenommen, kalt abgeschwenkt, getrocknet und in heißem Fett geröstet. Kraut wird in Fett mit Zwiebeln gedämpft und vor dem Anrichten mit einer Gabel leicht unter die Nudeln gemengt; mit Fett und Zwiebeln wird geschmälzt.

752. Breite Nudeln.

Zutaten: 2 Pfund Mehl, 4-6 Eier, 1/8 l Wasser.

Von Mehl und den mit Wasser verklopften Eiern wird auf dem Nudelbrett ein Teig so lange bearbeitet, bis er nicht mehr anklebt. Dann werden 5-6 Kuchen in ein Tuch eingeschlagen, die man auswellt und dann trocknen läßt. Wenn sie halb trocken sind, werden beliebig breite, Nudeln geschnitten, in Salzwasser weichgekocht, dann wie Spätzchen weiterbehandelt.

753. Nudelküchlein.

Zutaten: 1 Pfund Nudeln, Kochwasser, 6 Eier, Salz, 100 g Mehl, 1/8 l Milch, Backfett.

Von Mehl, Milch und Eigelb wird ein nicht zu zäher Teig rasch angerührt, dann die abgekochten und gut abgelaufenen Nudeln zugegeben, sowie Salz und zuletzt der Eierschnee. Von der Masse gibt man esslöffelweise in heißes Fett, backt sie auf beiden Seiten schön gelb und gibt sie zu Salat und Gemüse.

754. Schinkennudeln.

Zutaten: 2 Pfund breite Nudeln, ¼ bis ½ Pfund Schinken, 1 Tasse oder Milch, 30 g geriebene Käse.

Die abgekochten Nudeln werden in heißem Fett erhitzt, der gewiegte Schinken dazu gemischt, alles auf eine Platte angerichtet und mit geriebenem Käse betreut.

755. Makkaroni mit Käse.

Zutaten: 2 Pfund Makkaroni, 100 g Butter 1/4 l dicker saurer Rahm, Salz, 4 Esslöffel geriebener Käse.

Die Makkaroni werden in halb fingerlange Stückchen zerbrochen, in kochendem Salzwasser 20-30 Minuten gekocht, dann mit heißem Wasser abgeschwenkt. Wenn sie abgetropft sind, werden sie in ein Kasserol mit heißer Butter gegeben, mit Salz, Käse und Rahm gut vermischt.

756. Schinkenmakkaroni.

Werden bereitet wie Schinkennudeln.

757. Makkaroni oder Spagetti mit Tomaten.

Die zerbrochenen Spagetti werden in kochendem Salzwasser weichgekocht, mit heißem Wasser abgeschwenkt, in ein Kasserol mit heißer Butter und gedämpfter Zwiebeln gegeben, einige Löffel dicker saurer Rahm, Tomatenpüree nach Belieben, 2-3 Esslöffel geriebener Parmesankäse oder Schweizerkäse, Salz und Muskat darunter gemengt. Man stellt sie bis zum Gebrauch ins Wasserbad.

758. Italienische Makkaroni.

Die gekochten Makkaroni werden in Fett erhitzt, in einer Kasserole Butter oder Fett heiß gemacht, 2 große in Scheiben geschnittene Zwiebeln, ebenso 1 Pfund geschälte und in Scheiben geschnittene Tomaten oder ein Tasse Tomatenpüree dazu gegeben und weich gedämpft. Dann werden 3 Löffel saurer Rahm dazu gegeben und das Ganze mit Salz abgeschmeckt. Die Makkaroni werden auf eine Platte angerichtet, das Gedämpfte darauf gegeben und mit geriebenem Käse bestreut.

759. Grießschnitten.

Zutaten: 2 l Milch, 40 g Butter, 2 Pfund Grieß, 2 Eier, Salz.

In kochende Milch wird der Grieß eingerührt und ungefähr 10 Minuten auf der Seite des Herdes gedämpft. Dann werden die verklopften Eier schnell hinein gerührt, die Masse auf ein nasses Nudelbrett geschüttet, mit einem wiederholt nassgemachten Brettchen ausgestrichen oder mit einem Wellholz 1 ½ cm dick ausgewellt. Nach dem Erkalten schneidet man verschobene Vierecke. Dann wird von einigen Löffeln Mehl, Milch und Eiern (das Eiweiß kann nach Belieben zu Schnee geschlagen werden) ein Pfannkuchenteig bereitet, mit dem die Grießmasse überstrichen wird. Nun werden die Schnitten in heißes Fett gegeben, die angestrichene Seite nach unten, auch die obere Seite bestrichen, die Schnitten schön gelb gebacken, dann zum Abtropfen in einen Seiher gegeben.

Statt Pfannkuchenteig kann auch Ei und Paniermehl verwendet werden.

760. Römischer Grieß.

2 ½ l Milch werden mit 60 g Butter und einem Kaffeelöffel Salz zum Kochen gebracht, 500 g Grieß langsam hineingegeben und 15 Minuten gekocht. Dann wird er 1 cm dick auf ein nasses Brett gestrichen. Nach Erkalten werden mit dem Ausstecher runde Plättchen ausgestochen, schuppenförmig in eine gefettete Kasserole oder Auflaufschüssel gelegt und mit ¼ l Rahm, der mit 3 Eiern gut verquirlt ist, übergossen. Mit geriebenem Käse bestreut wird die Masse im Rohr schön gelb überbacken. Diese Speise kann mit Zucker oder Salz gemacht werden.

761. Grießklöße.

Zutaten: 1 l Milch, 350 g Grieß, 2 Löffel in Butter geröstete Würfel vom Wecken, 4-5 Eier, Zwiebel, Petersilie, Salz, Muskat, 50 g Butter.

Die Milch wird mit Butter und etwas Salz zum Kochen gebracht, der Grieß mit dem Schneebesen hinein gerührt, dann unter ständigem Rühren gekocht, bis sich der Grieß von der Pfanne löst. Wenn die Masse etwas erkaltet ist, werden die übrigen Zutaten damit vermengt. Knödel in kochendes Salzwasser gelegt, ¼ Stunde gekocht, dann aufgeschmälzt zu Milch gegeben mit Gemüse etc.

762. Grießnockerl.

Zu der schaumig gerührten Butter (Quantum 3 Eier schwer) werden 3 ganze Eier gerührt, sowie 6 Eier schwer Grieß. Wenn der Teig eine Stunde geruht hat (das ist wichtig), werden fingerlange Nocken geformt und ¾ Stunden in kochendem Salzwasser gekocht.

763. Gestürzter Reis.

Zutaten: 1 ½ Pfund Reis, 80-100 g Salz, Butter, Muskat, 1 Zwiebel, 2 ½ l Fleischbrühe, 80-100 g geriebener Parmesan- oder Schweizerkäse.

Zu gestürztem Reis muß immer guter Reis verwendet werden, der sich schön körnig kocht. Er wird mit kochendem Wasser angebrüht, das Wasser wieder abgeschüttet. In heißer Butter dämpft man gewiegte Zwiebeln und den Reis, gibt die heiße Fleischbrühe nach nebst Salz und einer mit Lorbeerblatt und Nelken besteckten Zwiebel und läßt alles an der Seite des Herdes, ohne zu rühren, 1 Stunde zugedeckt ganz langsam kochen. Dann wird eine Form mit kaltem Wasser ausgespült, der Reis mit einem Löffel fest in die Form gedrückt, auf eine Platte gestürzt und mit geriebenem Käse bestreut. Kann auch in eine Ringform gedrückt, gestürzt und mit Ragout oder Gemüse gefüllt werden.

764. Tomatenreis (Risotto).

Zutaten: 1 Pfund Reis, 2 Pfund Tomaten, 1 Zwiebel, 80 g Butter, 1 ½ l Fleischbrühe, Salz, 80 g geriebene Käse.

Die geschälten Tomaten werden in Scheiben geschnitten, mit feingeschnittenen Zwiebeln und dem Reis in Butter angedämpft; dann Fleischbrühe zugegeben und 30 Minuten gedämpft. Man füllt den Reis, nachdem man ihn mit Parmesankäse vermischt hat, in eine mit Butter bestrichene Form, stürzt ihn dann auf eine Platte und gibt ihn zu Gemüse oder Einmachfleisch.

765. Reismeridon.

Zutaten: ½ Pfund Reis, 70 g Butter, 5-6 Eier, Salz, Muskat.

Der gebrühte Reis wird mit so viel kochender Milch übergossen, daß sie 2 Finger breit über dem Reis steht, dann wird er ganz langsam, ½ - ¾ Stunden weichgedämpft, wonach das Ganze trocken, die Körner aber noch ganz fein sollen. Nun werden Butter, Salz, Muskat und die Eier darunter gemengt und alles auf dem Feuer so lange gerührt, bis der Reis verdickt und gebunden ist. Dann wird eine dick mit Butter ausgestrichene und mit Semmelbrösel bestreute Auflaufform so ausgefüllt, daß der Boden und die Wände 2 Finger dick mit Reis bedeckt sind, in der Mitte aber ein leerer Raum bleibt, den man mit dicker Einmachsoße und eingeschnittenem Fleisch von Hühnern oder Tauben ausgefüllt. Über das eingefüllte Ragout gibt man einige Esslöffel von dessen Soße, bedeckt alles mit Reis, bäckt das Ganze in nicht zu heißem Ofen schön gelb, stürzt es auf eine Platte und gibt die Speise sofort zu Tisch. Der Rest Ragoutsoße wird extra serviert.

766. Geflügelreis.

Übriggebliebenes Fleisch wird in Würfel geschnitten und in eine Buttersoße gegeben, dann eine Ringform abwechslungsweise mit gekochtem Reis und Fleisch eingefüllt, oben mit Reis abgeschlossen. Man stellt die Form kurze Zeit in kochendes Wasser, stürzt sie, bestreut sie vor dem Anrichten mit geriebenem Käse und serviert die übrige Soße dazu. Die Platte nimmt sich sehr hübsch aus, wenn die ausgestrichene Form vor dem Einfüllen mit gewiegtem Schinken bestreut oder mit jungen, grünen Erbsen ausgelegt wird.

767. Reisschnitten.

Der Reis wird gekocht und zubereitet wie zu Auflauf, dann 2 cm dick in ein Kasserol gegeben und gebacken. Davon werden dann schräge Schnitten gemacht und zu Kompott serviert. Ohne Zucker zu Gemüse, mit Zucker zu Kompott.

768. Reiskonsomme.

Quantum gibt 15 Stück, 1 Pfund Reis wird gebrüht, mit 2 l Wasser weich gedämpft und mit der Flüssigkeit durchpassiert. 200 g Butter werden schaumig gerührt, 12 Eigelb, 150 g geriebene Käse, der Reis sowie das zu Schnee geschlagene Eiweiß dazu gegeben. Diese Masse läßt man in ausgefetteten Förmchen im Wasserbad ½ Stunde ziehen.

769. Eierhaber.

Zutaten: ¾ Pfund Mehl, 4-5 Eier, ½ l Milch, Salz und Fett.

Das Mehl, Eigelb und Milch wird schnell ein glatter Teig angerührt, damit er nicht zähe wird, der Schnee leicht darunter gemengt. In einer Pfanne mit heißer Butter wird der Teig (ungefähr 1 ½ cm dick) gebacken, bis sich eine Kruste bildet, dann mit der Gabel zerkleinert, gestürzt und weiter zerkleinert, bis die Teilchen noch 2-3 cm groß sind.

770. Meckeierhaber.

Zutaten: 8 Brötchen, 5-6 Eier, ½ l Milch, 80 g Butter oder Schmalz.

Die in Würfel geschnittenen Brötchen werden mit kalter Milch angeweicht, nach einer Stunde mit den verklopften Eiern übergossen.

Weiterbehandlung wie in voriger Nummer.

771. Wiener Eierspeise mit Pilz.

10 Brötchen werden abgerindet, in Scheiben geschnitten und in lauwarme Milch eingeweicht. Dazu werden fein gewiegte und abgeschmälzte Pilze gegeben, nebst Zwiebeln, Petersilie und 5 Eigelb, zuletzt der steife Eierschnee. Die sehr weiche und lockere Masse wird in einer gut gefetteten, Auflauf- oder Puddingform im Ofen 1 Stunde gebacken oder im Wasserbad gekocht.

772. Italienischer Eierkuchen.

Flädchen werden schichtenweise mit beliebigem, fertig zubereitetem Gemüse in eine Auflaufform gegeben, mit saurem Rahm übergossen und mit Käse, Semmelbrösel und Butter belegt. Die Masse muß mit der Gabel mehrfach durchstochen werden, damit der Rahm durchziehen kann und wird dann im Ofen gebacken.

773. Pfannkuchen.

Zutaten: 1 ½ Pfund Mehl, 5-6 Eier, 1 l Milch, Salz.

Das Mehl wird mit Milch angerührt, dann die Eier zugegeben. Der Teig darf nicht zähe sein. Das Eiweiß kann zu Schnee geschlagen werden. In heißem Fett werden die Pfannkuchen unter Rütteln der Pfanne schön gelb gebacken. In Ermangelung von Eiern kann mit einem halben Päckchen Bachpulver nachgeholfen werden.

774. Dicker Pfannkuchen.

Ein Esslöffel Mehl wird mit 1-2 Esslöffel Milch und Salz verrührt, 2 Eier leicht darunter gezogen. Der Pfannkuchen wird schön gebacken, dann im Bratofen noch leicht aufgezogen.

775. Schneeküchlein.

Zutaten: 1 Pfund Mehl, ¼ l Milch, 6 Eigelb, 6-8 Eiweiß.

Mehl und Milch werden leicht angerührt, Eigelb und Salz zugegeben, zuletzt der steife Eierschnee. Mit einem Esslöffel werden kleine Küchlein ins heiße Schmalz gegeben und schön gebacken.

776. Gefüllte Flädchen.

Zutaten: ½ Pfund Mehl, 3 Eier, ¼ l Milch. Zur Fülle: 1 Pfund übriggebliebenes, gewiegtes Fleisch, 3-4 Brötchen, 2-3 Eier, gedämpfte Zwiebeln und Petersilie, Salz und Muskat.

Die eingeweichten, gut ausgedrückten Brötchen werden mit den anderen Zutaten vermengt, die erkalteten Flädchen damit bestrichen, der Rand mit Eiweiß. Dann werden sie gerollt und schön gebacken. In einem Bratkasserol stellt man sie noch kurze Zeit in den Ofen und gibt sie dann zu Salat oder Gemüse.

Oder: Die wie oben zubereiteten Flädchen werden in 2-3 Teile geschnitten, in Ei und Weckmehl gewendet und schwimmend in Fett gebacken. Zur Suppe schneidet man die Flädchen in 2-3 cm große Stückchen, wendet sie in Ei und Weckmehl und backt sie schwimmend in Fett.

777. Italienische Flädchen.

Zutaten: zur Fülle: 1 ½ Pfund gewiegte Bratenreste, 50 g Butter, einige Esslöffel Mehl, Salz, Pfeffer, Muskat, 80 g Brösel, 2-3 Eier, ½ Glas Wein, das Abgeriebene und der Saft einer halben Zitrone. Wenn Bries verwendet wird,, ist die Fülle feiner.

Butter und Mehl werden weiß geröstet, mit Fleischbrühe und Wein abgelöscht. Das gewiegte Fleisch und die angefeuchteten Brösel darin aufgekocht, dann die übrigen Zutaten zugegeben. Wenn die Masse etwas abgekühlt ist, werden die gebackenen Flädchen damit bestrichen, aufgerollt, in eine mit Butter bestrichene Platte oder Auflaufform gegeben, mit verklopften Eiern und Rahm übergossen, mit Käse bestreut und im Rohr aufgezogen. Die Flädchen können auch in 3-4 Stücke geschnitten, wie Schneckennudeln in einer Auflaufform mit geriebenem Käse bestreut werden.

778. Leberknödel.

Zutaten: ¼ Pfund Butter, 6-8 Wecken, 1 große Zwiebel, Peterling, 4 Eier. 1 Pfund Leber, 1 Kaffelöffel Salz.

Peterling und Zwiebel werden fein gewiegt und etwas angedämpft, die Wecken eingeweicht, die Butter leicht gerührt. Zu der schaumig gerührten Butter gibt man die eingeweichten und gut ausgedrückten Brötchen, sowie das Gedämpfte, die Eier, die durchgeriebene oder gehackte Leber und Salz. Dann werden mit dem Esslöffel auf der nass gemachten Hand Knödel geformt und in kochendem Salzwasser etwa 10 Minuten langsam gekocht.

Anmerkung zu Knödeln: Alle Knödel läßt man einmal gut aufkochen, dann werden sie vom Feuer gezogen und auf der Seite des Herdes ganz langsam fertig gekocht, da sie bei starkem Sud sehr gerne zerfahren.

779. Leberknödel, andere Art.

6-7 gestrige Wecken werden in Scheiben geschnitten und mit heißgemachter Butter oder Fett übergossen. Feingewiegte Petersilie und Zwiebel, werden in Butter gedämpft und dazu gegeben, sowie so viel kochende Milch, daß die Schnitten gut angefeuchtet sind. Nach etwa 10 Minuten werden ½ Pfund durch die Hackmaschine gelassene Leber, 4 Eier und Salz mit dem Brot vermengt. 10 Minuten Kochzeit.

780. Weckklöße.

Werden ebenso zubereitet, jedoch ohne Leber.

781. Leberknödel.

Zutaten: 8 altgebackene Wecken, ½ l Milch, 1 Pfund Leber, 140 g Nierenfett, Salz, 1 Messerspitze Pfeffer, ein wenig gestoßene Nelken, Majoran, Zwiebel, Petersilie, 2 Salbeiblättchen, 2 Knoblauchzehen, einige Sellerieblättchen und etwas Zitronenschale.

Die in Scheiben geschnittenen Wecken werden mit ½ l Milch oder Fleischbrühe übergossen, dann 1 Stunde stehen gelassen. Leber und Nierenfett werden fein gewiegt oder durch die Hackmaschine getrieben, Zwiebel und Petersilie gedämpft, die anderen Kräuter fein gehackt, dann alles untereinandergemengt und geknetet, mit einem Löffel runde Knödel in kochendes Salzwasser eingelegt und dieselben eine Viertelstunde gekocht. Mit gelbgerösteten Zwiebeln oder Brösel wird abgeschmälzt. Die Knödel können in der Suppe oder zu Salat gegeben werden.

782. Pariser Nockerl.

3/8 l Wasser werden mit 90 g Fett zum Kochen gebracht, dann 185 g Mehl schnell dazu gerührt und gekocht, bis sich der Teig von der Pfanne löst. In die heiße Masse werden 6 ganze Eier gerührt, dann der Teig kalt gestellt. Die mittelst Löffel oder Spritzsack in kochendes Wasser eingelegten Nockerl läßt man heraufkommen, dann gibt man sie mit dem Schaumlöffel auf eine mit Butter bestrichene Platte. 2-3 Eier, die mit 5 Löffeln Rahm verklopft sind, werden darüber gegossen, alles mit etwa 30 g geriebener Käse bestreut und ¼ Stunde im Rohr bei guter Hitze gebacken. Salat ist gut dazu.

783. Salzburger Nockerl.

2 Eiweiß werden zu Schnee geschlagen, 1 Kaffeelöffel Zucker dazu gegeben, sowie 2 Eigelb, 1 Löffel Mehl und etwas Salz. In eine niedere Kasserole gibt man eine Tasse Milch. Wenn sie kocht, werden die Klößchen hineingegeben, ¼ Stunde ins Rohr gestellt und in dieser Zeit einigemal umgedreht.

784. Serviettenknödel.

3 gestrige Milchwecken werden in Würfel geschnitten, 50-60 Gramm heißgemachte Butter daran gegossen, so viel Rahm, daß das Brot angefeuchtet ist, 4 ganze Eier und Salz und alles gut durcheinander gearbeitet. Eine Serviette wird nochmals in kaltem Wasser gewaschen in eine Schüssel gebreitet, die Masse hineingegeben und so zugebunden, daß noch etwas Spielraum bleibt, dann in siedendem Salzwasser ¾ Stunden langsam gekocht. Nach Entfernung der Serviette wird der Knödel auf eine runde Platte gegeben, mit Zwiebel oder Brösel geschmälzt und mit Petersilie garniert.

785 a. Spinatknödel und 785 b. Spinatpudding.

Werden ebenso gemacht. Es werden 100 g abgekochter und fein gewiegter Spinat, mit Zwiebeln und Petersilie gedämpft, in die Masse gegeben.

786. Feine Weckklöße.

8 Brötchen werden abgerieben und in kalter Milch eingeweicht. Zu 120 g schaumig gerührter Butter gibt man nach und nach die ausgedrückten und fein verzupften Brötchen, 8 Eier, Salz, Muskat, gedämpfte Zwiebeln und Petersilie. In Salzwasser oder Fleischbrühe werden die Klöße 6-8 Minuten gekocht.

787. Gekochte Grießklöße.

Zutaten: 600 g Grieß, 1 ½ l Milch, 100 g Butter, 6-8 Eier, 6 in Würfel geschnittene und in Butter geröstete Wecken, Salz, Muskat.

Der Grieß wird in die kochende Milch eingerührt und gekocht, bis er sich von der Pfanne löst. In die erkaltete Masse werden die Eier, eines nach dem andern, gerührt und die übrigen Zutaten hinzugegeben. Dann formt man große Klöße und legt sie in kochendes Salzwasser, in dem man sie zugedeckt 20 Minuten ziehen läßt.

788. Grießklöße, ausgestochen.

Zutaten: 1 ½ l Milch, ¾ Pfund Grieß, 1 Teelöffel Salz, 2-3 Eier, 40 g Fett, 1 Esslöffel Weckmehl.

Der Grieß wird in der Milch gekocht, bis er sich von der Pfanne löst, dann stellt man ihn auf die Seite des Herdes, gibt die verklopften Eier darunter und läßt die Masse zugedeckt noch 10 Minuten ziehen. Mit einem in heiße Butter getauchten Löffel werden längliche Klöße abgestochen, auf eine heiße Platte angerichtet und mit Butter und geröstetem Weckmehl geschmälzt.

789. Grießkloß im Wasserbad.

Zutaten: ½ Pfund grober Grieß, 1 l Milch, 5-6 Eier, 2 Brötchen, Salz.

Der Grieß wird in der Milch gekocht; wenn er erkaltet ist, werden die Eier und die in Butter gerösteten Weckwürfel darunter gemengt. In einer gut gestrichenen Puddingform wird der Kloß eine Stunde im Wasserbad gekocht.

790. Bayerische Knödel.

10 Wecken werden in Würfel geschnitten, mit heißer Milch angefeuchtet, zugedeckt und ½ Stunde stehen gelassen. 250 g Rauchfleisch wird in Würfel geschnitten mit feingewiegter Zwiebel und Petersilie, 6 Eiern, Salz und Muskat unter die angefeuchteten Wecken gemengt. Kochzeit 10 Minuten.

791. Hefekloß.

Zutaten: 1 Pfund Mehl, 1/3 l Wasser, 1 Ei, ½ Esslöffel Salz, 10 g Hefe. Zum Schmälzen 30 g Butter, 2 Esslöffel Weckmehl oder Zwiebel.

Mit den Zutaten wird ein Hefeteig bereitet, den man 2 Stunden in der Wärme gehen läßt. Auf einem erwärmten, mit Mehl betäubten Brett wird ein großer Kloß geformt, den man in ein erwärmtes, mit Mehl bestäubtes Tuch legt und in einer Schüssel nochmals 25 Minuten gehen läßt. Dann gibt man ihn in kochendes Wasser und läßt ihn auf der Seite des Herdes zugedeckt langsam ¾ Stunden kochen. Wenn er fertig ist, werden mit einem Faden Scheiben abgeschnitten, auf eine Platte angerichtet, mit Zwiebeln abgeschmälzt und zu Sauerbraten Ragout, Linsen oder Bohnen serviert.

792. Hefenklöße.

Zutaten: 1 Pfund Mehl, 2 Eier, ¼ l Wasser, 10 g Hefe, Salz.

Mit in lauwarmer Wasser Milch aufgelöster Hefe wird ein Vorteig gemacht, den man, sobald er gegangen ist, mit den andern Zutaten zu einem festen Teig verarbeitet. Nachdem dieser gegangen ist, werden Klöße geformt, bis man auf ein bemehltes Brett setzt und nochmals gehen läßt. In stark kochendem Wasser werden sie ¼ Stunde gekocht, dabei einmal gewendet. Um das Zusammenfallen der Klöße zu verhindern, reißt man sie mit 2 Gabeln ein. Man gibt sie zu Sauerbraten und saurer Leber.

793. Weckklöße.

Zutaten: 8-10 trockene Wecken, 3-5 Eier, 20 g Butter, 1 Esslöffel gewiegte Zwiebel und Petersilie, Salz, Muskat, 2 Esslöffel Mehl, zum Schmälzen 20 g Butter, 2 Esslöffel Weckmehl oder Zwiebel.

Die Wecken werden in Scheiben geschnitten, mit kochender Milch angebrüht und zugedeckt stehen gelassen, bis das Brot weich ist. Dann werden die mit Mehl verklopften Eier, gedämpfte Zwiebel und Petersilie, sowie die anderen Zutaten darunter gemengt, mit nassen Händen Klöße geformt und langsam in Salzwasser 10-15 Minuten gekocht.

794. Österreichische Knödel.

Zutaten: 2 Pfund gekochte, geriebene Kartoffeln, 4 Wecken, 2 Tassen Grieß, 1 Tasse Milch, 2 Eier, gedämpfte Zwiebeln und Petersilie, Salz und Muskat, ½ Päckchen Backpulver.

Unter die geriebenen Kartoffeln werden die in Würfel geschnittenen Brötchen, sowie die anderen Zutaten gemischt, große Klöße geformt und 10 Minuten in Salzwasser (nicht zudecken) gekocht.

795. Ungarische Eierspeise.

Eine gut gefettete Auflaufform wird mit einer Lage gekochter Kartoffelscheiben belegt, die mit Salz und Paprika gewürzt sind. Dann kommt eine Schicht Eierscheiben darauf und wieder Kartoffeln, zuletzt Eierscheiben. Aus diese Masse wird gedünstetes Gemüse; gelbe Rüben, Blumenkohl und etwas Lauch gegeben und saurem Rahm verrührte Eier darüber gegossen. Das Ganze wird im Rohr aufgezogen.

796. Gemüsepliesen.

Es wird ein guter Omelettenteig gemacht, dann mit Gemüse, wie Blumenkohl, Spargel, Lauch usw. gemischt. Der Teig kann in einem Kasserol aufgezogen oder in einer Omelettenpfanne gebacken werden. Es werden Schnitten davon gemacht.

797. Karlsbader Omelett.

Brotwürfel werden mit Milch und Eigelb vermengt, das Weisse wird zu Schnee geschlagen und dazu gegeben. In einer Omlettpfanne wird Fett heiß gemacht, die Masse darin zum Omlett geformt, dann im Rohr vollends fertig gebacken.

798. Nusskoteletten.

Zutaten: 65 g geriebene Nüsse, 120 g Weckmehl, ¼ l Milch, 2 Löffel Mehl, wenig geriebene Zwiebel, 20 g Butter.

Die Brösel werden in Milch und Butter zu einem Kloß gekocht, die andern Zutaten zugegeben, Koteletten geformt und in einer Pfanne auf beiden Seiten schön angebraten.

799. Ei im Nest.

Hierzu kann verschiedenes Gemüse verwendet werden. Spinat und Erbsen passen gut zusammen. Von Kartoffelmasse (1 Teller Kartoffeln, 1 Ei) werden kleine Restchen aufs Backblech gespritzt, die man im Ofen Farbe nehmen läßt. Wenn sie durchgebacken sind, werden sie mit Gemüse gefüllt, jedes Nest mit etwas Buttertunke übergossen. Dann wird in jedes Nest ein gekochtes Ei gelegt, das mit fein gewiegten Schinkenresten bestreut wird.

800. Gemüseschnitten.

Verschiedenes, gekochtes Gemüse wird fein gewiegt, mit Semmelbrösel, Eigelb, Salz und Muskat, zuletzt mit dem steifen Eierschnee vermengt. Die Masse wird in einer viereckigen, gut ausgefetteten Form im Rohr aufgezogen und nachher geschnitten.

801. Kuchenmichel.

Eine kleine Menge von leichtem Pfannkuchenteig wird in ein Kasserol gegeben, das mit Fett heiß gemacht werden ist und im Ofen gebacken. Dann werden viereckige Stücke geschnitten, zusammen geschlagen und zu Obst oder Salat serviert.

802. Nudelring.

Abgekochte und abgeschwenkte Suppennudeln werden mit gedämpften Zwiebeln und Petersilie vermengt, in eine gefettete Ringform gefüllt, mit verklopften Eiern übergossen und im Wasserbad gekocht. Nach einer halben Stunde wird der Ring gestürzt, für Vegetarier mit Gemüse, sonst mit Fleischragout gefüllt.

803 a. Eierküchlein.

Nachdem man ein Eiweiß zu Schnee geschlagen hat, gibt man den Dotter langsam dazu, etwas Salz und einen Esslöffel Brösel. Nach Belieben kann man auch gewiegter Spinat dazu gegeben werden. Es werden Küchlein geformt und in einer Pfanne im Fett gebacken.

803 b. Reisgemüseküchlein.

Der Reis wird in halb Milch, halb Wasser gedünstet, dann verschiedenes gekochtes und klein gewiegtes Gemüse dazu gegeben, sowie Zwiebeln, Petersilie und etwas eingeweichtes Brot. Von dieser Masse werden kleine Küchlein geformt, mit Ei und Brösel paniert und gebacken.

804. Bienenkörbe.

Die Makkaroni werden ganz gekocht und kalt geschwenkt. Ein Pfund gekochtes, durchgetriebenes Fleisch, 3 eingeweichte Wecken, 3 Eier, ½ Tasse Rahm, etwas gewiegte Zwiebel und Petersilie, wenig Muskat und Salz werden gut abgerührt. Gut ausgefettete Tassen werden mit Makkaroni ausgelegt, mit der zubereiteten Masse aufgefüllt und im Wasserbad etwa 20 Minuten gekocht.

805. Makkaroni Timbal.

90 g Mehl werden in 60 g Butter weiß geröstet, mit 3/8 l Milch abgelöscht und etwas aufgekocht. Dann werden 50 g gewiegter Schinken oder geriebene Käse und 6 Eigelb darunter gemischt, zuletzt der steife Eierschnee. Tassen werden mit Makkaroni ausgelegt und mit der zubereiteten Masse aufgefüllt, Kochzeit im Wasserbad ½ Stunde.

806. Wirsingrollen.

250 g Reis werden mit kochendem Wasser gebrüht, dann auf ein Sieb geschüttet. In eine Kasserolle gibt man 50 g Butter, ½ l Milch, 1 Löffel Tomatenmark und 30 g geriebene Käse und läßt den Reis darin etwa ½ Stunde dünsten, bis er weich ist. Wirsingblätter werden abgelöst, in kochendem Salzwasser einmal aufgekocht, mit Reis bestrichen, dann aufgerollt. In einer niederen, eingefetteten Kasserole werden die Rollen mit süßem Rahm übergossen und 10 Minuten im Rohr überbacken.

807. Gemüseplatte mit Gemüsebällchen und Blätterteighalbmond.

Gelbe Rüben und Kartoffeln (jedes extra) werden in Butter weich gedämpft, Blumenkohl wird weich gekocht. Auch Spargeln können verwendet werden. In die Mitte der Platte kommen die Kartoffeln, oben und unten gelbe Rüben, in dieselben ein Blumenkohlröschen, auf beide Seiten gedünstete Pilze mit Eiern oder Brockelerbsen. Auf die Kartoffeln oder in die Ecken gibt man Gemüsebällchen oder Blätterteighalbmonde.

808. Käsebällchen und Gemüsebällchen.

Zutaten: ½ Pfund Käse, Pfannkuchenteig aus 3 Eiern, ¼ l Milch, 100 g Mehl.

Man mengt die geriebene Käse oder gekochtes Gemüse in den Pfannkuchenteig, sticht mit einem Löffel Teigstückchen aus und backt sie in schwimmendem Fett.

809. Pikante Torte.

Zutaten: 500 g Mehl, 25 g Hefe, 100 g Butter, 4 Eier, 1/8 l Milch, Salz.

Am Vortag wird ein Kuchen aus Hefenteig in einer Tortenform gebacken aus obigen Zutaten. Am nächsten Tag wird er mit scharfem Messer dreimal durchschnitten, dann mit folgenden Füllen wieder zusammengesetzt.

1. Fülle: 125 g gewiegter Schinken, 100 g Butter.

2. Fülle: 6 entgrätete, mit 80 g Butter verrührte Sardinen.

3. Fülle: 120 g Butter, 100 g Reibkäse, 1-2 hart gekochte Eier, fein zerhackt. Von dieser Fülle wird ein wenig zurückbehalten, um die Torte oben damit bestreichen zu können.

Oben wird die Torte durch Streifen aus Essiggurken in acht Felder geteilt und diese abwechselnd mit Ei, deutschem Kaviar, gehackter Gurke und gehackter rote Rübe ausgefüllt. Ringsum werden Sardellenfilets gelegt, mit Sardellenröllchen, Kapern und gespritzter Mayonnaise garniert.

810. Gemüseroulade.

80 g Mehl werden in 80 g Butter weiss geröstet, mit ½ l Milch aufgegossen und aufgekocht. In die heiße Masse werden 4 Eigelb gegeben, nach Erkalten der steife Eierschnee. Auf einem gefetteten Blech wird die Masse fingerdick aufgetragen, im Rohr goldgelb überbacken, dann mit dick eingekochtem und gut abgeschmecktem Spinat oder anderem Gemüse bestrichen und gerollt. (Gelbe Rüben, Brockelerbsen, gewiegte Bohnen, Blumenkohl, Sellerie, Kohlraben usw.). Nach dem Aufrollen wird geriebener Käse darüber gestreut.

811. Gemüseroulade.

Zutaten: 9 Eier, 200 g Mehl, etwas Salz und Muskat, Backpulver.

Das Eiweiß wird zu Schnee geschlagen, dann die anderen Zutaten leicht darunter gemengt, das Mehl gesiebt. Die Masse wird auf ein gefettetes Blech gestrichen und gebacken, dann mit vorher gerichtetem Gemüse, welche mit Butter und Zwiebeln gedünstet sind, bestrichen und sofort gerollt. Davon werden Stücke geschnitten, mit etwas Buttersoße angerichtet und zu Gemüse serviert.

812. Nürnberger Gemüseschnitten.

Pfannkuchen werden mit verschiedenen Gemüsen (abwechslungsweise): Reis, gelbe Rüben, Spinat bestrichen, dann schön aufeinander gesetzt. Auf einem Blech mit Rand werden sie mit Rahm übergossen, dann kurz im Ofen gebacken und geschnitten wie Kuchen.

813. Italienische Platte.

Flädchen werden zu Streifen geschnitten, in einer Auflaufform mit 3 Eiern, die mit ½ l Milch verklopft sind, übergossen und im Ofen gebacken.

814. Spinat-Törtchen.

Zutaten: kleine gesalzene Mürbböden, fertig zubereiteter Spinat (Rest), Sardellen hartgekochte Eier.

Dieses Restgericht ist für den Abend schnell zubereitet, wenn am Vormittag die Mürbteigböden gebacken werden oder wenn sie vorrätig gehalten werden. Sie werden dann abends ein paar Minuten in mäßig warmem Ofen oder auf dem Brotröster aufgewärmt, der ebenfalls erhitzte Spinatrest auf die Böden gestrichen, mit Scheiben von hartgekochtem Ei und gewässerten, entgräteten Sardellenfilets belegt und serviert. 2 Eier genügen für 12 Törtchen, wenn der Eischneider benützt wird.

815. Schiffcheneier.

Die von Mürbteig gebackenen Schiffchen oder auch sonstige Formen werden mit Schinkenrühreiern gefüllt und mit Gemüse oder Kartoffelsalat, im Sommer auch Kopfsalat, garniert.

816. Sulz zum Verzieren.

Man kann auf rasche Weise von Fleischbrühe oder dem Sud von Kalbskopf Sulz bereiten. Die Brühe wird mit einem Papier gut entfettet, Essig oder Zitronensaft und Wein zugefügt, sowie Gelatine (auf 1 Flüssigkeit 20 g) und wie Sulz geklärt.

Zum Einlegen von Sulzen wird eine Form mit Wasser ausgeschwenkt. Dann läßt man eine dünne Schichte Sulz darin gestehen und befestigt die Verzierung und mit einigen Tropfen Sulz, damit sich die Teilchen nicht verschieben. Hartgekochte Eier, Essiggurken, Kapern, gelbe und rote Rüben können dazu verwendet werden.

817. Sulz von Fleischresten.

Zutaten: 1 l Sulzbrühe oder Wasser, 1/10 l Essig, ½ Lorbeeblatt, 6 Pfefferkörner, einige Nelken, Saft einer halben Zitrone, 23 Blatt, weisse Gelatine, 1 Fleischbrühewürfel oder etwas Maggi, Fleischreste und Salz.

Wenn man feine übrige Sulz hat, wird das Wasser mit obigen Zutaten 10 Minuten gekocht, durch ein Sieb gegossen und mit Wein abgeschmeckt. Eine mit kaltem Wasser ausgespülte Form wird 1 cm hoch mit der Brühe gefüllt und kaltgestellt. Das Fleisch wird durch die Hackmaschine getrieben, mit der übrigen Flüssigkeit vermischt, dieses auf die festgewordene Sulz gegeben und das Ganze 3 Stunden in die Kälte gestellt. Verzierungen können nach Belieben gemacht werden.

818. Harte Eier mit Tomaten in Aspik.

Zutaten: 6-8 Eier, Tomaten, Essiggurken, Salz.

Eine Ringform wird zentimeterhoch mit Sulz gefüllt. Wenn diese erstarrt ist, werden abwechselnd Eischeiben und Tomaten darauf gelegt, mit Sulz aufgefüllt und die Speise kalt gestellt. Vor Gebrauch wird sie gestürzt, in die Mitte ein beliebiger Salat angerichtet. Ist mit italienischem Salat eine Vorspeise.

819. Vegetarischer Hackbraten.

Zutaten: 150 g Grieß, 150 g Haferflocken, 150 g Grünkerngrütze, 2 Eier, 3 Hände Weckmehl, Salz, Zwiebel, Petersilie, etwas Majoran und 50 bis 60 g Fett.

Haferflocken, Grieß und Grünkerngrütze werden, jedes für sich, in ½ l Salzwasser zu einem festen Brei gekocht, dann zugedeckt langsam eine Stunde gedünstet. Zwiebeln, Petersilie und Weckmehl werden in Fett geröstet, dann mit den erkalteten Breimassen, nebst den anderen Zutaten gut vermengt. Alsdann gibt man die Masse in eine längliche, mit Butter bestrichene und mit Weckmehl bestreute Form und backt den Braten bei guter Hitze 1-1 ½ Stunden.

820. Brätlinge.

Zutaten: 300 g Grieß, 1 l Wasser, 1-2 Eier, 3 Maggisuppenwürfel.

Die Suppenwürfel werden fein zerdrückt, mit dem Wasser aufgekocht. Der Grieß eingerührt und zu einem dicken Brei gekocht. Wenn er etwas abgekühlt ist, wird er mit Ei vermischt, dann davon Koteletten oder Frikandellen geformt, in Weckmehl gewendet und in heißem Fett hellgelb gebacken.

821. Makkaroni überbacken (au gratin).

2 Pfund Makkaroni werden breiteilig gebrochen und abgekocht. Von 200 g Butter oder Schmalz und 200 g Mehl wird eine weiße Mehlschwitze bereitet, mit 3 l Milch abgelöscht und 5 Minuten unter ständigem Rühren durchgekocht. Nachdem die Sauce etwas abgekühlt ist, werden 6 Eier dazugegeben, die Makkaroni hineingemischt, 75 g geriebene Käse, etwas Muskat oder Paprika zugegeben und alles in einer gefetteten Form 20 Minuten im Bratrohr überbacken.

822. Makkaroniauflauf.

Zutaten: 200 g Butter, 200 g Mehl, 1 ½ l Milch, 12 Eier.

Das Mehl wird in der Butter weiß geröstet, mit der Milch abgelöscht und aufgekocht. Dann werden die Eigelb – eines nach dem andern – eingerührt, das Eiweiß zu Schnee geschlagen (soll sehr steif sein), ein kleiner Teil davon zur Masse gerührt, das übrige leicht hineingemischt. Eine Form wird ausgebuttert, der Boden mit Masse bedeckt, ganze abgekochte Makkaroni der Länge nach schön nebeneinander darauf gegeben, etwas von der Masse darüber gestrichen, wieder Makkaroni eingelegt, zuletzt der Rest der Masse. Sie wird schön glatt gestrichen, mit Käse bestreut, dann langsam gebacken.

Kartoffelspeisen.

823. Schalenkartoffeln.

Mittelgroße Kartoffeln werden in kaltem Wasser gut abgebürstet, in einem Topf mit kaltem Wasser aufgestellt und zugedeckt ungefähr ¾ Stunden gekocht. Dann wird das Wasser abgeschüttet und der Topf, halb geöffnet, auf die Seite des Herdes gestellt, bis die Kartoffeln trocken sind. Besser werden die Kartoffeln, wenn sie in Dampf gekocht werden; sie können auch auf einem Backblech im Backofen weich gebraten werden. Bei neuen Kartoffeln rechnet man ½ Stunde Kochzeit.

824. Salzkartoffeln.

Aus großen geschälten Kartoffeln werden mit einem Ausstecher kleine Kartöffelchen ausgestochen oder es werden Würfel geschnitten und in kochendem Salzwasser so lange gekocht, bis sie mit einer Gabel durchstochen werden können, dann abgeschüttet, etwas in der Pfanne gerüttelt, wieder zugedeckt und an der Seite des Herdes mit etwas Butter durch gedämpft.

Oder: Runde, ausgebohrte Kartoffeln werden wie Salzkartoffeln gekocht, nach Belieben in Butter geschwenkt und mit gewiegten Petersilie bestreut. Man muss achtgeben, daß sie nicht zu weich werden.

825. Röstkartoffeln.

Die gekochten, in Scheiben geschnittenen Kartoffeln werden in eine Pfanne mit heißem Fett gegeben und gelbgeröstet. Nach Belieben kann man einige Löffel sauren Rahm und einen Esslöffel feingeschnittene Zwiebeln zugeben. Es ist gut, wenn man die Kartoffeln zudeckt und erst wendet, wenn sie eine Kruste haben, dann brauchen sie weniger Fett.

826. Geriebene Kartoffeln, geröstet.

Kalte gesottene Kartoffeln werden gerieben, ein Stück gutes Fett in einer Pfanne heiß gemacht, die Kartoffeln mit einem Esslöffel Zwiebeln, Salz und Pfeffer hineingegeben. Sie werde unter öfterem Wenden so lange geröstet, bis sie eine gelbe Kruste haben. Dann werden einige verklopfte Eier darüber gegeben und die Kartoffeln wieder öfters gewendet. Zuletzt wird eine Platte über die Pfanne gedeckt, die Kartoffeln darauf gestürzt und serviert. Statt der Eier kann vor dem Umstürzen an den Seiten etwas Butter in die Pfanne gegeben und die Kartoffeln zu einem schönen Kuchen gebacken werden.

827. Paprika-Kartoffeln.

Zu 1 kg Kartoffeln, die in ziemlich dicke Scheiben geschnitten werden, dünstet man in 120 g Fett 4 große Zwiebeln. Wenn sie semmelbraun sind, werden 1-2 Messerspitzen Paprika dazu gegeben, gleich darauf die Kartoffeln. Es wird gut, umgerührt, gesalzen, ein wenig mit Mehl gestäubt und mit Fleischbrühe oder Milch so aufgefüllt, daß die Kartoffeln gut bedeckt sind. Sie werden nur etwas gerüttelt, bis sie weich sind und es soll darauf geachtet werden, daß sie ziemlich Saft behalten.

828. Knusperkartoffeln.

Grosse, rohe Kartoffeln werden gut gewaschen, ungeschält in dünne Scheiben geschnitten und in heißem Öl goldbraun gebacken. Mit feinem Salz bestreut werden sie zu Tisch gegeben.

829. Bratkartoffeln.

Rohe, geschälte Kartoffeln werden in Scheiben geschnitten und in heißem Fett gebraten, vor dem Anrichten mit Salz bestreut.

830. Bratkartoffeln, andere Art.

Mit dem Kartoffelbohrer werden Kartöffelchen ausgestochen und 1-mal in Salzwasser aufgekocht. Dann wird in einer Kasserole etwas Butter oder gutes Schweineschmalz heiß gemacht und die warmen Kartoffeln darin auf beiden Seiten schön angebraten.

831. Bratkartoffeln, andere Art.

Kleine, gekochte Kartoffeln werden ebenso im Fett angebraten und gesalzen.

832. Bratkartoffeln, andere Art.

Kleine Kartoffeln werden in der Schale gekocht, geschält, in heißer Butter oder Schweineschmalz gut angebraten und gesalzen, mit gewiegter Petersilie bestreut, zu Fleisch und Gemüse serviert.

833. Petersilkartoffeln.

Zutaten: 4 Pfund Kartoffeln, 100 g Fett, 100 g Mehl, 1 Esslöffel gewiegte Petersilie, 3 Esslöffel saurer Rahm und eine Tasse Milch.

Von Fett und Mehl wird eine weisse Mehlschwitze gemacht und mit dem Wasser, in dem die in Scheiben geschnittenen Kartoffeln gekocht wurden, abgelöscht, Milch und Rahm hinzugegeben, dann die Kartoffeln. Wenn sie vollends weich gekocht sind, kommt Peterling dazu und Salz. Wenn gekochte Kartoffeln verwendet werden, gibt man sie in die fertige Sauce und kocht sie darin einigemal auf.

834. Petersilkartoffeln, andere Art.

Weichgekochte Salzkartoffeln werden geschmälzt und mit ziemlich viel gewiegter Petersilie, die mit ½ Tasse süßem Rahm verrührt wurde, vermischt, das fehlende Salz zugegeben.

835. Niedernauer Kartoffeln.

Gekochte Salatkartoffeln werden in Scheiben geschnitten, Zwiebeln und Petersilie fein gewiegt. In ein Kasserol kommt Butter, dazu das Gewiegte. Wenn dieses angedämpft ist, werden die Kartoffeln, ein wenig Fleischbrühe, Pfeffer, Salz und Muskat zugegeben und heiß geworden, kommt dicker, saurer Rahm dazu. Sie dürfen keine Farbe haben und werden deshalb erst kurz vor dem Anrichten zubereitet.

836. Niedernauer Kartoffeln, andere Art.

Zutaten: 4 Pfund Kartoffeln, 80 g Butter, 4 Eier, ¼ l Rahm, 1 Esslöffel Salz, 1 Brise Pfeffer.

Die würflig geschnittenen Kartoffeln werden in Salzwasser weichgekocht, dann das Wasser abgeschüttet, die mit Rahm verklopften Eier darüber gegeben, zugedeckt, damit die Eier noch anziehen, und beim Anrichten mit gewiegter Petersilie bestreut.

Oder: In heißer Butter werden gekochte, in Würfel geschnittene Kartoffeln angebraten, die mit Rahm und Salz gut verklopften Eier darüber gegeben und die Kartoffeln noch kurze Zeit in den Bratofen gestellt.

837. Kartoffelpüree.

Zutaten: 6 Pfund Kartoffeln, 2 Esslöffel Salz, 60 g Butter, 1 l Milch.

Rohe Kartoffeln werden geschält, in Stücke geschnitten und im Salzwasser (besser Kartoffeldampfer) weich gekocht, heiß durchpassiert, mit Butter oder rauchend heißem Schweineschmalz abgerührt, dann mit etwas Muskat und kochender Milch weitergerührt, bis es schaumig ist. Auf einer Platte angerichtet, wird mit einem Messer etwas garniert, dann mit in Fett gelb gebratenen Zwiebeln geschmälzt.

838. Saure Kartoffeln.

Zutaten: 4 Pfund Kartoffeln, 60 g Fett, 100 g Mehl, 2-3 Esslöffel Essig, 4 Nelken, 1 Lorbeerblatt, 1 große Zwiebel, 1 Kaffeelöffel Zucker, ½ Zitrone.

Von Zucker, Fett und Mehl wird eine dunkle Mehlschwitze gemacht, mit kaltem Wasser abgelöscht, mit Fleischbrühe oder Wasser aufgefüllt und zu einer nicht zu dicken Soße gekocht. Eine Zwiebel wird mitten durchschnitten, jede Seite mit 2 Nelken und 1 Lorbeerblatt besteckt, zur Soße gegeben und mitgekocht. Dann kommen die gekochten, in Scheiben geschnittenen Kartoffeln dazu, werden einigemal in der Sauce aufgekocht, mit Maggi abgeschmeckt, dann serviert.

839. Souffleekartoffeln.

Dazu müssen schöne große Kartoffeln verwendet werden. Sie werden an den Seiten vierkantig zugeschnitten, mit einem scharfen Messer in Scheiben geschnitten, dann ohne sie zu waschen, in mäßig heißes Fett gegeben. Wenn sie oben schwimmen, gibt man sie in eine zweite Pfanne mit sehr heißem Fett, in dem sie aufgehen. Mit Salz bestreut werden sie gleich angerichtet.

840. Pommesfrites.

Große Kartoffeln werden roh geschält und in halbfingerlange und halbfingerdicke Stangen geschnitten, getrocknet, in heißem Schmalz gelb gebacken und auf einer Platte mit Salz bestreut.

841. Diätkartoffeln.

Zutaten: Kartoffeln, etwas frische Butter, Kümmel, Salz.

Die Kartoffeln werden recht gut gewaschen, ungeschält halbiert, mit den Schnittflächen in Kümmel und Salz getunkt, auf ein gebuttertes Blech gesetzt, mit etwas zerlassener Butter überpinselt und je nach Quantum ½ bis ¾ Stunden im Ofen gebacken.

842. Kartoffelstengele.

Rohe Kartoffeln werden geschält und in Stengelchen geschnitten, in Salzwasser 1mal gut aufgekocht, dann das Wasser abgeschüttet. In einer starken gutschließenden Kasserolle wird gutes Schweineschmalz (auf 1 Pfund Kartoffeln 50 g Fett) heiß gemacht und die Kartoffeln darin zugedeckt im Ofen weich gedämpft. Sie sollen unten eine schöne Farbe haben.

843. Dampfkartoffeln.

In einer eisernen Pfanne werden ¼ Pfund Speckwürfel ausgebraten, 2 Pfund, rohe Kartoffelscheiben hineingegeben, dann feingeschnittene Zwiebel und Salz nochmals Kartoffeln und Zwiebeln und die Pfanne gut zugedeckt. Die Kartoffeln werden vorsichtig, bei nicht zu großem Feuer, ungefähr ¾ Stunden gebraten. Sind die oberen Kartoffeln weich, ist das Gericht fertig und wird auf eine Platte gestürzt.

844. Kartoffelschnitz.

Zutaten: 4 Pfund rohe geschälte Kartoffeln, 100 g Schweinefett oder Butter, 2 große Zwiebeln, 1 Knoblauchzehe, Salz, Pfeffer, 1/3 l Fleischbrühe.

Fleischbrühe, Fett, Salz und die in Scheiben geschnittenen Zwiebeln werden kochend gemacht, dann kommen die rohen Kartoffelschnitzen dazu. Man läßt sie zugedeckt gut aufkochen, dann auf der Seite des Herdes langsam noch ½ Stunde weiterkochen. Sie werden mit der Brühe serviert.

845. Königinkartoffeln.

4 Pfund geschälte, gekochte, durch die Presse gedrückte Kartoffeln werden heiß auf dem Nudelbrett mit ½ Pfund Mehl, 3 Eiern, Salz und Muskat geknetet. Der Teig soll fest sein, wird dünn ausgewellt, in verschobene Vierecke geschnitten und in schwimmendem Schmalz schön gelb gebacken.

846. Rahmkartoffeln.

Zutaten: 60 g Fett und 50 g Mehl, 4 Pfund Kartoffeln, 1/8 l saurer Rahm, 1 Tasse Milch, 1 Esslöffel gewiegte Petersilie.

Von Fett und Mehl wird eine weisse Mehlschwitze gemacht, mit Wasser und Milch abgelöscht, der saure Rahm zugegeben, dann die gekochten und in Scheiben geschnittenen Kartoffeln, Petersilie und Salz. Auf der Seite des Herdes läßt man sie heiß werden und etwas aufkochen (nicht lang).

847. Rahmkartoffeln, andere Art.

Zutaten: 4 Pfund Kartoffeln, 100 g Schweineschmalz, 1/8 l saurer Rahm.

Die Kartoffeln werden in Scheiben geschnitten, dann in heißes Fett gegeben, sollen aber nicht Farbe bekommen. Sie werden mit Rahm übergossen, mit ½ Kaffeelöffel Kümmel vermischt, dann zu Tisch gegeben.

848. Kartoffelpüree mit Spiegeleiern.

Das Kartoffelpüree wird flach auf eine Platte gestrichen und mit Zwiebeln geschmälzt, außen herum mit dem Spritzsack garniert. Die fertigen Spiegeleier werden schön auf das Püree gesetzt. Ist gut zu grünem Salat.

849. Kartoffelknödel.

4 gestrige Wecken werden in Würfel geschnitten, in Butter geröstet, mit etwas kochender Milch angebrüht. 4 kalte, gekochte Kartoffeln vom Vortag werden am Reibeisen gerieben und mit den Brotwürfeln, 6 Esslöffel Mehl, 4 Eiern, Muskat und Salz gut vermengt. Mit der in Mehl getauchten Hand werden Knödel geformt, in Salzwasser ¼ Stunde gekocht und sofort serviert, da sie sonst fest werden.

850. Kartoffelknopf.

¼ Pfund Butter wird leicht gerührt, das Gelbe von 8 Eiern, ½ Pfund gekochte, geriebene Kartoffeln, 4 in kochender Milch eingeweichte, gut ausgedrückte Semmeln, Salz, Muskat, zuletzt der Steife Eierschnee beigefügt. Dann wird die Masse in eine nochmals gut ausgewaschene Serviette gebunden – Spielraum zum Aufgehen lassen – und 1 Stunde im Salzwasser gekocht.

851. Butterkartoffeln.

750 g gekochte Kartoffeln vom Vortag werden gerieben und mit 250 g Mehl, etwas Salz und Muskat vermischt. Dann wird die Masse in 150 g heiß gemachter Butter auf mäßigem Feuer 20 Minuten geröstet. Mit dem Schäufelchen wird häufig gewendet und mit der Gabel zerkleinert.

852. Kartoffelnockerl.

2 Pfund rohe geschälte Kartoffeln werden in Stücke geschnitten und in Salzwasser weich gedämpft. Nach Abgießen des Wassers läßt man sie noch etwas weiter dämpfen, bis sie trocken sind, dann werden sie durchgedrückt und mit 2 Eigelb, 2 ganzen Eiern, sowie mit 150 g Mehl vermengt. Davon werden Küchlein in kochendes Wasser gegeben, bis sie steigen, mit dem Schaumlöffel herausgenommen, in Fett angebacken, dann auf einer Platte oder in einer Auflaufschüssel mit verklopftem Ei und Rahm übergossen und im Ofen aufgezogen.

853. Kartoffelwürstchen.

Zutaten: 3 Pfund Kartoffeln, 10 g Hefe, 2 Pfund Mehl, 4 Eier, 60 g Butter.

Die Kartoffeln werden gekocht und warm durchpassiert, mit der Hefe ein Vorteig gemacht. Wenn dieser gegangen ist, werden alle übrigen Zutaten damit vermengt, daumendicke Nudeln geformt und wenn sie auf dem Brett gegangen sind, in heißem Schmalz gebacken.

854. Kartoffelroullade.

Zutaten: 3 ½ Pfund Kartoffeln, 400 g Mehl, 4 Eier, 200 g Butter, 100 g Brösel, Salz.

Die Kartoffeln werden heiß durch die Presse getrieben, nach Erkalten mit dem Mehl leicht gemischt, die Eier zugegeben und auf dem Nudelbrett viereckige Stücke ausgewellt. Die Brösel werden in Fett gelb geröstet, dann auf die Teigplatten gestrichen, aufgerollt, in eine gefettete, gut ausgewaschene Serviette gebunden und im Salzwasser einmal aufgekocht, dann läßt man sie eine halbe Stunde ziehen, während dessen sie einmal gewendet werden. Vor dem Aufschneiden etwas ruher lassen. Ist gut zu Ragout oder Sauerbraten, kann auch zu Salat gegeben werden.

855. Kartoffelbällchen.

Zutaten: ½ Pfund geriebene Kartoffeln, 1 Pfund Mehl, 3-4 Eier, 10 g Hefe, 30 g Butter, ½ l Milch, Salz.

Die Hefe wird in der Hälfte der Milch aufgelöst, die übrige Milch wird heiß an die Kartoffeln gegeben. Dann wird alles miteinander zu einem weichen Teig verarbeitet und 1 Stunde an einen warmen Ort gestellt zum Gehen. Mit einem Löffel, der ins heiße Schmalz getaucht wird, werden die Bällchen ins heiße Schmalz gelegt und langsam fertig gebacken. Sie können zu Gemüse oder mit Zucker bestreut zu Kompott gegeben werden.

856. Bienenkörbchen von Kartoffelpüree.

Die heiß durchgeriebenen Kartoffeln werden mit Butter und einigen Löffeln Rahm schaumig gerührt, in bestrichene Tassen oder Blechformen gefüllt und im Bratofen 10 Minuten gebacken, dann gestürzt und serviert. Unten, in die Mitte der Tasse, gibt man einen Würfel von Speck, Schinken oder Rauchfleisch.

857. Kartoffelschnee.

Die in Salzwasser gekochten und trocken gedämpften Kartoffeln werden durch die Kartoffelpresse auf eine erwärmte Platte gedrückt, so daß die Flöckchen schön übereinander liegen, dann mit Butter, Zwiebeln und Brösel abgeschmälzt.

858. Kartoffelwürstle mit Grieß.

Zutaten: 3 Pfund gekochte geriebene Kartoffeln, 200 g Grieß, ¾ l Milch, Salz, 3 Eier, 2 Eigelb.

Der Grieß wird in der Milch gekocht, bis er sich von der Pfanne löst, die Kartoffeln und die andern Zutaten darunter gemengt, kleine Würstchen geformt und schwimmend in heißem Schmalz gebacken.

859. Kartoffelküchlein mit Hefe.

Zutaten: 1 Pfund Kartoffeln, 2 Pfund Mehl, 70 g Butter, 2 Eier, 15 g Hefe, Salz, Muskat, ¼ l lauwarme Milch.

Es wird ein Vorteig gemacht. Wenn dieser gegangen ist, werden die anderen Zutaten beigegeben und der Teig so lange gearbeitet, bis er Blasen wirft. Nachdem er in der Wärme nochmals gegangen ist, werden auf dem Nudelbrett lange, breite Stangen gemacht, davon kleine Stückchen abgeschnitten, auf ein mit Mehl bestreutes Brett gelegt, wo man sie nochmals aufgehen läßt. Dann werden sie in heißem Fett gebacken. Zu Obst sind sie sehr gut.

860. Feine Kartoffelküchlein (Kroketten).

Zutaten: 1 ½ Pfund Kartoffeln, 50 g Butter, 1 Ei, 1 Eigelb, Salz und Muskat, einige Löffel Weissmehl. Zum Backen: 1 Ei und Weckmehl.

Die in Salzwasser gekochten Kartoffeln werden abgeschüttet, auf der Seite des Herdes gedämpft und heiß durch die Kartoffelpresse gedrückt. In einem Kasserol wird Butter heiß gemacht, dann die Kartoffeln, Eier und Gewürz zugegeben, auf dem Herd alles gut zusammengerührt, die Masse auf ein mit Mehl bestäubtes Brett genommen und runde Kügelchen oder Würstchen geformt. Wenn sie erkaltet sind, werden sie in Ei und Weckmehl gewendet und schwimmend in heißem Fett schön gelb gebacken.

861. Feine Kartoffeldreiecke (Halbmonde).

Zutaten: 1 ½ Pfund feingeriebene Kartoffeln, 60 g Butter, 2 Eier, 4 Eigelb, 2 Löffel Mehl, 2 Löffel Parmesan- oder Schweizerkäse, Salz und Muskat.

Zu der gerührten Butter gibt man abwechselnd die anderen Zutaten und formt Dreiecke, Halbmonde, Würstchen oder runde Bällchen. Die ersteren werden mit Ei bestrichen und im Backofen gebacken, die letzteren in Weckmehl gewendet und schwimmend gebacken.

862. Kartoffelstrauben.

Zutaten: 2 Pfund Kartoffeln, 140 g Butter, 1 Esslöffel Zucker, 3 Eier und 5 Eigelb, oder anstatt Zucker, 1 Kaffeelöffel Salz.

Die gekochten, heiß durchgedrückten Kartoffeln werden mit Butter und Zucker auf dem Feuer abgerührt, bis sich die Masse von der Pfanne löst, wie Brandteig. Wenn die Masse halb erkaltet ist, werden die Eier zugegeben, so, daß ein zarter, aber dicker Teig entsteht, der mit Backspritze oder Spritzsack verschlungen in heißes Fett gedrückt wird. Die Strauben werden warm, mit Zucker bestreut, zu Tisch gegeben. Wenn sie als Beilage zu Gemüse gegeben werden, fällt der Zucker weg.

863. Kartoffelbavesen.

Gekochte, geriebene Kartoffeln werden mit 2 Eiern und Schnittlauch, Salz und Muskat unter die schaumig gerührte Butter gegeben. Diese Masse wird auf in Milch eingetauchte Weckschnitten gestrichen, eine zweite Schnitte darauf gelegt, dann in verklopften Ei und Weckmehl gewendet und schwimmend in Fett schön gelb gebacken. Statt Weckmehl und Ei kann auch ein dicker Pfannkuchenteig zu dem man das Eiweiß zu Schnee geschlagen hat, verwendet werden.

864. Kartoffel-Kroketten.

Zutaten: 4 Pfund Kartoffeln, 1 Esslöffel Salz, 100 g Butter, 4 bis 5 Eier.

Die Kartoffeln werden im Dämpfer weich gekocht und durchpassiert, die Butter leicht gerührt und die Kartoffeln mit den Eiern, Salz und Muskat dazu gerührt. Dan werden runde Bällchen oder Finger lange Würstchen geformt, in Mehl gewendet, mit Ei bestrichen, in Brösel umgedreht und in schwimmendem Fett gebacken. Sie werden zu Gemüse oder Sauerbraten gegeben.

865. Kartoffelküchlein.

Zutaten: 3 Pfund Kartoffeln, 3-4 Esslöffel Mehl, 2-3 Eier, Salz, Muskat.

Die gekochten, kalten, geriebenen Kartoffeln werden mit den anderen Zutaten zu einem Teig verarbeitet, dann runde Küchlein geformt und in heißem Fett goldgelb gebacken. Nach Belieben können Sie vor dem Backen in Ei und Weckmehl gewendet werden.

866. Kartoffeleckchen.

Zutaten: 1 Pfund gekochte Kartoffel, 1 Esslöffel geriebener Käse, 1 Ei, 50 g Butter, Salz und Muskat. Zum Bestreichen: 1 Eigelb. Zum Bestreuen: 1 Esslöffel Schweizerkäse.

Die kalten, geriebenen Kartoffeln werden mit obigen Zutaten und ein wenig Mehl zusammengeschafft, auf dem Nudelbrett 1 cm dick ausgewellt und in verschobene Vierecke geschnitten. Sie werden mit Eigelb bestrichen und mit Käse bestreut, in guter Hitze 25 bis 30 Minuten im Ofen gebacken.

867. Gestürzte Kartoffelspeise.

Zutaten: 3 Pfund Kartoffeln, 40 g Fett, 3-4 Eier, 1/8 l Rahm oder Milch, Salz.

Von den gekochten, geschälten Kartoffeln wird die Hälfte in Scheiben geschnitten, die andere Hälfte gerieben. In einer gut gefetteten Auflaufform werden die Wände und der Boden schneckenförmig mit den Scheiben belegt. In die Mitte der Form werden die geriebenen, leicht gesalzenen Kartoffeln, darüber die mit Rahm verklopften Eier gegeben. Zum Aufziehen wird das Gericht ins Rohr gestellt und wenn es eine Kruste hat, auf eine Pfanne gestürzt und mit Schnittlauch oder Petersilie bestreut.

868. Kartoffelspätzle.

Zutaten: 1 Pfund Mehl, 1/4 Pfund geriebene, Tags zuvor gekochte Kartoffeln, 2 Eier, einige Esslöffel Wasser, Salz.

Die Zutaten werden zu einem Teig geschlagen, bis er Blasen wirft, dann schlägt man von einem nassen Brettchen mit dem Messer Spätzchen in siedendes Wasser. Wenn Sie oben schwimmen, werden sie heraus genommen, kalt abgeschwenkt und zum Abtropfen auf ein Sieb gegeben. Sie können geschmälzt oder geröstet mit Schnittlauch bestreut werden.

869. Kartoffelpudding.

Zutaten: 1 Pfund gekochte, geriebene Kartoffeln, 50 g Butter, 3 bis 5 Eier, 2-3 Brötchen, 4 Esslöffel Milch, 1 Esslöffel Mehl, gedämpfte Zwiebeln und Petersilie, Salz und Muskat.

In die gerührte Butter gibt man nach und nach die Kartoffeln und Eigelbe, sowie die anderen Zutaten, zuletzt den steifen Schnee und kocht den Pudding in gut bestrichener Form 1 Stunde im Wasserbad.

870. Kartoffelpudding mit Grieß.

Zutaten: 300 g Grieß, 1 Pfund gekochte, geriebene Kartoffeln, 2 Eier, 20 g Butter, 2 Brötchen, gedämpfte Zwiebeln und Petersilie, 1/2 l Milch, 2 Esslöffel Mehl, 1 Päckchen Backpulver.

Die abgeriebenen Brötchen werden in Milch eingeweicht, mit Zwiebeln und Petersilie in Butter gedämpft, dann alle Zutaten tüchtig darunter gerührt, zuletzt das zu Schnee geschlagene Eiweiß zugegeben. Der Pudding wird ungefähr 1 ½ Stunden im Wasserbad gekocht und mit einer Zwiebelsoße serviert.

871. Kartoffelpudding mit Nudeln oder Makkaroni.

Zutaten: 1 ½ Pfund geriebene Kartoffeln, ¾ Pfund Nudeln oder Makkaroni, 2-3 Eier, 30 g Butter, 1 Esslöffel Zwiebeln und Petersilie, 1 Esslöffel Mehl, ½ Päckchen Backpulver, Salz und Muskat.

Die Nudeln werden in Salzwasser gekocht, zum Abkühlen auf ein Sieb gegeben, dann mit den Kartoffeln, der gedämpften Zwiebel und Petersilie, sowie den anderen Zutaten vermengt. Zuletzt wird der steife Schnee leicht darunter gezogen und der Pudding wie in voriger Nummer gekocht.

872. Kartoffelauflauf.

Zutaten: 3 Pfund heiß durchgetriebene Kartoffeln, 20 g Butter, Salz, Muskat, einige Löffel Milch, 2 Eier.

Die Kartoffeln werden mit Butter, Gewürz und Milch über Dampf schaumig gerührt, die Eigelb und zuletzt der steife Schnee zugegeben. Dann wird die Masse in eine gut bestrichene Auflaufform gefüllt, mit Weckmehl bestreut und Butterstückchen belegt, in guter Hitze gebacken.

873. Kartoffelauflauf mit Rauchfleisch und Sauerkraut.

Von der vorhergehenden Kartoffelmasse wird ein Teil in eine bestrichene Auflaufform gefüllt, darauf gewiegtes Rauchfleisch und etwas Sauerkraut, dann wieder von der Kartoffelmasse. Mit Brösel und Butterstückchen wird der Auflauf 1 Stunde im Ofen gebacken.

Statt Rauchfleisch und Sauerkraut kann man Zungen- oder Briescheiben in dicker Buttersoße, statt Kartoffelmasse übriggebliebenes Kartoffelpüree nehmen. Es können dann auch die Eier gespart werden.

874. Kartoffelauflauf mit Hering.

Zutaten: ¼ Pfund Butter, ¾ Pfund kalte, feingeriebene Kartoffeln, 3 ausgegrätete Heringe, einige Löffel saurer Rahm, 6 Eier, Salz.

Butter und Eigelb werden schaumig gerührt, die Kartoffeln mit Salz zugegeben, alles zusammen nach einige Minuten gerührt, dann mit dem steifen Schnee vermengt. Inzwischen wird eine glatte Pudding- oder Auflaufform gut mit Butter ausgestrichen und mit geriebenem Brot ausgestreut und die ausgegräteten, in kleine Würfel geschnittenen Heringe mit etwas saurem Rahm untereinander gemacht. Nun gibt man in die Form eine Lage von der Kartoffelmasse, darauf von den Heringen und führt so fort bis alles verbraucht ist. Der Auflauf wird bei schwacher Hitze 1 Stunde gebacken, dann auf eine Platte gestürzt und zu Tisch gegeben.

875. Kartoffelauflauf mit Schinken.

Zutaten: 2 Pfund durchgeriebene Kartoffeln, 40 g Butter, 2-3 Eier, ¼ Pfund Schinken oder Rauchfleisch, Salz, Muskat und 1 Eßlöffel Mehl.

Die Masse wird zubereitet wie in voriger Nummer und abwechselnd mit feingewiegtem Schinken in eine Form gefüllt. Backzeit: 1 Stunde.

876. Kartoffelpudding mit Schinken.

Zutaten: 1 ½ Pfund geriebene Kartoffeln, 6-7 Eier, 3 Esslöffel Mehl, 100 g Butter, 100 g Schinken, 1 Esslöffel feingewiegte Zwiebeln und Petersilie.

Unter die schaumig gerührte Butter gibt man die Eigelb und rührt das Ganze mit Kartoffeln, Mehl und Gewürz gut schaumig. Der feingewiegte Schinken wird mit Zwiebeln und Petersilie in 35 g feingeschnittenem frischem Speck gedämpft, nach einigem Erkalten unter die Masse gerührt, zuletzt der steife Schnee leicht daruntergezogen. In einer dick mit Butter bestrichenen und mit Weckmehl bestreuten Puddingform wird der Pudding 1 Stunde im Wasserbad gekocht, mit einer Einmachsoße, die mit Zitronensaft abgeschärft wurde, serviert.

877. Kartoffelpudding, andere Art.

Die gekochten, geschälten Kartoffeln werden in Scheiben geschnitten, dann die gut mit Butter bestrichene Form damit belegt. Die zweite Lage besteht aus Zwiebeln und gewiegtem Schinken, einem gewässerten, ausgegräteten, in Würfel geschnittenen Hering, sowie einigen Stückchen Butter. Dann wird mit erster und zweiter Lage fortgefahren, bis alles verbraucht ist. Zuletzt werden 2 Tassen Milch mit 6 Eiern und der feingewiegten Heringsmilch gut verklopft, darüber gegossen und der Pudding wie oben fertig gemacht.

878. Kartoffelbirnen.

Zutaten: 3 Pfund gekochte durchgeriebene Kartoffeln, 3-4 Eier, Salz und Muskat.

Die in Salzwasser gekochten Kartoffeln werden durch die Kartoffelpresse gedrückt und mit den angegebenen Zutaten gut verrührt, dann mit einem Löffel Birnen geformt, in Ei und Weckmehl gewendet und in Schmalz gebacken. Oben steckt man eine Nelke, unten einen Petersilienstiel hinein.

879. Kartoffelküchlein mit Käse.

Zutaten: 2 Pfund geriebene, gekochte Kartoffeln, ½ Pfund weisser Käse, 1 Ei, Salz, Muskat, etwas Kartoffelmehl.

Die Kartoffeln werden mit dem durchgestrichenen Käse etwas Kartoffelmehl und den anderen Zutaten vermischt. Man formt von der Masse kleine Küchlein, die man in heißem Fett auf beiden Seiten schön hellgelb bäckt und mit Salat zu Tisch gibt.

880. Fränkische Kartoffelklöße.

Zutaten: 3 Pfund rohe Kartoffeln, 200 g gekochte Kartoffeln, ¼ l Milch, 2 Esslöffel Salz, 60 g Grieß, 1 Brötchen, 30-40 g Fett.

Die geschälten rohen Kartoffeln werden in viel Wasser gerieben. Der Grieß wird in der Milch gekocht und die geriebenen gekochten Kartoffeln, sowie die gut ausgedrückten, aufgelockerten rohen Kartoffeln darunter gemengt. Dann werden mit nassen Händen Klöße geformt, in deren Mitte einige geröstete Weckwürfel gedrückt werden. Statt Milch und Grieß kann auch das Kartoffelstärkemehl, das sich unten in der Schüssel angesetzt hat, verwendet werden. Kochzeit 15-20 Minuten.

881. Kartoffelklöße oder vegetarische Würstchen.

Zutaten: 1 Tasse geriebenes Schrotbrot, 2 Tassen geriebene Kartoffeln, 1 Ei, 2 Löffel Sahne, 1 Prise Salz, gehackte Petersilie oder Zwiebeln.

Die Zutaten werden gut miteinander vermischt, dann Würstchen davon geformt, in Semmelbrösel gewendet und in Butter braun gebraten. Ist eine gute Beilage zu Gemüsen.

Verschiedene Teige.

Anmerkung zum Backen:
Sorge für gute Zutaten und die richtige Ofenhitze und beachte genau die Rezeptvorschriften. Lege Handwerkzeug und die genau abgewogenen Zutaten auf den Tisch, das Mehl gesiebt, die Eier getrennt. Ganze Eier werden stets zuerst in eine Tasse geschlagen, um das Verderben der anderen durch ein schlechtes zu verhindern. Der Ofen soll die richtige Hitze haben. Nach dem Anzünden soll einen Augenblick das Ofentürchen geöffnet werden, damit der sich bildende Dampf entweichen kann. Man streue etwas Mehl auf ein Blech und schiebe es zur Prüfung der Ofenhitze hinein. Bei sofortiger dunkelbrauner Färbung ist der Ofen zu heiß, das Backwerk konnte nicht gelingen. Backpulver soll möglich frisch sein, da sonst die Triebkraft fehlt. In der Regel nimmt man zu 1 Pfund Mehl 1 Päckchen; es wird mit Mehl vermischt und zuletzt zugegeben. Teige mit chemischen Triebmitteln dürfen niemals warm zubereitet werden. Knöllchen müssen zerdrückt werden. Gerührte Teige und solche mit Triebmitteln müssen sofort gebacken werden, damit die Treibkraft erhalten bleibt.
Durch rohen oder gekochten Rahm kann Butter gespart werden; sie kann auch zur Hälfte mit Pflanzenfett ersetzt werden. Eine Prise Salz soll jedem Teig zugefügt werden. Jeder Butterteig soll ½ - ¾ Stunden vor der Verwendung im Kühlen ruhen.

883. Zuckerteig für Obstkuchen.

Zutaten: 1 Pfund Mehl, 150 g Butter, 150 g Zucker, 1 Prise Salz, 2 Eier, 1/10 l Milch, 1 Paket Backpulver.

Das Mehl wird kranzförmig auf ein Brett genommen, Eier, Zucker, Salz und Milch werden in der Mitte gut verrührt, Backpulver und Mehl nach und nach dazu geschafft und rasch ein glatter Teig hergestellt. Nach ½ Stunde Ruhezeit im Kühlen wird er ausgewellt und nach Belieben verwendet.

884. Gerührter Zuckerteig für Obstkuchen.

Zutaten: ½ Pfund Mehl, 125 g Butter, 100 g Zucker, 1 Ei, ½ Prise Salz, etwas Zitronensaft und Zitronenschale, ½ Päckchen Backpulver.

Butter, Zucker, Ei, Salz und das Zitronengeriebene werden schaumig gerührt, zuletzt Zitronensaft, Mehl und Backpulver zugegeben. Vor Verwendung 20 Minuten Ruhezeit.

885. Geriebener Teig oder Mürbteig.

Zutaten: ½ Pfund Mehl, ¼ Pfund Butter, ¼ Kaffeelöffel Salz, 1/10 l Milch, 1 Kaffeelöffel Backpulver.

Butter und Mehl werden auf dem Brett mit dem Messer vermischt, dann mit den Händen gleichmäßig verrieben, kranzförmig auf das Brett gegeben, in die Mitte Salz und Milch und alles rasch zu einem Ballen verknetet. 20-30 Minuten Ruhezeit.

886. Geriebener Teig für Krusten und Pasteten.

Zutaten: 250 g Mehl, ¼ Pfund Butter, ½ Kaffeelöffel feines Salz, 6-7 Esslöffel Mehl, 1 Kaffeelöffel Backpulver.

Mehl und Butter werden wie in voriger Nummer rasch und leicht vermischt, dann auf dem Brett kranzförmig ausgebreitet, Salz und Milch in die Mitte gegeben und alles zu einem Ballen geknetet. Dieser Teig muß vor der Verwendung 10-12 Stunden Ruhezeit haben.

887. Mandelmürbteig.

Zutaten: 1 Pfund Mehl, 375 g Zucker, ½ Pfund geriebene Mandeln, 375 g Butter, 4 Eigelb, 10 g Vanillezucker.

Die Zutaten werden zu einem Teig zusammengearbeitet, kühl gehalten und nach ½ stündiger Ruhezeit zu feinen Obstkuchen verwendet.

888. Mürbeteig zu allen Kuchen.

Zutaten: ½ Pfund Mehl, 100 g Zucker, 1 Ei, 3-4 Löffel Milch, 1 Prise Salz, 65 g Butter oder gutes Schweineschmalz, ½ Päckchen Backpulver, etwas geriebene Zitronenschale.

Das Mehl wird im Kranze auf ein Nudelbrett gegeben, in die Mitte Zucker, Salz, Ei, Milch und das Fett, auf das Mehl, das Backpulver. Es wird ein leichter Teig gemacht, in der Größe des Bleches ausgerollt, auf das gefettete Blech gelegt, am Rande festgedrückt und in nicht zu starker Hitze gebacken.

889. Saurer Rahmteig für Fruchtkuchen und Törtchen.

Zutaten: ½ Pfund Mehl, 1/10 l saurer Rahm, 100 g Butter, ¼ Teelöffel feines Salz.

Das Mehl wird auf ein Brett gesiebt, in der Mitte eine kleine Vertiefung gemacht für Rahm und Salz, dann die Butter auf das Mehl in Flocken verteilt, Butter und Mehl langsam zur Mitte geschafft und der Teig leicht geknetet. Nach ½ Stunde kann er verwendet werden.

890. süßer Kuchenteig zu blind gebackenen Kuchenböden oder Teestängelchen.

Zutaten: ½ Pfund Mehl, ¼ Pfund Butter, 70 g Zucker, 1 Ei, ½ Prise Salz, ein halbes Weißwein, abgeriebene Zitronenschale.

Das Mehl wird im Kranz auf ein Brett genommen, Zucker, Salz, die abgeriebene Zitronenschale, Ei, Wein und die zerstückte Butter in die Mitte. Mit den Händen wird ein glatter Teig hergestellt; er braucht vor Verwendung 20 Minuten Ruhezeit.

Wenn blind gebacken wird, legt man die gut ausgefettete Form am Boden und den Wänden mit dem dünn ausgerollten Teig aus und füllt sie dann mit trockenen Erbsen, damit der Teig nicht zusammenfallen kann. Nach dem Backen werden die Erbsen für den gleichen Zweck aufgehoben.

891. Ausbackteig (zu Schnitten, Fisch und dergl.).

Zutaten: ¼ Pfund Mehl, 1 Esslöffel Öl, 1 Prise Salz, 1 kleine Tasse Milch, 2 Eier.

Die Zutaten werden in einer Schüssel vermengt, das Eiweis zu Schnee geschlagen und zuletzt hineingezogen.

892. Gebrühter Teig (Brandteig).

Zutaten: ½ l Milch, 300 g Mehl, 60 g Butter, 8 Eier, 1 Prise Salz.

Milch, Butter und Salz werden aufgekocht, das gesiebte Mehl auf einmal dazu geschüttet, und alles tüchtig abgerührt. In einer Schüssel läßt man die glatte Masse etwas auskühlen und arbeitet dann langsam 1 Ei nach dem andern dazu. Diesen Teig kann man zu Windbeuteln, Ofenküchlein, Strauben, Eklaire usw. verwenden.

893. Blätterteig.

Zutaten: 1 Pfund Mehl, 1 Pfund Butter, ¼ l Wasser, ½ Teelöffel Salz.

Aus Mehl, 2 Esslöffeln Butter, Salz und Wasser wird ein geriebener Teig gemacht, 20 Minuten in die Kühle gestellt. Die übrige kühle Butter wird geknetet, abgetrocknet, mit dem Mehl zu einem etwa 10 cm großen Viereck geformt und in die Mitte des viereckig ausgewellten Teiges gelegt. Er wird von oben und unten, rechts und links über die Butter geschlagen, so daß es ein Paket wird und die Butter vollständig eingeschlagen ist. Der Teig wird wieder 20 Minuten zum Ruhen in die Kühle gestellt, hierauf vorsichtig 1 cm dick ausgerollt. Die Butter darf dabei nicht herauskommen. Dann wird er breiteilig zusammengeschlagen und zum Ruhm weitere 15 Minuten in die Kühle gestellt. Darnach wird er nach der entgegensetzten Seite ausgewellt und dieses Verfahren 3-4mal wiederholt mit je 15 Minuten Zwischenpause. Dann wird er griffeldick ausgerollt und die benötigen Formen geschnitten (Siehe auch Nr. 894).

894. Blätterteig.

1 Pfund Mehl wird mit ¼ l Wasser, ½ Pfund Butter und einer Prise Salz zu einem geriebenen Teig verschafft, zum Ruhen ½ bis 1 Stunde, aufs Eis gestellt, dann gleichmäßig zu einem Rechteck (länger als breit) ausgewellt. Auf 2/3 des Teiges wird ½ Pfund Butter in kleinen Stückchen verteilt, das leere Drittel auf das danebenliegende Drittel herein geschlagen und das nach freie Drittel über die beiden zusammengeschlagenen Drittel, sodaß ein dreifaches Päckchen entsteht. Jetzt wird er der Breite nach ausgerollt, von beiden Seiten zur Mitte herein geschlagen, nochmals zusammen (wie eine Serviette), dann zum Ruhen ½ - 1 Stunde aufs Eis gestellt. Nun werden nochmals beide Touren wiederholt und der Teig bis zum nächsten Tag kalt gestellt. Dann wird er noch 2mal ausgerollt, 3- und 4-fach zusammengelegt, hierauf griffeldick ausgerollt und die gewünschten Formen ausgestochen. Zur Pasteten werden vom Abfall die Böden gemacht, mit Ei bestrichen, die ausgestochenen Formen darauf gesetzt (die untere Seite nach oben, ist wichtig), mit Ei bestrichen und in guter Hitze gebacken. Beim Bestreichen des Teiges mit dem Pinsel ist sehr darauf zu achten, daß der Pinsel den äußersten Rand nicht berührt, da der Teig hier nicht mehr aufgehen könnte. Blätterteig muß stets in kühlem Raume gemacht werden, die Butter soll vom Eis kommen. Die Zugabe von ½ Glas Rum macht den Teig schön blättrig. Der Ofen muß gut heiß sein. Zu Kuchen genügen 4 Touren, Pasteten brauchen 6 Touren.

895. Halbblätterteig.

Zutaten: 1 Pfund Mehl, ½ Pfund Butter, 2/10 l Wasser, Salz.

Die Zubereitung ist wie in Nr. 893.

896. Einfacher Blätterteig.

Zutaten: 1 Pfund Mehl, 300 g Butter oder Mayonnaise, ½ Teelöffel Salz, 2/10 l Wasser.

Die nur grob zerteilte Butter oder Margarine wird auf das Mehl gelegt, in der Mitte desselben eine Vertiefung gemacht, Salz und Wasser hineingegeben und alles zu einem ziemlich festen Teige verschafft. Er muß 15-20 Minuten Ruhezeit haben, wird ausgewellt, breiteilig zusammengelegt und dieses 3-4mal wiederholt, mit Einhaltung der Zwischenpausen von ¼ Stunde.

Hefebackwerk.

Anmerkung: Für 1 Pfund Mehl rechnet man im Winter 20 g, im Sommer 15 g Hefe. Mehl und alle übrigen Zutaten sollen leicht erwärmt sein, auch der Teig warm (aber nicht zu warm) gehalten werden. Der Vorteig soll nicht zu dünn sein, es wird die ganze Milch dazu genommen. Man gebe dem Teig nötige Zeit zum Gehen.

897. Hefeteig a.

Zutaten: 1 Pfund Mehl, 1 Tasse (ca. ¼ l) Milch, 80-100 g Butter, 1-2 Eier, 60 g Zucker, 20 g frische Hefe, 1 Messerspitze Salz, Zitronenschale.

Das erwärmte Mehl wird in eine erwärmte Schüssel gesiebt, die Hefe mit einer Prise Zucker verrührt und mit der lauwarmen – nicht heißen – Milch aufgelöst. Dann wird im Mehl eine kleine Grube gemacht, der Hefe hineingegossen, mit Mehl bestäubt, die Schüssel zugedeckt und zum Gehen an einen warmen Ort gestellt. Nach 25-30 Minuten werden die lauwarme Butter, der Zucker, Ei, abgeriebene Zitronenschale und Salz mit der Hefe vermengt, das Mehl dazu geschafft und der Teig mit der Hand so lange geschlagen, bis er glatt und glänzend aussieht und sich von der Schüssel löst. Er wird mit Mehl bestäubt, zugedeckt und nochmals warm gestellt. Wenn er noch etwa 2-3 Finger hoch aufgegangen ist, kann er verwendet werden.

898. Eingerollter Hefeteig b.

Zutaten: Fertiger Hefeteig A, 200 g Butter.

Der erkaltete Hefeteig wird zu einem Viereck ausgewellt, mit etwas Mehl glatt verknetete Butter in die Mitte gelegt, in den Teig eingehüllt und verfahren wie beim Blätterteig Nr. 893. Dieser Teig eignet sich zu Hefekranz, Zopf, Kipfeln, Brezeln, Teebrötchen usw.

899. Hefeteig c (gerührt).

Zutaten: Fertiger Hefeteig A, 150 g Butter, 1 Esslöffel Zucker, 1 Ei.

Butter, Zucker und Ei werden schaumig gerührt und durch Klopfen und Schlagen in den fertigen Hefeteig eingearbeitet, der dann zum Aufgehen an einem warmen Ort gestellt wird.

900. Hefekranz.

Hefeteig B Nr. 898 wird ½ cm dick ausgewellt und in 4 Teile geteilt, bis zu langen schmalen Streifen ausgerollt werden. Man bestreicht sie mit Nussfülle, bepinselt die Ränder mit Wasser und formt sie zu Rollen, die die Fülle überall gut umschließen müssen. Von den 4 Rollen wird ein Kranz geflochten, indem man immer die äussere Rolle nimmt und sie über die zweite legt, bei der dritten unten durchführt und bei der vierten wieder darüber legt. Hat man kein Hefenkranzblech mit Mittelzapfen, so genügt auch ein gewöhnliches Kuchenblech. In die Mitte wird eine mit Fett bestrichene umgekehrte Tasse gestellt, die das Zusammenbacken des Kranzes verhindert. Vor dem Backen soll der Kranz nochmals etwa ½ Stunde zum Gehen warm gestellt und dann mit Eigelb bestrichen werden. Bei mäßiger Hitze wird er in ungefähr einer Stunde schön braun gebacken. Solange er heiß ist, wird er mit Butter bepinselt und mit Zucker gesiebt.

901. Hefekranz, andere Art.

Zutaten: Hefenteig C Nr. 899, 125 g Mandeln, 125 g Zucker, 100 g Butter, 2 Esslöffel Wasser.

Der Hefenteig wird zu einem daumendicken viereckigen Stück ausgerollt, mit Butter bestrichen, lose gerollt, damit Raum zum Aufgehen bleibt, zum Kranze gewunden, wobei die Enden fest aneinander gedrückt werden müssen, dann auf ein gefettetes Blech gelegt. Die Mandeln werden gehäutet und grob gehackt, mit dem Wasser vermischt, mit Zucker und Butter zu einem zarten Brei verrührt, der Kranz damit bestrichen und zum nochmaligen Aufgehen an einen warmen Ort gestellt, dann in heißem Ofen gebacken. Backzeit: 45 Minuten.

902. Hefekranz, andere Art.

Zutaten: 2 Pfund Mehl, 200 g Butter, 120-160 g Zucker, 2 bis 3 Eier, 8-10 g Salz, ungefähr 3/8 l Milch oder Rahm, 30 g Hefe, Zitronenschale oder Anis, nach Belieben Weinbeeren.

Es wird ein Vorteig gemacht wie in Nr. 897. Nach 1 Stunde wird die Butter schaumig gerührt, die Eier (vorher in warmes Wasser legen) und die übrigen Zutaten zugegeben, das Gerührte zum Vorteig gegeben, mit dem Mehl zu einem Teig verarbeitet und geschlagen, bis er feinblasig ist. Dann werden auf einem mit Mehl bestäubten Nudelbrett drei Streifen ausgerollt, von der Mitte aus zum Kranze geflochten und auf ein gefettetes Blech gelegt. Nachdem er nochmals gegangen ist, wird er mit Ei bestrichen, mit geschälten feingeschnittenen Mandeln und Hagelzucker bestreut und gebacken.

903. Hefekranz, andere Art.

Zutaten: 3 Pfund Mehl, ½ l Milch, 40 g Hefe, 200 g Butter, 3 Eier, 1 Löffel Salz, 100 g Zucker.

Zum Bestreuen etwas grob zerdrückter Würfelzucker und geschnittene Mandeln.

Von Milch, Hefe und etwas Mehl wird ein Vorteig (Nr. 897) gemacht, nach dem Ziehen mit den übrigen Zutaten ein ziemlich fester Teig bereitet. Im Übrigen wie vorige Nummer.

904. Strudelring.

1 Pfund Mehl, 70 g Zucker, 2 ganze Eier und 2 Eigelb, die Schale einer Zitrone, 1 Prise Salz, 20 g Hefe und 70 g Butter werden zu einem Teig verarbeitet (nicht anhefeln). Sollte er zu dünn sein, wird mit Mehl etwas nachgeholfen. Wenn er gegangen ist – man kann ihn auch über Nacht stehen lassen – werden 100 g Butter in Mehl ausgewellt, dann auf den ausgewellten Teig gegeben, darin eingehüllt und gut gewellt. Zusammenschlagen und Auswellen wiederholt man 4mal. Der fertige Teig wird mit folgender Fülle bestrichen: 100 g geriebene Mandeln, 100 g Zucker, etwas Vanillezucker, ein wenig Wasser und Bisquitbrösel werden untereinander gemengt. Der bestrichene Teig wird in der Mitte durchschnitten, beide Teile gerollt, miteinander verschlungen, auf ein mit Butter bestrichenes Blech gegeben, mit Ei bestrichen, gebacken und nachher mit Vanilleglasur glasiert.

905. Haselnussring.

Zutaten: Teig wie zu Strudelring Nr. 904.

Fülle: 60 g geriebene Haselnüsse, 60 g geriebene Wallnüsse, 3 Esslöffel Semmelbrösel und 1 Messerspitze frischgemahlener Kaffee werden mit ¼ l heißer Milch und etwas Zucker gerührt, bis die Masse glatt ist. Haselnussring wird gemacht wie Nr. 904.

906. Gefüllter Mandelring.

Zutaten: 1 ¼ Pfund Mehl, 80 g Butter, 80 g Schmalz, 70 g Zucker, 1 Teelöffel Salz, 2 Eigelb, Milch, 25-30 g Hefe.

Zur Fülle: 150 g geschälte, geriebene Mandeln, worunter einige bitter sein sollen, 150 g Zucker, Schale einer halben Zitrone, 3 zu Schnee geschlagene Eiweiß.

Der aufgegangene Hefenteig wird viereckig ausgewellt, mit der Fülle bestrichen, gerollt und in eine gut bestrichene Ringform gegeben. Nach dem Aufgehen wird er in guter Hitze ¾ Stunden gebacken, noch warm mit Vanilleglasur überzogen oder mit Puderzucker bestäubt.

907. Hefenanisbrot, andere Art.

Zutaten: 2 Pfund Mehl, 30 g Hefe, 1 Kaffeelöffel Salz, 250 g Butter, 250 g Zucker, 2 Esslöffel Anis.

Von Mehl, Hefe, Salz, Butter und Anis wird ein fester Teig gemacht. Wenn er gegangen ist, wird auf dem Backbrett der Zucker darunter gewirkt. Bis der Anis beginnt herauszufallen. Dann verfährt man wie in voriger Nummer. Andern Tags werden die Stollen in Scheiben geschnitten und hellgelb geröstet. Sie können vor dem Rösten in mit wenig Zimt vermischtem Staubzucker gewendet werden.

908. Himbeerhörnchen.

Zutaten: 1 Pfund Mehl, 125 g Butter, 125 g Zucker, ¼ l Milch, 25 g Hefe, 1 Teelöffel Salz, 1 Ei.

Zum Streichen: 1 Eigelb. Zum Füllen: 4 Esslöffel Marmelade.

Von ersteren Zutaten wird ein Teig bereitet und solange geschlagen, bis er sich von der Hand löst, dann zum Aufgehen an die Wärme gestellt. Es ist darauf zu achten, daß er nicht zu warm steht, da er sonst anklebt und unbrauchbar wird. Der gegangene Teig wird messerrückendick ausgewellt, in 12 cm große Quadrate gerädelt, diese nochmals geteilt, damit man Dreiecke erhält, in die Mitte etwas Fülle gegeben und die Stückchen, von der breiten Seite angefangen, zusammengerollt und halbmondförmig aufs Blech gesetzt. Wenn sie 25 Minuten gegangen sind, werden sie mit Eigelb bestrichen, ungefähr ½ Stunde gebacken, dann mit Zuckerglasur überzogen.

Andere Fülle: 125 g geriebene Mandeln, 60 g Zucker, schwach 1/8 l saurer Rahm, etwas Vanille und Zitrone.

909. Butterhörnchen.

Zutaten: 1 Pfund Mehl, 25-30 g Hefe, 3/8 l Milch, 150-180 g Butter, Salz, nach Belieben 1 Ei.

Es wird ein Vorteig gemacht, von dem man nach 1 Stunde mit den übrigen Zutaten einen zarten geschmeidigen Teig bereitet. Er wird 2 Stunden kühl oder über Nacht in den Keller gestellt. Dann werden etwa 20 runde Stückchen abgestochen, oval ausgewellt, mit zerlassener Butter bestrichen, gerollt, Hörnchen geformt, nach nochmaligem Gehen mit Wasser bestrichen und in heißem Ofen gebacken, darauf mit heißer Butter bestrichen.

910. Hefestollen.

Zutaten: Fertiger Hefenteig E. 125g Korinthen, 125 g Sultaninen, 125 g geschälte, geriebene Mandeln. Zum Einstreuen etwas Zucker und Rosinen.

Nachdem Sultaninen, Korinthen und Mandeln in den fertigen Hefeteig eingearbeitet sind, wird er auf einem mit Mehl bestäubten Brett 3 Finger dick ausgerollt. Dann wird mit dem Rollholz in der Teigmitte durch festen Druck der Länge noch eine Art Höhlung gemacht, Zucker und Rosinen hinein gestreut, der Teig überklappt, die Stolle zum Aufgehen in die Wärme gestellt, darnach mit flüssiger Butter bestrichen und in mäßig heißem Ofen ¾ Stunden gebacken. Der heiße Stollen wird mit Butter bestrichen und dick mit Zucker bestreut.

911. Weihnachtsstollen.

Zutaten: 3 Pfund Mehl, 1 Pfund Butter, ¾ l Milch, 100 g Zucker, 200 g Korinthen, 200 g Rosinen, 100 g geschnittenes Zitronat, 100 g Mandelstiftchen, 5 Eier, 50 g Hefe, 1 Prise Salz.

Die mit der lauwarmen Milch aufgelöste Hefe wird in die Mitte des erwärmten Mehles gegeben, mit Salz und Eiern ein glatter Teig gemacht, die in Stücke geteilte Butter zugegeben und der Teig bearbeitet, bis er blasig ist. Dann werden Zucker, Mandeln, Rosinen, Korinthen und Zitronat zugegeben, der Teig zum aufgehen an einen warmen Ort gestellt, dann nochmals geknetet, zu Stollen geformt, bis wiederum gehen müssen. Backzeit in mittelheißem Ofen 50 bis 60 Minuten. Die heißen Stollen werden mit Butter bestrichen und dick mit Staubzucker bestreut.

912. Christstollen.

Zutaten: 2 Pfund Mehl, ½ Pfund Butter, 1 Kaffeelöffel Salz, 1/4 Pfund Zucker, ½ Pfund Rosinen und Sultaninen, 60 g Zitronat und Pomeranzenschale, 3 Eier, 60 g abgezogene, geschnittene Mandeln, die feingewiegte Schale einer halben Zitrone, ½ l Milch, 30 g Hefe.

Die Milch, Hefe und etwas Mehl wird ein Vorteig gemacht. Butter, Zucker und Eier werden gerührt, mit dem Vorteig und den anderen Zutaten zu einem Teig verarbeitet, den man gut gehen läßt. Dann werden runde Laibchen geformt, ausgewellt und übereinander geschlagen (wie Maultaschen). Nachdem diese auf einem mit Mehl bestäubten Blech gut gegangen sind, werden sie in heißem Ofen gebacken, ehe sie fertig sind, mit zerlassener Butter bestrichen und mit Zucker und Zimt bestreut.

913. Zwieback.

Zutaten: 1 ½ l Milch, 70 g Hefe, 5 Pfund Mehl, 450 g Butter, 1 Pfund Zucker, 8 Eier, 2 Prisen Salz.

Die Milch, Hefe und etwas Mehl wird ein Vorteig gemacht (f. Nr. 897), zum Gehen an einen warmen Ort gestellt. Inzwischen wird die Butter gerührt, der Zucker zugegeben und mitgerührt, dann die Eier zugegeben, je 2 und 2 mit einer Hand voll Mehl. Auf den gut gegangenen Vorteig gibt man 2 Prisen Salz, ½ l Milch, und das Gerührte und vermengt alles mit dem übrigen Mehl zu einem starken Teig. Nach halbstündigem Gehen wird der Teig auf dem Nudelbrett etwas flach gedrückt, dann zusammengeschlagen, in der Schüssel nochmals zum Gehen gestellt, wieder zusammengelegt und zum Gehen gestellt, dann etwa 50 g schwere Kügelchen ausgewirkt, Finger lang ausgerollt, auf einem bestrichenen Blech aneinander gesetzt, nochmals zum Gehen gestellt, mit Ei bestrichen und gebacken. Am nächsten Tag wird der Zwieback geschnitten und geröstet.

914. Flachswickel.

Zutaten: 1 Pfund Mehl, ½ Pfund Hagelzucker, 2 Eier, 250 g Butter, 20 g Hefe, Milch.

Alle Zutaten, mit Ausnahme des Hagelzuckers, werden auf das Brett genommen und mit dem Messer zusammengehäckelt. Dann läßt man den Teig gehen, wellt Finger dicke Streifen im Hagelzucker aus und formt die Flachswickel.

915. Butterbrezeln.

Zutaten: 1 Pfund Mehl, 185 g Butter, 1 Kaffeelöffel Salz, 30 g Hefe.

Von dem gegangenen, nicht zu weichen Teig werden Brezeln geformt, mit Ei bestrichen und knusperig gebacken.

916. Teestangen.

Vom Teig Nr. 915 werden kleinfingerdicke und 10 cm lange Stücke ausgerollt, nachdem sie auf dem Blech gegangen sind, mit Ei bestrichen, mit Salz und Kümmel bestreut und gebacken.

917. Salzstangen.

Zutaten: 1 ½ Pfund Mehl, ¾ Pfund Butter, 3 Eier, 40 g Hefe, Milch und Salz.

Die Hefe wird mit etwas Zucker bestreut, mit Milch verrührt und mit allen Zutaten auf dem Brett zusammengehäckelt und vermengt. Dann werden lange, dünne Stangen geformt, nachdem sie gegangen sind, mit Ei bestrichen, mit Salz und Kümmel bestreut und in guter Hitze gebacken.

918. Zuckerbrezeln.

Zutaten: 1 Pfund Mehl, 125 g zerlassene Butter, 125 g Zucker, 3 Eier, 4 Esslöffel Rosenwasser, 30 g Hefe.

Zubereitung wie bei Nr. 915. Nach dem Bestreichen mit Ei werden die Brezeln mit grobem Zucker bestreut.

919. Russische Brezeln.

Zutaten: 1 Pfund Mehl, 60 g Zucker, 80-120 g Butter, 1-2 Eier,, 30 g Hefe, 1/8 l Milch, Schale einer halben Zitrone, 6 g Salz.

Die Zutaten werden mit der halben Butter zu einem weichen Teig verarbeitet. Wenn er gegangen ist, wird er viereckig ausgewellt, die übrige Butter in kleinen Blättchen daraus geschnitten, der Teig zusammengeschlagen und 2-3mal ausgewellt wie Blätterteig. Vor jedem Auswellen muss der Teig ¼ Stunde ruhen. Nachdem der Teig nochmals gegangen ist, wird er zu einer langen Bahn ausgewellt, gleiche Streifen daraus geschnitten, die man schlingt, die Enden etwa dünner, zu Brezeln formt, die nochmals gehen müssen. Nach dem Backen werden sie mit Zuckerglasur überstrichen.

920. Russische Brezeln anderer Art.

Hefenteig B, sonst wie Nr. 919.

921. Kleine Laugenbrezeln (Freiburger Brezeln).

Zutaten: 2 ½ Pfund Mehl, ¾ Pfund Butter, 2 Eier, 25 g Salz, 1 Tasse Milch, 5 g Hefe.

Die Zutaten werden mit der aufgelösten Hefe zu einem festen Teig verarbeitet, kleine Brezeln geformt, dann wie in voriger Nummer weiter behandelt.

922. Laugenbrezeln.

Zutaten: 2 Pfund Mehl, 100 g Butter, 3 Eier, 35 g Hefe, 1 Tasse Milch, 2 Kaffeelöffel Salz.

Zur Lauge: 2 l Wasser, 50 g Lauge.

Oder: 2 Pfund Mehl, 2 Eier, 1 Esslöffel Salz, 30 g Hefe, 80 g Butter, ½ l saure Milch oder Wasser. Von dem gegangenen, festen Teig werden Brezeln geformt und nachdem sie nochmals gegangen sind, kalt gestellt. Wenn sie steif sind, werden sie am dicken Teil durch einen Pinselstrich mit Fett bestrichen (damit sie da keine Lauge annehmen und schön aufreissen), auf einem Seiher in kalte Lauge getaucht, mit Salz bestreut und auf einem bestrichenen Drahtgitter in guter Hitze gebacken.

923. Hefengugelhopf.

Zutaten: 625 g Mehl, ¼ l lauwarme Milch, 30 g Hefe, 150 g Butter, 100 g Zucker, 1 Prise Salz, 4 Eier, das Abgeriebene einer Zitrone etwas Sultaninen.

30 g Hefe werden in ¼ l lauwarmer Milch aufgelöst und mit ¾ Pfund Mehl verrührt. Diesen Hefel stellt man an einen warmen Ort und läßt ihn gehen. Indessen rührt man 150 g Butter schaumig, gibt eine Prise Salz und 100 g Zucker dazu. Dann werden 4 mal 1 Ei mit einem Löffel Mehl zugegeben, bis ½ Pfund Mehl und 4 Eier zugegeben sind. Wenn der Hefel gegangen ist, wird er dazu geschafft mit dem Abgeriebenen einer halben Zitrone und Sultaninen. In einer gut ausgestrichenen Form wird er nochmals zum Gehen an die Wärme gestellt, dann gebacken.

924. Hefegugelhopf andere Art (Napfkuchen).

Gut gegangener, mit Rosinen vermischter Hefeteig C wird in eine ausgefettete Napfkuchenform gefüllt, zum nochmaligen Aufgehen an einen warmen Ort gestellt und in mittelheißem Ofen gebacken.

925. Gugelhopf A.

Zutaten: 200 g Butter, 6 Eier, ¼ Pfund Zucker, 1 Kaffeelöffel Salz, 1 ½ Pfund Mehl, 30 g Hefe, 100 g Korinthen, daß abgeriebene einer halben Zitrone.

Die Butter wird schaumig gerührt, Zucker und Eigelb abwechselnd mit einigen Löffeln Mehl dazu gerührt, das Abgeriebene, die aufgelöste Hefe und das übrige Mehl dazu gegeben und daß Ganze zu einem blasigen Teig geschlagen. Eine gut ausgestrichene Form wird mit geschnittenen Mandeln und Zucker bestreut, gefüllt (halbvoll) und der Gugelhopf nach nochmaligem Gehen in mittlerer Hitze gebacken.

926. Gugelhopf B.

Zutaten: 1 ¼ Pfund Mehl, 1/3 l Milch, 100-125 g Butter, 3 bis 4 Eier, 20 g Hefe, 80-100 g Zucker, 1 Teelöffel Salz, das Abgeriebene einer halben Zitrone, 100 g Sultaninen.

Zucker und Butter werden schaumig gerührt, nach und nach Eigelb und Mehl dazu gerührt, zuletzt der steife Schnee mit den anderen Zutaten leicht darunter gemengt und der Gugelhopf in mittlerer Hitze gebacken.

Oder: *Zutaten: 1 Pfund Mehl, 1 Teelöffel Salz, 1/3 l Milch oder Rahm, 25 g Hefe, 80 g Butter, 100 g Zucker, 2 Eier, Zitrone und Sultaninen.*

927. Gesundheitsgugelhopf.

Zutaten: 50 g Butter, 50 g Schmalz, 100 g Zucker, 4 Eier, ½ Pfund Mehl, 1/8 l Milch, ½ Zitronenschale, 1 Prise Salz.

Die Butter wird schaumig gerührt, Zucker, 1 Eigelb, 1 Löffel Milch, 1 Löffel Mehl so lange zugerührt, bis noch etwas Mehl übrig ist, dem man 1 Päckchen Backpulver beimischt und mit dem Eierschnee unter die Masse mengt. In einer gebutterten und ausgebröselten Form wird der Gugelhopf gebacken. Er kann mit Schokoladeglasur überzogen werden.

928. Gesundheitskuchen.

100 g Butter werden schaumig gerührt, 100 g Zucker, 4 Eigelb, ½ Pfund Mehl, Weinbeeren, 4 Esslöffel Rahm, Zitrone, 1 Päckchen Backpulver, der steife Eierschnee zugegeben. In einer gut ausgestrichenen und ausgebröselten Gugelhopfform wird die Masse gebacken.

929. Marmorierter Gugelhopf.

Zutaten: 300 g Butter, 500 g Zucker, 600 g Mehl, 2 Päckchen Backpulver, ¼ l Milch, 1 Esslöffel Kakao, 8 Eier.

1/3 der Zutaten wird mit dem Kakao, der mit etwas Milch angerührt ist, vermengt, 2/3 bleiben hell. In die gestrichene Gugelhopfform gibt man einen Löffel helle Masse, daneben einen kleinen Löffel dunkle, bis der Boden bedeckt ist. Dann wird auf die dunkle Masse die helle und auf die helle die dunkle gegeben, bis die Form voll ist.

930. Galopp-Gugelhopf.

Zutaten: 5 Eigelb, ½ Pfund Zucker, ¼ Pfund Butter, 20 g geschälte geriebene Mandeln, Schale einer halben Zitrone, ¾ Pfund Mehl, ¼ l lauwarme Milch, 1 Päckchen Backpulver.

Eigelb, Zucker und Butter werden schaumig gerührt, die anderen Zutaten mit dem steifen Schnee zugegeben, die Masse in eine vorbereitete Form gefüllt und sogleich in mittlerer Hitze gebacken.

931. Gugelhopf (Wiener).

Zutaten: 125 g Butter, 6 Eier, 4 Löffel Zucker, 40 g Hefe, 1 Pfund Mehl, ¼ l saurer Rahm, Schale einer Zitrone, 70 g Rosinen, 70 g Korinthen, 70 g geschälte in Streifen geschnittene Mandeln, 1 Prise Salz.

Unter die schaumig gerührte Butter werden nach und nach Eigelb und Zucker, sowie die anderen Zutaten gegeben, zuletzt der steife Schnee. Nachdem der Teig in einer bestrichenen Form gegangen ist, wird er in nicht zu heißem Ofen ¾ Stunden gebacken.

932. Käsekuchen.

Zutaten: Teig wie zu Streuselkuchen (Nr. 933) wird nach dem Aufgehen mit Käsemasse bestrichen. 3 Pfund weißer Käse (Topfen) 100 g Butter, 5 Eigelb, 100 g Zucker, 125 g Korinthen, die man über Nacht in Rum eingeweicht hat, 1 Esslöffel Mehl, ½ l süßer Rahm.

Der weiße, durch ein Sieb gedrückte Käse wird mit den übrigen Zutaten tüchtig vermischt (Butter etwas flüssig). Nach Belieben kann etwas Zitronenöl oder abgeriebene Schale zuletzt dazu gerührt werden. Zum Backen verwendet man ein Blech mit Rand, um das Überquellen der Käse in den Ofen zu vermeiden. Vor dem Backen kann der Kuchen mit etwas flüssiger Butter bestrichen werden.

933. Streuselkuchen.

Zutaten zum Teig; 1 Pfund Mehl, 100 g Butter, 2 Eier, 80 g Zucker, 20 g Hefe, 1 Prise Salz, ¼ l Milch.

Mit einem Viertel des angewärmten Mehles und der in lauwarmer Milch aufgelösten Hefe wird ein Vorteig gemacht, der zum Gehen an einen warmen Ort gestellt wird. Inzwischen wird die Butter schaumig gerührt, Eier, Zucker, Salz, Mehl und zuletzt der aufgegangene Hefel zugegeben und der Teig geschlagen, bis er sich von der Schüssel löst, dann auf gut ausgefettetem Blech gleichmäßig ausgerollt. Der Teig wird mit einer Gabel etwas durchstochen, damit er keine Blasen wirft beim Backen, mit Butter bestrichen, gleichmäßig mit dem Streusel bestreut und nochmals zum Gehen gestellt.

Zutaten zur Streuselmasse: 200 g Mehl, 180 g flüssige Butter, 125 g Zucker, 1 Messerspitze Zimt, nach Geschmack etwas gestoßene Vanille oder 70 g geriebene süße Mandeln.

Das Mehl wird mit den festen Zutaten vermengt, die flüssige Butter dazu gegossen und alles zuerst durch Schütteln der Schüssel, dann mit den Händen zu kleinen Klümpchen verschafft.

934. Zwetschgenknödel gebacken.

Zutaten: Hefenteig A oder E, reife Zwetschgen, Zucker.

Der Teig wird zentimeterdick ausgerollt, in 10 cm große Viereck geschnitten und auf jedes Viereck eine entsteinte, mit Zucker gefüllte Zwetschge gegeben. Die Teigränder werden mit Wasser befeuchtet, die Ecken auf die Zwetschgen gedrückt. Dann werden die Knödel auf einem gebutterten Blech, nachdem sie noch gegangen sind, mit Ei bestrichen, dann in heißem Ofen gebacken.

935. Dampfnudeln.

Zutaten: 2 Pfund Mehl, 2 Kaffeelöffel Salz, 40 g Zucker, 30 g Hefe, 4 Eier, 1/3 l Milch, 60 g Fett.

In die Kasserolle zum Aufziehen: 1/8 l Wasser, 1 Teelöffel Salz, 80 g Butter oder Schmalz.

Vom gut gegangenen Hefeteig wirkt man kleine Bällchen aus uns läßt sie auf einem bemehlten Brett gut gehen. Fett, Wasser und Salz werden in einer Kasserolle kochend gemacht, die gegangenen Nudeln nebeneinander hineingesetzt. Man läßt sie 5 Minuten aufgedeckt kochen, dann werden sie zugedeckt auf der Seite des Herdes langsam ½ Stunde durchgebacken. Man kann Obst oder Vanillemilch dazu geben.

935 b. Andere Art.

Zutaten: Berliner Pfannkuchenteig Nr 1174. Zubereitung wie vorige Nummer.

936. Dampfnudeln anderer Art.

Zutaten: 1 Pfund Mehl, 50 g Butter, 1 Esslöffel Zucker, 1/10 l Milch, 1 Ei, 20 g Hefe, 1 Prise Salz.

Die Hefe wird in lauwarmer Milch aufgelöst, dann mit Butter, Zucker, Ei und Salz verrührt, mit dem Mehl zu einem glatten Teig verarbeitet und zum Gehen in die Wärme gestellt. Hierauf werden Kugeln geformt, in eine gebutterte Kasserolle gesetzt und nochmals zum Gehen in die Wärme gestellt. Dann wird 1 Tasse warme Milch, die man mit 50 g Butter und 1 Esslöffel Zucker verrührt hat, über die Nudeln gegossen, worauf sie im Ofen zugedeckt gebacken werden.

937. Ofennudeln.

Zutaten: 1 Pfund Mehl, 100 g Butter, 1 Esslöffel Zucker, 2 Eier, 1/10 l Milch, 1 Prise Salz, 20 g Hefe.

Der Hefe wird mit der lauwarmen Milch aufgelöst, dann mit 250 g Mehl vermengt und warm gestellt. Zur schaumig gerührten Butter wird Zucker, Salz, Eier, 250 g Mehl, sowie der aufgegangene Hefel gegeben und der Teig geschlagen, bis er sich von der Schüssel löst. Mit bemehlten Händen werden Mitte große Kugeln abgewirkt, ringsum mit flüssiger Butter bestrichen, dicht nebeneinander in ein gebuttertes Blech oder eine Auflaufform gesetzt, zum Aufgehen nochmals etwas in die Wärme gestellt, dann im Ofen lichtbraun gebacken.

938. Rosinenkuchen.

Zutaten: ¼ Pfund Butter, 1 Pfund Mehl, 30 g Hefe, 1 Tasse Milch, 1 Prise Salz, 2 Eier, 50 g Zitronat, 80 g Zucker, 200 g Rosinen, 100 g Sultaninen.

Zubereiteten wie bei Hefeteig A Nr. 897. Wird in einer gebutterten mit Semmelbrösel ausgestreuten Form gebacken.

939. Gefüllte Hefenschnecken.

Zutaten: Hefeteig B oder C. Zur Fülle: 100 g geriebene Nüsse, 1 Esslöffel Butter, 1 Ei, 100 g Zucker, 1 Esslöffel Rosinen.

Der zubereitete Teig wird 1 cm dick ausgerollt, in der Mitte mit Fülle belegt, aufgerollt und auf dem Backblech noch etwas flach gedrückt. Wenn der Teig noch einmal gegangen ist, wird er in mittelheißem Ofen gebacken.

940. Saurer Rahmkuchen.

Zutaten: Hefenteig. Gussfüllung: 60 g Korinthen oder Sultaninen, 2 Esslöffel Mehl, 125 g Zucker, ¼ l Milch, ¼ l saurer Rahm, 4 Eier, etwas Zimt, 1 Prise Salz, 3 Esslöffel blättrig geschnittene, süße Mandeln.

Eine gut gefettete Springform wird mit Hefeteig ausgelegt, die Sultaninen oder Korinthen darüber gestreut. Dann werden Mehl, Milch und Rahm glatt gerührt, Eigelb, Zucker, Zimt und Salz dazu gerührt, zuletzt der steife Eierschnee leicht darunter gezogen. Diese Masse wird auf den Kuchen gegeben, die Mandeln darüber gestreut, und in ziemlich heißem Ofen gebacken.

941. Rahmkuchen andere Art.

Zutaten: Kuchenteig. 65 g Mehl, ¼ l Milch, 4-6 Eier, ½ l saurer Rahm, ½ Zitronenschale.

Das Mehl wird mit Milch angerührt. Die übrige Milch wird zum Kochen gebracht, das angerührte Mehl hinein gerührt und gut durchgekocht. Wenn die Masse erkaltet ist, werden Eigelb, Zitronenabgeriebenes, sowie der saure Rahm zugegeben, zuletzt der steife Eierschnee. Eine Form wird mit Kuchenteig ausgelegt, die Masse eingefüllt und der Kuchen in guter Hitze gebacken.

942. Anchovis-Brötchen.

Zutaten: 1 Pfund Mehl, 50 g Butter, 40 g Zucker, 1 Kaffeelöffel Salz, 1 Ei, 30 g Hefe, ¼ l Milch.

Mit lauwarmer Milch, Mehl und Hefe wird ein Vorteig angerührt und zum Gehen an einen warmen Ort gestellt. Dann wird mit Mehl, Butter und Salz, Zucker, Ei und dem gegangenen Vorteig ein fester Teig gemacht, armdicke Stollen geformt, auf ein mit Butter bestrichenes Blech gesetzt und nach dem sie noch etwas gegangen sind, in mittlerer Hitze gebacken. Am nächsten Tag werden Schnitten gemacht, in mäßig warmen Ofen hellgelb geröstet. Nach Belieben können sie mit Anchovis- oder Sardellenbutter bestrichen werden.

943. Früchtebrot – Hutzelbrot.

Zutaten: 2 Pfund Mehl, 2 Pfund Hutzeln, 1 Pfund Zwetschen, ½ Pfund Rosinen, 200 g Mandeln, Feigen, 100 g Zitronat, 100 g Pommeranzenschale, 200 g Zucker, Zimt und Nelken, 1/8 l Kirschwasser, Fenchel und Anis, 2 Kaffelöffel Salz, Nüsse, 50 g Hefe.

Die Zwetschen werden eingeweicht und ausgesteint, die Birnen gewaschen und langsam gekocht. Die kochende Brühe wird über die Zwetschen gegossen und die Hutzeln, die von Blüten und Stielen befreit und zerkleinert wurden, zugegeben, das ganze über Nacht stehen gelassen. Ebenso wird auch am Abend ein Vorteig gemacht, über Nacht stehen gelassen und andern Tags mit Schnitzbrühe, Mehl und Hutzeln ein ziemlich fester Teig gemacht und so lange bearbeitet, bis er sich von der Schüssel löst. Dann wird er mit Mehl bestäubt und zugedeckt zum Gehen an die Wärme gestellt. Wenn der Teig Risse zeigt, werden Leibchen geformt, auf ein bestrichenes Blech gesetzt und wenn sie nochmals gegangen sind, in gut heißem Ofen gebacken. Sie werden mit Schnitzbrühe, die man mit etwas Stärkemehl aufgekocht hat, bestrichen oder mit Wasserglasur überzogen und mit halben Nüssen garniert.

944. Saverin.

Zutaten: 125 g Butter, 80 g Zucker, 1 Pfund Mehl, 3 Eier, 1 Prise Salz, 30 g Hefe, ¼ l Milch, Zitrone.

Die Butter wird schaumig gerührt, die erwärmten Eier (in laues Wasser legen) abwechselnd mit Zucker und Mehl dazu gerührt, zuletzt die mit lauwarmer Milch aufgelöste Hefe, Zitrone und Salz. Dann wird der Teig gut geschlagen und sofort in eine Ringform gefüllt, zum Gehen in die Wärme gestellt, dann gebacken. Darauf wird er aus der Form gestürzt und dieselbe zur Hälfte mit folgendem Kräuterzucker: gefüllt, ½ Pfund Zucker wird in ½ l Wasser aufgelöst, gut gekocht, vom Feuer genommen und nachdem er etwas abgekühlt ist, mit 2-4 Löffeln Rum oder Arrak vermischt. Dann wird der gebackene Ring hineingestürzt, bis er die Flüssigkeit aufgezogen hat, darauf mit Aprikosen- oder Hägenmark bestrichen und mit einer dünnen Zuckerglasur überzogen. Er kann dann noch mit Belegfrüchten garniert werden. Man kann den Saverin auch mit Weinschaum servieren.

Feinere Kuchen und Torten.

Anmerkung: Um recht steifen Schnee zu erhalten, wird 1/3 des Zuckers mit dem halbfertigen Schnee zusammen geschlagen. Die Obstkuchen sollen, ehe sie den Guß erhalten, halbfertig gebacken werden.

945. Geriebener Apfelkuchen.

Zutaten: Mürbteig. 8-10 Äpfel, 250 g Zucker, 3-4 Eier, geriebene Zitronenschale, 125 g geriebene Mandeln, kleine Rosinen, 1 Messerspitze Zimt, 1 Löffel Rum oder Arrak.

Ein Blech wird mit Mürbteig ausgelegt, die rohen Äpfel durch die Hackmaschine gelassen. Zucker und Eigelb werden schaumig gerührt, die übrigen Zutaten zugegeben, zuletzt der steife Eierschnee.

946. Apfelkuchen andere Art.

Zutaten: Mürbteig. 8-10 Äpfel, 2 Eier, 2 Esslöffel Zucker, 1 Tasse saurer Rahm, 2 Löffel Brösel, etwas Zitronenschale.

Eigelb und Zucker werden schaumig gerührt, die übrigen Zutaten zugegeben, zuletzt der steife Schnee.

947. Apfelkuchen.

Zutaten: Mürbteig. 8-10 Äpfel, ½ Tasse saurer Rahm, 2 Eier, Zucker, Zimt.

Ein bestrichenes Blech wird mit Mürbteig ausgelegt, die Äpfel werden geschält, in 4 Teile geschnitten, dieselben am breiten Teil mehrfach eingeschnitten, damit sie beim Backen fein blättrig auseinandergehen. Sie werden auf den halbfertigen Teig gelegt, mit Eiern und Rahm (gut verklopft) übergossen, mit Zucker und Zimt bestreut, dann der Kuchen fertig gebacken.

948. Apfelkuchenguß.

Zutaten: 5 Eier, 125 g Zucker, 125 g Kartoffelmehl, Zitronenschale.

Eigelb und Zucker werden schaumig gerührt, die übrigen Zutaten zugegeben, zuletzt der steife Eierschnee.

949. Apfelkuchenguß anderer Art.

Zutaten: 50 g Butter, 50 g Zucker, 50 g Mehl, ¼ l lauwarme Milch, 3 Eier.

Die Butter wird leicht gerührt, dann mit den Zutaten vermengt, zuletzt mit dem steifen Eierschnee.

950. Apfel-Gitterkuchen.

Zutaten: geriebener Kuchenteig, 8 große Äpfel, Butter, Zucker, Zitronensaft.

Nachdem die Äpfel geschält und in Viertel geschnitten sind, werden sie mit dem, nötigen Zucker, etwas Butter und Zitronensaft zu einem dicken Mus gekocht, das gut gerührt wird. Eine Springform mit abnehmbarem Rand wird mit Teig ausgelegt, ein Teigdoppelrand gemacht, das Apfelmus eingefüllt. Vom übrigen Teig werden dünne Streifen ausgerollt und gitterartig über den Kuchen gelegt. Ein Teigröllchen am Rande schließt den Kuchen ab. Er wird mit Ei bestrichen und gebacken.

951. Apfelkuchen mit Creme.

Zutaten: Butterteig. Zur Creme: 2 Eier, 1/8 l Rahm oder gute Milch, 100 g Zucker, 50 g zerfallene Butter, 1 Kaffeelöffel Zimt, das Abgebene einer halben Zitrone, 1 Kaffeelöffel Stärkemehl.

Ein Kuchenblech wird mit Butterteig belegt, Apfelschnitzchen schneckenartig darauf gelegt, mit Zucker, Zimt und Korinthen bestreut und vor dem Backen die mit obigen Zutaten bereitete Creme darüber gegeben. Der Kuchen wird vor dem Gebrauch mit Zucker bestäubt.

952. Grießobstkuchen.

Zutaten: Von Grieß, Mehl, Zucker und Milch je 1 ½ Tassen, das Abgeriebene und der Saft einer halben Zitrone oder Vanillinzucker, 50 g zerlassene Butter, 2 Eier, 1 ½ Päckchen Backpulver.

Die Zutaten werden untereinander gerührt, in ein bestrichenes Kuchenblech gefüllt, mit Äpfeln, Kirchen oder Zwetschgen belegt und in guter Hitze ¾ Stunden gebacken.

953. Feiner Apfelkuchen.

Zutaten: 125 g Butter, 125 g Zucker, 3 Eier, ½ Pfund Mehl, 4-5 Esslöffel Milch, 1 Päckchen Backpulver, das Abgeriebene und der Saft einer halben Zitrone.

Butter, Zucker und Eigelb werden schaumig gerührt, die anderen Zutaten, Mehl und der steife Schnee abwechselnd darunter gemengt. Der Kuchen wird in einer bestrichenen Form, mit Apfelschnitzen, Kirschen oder ausgesteinten Zwetschgen belegt, in mittlerer Hitze gebacken.

954. Kaiserkuchen.

Zutaten: ¼ Pfund Zucker, 4 Eigelb, 70 g Brösele, 3 Esslöffel Arrak oder Kirschwasser, 1 Messerspitze Zimt, 65 g Mandeln oder mit Zucker geröstete Kokosflocken, 2 Esslöffel Wein, 1 Prise Nelken, 70 g Butter, zum Belegen Apfelschnitzchen.

Eigelb und Zucker werden schaumig gerührt, die zerlassene Butter mitgerührt, Brösel mit Arrak und Wein angefeuchtet und abwechselnd mit dem steifen Schnee und den anderen Zutaten zugegeben. In einer bestrichenen Form (28 cm Durchmesser) wird der Kuchen, mit Apfelschnitzchen belegt, in mittlerer Hitze gebacken.

955. Birnenkuchen.

Zutaten: Mürbteig, 2 Pfund geschälte Birnen, 200 g Zucker, 9 Eier, 170 g Butter.

Die Birnen werden mit 50 g Butter und 100 g Zucker gekocht und durch passiert. 120 g Butter, 100 g Zucker und die Eigelb werden schaumig gerührt, etwas Zimt, Zitrone, die Birnen und der steife Schnee darunter gemischt und die Masse auf ein mit Mürbteig belegtes Blech gefüllt. Der Kuchen wird bei schwacher Oberhitze gebacken, abgeteilt, die Teile je mit einer halb weichgekochten Birne belegt, und nachdem er etwas abgefüllt ist, mit Gelee übergossen.

956. Birnenkuchen anderer Art.

Zutaten: Kuchenteig. große reife und gute Tafelbirnen. Zum Guß: ½ l saurer Rahm, 3 Eier, 5-6 Esslöffel Zucker (oder ½ l Milch, 3 Eier, 1 Esslöffel Zucker).

Nachdem eine Springform mit Teig ausgelegt ist, werden die Birnenschnitzchen schön darauf verteilt und der Kuchen ¾ Stunden in heißem Ofen gebacken. Dann kommt der von obigen Zutaten bereitete Eierguß darüber, den man im Ofen noch kurz fest werden läßt.

957. Kirschkuchen.

Zutaten: 10 Eier, 200 g Zucker, 120 g mit Arrak oder Wein angefeuchtete Brösel, 100 g Mandeln, 50 g Mehl, Zitronenschale, 1 Kaffeelöffel Zimt, 30 g Zitronat und Pommeranzenschale, 1 ½ Pfund entstielte Kirschen.

Eigelb und Zucker werden schaumig gerührt, die feuchten Brösel zugegeben, sowie die geriebenen Mandeln, das Mehl, und die übrigen Zutaten, zuletzt der steife Schnee. Dann werden auch die Kirschen zugegeben, die Masse in eine gut gebutterte und gebröselte Form gefüllt und gebacken.

958. Grießkirschenkuchen.

Zutaten: ½ l Milch, 100 g Butter, 125 g Grieß, 5 Eier, 125 g Zucker, 1-1 ½ Pfund Kirschen, die Schale einer halben Zitrone.

Milch und Butter werden zum Kochen gebracht, der Grieß eingerührt und so lange unter Rühren gekocht, bis er sich von der Pfanne löst, dann kalt gestellt. Eigelb und Zucker werden schaumig gerührt, dann die etwas erkaltete Masse dazu gerührt, zuletzt der steife Schnee leicht darunter gezogen, das Ganze in gut eine gebröselte Form gegeben, die Kirschen darauf verteilt und der Kuchen in mäßiger Hitze gebacken.

959. Grießkirschenkuchen anderer Art.

Zutaten: 250 g Zucker, 8 Eier, 200 g Grieß, 1 ½ Pfund Kirschen.

Zucker und Eigelb werden schaumig gerührt, ½ Pfund Grieß und der steife Schnee zugegeben, zuletzt die Kirschen und die Masse in gut gebröselter Form gebacken.

960. Kirschkuchen mit Creme.

Zutaten: Hergerichteter Kirschkuchen. Zur Creme: 35 g Mehl, 50 g Zucker, 1/8 l saurer Rahm, 35 g Butter, das Abgeriebene und der Saft einer halben Zitrone, 1 Kaffeelöffel Zimt, 3 Eier.

Oder: 5 Eier, 3 Esslöffel Mehl, 5 Esslöffel Zucker, 50 g Butter1 Kaffeelöffel Zimt, Saft und Schale einer halben Zitrone, 1/8 l süßer Rahm.

Die Zutaten werden auf dem Feuer geschlagen bis zum Kochen, dann bis zum Erkalten weiter gerührt, der Schnee zugegeben und die Creme auf den hergerichteten Kuchen gegeben, der in mittlerer Hitze gebacken wird.

961 a. Kirschkuchen.

Zutaten: 125 g Butter, 200 g Zucker, 6 Eier, 5 abgerindete, in Milch eingeweichte Wecken, 1 Pfund entstielte Kirschen.

Butter, Zucker und Eigelb werden schaumig gerührt, die gut ausgedrückten Wecken dazu gerührt, dann der Schnee und die Kirschen zugegeben und die Masse in einer gut gebröselten Form gebacken.

961 b. Kirschkuchen anderer Art.

Kann auch wie Träubeleskuchen Nr. 977 zubereitet werden, doch nimmt man nur 200 g Zucker.

962. Kirschkuchen.

Zutaten: Mürbteig, 1-1 ½ Pfund Kirschen, 200 g Zucker, 5 Eier, 50 g Mehl, 50 g Mandeln oder Nüsse, 50 g Brösel, 1 Esslöffel Arrak oder Most.

Ein Kuchenblech wird mit Mürbteig ausgelegt, die Kirschen darauf verteilt, dann im Ofen etwas angebacken. Eigelb und Zucker werden schaumig gerührt, die Brösel mit Arrak oder Most angefeuchtet und mit dem Mehl den geriebenen Mandeln oder Nüssen dazu gerührt, zuletzt der steife Eierschnee darunter gezogen. Damit wird der heiße, halbfertige Kuchen übergossen.

963. Aprikosenkuchen.

Zutaten: Mürbteig, Bisquit- oder Makkronenbrösel, 1 ½ Pfund eingedünstete, ausgesteinte und eingeschnittene Aprikosen (oder frische) oder ¾ Pfd. getrocknete. 50 g gehobelte oder fein geschnittene Mandeln, 50 g Zucker, ¼ l Schlagrahm, dazu 1 gehäufter Löffel Zucker.

Ein Kuchenblech wird mit Mürbteig ausgelegt, mit den Bröseln bestreut, die Aprikosen darauf verteilt, mit Zucker und Mandeln bestreut. Der Kuchen wird fertig gebacken, nach Erkalten mit einem Gitter von gezuckertem Schlagrahm bespritzt.

964. Aprikosenkuchen.

Zutaten: Mürbteig. Zum Streichen: 1 Ei. Zum Belegen: 2 ½ Pfund Aprikosen, 250 g Zucker, 125 g Mandeln.

Ein Kuchenblech wird mit Teig belegt, der Rand 2 cm breit mit Eiweiß bestrichen, ein aus Teig geflochtenes Kränzchen darauf gesetzt und mit Eigelb bestrichen, der Boden mit Backbohnen oder Erbsen belegt und in mittlerer Hitze gebacken. Inzwischen werden die Früchte kurz in kochendes Wasser gehalten, geschält, halbiert und in diesem Wasser mit Zucker (in kleinen Mengen) weichgedünstet. Wenn sie erkaltet sind, werden sie auf den Kuchenboden gelegt, die geschälte Seite nach oben, der dickgekochte Saft und die blättrig geschnittenen Mandeln darüber gegeben und der Kuchen vor Gebrauch mit Puderzucker bestäubt.

965. Aprikosenkuchen von trockenen Früchten.

Zutaten: 365 g trockene Aprikosen, ¾ l Wasser, 125 g Zucker, 20 g geschälte Mandeln.

Die Aprikosen werden gewaschen, einmal aufgekocht, bis zum nächsten Tag stehen gelassen, der Saft zum Gelee gekocht. Der Boden wird wie in voriger Nummer gebacken, mit Früchten belegt, geschälte Mandeln und der Saft darüber gegeben. Nach Belieben kann ein Meringenguss von 3

Eiweiß und 120 g Zucker mit dem Spritzsack auf den Kuchen gegeben werden; dann wird er noch 5 Minuten im heißen Ofen überbacken, bis die Meringenmasse lichtgelbe Farbe bekommen hat.

966. Mirabellenkuchen.

Die ausgesteinten Früchte werden gleichmäßig auf den vorbereiteten Kuchenboden gelegt, mit Zucker bestreut und der Kuchen in mittlerer Hitze eine halbe Stunde gebacken. Bei Verwendung von Eindünstfrüchten muss der Boden mit Backbohnen belegt gebacken werden und nachdem diese entfernt sind, die entsteinten Früchte gelegt, der Saft dicker eingekocht, mit angerührtem Stärkemehl (1 Teelöffel) verdickt, über den Kuchen gegossen werden.

967. Zwetschgenkuchen mit Guß.

Zutaten: Mürbteig. 1 ½ - 2 Pfund Zwetschgen. Zum Guss: 50 g Mehl, 50 g geriebene Mandeln oder Haselnüsse, 50 g mit Wein oder Arrak angefeuchtete Brösel, 200 g Zucker, 5 Eier, 1 Kaffelöffel Zimt, 1 Messerspitze Zitronenschale.

Eigelb und Zucker werden leicht gerührt, dann die mit Wein angefeuchteten Brösel, die geriebenen Mandeln, Zitronenschale, Zimt und Mehl zugegeben, zuletzt der Schnee. Der Guß wird auf den leicht angebackenen Kuchen gegeben.

968. Zwetschgenkuchen.

Zutaten: 50-60 g Butter, 2 Esslöffel Zucker, 1 Ei, Saft und Schale einer Zitrone, ¼ Tasse Milch, 125 g Mehl, ½ Päckchen Backpulver.

Zucker, Ei und Zitrone (Saft und Schale) werden schaumig gerührt. Unterdessen läßt man Butter und Milch zum kochen kommen und gibt es dann zum Gerührten, sowie das mit Backpulver vermischte Mehl. Der Teig soll die Stärke eines Spatzenteiges haben. Er wird in einer ausgebutterten und ausgebröselten Form mit Mehl bestäubt, mit der Hand schön auseinander gedrückt und mit etwas Bisquit- oder Brotbrösel bestreut. Die ausgesteinten und etwas eingeschnittenen Zwetschgen werden darauf verteilt, mit Zucker, Zimt und einigen feingehobelten Mandeln bestreut, nach dem Backen mit geriebener Schokolade und Zucker bestreut.

969. Traubenkuchen.

Zutaten: Zum Boden Mürb- oder Blätterteig. 2 Pfund Beeren, ½ Pfund Zucker, 2 Hände gestoßene Zwieback- oder Milchbrotbrösel.

Zum Mandelguss: 6 Eiweiß, 200 g abgeriebene länglich geschnittene Mandeln, 280 g Zucker.

Eine Kuchenform wird mit Teig ausgelegt, mit Brösel bestreut, der gezackte Rand mit Eigelb bestrichen, dann die mit Zucker und Wasser aufgekochten und erkalteten Beeren mit einem Teil des Saftes darauf gegeben, zuletzt der Mandelguß. Wenn der Kuchen mit Butterteiggitter gemacht wird, muß der Saft noch besser eingekocht und auf den erkalteten Kuchen gegeben werden. Beim Backen soll er mehr Unterhitze haben, damit er oben hellgelb bleibt.

970. Traubenkuchen andere Art.

Zutaten: Mürb- oder Blätterteig. 2 Pfund Trauben, 100 g geschälte, geriebene Mandeln, 4 Eier, 120 g Zucker, 1/8 l dicker, saurer Rahm.

Nachdem die Beeren auf dem Kuchenboden verteilt sind, werden Eigelb und Zucker schaumig gerührt, mit Rahm und dem steifen Schnee leicht vermengt und über den Kuchen gegeben.

971. Traubenkuchen mit Meringenguß.

Der Kuchen wird wie der vorherige zubereitet. 5 Eiweiß werden zu steifem Schnee geschlagen, ½ Pfund Zucker leicht darunter gemengt und der fertiggebackene Kuchen gitterartig damit verziert (Spritzsack oder Sterntülle). Der Guß wird noch leicht überbacken, bis er schön gelb ist.

Die Beeren können auch unter den Guß gemengt und so auf den Kuchenboden gegeben werden, dann darf die Oberhitze nicht stark sein.

972. Wienerkuchen.

Zutaten: 2 Eier, 180 g Zucker, 120 g Mehl, ½ Päckchen Backpulver, Milch, Marmelade.

Eigelb und 100 g Zucker werden schaumig gerührt, das mit dem Backpulver vermischte Mehl zugegeben und so viel Milch, daß man den Teig ausstreichen kann. In einem Springblech und nicht zu heißem Ofen wird der Kuchen gebacken, dann mit Marmelade bestrichen. Der Eierschnee wird mit 80 g Zucker vermengt, auf die Marmelade gestrichen und der Kuchen nochmals für einige Minuten im Ofen hellgelb überbacken.

973. Johannisbeerkuchen.

Der Teig wird in einem Springblech so ausgedrückt, daß er über den halben Rand geht, mit Brösel bestreut, mit 1 Pfund gezuckerten Johannisbeeren belegt und folgender Guß darauf gegeben; 6 Eiweiß werden zu steifen Schnee geschlagen, ½ Pfund Zucker und 200 g geschälte länglich geschnittene Mandeln darunter gemischt. Vor dem Backen wird der Kuchen mit feinem Zucker bestreut. Statt Mandeln können geröstete Kokosflocken verwendet werden.

974. Johannisbeerkuchen, andere Art.

Zutaten: Blätterteig. 2 Hände Brösel, 1 Pfund Johannisbeeen, 6 Eiweiß, 200 g Feingewichte Mandeln, ½ Pfund Zucker.

Nachdem der Boden mit Brösel bestreut und die gezuckerten Johannisbeeren darauf gegeben sind, wird das Eiweiß geschlagen, bis es schäumt, mit Zucker und Mandeln vermengt und über die Beeren verteilt. Vom Teig werden schmale Streifen gerädelt, gitterartig darüber gelegt, mit Zucker bestreut und der Kuchen in nicht zu heißem Ofen gebacken.

975. Andere Art.

Zubereitung wie Nr. 987.

976. Johannisbeerkuchen, andere Art.

Zutaten: Butterteig, 4 Eier, ½ Pfund Zucker, ¼ Pfund geschälte, geriebene Mandeln, 1 Pfund Johannisbeeren.

Oder: 5 Eier, ½ Pfund Zucker, 50 g Mehl, 50 g Brösel mit Wein angefeuchtet, 30 g Haselnüsse, 1 Pfund Träuble.

1 Kuchenblech wird mit Teig belegt. Eigelb und Zucker werden schaumig gerührt, Beeren, Mandeln und der steife Schnee darunter gemengt und auf den Kuchenboden gegeben. Backzeit in mittlerer Hitze ½ Stunde.

977. Johannisbeerkuchen, andere Art.

Zutaten: Mürbteig. 250 g Zucker, 5 Eier, 50 g Mehl, 50 g mit Most oder Wein angefeuchtete Brösel, 50 g geriebene Haselnüsse oder Mandeln, 1 ½ - Pfund Träubele, es können auch eingedünstete Beeren verwendet werden.

Die Eigelb werden mit 180 g Zucker gerührt. Das Eiweiß wird zu Schnee geschlagen, die restlichen 70 g Zucker dazu geschlagen. Zum Gerührten gibt man Mehl, Brösel, Mandeln, dann Beeren und Schnee, verteilt die Masse auf dem Kuchenboden und backt sie in mittlerer Hitze.

978. Stachelbeerkuchen.

Zutaten: Butter oder Blätterteig, 3 Pfund Stachelbeeren, ¾ Pfund Zucker, 1/8 l Wasser.

Oder: 6 Eiweiß, ½ Pfund Zucker, 1 Esslöffel Mehl, 200 g abgezogene, geriebene Mandeln. Statt 3 Pfund frischer Beeren werden 8/4 l Eindünstbeeren gerechnet.

Ein Kuchenblech wird mit Butterteig belegt und ein gezackter, oder zopfartiger Rand geformt, der mit Ei bestrichen wird. Der Boden wird einigemal durchstochen, mit weißen Bohnen oder trockenen Kirschkernen belegt und in mittlerer Hitze gebacken. Die nicht zu reifen Stachelbeeren werden von Stiel und Blüte befreit, in kochendem Wasser einmal aufgekocht und auf ein Sieb gegeben. Der Zucker wird mit wenig Wasser bis zur kleinen Perle gekocht, die Beeren zugegeben und auf der Seite des Herdes langsam weichgekocht, dann mit dem Schaumlöffel auf eine Platte gelegt. Der Saft wird eingekocht, bis sich Gelee bildet. Nun werden die Kerne von dem gebackenen Boden entfernt, die Beeren darauf gegeben und mit dem Saft glasiert. Nach Belieben kann auch ein Meringenguß darauf gegeben und hellgelb gebacken werden; dann werden vor den Beeren 2 Hände Brösel auf den Boden gestreut.

979. Stachelbeerkuchen.

Zutaten: Mürbteig von 250 g Mehl, 150 g Butter, 1 Ei, 1 Dessertglas Weißwein, 1 gehäuften Esslöffel Zucker.

Zum Guß: Schnee von 12 Eiweiß, 500 g Zucker, 1 Esslöffel Mehl, 200 g abgezogene, geriebene Mandeln, ein 1 ½ l Glas eingedünstete oder 750 g rohe Stachelbeeren.

Ein gebuttertes und gebröseltes Blech wird mit Mürbteig ausgelegt. Die Eiweiß werden zu steifem Schnee geschlagen, 125 g Zucker dazu geschlagen. Dann werden der restliche Zucker, die geschälten und geriebenen Mandeln und das Mehl leicht darunter gemengt, zuletzt die Beeren, die auf einem Seiher gut abgelaufenen sind. Der Kuchen wird in nicht zu heißem Ofen gebacken.

980. Erdbeerkuchen.

Von der Meringenmasse wird ein Boden mit Rand auf Papier dressiert und gebacken, ½ l gut gezuckerte Erdbeeren auf den erkalteten Boden gefüllt, von steifem Schlagrahm ein Gitter gespritzt, mit Erdbeeren garniert. Um leicht einen runden Papierboden zu erhalten, wird das Papier in der Mitte mit einem spitzen Gegenstand festgehalten, Ein Bleistift am Rande des Herdes, d.h.in der gewünschten Breite eingesteckt und mit demselben der Kreis gezogen. Auf diese Weise können Böden in jeder Größe hergestellt und aufeinander gesetzt werden.

981 a. Erdbeerkuchen anderer Art.

Ein blind gebackener Kuchenboden (f. Nr. 890) wird mit Erdbeeren belegt, mit Zucker bestreut und mit zubereiteter Meringenmasse überstrichen. Es können nach Belieben schöne Zeichnungen aufgespritzt werden. Dann wird der Kuchen kurz in den kühlen Ofen gegeben, bis er leicht angebräunt ist. Die Beeren können auch unter die Meringenmasse gezogen, eingefüllt und mit Zucker bestreut, leicht überbacken werden. Meringenmasse: Zum steifen Schnee von 3 Eiweiß werden 170 g Zucker hinzu geschlagen.

981 b. Erdbeerkuchen anderer Art.

Die Erdbeeren werden halbiert, mit Staubzucker vermischt, auf den Boden gefüllt und mit Schlagrahm verziert.

982. Erdbeer- oder Himbeerkuchen mit Meringenguß.

Ein Boden von Blätter- oder Mürbteig wird halb fertig gebacken, dann mit Beeren belegt, ein Meringenguß darüber gegeben, mit Zucker bestäubt und in mittlerer Hitze hellgelb gebacken.

983. Erdbeer- oder Himbeerkuchen, andere Art.

Ein Boden von Meringenmasse wird nach dem Erkalten mit gezuckerten Erdbeeren belegt und von steifem Schlagrahm ein Gitter darüber gespritzt.

984. Erdbeerkuchen.

Zutaten: 3 Eier, 125 g Zucker, 125 g Mehl, 1 ½ Pfund Erdbeeren, Zucker zum Bestreuen, ¼ l Schlagrahm, 1 Messerspitze Backpulver.

Die ganzen Eier werden mit dem Zucker auf der Seite des Herdes geschlagen, bis die Masse lauwarm ist, dann wird sie wieder kalt geschlagen und hierauf das mit Backpulver vermischte Mehl darunter gemengt. Die Masse wird in einem mit Papier eingeschlagenen Tortenreifen gebacken, dann mit Erdbeeren oder Prestlingen dicht belegt – große können in der Mitte durchschnitten werden – und mit Zucker bestreut. Von steifem Schlagrahm wird ein Gitter darüber gespritzt, mit Erdbeeren garniert.

985. Rhabarberkuchen.

Zutaten: Mürbteig. 150 g Zucker, 1 kleine Tasse Rahm, 1 Pfund Rhabarber, 2 Eier.

Ein Blech wird mit Mürbteig ausgelegt, mit Semmelbrösel bestreut. Der Rhabarber wird geschält, in kleine Würfel geschnitten, in einer Schüssel mit Zucker und 1 Messerspitze Natron gut vermischt und auf den Mürbteig gegeben. Die Eier werden mit Rahm verklopft und über den Kuchen gegossen, der in guter Hitze gebacken wird.

986. Heidelbeerkuchen.

Ein Kuchenblech wird mit Hefen- oder Mürbteig belegt, einige Hände Brösel darauf gegeben, dann die gezuckerten Heidelbeeren. Es können vom Teig auch Gitter darüber gelegt oder ein beliebiger Guß darauf gegeben werden. Der Kuchen wird in guter Hitze gebacken.

987. Heidelbeerkuchen.

Zutaten: Mürbteig. Zucker, Zimt, Heidelbeeren, 1 Ei, ½ Tasse Milch.

Der Teig wird in die Kuchenform gegeben, leicht mit Brösel bestreut, die gezuckerten Beeren eingefüllt, der Kuchen in mittlerer Hitze nicht ganz gebacken, mit Ei und Milch (gut verklopft) übergossen, nochmals in den Ofen gegeben und fertig gebacken, hierauf mit Zucker bestreut.

988. Brombeerkuchen.

Wird gemacht wie voriger Nummer.

989. Käsekuchen.

Zutaten: Blätterteig oder Mürbteig. 5 Eier, ¼ Pfund Zucker, 60 g Cremepulver, 60 g Mehl, 1 Pfund Quark.

Eigelb und Zucker werden schaumig gerührt, die übrigen Zutaten sowie der steife Schnee darunter gemischt, die Masse auf den Kuchenboden gefüllt und in guter Hitze eine halbe Stunde gebacken.

990. Gerührter Sträusselkuchen.

Zutaten: 1 ½ Pfund Mehl, 125 g Butter, 250 g Zucker, 4 Eier, 1/3 l Milch, 1 Päckchen Bachpulver, Vanille oder Zitrone.

Zum Sträussel: 50 g geschälte, geschnittene Mandeln, 50 g Zucker, 50 g Butter, 50 g Mehl, 1 Teelöffel Zimt.

Butter, Eigelb und Zucker werden gerührt, Backpulver, Milch, Mehl, Vanille oder Zitrone, sowie der steife Schnee unter die gerührte Masse gemengt, in eine bestrichene Springform gefüllt, der Sträussel darüber gestreut, und ¾ Stunden in guter Hitze gebacken.

991. Musmehlkuchen.

Zutaten: 650 g Musmehl, 500 g Zucker, 2 Eier, ¼ l Milch oder Wasser, 1 Päckchen Backpulver, 1 Tasse Marmelade.

Die Zutaten werden zusammengerührt und in gefetteter Ringform gebacken.

992. Billiger Kuchen.

Zutaten: 1 Pfund Mehl, 250 g Zucker, 1 Tasse Mich, ½ Tasse Marmelade, 1 Ei, 1 Kaffeelöffel Zimt, 3 g Nelken, 1 Päckchen Backpulver.

Oder: 1 Pfund Zucker, 2 Eier, ¼ l Milch, 2 Esslöffel Kakao, 150 g geriebene Nüsse, 40 g Zitronat, 40 g Pommeranzenschale, 120 g Sultaninen, 1 Päckchen Backpulver, 1 Pfund Mehl.

Die Zubereitung ist wie bei Musmehlkuchen.

993. Zwiebelkuchen (2 Stück).

Zutaten: Zum Teig: 1 Pfund Mehl, 90 g Fett, 1 Prise Salz, 2 Eier, 20 g Hefe, ¼ l Milch.

Oder zum Teig: 1 Pfund Mehl, 70 g Butter, 1 Ei, 20 g Hefe, ½ Esslöffel Salz.

Zur Fülle: 140 g Speck oder Butter, 2 ½ Pfund feingeschnittene Zwiebeln, 2 Esslöffel Mehl, 1/8 l saurer Rahm, 3 Eier.

Oder zur Fülle: 2 Pfund Zwiebeln, 5-6 Eier, 2/5 l saurer Rahm, 2 Teelöffel Salz, 60 g Mehl, 60 g Butter.

Mit Speck oder Butter werden die Zwiebeln gedämpft und wenn sie erkaltet sind, Mehl, Rahm und Eier dazu gerührt. Diese Masse wird auf dem ausgewellten Boden fingerdick ausgestrichen und der Kuchen, nachdem er gegangen ist, in guter Hitze gebacken.

994. Zwiebelkuchen, andere Art.

Zutaten: Blätterteig. Zur Fülle: 4-5 Brötchen, ¼ l Milch, 125 g Speck oder Butter, 1 ¼ Pfund Zwiebeln, 4-5 Eier, 2 Teelöffel Salz, nach Belieben 1 Kaffelöffel Zucker.

Ein Kuchenblech wird mit Blätterteig ausgelegt, dann der Boden einigemal durchstochen. Die abtgeriebenen, in kalter Milch eingeweichten und gut ausgedrückten Brötchen werden verzupft, der in Würfel geschnittene Speck gelb geröstet, die Würfel herausgenommen und die Zwiebeln in dem Fett gedämpft. Dann werden Brötchen, Eier und Salz unter die erkalteten Zwiebeln gemengt und auf den Kuchenboden gegeben, die Speckwürfel darauf gestreut und der Kuchen in guter Hitze gebacken.

995. Speckkuchen.

Zutaten: Zum Teig: 60 g Butter, 250 g Mehl, 5-6 Löffel Milch, ½ Päckchen Backpulver. Zur Fülle: 125 g Speck, 3 Eier, 60 g Zwiebeln, etwas Salz, Kümmel und Pfeffer, 3 Löffel Milch oder Rahm.

Der von den Zutaten bereitete Teig wird ausgewellt und ins Blech gelegt. Vom Rest des Teiges wird eine Rolle geformt und rings um den Boden gelegt. Der in Würfel geschnittene Speck wird mit feingeschnittenen Zwiebeln halb ausgebraten, mit Eiern und Gewürz vermengt, auf den Kuchenboden gegeben und der Kuchen in guter Hitze gebacken.

996. Griechenkuchen.

Zutaten: 125 g Butter, 2 Eier, ¼ l lauwarme Milch, ¾ Pfund Zucker, 1 Pfund Mehl, ½ Päckchen Backpulver, 1 Esslöffel Kognak, das Abgeriebene einer ½ Zitrone.

Die Butter wird schaumig gerührt, Eigelb und Zucker eine Zeit lang mitgerührt, abwechselnd Mehl mit Backpulver, Milch, sowie der steife Schnee darunter gemengt. Vor dem Backen wird der Teig mit Ei bestrichen und mit geschälten, geschnittenen Mandeln bestreut.

997. Nussroulade.

Zutaten: 6 Eier, 125 g Zucker, 90 g Mehl, 1 Messerspitze Backpulver, 1 Prise Salz.

Eigelb, Zucker und Salz werden dickschaumig gerührt, der Eierschnee mit Backpulver und Mehl hineingezogen, dann auf ein gebuttertes Blech gestrichen und 8-10 Minuten in heißem Ofen gebacken. Die fertig gebackene Masse wird rasch auf den Tisch gestürzt, mit Nusscreme bestrichen und aufgerollt. Nach ½ stündigem Ruhen wird die Roulade mit Eierschnee bepinselt, in gehackten Nüssen gerollt und im Ofen noch etwas abgetrocknet.

Nussfülle: 60 g geriebene Haselnüsse, 60 g geriebene Walnüsse, 3 Esslöffel Semmelbrösel und 1 Messerspitze frisch gemahlener Kaffee werden mit ¼ l heißer Milch übergossen, gezuckert und glatt gerührt.

998. Plumcake.

Zutaten: 250 g Butter, 250 g Zucker, 8 Eier, 250 g Mehl, ein Paket Backpulver, ½ Glas Rum, 10 g geriebene süße Mandeln, 150 g Sultaninen, 125 g Korinthen, 60 g geschnittenes Zitronat und Orangeat, 1 Prise Salz, Zitronenabgeriebenes, etwas Muskat, 1 Messerspitze Zimt.

Zu der schaumig gerührten Butter werden abwechselnd mit Zucker 2 ganze Eier und 6 Eigelb unter tüchtigem Rühren hinzugefügt. Dann werden Mehl mit Backpulver, Eierschnee und zuletzt die noch übrigen Zutaten hineingemengt. Eine ausgefettete Kastenform wird mit gezacktem, ebenfalls gefettetem Pergamentpapier ausgelegt, die Masse eingefüllt, mit gebuttertem Papier bedeckt und in mittelheißem Ofen 50-60 Minuten gut durchgebacken. Es ist besser, wenn der Kuchen 2-3 Tage vor Gebrauch gebacken wird.

999. Weinkuchen.

Zutaten: 170 g Zucker, 5 Eier, 100 g geschälte, geriebene, süße Mandeln, 100 g mit Rum befeuchtete Brösel, 1 ½ Esslöffel fein gehackte Zitronat.

Zucker und Eigelb, Mandeln und Brösel werden 20 Minuten gerührt, Zitronat und das steif geschlagene Eiweiß, darunter gemengt. Eine Ringform wird ausgefettet, mit Grieß- oder Paniermehl bestreut und der Kuchen darin gebacken.

Guß: 200 g Zucker, 1 Zimtstengel und einige Nelken werden in etwas Wasser aufgekocht, ¼ l Rotwein dazu gegeben, nochmals aufgekocht und die Sauce durch ein Sieb über den heißen Kuchen gegossen.

1000. Blitzkuchen.

Zutaten: 12 Eier, ½ kleine Tasse Wasser, 1 Pfund Zucker, ein halber Kaffeelöffel Backpulver, 50 g Butter, 1 Pfund Mehl.

Eigelb und Zucker werden schaumig gerührt, die zerfallene Butter und das Wasser zugegeben, zuletzt das Mehl, das mit Backpulver vermischt ist und der Eierschnee. Der Kuchen wird in nicht zu starker Hitze langsam gebacken.

1001. Linzertorte.

Zutaten: 300 g Mehl, 300 g Butter, 300 g Zucker, 300 g geriebene Mandeln, oder mit Zucker geröstete Kokosflocken, 1 Ei, 1 Kaffeelöffel Kakao, 1 Messerspitze Zimt, 1 Prise Nelken, 2 Esslöffel Kirschwasser, 5 Esslöffel Marmelade, ½ Päckchen Backpulver.

Die Butter wird auf dem Nudelbrett unter das gesiebte Mehl geschnitten, die übrigen Zutaten zugegeben, alles leicht zusammengehäckelt und zu einem Teig verarbeitet, den man 1 Stunde in der Kälte ruhen läßt. Von der Hälfte des Teiges wird dann ein dicker Boden ausgewellt, ein Tortenblech damit belegt und Marmelade aufgestrichen. Die zweite Hälfte wird ¾ cm dick ausgewellt, mit einem Weinglas oder Pastetenring Blättchen abgestochen, die wieder zu länglich schmalen Blättchen geschnitten werden. Sie werden hübsch geordnet auf den bestrichenen Tortenboden gelegt, der Rand durch Übereinanderlegen von Blättern hergestellt und die Torte in die Kälte gestellt zum Steifwerden. Vor dem Backen werden die Blätter mit gut verrührtem Eigelb, bestrichen. Backzeit in mittlerer Hitze ¾ - 1 Stunde. Die Torte soll einige Tage vor Gebrauch gemacht werden.

1002. Einfache Linzertorte.

Zutaten: 100 g Butter, 300 g Zucker, 300 g feingewiegte Haferflocken, 1 Ei, 1 Esslöffel Zimt, 1 Messerspitze Nelken, die abgeriebene Schale ½ Zitrone, 250 g Mehl, 1 Päckchen Backpulver, 4-5 Löffel Milch oder Rahm, Marmelade.

Zubereitung wie in voriger Nummer.

1003. Gerührte Linzertorte.

Zutaten: 250 g Butter, 250 g Zucker, 1 Zitronenschale, 6 Eier, 250 g Mehl, 1 Löffel Zimt, 1 Messerspitze Nelken, 250 g geriebene Mandeln.

Butter und Zucker werden schaumig gerührt, Zitronenschale, 2 Eier, 2 Löffel Mehl, dann wieder Eier und Mehl, ein zweites und drittes Mal dazu gerührt, sowie Zimt, Nelken und Mandeln. Eine Form wird mit Butter ausgestrichen, mit Mehl betäubt, dann von der Masse aufgestrichen, daraus eingemachte Himbeeren gefüllt. Vom Rest der Masse werden mit dem Dressiersack Streifen gitterartig über den Kuchen dressiert, dann wird er ½ Stunde kalt gestellt, mit Ei bestrichen und gebacken.

1004. Einfache Linzertorte (sehr gut).

Zutaten: 150 g Butter, 200 g Zucker, 200 g Mehl, 50 g gewiegte Haferflocken, 150 g Mandeln oder Haselnüsse, ½ Päckchen Backpulver, 2 Eier, 1 Löffel Zimt, Saft und Schale einer Zitrone.

Im Übrigen Zubereitung wie 1001.

1005. Stachelbeertorte.

Zutaten: 1 Pfund Zucker, 1 ½ kg Stachelbeeren, Zitronenschale, ¼ l Weißwein, 125 g Butter, 4 Eier, 125 g Zucker, 300 g geriebene süße Mandeln, 125 g geriebenes Brot.

Die Stachelbeeren werden in wenig Wasser kurz aufgekocht, zum Abtropfen in einen Seiher gegeben und nochmals mit Zucker, Weißwein und Zitronenabgeriebenem zum Weichkochen aufs Feuer gebracht. Nun wird die Butter schaumig gerührt, Eigelb, Zucker, Mandeln, zugegeben und das geriebene Brot, die abgelaufenen Beeren hineingezogen und die Torte in einer gebutterten Form in gelinder Hitze gebacken.

1006. Erdbeeren-Creme-Torte.

Zutaten: 100 g Butter, 100 g Zucker, 4 Eier, etwas Zitronenabgeriebenes, 50 g Brösel, etwas Arrak, 50 g geriebene, süße Mandeln, 75 g Mehl.

Zucker, Butter, Eigelb, Zimt und Zitronenabgeriebenes werden schaumig gerührt, die mit Arrak angefeuchteten Brösel sowie die Mandeln zugegeben, zuletzt das Mehl und der steife Schnee hineingezogen. Eine Form wird mit Butter ausgestrichen und mit Grieß ausgestäubt, die Masse eingefüllt und rasch gebacken. Dann werden zu einer fertigen Anannascreme Erdbeeren (oder Erdbeermark) gegeben, der dritte Teil in die quer durchgeschnittene Torte gefüllt; 2/3 werden mit Dressiersack auf die fertige Torte gespritzt.

1007. Orangentorte.

Zutaten: 10 Eier, 250 g Zucker, 250 g Mehl, das Abgeriebene einer halben Orange oder Zitrone.
Zum Füllen: Orangencreme von 3 Eigelb, 150 g Zucker, Saft von 2 Orangen, 1/8 l Weißwein, 1 Likörgläschen Arrak, 10 Blatt weiße und 1 Blatt rote Gelatine.

Eigelb, Zucker, Orangen und Zitronen- Abgeriebenes werden schaumig gerührt, das Mehl abwechselnd mit dem steifen Schnee leicht darunter gemengt, die Masse in eine vorgerichtete Form gefüllt und in mäßiger Hitze ¾ - 1 Stunde gebacken. Nach dem Erkalten wird die Torte 2-mal durchschnitten, mit Orangencreme (siehe Nr. 1428 b) gefüllt, mit Orangenglasur überzogen und mit glasierten Orangenschmitzen verziert.

Glasur: 1 Orange wird mit 2 Stückchen Zucker abgerieben, die Zuckerstückchen mit 300 g Zucker in 2 Esslöffeln Wasser aufgelöst und mit 1 Esslöffel Arrak zu einem dickflüssigen Brei gerührt, die Torte damit überzogen.

1008. Grießtorte.

Zutaten: 375 g Zucker, 30 g bittere Mandeln, 12 Eier, Saft und Schale einer Zitrone, 300 g Grieß.

Eigelb und Zucker werden schaumig gerührt, Schale und Saft einer Zitrone zugegeben, Grieß und der steife Schnee leicht darunter gemengt, die Masse in eine bestrichene Form gefüllt und in mäßiger Hitze gebacken.

1009. Marmortorte.

Zutaten: 250 g Butter, 14 Eier, 125 g Kartoffelmehl, 125 g Mehl, 120 g Butter.

Eigelb und Zucker werden schaumig gerührt, Kartoffelmehl, Mehl, die zerlassene Butter, zuletzt der steife Schnee zugegeben. 1/3 dieser Masse wird gefärbt, die Hälfte mit Garmin, die zweite Hälfte mit Kakao. Eine Form wird mit Papier ausgelegt, bis zur Mitte mit der ungefärbten Masse gefüllt, die gefärbte darauf gegeben, zuletzt wieder ungefärbte. In mäßiger Hitze wird die Torte gebacken.

1010. Kabinettstorte.

Zutaten: 12 Eier, 250 g Zucker, die Schale ½ Zitrone, 250 g Mehl.

Zur Creme: 4 Eier, 120 g Zucker, 8 Blatt Gelatine, ½ Zitrone und ¼ l Weißwein.

Eigelb und Zucker werden schaumig gerührt, Zitronenschale, Mehl und Eierschnee zugegeben. Zwei Tortenbleche erhalten von dieser Masse je eine dünne Lage, der Rest ist für Würfel bestimmt und wird in zwei Teile geteilt. Die eine Hälfte wird auf ein weiteres Blech gestrichen, die andere Hälfte wird mit Schokolade gefärbt, dann ebenfalls auf ein Blech gestrichen. Nachdem alles gebacken ist, werden die zu Würfeln bestimmten Böden zu Streifen geschnitten, dann zu größeren Würfeln, kurz in Creme getaucht und als Rand auf den Tortenboden gestellt, abwechselnd in der Farbe. Dann wird folgende Creme bereitet: Eigelb und Zucker werden schaumig gerührt, die Gelatine dazu geschnitten und dieses mit dem Zitronen- Abgeriebenem und Saft und ¼ l Weißwein auf dem Feuer geschlagen, bis es dick ist, dann kalt gestellt, einigemal aufgeschlagen, damit sich feine Haut bilden kann. Die noch übrigen Würfel werden kleiner geschnitten und mit dem Eierschnee unter die Creme gemengt, alles auf den Tortenboden gefüllt, der zweite Boden darauf gesetzt, die Torte kalt gestellt und nach Festwerden glasiert.

1011. Feinere Haselnusstorte.

Zutaten: I. 10 Eier, 300 g Zucker, ¾ Pfund geriebene Haselnüsse, Schale einer Zitrone, 1 Esslöffel Mehl.

Zutaten: II. 6 Eigelb, ¼ Pfund Zucker, ¼ Pfund Mandeln, 6 Eiweiß.

Eigelb und Zucker von Zutaten I, werden ½ Stunde gerührt, Zitrone, die geriebene Haselnüsse, Mehl und der steife Schnee leicht darunter gemengt. Von dieser Masse werden zwei Böden gebacken. Von den zweiten Zutaten wird für die Mitte ein Mandelboden bereitet. Eigelb und Zucker werden schaumig gerührt, die geriebenen Mandeln und der steife Schnee daruntergemengt und die Masse in einer bestrichenen, mit Papier belegten Form, in schwacher Hitze gebacken. Die Torte mit Quittenmarmelade oder Creme gefüllt und mit einer beliebigen Glasur überzogen.

1012. Haselnusstorte.

Zutaten: 300 g Zucker, 12 Eier, 150 g geröstete geriebene Haselnüsse, etwas Vanille, 150 g Mehl.
Zucker und Eigelb schaumig rühren, die übrigen Zutaten, zuletzt den steifen Schnee zugegeben, alles in eine Form füllen und backen.

1013. Trüffeltorte.

Zutaten: Haselnusstortenmasse, 1 gehäufter Esslöffel Kakao, etwas Wasser, Schokoladeglasur Nr. 1433 oder 34. Zu Trüffeln: 250 g Staubzucker, 100 g Kakao, Kokosfett.
Der Esslöffel Kakao wird mit Wasser angerührt und zur Haselnusstortenmasse gegeben. Nach dem Backen wird die Torte glasiert und mit folgenden Trüffeln bestreut. Staubzucker und Kakao werden gemischt, mit so viel vergangenem Kokosfett gerührt, daß es einen festen Klumpen gibt, in der Kühle durch einen umgekehrten Seiher auf ein Blech gedrückt. Wenn die Trüffel fest und kalt geworden sind, können sie auf die Torte gestreut werden.

1014. Schwarzbrottorte.

Zutaten: 12 Eier, 300 g Zucker, 125 g Schwarzbrotbrösel, mit Wein oder Arrak angefeuchtet, 125 g Mandeln, 50 g Zitronat, 50 g Pommeranzenschale, 1 Esslöffel Zimt, 1 Messerspitze Nelken, 60 g Mehl.
Eigelb und Zucker werden schaumig gerührt, die angefeuchteten Brösel, Mandeln und die anderen Zutaten mit dem steifen Schnee leicht darunter gezogen. Die Masse wird in eine bestrichene, mit Papier belegte Tortenform gefüllt und in mäßiger Hitze ungefähr eine Stunde gebacken.

1015. Schwarzbrottorte, andere Art.

Zutaten: 10 Eier, 120 g Haselnüsse, 130 g mit Wein und Arrak angefeuchtete Brösel, 1 Kaffeelöffel Zimt, ½ Kaffeelöffel Nelken, das Abgeriebene ½ Zitrone.
Zubereitung wie in voriger Nummer.

1016. Besonders feine Brottorte.

Zutaten: 125 g im Ofen gedörrtes, fein geriebenes Schwarzbrot, mit ¼ l Rotwein angefeuchtet, 1 Pfund Zucker, 18 Eier, 375 g Mandeln, 125 g Zitronat, Schale 1 Zitrone, 1 Teelöffel Zimt.

6 ganze Eier und 12 Eigelb werden mit dem Zucker schaumig gerührt, die fein geriebenen Mandeln, mit dem angefeuchteten Brot, den anderen Zutaten und dem steifen Schnee von 12 Eiweiß darunter gemengt und die Masse in einer bestrichene, mit Papier belegte Tortenform gefüllt. Backzeit 1 ¼ Stunden in mäßiger Hitze. Diese Torte bleibt lange feucht und ist sehr schmackhaft.

1017. Gelbe Rüben-Torte.

Zutaten: 10 Eier, 450 g Zucker, 1 Pfund geriebene gelbe Rüben, 1 Pfund geriebene Mandeln, 1 Teelöffel Zimt, 3 Esslöffel Kartoffelmehl, 1 Esslöffel Rum oder Kirschgeist.

Eigelb und Zucker werden schaumig gerührt, die gelben Rüben einige Zeit mitgerührt, dann die übrigen Zutaten zuletzt der steife Schnee zugegeben. Backzeit 1 Stunde.

1018. Biskuit-Torte.

Zutaten: 10 Eier, 250 g Zucker, 250 g Mehl, Zitrone.

Eigelb und Zucker werden schaumig gerührt, Mehl und der steife Schnee abwechselnd leicht darunter gemengt, die Masse in eine bestrichene Tortenform gefüllt und in schwacher Hitze eine Stunde gebacken.

1019. Biskuit-Torte, andere Art.

Zutaten: 5 Eier, 5 Esslöffel Wasser, die Schale 1 Zitrone, 300 g Zucker, 300 g Mehl, ½ Päckchen Backpulver, Marmelade, Zitronenglasur.

Eigelb und Wasser werden mit dem Schneebesen 3 Minuten geschlagen, dann mit dem Zucker schaumig gerührt, Zitronenschale und Backpulver zugegeben, das gesiebte Mehl und der steife Schnee abwechselnd leicht darunter gemengt. Dann wird die Masse in eine gut bestrichene Tortenform gefüllt und in mäßiger Hitze 1 Stunde gebacken. Nach dem Erkalten wird die Torte quer durchschnitten, mit Marmelade gefüllt und mit Zitronenglasur überzogen.

1020. Feine Biskuit-Torte.

Zutaten: 15 Eigelb, 10 Eiweiß, 250 g Staubzucker, 250 g Stärkemehl, das Abgeriebene einer halben, Zitrone, 1 Esslöffel Zitronensaft.

Eigelb und Zucker werden gerührt, dann Zitrone zugegeben, der steife Schnee und das Stärkemehl. In einer bestrichenen, mit Papier ausgelegten Tortenform wird die Torte ¾ - 1 Stunde in mäßiger Hitze gebacken.

1021. Punschtorte.

Zutaten: 12 Eier, 500 g Zucker, 375 g Mehl, 1 Zitrone, 1/8 l Arrak, 8 Esslöffel Hägenmark. Zur Glasur: 375 g Zucker, etwas Arrak und Wasser.

4 ganze Eier und 8 Eigelb werden mit dem Zucker, der Schale und dem Saft einer Zitrone schaumig gerührt, dann das Mehl und der Schnee leicht darunter gemischt. Die Masse wird in eine gut bestrichene und mit Mehl bestäubte Form gefüllt und gebacken. Am nächsten Tag wird die Torte 2-mal durchschnitten, so, daß man drei gleiche Teile hat. Zwischen die Lagen wird das mit Arrak gut verrührte Hägenmark gestrichen, die Torte wieder zusammen gesetzt, mit Arrakglasur überzogen, die von Zucker, etwas Arrak und Wasser dickflüssig angerührt wurde. Die Schnittflächen der Torte können auch mit Arrakpunsch übergossen und mit Marmelade bestrichen werden. Zum Punsch wird der Wein mit Zucker, Arrak und Zitronensaft bis zum Kochen gebracht.

1022. Sandtorte.

Zutaten: 12 Eier, 1 Pfund Zucker, 1 Pfund Mehl, 120 g Butter, 60 g geschälte, geschnittene Mandeln, 1 Teelöffel Hirschhornsalz.

6 ganze Eier, 6 Eigelb und Zucker werden schaumig gerührt, Hirschhornsalz zugegeben, Mehl und der steife Schnee von 6 Eiweiß, sowie zuletzt die heiße Butter. Die Masse wird in eine bestrichene Form gefüllt, mit geschälten, geschnittenen Mandeln bestreut und in mittlerer Hitze 1 Stunden gebacken.

1023. Echte Sandtorte.

Zutaten: 250 g Butter, 250 g Zucker, 250 g Mehl, 125 g Mondamin, 4 Eier, 1 Gläschen Arrak, 1 Päckchen Backpulver, 50 g Mandeln.

Die Butter wird leicht gerührt, der Zucker hinzu gerührt, sowie 4 mal 1 Ei und 1 Löffel Mehl. Dann werden Arrak, das restliche Mehl, das mit Backpulver und Mondamin vermischt wurde, tüchtig hineingerührt, die Masse in eine Tortenform gefüllt, mit den feinblätterig geschnittenen Mandeln bestreut und in mäßig heißem Ofen gebacken.

1024. Schwarz-Weiß-Torte.

Zutaten: 500 g Zucker, 4 Eier, 250 g Butter, 1 1/. Tassen ungekochte, lauwarme Milch, 100 g Kakao oder 125 g geriebene Schokolade, 500 g Mehl, 1 Backpulver.

Die Butter wird schaumig gerührt, der Zucker zugegeben, noch 10 Minuten mitgerührt, dann Eigelb, Milch und das gesiebte Mehl hineingemischt, zuletzt der Eierschnee und das Backpulver. Eine Tortenform wird ausgebuttert, mit Grieß ausgestreut, die Hälfte der Masse eingefüllt. Die zweite Hälfte wird rasch mit Kakao oder Schokolade vermischt und löffelweise auf die weiße Masse gegeben. Backzeit 1 Stunde. Dann wird die Torte mit weißer Zuckerglasur überzogen, die mit Schokoladeglasur marmoriert, oder mit Nüssen und Früchten, die dick mit Zucker eingekocht sind, belegt wird.

1025. Meringentorte.

Zutaten: 8 Eiweiß, 1 Pfund Zucker (gesiebter Sandzucker) etwas Vanillezucker.

Die Eiweiße werden zu Schnee geschlagen, dann mit dem Zucker vermischt. Davon werden mit dem Dressiersack zwei runde Böden (Tortenbödengröße) auf Papier gemacht. Der zum Boden bestimmte Teil wird glatt, der andere erhält eine kleine Zeichnung. Bei ganz gelinder Hitze werden sie gebacken, sollen mehr nur trocknen als backen. Wenn sie durch und durch hart sind, kann das Papier entfernt werden. Falls er sich nicht ablösen läßt, wird es unten nass gemacht. Der Boden wird mit Schlagrahm gefüllt, dann die zweite Hälfte ausgesetzt und die Torte schön garniert. Von dieser Masse können auch kleine Meringen gemacht werden.

1026. Portugiesertorte.

Zutaten: 250 g Zucker, 6 Eier, 125 g geschälte Mandeln, 60 g Kartoffelmehl, etwas Zitronenschale.

Eigelb und Zucker werden schaumig gerührt, die geschälten und fein geriebenen Mandeln zugegeben, sowie die übrigen Zutaten, zuletzt der steife Schnee. Die Masse wird in einer Tortenform in mäßiger Hitze gebacken. Sie kann mit Zucker bestreut oder glasiert oder gefüllt werden.

1027. Kartoffeltorte.

Zutaten: 8 Eier, ¾ Pfund Zucker, 1 Pfund gekochte gestrige, geriebene Kartoffeln, 125 g in Rotwein angefeuchtete Schwarzbrotbrösel, die Schale einer halben Zitrone, etwas feingeschnittenes Zitronat und Orangeat, ½ Päckchen Backpulver.

Eigelb und Zucker werden leicht gerührt, dann mit den übrigen Zutaten gut vermengt, zuletzt der geschlagene Schnee und das Backpulver zugegeben.

1028. Warme Bisquitenmasse.

Zutaten: 6 Eier, 250 g Zucker, 250 g Mehl, 1 Messerspitze Backpulver, etwas Zitronenschale.

Eier und Zucker werden an der Seite des Herdes lauwarm geschlagen, dann weitergeschlagen bis die Masse kalt und schaumig ist. Man wird Mehl, Backpulver und Zitronenabgeriebenes zugegeben. Warme Bisquitenmasse eignet sich für Torten und Formgebäck: Osterlämmer, Hasen usw. Auch zu Unterlagen für Obstkuchen kann sie empfohlen werden.

1029. Mokka-Igel.

Eine Melonenform wird mit Butter ausgestrichen und ausgebröselt, mit warm geschlagener Bisquitmasse Nr. 1028 gefüllt und gebacken, nach Erkalten zweimal durchschnitten, mit Mokkacreme gefüllt, von Bisquit eine Schnautze geformt, dann das Ganze mit Mokkacreme überstrichen. Mit Beeren werden Augen, mit einer gespaltenen Mandel Ohren gemacht und der ganze Igel mit stiftlich geschnittenen, getrockneten Mandeln besteckt.

1030. Französischer Igel.

Zutaten: 150 g Butter, 3 Eier, 6 Esslöffel Staubzucker, 6 Esslöffel Kaffee, aus 20 g Kaffeemehl hergestellt.

Zur schaumig gerührten Butter rührt man die Eigelb und den Zucker (je ein Eigelb und etwas Zucker, bis alles zugegeben ist), dann wird der ganz heiße Kaffee hinzu gerührt. Nun werden lange Bisquitstangen auf eine Kuchenplatte gelegt, mit der gerührten Masse bestrichen, mit einer zweiten Bisquitstange bedeckt, wieder bestrichen und so weiter, bis 4-5 Stangen aufeinanderliegen. Der ganze Blech wird mit dem Rest der Masse bestrichen, auf allen Seiten mit geschälten, länglich geschnittenen Mandeln besteckt. Der Igel wird kalt gestellt und dann geschnitten.

1031. Schokoladenigel.

Zutaten: 250 g Löffelbisquit, Schokoladebuttercreme, etwas Rum, Mandeln.

Mit den in Rum angefeuchteten Bisquit wird eine halbkugelige Schüssel ausgelegt, darüber Creme gestrichen und fortgefahren, bis die Schüssel voll ist, dann kalt gestellt, nach 1 Stunde gestürzt, auf den Seiten etwas zusammen gedrückt, ringsum mit Creme überzogen. Von Rosinen macht man Augen und Rüssel und besteckt den Igel ringsum mit geschälten, in Stifte geschnittene Mandeln.

1032. Prinzregententorte.

Von Bisquitmasse werden dünne Böden auf Bleche gestrichen, etwa 6-8 Stück. Wenn sie gebacken und wieder erkaltet sind, werden sie mit Buttercreme zusammengesetzt und die Torte mit einem Schokoladegitter bedeckt.

1033. Pralinentorte.

Zutaten: 120 g Zucker, 8 Eiweiß und 12 Eigelb, 90 g Mandeln, 30 g Butter, 30 g Kakaomasse, 75 g Mehl.

Zucker und Eigelb werden schaumig gerührt, die Mandeln geröstet und fein gerieben, die Butter zergangen zugegeben, ebenso die Kakaomasse, das Mehl, und zuletzt der Eierschnee. Wenn die Masse gebacken ist, wird sie mit Buttercreme gefüllt und mit Krokant bestreut.

1034. Bisquitenroullade.

Zutaten: 125 g Zucker, 6 Eigelb, etwas Zitronenschale, 125 g Mehl.

Zucker und Eigelb werden schaumig gerührt, die Zutaten (zuletzt der Schnee) zugegeben, die Masse auf ein mit Papier belegtes Blech gestrichen und in guter Hitze gebacken, nach Entfernung des Papiers sofort gerollt, nach Erkalten mit Marmelade oder Buttercreme bestrichen. Backzeit 8-10 Minuten.

1035. Biskuit-Torte.

Zutaten: 5 Eier, 1 Pfund Zucker, ¼ l lauwarme Milch oder Wasser, 1 Pfund Mehl, 1 Päckchen Backpulver, das Abgeriebene einer Zitrone.

Eigelb, Zucker, Milch und ein Teil des Mehles werden schaumig gerührt, Backpulver und Zitrone zugegeben, das übrige Mehl wird mit dem steifen Schnee leicht unter die gerührte Masse gemengt, das Ganze in eine bestrichene, mit Papier ausgelegte Form gefüllt und in mittlere Hitze gebacken.

Backzeit ¾ - 1 Stunde.

1036. Schokoladentorte.

Zutaten: 30 g Kakao, 2 Esslöffel Wasser, 120 g Mehl, 180 g Zucker, 11 Eier, 50 g Mandeln, 1 Päckchen Vanillezucker.

100 g Zucker und die Eigelb werden schaumig gerührt, die geschälten und geriebenen Mandeln und der Vanillezucker zugegeben. Das Eiweiß wird mit den restlichen 80 g Zucker zu steifen Schnee geschlagen, 1/3 davon unter die gerührte Masse gehoben. Dann wird der Kakao mit Wasser angerührt und zugegeben, hierauf der restliche Eierschnee. In zwei Ringformen wird die Masse gebacken, dann mit Buttercreme gefüllt. Nach dem Zusammensetzen wird die Torte ganz mit Schokoladebuttercreme überzogen und verziert.

1037. Schokoladentorte.

Zutaten: 12 Eier, ¾ Pfund Zucker, 300 g Mehl, 90 g Schokolade.

Eier und Zucker werden auf der Seite des Herdes so lange geschlagen, bis die Masse beim Ablaufen vom Schneebesen schlängelt. Dann wird die geriebene Schokolade und das gesiebte Mehl vorsichtig darunter gemengt, die Masse in eine vorbereitete Tortenform gefüllt und in mittlerer Hitze gebacken. Nach dem Erkalten wird die Torte mit Schokoladenglasur überzogen; sie kann auch mit Schokoladeschlagrahm gefüllt werden.

1038. Schokoladentorte, andere Art.

Zutaten: ½ Pfund Zucker, 11 Eier, 90 g Schokolade oder 75 g mit Wasser aufgelöster Kakao, 125 g Stärkemehl, 1 Päckchen Vanillezucker.

5 ganze Eier und 6 Eigelb werden mit dem Zucker schaumig gerührt, die geriebene Schokolade oder Kakao mit Vanillezucker und der steife Schnee von 6 Eiweiß mit dem Stärkemehl darunter gemischt, die Masse in eine bestrichene, mit Mehl bestäubte Form gefüllt und in mäßiger Hitze 1 Stunde gebacken.

1039. Schokoladentorte, andere Art.

Zutaten: 125 g Butter, 250 g Mandeln, 50 g Mehl, 250 g Zucker, 9 Eier, 100 g Schokolade.

Butter, Zucker und Eigelb werden eine halbe Stunde gerührt, das Mehl, die feingeriebenen Mandeln und die feingeriebene Schokolade zugegeben, zuletzt der steife Eierschnee. Die Torte wird in mäßiger Hitze gebacken.

1040 a. Schokoladentorte, anderer Art.

Zutaten: 250 g Zucker, 16 Eier, 180 g geriebene Mandeln, 100 g Mehl, 150 g Schokolade, Schale einer Zitrone, 1 Löffel Zimt.

Eigelb und Zucker werden schaumig gerührt, die geriebenen Mandeln, das Mehl und die geriebene Schokolade und Zimt zugegeben, zuletzt der Schnee. Die Masse wird in 2 Reife gefüllt und gebacken.

1040 b. Wienermasse.

300 g Zucker, 12 Eier und 4 Eigelb werden lauwarm geschlagen, vom Herd gezogen und weitergeschlagen, bis die Masse kalt und schaumig ist. Dann werden 170 g Kartoffelmehl, 150 g Mehl, mit etwas Backpulver leicht hineingemengt, zuletzt noch 100 g zerschlichene Butter. Die Masse wird in einem Springblech gebacken.

1040 c. Schwedische Apfeltorte.

Eine Springform wird mit mürbem Teig ausgelegt und derselbe darin gebacken. Dann wird er mit gedämpften Äpfeln belegt und mit gezuckertem Eierschnee überzogen. Zuletzt wird mit dem Spritzbeutel ein Gitter darauf gemacht. Backzeit im Rohr ¼ Stunde.

1040. d. Apfelbieder.

Mürbteig wird auf ein Blech gelegt, darauf kommen klein geschnittene Äpfel, mit Zucker, Zimt und Weinbeeren, kann nochmals eine Lage Mürbteig, der mit Eigelb bestrichen und mit der Fleischgabel ein wenig gestupft wird. Backzeit ¾ Stunde.

Törtchen und Schnitten.

1041. Obsttörtchen.

Zutaten: 100 g Butter, 100 g Zucker, 1 Pfund Mehl, 2 Eier, eine Tasse Milch, Saft und Schale einer Zitrone.

Butter, Zucker und Eigelb werden schaumig gerührt, das Abgeriebene und Zitronensaft, zuletzt Backpulver, Mehl, und Milch zugegeben und alles zu einem Teig verarbeitet. Dann wird er dünn ausgewellt, mit einem Glas Scheiben ausgestochen, aus dem Rest des Teiges Röllchen geformt und diese als Rand auf die kleinen Böden gelegt. Auf einem bestrichenen Blech werde sie goldgelb gebacken, mit gekochtem Obst, wie Stachelbeeren, Erdbeeren, Kirschen, Zwetschgen usw. belegt. Der Obstsaft wird mit Gustin verdickt und noch warm über die Früchte gegeben. Die fertigen Tortenböden halten sich in Blechofen lange Zeit frisch, werden jedoch erst am Tage des Gebrauchs mit Obst belegt.

1042. Torteletten.

Zuckerteig wird ausgerollt, mit einem Glase Böden ausgestochen. Auf jeden Boden kommt als Rand eine Teigrolle, die mit Eigelb bepinselt wird. Die Törtchen werden in heißem Ofen gebacken. Sie können mit Fruchtmarmelade und Schlagrahm, mit gezuckerten Beeren und Schlagrahm, mit gedünsteten Stachelbeeren und Fruchtgelee, mit Erdbeerpüree und Schlagrahm, mit Frangipanecreme, Zuckerkirschen und Schlagsahne usw. gefüllt werden ganz nach Belieben.

1043. Apfel oder Rhabarbertörtchen.

Zutaten: Mürb- oder Zuckerteig, klein geschnittene Äpfel oder geschälte Rhabarberstengel, Zucker, Eiermilch (ein mit ½ Tasse Milch verklopftes Ei).

Glatte Förmchen werden mit Teig ausgelegt, mit den gesüßten Früchten gefüllt und im Ofen ¾ fertig gebacken. Dann wird mit einem Löffel die Eiermilch darüber gegossen. Wenn sie fertig gebacken sind, werden sie stark mit Zucker bestreut.

1044. Traubentörtchen.

Zutaten: süßer, mürber Teig, Traubenbeeren, Zucker, Früchtesulz.

Tortelettchenförmchen werden mit möglichst dünn ausgewelltem Teig ausgelegt, mit gezuckerten Beeren gefüllt und zum Backen in den Ofen gegeben. Nach Erkalten werden sie mit Staubzucker bestreut oder mit kalter Früchtesulz überzogen, die 1 Stunde in der Kühle starr werden muß.

1045. Makronentörtchen.

Zutaten: Mürbteig, 2 Eiweiß, 150 g Zucker, 150 g geriebene süße Mandeln.

Die Zutaten werden schaumig gerührt, dann in glatte Förmchen, die mit Mürbteig ausgelegt sind, eingefüllt, mit Marmelade bestrichen, Mandelmasse darüber gefüllt und mit Zucker bestäubt. In mittelheißem Ofen sind die Törtchen in 20 Minuten fertig.

1046. Prinzesstörtchen.

Zutaten: (10 Stück) 100 g Butter, 50 g süße geriebene Mandeln, 100 g Zucker, 3 Eier, 100 g Mehl, etwas Nelkenpulver und Zimt.

Der schaumig gerührten Butter werden Eigelb, Zucker, Zimt, Mandeln und Nelkenpulver zugegeben und die Masse ¼ Stunde gerührt. Dann wird das Mehl, zuletzt der steife Eierschnee darunter gezogen. Die Masse wird in gebutterte, mit feinstem Gries ausgestreute Förmchen gegossen (halb voll), glatt gestrichen, die Oberfläche mit verklopftem Ei bepinselt, mit geschälten, fein gehackten Mandeln und grobem Zucker bestreut, dann in mittlerer Ofenhitze gebacken.

1047. Magenschnitten.

Zutaten: 100 g Semmelbrösel, 100 g Zucker, 80 g Mehl, 50 g geriebene süße Mandeln, 1 Eigelb, Zitronenabgeriebenes, Zimt, etwas Arrak und Wasser.

Die Semmelbrösel werden mit Arrak angefeuchtet und mit etwas Wasser zu einem steifen Teig verarbeitet, dann zwei handbreite Steifen ausgerollt. Der eine Streifen wird auf das gebutterte Blech gelegt, mit Himbeermarmelade bestrichen, dann mit dem anderen Streifen bedeckt, mit Eigelb bestrichen, mit Kristallzucker bestreut und in mittlerer Hitze gebacken. Dann werden 2 cm breite Streifen geschnitten.

1048. Erdbeertörtchen mit Sahne.

Zuckerteig, Erdbeeren, Sahne. Tortenförmchen werden mit Zuckerteig ausgelegt, blind gebacken, wenn erkaltet mit gezuckerten Beeren gefüllt und mit Schlagrahm verziert.

1049. Schokoladenschnitten.

Zutaten: 6 Eigelb, 4 Eiweiß, 90 g Zucker, 60 g geriebene Mandeln, 45 g Schokolade, 20 g Mehl, 30 g zerlassene Butter.

Eigelb und Zucker werden schaumig gerührt, die zerlassene Butter, Mandeln und Schokolade mitgerührt, zuletzt der steife Schnee leicht darunter gemengt und die Masse 1 cm dick in eine Kapsel eingefüllt und gebacken. Die Hälfte der gebackenen Masse wird mit Marmelade bestrichen, die zweite Hälfte darauf gelegt, Schnitten gemacht und mit Schokoladenglasur überzogen.

1050. Quarktörtchen.

Zutaten: Mürbteig, 1 ½ Pfund Quark (Topfen, weißer Käse), 75 g Zucker, 3 Eier, 2 Eßlöffel saurer Rahm, 1 Eßlöffel Mehl, etwas Himbeermarmelade.

Der Teig wird messerrückendick ausgerollt, dann runde Stückchen ausgestochen und damit Tortelettenförmchen ausgelegt. Die Böden werden mit etwas Himbeermarmelade bestrichen, dann der Quark, der mit den übrigen Zutaten gut vermischt wurde, eingefüllt und die Törtchen gebacken. Erkaltet werden sie mit Zucker bestreut.

1051. Milchtörtchen.

Zutaten: Blätterteig, 5 Eier, 3/10 l Milch, 60 g Butter, 2 Eßlöffel Mehl. 125 g Zucker, 90 g süße geriebene Mandeln.

Glatte, ausgebutterte Förmchen werden mit Blätterteig ausgelegt. Das Eiweiß wird zu Schnee geschlagen, die übrigen Zutaten werden glatt angerührt, die Eigelb zugegeben, zuletzt der steife Schnee. Die Masse wird in die Förmchen gefüllt (halb voll) und in mittlerer Ofenhitze gebacken.

1052. Zimtschnitten.

Zutaten: 250 g geriebene Haselnüsse oder Mandeln, 250 g Zucker, 1 Eßlöffel Zitronensaft, 3 Eiweiß, 1 Eßlöffel Zimt, Eiweißglasur.

Das Eiweiß wird zu Schnee geschlagen, dann mit dem Zucker glatt gerührt, Nüsse oder Mandeln, Zitronensaft und Zimt darunter gemengt. Ein Brett wird mit feinem Zucker bestreut, darauf der Teig ausgerollt und mit Eiweißglasur bestrichen. Nach 15 bis 20 Minuten werden mit feuchtem Messer längliche Schnitten oder Quadrate gemacht und in mittelheißem Ofen gebacken.

1053 a. Cremeschnitten.

Zutaten: Halbblätterteig, zum Füllen dicke Vanillecreme oder Vanillefüllecreme, Zitronenglasur.

Nachdem der Teig messerrückendick ausgerollt ist, werden 10 cm breite und etwa 30 cm lange Streifen geschnitten, die stark durchstochen und in heißem Ofen hellbraun gebacken werden. Dann wird die Hälfte der Streifen 1 cm dick mit Creme bestrichen und mit den unbestrichenen Streifen bedeckt. Die Oberseite wird zuletzt mit Hägenmark ganz dünn überzogen, dann mit Zitronenglasur. Mit scharfem Messer werden 5 cm breite Streifen geschnitten.

1053 b. Hindenburgschnitten.

Zutaten: Zum Teig: 100 g Butter, 100 g Zucker, 1 Ei, 1 Eigelb, 200 g Mehl,. Zum Guss: 45 g Haselnüsse, 45 g Mandeln, 2 ½ Eiweiß, 150 g Zucker, etwas Zimt und Vanille, Johannisbeeren.

Es wird ein Mürbteig bereitet, kaltgestellt, zwei gleiche Streifen davon ausgewellt und halb angebacken. Dann werden Johannisbeeren darauf gegeben. Die übrigen Zutaten, auch das Eiweiß, werden in einer Messingpfanne auf der Seite des Herdes so lange gerührt, bis die Masse lauwarm ist, dann auf das Gebäck gegeben und fertig gebacken (hellgelb). Davon werden, solange es warm ist, Schnitten gemacht.

1053 c. Himbeerschnitten.

Zutaten: Mürbteig wie in letzter Nummer, 2 Eiwess, 125 g Zucker, 125 g geriebene Mandeln, etwas Zitrone, Himbeermarmelade.

Die gebackene Streifen werden mit Marmelade bestrichen, der geschlagene Schnee mit Zucker 20 Minuten gerührt, Mandeln und Zitrone darunter gemengt und der Guß auf die Streifen gegeben. Sie werden mit geschälten, geschnittenen Mandeln betreut, hellgelb gebacken und so lange sie warm sind, mit Zitronenglasur überzogen und 2 cm breite Schnitten davon gemacht.

1054. Rumtörtchen.

Zutaten: 250 g Butter, 250 g Zucker, 3 Eier, 2-3 Löffel Milch, Saft und Schale einer halben Zitrone, 1 Päckchen Backpulver, 1 Pfund Mehl.

Die Zutaten werden auf dem Nudelbrett gehäkelt, bis sich die Masse zusammenballt, dann leicht zu einem Teig zusammengearbeitet, den man eine halbe Stunde ruhen läßt. Dann wird er ausgewellt, runde Plätzchen ausgestochen, schön gelb gebacken, mit Marmelade bestrichen mit 2 Plätzchen bedeckt und mit Punschglasur überzogen. In die Mitte eine trockene Kirsch oder Stachelbeere oder ein kleines ausgestochenes Äpfelchen, das in Zucker weichgekocht, mit Glasur bestrichen und getrocknet wurde, gelegt.

1055. Teestangen.

Zutaten: 125 g Butter, 185 g Zucker, 4 Eier, 15 g Hirschhornsalz, 1 ¼ Pfund Mehl.

Von den Zutaten wird auf dem Backbrett ein Teig bereitet, kleinfingerdick ausgewellt, in fingerbreite Streifen geschnitten und auf einem butterbestrichen Blech hellgelb gebacken.

1056. Teestollen.

Zutaten: 190 g Butter, 250 g Mehl, 250 g Sultaninen, 250 g Zucker, 60 g Zitronat, 60 g Orangenschale, 5 Eier, 2 Esslöffel Arrak, Saft und Schale einer Zitrone.

Butter und Zucker werden schaumig gerührt, die Eigelb eine Zeit lang mitgerührt, das in kleine Würfel geschnittene Zitronat, sowie die anderen Zutaten und der steife Schnee leicht darunter gemengt. Die Masse wird in einer Kapselform oder in einem bestrichenen Blech 1 – 1 ¼ Stunde gebacken.

1057. Fürstenbrot.

Zutaten: 6 Eier, 250 g Zucker, 250 g länglich geschnittene Mandeln, 250 g Sultaninen, 250 g feines Mehl, 30 g zerlassene Butter, Zitronensaft, Zitronat und Pomeranzenschale.

Eier und Zucker werden gerührt, die Mandeln mit etwas Zucker geröstet, nach dem Erkalten mit den anderen Zutaten unter die gerührte Masse gemengt und das Brot in einer bestrichenen Kapsel gebacken.

1058. süßer Rehrücken.

Zutaten: 180 g Zucker, 4 Eigelb, 2 Eiweiß, 80 g geriebene Mandeln, oder Nüsse, 200 g Haferflocken, 20 g Zitronat, 20 g Weckmehl, ½ Päckchen Backpulver, etwas geriebene Schokolade und Kakao, 100 g Mehl. Zur Glasur: 125 g Zucker, 30 g Schokolade, 1/8 l Wasser. Zum Spicken: 30 g Mandeln.

Eier und Zucker werden schaumig gerührt, die übrigen Zutaten zugegeben und die Masse in einer bestrichenen Rehrückenform gebacken. Zubereitung sie Nr. 1059 b.

1059 a. Rehrücken.

Zutaten: 120 g Zucker, 4 Eigelb, 2 ganze Eier und 4 Eiweiß, 125 g Mandeln, 90 g Schokolade, 45 g Zitronat, Zimt, 40 g Brösel. Zubereitung siehe Nr. 1059 b.

1059 b. Schokoladenrehrücken.

Zutaten: 160 g Butter, 150 g Zucker, 120 g geriebene süße Mandeln, 120 g geriebene Schokolade, 80 g Semmelkrumen oder Pumpernickel, 6 Eier, etwas abgeriebene Zitronenschale.

Butter und Zucker werden mit Eigelb und mit dem Zitronenabgeriebenen 20 Minuten gerührt, dann Mandeln und Schokolade zugegeben, zuletzt der steife Eierschnee, sowie die Brösel. In einer ausgebutterten und ausgestreuten Rehrückenform wird die Masse in mittelheißem Ofen gebacken, nach dem Erkalten ringsherum mit Aprikosenmarmelade bestrichen und mit Schokoladenglasur überzogen. Bevor die Glasur vollständig trocken wird, spickt man den Rücken in 3 bis 4 Reihen mit abgezogenen, in Stifte geschnittenen Pistazien oder Mandeln.

Kleinbackwerk.

1060. Basler Lebkuchen.

Zutaten: 2 ½ Pfund Honig, 1 ¼ Pfund Zucker, 1/8 l Kirschwasser, 375 g geschälte Mandeln, 375 g Zitronat und Pomeranzenschale, 40 g Zimt, 10 g Nelken, Schale einer Zitrone, 2 ¼ Pfund Mehl, 10 g Hirschhornsalz.

Der Honig wird kochend gemacht, der Zucker und die übrigen Zutaten, außer dem Mehl, mitaufgekocht, und nachdem dieses etwas verkühlt ist, das Mehl mit dem Hirschhornsalz zugegeben. Von der ausgewellten Masse werden Lebkuchen ausgestochen, zusammengesetzt und auf einem bestrichenen Blech in guter Hitze gebacken. Nach dem Backen werden sie durchschnitten und mit gekochter Zuckerglasur überzogen.

1061. Zuckerlebkuchen.

Zutaten: 3 Pfund Mehl, 2 Pfund Zucker, 6 Eigelb, 125 g gehobelte Nüsse, 40 g Orangeat und Zitronat, 2 Eßlöffel Zimt, 1 Messerspitze Nelken, Zitrone, schwach ½ l Milch, 10 g Hirschhornsalz.

Der Teig wird zubereitet wie Mürbteig, wenn er auch etwas fester ist. Die ausgestochenen Lebkuchen werden über Nacht getrocknet, am andern Tag in nicht zu starker Hitze gebacken. Sie werden mit Zitronenglasur bestrichen. Man achte darauf, daß sie nicht zu eng ins Blech gesetzt werden.

1062. Lebkuchen.

Zutaten: 250 g Zucker, 1 Ei, 65 g Haselnüsse, 65 g Zitronat und Pomeranzenschale, 10 g Zimt, etwas Nelken, 1 Löffel Kirschgeist, 1 Pfund Schwarzbrotmehl, 4 Esslöffel Apfelgelee oder Honig, 15 g Natron.

Alles wird gut vermengt, im Übrigen Zubereitung wie in voriger Nummer 1061.

1063. Lebkuchen.

800 g Honig werden in einer Messingpfanne erhitzt, dann läßt man ihn einige Minuten stehen, gibt so viel Mehl dazu, daß es ein leichter Teig ist. 6 ganze Eier werden mit 600 g Zucker gerührt, Zimt, Nelken, Zitronat, Pomeranzen, 10 g Hirschhornsalz und so viel Mehl zugegeben, bis es ein fester Teig ist, dann die obige Honigmasse. Am nächsten Tag backt man zuerst eine Probe und falls sie verläuft, muß noch Mehl hineingeschafft werden. Nach dem Backen (der Ofen soll nicht zu heiß sein) werden die Lebkuchen glasiert. (Siehe Nummer 1438)

1064. Weiße Lebkuchen.

Zutaten: 5 Eier, 1 Pfund Zucker, 1 ¼ Pfund Mehl, 1 Zitronenschale, 1 Esslöffel Zimt, 1 Messerspitze Nelken, 3 g Hirschhornsalz, 50 g Zitronat und Orangeat, 50-60 g geschälte und feinblätterig geschnittene Mandeln.

Eier und Zucker werden ½ Stunde gerührt, dann mit den übrigen Zutaten auf dem Nudelbrett zu einem leichten Teig verschafft, zum Ruhen auf die Seite gestellt. Nach 1 Stunde wird der Teig zentimeterdick ausgewellt, davon kleine Lebkuchen ausgestochen. Man läßt sie über Nacht trocknen, bäckt sie bei gelinder Hitze und überzieht sie danach mit weißer Eiweißglasur.

1065. Einfache Lebkuchen.

Zutaten: 1 Pfund Honig, 1 Pfund Zucker, ¼ l Wasser, 2 ½ Pfund Mehl, 25 g Zimt, 10 g Nelken, nach Belieben Zitronat, Pomeranzenschale, Mandeln und Zitrone. 15 g Hirschhornsalz mit 1 Ei verrührt.

Zucker und Wasser werden gekocht, der Honig zugegeben und nachdem es etwas abgekühlt ist, mit Mehl und den anderen Zutaten zu einem Teig verarbeitet, zentimeterdick ausgerollt, Lebkuchen ausgestochen und gebacken. Sie werden noch warm mit gekochter Zuckerglasur bestrichen.

1066. Honiglebkuchen.

Zutaten: 500 g Honig, 2 Pfund Mehl, 6 große Eier, 375 g Zucker, Saft und Abgeriebenes von 2 Zitronen, 125 g Pomeranze, 125 g Zitronat, 20 g Zimt, 375 g länglich geschnittene, mit Zucker geröstete Mandeln, 10 g Hirschhornsalz, Glasur.

Der Honig wird am Vorabend heiß gemacht, stehen gelassen, bis er handwarm ist, dann 1 Pfund Mehl hinein gerührt und die Masse an einen kühlen Ort gestellt. Am nächsten Tag werden die Eier mit dem Zucker recht dick gerührt, Pomeranze und Zitronat, Zimt, Zitrone, Mandeln dazu gerührt, zuletzt Hirschhornsalz und das restliche Mehl. Der gut verschaffte Teig wird auf ein Blech gestrichen, gebacken, glasiert und nach Erkalten geschnitten.

1067. Braune Honiglebkuchen.

Zutaten: 5 Pfund Zucker, etwas Wasser, 4 Pfund Kunsthonig, 8 Pfd. Mehl, 10 Eier, 100 g Zimt, 50 g Nelken, ½ l warme Milch, 100 g und ein Eßlöffel Amonium.

Der Zucker wird, nachdem er mit etwas Waser vergangen ist, gut kochend gemacht, der Honig zugegeben, alles miteinander aufgekocht, dann kalt gestellt. Das Mehl wird in eine Schüssel gegeben, in der Mitte eine Grube gemacht, Eier, Zimt, Nelken, die Milch, worin das Amonium aufgelöst wurde, hineingegeben. Zuletzt werden der kalt gewordene Honig und das Mehl dazu geschafft. Man läßt den Teig in der Schüssel 1-2 Tage stehen, gibt, wenn es nötig sein sollte, noch etwas Mehl hinzu, sowie 1 Eßlöffel Amonium.

Kommentar: Amonium, richtig geschrieben heute: Ammonium, wie Ammoniumsalze.

1068. Honiglebkuchen (sehr gut).

Zutaten: I. 750 g Honig, 750 g Mehl.

Der Honig wird in einer Schüssel oder Messingpfanne zum Kochen gebracht, dann läßt man ihn 3 Minuten stehen, rührt das Mehl dazu und stellt die Masse kalt.

Zutaten: II.. 220 g Zucker, 1 Ei, ¼ l Milch, 625 g Mehl, 20 g Hirschhornsalz, 1 Eßlöffel Zimt, 2 Messerspitzen Nelken, 1 Kaffeelöffel Piment, 1 Muskat, 1 Eßlöffel Kakao, 5 g Natron, Saft und Schale einer Zitrone.

Die Zutaten werden gut verrührt, das Mehl hinzu geschafft und diese Masse mit der obigen Honigmasse zusammen gearbeitet, zuletzt das Natron zugegeben. Der Teig wird griffdick ausgerollt, ausgestochen, auf ein bemehltes Blech gesetzt und in nicht zu heißem Ofen gebacken, dann mit Lebkuchenlasur überzogen.

1069. Basler Lebkuchen I.

Zutaten: 4 Pfund Honig, ½ l Wasser, 4 Pfund Mehl, 60 g Amonium, 2 Esslöffel Anis. Lebkuchenlasur.

Honig und Wasser werden aufgekocht, 5 Minuten stehen gelassen, dann das Mehl hinein gerührt. Man läßt den Teig 14 Tage stehen, bringt ihn dann in die Wärme, wo er weich wird, vermengt ihn mit Amonium und Anis und rollt ihn millimeterdick aus. Die ausgestochenen kleinen Lebkuchen werden auf mit Mehl bestäubten Blechen in mittlerer Hitze schön gelb gebacken, nach Erkalten abgebürstet und glasiert.

1070. Basler Lebkuchen II.

Werden gemacht wie vorige Nummer, doch werden 250 g gehackte Mandeln oder Nüsse und 250 g Zitronat und Orangeat dazu gegeben. Aus diesem Teig werden etwas größere Lebkuchen gemacht.

1071. Feine weiße Lebkuchen.

Zutaten: 1 Pfund Zucker, 250 g geschälte, geriebene Mandeln, 8 Eier, 8 g Hirschkornsalz, 1 Prise Muskat, 15 g Zimt, 8 g Nelken, 125 g Pomeranzenschale und Zitronat, Schale einer Zitrone, 250 g Mehl.

Eier und Zucker werden 1 Stunde gerührt und die anderen Zutaten darunter gemengt. Die Masse wird auf viereckig geschnittene Oblatenstückchen gestrichen, mit Zitronat gelegt und auf einem Brett zum Trocknen in die Wärme gestellt, dann in gelinder Hitze gebacken.

1072. Milchlebkuchen.

Zutaten: 1 Pfund Zucker, ¼ l Milch, 15-20 g Zimt, 8 g Nelken, 1 ¾ Pfund Mehl, 10 – 15 g Hirschhornsalz.

Der Zucker wird mit Milch zum Faden gekocht und nachdem dieses etwas erkaltet ist, das Mehl mit den anderen Zutaten hineingearbeitet. Der Teig schnell ausgewellt, Lebkuchen ausgestochen und auf einem mit Mehl bestreuten Blech in guter Hitze gebacken. Sie werden noch warm mit gekochter Zuckerglasur bestrichen.

1073. Schokoladenlebkuchen.

Zutaten: 1 Pfund Zucker, 8 Eier, 1 Pfund Mandeln, 250 g geriebene Schokolade, 60 g Pomeranzenschale, Schale einer Zitrone, 1 Pfund Mehl.

Eier und Zucker werden ½ Stunde gerührt, dann die abgezogenen, fein gestoßenen Mandeln, sowie die anderen Zutaten zugegeben, die Masse auf viereckig geschnittene Oblatenstückchen gestrichen und in schwacher Hitze gebacken.

1074. Eierspringerle.

Zutaten: 1 Pfund Staubzucker, 4 ganze Eier, 1 Pfund Mehl, 5 g Anis, 1 Taschenmesserspitze Natron oder Hirschhornsalz.

Eier und Zucker werden 1 Stunde gerührt, dann Anis und Hirschhornsalz zugegeben, zuletzt das Mehl, das trocken und erwärmt fein soll. Der Teig soll so fest sein, daß man ihn ausdrücken kann, wird 1 Stunde kalt gestellt, dann ¾ cm dick ausgerollt, mit bemehlten Formen ausgedrückt und pünktlich ausgestochen oder ausgerädelt, dann auf ein mit Wachs oder Butter bestrichenes und mit Anis bestreutes Blech gesetzt und über Nacht stehen gelassen (in der Wärme). Wenn sie oben ganz trocken sind, werden sie in wenig heißem Ofen ganz langsam gebacken. Oben müssen sie weiß bleiben.

1075. Wasserspringerle.

Zutaten: 3 Pfund Zucker, ½ l Wasser, 14-16 g Hirschhornsalz, 4 ½ Pfund trockenes, warmes Mehl.

Von diesen Zutaten wird ein glatter Teig gemacht und behandelt wie vorige Nummer.

1076. Milchspringerle.

Zutaten: 530 g Zucker, 7 g Hirschhornsalz, Schale 1 Zitrone, 1 ½ Pfund Mehl, 1 starker ¼ l Milch.

Zucker und Milch werden angerührt und 1 Tag stehen gelassen, öfters umgerührt. Dann kommen die übrigen Zutaten dazu. Nach einigen Stunden wird der Teig ausgerollt, mit Blechformen ausgestochen und wenn die Stückchen gut getrocknet sind, gebacken.

1077. Billige Ausstecher.

Zutaten: 1 ¼ Pfund Zucker, 1 Päckchen Vanillezucker, 2 Pfund Mehl, ¼ l Milch, 20 g Hirschhornsalz.

Zucker und Milch werden gekocht, das Mehl in die etwas abgekühlte Milch gerührt, zuletzt das mit Mehl vermengte Hirschhornsalz dazugegeben. Der Teig muss warm ausgewellt und ausgestochen werden. Wenn die Brötchen trocken sind, werden sie in schwacher Hitze gebacken und mit Rosenwasserglasur überzogen.

1078. Gute Ausstecher II.

Zutaten: 6 Eier, 1 Pfund Zucker, 2 ½ Pfund Mehl, 250 g Butter, ¼ l Milch, 15 g Hirschhornsalz.
Zubereitung siehe Nr. 1080.

1079. Billige Ausstecher anderer Art.

Die Zubereitung ist wie in Nummer 1077. In die Masse kommt außerdem 1 Esslöffel Kakao und 1 Kaffeelöffel Zimt. Nach dem Backen werden die Brötchen mit Wasser- oder Schokoladenglasur überzogen.

1080. Einfache Ausstecher.

Zutaten: 250 g Butter, 1 Pfund Zucker, 2 Eier, 3 Pfund Mehl, ½ l Milch, 20 g Hirschhornsalz, das abgeriebene einer Zitrone oder Vanillezucker.

Obige Zutaten werden auf dem Nudelbrett zusammengehäckelt, bis sich die Masse hält, dann wird sie ausgewellt. Es werden Formen ausgestochen, in die Kälte gestellt und vor dem Backen (in guter Hitze) mit verklopftem Ei bestrichen, mit grobem Zucker bestreut.

1081. Zimtausstecher.

Zutaten: 1 Pfund Zucker, 250 g Butter, 2 Eier, 2 Pfund Mehl, 2 Päckchen Backpulver, einige Löffel Milch oder Rahm, 25 g Zimt, 5 g Nelken, Vanillezucker.

Die Zutaten werden auf dem Brett gehäckelt, bis die Masse zusammenhält, ausgewellt, Brötchen ausgestochen, in die Kälte gestellt und in guter Hitze gebacken. Sie können mit beliebiger Glasur überzogen werden.

1082. Zimtaustecher anderer Art.

Zutaten: 4 Eier, 1 Pfund Zucker, 40 g geriebene Mandeln, 10 g Zimt, 1 Messerspitze Hirschhornsalz, 1 Pfund trockenes Mehl.

Der Zucker wird schaumig gerührt und mit den übrigen Zutaten zu einem Teig gewirkt, ausgestochen und weiterbehandelt wie Zimtstern Nr. 1085.

1083. Rottweiler Ausstecher.

Zutaten: 6 Eier, 625 g Zucker, ¼ l Milch oder Rahm, 2 ½ bis 3 Pfund Mehl, 1 Päckchen Vanillezucker oder das Abgeriebene einer Zitrone, 15-20 g Hirschhornsalz.

Eier und Zucker werden schaumig gerührt, die anderen Zutaten abwechselnd darunter gemengt, der Teig ausgewellt, Brötchen ausgestochen und gleich in guter Hitze gebacken.

1084. Feine Butterteigausstecher.

Zutaten: 1 Pfund Mehl, 250 g Butter, 4 Eier, ½ Zitrone und ½ Päckchen Backpulver, einige Löffel Milch oder Rahm.

Der von den Zutaten bereitete Teig wird in die Kälte gestellt, dann ausgewellt, die ausgestochenen Brötchen nochmals kaltgestellt, vor dem Backen mit Eigelb bestrichen und mit Hackelzucker bestreut.

1085. Zimtstern.

Zutaten: 250 g Mandeln (die Hälfte ungeschält gerieben die andere Hälfte fein gehackt), 375 g Zucker, 7 g Zimt, die Schale einer halben Zitrone, ebenso der Saft, 4 Eiweiß.

Eierschnee, Zitrone und Zucker werden ¼ Stunde gerührt, dann stellt man ½ Tasse zurück zur Glasur und arbeitet die Mandeln in den Teig. Er wird über Nacht oder doch wenigstens 2-3 Stunden stehen gelassen, mit Zucker gut zentimeterdick ausgewellt, mit einer Sternform (jedes Mal in lauwarmes Wasser tauchen) ausgestochen. Auf einem dünn mit Butter bestrichenen Blech werden die Sterne mit der Glasur, die man in eine Papierdüte gefüllt hat, besprizt. Die Glasur kann auch glatt auf die Sterne gestrichen werden, die in gelinder Hitze langsam zu backen sind.

1086. Buttergebäck.

Zutaten: 3 Pfund Mehl, 1 ½ Pfund Zucker, 300 g Butter, 4 Eier, Zitrone, ½ l Milch, 15 g Amonium.

Die Zutaten werden zusammengearbeitet, ausgewellt, ausgestochen, mit Ei bestrichen und in guter Hitze gebacken.

1087. Vanillegebackenes.

Zutaten: 7 Eier, 1 Pfund Zucker, 3/8 l süßer Rahm, 2 ½ - 3 Pfund Mehl, 2 Päckchen Vanillezucker. 15-30 g Hirschhornsalz.

Eier und Zucker werden ¾ Stunden gerührt, Rahm und Mehl und den anderen Zutaten darunter gemengt, vom ausgewellten Teig Brötchen ausgestochen und auf leicht bestrichenem Blech in guter Hitze gleich gebacken.

1088. Wiesbadener Brot.

Zutaten: 125 g Butter, 250 g Zucker, 3 Eier, 15 g Zimt, 1 Pfund Mehl, etwas Kokosflocken, 1 ½ Messerspitzen Backpulver.

Zucker und Eier werden nach und nach zur schaumig gerührten Butter gegeben, dann Zimt, Backpulver und Mehl. Der Teig wird zweimesserückendick ausgerollt, dann mit einer blechernen Zuckerbrotform ausgestochen, mit Ei bestrichen, in grob geraspelten Kakaoflocken (die in einem Teller bereit stehen) mit der bestrichenen Seite getaucht, dann auf einem bestrichenen Blech schön gelb gebacken.

1089. Tiroler Kräpfchen.

Zutaten: ½ Pfund Butter, die gewiegte Schale einer Zitrone, 4 hartgekochte Eier, 60 g Zucker, 300 g Mehl.

Zur leicht gerührten Butter werden die gewiegten Eier, Zucker und anderen Zutaten gerührt, dann die Masse kaltgestellt. Vom ausgewellten Teig werden runde Blättchen ausgestochen, 2-3 aufeinandergelegt, dazwischen etwas Marmelade gegeben, die Kräpfchen mit Ei bestrichen und gebacken.

1090. Mandelhäuschen.

Zutaten: 6 Eiweiß, 1 Pfund Zucker, 1 Pfund geschälte, länglich geschnittene Mandeln, Saft einer Zitrone.

Das Eiweiß wird zu steifem Schnee geschlagen, mit dem Zucker schaumig gerührt, die Mandeln darunter gemengt. Dann werden nussgroße Häufchen auf einem mit Oblaten belegten Blech in gelinder Hitze gebacken.

1091. Haselnussbrötchen.

Zutaten: 8 Eiweiß, 1 Pfund Zucker, 1 Pfund geriebene Haselnüsse, 1 Päckchen Vanillezucker.

Das zu steifem Schnee geschlagene Eiweiß wird mit dem Zucker schaumig gerührt, ½ Tasse zur Glasur zurückgestellt, dann die geriebenen Haselnüsse leicht darunter gemengt. Auf einem mit Zucker bestreuten Brett werden längliche Brötchen ausgerollt, auf Oblaten gesetzt, mit obiger Glasur bestrichen, in die Mitte ½ Haselnuss gesetzt und die Brötchen in schwacher Hitze langsam gebacken.

1092. Haselnußschnitten.

Zutaten: 200 g Zucker, 8 Eier, 100 g Haselnüsse, 100 g Mehl, ein halbes Päckchen Vanillezucker.

Eigelb und Zucker werden schaumig gerührt, mit den anderen Zutaten und dem steifen Schnee vermengt, die Masse auf ein mit Papier belegtes Blech gestrichen und im Ofen langsam gebacken. Wenn sie erkaltet ist, wird sie in zwei Hälften geschnitten, die eine mit Marmelade bestrichen, die andere Hälfte dazugesetzt, Schnitten gemacht und mit Zitronenglasur übergossen.

1093. Haselnußschnitten anderer Art.

Zutaten: 8 Eiweiß, 1 Pfund Zucker, 250 g Mandeln, 250 g Haselnüsse, 1 Päckchen Vanille oder Saft einer Zitrone.

Die zu steifem Schnee geschlagenen Eiweiße werden mit Zucker und Vanille ½ Stunde gerührt. Davon werden 8 Löffel zum Guß zurückgestellt, dann die geriebenen Mandeln und Haselnüsse leicht darunter gemengt, die Masse auf einem mit Zucker bestreuten Brett leicht ausgewellt und Hufeisen oder Halbmonde ausgestochen. Sie werden auf einem gewachsten Blech mit Glasur bestrichen und in mäßiger Hitze gebacken.

1094. Schwabenbrötchen.

Zutaten: 1 Pfund Butter, 1 Pfund Zucker, 1 Pfund Haselnüsse, 1 Pfund Mehl, eine Messerspitze Zimt.

Alles wird untereinander gemengt, 4 mm dick ausgerollt und mit kleinen runden Förmchen ausgestochen. Nach dem Backen werden sie mit Schokoladeglasur überzogen und mit gewiegten Pistazien oder mit grüner Speisefarbe gefärbten, geschälten, gewiegten Mandeln.

1095. Pomeranzenbrötchen.

Zutaten: 14 ganze Eier, 2 Pfund Zucker, 100 g gewiegte Pomeranzenschale, Zitronat, 2 Messerspitze Hirschhornsalz, 2 ½ Pfund Mehl (trocken).

Eier und Zucker werden ½ Stunde gerührt, das Übrige zugegeben. Auf ein butterbestrichenes Blech werden kleine Häufchen gesetzt, die man über Nacht gut trocknen läßt und die in schwacher Hitze zu backen sind.

1096. Anisbrötchen.

Werden gemacht wie vorige Nummer, nur wird statt Pomeranze Anis verwendet.

1097. Anisbrot.

Zutaten: 1 Pfund Zucker, 1 Pfund Mehl, 12 Eier, 1 Esslöffel Anis.

Eigelb und der Schnee von 6 Eiweiß werden mit dem Zucker schaumig gerührt. Der übrige Schnee wird mit dem Mehl leicht darunter gemengt, die Masse in eine bestrichene Kapselform gefüllt und in mittlerer Hitze gebacken.

1098. Rosinenbrötchen.

Zutaten: 6 Eier, 250 g Zucker, 250 g Butter, 250 g Mehl, Rosinen.

Butter, Eier und Zucker werden schaumig gerührt, das Mehl und Rosinen darunter gemengt, runde Häufchen auf ein gewachstes Blech gesetzt und in mittlerer Hitze gebacken.

1099. Rosinenbrötchen anderer Art.

Zutaten: 6 Eier, 1 Pfund Zucker, 250 g Rosinen, 625 g Mehl, ein halbes Päckchen Backpulver.

Eier und Zucker werden schaumig gerührt, Rosinen und Mehl löffelweise darunter gemengt, kleine Häufchen auf ein gewachstes Blech gesetzt, über Nacht getrocknet und in mittlerer Hitze gebacken.

1100. Waschkorbkonfekt.

Zutaten: 160 g Butter, 4 Eier, 1 Pfund Zucker, ¼ l Milch, 3 Pfund Mehl, Vanille oder Zitrone, 20 g Hirschhornsalz.

Butter, Eier und Zucker werden schaumig gerührt, etwas Milch und Mehl mitgerührt, zuletzt das Hirschhornsalz, die übrige Milch und das Mehl zugegeben. Von der ausgewellten Masse werden verschiedene Formen ausgestochen, mit Eigelb bestrichen, mit Hagelzucker bestreut und in guter Hitze gebacken.

1101. Waschkorbkonfekt, andere Art.

Zutaten: 125 g Butter, 3 Eier, 625 g Zucker, 2 ½ Pfd. Mehl, ½ l Milch, 20 g Hirschhornsalz, das Abgeriebene einer Zitrone, etwas Safran.

Butter, Eier und Zucker werden leicht gerührt, die übrigen Zutaten zugegeben, alles zu einem Teig verarbeitet, der am nächsten Tag ausgewellt, ausgestochen und in guter Hitze gebacken wird.

1102. Einfaches Konfekt zum Ausstechen.

Zutaten: 2 ½ Pfund Mehl, 6 Eier, 1 Pfund Zucker, 60 g Butter, ¼ l Milch, 20 g Hirschhornsalz.

Eier, Zucker und zerlassene Butter werden schaumig gerührt, die anderen Zutaten mit etwas Vanille oder Zitrone darunter gemengt, der Teig 2 Messerrücken dick ausgewellt, nach Belieben Formen ausgestochen, mit Ei bestrichen und in guter Hitze gebacken.

1103 a. Gut's Albertle.

Zutaten: 125 g Butter, 4 Eier, 250 g Zucker, ½ Tasse Rahm, 1 ½ Pfund Mehl, 1 Päckchen Backpulver, Vanille.

Eier, Zucker und zerlassene Butter werden schaumig gerührt, die anderen Zutaten darunter gemengt, der Teig Messerrücken dick ausgewellt, mit dem Reibeisen eingedrückt, runde Blättchen ausgestochen und in mittlerer Hitze hellgelb gebacken.

1103 b. Gut's Albertle, andere Art.

Zutaten: 2 Eier, 120 g mit Vanille gewürzter Zucker, 1 g Natron, 150 g Kartoffelmehl, 150 g Weizenmehl, ¼ Pfund Butter.

Unter den mit Eiern schaumig gerührten Zucker mengt man die anderen Zutaten und arbeitet die Teigmasse auf dem Nudelbrett glatt zusammen. Im Übrigen wie in voriger Nummer.

1104. Belgrader Brot.

Zutaten: 250 g Zucker, 3 Eier, 2 Eigelb, 250 g geschälte, geschnittene Mandeln, 15 g Zimt, 4 g Nelken, 30 g Zitronat, 30 g Pomeranzenschale, 250 g feines Mehl.

Eier und Zucker werden schaumig gerührt, die anderen Zutaten darunter gemengt und ein Teig bereitet, der ausgewellt werden kann. Davon werden längliche Stückchen geschnitten, in mittlerer Hitze gebacken und mit Zitronenglasur überzogen.

1105. Belgrader Brot, andere Art.

Zutaten: 250 g Zucker, 3 Eier, 250 g geschälte, geschnittene Mandeln, 30 g Pomeranzenschale, 30 g Zitronat, das Abgeriebene einer Zitrone, 190 g feines Mehl.

Zucker und Eier werden leicht gerührt, die anderen Zutaten darunter gemengt, nussgroße Häufchen auf ein gewachstes Blech gesetzt und in mittlerer Hitze gebacken.

1106. Himbeerbrötchen.

Zutaten: ½ Pfund Zucker, 1 Pfund Mehl, 3 Eier, 3 Esslöffel eingemachte Himbeeren.

Nachdem Eier und Zucker schaumig gerührt sind, werden Himbeeren und Mehl zugegeben, mit dem Löffel kleine Häufchen auf ein Blech gesetzt und in nicht zu heißem Ofen gebacken.

1107. Himbeerbrötchen, andere Art.

Zutaten: 4 Eier, 250 g Zucker, 3 Esslöffel Himbeeren, 190 g Mandeln, 320 g Mehl.

Eier, Zucker und die zerdrückten Himbeeren werden schaumig gerührt, Mehl und Mandeln darunter gerührt, runde Häufchen auf ein Blech gesetzt und in mittlerer Hitze gebacken.

1108. Anisschnitten.

Zutaten: 125 g Zucker, 125 g Mehl, 5 Eier, Zitrone, Anis.

Eigelb und Zucker werden schaumig gerührt, Zitrone und Anis mit Mehl und Schnee darunter gemengt und die Masse in länglicher, bestrichener Form gebacken. Nach dem Erkalten werden Scheiben geschnitten und gebäht.

1109. Zedernbrötchen.

Zutaten: 2 Eiweiß, 375 g Zucker, 375 g fein geriebene Mandeln, Schale einer Zitrone, Saft von 2 Zitronen.

Die Zutaten werden vermengt, auf dem Nudelbrett mit Zucker ausgerollt, mit länglichen Formen ausgestochen und auf Oblaten gesetzt. Nach dem Backen werden sie mit einer ziemlich dicken Glasur von Staubzucker und Zitronensaft bestrichen und im Ofen nochmals getrocknet.

1110. Vanillebrötchen, feinere Art.

Zutaten: 7 Eigelb und 3 ganze Eier, 1 Pfund Zucker, 1 Päckchen Vanillezucker, 1 Pfund Mehl.

Eier und Butter werden schaumig gerührt, das Mehl mit den anderen Zutaten darunter gemengt, runde Häufchen auf ein gewachstes Blech gesetzt, die man über Nacht trocknen läßt. Sie werden in nicht zu heißem Ofen gebacken.

1111. Vanillekipferl.

Zutaten: 105 g geschälte, gewiegte Mandeln, 105 g Zucker, 210 g Butter, 300 g Mehl.

Die Zutaten werden auf dem Nudelbrett zu einem Teig verarbeitet, kleine Kipfchen geformt und in guter Hitze gebacken. Sie werden noch heiß, in Vanillezucker gewendet.

1112. Vanilleringchen.

Zutaten: 1 Pfund Mehl, 315 g Butter, 1 Ei, 250 g gestoßener Zucker, 125 g geschälte, geriebene Mandeln, ½ Päckchen Vanillezucker.

Die Butter wird schaumig gerührt, die anderen Zutaten darunter gemengt, der Teig durch die Butterspritze gedrückt, Ringchen geformt und kalt gestellt. Sie werden vor dem Backen mit verklopftem Eigelb bestricken und mit gebackten Mandeln bestreut.

1113. Feine Ringchen.

Zutaten: 250 g Zucker, 125 g Butter, 4 Eier, 390 g Mehl, Zitrone oder Vanille.

In die schaumig gerührte Butter werden Eier, Zucker und Vanille gegeben, noch eine halbe Stunde gerührt, dann das Mehl zugegeben. Es werden runde Ringchen geformt, vor dem Backen mit Eigelb bestrichen, mit grobem Zucker und geschälten, gewiegten Mandeln bestreut.

Es ist gut, wenn sie, wie sämtliches Buttergebäck, vor dem Backen kaltgestellt werden.

1114. Vanillebrezeln.

Zutaten: 125 g Zucker, 250 g Butter, 1 Pfund Mehl, 2 Eier, ein Kaffeelöffel Backpulver und Vanille.

Die Zutaten werden zu einem Teig verarbeitet, den man eine Zeit lang ruhen läßt. Dann werden Brezeln geformt, kaltgestellt, in guter Hitze gebacken und noch warm mit Wasser- oder Schokoladeglasur überzogen.

1115. Kleine Brezeln.

Zutaten: 280 g Butter, 280 g Mehl, 100 g Zucker, 100 g geschälte geriebene Mandeln, 2 Eier.

Die Zutaten werden auf dem Nudelbrett gehäkelt bis die Masse zusammenhält, dünne Streifen ausgerollt, kleine Brezeln geformt, in mittlerer Hitze gebacken und heiß in Vanillezucker gewendet.

1116. Feine Zimtbrötchen.

Zutaten: 250 g Butter, 6 Eier, 1 Pfund Zucker, 625 g Mehl, 30 g Zimt, 1 Messerspitze Hirschhornsalz.

Butter, Eier und Zucker werden schaumig gerührt, die anderen Zutaten darunter gemengt. Vom ausgewellten Teig werden beliebige Formen ausgestochen, in die Kälte gestellt, vor dem Backen mit Ei bestrichen und mit Hagelzucker bestreut.

1117. Croquettschnitten.

Zutaten: 3 Pfund Mehl, 2 Pfund Zucker, 6 Eigelb, 200 g gehobelte Nüsse, Zitrone, Milch, 9 g Hirschhornsalz.

Nachdem alles zu einem Teig verarbeitet ist, werden längliche Stengel ausgerollt in der Stärke eines Wasserleitungsrohrs, etwas breit gedrückt, mi Ei bestrichen und bei guter Hitze gebacken. Solange das Gebäck noch warm ist, werden 1 ½ - 2 cm große schräge Stückchen abgeschnitten.

1118. Helenenschnitten.

Zutaten I: 150 g Mehl, 100 g Butter, 60 g Zucker, 70 g ungeschälte Mandeln, 30 g Schokolade, 1 Ei etwas Vanillezucker.

Zutaten II: zur Fülle: 70 g geschälte, geriebene Mandeln, 70 g Zucker, etwas Wasser.

Die Zutaten I werden auf dem Nudelbrett zusammengeschafft und über Nacht in die Kälte gestellt. Dann werden 2 lange Streifen ausgerollt, der eine davon mit Eiweiß bestrichen. Von einem Stückchen Teig wird ein Rand ausgerollt und auf den Streifen gedrückt. Dann wird folgende Fülle bereitet: Zutaten II werden mit dem Erbsendrücker in einer Schüssel gut verrieben, die Fülle aufgestrichen, der zweite Steifen aufgesetzt und das Ganze in guter Hitze auf bestrichenem Blech gebacken. Dann wird das Gebäck mit Glasur übergossen und nach Trocknen derselben in gleiche Streifen geschnitten.

Glasur: 100 g Staubzucker, etwas Arrak oder Rum und Wasser.

1119. Butter-S.

Zutaten: 1 Pfund Butter, 375 g Zucker, 9 Eigelb, 2 Pfund Mehl, ½ Päckchen Backpulver.

Zur schaumig gerührten Butter werden Zucker und Eigelb gegeben und noch eine Zeit lang mitgerührt, dann mit dem Mehl zu einem Teig verarbeitet. Davon werden S geformt, die man über Nacht kaltstellt. Vor dem Backen werden sie in Schnee getaucht, mit Hagelzucker und gewiegten Mandeln betreut und in guter Hitze gebacken.

1120. Butter-S., andere Art.

Zutaten: 5 Eier, 250 g Zucker, 180 g Butter, 570 g Mehl, das Abgeriebene einer halben Zitrone, ½ Päckchen Backpulver.

Eier, Butter und Zucker werden gut gerührt und die anderen Zutaten darunter gemengt. Der Teig wird mit der Backspritze durch gespritzt, S geformt und kaltgestellt, bis sie steif sind. Vor dem Backen werden sie mit verklopftem Eigelb bestrichen, mit Hagelzucker und geschälten, gewiegten Mandeln bestreut.

1121. Butterbrezeln, Ringchen und S.

Zutaten: 250 g Butter, 200 g Zucker, 4 Eigelb, 750 g Mehl, ½ Päckchen Backpulver, das Abgeriebene einer halben Zitrone, 4-5 Löffel Milch.

Die Zutaten werden auf dem Nudelbrett gehäkelt und zu einem Teig verarbeitet, dann mit der Backspitze durchgedrückt, Ringchen, S oder Brezeln geformt, kaltgestellt, vor dem Backen mit Ei bestrichen und mit Hagelzucker bestreut.

1121. b. S.

Ganz wie Nr. 1078.

1122. Haselnuss-S.

Zutaten: 320 g Mehl, 250 g Butter, 250 g Zucker, 250 g Haselnüsse. Zur Glasur: 250 g Staubzucker, 4 Esslöffel heißes Wasser.

Die Zutaten werden auf dem Brett zusammengehäckelt und der Teig leicht zusammengearbeitet, dann zum Ruhen 1 Stunde in die Kälte gestellt. Die von der Masse geformten S werden in mittlerer Hitze gebacken und noch heiß mit Glasur überzogen.

1123. Mandelbögen.

Zutaten: 3 Eiweiß, 175 g Staubzucker, 175 g geschälte, geriebene, blättrig geschnittene Mandeln, 1 Teelöffel Zitronensaft, Oblaten.

Der steifgeschlagene Schnee wird mit dem Zucker auf der Seite des Herdes geschlagen, bis die Masse lauwarm ist; sie darf aber nicht zu heiß werden. Dann werden Mandeln und Zitronensaft zugegeben und die Masse ½ cm dick auf Oblaten gestrichen. Davon werden mit dem Messer 10 cm lange und 2 cm breite Streifen geschnitten, über ein stark gewölbtes Blech gelegt und in mäßig heißem Ofen 30 bis 35 Minuten gebacken.

1124. Meringen.

Zutaten: 5 Eiweiß, 250 g Staubzucker, 1 Esslöffel Zitronensaft.

Die Eiweiß werden zu steifem Schnee geschlagen, die Hälfte des Zuckers leicht mitgeschlagen, die andere Hälfte lose herunter gemischt, von der Masse ovale Häufchen auf ein nasses Papier gesetzt, auf ein warmes Blech gezogen und bei schwacher Hitze hellgelb gebacken.

1125. Schokoladeschäumchen.

Zutaten: 4 Eiweiß, 250 g Zucker, 40 g geriebene Schokolade, ein Päckchen Vanillezucker.

Schnee, Schokolade und Vanillezucker werden gemischt, Häufchen auf ein mit Zucker bestäubtes Papier gesetzt und in kühlem Ofen getrocknet.

1126. Nußstängerl.

Zutaten: 350 g Butter, 280 g Zucker, 280 g Haselnusskerne, 400 g Mehl.

Die Zutaten werden auf dem Nudelbrett zusammengearbeitet, kleine Stängelchen gedreht, mit ½ Pfund Puderzucker und einem halben Eiweiß glasiert, bei leichter Hitze gebacken.

1127. Sandplätzl.

Zutaten: 220 g Butter, 220 g Zucker, 3 Eier, 2 Eigelb, 360 g Mehl.

Zur schaumig gerührten Butter gibt man Zucker und Eier, dann das Mehl, sticht Plätzchen aus und backt sie.

1128. Nussbrötchen.

Zutaten: 150 g Zucker, 150 g Butter, 300 g Mehl, 1 Ei, 80 g geriebene Haselnüsse und 1 messerspitze Amonium.

Werden zu einem festen Teig verarbeitet, dann ausgerollt, ausgestochen, mit Ei bestrichen, in die Mitte ein Haselnusskern gesetzt und in guter Hitze gebacken.

1129. Kokosbrötchen.

6 Eiweiß werden geschlagen, dann auf Dampf weitergeschlagen, bis die Masse warm ist, vom Dampf entfernt und geschlagen, bis sie kalt ist. Dann wird 1 Pfund Kokosflocken darunter gemengt. Auf einem mit Papier belegten Blech werden kleine Häufchen gesetzt und gebacken.

1130. Cremetörtchen (35 Stück).

Zutaten: 10 g Eiweiß, 1 Pfund Haselnüsse, 1 Pfund Zucker.

Das Eiweiß wird zu Schnee geschlagen, ¼ Pfund Zucker dazu geschlagen, die gerösteten, geriebenen Haselnüsse mit dem Rest Zucker hinzugefügt. Mit einem Löffel werden größere Häufchen auf ein mit Papier belegtes Blech gesetzt, in gelinder Hitze gebacken, noch warm vom Papier gelöst. Wenn sie erkaltet sind, wird die spitze Seite eines Häufchens mit dem Spritsack und Vanillebuttercreme hoch aufgefüllt, die glatte Seite eines zweiten Stückchens darauf gesetzt und das Ganze mit Staubzucker übersiebt.

1131. Haselnussbrötchen.

Zutaten: 8 Eiweiß, 1 1/4 Pfund Zucker, 1 Pfund Haselnüsse, 1 Päckchen Vanillezucker.

Der Eiweiß wird zu steifem Schnee geschlagen und mit dem Zucker ½ Stunde gerührt, dann das Vanillin zugegeben. Davon wird ½ Tasse weggestellt zur Glasur und mit einem nassen Tuche zugedeckt. Dann kommen die geriebenen Nüsse zur Masse. Der Teig soll 2-3 Stunden, besser über Nacht, stehen, dann wird er mit Zucker gut 1 cm dick ausgerollt, mit einer kleinen ovalen, in lauwarmes Wasser getauchten Form (jedes Mal eintauchen) Brötchen ausgestochen und auf ein dünn mit Butter bestrichenes Blech gesetzt. Mit einer Papiertüte werden Glasurstreifen aufgespritzt und in gelinder Hitze die Brötchen gebacken.

1132. Spritzgebackenes.

Zutaten: 300 g Butter, 250 g Zucker, 2 Eier, 500 g Mehl, 1 Päckchen Vanillinzucker.

1133. Oder:

125 g Butter, 125 g Zucker, 1 Ei, bei Bedarf etwas Eiweiß, 250 g Mehl, 1 Messerspitze Hirschhornsalz oder 2 Messerspitzen Backpulver, 1 Esslöffel Rum oder Arrak, Zitronenschale oder Vanille. Schokolade oder Couvertüre zur Glasur.

Die Butter wird leicht gerührt, Zucker und Ei, Arrak, Zitrone oder Vanille, zuletzt das mit Backpulver vermischte Mehl nach und nach dazugerührt. Der Teig wird 1-2 Stunden kalt gestellt, dann in verschiedenen Formen durch die Teigspritze gedrückt. Rascher und müheloser ist die Arbeit, wenn man die Teigpresse an die Fleischbackmaschine statt Messer und Lochscheibe anfügt und die erhaltenen Stengelchen zu Etz, Ringchen oder Stäbchen formt. Sie werden auf ein gefettetes Blech gesetzt und gelb gebacken. Die Stückchen können teilweise in die Schokoladeglasur getaucht werden oder in zerlassene Schokolade.

1134. Kaiserbrot (sehr gut).

Zutaten: 1 Pfund Palmin, 1 Pfund Zucker, 1 Pfund geriebene Schokolade, 8 ganze Eier, 8 Päckchen Vanillezucker.

Zucker und Schokolade werden in das zergangene Palmin gegeben und wenn dieses ausgelöst ist, die Eier dazu. Auf dem Herd wird alles gut verrührt, darf aber nicht zum Kochen kommen. Nachdem die Masse etwas ausgekühlt ist, streicht man davon messerrückendick auf eine Oblate, setzt eine zweite darauf und fährt so fort bis man 4-5 Schichten hat. Nach dem Erkalten schneidet man kleine Stückchen.

1135. Mailänder I.

Zutaten: 1 ½ Pfund Mehl, 1 Pfund Butter, ¼ Pfund Zucker, 2 Eier.

Die Zutaten werden mit dem Messer auf dem Brett zusammen gehäckelt, rasch verknetet, dünn ausgewellt und mit runden Förmchen ausgestochen. Auf einem gefetteten Blech werden sie gelb gebacken.

1136. Mailänder II.

Zutaten: 1 Pfund Mehl, 200 g Zucker, 150 g geriebene Mandeln oder Haselnüsse, 10 g Vanillezucker, 4 g Amonium, 1 Prise Salz, einige Löffel Milch.

Im Übrigen wie in voriger Nummer, etwas dicker ausrollen.

1137. Mailänder III.

Zutaten: 1 Pfund Mehl, 200 g Zucker, 250 g Butter, 150 g geraspelte Haselnüsse, 10 g Vanillezucker, 4 g Hirschhornsalz, 4 Esslöffel Milch.

Die Zutaten werden zusammengehäckelt, rasch zum Teig verarbeitet, 1 Stunde in der Kühle stehen gelassen, dünn ausgewellt, ausgestochen und in guter Hitze gebacken. Sie werden glasiert wie Zimtsterne.

1138. Schokoladenmakronen.

Zutaten: 300 g Zucker, 250 g geriebene süße Mandeln, 125 g Schokoladenpulver, 4 Eiweiß.

Der Eiweiß wird zu steifem Schnee geschlagen, Zucker, Mandeln und Schokoladenpulver zugegeben. Auf ein gefettetes Pergamentpapier werden kleine Häufchen gesetzt und in schwacher Hitze gebacken. Das Papier wird nach dem Backen vorsichtig abgezogen.

1139. Mandelmakronen.

Zutaten: 7-8 Eiweiß, 1 Pfund Zucker, die Schale einer Zitrone, 1 Pfund abgezogene gemahlene Mandeln.

Alles wird rasch vermengt, auf Papier gesetzt und sofort in mäßiger Hitze gebacken. Es darf kein Schnee geschlagen werden.

1140. Mandelmakronen anderer Art.

Zutaten: 250 g geriebene süße Mandeln, 250 g Zucker, 4 Eiweiß, Saft einer Zitrone.

Unter den steifen Eierschnee mischt man Zucker, Mandeln und Zitronensaft und setzt von der Masse kleine Häufchen auf ein gefettetes Pergamentpapier. Wenn die Makronen ganz leicht gebacken sind, werden sie vom Papier gelöst.

1141. Grießmakronen.

Zutaten: 8 Eiweiß, 1 Pfund Zucker, 250 g Grießmehl, 1 Pfund geschälte geriebene Mandeln.

Zum Eierschnee rührt man den Zucker, bis die Masse sehr steif ist, gibt Saft und Schale einer Zitrone dazu und rührt das Grießmehl noch ¼ Stunde mit. Zuletzt werden die Mandeln hineingeschafft, dann die Masse über Nacht in den Keller gestellt. Am nächsten Tag werden Häufchen auf gefettetes Pergamentpapier gesetzt und gebacken.

1142. Makronen.

Zutaten: 250 g geschälte geriebene Mandeln, 250 g Zucker, 4 Eiweiß, Schale ¼ Zitrone, Saft 1 Zitrone.

Mandeln, Zucker und 1 Eiweiß werden in einer Messingpfanne auf nicht zu heißer Herdplatte so lange gerührt, bis sich die Masse zusammenballt, dann die abgeriebene Zitronenschale, Zitronensaft, sowie der Schnee der übrigen Eiweiß darunter gemengt. Nachdem die Masse mittels Spritzsack und gezackter Tülle auf ein mit Papier belegtes Blech gespritzt ist, wird sie in sehr mäßig heißem Ofen gebacken, dann das Papier auf einen nassgemachten Tisch gelegt und die Makronen nach 5 Minuten vorsichtig davon abgelöst. Backzeit 40-50 Minuten.

1143. Schaummakronen.

Zutaten: 3 Eiweiß, 125 g Zucker, 1 Teelöffel Zitronensaft, 125 g geschälte geriebene Mandeln.

Eiweiß und Zucker werden in einer Schüssel über Dampf zu einer steifen Masse geschlagen, dann Mandeln und Zitrone darunter gemengt. Davon werden längliche Makronen geformt, auf Oblaten oder ein mit Papier belegtes Blech gesetzt und in schwacher Hitze hellgelb gebacken.

1144. Kokosnussmakronen.

Zutaten: 250 g Zucker, 125 g Kokosflocken, 4 Eiweiß, Saft und Schale einer halben Zitrone.

Kokosflocken, Zucker und 1 Eiweiß werden in einer Pfanne auf dem Herd gerührt, bis die Masse lauwarm ist, die übrigen Eiweiß zu Schnee geschlagen und nach und nach unter die Masse gemischt. Wenn sie zu weich ist, wird mit einem Esslöffel Grieß nachgeholfen. Es werden runde Häufchen auf Oblaten gesetzt und in schwacher Hitze gebacken.

1145. Kokosnussmakronen, andere Art.

Zutaten: 5 Eiweiß, 375 g Zucker, 250 g Kokosflocken.

Das Eiweiß wird zu Schnee geschlagen, dann in einer Pfanne, auf der Seite des Herdes mit Zucker und Kokosflocken gerührt, bis die Masse lauwarm ist. Von der etwas erkalteten Masse werden runde Häufchen auf ein gewachstes Blech gesetzt und in schwacher Hitze gebacken.

1146. Schokolademuscheln.

Zutaten: 6 Eiweiß, 1 Pfund Zucker, 1 Pfund feingeriebene Mandeln, 1 Kaffeelöffel Zimt, 60 g geriebene Schokolade.

Das zu Schnee geschlagene Eiweiß wird mit dem Zucker schaumig gerührt, dann die anderen Zutaten darunter gemengt, die Masse in einer mit Zucker ausgestreuten Muschelform ausgedrückt, durch leichten Schlag herausgestürzt, auf Oblaten gesetzt und in gelinder Hitze gebacken.

1147. Weinkonfekt.

Zutaten: 1 Pfund ausgeknetete Butter, 6 Eigelb, 4 Löffel Zucker, 2 Löffel Kirschenwasser, 1/10 l Weißwein, 1 Pfund Mehl, 1 Prise Salz.

Von den Zutaten wird ein Blätterteig mit 4 Touren gemacht, beliebige Formen ausgestochen, mit Eigelb bestrichen und in guter Hitze gebacken.

1148. Pfeffernüsse.

Zutaten: 3 Pfund Mehl, 2 Pfund Zucker, 6 Eier, 3 Löffel Zimt, 1 Teelöffel Nelken, Zitrone, etwas Anis, 3/8 l Milch, 8-9 g Hirschhornsalz.

Von den Zutaten wird ein Teig gemacht, der sich gut ausrollen läßt. Er wird zentimeterdick ausgerollt, ausgestochen und zum Trocknen über Nacht stehen gelassen. Am nächsten Tag werden die Formen gewendet und in guter Hitze gebacken. Nicht glasieren.

1149. Schokolade-Brezeln.

Zutaten: 125 g Butter, 125 g Zucker, 250 g Mehl, 1 Ei, 30 g Kakao. Etwas Vanillezucker, 3 g Amonium.

Alles wird rasch zu einem festen Teig gemengt und davon kleine etwa 15 g schwere Brezeln geformt. Sie werden bei guter Hitze gebacken und glasiert.

1150. Kokosnussring.

Zutaten: 5 Eiweiß, 250 g Zucker, 125 g Kokosnüsse.

Zum steifen Eierschnee wird nach und nach der Zucker geschlagen, dann die Kokosnüsse zugegeben, Ringe oder Häufchen auf ein Blech dressiert, mit Zucker übersiebt und bei schwacher Hitze gebacken.

1151. Kokosbrötchen oder Ringe.

Zutaten: 750 g Mehl, 375 g Zucker, 3 Eier, 150 g Kokosnüsse, 1/5 l Milch, 150 g Fett, etwas Zitronenschale, 6 g Amonium.

Die Zutaten werden zu einem festen Teig verarbeitet, dann ausgewellt und ausgestochen, mit Eiweiß bestrichen, mit Kokosnüssen bestreut und bei guter Hitze gebacken. (Sehr gut und ausgiebig.)

1152. Kokoshäufchen.

Zutaten: 250 g Kokosnüsse, 250 g Zucker, 100 g Mehl, 3-4 Eier, etwas Zimt oder Zitrone.

Alles wird gut angerührt, kleine Häufchen auf Oblaten gesetzt, bei guter Hitze gebacken und dann glasiert.

1153. Marzipanmasse (70-80 Stück).

Zutaten: 1 Pfund süße Mandeln, 300 g Puderzucker, einige Tropfen Rosenwasser oder Orangenblütenwasser oder Kirsch.

Die Mandeln werden gebrüht, geschält und einige Stunden in kaltes Wasser gelegt, damit sie weiss bleiben. Nachdem sie gut getrocknet und fein gemahlen sind, werden sie mit Puderzucker und Rosenwasser vermischt und auf kleinstem Feuer so lange gerührt, bis sie sich vom Topfe lösen. Man drückt probeweise einen in Wasser getauchten Löffel darauf, wenn sich nichts anhängt, ist die Masse gut. Man kann davon verschiedenes Konfekt, Leckerle, auch Torten usw. machen. Soll Marzipan einige Zeit aufbewahrt werden, wird die Masse zu einer Kugel gerollt und in ein Tüchlein eingewickelt.

1154. Marzipankartoffeln.

Zutaten: Obige Marzipanmasse, Schokoladenpulver oder gestossenen Zimt, 1 Eiweiß.

Die fertige Marzipanmasse wird nach Erkalten auf einem mit Zucker bestreuten Brett mit dem Eiweiß geknetet, dann zu kleinen Kugeln geformt und in Schokoladenpulver oder Zimt gewendet. Mit einer stumpfen Stricknadel werden Kartoffelaugen eingekerbt, mit einem Messer die ausgesprungene Schale durch Einschnitte gezeichnet, wonach man die Kartöffelchen in leicht erwärmtem Ofen etwas übertrocknen läßt.

1155. Marzipankartoffel andere Art.

Vom Mohrenkopfmasse werden kleine längliche, gerade Streifen (wie zu Löffelbisquit) auf Papier gespritzt und wie Mohrenköpfe gebacken. Hierauf wird die glatte Fläche mit Butter- oder Füllcreme gefüllt (1 Esslöffel), ein zweites Stück darauf gesetzt und angedrückt, die Brötchen in dünn ausgerollte Marzipanmasse gewickelt, mit Kakao bestäubt und mit gespitztem und leicht abgestumpftem Kochlöffelstiel Kartoffelaugen gemacht.

1156 a. Pomeranzenschalen herzustellen.

Orangenschale werden 3 Tage in kaltes Wasser gelegt. Das Wasser muss jeden Tag erneuert werden. Dann werden die Schalen gekocht, bis sie leicht durchstochen werden können. Wenn sie auf einem Seiher gut abgetropft sind, werden sie während 3-4 Tagen täglich 1 mal eingezuckert, dann in einen Steintopf oder Glas geschichtet, gut eingedrückt und mit dem Saft, der mit etwas Einmachhilfe vermischt wurde übergossen und zugebunden. Pomeranzenschale schmeckt gut an allen Obstkuchen.

1156 b. Kokosringe.

Zutaten: 500 g Mehl, 1 Päckchen Backpulver, 250 g Kokosflocken, 250 g Zucker, 250 g Butter, 3-4 Eier.

Von dem gut zusammengearbeiteten Teig werden Ringe ausgestochen, mit Eigelb bestrichen, mit Kokosflocken bestreut und gut durchgebacken. Statt mit Eigelb können die gebackenen, noch heißen Ringe, mit weißer Glasur bestrichen und mit Kokosflocken bestreut werden.

Schmalzgebackenes.
1157. Apfelküchlein.

Zutaten: 6-8 mittelgroße Äpfel, 70 g Zucker, 2 Esslöffel Rum oder Kirschwasser. Zum Teig: 250 g feines Mehl, ¼ l Weißwein, 2 Esslöffel zerlassene Butter oder heißes Schmalz, 1 Kaffeelöffel Zucker, 1 Teelöffel Salz, 3 Eier. Statt Butter kann ein Esslöffel feines Öl verwendet werden.

Die geschälten, in messerrückendicke Scheiben geschnittenen Äpfel werden mit Zucker und Rum angefeuchtet und eine Zeit lang stehen gelassen. Von den anderen Zutaten wird ein dickflüssiger Teig bereitet, der Schnee zuletzt leicht unter die Masse gegeben. Dann werden die Äpfel mit einem Löffel im Teig gewendet und in heißem Schmalz gebacken, zum Abtropfen auf ein Sieb gelegt und warm mit Zucker bestäubt. Wenn zum Teig Öl verwendet wird statt Butter, werden die Küchlein röscher.

1158. Apfelküchlein, andere Art.

Zutaten: ¼ l saurer Rahm, 150 g Mehl, 3 Eier, 1 Esslöffel Rum.

Von den Zutaten wird ein Teig gemacht, das Eiweiß zu Schnee geschlagen. Im übrigen vorige Nummer.

1159. Apfelküchlein, andere Art.

Zutaten: 6-8 Äpfel, 50 g Zucker. Zum Teig: 200 g Mehl, ein Kaffeelöffel Öl, 40 g Zucker, 1/8 l Milch, 3 Eigelb und der steife Schnee.

Die geschälten und vom Kernhaus befreiten Äpfel werden in ¾ cm dicke Scheiben geschnitten, mit Zucker bestreut, mit einem Löffel in dem von den anderen Zutaten bereiteten Teig gewendet, in heißem Fett schön gelb gebacken, auf Brotschnitten entfettet, mit Zucker bestäubt und warm serviert.

1160. Gefüllte Äpfel.

Hierzu werden gute Äpfel geschält, das Deckelchen weggeschnitten, das Kernhaus entfernt und mit einer Fülle von geschälten, gestoßenen Mandeln und Rosinen nebst Zucker und Zimt die Öffnung gefüllt. Nachdem der Deckel wieder aufgesetzt ist, werden die Äpfel in einem Teig wie zu Äpfelküchlein gewendet, mit dem auch das Deckelchen befestigt werden kann, dann in heißem Schmalz gebacken und mit Zucker und Zimt bestreut.

1161. Apfeltrauben.

Zutaten: 200 g Butter, 5 Eigelb, 3-4 ganze Eier, 330 g Zucker, ½ Weinglas Rum, das Abgeriebene einer halben Zitrone, 1 Teelöffel Zimt, 12 gebratene, durch ein Sieb gestrichene Äpfel, 1 Pfund Mehl.

Unter die schaumig gerührter Butter gibt man nach und nach Eigelb, Zucker, sowie die ganzen Eier und übrigen Zutaten und bereitet einen leichten Teig, den man auswellen kann. Mit dem Backrädchen werden Streifen oder Blätter ausgeschnitten, in Schmalz schön hellbraun gebacken und mit Zucker und Zimt bestreut.

1162. Apfelwürstchen.

Zutaten: 10-15 gebratene Äpfel, 100 g Zucker, 1 Kaffeelöffel Zimt, das Abgeriebene einer Zitrone, Semmelbrösel.

Die durch ein Sieb gestrichenen Äpfel werden mit den anderen Zutaten und so viel Semmelbrösel vermischt, als nötig, um einen Teig zu bekommen, von dem man Würstchen formen kann. Sie werden in Ei und Brösel gewendet, in Schmalz hellgelb gebacken und mit Zucker und Zimt bestreut.

1163. Gebackene Kirschen.

4-5 Löffel Mehl werden mit gut warmen Wein und 4-5 Eigelb zu einem Teigchen angerührt, eine Prise Salz, nach Belieben Zucker und der steife Schnee zugegeben. Dann werden die Kirschen mit den Stielen eingetaucht, schwimmend in Fett gebacken, in Zucker und Zimt gewendet, zu Büscheln gebunden. Die entstielten Kirschen können auch unter den Teig gemischt und gebacken werden wie Apfelküchlein.

1164. Bisquitäpfel.

Zutaten: 6 Eier, 120 g Zucker, 130 g Mehl, das Abgeriebene einer halben Zitrone, Mandeln.

Eigelb wird mit Zucker schaumig gerührt, das Mehl und der Schnee leicht darunter gemengt, runde Küchlein abgestochen, schwimmend in Fett gebacken, danach mit geschälten, länglich geschnittenen Mandeln gespickt und mit Rotwein, der mit Zucker, Zimt, Rosinen und Zitronenschalen zum Kochen gebracht wurde, übergossen.

1165. Grießplättchen.

Zutaten: 1 l Milch, ½ Stange Vanille, 60 g Butter, 60 g Zucker, 400 g Grieß, etwas Salz.

Milch, Butter und Salz werden zum Kochen gebracht, mit dem Schneebesen der Grieß eingerührt und gekocht, bis sich die Masse von der Pfanne löst. Sie wird halbfingerdick auf ein nassgemachtes Brett gestrichen, erkaltet runde Küchlein ausgestochen, in die Mitte etwas Marmelade gefüllt, der Rand mit Ei bestrichen, ein zweites Blättchen aufgesetzt und ringsum angedrückt. Nachdem man sie in Ei und Weckmehl gewendet hat, werden sie schwimmend in Fett gebacken, mit Zucker und Zimt bestreut.

1166. Schnittlauchküchlein.

Von ½ Pfund Mehl wird mit lauem Wasser, 15 g Hefe, 2 bis 3 Eiern und Schnittlauch ein Teig bereitet und geschlagen, bis er Blasen wirft. Wenn er gegangen ist, werden mit einem Löffel Küchlein ausgestochen, in heißem Fett gebacken und als Beilage zu Gemüse gegeben. Von Brandteig mit ziemlich Schnittlauch aber ohne Zucker, sind diese Küchlein eine feine Beilage zu Gemüse.

1167. Rahmküchlein.

Zutaten: 1 Pfund Mehl, 1 Päckchen Backpulver, 4 Eier, 2 Eßlöffel Zucker, ¼ l saurer Rahm.

Von diesen Zutaten wird ein nicht zu steifer Teig angerührt, mit einem Kaffeelöffel walnussgroße Stückchen in heißes Fett gegeben und goldgelb gebacken. Will man die Küchlein als Beilage zu Gemüse, wird statt Zucker Salz genommen.

1168. Mundküchlein.

Zutaten: 4 Eigelb, 6 Eßlöffel süßer Rahm, 1 Eßlöffel Zucker, nussgroß Butter, 2 Kaffeelöffel Backpulver und so viel feines Mehl, daß es einen leichten Teig zum Auswellen gibt.

Nachdem der Teig ½ cm dick ausgewellt ist, werden beliebige Blättchen ausgestochen, in heissem Schmalz gebacken und mit Zucker und Zimt bestreut. Gibt man sie als Beilage zu Gemüse, wird statt Zucker Salz verwendet.

1169. Luftküchlein.

Mit etwas Salz, Wasser und Mehl wird ein glatter Teig angerührt, übers Feuer gestellt, etwas Butter hineingeschnitten und so lange gerührt, bis er sich von der Pfanne löst. Wenn er erkaltet ist, werden Eier nach Belieben hinein gerührt, mit dem Löffel kleine Küchlein ausgestochen und in heißem Schmalz gebacken. Sie werden als Beilage zu Gemüse gegeben. Zu süßen Luftküchlein wird statt Wasser und Salz, Milch und Zucker genommen.

1170. Fastnachtsküchlein.

Von Berliner Pfannkuchenteig Nr. 1174 werden kleine Bällchen ausgewirkt und wenn sie gut gegangen sind, ausgezogen und in schwimmendem Fett gebacken.

1171. Fastnachtsküchlein anderer Art.

Zutaten: 1 Pfund Mehl, 60-80 g Butter, 50 g Zucker,, nach Belieben 1-2 Eier, ¼ l Milch, 20 g Hefe, 1 Teelöffel Salz, das Abgeriebene ¼ Zitrone und Backfett.

Von den erwärmten Mehl und der ausgelösten Hefe wird ein Vorteig gemacht. Wenn er gegangen ist, werden die übrigen erwärmten Zutaten zugegeben und der Teig geschlagen, bis er sich von der Hand löst. Von dem gut gegangenen und ausgewellten Teig werden schräge Vierecke ausgerädelt, die man nochmals gehen läßt. Vor dem Backen werden sie mit einer Gabel einigemal durchstochen.

Oder: Statt der schrägen Vierecke können kleine Bällchen ausgewirkt und nach nochmaligem Gehen ausgezogen werden. Vor dem Auftragen werden sie mit Zucker und Zimt bestreut.

1172. Feine Fastnachtsküchlein.

Zutaten: 8 Eigelb, Zucker nach Belieben, 1/8 l süßer Rahm, das Abgeriebene einer halben Zitrone.

Die Eigelb werden mit dem Zucker schaumig gerührt. Dann wird unter Zugabe von Rahm und Mehl ein lockerer Teig bereitet, der möglichst dünn ausgewellt wird. Mit einem Backrädchen werden beliebig große Küchlein geschnitten und in heißem Fett gebacken.

1173. Ausgerollte Fastnachtsküchlein.

Zutaten: 2 Eier, 250 g Mehl, 1-2 Löffel saurer Rahm, 1 Prise Salz, zum Einwellen 125 g Butter.

Von den Zutaten wird ein glatter Teig gemacht, der wie Blätterteig einigemal ausgewellt wird. Die übrige Zubereitung ist wie in voriger Nummer.

1174. Berliner Pfannkuchen.

Zutaten. ½ l Milch, 30 g Hefe, 150 g Butter, 100 g Zucker, zwei ganze Eier, 2 Eigelb.

Die Hefe wird in der Milch aufgelöst, mit Mehl zu einem Hefel angerührt. Unterdessen werden Butter und Zucker leicht gerührt, die Eier zugegeben, zum gut gegangenen Hefel gegeben und so viel Mehl, daß es einen nicht zu festen Teig gibt. Nachdem er gut gegangen ist, werden kleine Bällchen ausgewirkt und wenn diese gegangen sind, werden sie etwas breit gedrückt, in der Mitte mit etwas eingemachten Himbeeren belegt, dann wieder zu einem Bällchen zusammengedrückt. Nach nochmaligem Gehen werden sie schwimmend im Schmalz gebacken.

1175. Windbeutel.

Zutaten: ½ l Milch, 50-60 g Butter, 350 g Mehl, 8 Eier, eine Prise Salz.

Von den Zutaten wird ein Brandteig bereitet (siehe Nr. 892). Ein Ei wird in die warme Masse, die übrigen werden eins nach dem andern in die erkaltete Masse gerührt, mit einem Esslöffel Klöße in heißes Schmalz gelegt, langsam schön gelb gebacken, bis sie aufspringen. Auch das Aufgesprungene soll schön gelb sein, bevor sie aus dem Fett genommen werden. Sie werden heiß, mit Zucker und Zimt bestreut, serviert.

1176. Nürnberger Mandelklöße.

Zutaten: 6-8 Milchbrote, 180 g Butter, 90 g gestoßene Mandeln, 90 g Zucker, Schale einer halben Zitrone, 2 Eier, 3 Eigelb, Salz, Milch.

Nachdem die abgeriebenen Brötchen in Milch eingeweicht, gut ausgedrückt und in Butter gedämpft sind, werden sie mit Mandeln, Zucker, der gewiegten Zitronenschale, Eiern und Salz gut vermengt. Mit einem Löffel werden Klöße in heißes Schmalz gelegt, schön gebacken, mit Zucker bestreut und mit einer Weinsoße serviert.

1177. Pölsterchen.

Von Eiern, Mehl, Salz etwas Hefe und Wasser oder Milch wird ein weicher Nudelteig bereitet und ausgewellt. Mit dem Rädchen werden beliebig geformte Stückchen herausgeschnitten und wenn sie gut gegangen sind, in heißem Fett weißgelb gebacken.

1178. Strauben.

Zutaten: 1 Pfund Mehl, 30 g Zucker, ¾ l Milch, 60 g zerfallene Butter, 5-6 Eier.

Die Zutaten werden zu einem glatten Teig angerührt, den man durch einen Trichter schneckenartig in heißes Fett legt, bis einige Ringe nebeneinanderliegen. Wenn sie auf beiden Seiten gelb gebacken sind, werden sie entfettet und mit Zucker und Zimt bestreut.

1179. Strauben, andere Art.

Der Teig Nr. 1175 wird mit Spritzsack und Sterntülle in heißes Schmalz gedrückt.

1180. Schneeballen.

Zutaten: 4 Eigelb, 3 Eiweiß, 50 g Butter, 40 g Zucker, Mehl.

Eigelb, Butter und Zucker werden schaumig gerührt, der steife Schnee und so viel Mehl darunter gemengt, daß es einen weichen Nudelteig gibt, den man eine Stunde an einem kühlen Ort stehen läßt. Dann werden runde Kuchen ausgerädelt, in der Größe einer Kaffeeuntertasse. Jeden dieser Kuchen rädelt man in fingerbreite Streifen, doch noch ganz durch, es muß ringsum ein fingerbreiter Rand bleiben. Nun wird der erste Streifen auf den Kochlöffel gefaßt, der zweite bleibt liegen, der dritte wird wieder aufgenommen usw. Das Ganze wird dann mit dem Kochlöffel in heißes Schmalz gehängt, einige Augenblicke gebacken, behutsam abgestreift, umkehrt, auch auf der andern Seite schön gebacken und mit Zucker bestreut. Man kann irgend ein Kompott oder eine beliebige Soße dazu geben.

1181 a. Schneeballen, andere Art.

Zutaten: 4 Eigelb, 2 ganze Eier, 1 Esslöffel Zucker, 6 Esslöffel saurer Rahm, ½ Pfund Mehl, das Abgeriebene einer halben Zitrone, 1 Prise Salz.

Oder: 2 Eier, 100 g Zucker, 100 g Butter, ½ Tasse Milch, 1 Pfund Mehl, ½ Päckchen Backpulver, 1 Prise Salz, das Abgeriebene einer halben Zitrone.

Von den Zutaten wird ein Teig bereitet und so lange bearbeitet, bis er fein und glatt ist; dann 1 Stunde kalt gestellt. Die übrige Zubereitung ist wie in voriger Nummer.

1181 b. Kaffeeküchlein.

Auf ein gefettetes Blech werden vom Windbeutelteig Nr. 1175 kleine Häufchen gesetzt, mit Ei bestrichen und grob gewiegten Mandeln bestreut, dann im Ofen gebacken, mit Füllcreme oder Schlagrahm gefüllt.

1182. Ecclairs.

Vom Windbeutelteig Nr. 1175 werden fingerlange und halbfingerbreite Streifen im Zickzack auf ein gefettetes Blech gespritzt, mit Eigelb bestrichen, mit grob gewiegten Mandeln bestreut und im Ofen schön gelb gebacken. Nach dem Erkalten werden sie mit der Schere der Länge nach aufgeschnitten und gefüllt wie vorige Nummer.

1183. Rosen, Pilze und Becker.

Zutaten: 210 g Weissmehl, 2 Esslöffel Kartoffelmehl, 2 Esslöffel Zucker, etwas Vanille, 3 Eier, ¼ l Milch, 30 g zerlassene Butter, 1 Prise Salz.

Von den Zutaten wird ein Teig angerührt, der die Dicke eines Pfannkuchenteiges hat. Wenn man mit dem Kochlöffel durch die Mitte des Teiges fährt, sollte man noch leicht die Linie sehen. Dann taucht man die eiserne Form, die man im Schmalz heiß gemacht hat, in den Teig, (worauf er sich anhängt) doch nur bis zum Rand, damit die Küchlein noch abgenommen werden können, darauf wieder ins heiße Schmalz, bis der Teig gelb ist. Mit einem Schlag an die Form wird das Küchlein abgelöst, im Schmalz gewendet, und nach dem Backen, mit dem Boden nach oben, auf Papier oder ein Sieb zum Ablaufen gelegt. Die Küchlein werden aufrecht auf eine Platte gehäuft und mit Zucker bestreut.

Bei Pilzen wird das heiße Eisen mit Teig übergossen, wenn er gelb ist, wird der Teig nochmals übergossen, dann fertig gebacken. Durch leichten Schlag auf die Form fällt der Pilz ab.

1184. Ringe von Brandteig.

Zutaten: 1 ½ l Milch, 20 g Butter, Zucker, 1 Stückchen Zimt, das Abgeriebene einer halben Zitrone, 250 g Mehl, 4-5 Eier.

Von dem bereiteten Brandteig werden Ringe ausgerollt, an den Enden mit Eiweiß zusammengeklebt, dann in heißes Schmalz gelegt und gebacken, mit Zucker bestreut und warm serviert.

1185. Ringe von Hefenteig.

Zutaten: 1 ½ Pfund Mehl, 3 Eier, 100 g Butter, 100 g Zucker, ½ Tasse Milch, 1 Kaffelöffel Salz, 20 g Hefe.

Mit der aufgelösten Hefe und den anderen Zutaten wird ein weicher Teig bereitet und geschlagen, bis er Blasen wirft. Wenn er gegangen ist, werden Ringchen geformt, an den Enden mit Eiweiß befestigt, in heißem Schmalz gebacken und mit Zucker und Zimt bestreut.

1186. Weinnudeln.

Von ¼ l Wein und 50 g Butter, 60 g Zucker, 1 Prise Salz und 3 ganzen Eiern wird mit Mehl ein Teig gemacht wie zu Apfelküchlein. Mit dem Löffel werden nussgroße Nudeln ausgestochen und in heißem Fett gebacken.

1187. Karthäuserklöße.

Zutaten: 8-10 altgebackene Milchbrote, 3-4 Eier, ½ l Milch, 3 Esslöffel Zucker, etwas Zimt.
Nachdem Eier, Milch und Zucker verrührt sind, werden die abgeriebenen, in 2 gleiche Teile geschnittenen Brötchen damit übergossen. Wenn sie weich und gut abgetropft sind, werden sie im abgeriebenen Weckmehl gewendet, auf allen Seiten schön gelb gebacken und mit Kompott oder einer beliebigen Soße zu Tisch gegeben.

1188. Tabaksrollen.

Zutaten: 1 Pfund Mehl, 1/4 - ½ Pfund Butter, 3 Eigelb, 2 Esslöffel Zucker, Schale einer Zitrone, ½ Kaffeelöffel Backpulver.
Oder: ½ Pfund Mehl, 210 g Butter, 2 Esslöffel Zucker, Schale einer Zitrone, 4 Eigelb, 3 Esslöffel süßer Rahm, 4 Esslöffel Wein.
Mit dem Zutaten wird auf dem Backbrett ein Teig gemacht, ausgewellt, wieder zusammengeschlagen und dieses 3-4 mal wiederholt, dann läßt man den Teig ruhen. Nach einer halben Stunde wird er messerrückendick ausgewellt, in länglich viereckige Stückchen gerädelt, etwa ¾ davon mit untenstehender Fülle bestrichen. Dann werden sie locker auf die Tabaksrollenform gewickelt, an den Enden mit Eiweiß befestigt, in heißem Fett schön gelb gebacken und mit Zucker und Zimt bestreut.
Fülle: 140 g geriebene Mandeln, 140 g Weinbeeren, 100 g Zucker und 70 g zerlassene Butter werden mit 2-3 Eiern angerührt.
Oder: man kocht mit Milch, Butter und Zucker einen dicken Grießbrei, gibt geschnittene Mandeln, Weinbeeren, Vanille und zwei Eier darunter.
Nach dem Backen einer Tabaksrolle muß die Blechform rasch in kaltem Wasser abgekühlt werden, ehe sie wieder benützt wird. Es können auch Holzformen verwenden werden.

1189. Müffchen.

Zutaten: 250 g Mehl, 125 g Butter, 1 Ei, einige Löffel Milch oder Rahm, 1 Esslöffel Zucker, 1 Prise Salz.

Von Mehl, Ei und Rahm wird ein weicher Teig bereitet, die Butter in Blättchen darauf geschnitten, der Teig dreifach zusammengeschlagen und einigemal ausgewellt (wie Blätterteig), bis zu Messerrückendicke. Dann werden länglich viereckige Stückchen ausgerädelt, um ein Tabaksrollenform gelegt, an den Enden mit Eiweiß befestigt und in heißem Schmalz schön gelb gebacken.

1190. Reisküchlein.

Zutaten: 1 Pfund Reis, 1 ½ l Milch, 2 Teelöffel Salz, 4-5 Eier.

Der gebrühte Reis wird weich gedünstet. Wenn er etwas abgekühlt ist, werden die verklopften Eier zugegeben, runde Küchlein geformt, in Eiweiß und Weckmehl gewendet und in heißem Fett knusprig gebacken.

1191. Weinwürstchen.

Zutaten. 125 g Brösel, 125 g gewiegte Mandeln, 2 Eier, 1 Esslöffel Mehl, 1 Esslöffel Zucker.

Eigelb und Zucker werden schaumig gerührt, die Brösel mit Rotwein angefeuchtet und mit Mandeln, Mehl und dem steifen Eierschnee unter die gerührte Masse gemengt. Davon werden fingerlange Würstchen geformt, schwimmend in Schmalz gebacken, in Rotwein mit Zucker und Zimt gekocht und mit dem Wein zu Tisch gegeben.

1192. Gold- oder Weckschnitten.

Zutaten: 6 große Wecken, 3-4 Eier, 1 ½ l Milch, 1 Pfund Mehl, ¾ l Most, die Schale einer halben Zitrone, 100 g Zucker, 1 Teelöffel Zimt, Salz.

Die Wecken werden in Scheiben geschnitten, Zucker mit Wein oder Most und etwas Zimt gemischt, die Schnitten kurz vor dem Backen eingetaucht und auf ein Sieb zum Abtropfen gelegt. Von Mehl, Milch und Eigelb wird ein dickflüssiger Teig angerührt, das Eiweiß zu Schnee geschlagen, die Schnitten darin gewendet, schwimmend in heißem Fett gebacken und mit Zucker und Zimt bestreut, serviert.

Werden die Schnitten statt in Most und Zucker in Milch getaucht, können sie als Beilage zu Gemüse gegeben werden.

1193. Arme Ritter.

Milch, Eier und Zucker werden verrührt und die in fingerdicke Scheiben geschnittenen Milchbrötchen damit übergossen. Die Scheiben sollen weich werden, dürfen aber nicht zerfallen, werden dann in zerklopftem Ei und Weckmehl gewendet, in Butter schön hellbraun gebacken, mit Zucker und Zimt bestreut und mit einer Obst- oder Weinsoße zu Tisch gegeben. Besser ist es, wenn man die Scheiben in einen Ausbackteig taucht, den man von ½ l Milch, einigen Löffeln Mehl, 4-6 Eiern, etwas Zucker, Zimt und Vanille bereitet hat. Will man sie zur Garnierung von Gemüsen verwendet, zu Blumenkohl, Rosenkohl oder Spargelgemüse, schneidet man die Scheiben ziemlich klein, rund oder viereckig, aber von gleicher Größe, weicht sie in Milch, wendet sie in Ei und Weckmehl und backt sie in heißer Butter. Kein Zucker.

1194 a. Käsekugeln.

Zutaten: 250 g Käse, Pfannkuchenteig aus 3 Eiern, Backfett, 100 g Mehl, 1/4 l Milch.

Die Käse wird gerieben und in den Pfannkuchenteig gemischt, davon mit dem Löffel beliebige Formen ausgestochen und in schwimmendem Fett gebacken.

Mehlspeisen mit Zucker und andere Süßspeisen.

1194 b. Apfelschmarren.

Zutaten: ¾ Pfund Mehl, ½ l Milch, 4-5 Eier, 1 Prise Salz, 100 g Zucker, 6-8 würflig geschnittene Äpfel, 60-80 g Butter.

Milch oder Rahm wird mit Eigelb, etwas Salz und Mehl gut verrührt, dann mit Äpfeln, Schnee und übrigen Zutaten vermischt. Von dieser Masse gibt man in eine Pfanne mit heißer Butter etwa 3 Finger dick, deckt zu und stellt sie ins Rohr. Nach ¼ Stunde wird der Deckel abgenommen, der Schmarren auf beiden Seiten schön braun gebacken und mit der Gabel in große Brocken zerteilt.

1195. Kaiserschmarren.

Zutaten: ¾ Pfund Mehl, 60 g Butter, 60 g Zucker, Salz, Milch, 5-6 Eier, 60 g kleine Rosinen. Butter, Eigelb und Zucker werden gerührt, mit Mehl, Milch und anderen Zutaten vermengt, der Schnee leicht darunter gezogen. Davon wird fingerdick in heißes Mehl gegeben, nach dem Wenden mit einer Gabel in kleine Stücke zerteilt, diese noch gut ausgebacken, dann mit Zucker und Zimt bestreut und angerichtet.

1196. Apfelpfannkuchen.

Zutaten: 1 Pfund Mehl, 6-8 Eier, Milch, Salz, 8-10 Äpfel.
Von den Zutaten wird ein Pfannkuchenteig bereitet, die geschälten, in feine Scheiben geschnittenen Äpfel, sowie der Schnee zugegeben, dann Pfannkuchen gebacken und mit Zucker bestreut.

1197. Kirschpfannkuchen.

Zutaten: 8 Brötchen, ½ l Milch, einige Löffel Mehl, Zucker, Zimt, 5-6 Eier, 1 ½ - 2 Pfund Kirschen. Die eingeweichten Brötchen werden fest ausgedrückt und verzupft, dann Mehl, Milch, Eier, Zucker und Zimt zugegeben, die Masse tüchtig gerührt und zuletzt die abgezupften Kirschen darunter gegeben. Es werden kleine Pfannkuchen langsam auf beiden Seiten schön gebacken, mit Zucker und Zimt bestreut.

1198. Gefüllte Pfannkuchen.

Die zubereiteten Pfannkuchen werden mit Marmelade bestrichen, übereinandergeschlagen, mit Zucker bestreut und mit dem glühenden Schürhaken Karo eingebrannt.

1199. Obstpfannkuchen.

Man gibt einen Löffel Pfannkuchenteig in heißes Fett, streut das vorbereitete, eingezuckerte Obst darauf, und backt den Pfannkuchen auf beiden Seiten schön gelb. Es können Himbeeren, Erdbeeren, Heidelbeeren und Johannisbeeren verwendet werden.

1200. Äpfel im Schlafrock.

12 mürbe Äpfel werden geschält, mit dem Ausstecher das Kernhaus entfernt und die Höhlungen mit gewiegten Mandeln und Zucker gefüllt. Ein messerrückendick ausgewellter, guter Blätterteig wird in große, runde oder viereckige Stücke geschnitten und die Äpfel darin eingehüllt. Die vier Ecken werden oben zusammengedrückt, die Äpfel umgekehrt auf ein nassen Blech gesetzt, mit Ei bestrichen und gebacken.

Oder: Von Blätterteig werden lange, schmale Streifen gerädelt und kreuzweise übereinandergelegt. In die Mitte wird der Äpfel gesetzt, die Steifen oben (an der Höhlung) zusammengedrückt und ein kleines Butterteigblümchen darauf gelegt. Mit Ei bestrichen, werden die Äpfel auf nassem Blech gebacken.

1201. Äpfel im Schlafrock, andere Art.

Große saure Äpfel werden geschält, vom Kernhaus befreit, dann ringsum mit zergangener Butter bestrichen, mit Zucker bestreut, auf einem Blech im Ofen gebraten, bis sie weich sind, dann einzeln auf Tellerchen gesetzt. Nun wird das Eiweiß zu Schnee geschlagen, mit Zucker vermengt (4 Eiweiß, 150 g Zucker), die Äpfel damit überstrichen, mit blättrig geschnittenen Mandeln bestreut und im Ofen gelb überbacken.

1202. Erdbeerschnitten.

Zutaten: Weißes Stollenbrot, Zucker, Zimt, Erdbeeren.

Zentimeterdicke Scheiben von Weißbrot werden in Butter auf einer Seite hellbraun gebacken, die andere Seite wird mit Erdbeeren, die gut mit Zucker und Zimt vermischt sind, belegt.

1203. Rhabarberschnitten.

Zutaten: 1 Pfund Rhabarber, Zucker, Zimt, Weißbrot.

Der abgezogene, in kleine Würfel geschnittene Rhabarber wird mit Zucker 3-10 Minuten gedünstet, dann kalt gestellt. Im Übrigen wie bei Nr. 1202.

1204. Goldschnitten.

½ cm dicke Scheiben von Weißbrot werden schnell in kalte Milch getaucht. 3 Eßlöffel abgezogene geriebene süße Mandeln, 3 verklopfte Eier und 1 Eßlöffel Zucker werden gut vermischt, die Brotscheiben darin gewendet, in heißer Butter gebacken, mit Zucker und Zimt bestreut.

1205. Apfelbrätlinge.

Zutaten: 6 Äpfel, 1 Esslöffel Zucker, 1 ½ Tassen Semmelbrösel, 1 Messerspitze Zimt, 3 Eier, 1 Esslöffel geriebene Haselnüsse.

Die ungeschälten, am Reibeisen geriebenen Äpfel werden mit den übrigen Zutaten verrührt. Nach halbstündigem Ruhen werden Kugeln gedreht und in schwimmendem Fett gebacken oder es können flache Kuchen geformt und auf beiden Seiten in heißer Butter gebraten werden. Sie werden mit Zucker bestreut und mit Frucht- oder Vanillesauce zu Tisch gegeben.

1206. Weinschnitten.

½ cm dicke Weißbrotscheiben werden in Rotwein, dann in verklopftem Ei gewendet, in heißer Butter auf beiden Seiten gebacken und reichlich mit Zucker und Zimt bestreut.

1207. Weinschnitten anderer Art.

Zutaten: 5 Eier, 1 Glas Wein, 4-5 Brötchen, Zucker, Zimt.

Eier und Wein werden miteinander verquirlt, die Semmelscheiben damit befeuchtet (mässig), in heißem Fett gebacken, in Zucker und Zimt gewendet, in einer Schüssel herzig angerichtet und mit kochender Rotweinsoße übergossen.

Man kann auch zwischen zwei gebackenen Schnitten Hägenmark- oder Aprikosenmarmelade streichen und mit Staubzucker bestreut zu Chaudeau oder Fruchtsauce servieren.

1208. Waffeln.

Zutaten: 100 g Butter, 1 Pfund Mehl, 50 g Zucker, 1 Kaffeelöffel Salz, 4 Eier, 5 g Hefe, ¾ l Milch oder Wasser.

Die Hefe wird in der Milch ausgelöst, Mehl und Hefe vermischt, zum Gehen beiseite gestellt, dann werden die Eier dazu gerührt, Mehl und Milch, der Teig ½ - 1 Stunde stehen gelassen. Das Waffeleisen wird erhitzt, mit einem in Fett eingetauchten Bürstchen leicht überstrichen, der Teig löffelweise darauf gegeben und das Eisen geschlossen. Die Waffel wird halb gewendet und auch auf der anderen Seite schön gelb gebacken, dann herausgenommen, das Eisen mit dem Bürstchen wieder leicht bestrichen, mit einem Löffel Teig gefüllt usw., bis alle Waffeln gebacken sind. Sie werden mit Zucker und Zimt bestreut und zu Obst serviert.

1209. Andere Art.

Zutaten: ½ l Milch, 4-5 Eier, das Abgeriebene 1 Zitrone, 1 Esslöffel Zucker, 100 g Mehl, 60 g Butter, Salz.

Zucker, Eier, Salz und Zitronenabgeriebenes werden verrührt, die zergangene Butter, Milch und Mehl zugegeben und der Teig ½ Stunde stehen gelassen. Das heiße Waffeleisen wird mit einem Speckstückchen eingerieben, der Teig löffelweise auf das Eisen gegeben, dieses geschlossen und die Waffeln auf beiden Seiten goldgelb gebacken. Die Zucker bestreut zu Kaffee und Tee.

1210. Bisquitwaffeln.

Zutaten: ½ Pfund Zucker, 6 Eier, 150-200 g Mehl.

Eigelb und Zucker werden schaumig gerührt, das geliebte Mehl und der steife Schnee abwechselnd leicht darunter gemengt und die Waffeln auf schwachem Feuer gebacken.

1211. Feine Waffeln.

Zutaten: ½ Pfund Butter, 12 Eier, 130 g Mandeln, 1/8 l Rahm, ¼ l Milch, 1 Pfund Mehl, 1 Teelöffel Backpulver, Salz, Zucker nach Belieben.

Das Eigelb wird auf der warmen Herdplatte schaumig geschlagen, dann abwechselnd mit Mehl zur schaumig gerührten Butter gegeben. Vor dem Backen wird der steife Schnee, Rahm und Salz hinzugegeben. Der Waffeln werden unter öfterem Wenden des Eisens, ohne dieses zu fetten, schön gebacken, vor dem Servieren auf beiden Seiten mit Vanillezucker bestreut.

1212. Einfache Waffeln mit Hefe.

Zutaten: 2 Pfund Mehl, 180 g Butter, 50 g Zucker, ½ l Milch, 4-5 Eier, 5 g Hefe oder 1 Päckchen Backpulver.

Die Hefe wird in lauwarmer Milch aufgelöst, das Mehl mit der Milch und den Eigelb angerührt, nach und nach die schaumig gerührte Butter, Hefe, Zucker und eine Prise Salz zugegeben. Dann läßt man den Teig 1 Stunde stehen und gibt kurz vor dem Backen den steifen Schnee darunter.

1213. Gefüllte Waffeln.

Von Blätterteig werden Teigplatten im Durchmesser des Waffeleisens geschnitten. Je eine Teigplatte wird an den Rändern mit Eiweiß bestrichen, in der Mitte mit Marmelade, mit einer zweiten Platte bedeckt. Dann wird das Ganze in das Waffeleisen gelegt, geschlossen und die Waffeln schön gelb gebacken. Sie werden der Form nach zerteilt und mit Zucker bestreut.

1214. Omelette Konfitüre.

Eine französische Omelette wird mit 1 oder 2 Esslöffel beliebiger Marmelade gefüllt, auf eine Platte gestürzt, dick mit Zucker bestreut. Im Feuer wird ein eiserner Stiel (sauberer Schürhaken) glühend gemacht und beliebige Streifen eingebrannt.

1215. Storchennestchen.

Von Butterteig werden runde Blättchen ausgestochen, der Rand 1 cm breit mit verrührtem Ei bestrichen, darauf mit Sterntülle feiner Brandteig gespritzt und die Blättchen in mittlerer Hitze gebacken. Wenn sie erkaltet sind, wird der leere Raum mit Vanillecreme ausgefüllt und die Törtchen mit gekochten Kirschen oder sonstigen Früchten, oder auch Schlagrahm verziert.

1216 a. Schnee-Eier mit Vanille-Milch.

Zutaten: 6 Eier, 1 ½ l Milch, ¼ Orange, 50-60 g Zucker, 1 gestrichener Teelöffel Stärkemehl.
Die Milch wird mit der Vanille-Schote, die man der Länge nach durchschnitten hat, zum Kochen gebracht. Unter den steifen Schnee zieht man vorsichtig 60-80 g Zucker und legt mit dem Esslöffel längliche Klöße in die leicht kochende Milch. Sie werden auf beiden Seiten 2 Minuten gekocht, herausgenommen und zum Erkalten auf ein Sieb gelegt. Die Eigelb werden mit 60 g Zucker und dem Stärkemehl verrührt, etwas von der Milch vorsichtig dazu gegeben, dann das Ganze auf dem Feuer verrührt, bis es anfängt zu kochen. Die Vanillemilch wird in eine Porzellanschale gefüllt, die Schnee-Eier hineingegeben und warm serviert.

1216 b. Soufflee.

Zutaten: 4 Eigelb, 70 g Zucker, 2-3 Löffel Mehl, 2 Löffel Arrak.
Eigelb und Zucker werden schaumig gerührt, das Weiße zu Schnee geschlagen. Abwechselnd mit Mehl wird der Schnee unter die gerührte Masse gemengt, dann das Ganze in eine Pfanne mit heißer Butter gegeben und 10 Minuten im Rohr aufgezogen.

1217. Wickelroulade.

Zutaten: ¾ Pfund Mehl, ½ Pfund geriebene Kartoffeln, 1 Ei, 50 g Butter, 50 g Zucker, 1 Päckchen Backpulver oder 15 g Hefe.

Von den Zutaten wird ein weicher Teig bereitet. Wenn er gut gegangen ist, wird er ausgewellt, mit Marmelade bestrichen, oder mit Apfelschnitzen belegt und gerollt, dann auf ein Blech gesetzt und nachdem er nochmals gegangen ist, mit Ei bestrichen und ½ Stunde gebacken. Von dieser Masse können auch Kräpfchen gemacht werden.

1218. Wickelmus.

Zutaten: 1 l Milch, 300 g Mehl, 200 g Fett, 7 Eier, Zucker nach Geschmack.

Von diesen Zutaten wird ein Brandteig gemacht, die Eier nach und nach dazu gerührt. Die Masse wird auf ein viereckiges Blech gestrichen und gebacken. Nach dem Erkalten wird Apfelbrei oder Marmelade aufgestrichen und der Kuchen gerollt.

1219. Kachelmus.

Zutaten: 6 Esslöffel Mehl, ¾ l Milch, 6 Eier, 35 g Butter, 1 Prise Salz, Zucker nach Beliebigen.

Das Mehl wird mit ein wenig kalter Milch glatt angerührt, die übrige Milch wird warm zugegeben. Dann werden Eier, (das Weiße kann Beliebten zu Schnee geschlagen werden) und Salz zugegeben, alles gut vermengt, in eine mit Butter bestrichene Form gefüllt, mit Butterstückchen belegt, im Ofen langsam aufgezogen und mit Zucker und Zimt bestreut zu Tisch gegeben.

1220. Reisberg.

Zutaten: 1 Pfund Reis, 2 l Milch, 40 g Butter, 200 g Zucker, 3 Pfund gekochte Äpfel oder eine Tasse Himbeermarmelade.

Zum Meringenguss: 6 Eiweiß, 280 g Zucker mit Vanille gewürzt, 1 Prise Mehl.

Der gebrühte Reis wird vorsichtig weich gedünstet, dann abwechselnd mit Obst, erhöht auf eine feuerfeste Platte gegeben. Der steife Schnee wird mit Zucker vermischt und damit der Reisberg überzogen. Dann wird die Platte auf einem mit Salz bestreuten Blech so lange in den Ofen gegeben, bis sich der Schnee lichtgelb gefärbt hat. Nach Belieben kann die Speise mit Mandeln gespickt werden.

1221. Becherpastete von Reis.

Zutaten: 1 ½ l Milch, 200 g Reis, 2 Esslöffel feines Mehl oder Semmelmehl, 1 Prise Salz, Schale eines halben Zitrone, 100 g Butter, 100 g Zucker, 7 Eier.

Der Reis wird mit siebendem Wasser übergossen, ½ Stunde zugedeckt stehen gelassen, dann das Wasser abgegossen und der Reis 1 Stunde langsam in der Milch gedämpft. In der letzten Viertelstunde rührt man feines Mehl oder Semmelmehl hinein und läßt es mitkochen. Dann wird der Reis mit 2 Esslöffeln zerlassener Butter übergossen und zum Erkalten in einer Schüssel beiseite gestellt. Nun werden Butter, Zucker und Eigelb schaumig gerührt, mit Zitronenschale unter den erkalteten Reis gemengt, alles gut zusammengerührt und der steife Schnee zugegeben. Beckerformen werden mit Butter ausgestrichen, die Masse eingefüllt, ½ Stunde im Wasserbad gekocht, gestürzt und mit Hägenmarksauce serviert.

1222. Reiswürstchen.

Zutaten: 1 ½ Pfund Reis, 2 l Milch, 1 Teelöffel Salz, 60 g Butter, 6 Esslöffel Zucker, 4 Eier.

Der Reis wird in der Milch mit Butter und Salz weich gekocht. Dann werden Zucker und Eier gut verrührt, der warme Reis darunter gemengt, Würstchen geformt, solange die Masse noch warm ist und in heißem Fett die Würstchen schön gelb gebacken.

1223. Reisschnitten.

Werden gemacht wie vorige Nummer. Die Würstchen werden mit der Hand flach gedrückt und in einer Pfanne auf beiden Seiten schön gelb gebraten, mit Zucker und Zimt bestreut, serviert.

1224. Becherpastetchen mit saurem Rahm.

Zutaten: 200 g Butter, 6 Eier, 8 Esslöffel feines Mehl, 5 Esslöffel saurer Rahm, nach Belieben Zucker und Salz.

Die Butter wird schaumig gerührt, Eigelb, Mehl, saurer Rahm und nach Belieben Zucker zugegeben, alles zusammengerührt, zuletzt der steife Schnee darunter gezogen. Diese Masse wird in kleine, butterbestrichene, mit Semmelbrösel bestreute Förmchen gefüllt, (halbvoll) im Ofen gebacken, dann auf eine Platte gestürzt und mit einer süßen Wein- oder Milchsoße serviert. Will man die Pastetchen als Beilage zu Ragout oder Wildbret, wird statt Zucker Salz verwendet.

1225. Mohrenköpfe.

Zutaten: 200 g Zucker, 10 Eier, 5 Eiweiß, ½ Pfund Mehl, 30 g Weizenpuder.

100 g Zucker und Eigelb werden schaumig gerührt, 15 Eiweiß zu Schnee geschlagen, 100 g Zucker dazu geschlagen, dann mit Mehl und Puder leicht darunter gezogen. Mit Spritzsack und glatter Tülle werden kleine Häufchen auf ein mit Papier belegtes Blech gesetzt, leicht mit Staubzucker übersiebt und bei offenem Ofen gebacken. Die schöneren Stücke werden mit Schokoladeglasur glasiert, die anderen werden mit wenig Schlagrahm auf Glastellerchen befestigt, mit Löffel oder Spritzsack Schlagrahm darauf gegeben, dann der glasierte Teil darauf gesetzt.

1226. Rheinischer Bund.

Zutaten: ½ l Weißwein, 250 g Zucker, 60 g Puder, etwas Zitronenschale, 4 Eigelb, mit Wein angefeuchtete Bisquit, 4 Eiweiß, 100 g Zucker, geschälte, fein oder stiftlich geschnittene Mandeln.

250 g Zucker, Wein, Puder, Zitronenschale und Eigelb werden auf dem Feuer gerührt, bis die Masse dick ist, dann auf eine runde Platte gegeben, die angefeuchteten Bisquit darauf gelegt. Zum steifen Eierschnee werden 100 g Zucker geschlagen und über die Bisquit gestrichen, mit den Mandeln besteckt. Man läßt die Speise im Ofen schön Farbe nehmen und serviert sie warm.

1227. Baumstamm.

Zutaten: 6 Eier, 120 g Zucker, 60 g Weizenmehl, 60 g Mondamin.

Schokoladenbuttercreme siehe Nr. 1423.

Eier und Zucker werden an der Seite des Herdes geschlagen, bis die Masse dickschaumig und lauwarm ist, dann wieder bis sie kalt ist. Dann wird das geliebte Mehl zugegeben, die Masse auf ein mit Papier belegtes Blech gestrichen und bei guter Hitze hellgelb gebacken. Sie ist fertig, wenn sie sich vom Papier löst. Ein Drittel der Creme wird auf die Bisquitmasse gestrichen und diese fest gerollt. Oben und unten wird der Stamm schräg abgeschnitten und der Abschnitt mit der Creme als Ast an beiden Seiten des Stammes gesetzt. Mit der übrigen Creme wird der Stamm bzw. die Rinde, bespritzt. Der fertige Stamm kann mit gehackten Pistazien bestreut und mit Blätter- oder Blumenranken verziert werden.

1228. Frankfurter Kranz.

Zutaten: Zum Teig: 200 g Butter, 300 g Weizenmehl, 100 g Gustin oder Mondamin, 300 g Zucker, 6 Eier, 8 Esslöffel Milch, 2 Löffel Backpulver, das Abgeriebene oder der Saft einer Zitrone, Vanillebuttercreme Nr. 1422.

Die Butter wird schaumig gerührt, Eigelb, Milch, das Abgeriebene und der Saft ½ Zitrone, nach und nach das gesiebte Mehl, Gustin und Schnee zugegeben. Der Teig wird in einer gefetteten Ringform bei gelinder Hitze ungefähr 1 Stunde gebacken, der erkaltete Kuchen in 3 Scheiben geschnitten, die mit Creme bestrichen und wieder aufeinander gesetzt werden. Die Oberfläche und die Seiten werden ebenfalls mit Creme bestrichen, der Kuchen mit in Zucker gerösteten, geriebenen und erkalteten Mandeln bestreut und mit Spritzsack und Sterntülle verziert.

1229. Bürgermeister.

Zutaten: 90 g Fett oder Butter, ½ Pfund Zucker, 3 Eier, ¼ l Milch, 1 Päckchen Backpulver, 650 g Mehl, 1 Prise Salz.

Butter, Eier und Zucker werden gerührt, die übrigen Zutaten darunter gemengt, die Masse in eine bestrichene Kapselform gefüllt und bei guter Hitze ¾ Stunden gebacken.

1230. Bürgermeister, andere Art.

Zutaten: 150 g Butter, 200 g Zucker, 5 Eier, 1 ¼ Pfund Mehl, ¼ l Milch, Vanille, ½ Päckchen Backpulver, 125 g Beeren, 30 g Mandeln.

Die Zubereitung ist wie in voriger Nummer.

1231. Königs-Ecclairs.

Zutaten: 80 g Butter, ¼ l Weißwein, etwas Zitronenabgeriebenes, 80 g Zucker, 150 g Mehl, 5-6 Eier, Weincreme Nr. 1704.

Die Butter wird mit dem Wein aufgekocht, dann Zitrone, Mehl und Zucker dazu gemischt, nach und nach die Eier hinein gerührt. Auf ein sauberes Blech werden mit dem Spritzsack längliche Häufchen gesetzt, in heißem Ofen gebacken, dann in der Mitte bei Länge nach aufgeschnitten, mit Weincreme gefüllt, oben mit Zitronenglasur bestrichen.

1232. Apfelkrapfen.

Zutaten: Blätterteig von ¾ Pfund Mehl, 250 g Butter, 1/8 l Wasser, 1 Ei, 8-10 in kleine Blättchen geschnittene Äpfel.

Der Teig wird messerrückendick ausgewellt, runde Küchlein abgestochen, gewendet, am Rand mit Eiweiß bestrichen, kleine Häufchen von in Wein und Zucker gedünsteten Äpfeln darauf gegeben oder Marmelade, halb eingeschlagen, am Rande leicht angedrückt und kleine Einschnitte gemacht. Mit Eigelb bestrichen werden sie in guter Hitze 15-20 Minuten gebacken.

1233. Quarkbrötchen.

Zutaten: 250 g Quark, 250 g Mehl, 1 Esslöffel zerlassene Butter, 2 Esslöffel Zucker, 1 Ei, 1 Päckchen Backpulver.

Der von den Zutaten bereitete Teig wird eine Zeit lang kaltgestellt, dann zu einer langen Rolle geformt, Stückchen davon abgeschnitten und oval geformt, mit Eigelb bestrichen und in guter Hitze gebacken.

1234. Schuhsohlen.

Nachdem Blätterteig auf Zucker 1 cm dick ausgewellt ist, werden mit einem runden Ausstecker Blättchen ausgestochen und diese wieder auf dick mit Zucker bestreutem Brett unter Wenden oval gewellt und auf nassgemachtem Blech in heißem Ofen gebacken.

1235. Cremeschnitten.

Zutaten: 300 g Mehl, 200 g Butter, 1/8 l Wasser, 1 Prise Salz.

Zur Creme: 4 Eier, ½ l Milch, 120 g Zucker, 50 g Stärkemehl.

Der breite Blätterteig wird sehr dünn ausgewellt und in 10-12 cm breite und ungefähr 20-30 cm lange Streifen geschnitten, die in heißem Ofen hellgelb gebacken werden. Nachdem von obigen Zutaten die Creme bereitete ist, wird die Hälfte der gebackenen Streifen damit bestrichen. Die zweite Hälfte wird mit Hägenmark und Arrakglasur überzogen und einen Augenblick zum Trocknen in den Ofen gestellt. Dann werden die glasierten Streifen auf die mit Creme bestrichenen gesetzt und davon 5 cm breite Schnitten gemacht.

1236. Spanisches Brot.

Von Blätterteig werden fingerlange und 2 Finger breite Streifen geschnitten, mit Eigelb bestrichen und in heißem Ofen gebacken. Ist gut als Beilage zu Fleisch und Gemüse.

1237. Gefüllte Düten.

Zutaten: 5 Eiweiß, 100 g geschälte, geriebene Mandeln, 150 g Zucker, nussgross Butter, 1 Esslöffel Vanillezucker.

Hinter den steifen Schnee werden die anderen Zutaten gemengt, auf ein gewachstes Blech ganz dünne runde Plätzchen (10 cm Durchmesser) gestrichen, in heißem Ofen leicht, braun gebacken und schnell zu Düten aufgerollt. Vor dem Servieren werden sie mit Schlagrahm gefüllt.

1238. Gefüllte Düten, andere Art.

Von 125 g Mehl, 125 g Zucker, ¼ l süßem Rahm wird ein Teig gerührt, (1/4 Stunde), dann auf ein gefettetes Blech gestrichen, gebacken und zu Rollen oder Düten geformt.

1239. Hobelspäne.

Zutaten: 4 Eier schwer Zucker, 3 Eier schwer Mehl, das Abgeriebene einer halben Zitrone.

Die Zutaten werden gut gerührt, auf ein gewachstes, erkaltetes Blech dünn aufgestrichen, mit geschälten, geschnittenen Mandeln bestreut, in nicht zu starker Hitze gebacken. Davon werden 2 cm breite Streifen geschnitten und sofort auf ein rundes Holz oder Kochlöffel aufgerollt. Die Streifen müssen heiß geschnitten werden, da die Masse sonst bricht.

1240. Röllchen mit Düten.

Zutaten: 1 Ei, 1 Eigelb, 125 g Zucker, 125 g Mehl, 90 g Milch.

Die Zutaten werden 5-10 Minuten gerührt, mit einem Löffel kleine Häufchen auf ein gewachstes Blech gegeben oder längliche Streifen gemacht, schnell gebacken und noch heiß auf ein Holz oder einen Kochlöffel gerollt. Das Gebäck wird mit Schlagrahm oder einer Fülle von gerösteten Mandeln aufgetragen.

1241. Haselnuss-Roulade.

140 g Zucker werden mit 5 Eigelb schaumig gerührt, 100 g geriebene Nüsse und der steife Eierschnee dazu gegeben. Die Masse wird auf ein Blech gestrichen, gebacken, mit Marmelade überstrichen, dann gerollt und zum Servieren in Scheiben geschnitten.

1242. Weinkoch.

10 Eigelb werden mit 10 Esslöffel Zucker 1 Stunde gerührt, dann 10 Esslöffel Semmelbrösel, der Saft einer Zitrone, sowie die feingewiegte Schale derselben, zuletzt der steife Eierschnee hinzugegeben und alles gut vermischt. Dann wird die Masse in einer Rehrückenform 1 Stunde gebacken, mit Wein übergossen, in Stücke geschnitten und mit Rotwein serviert.

1243. Schillerlocken.

Von ausgewelltem Blätterteig werden Streifen gerädelt, diese von oben beginnend über eine Blechform oder über Hölzer gerollt, und Eigelb bestrichen und mit Hagelzucker bestreut. Nach Belieben kann statt des Hagelzuckers nach dem Backen Zitronenglasur verwendet werden. Auf einem nassgemachten Blech werden die Schillerlocken in mittlerer Hitze gebacken. Sie müssen, solange sie warm sind, losgelöst werden, nach dem Erkalten werden sie mit Schlagrahm oder einer beliebigen Creme gefüllt.

1244. Aprikosenkrusteln.

Gewöhnliche Bisquitmasse wird in Rehrückenform gebacken, dann in zentimeterdicke Scheiben geschnitten. Ein Teil wird mit Marmelade bestrichen, der andere Teil darauf gesetzt, glasiert und mit Aprikosen belegt.

1245. Ananaskrusteln.

Werden ebenso gemacht wie vorige Nummer.

Strudel.

1246. Strudelteig I.

Zutaten: 250 g feines Weizenmehl, 20 g Butter, 1 kleine Prise Salz, 9-10 Esslöffel lauwarmes Zuckerwasser.

Das Mehl wird auf das Nudelbrett gegeben, in der Mitte eine kleine Vertiefung gemacht, Butter, Salz und das lauwarme Wasser hineingegeben und die Masse, die zuerst an Hand und Brett klebt, so lange bearbeitet, bis ein halbfester Teig entsteht, der unter einer erwärmten Schüssel auf einer trockenen bemehlten Stelle des Brettes ½ Stunde ruhen muß. Danach breitet man ein großes weißes Tuch über den Küchentisch, bestreut es mit Mehl, legt den Teig in die Mitte, bestreut ihn und das Rollholz leicht mit Mehl und rollt ihn so dünn wie möglich aus. Dann beschwert man das eine Ende des Teiges mit dem Rollholz und versucht nun mit beiden Händen (wobei die bemehlten Handflächen oben dicht unter dem Teig liegen sollen), den Teig noch weiter auszuziehen. Er muß so dünn werden, daß man eine untergelegte Druckschrift lesen kann. Die dicken Ränder schneidet man ab und verwendet sie zu Rocken und dergleichen.

1247. Strudelteig II mit Hefe.

Zutaten: 250 g feines Weizenmehl, 60 g Butter, ½ Esslöffel Zucker, 1 Prise Salz, 1 Ei, 10 g Hefe, 10 Esslöffel Milch.

Der zu Schaum gerührten Butter werden Zucker, Salz und Ei beigegeben, dann die in lauwarmer Milch ausgelöste Hefe und das Mehl hineingewirkt. Der Teig wird geschlagen, bis er sich in einem Ballen von der Schüssel löst, dann leicht mit Mehl bestäubt, zugedeckt, zum Gären an einen warmen Ort gestellt und dann weiterbehandelt wie vorige Nummer.

1248. Apfelstrudel.

Zutaten: Einige Äpfel, 1 Esslöffel süße Mandeln, Zitronensaft, Zucker, 1 Esslöffel geriebene Semmel. Strudel Teig I.

Die Äpfel werden geschält, in kleine Scheiben geschnitten, mit gereinigten Korinthen oder Rosinen, den abgezogenen, fein geschnittenen Mandeln, den in Butter leicht angerösteten Semmelbrösel, reichlich Zucker, etwas Zitronensaft und abgeriebener Schale vermischt. Dann wird die Masse über den vorschriftsmäßig ausgezogenen und mit viel zerlassener Butter betropften Strudelteig verteilt, wobei aber die Ränder frei bleiben müssen. Soll der Strudel besonders fett sein, legt man noch einige Butterstückchen auf die Füllung. Nun hebt man das Tuch mit dem Teig mit beiden Händen hoch und rollt den Strudel auf diese Weise zusammen. Man legt ihn in eine Form oder gebuttertes Backblech, drückt die Teigränder fest aufeinander, bestreicht den Strudel mit Butter oder verquirltem Eigelb und bäckt ihn 30-40 Minuten im Ofen zu schöner Farbe.

1249. Kirschenstrudel.

Zutaten: 1 ½ Pfund Kirschen, 1 Esslöffel Butter, saurer Rahm, Brösel, 1 Ei, Zucker, Zimt, 1 Prise Salz, Strudelteig I oder II.

Der dünn ausgezogene Strudelteig wird mit flüssiger Butter bestrichen, mit in Butter gerösteten Brösel bestreut, mit saurem Rahm, der mit Ei, Zucker und Salz verquirlt wurde, bestrichen und mit entsteinten Kirschen belegt. Dann wird er aufgerollt, in eine gebutterte Form oder auf ein Backblech gelegt und 30-40 Minuten im Ofen gebacken. Vor dem Auftragen ist der Strudel mit Zucker und Zimt zu bestreuen. An Stelle der Kirschen lassen sich auch Pflaumen, Zwetschen, Reineclauden, Aprikosen und Weinbeeren verwenden.

1250. Rahmstrudel.

Zutaten: 125 g Butter, 80 g Zucker, 4 Eier, ½ Zitronenschale, ¼ l saurer Rahm, 120 g Sultaninen, 100 g gehobelte Mandeln, 250 g passierten Quark, Strudelteig I.

Die Butter wird leicht gerührt, Zucker, Eigelb und Zitronenschale, der saure Rahm, die Sultaninen und der Quark zugegeben, zuletzt der steife Eierschnee, die Masse auf den ausgezogenen Strudelteig gestrichen, mit Mandeln bestreut. Weiterbehandlung wie bei Apfelstrudel Nr. 1248.

1251. Reisstrudel.

Zutaten: Strudelteig I, 125 g Reis, 1 ½ Tassen Milch, 20 g Zucker, 1 Esslöffel Butter, Aprikosenmarmelade.

Aus Reis, Milch, Zucker und Butter wird ein Milchreis gekocht, die Aprikosenmarmelade darunter gezogen, daß der Reis sich rötlich färbt und gut schmeckt. Mit dieser Fülle wird der nach Vorschrift ausgezogene Strudelteig bestrichen, zusammengerollt, mit Butter bestrichen und auf dem gebutterten Blech bei nicht zu starker Hitze ungefähr 1 ½ Stunden gebacken. Man kann auf den Reis noch gut aufgequollene Rosinen streuen.

1252. Schinkenstrudel.

Zutaten: Strudelteig I. 250-300 g gekochter Schinken, ¼ l saurer Rahm, 3 Eier.

Der Schinken wird fein geschnitten, mit Rahm und Eigelb verrührt und zuletzt mit dem steifen Eierschnee vermischt. Wenn der Strudelteig fein ausgezogen ist, läßt man ihn ¼ Stunde ruhen, bestreicht ihn dann mit etwas flüssiger Butter und verteilt die Schinkenfülle über die Teigmasse. Dann rollt man den Strudel zusammen, legt ihn auf ein gebuttertes Blech und bäckt in gut heißem Ofen schön gelb.

Warme Puddinge und Aufläufe.

Anmerkungen: Den Pudding kocht man in einer gut schließenden Form. Sie wird gut mit Butter ausgestrichen, mit feinem Weckmehl ausgestreut, auch der Deckel wird so vorgerichtet. Dann wird etwa 2/3 der Form eingefüllt, nicht mehr, damit noch Raum zum Aufgehen vorhanden ist. Die geschlossene Form wird in kochendes Wasser gestellt, das bis zur Mitte der Form reichen und fortwährend langsam sieden soll. Bei starkem Kochen des Wassers steigt die Masse zu schnell und drängt heraus. Sollte das Wasser eingekocht sein, ehe der Pudding fertig ist, muss siedendes Wasser nachgegossen werden, da die Form nicht trocken stehen darf. Die Form ist mögliche schnell wieder zu schließen, um den Dampf nicht zu verlieren, da die Puddinge mehr gedämpft als gesotten werden müssen. Vor dem Stürzen ist zu untersuchen, ob der Pudding nirgends an der Form festhängt; in dem Fall wird mit einem dünnen Messer rings in der Form herumgefahren, doch so, daß die Schneide des Messers der Form zugekehrt ist, um den Pudding nicht zu verletzen. Dann stürzt man ihn auf die zum Servieren bestimmte Platte und läßt die Form einige Minuten ruhig darüber stehen, damit der Pudding Zeit hat, sich überall von der Form zu lösen. Man kann statt der Form auch eine Serviette benützen. Sie wird in frischem Wasser nochmals gut ausgewaschen, gut ausgewunden, ausgebreitet, in der Mitte mit Butter bestrichen, mit etwas Mehl bestreut, die Masse darauf gegeben und die Serviette so zugebunden, daß noch Raum zum Aufgehen bleibt. Das Ganze wird in ein tiefes, mit kochendem Salzwasser gefülltes Kasserol gehängt, mit einem Decke so gut wie möglich geschlossen und 1-1 ½ Stunden gekocht. Vor dem Herausnehmen sticht man mit einem Messer in die Mitte des Puddings, wenn sich keine Masse anhängt, ist er fertig. Wird der Pudding im Wasserbad in heißem Ofen gebacken, benützt man Formen ohne Deckel und bedeckt ihn mit Papier, daß er oben nicht dunkel wird. Bei dieser Zubereitungsart ist kürzere Kochzeit.

Der Auflauf wird entweder in runde, etwas tiefe, butterbestrichene Blechformen oder in porzellanene Auflaufschüsseln, welche die Hitze ertragen können, eingefüllt und im Ofen aufgezogen. Wenn es in der Form aufgezogen wird, benützt man einen passenden Ring aus Nickel oder legt eine gefaltete Serviette rings herum. Der Auflauf muß sofort serviert werden, da er sonst zusammenfällt, deshalb muß die Zeit genau berechnet werden, ehe man ihn in den Ofen stellt. Wenn der Ofen zu heiß ist, kann die Form auch ins Wasserbad gestellt werden.

1253. Schwarzbrotpudding.

Zutaten: 140 g Butter, 175 g Schwarzbrot, 140 g Mandeln, 100 g Schokolade, 100 g Zucker, 7 Eier, nach Belieben Zitronat und Orangeat, etwas Wein.

Das getrocknete, gesiebte Schwarzbrot wird mit Wein angefeuchtet, Zitronat und Orangeat in kleine Würfel geschnitten. Die Eigelb und der Zucker werden schaumig gerührt, die Zutaten und zuletzt der steife Schnee zugegeben. Der Pudding wird 1 Stunde gekocht und mit Hägenmarksoße serviert.

1254. Schwarzbrotpudding, andere Art.

Zutaten: 200 g Zucker, 200 g geriebenes Schwarzbrot, 100 g Zitronat und Pomeranzenschale, 1 Kaffeelöffel Zimt, 1 Messerspitze Nelken, 120 g Mandeln, 8 Eier.

Zubereitung wie in voriger Nummer.

1255. Schwarzbrotpudding, andere Art.

Zutaten: 6 Eier, 150 g Zucker, 60 g mit Wein angefeuchtete Brösel, 60 g Mandeln, 40 g Mehl, Pomeranzenschale, Zitronat.

Eigelb und Zucker werden schaumig gerührt, dann die Brösel zugegeben, Mandeln, Mehl, Pomeranzenschale und Zitronat, zuletzt der steife Schnee. Diese Masse wird in einer gut mit Butter ausgestrichenen und mit Brösel ausgestreuten Form im Wasserbad eine Stunde gekocht.

1256. Deutscher Brotpudding.

Zutaten: 150 g Schwarzbrot, ½ l Rheinwein, 1 Prise Zimt, 100 g Zucker, 4 Eier, 1 Esslöffel Butter.

Das in Wein eingeweichte Brot wird durch ein Sieb getrieben, mit Zucker, Zimt, Eigelb und der flüssigen Butter verrührt, zuletzt der steife Schnee leicht darunter gemengt. In einer gebutterten Timbale- oder Puddingform wird die Masse 40-50 Minuten im Wasserbad gekocht, gestürzt und vor dem Servieren mit Fruchtsauce gegossen.

1257. Bröselpudding.

Zutaten: 150 g Brösel, 6 Eigelb, 9 Eiweiß, 6 Esslöffel, Zucker, Zitronat und Pomeranzenschale, das Abgeriebene einer halben Zitrone, 1 Kaffeelöffel Zimt, Rum und Wein.

Eigelb und Zucker werden schaumig gerührt, die Brösel mit Wein und Rum angefeuchtet, Zitronat und Pomeranzenschale fein gewiegt und mit dem übrigen Zutaten zur schaumig gerührten Masse gegeben. Zuletzt wird der steife Schnee darunter gezogen. 1-1 ¼ Stunde Kochzeit.

1258. Reispudding mit Brotzusatz (Vorzüglich).

Eine Tasse Reis wird mit 4 Tassen Milch zu steifem Brei gekocht. Dann wird 1 Stich Butter gerührt, Zucker nach Geschmack und Zitronenschale, 3 Eigelb, 4 Tassen geriebenes Schrotbrot hinzugegeben, nach Beliebigen auch eine Hand voll gedrückte Korinthen, der Schnee leicht hineingezogen, dann die Masse in mit Butter gut ausgestrichenem und mit Semmelbrösel bestreutem Reiskocher 2 Stunden gekocht. Es gehört eine Fruchttunke oder Obst dazu.

1259. Mehlpudding.

Zutaten: 120 g Mehl, 95 g Zucker, 100 g Butter, 6 Eier, 1 Esslöffel Zitronensaft, daß Abgeriebene einer halben Zitrone, ¼ l Milch.

Mehl und Milch werden verquirlt und über dem Feuer mit der zerfallenen Butter zu einem Kloss gekocht. Dann werden Eigelb, Zucker und Gewürz schaumig gerührt, zu der lauwarmen Masse gegeben, zuletzt der steif geschlagene Schnee löffelweise hineingezogen.

1260. Haselnusspudding.

Zutaten: 6 Eier, 150 g Zucker, 100 g Haselnüsse, 40 g Mehl, ein halbes Päckchen Vanillinzucker.

Eigelb und 100 g Zucker werden gerührt, dann die gerösteten und geriebenen Haselnüsse, zuletzt der steif geschlagene Schnee, zu dem der restliche Zucker geschlagen wurde, hineingezogen, die Masse in eine ausgebutterte und ausgebröselte Puddingform gefüllt und im Wasserbad 1 Stunde gekocht. Es wird eine Vanillesoße dazu serviert.

1261. Mandelpudding.

Zutaten: 8 Eier, 90 g Mandeln, 90 g Mehl, 180 g Zucker.

Zubereitung wie Haselnusspudding Nr. 1260.

1262. Kabinettspudding.

Zutaten: Löffelbisquit oder Bisquitreste, 1 Esslöffel Rum, 5 Eier, ¾ l Milch, 1 Esslöffel Rosinen, 1 Löffel Sultaninen, Zucker, 1 Prise Salz.

In eine gebutterte Puddingform (ohne Zylinder) werden lagenweise Bisquit, Sultaninen und Rosinen eingefüllt und mit Rum übergossen. Eier, Salz, Zucker und Milch werden gut verührt und ganz langsam eingegossen, damit die Masse nicht hochsteigt. Der Pudding wird im Wasserbad 50-60 Minuten gekocht, dann 8-10 Minuten stehen gelassen, gestürzt und mit Frucht- oder Vanillesoße serviert.

1263. Bisquitpudding.

Zutaten: 6 Eier, 125 g Zucker, 40 g geschälte, gewiegte Mandeln, 100 g altes Bisquit, 35 g Butter, 2 Löffel Mehl.

Eigelb und Zucker werden schaumig gerührt, die Mandeln zugegeben, sowie das zu Brösel geriebene Bisquit, die zerlassene Butter, das Mehl, zuletzt der Eierschnee. In einer gut ausgestrichenen und mit Brösel ausgestreuten Puddingform wird die Masse 1 Stunde im Wasserbad gekocht. (Fingerglied hoch Wasser, öfters nachfüllen).

1264. Schokoladenpudding.

Zutaten: 200 g Zucker, 8 Eier, 35 g Butter, 100 g Schokolade, 120 g Mehl.

Zucker und Eigelb werden gerührt, die geriebene Schokolade, das Mehl, zergangene Butter zugegeben, zuletzt der steife Schnee. In einer vorbereiteten Puddingform wird die Masse 1 Stunde im Wasserbad gekocht.

1265. Andere Art.

Zutaten: 125 g Mehl, 125 g Schokolade, oder 50 g Kakao, 100 g Zucker, 60 g Butter, 3/8 l Milch, Vanille, 6 Eier.

Die Schokolande wird in der Milch aufgelöst, dann mit Butter, Zucker und Vanille zum Kochen gebracht, das Mehl hinein gerührt und gekocht, bis sich die Masse von der Pfanne löst. In einer Schüssel werden die Eigelb zur warmen Masse gerührt, nach Erkalten kommt der steife Schnee dazu. In einer gebutterten und ausgebröselten Form wird der Pudding 1 Stunde im Wasserbad gekocht. Es wird Vanillesoße dazu serviert.

1266. Mohr im Hemd.

150 g Zucker werden mit 5 Eigelb schaumig gerührt, ¼ Pfund geriebene Haselnusskerne, etwas Kakao, Zimt, Nelken, Orangeat, 125 g angefeuchtete Brösel darunter gemischt, zuletzt der steife Eierschnee. In einer Puddingform wird die Masse 1 Stunde gekocht, kaltgestellt, dann in Stücke geschnitten und mit Schlagrahm verziert.

1267. Semmelpudding.

Zutaten: 125 g Butter, 200 g Zucker, 6 Eier, einige bittere Mandeln, 125 g Brösel, 60 g Weinbeeren, 1 Gläschen Rum, 1 Prise Salz, Zitronenschale.

Zubereitet ist wie bei Bröselpudding Nr. 1257.

1268. Topfenpudding.

1 ½ Pfund Quark werden durchpassiert, 100 g Mehl in 60 g Butter weiss geröstet, mit 1/ Liter Milch abgelöscht und aufgekocht. 100 g Zucker werden mit 3 Eigelb schaumig gerührt, der Quark dazugegeben, ebenso der steife Eierschnee und das Abgeriebene einer Zitrone. Die Masse wird ½ Stunde im Wasserbad gekocht oder als Auflauf gebacken.

1269. Eierpudding.

Zutaten: 10 Stückchen Zucker, 2 ganze Eier, 4 Eigelb, ¼ l Milch oder Rahm, etwas Zucker.
Die Zuckerstückchen werden in einer schwarzen Pfanne zu Karamel gebrannt. Damit wird bis zum Pudding, bestimmte Form, die gut mit Butter ausgestrichen wurde, ausgegossen. Dann werden Eier und Eigelb, Milch, Rahm und etwas Zucker mit dem Schneebesen tüchtig geschlagen, durch ein Sieb auf den erstarrten Karamel gegossen und der Pudding ca. ¾ - 1 Stunde langsam gekocht. Erkaltet wird er auf die Platte gestürzt. Zu dem inzwischen wieder aufgelösten Karamel wird noch etwas Himbeersoße gegeben.

1270. Zitronenpudding.

Zutaten: 140 g Zucker, 8 Eier, 140 g abgezogene, geriebene Mandeln, Schale und Saft einer halben Zitrone, 60 g Mehl.
Eigelb und Zucker werden schaumig gerührt, die anderen Zutaten mit dem steifen Schnee leicht darunter gemengt. Kochzeit eine Stunde.

1271. Erdbeerpudding.

Zutaten: 125 g Butter, 6 abgeschälte, in Milch eingeweichte Wecken, 125 g Zucker, 125 g geschälte, geriebene Mandeln, 8 Eier, 1 l gezuckerte Erdbeeren, die abgeriebene Schale einer halben Zitrone, 1 l Kaffeelöffel Zimt.
Unter die schaumig gerührte Butter werden nach und nach die Eigelb gegeben, sowie die ausgedrückten Wecken, Zucker, Zitronenschale, Mandeln, Zimt, der steife Schnee und die Erdbeeren. Die Masse wird in eine mit Butter bestrichene und mit gestoßenem Zwieback bestreute Form, die nur zur Hälfte gefüllt werden darf, gegeben und 1 ½ - 2 Stunden im Wasserbad gekocht.

1272. Reispudding.

Zutaten: 250 g Mehl, 1 l Milch, 80-100 g Butter, 100 g Zucker, 4-6 Eier, das Abgeriebene einer halben Zitrone.

Der Reis wird mit kochendem Wasser überbrüht, ¼ Stunde stehen lassen, das Wasser abgegossen, in siebender Milch auf der Seite des Herdes 1 Stunde langsam gedämpft, wonach er weich, körnig und trocken sein muss. Die Butter wird leicht gerührt, Eigelb, Zucker und Zitronenschale zugegeben, alles schaumig gerührt, dann der erkaltete Reis und der steife Schnee darunter gegeben. Es ist, wie bei allen Puddingen, sehr darauf zu achten, daß die Masse gut schaumig gerührt und der Schnee gut steif ist. Sobald der Schnee darunter gezogen ist, sollte die Masse eingefüllt werden. Der Pudding wird in gut vorbereitetete Form 1-1 ¼ Stunden im Wasserbad gekocht. Er wird mit Frucht- oder Vanillesoße serviert.

1273. Reispudding, einfachere Art.

Zutaten: 250 g Reis, 1 ½ l Milch, 40 g Butter, 2-3 Eier, 100 g Zucker, etwas Vanille oder Zitronenschale.

Zur schaumig gerührten Butter werden Eigelb und Zucker gegeben und die Masse noch eine Zeit lang gerührt. Dann wird der körnig gekochte, erkaltete Reis, Vanille und Zitronenschale zugegeben und der Pudding wie in voriger Nummer fertig gemacht. Reis und Pudding können auch in der Kochkiste bereitet werden.

1274. Grießpudding.

Zutaten: 1 l Milch, 250 g Grieß, 50-60 g Mandeln, 75 g Butter, 150 g Zucker, Schale einer halben Zitrone, 3-4 Eier, nach Beliebigen ein halbes Päckchen Backpulver, mit einem Esslöffel Mehl vermischt.

Die Milch wird zum Kochen gebracht, der Grieß eingerührt und so lange unter ständigem Rühren gekocht, bis er sich von der Pfanne löst, dann in einer Schüssel mit einem Eigelb verrührt und kaltgestellt. Die übrigen Eigelb werden mit Zucker schaumig gerührt, mit den abgeschälten, geriebenen Mandeln, worunter einige bitter sein sollen und den anderen Zutaten unter den erkalteten Grieß gemengt, zuletzt der steife Schnee zugegeben. Der Pudding wird 1 Stunde im Wasserbad gekocht.

1275. Einfacher Grießpudding.

Zutaten: 200 g Grieß, ¼ l Milch, 1 Pfund gekochte, geriebene Kartoffeln, einige Tropfen Mandelöl, 120 g Zucker, Saft und Schale einer halben Zitrone, ¾ Päckchen Backpulver.

Die Zutaten werden untereinander gemengt und mit Milch eine Viertelstunde gerührt. Kochzeit 1 ½ Stunden.

1276. Sagopudding.

Zutaten: 100 g Sago, ½ l Milch, 100 g Zucker, 1 Esslöffel Butter, 6 Eier, 1 Prise Salz.

Der Sago wird in der erhitzten Milch klar gekocht, dann Butter, Zucker und Salz hinzugefügt. Wenn die Masse etwas abgekühlt ist, kommen die Eigelb sowie der steife Schnee dazu. In einer gebutterten und mit Mehl ausgestäubten Form wird der Pudding 1 ½ Stunden im Wasserbad gekocht. Es wird eine Fruchtsauce dazu serviert.

Aufläufe.

Bei Aufläufen ist darauf zu achten, daß sie gut durchbacken (Ofen nicht zu heiß) und sofort serviert werden, da sie sonst zusammensinken.

1277. Apfelauflauf.

Zutaten: 10-12 Äpfel, 1 Glas Weißwein, 250 g Zucker, 200 g Butter, Brösel von 2 Semmeln, Zitrone oder Vanille, 8 Eier.

Zur schaumig gerührten Butter werden unter beständigem Rühren, die Eigelb, das erkaltete Apfelmus (mit Wein und 125 g Zucker gekocht), 125 g Zucker, Semmelbrösel, das Abgeriebene einer Zitrone und der Schnee gegeben. Der Auflauf wird in einer butterbetrichenen Form ¾ Stunden gebacken. Nach Beliebigen kann die Butter wegelassen werden.

1278. Apfelauflauf, andere Art.

Zutaten: 3 Pfund Äpfel, 3/2 l Milch, 130 g Zucker, 8-10 Brötchen, 6-8 Eier, 80 g Butter, 100 g Sultaninen, 1 Teelöffel Zimt, Zitronenschale und 2 Löffel Arrak.

Die in Scheiben geschnittene Äpfel werden mit etwas Zucker und Zitronenschale weichgedämpft, mit Zucker, Zimt und Milch vermischt und über die in feine Scheiben geschnittenen Brötchen gegossen. Sobald die Brötchen durchweicht sind, werden sie lagerweise, abwechselnd mit Äpfeln in eine Auflaufform gefüllt. Die obere Schicht muß Brot sein. Backzeit in gut heißem Ofen ¾ Stunden.

1279. Apfelspeise.

Der Boden einer Auflaufform wird mit geschälten, in Schnitze geschnittenen Äpfeln belegt und folgender Guß darüber gegeben: 150 g Zucker werden mit 6 Eigelb schaumig gerührt, nach Belieben 1 Löffel Rahm, 2-3 Löffel Mehl, das Abgeriebene ½ Zitrone und steife Schnee darunter gemengt.

1280. Apfelspeise, andere Art.

Zutaten: 10-12 Äpfel, 1 Glas Weißwein, Zucker, Zitronenschale.

Zur Creme: 3 Eigelb, 90 g Zucker, ½ l Milch, 2 Esslöffel Gustin, 2 Esslöffel Maraschino.

Zum Guss: 3 Eiweiß, 90 g Zucker.

Die geschälten, vom Kernhaus befreiten Äpfel werden mit Weißwein, Zucker und Zitronenschale weichgedünstet, doch sollen sie ganz bleiben. Sie werden geordnet in eine Auflaufform gelegt und die Höhlungen mit geriebenen Mandeln, Zucker oder Gelee aufgefüllt. Eigelb und die anderen Zutaten werden auf dem Feuer geschlagen, bis die Masse dick ist, die auf der Seite des Herdes noch etwas weiter geschlagen wird. Wenn sie etwas abgekühlt ist, wird sie über die Äpfel gegossen. Der Zucker wird unter den Schnee gemischt, über das Ganze gegeben, Verzierungen damit gespritzt und die Speise hellgelb gebacken.

1281. Bettelmann.

Zutaten: 10-12 Äpfel, 30 g Butter, 60 g Sultaninen, 150 g Zucker, 1/8 l Wein, 1 Esslöffel Rum, 1 Pfund geriebenes Schwarzbrot.

Die geschälten, in feine Scheiben geschnittenen Äpfel werden mit Wein und Zucker weichgedämpft, doch sollen sie ganz bleiben. Das geriebene Brot wird in Butter leicht geröstet. Dann wird eine Form lagenweise abwechselnd mit Brot, Äpfeln und Sultaninen eingefüllt, die letzte Lage muß Brot sein. Die Masse wird mit dem noch besser eingekochten Apfelsaft übergossen, mit Butterstückchen belegt und ungefähr ¾ Stunden gebacken.

1282. Apfelauflauf mit Reis.

Zutaten: 8-10 geschälte, in 4 Teile geschnittene Äpfel, 1 ½ Tassen Reis, ½ l Milch, Salz, Zucker, Butter, 2 Eiweiß.

Die Äpfel werden mit Zucker und mit etwas Weißwein weich gedünstet, abgetropft in eine Auflaufform gegeben. Der gewaschene Reis wird mit Milch, Butter, Salz und Zucker weich gekocht, dann über die Äpfel gestrichen. Das steif geschlagene Eiweiß wird mit 4 Esslöffeln Zucker vermischt, der Auflauf damit mittels Spritzsack und Sterntülle bespritzt, mit Zucker bestreut und in mäßiger Hitze gebacken, bis der Schaum gelblich geworden ist (etwa 20 Minuten).

1283. Kirschenauflauf.

Zutaten: 2 Pfund Kirschen, 150 g altgebackenes, geriebenes Schwarz- oder Weißbrot, 200 g Zucker, 1 Messerspitze Zimt, 5 Eier, die abgeriebene Schale einer Zitrone.

Zucker, Eigelb, Zitronenabgeriebenes und Zimt werden schaumig gerührt, die gesiebten Brösel, dann die entsteinten Kirschen, sowie das geschlagene Eiweiß darunter gemischt. In einer gebutterten Auflaufform wird die Masse in mäßiger Hitze gebacken und vor dem Servieren mit Zucker bestreut.

1284. Eierauflauf mit Äpfeln.

Zutaten: 3 Eier, 1 Tasse Rahm, 3 Esslöffel Rosinen, 2 Pfund Äpfel, Zucker, 50-60 g Butter.

Die geschälten, in Scheiben geschnittenen Äpfel werden mit Zucker und Rosinen vermischt und mit der Butter in einer gefetteten Auflaufform in den warmen Ofen gestellt. Wenn sie halbweich sind, werden die mit Rahm verrührten Eier darüber gegossen und der Auflauf im Ofen fertig gebacken.

1285. Orangenauflauf.

Zutaten: 140 g Zucker, die fein gehackte oder geriebene Schale einer Orange, 140 g geriebene Haselnüsse, 4 Eier, 5 Esslöffel Zitronensaft.

Zucker, Eigelb und Orangenschale werden schaumig gerührt, dann Haselnüsse, Zitronensaft und zuletzt der steife Eierschnee leicht darunter gezogen und die Masse in einer gebutterten Auflaufform 25-30 Minuten gebacken.

1286. Zitronenauflauf.

Zutaten: 50 g Mehl, 50 g Butter, 3 Eier, 1/10 l Milch, 1 ½ Löffel Zucker, Saft und Abgeriebenes einer Zitrone, 1 Prise Salz.

Milch, Butter, Zucker und Salz werden miteinander aufgekocht, dann das Mehl im Sturz hineingeschüttet und der Teig so lange gerührt, bis er sich von der Kasserole löst. In der kalte Masse gibt man abwechselnd Ei und Zitrone, Saft und Schale, füllt dann den Teig in eine gefettete Auflaufform und backt ihn in guter Hitze 25-30 Minuten. Es kann eine Zitronensauce dazu serviert werden.

1287. Bananenauflauf.

Zutaten: 6 dünne Schwarzbrotschnitten, 4-5 Bananen, 1 Esslöffel Butter, 2 Eier, ½ l Milch, Zucker und Rosinen.

Eine gebutterte Auflaufform wird abwechselnd mit Schwarzbrotschnitten und Bananenscheiben, Rosinen und Staubzucker aufgefüllt, dabei über das Brot jedes Mal flüssige Butter geträufelt. Eier und Milch werden gut verquirlt und über die Masse gegossen. In gut heißem Ofen ist der Auflauf in 25-30 Minuten fertig und wird dann mit Zucker bestreut.

1288. Fruchtpüree-Auflauf.

Zutaten: 200 g Fruchtpüree, 250 g Zucker, 4 Eiweiß.

Fruchtpüree und Zucker werden dick eingekocht, noch heiß mit dem steifen Eierschnee vermengt, auf eine gebutterte niedrige Gratinplatte gefüllt und in mäßig heißem Ofen 20 Minuten gebacken. Unmittelbar vor dem Fertigwerden wird der Auflauf mit Zucker bestreut und noch etwas 2 Minuten gebacken. Dadurch bekommt die Oberfläche einen schönen Glanz.

1289. Reis mit Äpfeln.

Zutaten: 200 g Reis, 1 l Milch, 2 Pfund Äpfel, 60 g Zucker, eine halbe Zitronenschale, 60 g Butter, 20 g Mandeln, Zimt, 2 Löffel Rum.

Der gebrühte Reis wird in der Milch mit Butter und Zucker weichgekocht, der Rum darunter gemischt, dann kaltgestellt. Die geschälten, in Scheiben geschnittenen Äpfel werden in wenig Wasser mit Zucker, Zimt, Zitronenschale und etwas Weißwein weichgedünstet, der Saft noch dicker eingekocht. In eine mit Butter bestrichene Auflaufform werden abwechselnd lagenweise, Reis und Äpfel gefüllt, die letzte Lage soll Reis sein. Der Auflauf wird mit Zucker, Zimt und länglich geschnittenen Mandeln bestreut und im Wasserbad im Ofen ¾ Stunden gebacken.

1290. Reis mit Obst.

Zutaten: 1 Pfund Reis, 100 g Butter, 6-8 Eiweiß, ¾ Pfund Zucker, 2 ½ l Milch, Vanille nach Belieben Erdbeeren, Himbeeren, Aprikosen.

Der mit etwas Salz und Zucker nach Geschmack weichgekochte Reis wird erhöht auf eine feuerfeste Platte angerichtet, mit einer beliebigen Obstsorte belegt und mit dem gezuckerten Eierschnee überspritzt. Die Speise wird in heißem Ofen rasch gebacken.

1291. Reisauflauf.

Zutaten: 600 g Reis, 2 ¾ l Milch, 100 g Butter, 200 g Zucker, Saft und Schale einer halben Zitrone oder eine halbe Stange Vanille, 6-8 Eier, (Mit 10-12 Eiern wird der Auflauf feiner).

Der gebrühte Reis wird in der Milch weichgekocht, die Butter schaumig gerührt, Eigelb und Zucker noch eine Zeit lang mitgerührt, dann der erkaltete Reis zugegeben, zuletzt der steife Schnee. Die Masse wird in eine mit Butter bestrichene und mit Weckmehl bestreute Form gefüllt und ungefähr ¾ Stunden im Ofen aufgezogen.

1292. Grießauflauf mit Kirschen.

Zutaten: 190 g Grieß, 20 g Butter, ¾ l Milch, 9 Eier, Kirschen nach Belieben.

Der Grieß wird mit Butter und Milch dick gekocht und wenn er etwas abgekühlt ist, mit Eigelb und Zucker nach Belieben verrührt. Zuletzt wird der steife Schnee zugegeben. Diese Masse wird auf ein gut bestrichenes Blech gegeben, mit Kirschen bestreut und 1 Stunde gebacken.

1293. Erdbeerauflauf.

Zutaten: ½ l Rahm, 1 Stückchen Vanille, 220 g gestoßener Zwieback oder Bisquit, 1 ½ l Erdbeeren, 12 Eier, 180 g Zucker.

Rahm wird mit Vanille zum Kochen gebracht und mit Zwieback zu einem steifen Brei verrührt. Dann kalt gestellt. Die Erdbeeren werden mit einigen Löffeln Zucker zerdrückt und durch ein Sieb gestrichen. Dann werden 8 Eigelb und 4 ganze Eier mit dem Zucker schaumig gerührt, der ausgekühlte Brei und das Erdbeermus darunter gemischt, der steife Schnee zugegeben, die Masse in einer mit Butter bestrichenen oder mit Butterteig ausgelegten Form eine Stunde in mäßiger Hitze gebacken.

1294. Erdbeer- oder Himbeerschaum.

Zutaten: 1 ½ l Beeren, 12 Eiweiß, 375 g Zucker.

Die gut gelesenen, möglichst nicht gewaschenen Beeren, werden durch ein feines Sieb gestrichen, das Eiweiß zu Schnee geschlagen, den man mit Zucker und Beerenmark vermengt. Die Masse wird auf eine feuerfeste Platte oder in eine Form gefüllt, mit Zucker bestreut, bei gelinder Wärme ½ Stunde gebacken und sofort zu Tisch gegeben. Nach Belieben können Brösel oder Grieß verwendet werden.

1295. Kirsch-Charlotte.

Zutaten: 2 l saure und 2 l süße Kirschen, 50 g Butter, in Scheiben geschnittene Brötchen oder ungerösteter Zwieback.

Die Kirschen werden mit Zucker, Zimt, Zitronenschale und Butter unter öfterem Schütteln in ihrem Saft weichgedämpft und kaltgestellt. Brotscheiben werden in geschmolzene Butter getaucht und in Zucker gewendet, dann fest nebeneinander in eine gut bestrichene Form gelegt, sodaß Boden und Seiten bedeckt sind. Darauf werden abwechselnd Kirschen und Brotscheiben geschichtet, zuletzt Brotscheiben, die mit Butter beträufelt und mit Zucker bestreut werden. Die Charlotte wird bei mäßiger Hitze hellbraun gebacken und vor dem Servieren auf eine Platte gestürzt.

1296. Kirschauflauf.

Zutaten: 2 Pfund Kirschen, 1 l süßer oder saurer Rahm, 180 g geriebene Semmeln, die abgeriebene Schale einer Zitrone, 125 g Zucker, 8 Eier, 125 g geschälte, gestoßene Mandeln, mit etwas Zimt und Zucker vermischt.

Der Rahm wird mit den Eiern, Semmelbrösel, Zitronenschale, Zucker, Mandeln und etwas Zimt gut verrührt und dann über die Kirschen, die nach Belieben ausgesteint und mit Zucker und Zimt vermischt in eine Form eingelegt sind, gegossen. Backzeit ½ Stunde.

1297. Grießauflauf.

Zutaten: ¼ l Milch, 8 Eier, 60-80 g Zucker, ½ Zitronenschale, 80 g Grieß, ein kleines Stückchen Butter.

Milch und Butter werden kochend gemacht, der Grieß eingerührt und so lange gekocht, bis die Masse anfängt dick zu werden, dann etwas stehen gelassen, bis sie sich von der Pfanne löst. In einer Schüssel läßt man sie erkalten. Dann werden die Eier zugegeben, der Zucker und zuletzt der Eierschnee. In einer mit Butter bestrichenen Form wird der Auflauf im Wasserbad ½ Stunde aufgezogen. Der Ofen darf nicht zu heiß sein, da der Auflauf sonst nicht durchbackt. Das Wasserbad muß kochend sein. Nach Belieben Vanille oder Zitrone.

1298. Vanille-Auflauf.

Zutaten: 100 g Butter, 120 g Mehl, ¾ l Milch, 100 g Zucker, etwas Vanillin und Eigelb, 8 Eiweiß.

Zur zergangenen Butter rührt man das Mehl, füllt mit der kochenden Milch auf und rührt weiter, bis sich die Masse von der Pfanne löst. Zur abgekühlten Masse wird der Zucker gerührt, Vanillin und Eigelb, zuletzt der steife Eierschnee. Wird in die Auflaufform gefüllt und im Wasserbad gebacken.

1299. Schokoladen-Auflauf.

Wird genau wie in voriger Nummer gemacht, statt Vanillin nimmt man 100 g in Milch aufgelöste Schokolade und etwas weniger Zucker.

1300. Orangen-, Zitronen-, Orangenblüten-, Kaffee-, Tee-Auflauf und Auflauf von gebranntem Zucker (Karamel).

Das Verhältnis der Bestandteile ist wie bei Vanille-Auflauf Nr. 1298. Man gibt 15 g Orange- oder Zitronenzucker oder einige Tropfen Orangeblütenwasser in die Masse, bei Kaffee 90 g gemahlenen Kaffee oder 3 Löffel Tee in die Milch, läßt ihn darin 8-10 Minuten ausziehen und seiht die Milch dann durch eine Serviette. Beim Auflauf von gebranntem Zucker werden 90 g Zucker zu Karamel gebrannt und in der Milch wieder aufgelöst.

1301. Birnenberg.

Bisquit werden in Stücke geschnitten. Auf einen Teller kommt eine Lage Bisquit, darauf werden Birnen geschichtet. Birnensaft wird mit Wein vermischt und darüber gegossen. Auf diese Birnenschicht kommt der steife Eierschnee, der mit Mandeln gespickt wird. Im Rohr wird das Ganze schön gelb gebacken.

1302. Reis- und Sagoauflauf.

Können wie Grießauflauf Nr. 1303 zubereitet werden. Von Reis nur 90 g.

1303. Grießauflauf.

Zutaten: ½ l Milch, 30-50 g Butter, 125-150 g Grieß, 120 g Zucker, 5 Eier, ½ Zitronenschale.

Milch und Butter werden kochend gemacht, der Grieß hineingerührt und solange gekocht, bis sich die Masse von der Pfanne löst. Zucker, Eigelb und das Zitronenabgeriebene werden schaumig gerührt, der abgekühlte Grieß zugegeben und alles gut zusammengerührt. Zuletzt wird der Schnee darunter gezogen, eine Auflaufform mit Butter ausgestrichen, die Masse eingefüllt und in nicht zu heißem Ofen gebacken.

1304. Grießauflauf.

Zutaten: 1 l Milch, 80 g Butter, 250 g Grieß, 12 Eier, 125 g Zucker, Schale einer halben Zitrone, einige Äpfel.

Der Grieß wird in der Milch mit Butter gekocht und wenn er abgekühlt ist, mit den übrigen Zutaten vermengt. Dann wird der Boden einer gut mit Butter bestrichenen Form mit halb fertiggedämpften, geschälten, vom Kernhaus befreiten und mit Marmelade oder Gelee gefüllten Äpfeln dicht belegt, die Grießmasse darüber gegeben und mit Zucker und Zimt bestreut. Die Speise wird langsam 1 Stunde gebacken.

1305. Grießauflauf.

Zutaten: ¾ l Milch, 50-80 g Butter, 200 g Grieß, 125 g Zucker, Schale einer halben Zitrone oder Vanillezucker, 8 Eier.

Die Milch wird mit Butter zum Kochen gebracht, der Grieß eingerührt und gekocht, bis er sich von der Pfanne löst, dann zum Erkalten in eine Schüssel gegeben. Eigelb und Zucker werden schaumig gerührt und mit dem steifen Schnee unter die erkaltete Masse gemengt. Der Auflauf wird in gut bestrichener Form ¾ Stunden gebacken.

1306. Wiener Grießauflauf.

Zutaten: ¾ l Milch, 60 g Butter, 200 g Grieß, 135 g Zucker, 10 bis 12 Eier, Obstmarmelade.

Der Grieß wird in die kochende Milch eingerührt, wie in voriger Nummer gekocht, nach dem Erkalten mit Eigelb, Zucker, Zitronenschale und dem steifen Schnee vermengt. Dann wird eine Lage davon in eine butterbestrichene Form gefüllt, mit Obstmarmelade bestrichen und wiederholt. Backzeit ¾ Stunde.

1307. Rahmauflauf.

Zutaten: 2 Esslöffel Zucker, 2 Eier, ¼ l saurer Rahm, 65 g Mehl, Zitronenschale.

Zucker, Eigelb und Rahm leicht gerührt, Zitrone, Mehl, und Schnee zugegeben und die Masse in einer Auflaufform etwa ¾ Stunden im Ofen aufgezogen.

1308. Flädchenauflauf.

Flädchen werden mit Zucker, Zimt und Weinbeeren bestreut, mit Apfelmus bestrichen oder mit in Würfel geschnittenen Äpfeln und in Milch angefeuchteten Weckwürfeln belegt, aufgerollt und nebeneinander oder wie Schneckennudeln in ein Kasserol gesetzt. Eigelb und Zucker werden schaumig gerührt, einige Löffel Mehl, 1/8 l Rahm und der Eierschnee leicht darunter gezogen und über die Flädchen gegeben, die man im Rohr aufziehen läßt, bis sie eine schöne Farbe haben.

1309. Gefüllte Flädchen.

Gute Flädchen werden mit saurem Rahm bestrichen, mit Rosinen und Sultaninen bestreut, aufgerollt, wie Schneckennudeln geschnitten, in eine Auflaufform gesetzt und mit verklopften Eiern und Rahm übergossen. Im Ofen, in guter Hitze, werden die Flädchen aufgezogen, mit Zucker bestreut zu Kompott serviert. Werden die Flädchen zu Salat gegeben, wird der Zucker weggelassen.

1310. Mehlauflauf.

Zutaten: ½ l Milch, 60 g Mehl, 5 Eier, 1 Zitronenschale, 1 Prise Vanillezucker, 50-60 g Butter.

Mehl und Milch werden zu einem nicht zu dicken Brei angerührt und mit der Butter auf dem Feuer so lange gerührt, bis es dick ist, dann kalt gestellt. Eigelb, Zucker und Zitrone werden leicht gerührt, die gekochte Masse zugegeben, zuletzt der steife Schnee und der Auflauf in einer bestrichenen Form gebacken.

1311. Quarkauflauf.

Zutaten: 25 g Butter, 375 g Quark, 125 g Zucker, 3-4 Eier, 125 g Mehl, eine halbe Zitronenschale.

Zu der weiß gerührten Butter werden Quark, Zucker, Eigelb und die abgeriebene Schale ½ Zitrone gegeben und alles glatt abgerührt. Dann kommen 125 g Mehl hinzu und zuletzt das zu Schnee geschlagene Eiweiß. Die Masse wird in einer Auflaufform gebacken.

1312. Käseauflauf.

Zutaten: 4/10 l Milch, 1 Esslöffel Butter, 150 g Mehl, 60 g geriebene Parmesankäse, Salz, Pfeffer, 4 Eier.

Mehl und Milch werden angerührt und unter beständigem Rühren zum Kochen gebracht, dann vom Feuer zurückgezogen, Salz, Pfeffer, Butter und Käse dazu gemengt, zuletzt das Eigelb und der steife Schnee zugegeben. In einer gebutterten Auflaufform wird die Masse 30-40 Minuten gebacken.

1313. Scheiterhaufen.

Zutaten: 8 Brötchen, 4 Eier, etwas Milch, Zucker, Zimt, Rosinen.

Zum Übergießen: 3 Eier, ¼ l Milch oder Rahm.

Die in Scheiben geschnittene Wecken werden mit den Eiern, die mit Milch verklopft sind, übergossen, dann stehen gelassen bis sie weich sind. Dann werden Schnitten, Zucker, Zimt und

Rosinen lagerweise in eine mit Butter bestrichene Form gegeben, drei mit Milch verklopfte Eier darüber gegossen, das Ganze 1 Stunde gebacken.

1314. Karlsbader Auflauf.

Zutaten: 100 g Fett, 350 g Mehl, ½ l Milch, 6 Eier, 125 g Zucker.

Das Mehl wird in Fett weiß geröstet, mit der Milch abgelöscht, dann die Eigelb hinein gerührt. In die abgekühlte Masse wird der Eierschnee gemischt, in eine Auflaufform gefüllt und im Wasserbad im Ofen gebacken.

1315. Kapuziner.

Zutaten: 6 Esslöffel Zucker, 5 Eier, 6 Esslöffel geriebenes, gesiebtes Weißbrot, 2 Esslöffel Rum, das Abgeriebene und der Saft einer halben Zitrone.

Zucker und Eigelb werden schaumig gerührt, die anderen Zutaten mit dem Schnee leicht darunter gemengt und die Masse in einer Auflaufform bei mäßiger Hitze ½- ¾ Stunde gebacken. Der Auflauf wird mit Glühwein übergossen, serviert.

1316. Pfitzauf.

Zutaten: 1 ¼ Pfund Mehl, 100 g zerlassene Butter, 1 l Milch, 60 g Zucker, 8 Eier, 1 Prise Salz.

Mehl und Milch werden glatt verrührt, die anderen Zutaten, zuletzt die lauwarme Butter zugegeben und die Masse in gut bestrichene Förmchen gefüllt (halb voll). Backzeit in mittlerer Hitze 25 bis 30 Minuten.

1317. Schokoladenauflauf.

Zutaten: 120 g Schokolade, 200 g Mehl, 90 g Butter, 10-12 Eier, 1 l Milch.

Die Schokolade wird mit ein wenig Milch glatt gekocht, das Mehl mit ¾ l Milch in einer Schüssel angerührt, beides zusammen mit Butter unter beständigem Rühren gut gekocht. Wenn die Masse etwas abgekühlt ist, wird Eigelb und Zucker nach Belieben nach und nach daran gerührt, zuletzt der steife Schnee darunter gegeben. Die Masse wird in eine bestrichene Form gefüllt und mit geschnittenen Mandeln bestreut. Backzeit 1 Stunde.

Flammeris, kalte Puddings, Köpfchen, Kaltschalen.

Anmerkung: Speisen mit Gelatine haben hohen Nährwert. Gelatine verhindert das Gerinnen bzw. Zusammenballen von Milch und Eier-Eiweiß, macht die Speisen leicht verdaulich und bekömmlich und ist deshalb höchst förderlich für die Gesundheit. Der Gelatinespeisen sollen bei keiner Mahlzeit fehlen. Um feste Gallerte, Sulz oder Gelee zu erhalten, ist bei der Verarbeitung folgendes zu beachten: Die Gelatine wird in kaltem Wasser 2-3 Minuten eingeweicht, das Wasser abgegossen, frisches nachgegeben und das kleine Gefäß mit Gelatine im warmen Wasserbad auf der Seite des Herdes ca. 5 Minuten stehen gelassen. Die aufgelöste Gelatine wird den betreffenden heißen (nicht kochenden) Speisen durch ein Sieb unter ständigem Rühren beigegeben. Vor dem Eingießen der Speise in die Form muß dieselbe mit kaltem Wasser gut ausgespült werden. Es ist ratsam, die Speisen frühzeitig zu bereiten, da sie längere Zeit benötigen, um vollständig steif zu werden. Die erstarrten Speisen werden zuerst am oberen Rande mit einem Löffelstiel etwas von der Form gelöst, die Form einen Augenblick unter Hin- und herbewegung in warmes (nicht heißes) Wasser getaucht, worauf die Speise leicht gestürzt werden kann. Heiße Tage erfordern etwas mehr Gelatine als kühle. Für Speisen, die gestürzt werden, rechnet man auf den Liter Flüssigkeit 16 Blatt Gelatine, wenn nicht gestürzt wird, die Hälfte.

1318. Flammeri von Grieß.

Zutaten: 250 g Grieß, 1 l Milch, 2 Esslöffel Rosinen, 2-3 Esslöffel Zucker, 1 Prise Salz.

Die Milch wird heiß gemacht, der Grieß eingerührt und langsam ¼ Stunde gekocht. Dann werden Zucker, Salz und Rosinen zugegeben und die Masse in einer mit kaltem Wasser ausgespülten Form stehen gelassen, nach Erkalten gestürzt. Es wird eine Fruchtsauce oder eingedünstetes Obst dazu serviert. Sehr verfeinert wird die Flammeris, wenn unter die heiße Masse der Schnee von 2 Eiweiß gezogen wird.

1319. Flammeri von Sago.

Zutaten: 1 Esslöffel Butter, 1 Prise Salz, das Abgeriebene einer Zitrone, 4 Esslöffel Zucker, 200 g Sago, 1 Liter Milch.

Die Milch wird heiß gemacht, der Sago eingerührt und unter ständigem Rühren 15-20 Minuten gekocht. Dann werden die übrigen Zutaten darunter gemischt, die Masse in eine mit kaltem Wasser ausgespülte Form gegossen, nach Erkalten gestürzt. Es wird eine Schokoladesauce dazu gemacht. Statt Milch kann zu diesem Flammeri auch Rot- oder Weißwein genommen werden, in diesem Fall aber etwas mehr Zucker und feine Butter.

1320. Zitronenflammeri.

Zutaten: 75 g feiner Grieß oder 2 Esslöffel Maizena, Saft von 2 Zitronen, 150 g Zucker.

Der Zucker wird in ½ l Wasser aufgekocht, der Zitronensaft und das Maizena (kalt angerührt) oder der Grieß hinein gerührt, einigemal aufgekocht und zum Erkalten in eine mit kaltem Wasser ausgespülte Form gegossen, dann gestürzt und mit Fruchtsaft zu Tisch gegeben.

1321. Schokoladenflammeri.

Zutaten: 2 Esslöffel Schokoladenpulver, 3 Esslöffel Zucker, 250 g Grieß, 1 l Milch.

Etwas Milch wird zum Anrühren der Schokolade zurückgestellt, die übrige Milch wird heiß gemacht, der Grieß eingerührt und 10 bis 15 Minuten gekocht, dann werden die mit Milch angerührte Schokolade und der Zucker eingerührt, noch einmal aufgekocht, alles in eine ausgespülte Form gegossen, nach Erkalten gestürzt und mit Vanillesauce zu Tisch gegeben.

1322. Götterspeise.

Eine Glasschüssel wird mit Zwieback ausgelegt, darauf heißes Obst gegeben, dann heißer Grießbrei, der mit Eierschnee gelockert wurde. Nach Erkalten die Speise mit einer Frucht- oder Vanillesauce zu Tisch gegeben.

1323. Götterspeise, andere Art.

Zutaten: 3 Eier, 100 g Zucker, 1 Tasse gute Preiselbeeren, 1 Stückchen Vanille, Zucker nach Geschmack, ½ l Milch.

Das Eiweiß wird zu Schnee geschlagen und mit dem Zucker und den Beeren 1 Stunde gerührt, dann in eine Glasschüssel gegeben. Milch, Eigelb, Vanille und Zucker werden auf dem Feuer unter Schlagen zum Kochen gebracht und die Creme über die Beeren gegossen, dann kalt gestellt.

1324. Reis nach Tautmannsdorf.

Zutaten: 125 g Reis, ½ - ¾ l Milch, Vanille, 75 g Zucker, 1 Prise Salz, 3 Blatt Gelatine, ¼ l Schlagrahm, Vanillezucker.

Der Reis wird in kochendes Wasser gerührt und nach einmaligem Aufwallen das Wasser abgeschüttet und der Reis in der Milch weich gekocht. Die Gelatine wird in kaltem Wasser eingeweicht, in heißem Wasser aufgelöst, dann mit Salz und Zucker vorsichtig unter den Reis gerührt. Wenn er anfängt fest zu werden, wird auch der geschlagene und mit Vanillezucker gesüsste Rahm hineingemischt. In einer mit Öl ausgepinselten Form wird die Masse einige Stunden kalt gestellt, dann in derselben einen Augenblick in heißes Wasser gehalten, gestürzt und mit verdünnten Johannisbeergelee überzogen oder es wird Himbeersaft dazu gereicht.

1325. Viktoria-Reis.

Zutaten: 125 g Reis, ¼ Tasse durchgerührter Aprikosenmarmelade, 100 g zerschnittene eingemachte Früchte, ¼ l gesüßter Schlagrahm.

Der Reis wird wie in voriger Nummer weich gekocht, wenn er anfängt fest zu werden, mischt man die übrigen Zutaten leicht hinein, füllt die Masse in eine mit Öl ausgepinselte Kuppelform, stellt sie 2 Stunden so kalt als möglich, stürzt sie und bespritzt sie mit Schlagrahm und gibt eine Fruchtsauce dazu.

1326. Stachelbeerköpfchen.

Zutaten: 1 Pfund unreife Stachelbeeren, 100 g feiner Grieß, oder 80 g Maizena, 200 g Zucker, Schlagrahm.

Die gereinigten Stachelbeeren werden in ½ l Wasser weich gekocht, durch ein Sieb gerührt und das Mus mit so viel Wasser aufgesetzt, daß es 1 ¼ l ist, kocht es mit Grieß oder Maizena und Zucker etwa 10 Minuten, nimmt es vom Feuer und rührt die Masse, bis sie schaumig ist. In einer ausgespülten Form läßt man sie erstarren, stürzt sie und garniert mit Schlagrahm.

1327. Rote Grütze A.

Zutaten: 1 Pfund rote Johannisbeeren, 1 Pfund Himbeeren, 1 Pfund saure Kirschen, etwas Wasser und Zucker, 125 g Sago oder 90 g Mondamin.

Die Beeren werden mit etwas Wasser gut aufgekocht, dann durch ein Sieb gerührt - es muß ¾ l sein - nochmals erhitzt. Sago oder Mondamin wird mit kaltem Wasser angerührt und dazu gerührt.

Nachdem die Grütze in einer Glasschale erkaltet ist, wird sie mit Schlagrahm garniert oder es wird frischer ungeschlagener Rahm oder auch kalte Milch dazu serviert.

1328. Rote Grütze B.

Zutaten: ½ l Apfelwein, ½ l Fruchtsaft von Johannisbeeren und Himbeeren, 125 g Grieß, 1 Esslöffel Zitronensaft, Zucker.

Beeren werden ¼ Stunde gekocht und durch ein Sieb gedrückt, Apfelwein und der erhaltene Fruchtsaft miteinander erhitzt, der Grieß eingerührt und etwas 15-20 Minuten mitgekocht. Nachdem dann Zitronensaft und Zucker zugegeben sind, wird die Masse in eine mit kaltem Wasser ausgespülte Form gefüllt und nach Erkalten gestürzt. Es wird gesüßter Rahm dazu gegeben.

1329. Apfelgrütze.

Zutaten: 1 Pfund saftige Äpfel, 3 Esslöffel Zitronensaft, ca. 125 g Zucker, 1 Stückchen Zimt, 100 g Sago, ¾ l Wasser.

Die geschälten und in Stücke geschnittenen Äpfel werden mit Zucker, Zimt, Zitronensaft und wenig Wasser weich gekocht und durch ein Sieb gedrückt. Der Sago wird in Wasser 20 Minuten gekocht, der dicke Brei mit dem Apfelmus vermischt, alles in eine mit kaltem Wasser ausgespülte Form gegossen und nach Erkalten gestürzt. Es wird eine Vanillesoße dazu gegeben.

1330. Ananas-Pudding.

Zutaten: Frische Ananas oder eine Büchse Ananas, Milchreis, Bananen.

Frische Ananas werden in Zuckersirup gekocht, in dünne Scheiben geschnitten und eine Dom- oder Kuppelform damit ausgelegt. Zum süßen lockeren Milchreis mischt man Bananenstückchen oder etwas abgeriebene Zitronenschale, füllt die Masse auf die Ananas in die Form, läßt sie erkalten und stürzt sie. Der Ananas-Saft wird extra dazu gereicht.

1331. Grieß-Schokoladepudding.

Zutaten: ½ l Milch, 80 g Schokolade, 1 Esslöffel Kakao, etwas Zucker, 40 g Butter, 60 g Grieß, 3 Eiweiß.

Die Schokolade wird in der Milch aufgelöst, die Butter zugegeben. Zucker und Kakao werden mit dem Grieß vermischt, unter rühren in die kochende Milch gegeben, zu Brei gekocht und zum Abkühlen gestellt. Noch warm kommt der Eierschnee dazu, dann wird die Masse in eine Form gefüllt, in der man sie erkalten läßt.

1332. Kalter Pudding.

Zutaten: 1 Päckchen Vanille-Puddingpulver, 1 Päckchen Himbeer-Puddingpulver.

Das Puddingpulver wird nach Anweisung, die auf dem Päckchen gegeben ist, gekocht, jede Farbe für sich, dann abwechselnd in eine mit Öl gestrichene Form gefüllt, kalt gestellt und tags darauf gestürzt. Der Pudding wird mit Gelee oder eingemachten Früchten verziert und kann als sehr nahrhaft empfohlen werden.

1333 a. Dreifarben-Pudding.

Zutaten: gesulzte Vanillecreme Nr. 1388, 2 Esslöffel aufgelöste Schokolade, 1 Esslöffel Maraschino, etwas rote Speisefarbe.

Bevor die Crememasse fest wird, teilt man sie in 3 Teile. Ein Teil wird in eine geölte Kuppelform gefüllt, der zweite Teil wird mit etwas Maraschino oder dickem Erdbeerpüree und 2-3 Tropfen roter Speisefarbe gemischt, dann auf die eingefüllte Creme gegossen. Unter die noch übrige Creme wird die aufgelöste Schokolade gezogen und die Form damit vollends gefüllt. Wenn die Speise erstarrt ist, wird die gestürzt und mit Schlagrahm und Eiswaffeln garniert.

1333 b. Fruchtspeise.

Beliebige Früchte, Aprikosen, Pfirsich oder Zwetschen werden entsteint und klein geschnitten, dann in einer Glasschale mit fein geriebenen Nüssen und Zucker vermengt. Darauf kommt dicke gut erkaltete Vanillecreme, Nr. 1388. Nach 2-3 stündigem Stehen in der Kälte, kann die Speise serviert werden. Es können auch Konserven-Kompottfrüchte verwendet werden.

1334. Milch-Gelee.

(für Kranke besonders geeignet).

Zutaten. 1 l Milch, 150 g Zucker, Vanille, 12-14 Blatt Gelatine.

Milch, Zucker und Vanille werden heiß gemacht, die aufgelöste Gelatine zugegeben und die Masse gerührt, bis sie abgekühlt ist. In einer Glasschale wird sie kalt gestellt.

1335. Wein-Gelee.

(besonders gut für Kranke).

Zutaten: ½ l Weißwein, 170 g Zucker, Saft einer Zitrone, ¼ l Wasser, 8-10 Blatt rote Gelatine.

Wasser, Zucker und Zitronensaft werden heiß gemacht, die aufgelöste Gelatine unter Schlagen zugegeben, die Masse durch ein Sieb zum Wein gegossen und gerührt, bis sie kalt ist. In Kelchgläsern oder Glasschalen läßt man sie erstarren und gibt eine Vanillesauce dazu.

1336. Weingelee mit Früchten.

Zutaten: ½ l Wasser, ½ Pfund Zucker, Saft einer Zitrone, 12 Blatt weiße und 12 Blatt rote Gelatine, ½ l Wein. Gekochte Früchte.

Wasser, Zucker und Zitrone werden aufgekocht, die Gelatine zugegeben und der Wein. Die Hälfte dieses Gelees gibt man auf eine Platte, darauf gekochte Früchte. Die zweite Hälfte wird, wenn sie erstarrt ist, darüber gegeben.

1337. Weinkaltschale mit Schneeklötzchen.

¾ l Wasser und 5 Eßlöffel gewaschene und gereinigte Korinthen werden zum Kochen aufgestellt, 5 Eßlöffel Grieß mit ¼ l kaltem Wasser angerührt, dann in das kochende Wasser gegeben und 20 Minuten mitgekocht. 2 Eigelb und 3 Eßlöffel Zucker, etwas Zitronensaft und ¼ l Apfelwein oder alkoholfreier Wein werden verrührt, die Suppe daran gerührt. Vom steif geschlagenen Eierschnee werden mit dem Teelöffel Klötzchen abgestochen, die man auf der Suppe im geschlossenen Topf 4 Minuten gären läßt. Die Schneeklötzchen werden mit Zucker und Zimt bestreut zu Tisch gegeben.

1338. Buttermilch-Kaltschale.

Zutaten: 1 l Buttermilch, 3 Eßlöffel Zucker, evtl. etwas gestoßener Zimt, 1 Pfund Johannisbeeren, Heidelbeeren oder Himbeeren.

Buttermilch, Zucker, nach Belieben Zimt, werden gequirlt. Johannis- oder Heidelbeeren werden ganz, Himbeeren durch ein Haarsieb dazu gegeben. Mit Obst oder Obstsaft wird abgeschmeckt.

1339. Apfel-, Kirsch-, Rhabarber-, Stachelbeer- Kaltschale.

1 Pfund Obst wird mit etwas Zitronenschale in 1 ½ l Wasser weich gekocht, durch ein Haarsieb gestrichen, mit Honig oder ungeblautem Kristallzucker gesüßt, 1 Eßlöffel angerührtes Mondamin, Weizenin, Gustin oder 4 Eßlöffel Edelsago zugegeben, aufgekocht und kalt gestellt.

1340. Zitronenkaltschale.

Zutaten: Saft von 3 Zitronen, abgeriebene Schale einer Zitrone, ½ l Wasser, 4 Eßlöffel Zucker oder Honig, 2 Eigelb, 1 Eßlöffel Mondamin, Zucker und Wasser.

Mondamin, Eigelb, Wasser und Zitronenschale werden verrührt, im Wasserbad geschlagen, bis es dick wird, dann der Zitronensaft zugegeben und die Schale aufs Eis gestellt.

1341 a. Apfelsinenschale.

Zubereitung genau wie in voriger Nummer.

1341 b. Fliedermilchkaltschale.

Eine Dolde Flieder wird 5 Minuten in heiße Milch gelegt, dann die Milch etwas gesüßt und aufgekocht, 1 Eßlöffel angerührtes Mondamin zugegeben. Nach Garwerden wird mit 1 Eigelb legiert und die Milch kalt gestellt.

1342. Erdbeer-, Himbeer- und Johannisbeerkaltschale.

Diese Schale wird ganz kalt zubereitet. Die Früchte werden ausgepreßt, etwas Apfelsaft, Zitronensaft und Wasser zugegeben. Diese kalte Obstsuppe wird mit geriebenem Zwieback oder fein gewalzten Weizen- oder Haferflocken sämig gemacht, mit etwas Zucker abgeschmeckt. Es werden ganze Früchte oder Bananenscheiben dazu serviert.

1343. Gemischte Obstkaltschale. (Kalte Zubereitung.)

Zutaten. ¼ l Obstsaft, 1 in Scheiben geschnittene Banane, 1 geraffelter Äpfel, 1 Hand blaue Traubenrosinen oder 1 Apfelsine, 3 Eßlöffel Zucker, 1 Hand Weizenflocken, 1 Eßlöffel süßer Rahm.

Kaltschalen können auch aus getrockneten Früchten, Hagebutten, Aprikosen, Pflaumen, hergestellt werden. Sie werden 24 Stunden eingeweicht, fein geschnitten oder durch ein Haarsieb gestrichen, mit Obstsaft und den übrigen Zutaten angerichtet.

1344. Schlagrahmspezialitäten und Speisen aus frischen und getrockneten Früchten.

Anmerkung: Schlagrahmspeisen sind und bleiben die beliebtesten und begehrtesten kalten Süßspeisen. Mit etwas Rahm kann jede einfache Speise garniert, verfeinert und verschönert werden. Um festen Schlagrahm zu erhalten, soll der Rahm vor der Verwendung einen Tag oder eine Nacht an einen möglichst kühlen Ort gestellt werden. Zum Schlagen wähle man stets eine Porzellan- oder Steingutschüssel. Es soll weniger geschlagen als gerührt werden, so daß der Schneebesen fast ständig am Topfboden ist. Der Zucker wird erst zugegeben, wenn der Rahm schon fest ist. Auf ½ l Rahm rechnet man 2 Esslöffel Zucker und ½ Päckchen Vanillezucker. Schlagrahm soll nicht direkt süß sein, sondern nur einen Anflug von Süßigkeit haben.

1345. Meringen.

Siehe Nr. 1124.

1346. Vacherin.

Zutaten: ¾ l Schlagrahm, 5 Paar Meringenschalen (Baisers) Nr. 1124, 80 g Zucker, 1 Päckchen Vanillezucker.

Der Rahm wird steif geschlagen und etwas gezuckert, dann zentimeterdick auf eine flache Platte gestrichen, die Meringenschalen so darauf gesetzt, daß die Rundungen oben sind und vollständig mit Rahm verdeckt. Mit dem Spritzsack werden vom restlichen Rahm beliebige Figuren aufgespritzt.

1347. Makronen-Rahm-Speise.

Zutaten: ¼ l Rahm, 4 Eigelb, 3 Esslöffel Zucker, 1 Päckchen Vanillezucker, 3 Blatt Gelatine, etwas Apfel- oder Weißwein, einige Makronen.

Eigelb und Zucker werden schaumig gerührt, bis in Apfelwein aufgelöste Gelatine zugegeben, sowie der Vanillezucker und der ungesüßte Schlagrahm. Eine Schüssel wird mit den in Rum oder Kirsch getauchten Makronen ausgelegt, darauf ein beliebiges Kompott gegeben und darüber die Rahmmasse. Mit etwas Makronen und Schlagrahm wird garniert.

1348. Kastanienrahmspeise.

Eine runde Platte wird mit 12 Meringenschalen kranzförmig belegt. 1 Pfund weich gekochte Kastanie werden geschält und durch die Hackmaschine getrieben oder durch ein Sieb gestrichen, mit 300 g Zucker, 1 Eigelb, etwas Butter, Kakao und Vanillezucker zu einer mittelfesten Masse verarbeitet, auf die Meringen gestrichen. In die Mitte des Kranzes stürzt man ½ l Vanillecreme oder 1 Köpfchen. Mit Schlagrahm und Dressiersack wird garniert.

1349. Kastanienrahmspeise anderer Art.

Die fertige Kastanienpüreemasse von voriger Nummer wird durch eine Teigspritze oder durch die Hackmaschine kranzförmig auf eine runde Platte gespritzt und garniert.

1350. Kastanienkranz mit Schlagrahm.

Zutaten: 1 Pfund Kastanien, 150 g Zucker, ½ l Rahm, 1 Päckchen Vanillezucker.

Die Kastanien werden in Milch weichgekocht, geschält und zerflossen, darnach mit Kakao, Zucker und Vanillezucker vermischt und nochmals mit Milch aufgekocht, so daß ein fester Brei entsteht. Man gibt ihn durch die Hackmaschine ringförmig auf eine Platte und garniert mit Schlagrahm.

1351 a. Erdbeeren mit Schlagrahm.

Die Erdbeeren werden gewaschen und entstielt, mit Zucker bestäubt, sehr große Beeren zerschnitten. Sie werden bergartig oder kranzförmig angerichtet, mit Schlagrahm garniert.

1351 b. Erdbeeren mit Schlagrahm andere Art.

Die Beeren werden mit einer Gabel zerdrückt oder durch ein Sieb gestrichen. Mit roter Speisefarbe können sie dunkler gefärbt werden. Der Brei wird in einer Glasschale mit hübschen Mustern von Schlagrahm garniert, zuletzt werden einige schöne Beeren aufgesetzt.

1352. Mont Blanc mit Erdbeeren.

Zutaten: 1 Pfund Waldbeeren, Staubzucker, 10 große Gartenerdbeeren, 6 Meringenschale Nr. 1124, ½ l Schlagrahm.

Die Erdbeeren werden schnell verlesen und gewaschenen, mit Zucker bestreut. Nach ¼ Stunde werden die Schalen im Kranze auf eine Platte geordnet, mit Erdbeeren bedeckt, der Schlagrahm bergartig in die Mitte gehäuft. Die in Zucker gewendeten Gartenerdbeeren werden rings um den Berg zu einem dichten Kranze gelegt.

1353. Himbeer-, Erdbeer- oder Johannisbeer-Creme.

Zutaten: 1 Pfund Erdbeeren, Himbeeren oder Johannisbeeren, 180 g Zucker, 10 Blatt Gelatine, etwas Wasser, ½ l Rahm.

Die Beeren werden durch ein Haarsieb gestrichen, der Zucker und die in wenig Wasser aufgelöste Gelatine dazu gerührt. In die Masse wird der steife Rahm gemengt, die Masse in einer Form auf Eis gestellt und mit Schlagrahm und Waffeln serviert.

1354. Erdbeeren mit Quark.

Zutaten: 1 Pfund Erdbeeren oder andere Beeren, 250 g Quark, eine Spur Salz, Zucker, 1 Tasse Rahm oder Milch, das Abgeriebene einer halben Zitrone.

Der Quark wird durch ein Sieb gedrückt, schaumig gerührt und mit Salz, Zucker, Zitronenabgeriebenem und Rahm unter Schlagen vermischt. Dann werden die Beeren vorsichtig unter den Schaum gemengt, die Speise in einer Glasschale schön mit Früchten verziert.

1355. Himbeeren mit Erdbeeren und Schlagrahm.

Zutaten: 1 Pfund Himbeeren, 250 g Walderdbeeren, 2 Esslöffel Zitronensaft, 200 g Zucker, ¼ Glas Wasser, 6 Blatt Gelatine, 1 Tasse Schlagrahm.

Die Himbeeren werden roh durch ein Sieb getrieben, mit Zucker und Zitronensaft 5 Minuten gerührt. Die Gelatine wird 10 Minuten in kaltes Wasser gelegt und ausgedrückt, dann in ¼ Glas heißem Wasser aufgelöst, und wenn sie etwas abgekühlt ist, durch ein feines Sieb zur Himbeermasse gegeben. Zuletzt wird der fest geschlagene Rahm darunter gezogen und die Speise in einer Glasschale 1-2 Stunden kalt gestellt. Vor dem Auftragen werden die gezuckerten Walderdbeeren auf den Schlagrahm gehäuft.

1356. Aprikosen-Rahmspeise.

½ Pfund getrocknete, eingeweichte Aprikosen werden mit wenig Wasser und 100 g Zucker weich gekocht, dann abgekühlt. Es können auch eingemachte Aprikosen verwendet werden. Sie werden in einer Glasschüssel mit ½ l Schlagrahm bedeckt, mit einigen Aprikosen verziert aufgetragen.

1357. Eier auf der Platte.

Zutaten: 1 l Milch, 200 g Zucker, 15 Blatt Gelatine, ½ Stange Vanille, 100 geschälte, geriebene Mandeln, ½ l Schlagrahm, Aprikosen.

Zum Gelee ½ l Wasser, Saft und Schale einer Zitrone, 1 Glas Maraschino, 8 Blatt weiße Gelatine.

Die Milch wird zum Kochen gebracht, Zucker, 15 Blatt Gelatine, Vanille und Mandeln zugegeben, einmal aufgekocht, dann kalt gestellt. Bevor die Masse ganz steif wird, gibt man den Schlagrahm darunter, streicht sie auf eine Platte und belegt sie mit schönen, halbierten Aprikosen. Die für das Gelee bestimmten Zutaten werden gut verrührt, zum Kochen gebracht, dann auf die Seite gezogen, bis die Masse klar ist, durchgeseiht und über die Aprikosen gegeben.

1358. Erdbeeren mit Schlagrahm.

Zutaten: ½ l Schlagrahm, ¼ Pfund Zucker, 1 l Erdbeeren.

Eine Glasschale wird kurz vor dem Servieren mit in Würfel geschnittenen Bisquit, die in Zuckerwasser mit etwas Kirschengeist getaucht sind, ausgelegt. Darauf gibt man eine Lage Erdbeeren oder Erdbeermarmelade, dann Schlagrahm und fährt so fort, bis die Schale gefüllt ist.

Statt Schlagrahm kann man Vanille-Creme verwendet werden.

1359. Erdbeeren mit Schlagrahm, andere Art.

Zutaten: ½ l Schlagrahm, 1 l Erdbeeren, Zucker nach Belieben.

Die Erdbeeren werden durch ein Sieb gedrückt, der Saft auf Eis gestellt, der steife Rahm mit Zucker vermischt, unter den Saft gegeben und in einer Glasschale 6 Stunden auf Eis gestellt. Auch andere Früchte lassen sich auf diese Weise bereiten.

1360. Kapuziner-Apfel.

(Pro Person 1 Stück) Eine Orange wird nachdem man oben ein Deckelchen weggeschnitten hat, sorgfältig ausgehöhlt, dann ringsum zackig ausgeschnitten (7-8 Zacken). Das Orangenfleisch wird klein geschnitten, mit etwas Maraschino getränkt und wieder eingefüllt. Darauf wird eine Kompottbirne gestellt, mit etwa Schlagrahm und einer Kirsche verziert. Auf einem Tellerchen, belegt mit grünem Salatblatt wird der Apfel serviert.

1361. Feine Apfelspeise.

Eine Cremeschüssel wird mit Löffel-Bisquit ausgelegt, gutes, kaltes Apfelkompott, dann kalte Vanille oder gebrannte Creme darüber gegeben und mit Schlagrahm garniert. Zu dieser Nachspeise können auch andere Kompottfrüchte verwendet werden.

1362. Apfelschaum.

Zutaten: 6-8 fleischige, saure Äpfel, 100 g Zucker, 2 Eiweiß, 2 Esslöffel Zitronensaft, 1 Prise Zimt.

Die Äpfel werden mit etwas Zucker und Zitronensaft zu Brei gekocht, durch ein Sieb gestrichen, kalt gestellt, die Eiweiß zu Schnee geschlagen, mit dem restlichen Zucker vermischt und zum Apfelmus gegeben. Mit dem Schneebesen wird so lange geschlagen, bis man einen leichten luftigen Schaum hat, was in 8-10 Minuten der Fall ist. Er wird bergartig angerichtet und mit Makröncken umlegt.

1363. Apfelschaum.

6-8 große Äpfel werden geschält, zerschnitten, mit einem Glas Wein weich gedämpft, durch ein Sieb gestrichen, 125 g Zucker, sowie das Abgeriebene ½ Zitrone hinzugegeben. Dann wird der steife Schnee behutsam darunter gemischt, die Masse bergartig auf eine butterbestrichene Platte gegeben, dicht mit Zucker bestreut, langsam hellbraun gebacken und warm serviert.

1364. Apfelschnee.

8-10 große Äpfel werden geschält, mit wenig Wasser, Zucker und Zitronenschale zu einem steifen Brei gekocht, dann durch ein Sieb gestrichen. Das Weise von 6 Eiern wird mit dem Saft einer Zitrone und 2 gehäuften Esslöffeln Zucker zu steifem Schnee geschlagen und nach und nach unter das Mus gemischt, indem man beides gut durcheinander schlägt. Dann wird die Masse möglichst hoch auf eine Glasschüssel aufgeschichtet und mit Johannisbeergelee oder eingemachten Früchten verziert.

1365. Schneeberg.

Zutaten: Bisquit oder Anisbrot, 1/8 l Wein, 1 Tasse Apfelmus, 4-5 Eiweiß, 100 g Zucker.

Das Bisquit wird in Scheiben geschnitten, eine Lage auf eine feuerfeste Platte gegeben, mit Wein beträufelt und mit gutem Apfelmus bestrichen. So werden 4 Lagen übereinander gelegt, dann das Eiweiß zu Schnee geschlagen, mit dem Zucker vermengt, über die Speise gestrichen, mit dem Messer garniert und in nicht zu heißem Ofen überbacken.

1366. Erdbeeren mit Rhabarber.

Erkaltetes Rhabarberkompott wird mit schönen, in Zucker gewendeten Erdbeeren garniert.

1367. Früchtesulz.

Zutaten: 1 l Saft, ¼ l Wein, 400 g Zucker, 10 Blatt weiße und 10 Blatt rote Gelatine.

Ein Form wird mit Beerenfrüchten oder geschälten, ausgesteinten Steinfrüchten, die man kurz vorher in Zuckersaft aufgekocht hat, ausgelegt. Der Saft wird zu Sulz eingekocht, die aufgelöste Gelatine darunter gemengt und wenn er etwas abgekühlt ist, abwechselnd mit Früchten in die Form gegeben, einige Stunden auf Eis gestellt, mit Vanillesauce oder ungeschlagenem süßem Rahm zu Tisch gegeben.

1368. Kalte Weinspeise mit Früchten.

Zutaten: 2 ganze Eier, 6 Eigelb, ½ Pfund Zucker, Schale einer Zitrone, ½ l Weißwein, 1 Kaffeelöffel Puder, 20 g Gelatine, ½ l Rahm, 3 dünne Bisquitböden, Erdbeeren oder Himbeeren oder Orangenscheiben.

Eier, Zucker, Zitronenabgeriebenes, Weißwein und Puder werden auf dem Feuer zur Creme geschlagen, dann kalt gestellt. Es muß öfters umgerührt werden, damit sich keine Haut bilden kann. In die erkaltete Masse gibt man die aufgelöste Gelatine und den steifen Rahm. Die Bisquitböden werden mit süßem Wein angefeuchtet, einer davon in einen Tortenstreifen gelegt, mit Creme überstrichen, mit Früchten überstreut oder belegt, der zweite Boden aufgesetzt. Dieses wird wiederholt und die Form aufs Eis gestellt. Wenn die Speise fest geworden und der Tortenreis entfernt ist, wird sie mit Schlagrahm und Früchten verziert.

1369. Pfirsiche auf Schweizer Art.

Zutaten. 8 Pfirsiche, 2 Esslöffel Maraschino, ¼ l Schlagrahm, fertig gebackenes Bisquit.

Die Pfirsiche werden geschält, halbiert, mit kochendem Zuckerwasser übergossen, zugedeckt und kalt gestellt. Vom Bisquit werden runde Plätzchen ausgestochen, kranzförmig auf eine Schüssel geordnet, mit Maraschino und Pfirsichsirup, mit je 1 Pfirsich belegt und mit Schlagrahm bespritzt.

1370. Heidelbeeren mit Schlagrahm.

Zutaten: 1 Pfund Heidelbeeren, 1 Löffel Zitronensaft, 1 Tasse Schlagrahm, 2-3 Esslöffel Zucker, 4-5 Makronen.

Die sauberen Heidelbeeren werden mit Zucker und Zitronensaft vermischt, ½ Stunde ins Kühle gestellt, mit Schlagrahm vermischt in eine Schale angerichtet und wird mit den zerdrückten Makronen bestreut.

1371. Ministerspeise.

Zutaten: ½ l süßer Rahm, 180 g Zucker, 1 Orange, ½ Zitrone, 8 Blatt weiße und 2 Blatt rote Gelatine.

Der steif geschlagene Rahm wird mit der ausgelösten Gelatine, dem Zucker, Orangen- und Zitronensaft und dem Abgeriebenen der Zitrone vermischt, in eine mit Wasser ausgespülte Form gefüllt und aufs Eis gestellt.

1372. Zitronengelee.

Zutaten: ½ l Wasser, 220 g Zucker, Saft von 3 Zitronen, Schale 1 Zitrone, 8-10 Blau Gelatine.

Die fein abgeschälte Zitronenschale wird mit Wasser, Zucker und Zitronensaft gekocht, die aufgelöste Gelatine zugeben, alles durch ein Sieb in eine Glasschale gegossen, kalt gestellt und vor Gebrauch gestürzt.

1373. Orangengelee.

Saft von 3 Orangen, 1 Zitrone und die Schale von 1 Orange, sonst wie in Nummer 1372.

1374. Diplomatenpudding.

Zutaten: 6 Eigelb, ½ l Milch, 100 g Zucker, 1 Kaffeelöffel Puder, etwas Vanille, 20 g Gelatine, ½ l Rahm, Bisquit, eingemachte Früchte, Maraschino, Schlagrahm zum Garnieren.

Eigelb, Milch, Zucker, Puder und Vanille werden auf dem Feuer geschlagen, bis die Masse dick wird, dann kalt gestellt. Die Gelatine wird in wenig Wasser aufgelöst, zur erkalteten Masse gerührt, ebenso der steifgeschlagene Rahm. In eine mit Öl ausgestrichene Form wird etwas von der Masse gefüllt, dann Bisquit, die in Maraschino eingetaucht wurden und Früchte, wieder von der Masse usw. bis die Form voll ist. Es ist gut, wenn die Speise über Nacht im Keller steht, andern Tags gestürzt und mit Schlagrahm garniert wird.

Cremen.

Gekochte Cremen, die zum Erkalten wegestellt werden, müssen öfters umgerührt werden, damit sich keine Haut bilden kann. Eier dürfen in der Milch nie kochen, da sonst die Creme scheidet.

1375. Zitronen-Creme.

Zutaten: 150 g Zucker, ½ l Milch, Saft von 3 Zitronen, daß Abgeriebene einer halben Zitrone, ¼ l Schlagrahm, 10 Blatt Gelatine.

Zucker wird mit Wasser und der gewaschenen Gelatine bis zum Kochen gebracht, Zitronensaft und das Abgeriebene zugegeben. In die erkaltende Masse wird der Schlagrahm gezogen, die Masse in eine mit kaltem Wasser ausgespülte Form gefüllt und kaltgestellt.

1376. Zitronen-Creme anderer Art.

Zutaten: 4 Eier, 100 g Butter, Saft einer Zitrone, Schale ¼ Zitrone, 6 Blatt aufgelöste Gelatine (1/4 l Schlagrahm).

Eigelb und Zucker werden leicht gerührt, Zitrone und Gelatine zugegeben und alles gut verrührt. Zuletzt wird der Eierschnee oder ¼ l Schlagrahm hineingemengt, die Masse in Formen gefüllt oder zum Füllen verwendet.

1377. Zitronencreme anderer Art.

Zutaten: 65 g Zucker, 3 Eigelb, 1/8 l Schlagrahm oder der Schnee von 3 Eiern, Saft einer ganzen Zitrone, das Abgeriebene einer halben Zitrone, 15 g aufgelöste Gelatine.

Eigelb und Zucker werden gerührt, Schlagrahm oder Eierschnee, Zitrone und Gelatine zugegeben. In einer Glasschale oder mit Öl ausgestrichenen Form wird die Masse aufs Eis gestellt, nach Erkalten gestürzt oder in der Glasschale serviert.

1378. Aprikosen- oder Pfirsich-Creme.

Zutaten: ½ Pfund ausgesteinte Aprikosen oder Pfirsiche, 100 g Zucker, ¼ l Wasser oder Weißwein, 6-8 Blatt Gelatine, ¼ - ½ l Schlagrahm, Vanille.

Die geschälten Früchte werden mit dem Zucker in Wasser oder Wein weich gedämpft, dann in Würfelchen geschnitten und mit der aufgelösten Gelatine vermischt. Man erhitzt die Masse, gibt, wenn sie abgekühlt ist, den süßen Schlagrahm dazu, stellt sie in der Form kalt und stürzt sie vor Gebrauch.

1379. Brestlings-Creme.

Zutaten: ¼ Pfund Zucker, 4 Eigelb, ¼ l Milch, 1 kleiner Löffel Puder, ½ l Rahm, 20 g Gelatine, 30-50 Brestlinge.

Zucker, Eigelb, Milch und Puder werden auf dem Feuer geschlagen, bis die Masse dick wird, dann kalt gestellt; die Gelatine wird in Wasser aufgelöst, in die erkaltete Masse gerührt, der Rahm steif geschlagen, mit Vanille und Zucker versüßt, ebenfalls dazu gemengt. Zuletzt werden die Brestlinge zugegeben, das Ganze in einer mit Öl ausgestrichenen Form kalt gestellt, am nächsten Tag gestürzt und mit Brestlingen verziert.

1380. Erdbeer-Creme.

Zutaten: ¼ l Schlagrahm, 15 g weiße Gelatine, etwas Wasser, 150 g Zucker, 250 g Erdbeeren, 1 Gläschen Maraschino.

Der steife Rahm wird kalt gestellt. Die Gelatine wird in wenig Wasser ausgelöst, mit dem Zucker durchgekocht und kalt gestellt. Nun wird eine Form mit Öl ausgestrichen und mit gereinigten (möglichst ungewaschen) Beeren ausgelegt, dann der Schlagrahm mit Maraschino vermischt, in die noch füllige aber kühle Gelatinemasse gezogen, alles in die Form gegossen, kalt gestellt, nach Festwerden gestürzt.

1381. Erdbeer- oder Himbeer-Creme.

Zutaten: 1 l Beeren, ½ l Schlagrahm, 200 g Zucker, 5 Blatt rote und 5 Blatt weiße Gelatine.

Die Beeren werden, nachdem sie durch ein Sieb gestrichen sind, mit dem Zucker gerührt, bis sie glänzend rot sind. Dann wird die aufgelöste Gelatine und der steife Rahm zugegeben, die Masse in eine Form gefüllt und kalt gestellt. Vor Gebrauch wird sie gestürzt und mit Schlagrahm verziert.

Diese Speise kann auch mit jedem anderen Fruchtmark bereitet werden.

1382. Johannisbeer-Creme.

Zutaten: 1 Esslöffel Cremepulver, 2 Eigelb, ¼ l eingekochte Träubele, ¼ l Wein, ½ l Wasser.

Die Zutaten werden auf dem Feuer geschlagen, bis sie steigen, dann kalt gestellt, ¼ l Schlagrahm oder Eierschnee zugegeben, nach Belieben noch etwas Zucker. Es können auch frische Beeren verwendet werden, 7 Blatt rote und 7 Blatt weiße Gelatine und ½ Pfund Zucker. Die Creme wird in einer Glasschüssel kalt gestellt, vor Gebrauch mit Schlagrahm verziert.

1383. Ananas-Creme.

Zutaten: 1 Dose eingemachte Ananas, 8-10 Blatt Gelatine, Saft 1 Zitrone, eine halbe Tasse Weißwein, ½ l Schlagrahm, Zucker nach Geschmack.

Nachdem die Früchte auf einem Seiher abgelaufen sind, schneidet man sie in Würfelchen, vermischt sie mit der aufgelösten Gelatine und läßt die Masse lauwarm werden. Nun wird der gesüßte Schlagrahm langsam hineingezogen und die Speise in einer Form kalt gestellt. Nach dem Stürzen kann mit Ananas verziert werden.

1384. Orangen-Creme.

Zutaten: 6 Eigelb, ½ Pfund Zucker, Saft von 4 Orangen und zwei Zitronen, 8 Blatt weiße, 2 Blatt rote Gelatine, 1 Glas Wein, einige Löffel Arrak, ¼ l Schlagrahm. (In Ermangelung von Rahm Eierschnee).

Eigelb und Zucker werden schaumig gerührt, dann Fruchtsaft, Wein und Arrak zugegeben, Gelatine wird mit etwas Wasser aufgelöst, die gerührte Masse langsam, nach und nach, dazu gerührt (nicht umgekehrt, da sonst Knollen entstehen), und alles über Nacht in Glasschalen im Keller stehen gelassen.

1385. Frucht-Creme mit Sago.

Zutaten: ½ l Himbeersaft, ½ l Johannisbeersaft, ein halber Liter Wasser, 250 g Sago.

Der Sago wird abends ins Wasser gegeben zum Aufquellen. Am nächsten Tag wird er mit dem Saft gekocht, bis die Grütze klar und durchsichtig geworden ist, dann in Glasschüsseln kalt gestellt. Es wird kalte Vanillesauce dazu serviert.

1386. Hägenmark-Creme.

Zutaten: 6 Löffel Hägenmark, ¾ l Schlagrahm, 15 Blatt Gelatine, ¼ l Weißwein, 150 g Zucker.

Die aufgelöste Gelatine wird mit Wein und Zucker unter das Hägenmark gegeben, der steife Rahmschnee leicht darunter gezogen, die Creme in eine mit Bisquit ausgelegte Form gefüllt und zum Steifwerden in einen kühlen Raum gestellt.

1387. Bananencreme.

6 Bananen werden geschält, durchpassiert, mit Läuterzucker verdünnt und mit 1 Liter Schlagrahm vermischt. Das Mark kann auch mit Vanillecreme vermischt werden. Es wird in Glasschüsselchen mit Plätzchen serviert.

1388. Gesulzte Vanillecreme mit Schlagrahm.

Zutaten: 8 Eigelb, 1 l Milch, 200 g Zucker, Vanille, 1 Prise Salz, 15 g Gelatine, ½ l Schlagrahm.

Die Gelatine wird ¼ Stunde in kaltes Wasser gelegt. Zucker, Eigelb, Vanille und Salz werden in einer Kasserole gut verrührt, die heiße Milch unterschlagen dazu gegeben und die Masse auf dem Feuer so lange verrührt, bis sie sich verdickt, was unmittelbar vor dem Kochen geschieht. Nun wird die Masse rasch durch ein Sieb in eine Schüssel gegossen, die ausgedrückte Gelatine Blatt für Blatt mit der heißen Creme verrührt und die Masse geschlagen, bis sie kalt ist. Wenn sie anfängt fest zu werden, wird der sehr steife Schlagrahm hinein gezogen, alles in eine mit Mandelöl ausgepinselte Form gegossen, einige Stunden kalt gestellt und gestürzt.

1389. Feine Vanille-Creme mit Schlagrahm.

Zutaten: 1 l Milch, 100 g Zucker, 5 Eigelb, Vanillezucker, ½ Tasse Schlagrahm, 1 Prise Salz.

Zucker und Eigelb werden schaumig gerührt, mit der heißen leicht gesalzenen Milch aufgelöst und auf dem Feuer unter stetigem Rühren bis nahe zum Kochen gebracht. Dann wird die Masse vom Feuer gezogen, durch ein Sieb gestrichen, mit Vanillezucker vermischt und geschlagen, bis sie erkaltet ist. Zuletzt wird der Schlagrahm hinein gezogen.

1390. Schokolade-Creme mit Schlagrahm.

Zutaten: 125 g Schokolade, 25 g Kakao, 6-8 Blatt Gelatine, ¼ l Wasser, ½ l Schlagrahm, 60 g Zucker, Vanille.

Schokolade und Kakao werden mit ¼ l Wasser auf ganz schwachem Feuer aufgelöst, Vanille und die aufgelöste Gelatine zugegeben, kalt geschlagen, der gesüßte Schlagrahm hinein gezogen. Die Masse wird in einer Form kalt gestellt, vor Gebrauch gestürzt, nach Belieben mit Schlagrahm verziert.

1391 a. Schokolade-Creme, andere Art.

Zutaten: 1 Esslöffel Kakao, 3 Esslöffel Schokolade, Vanille, 2 Eigelb, 3-4 Esslöffel Wasser, 3 Esslöffel Zucker, ¼ l Schlagrahm.

Zucker und Eigelb werden schaumig gerührt, Schokolade und Kakao mit 3 Esslöffeln Wasser auf dem Feuer aufgelöst, nach Abkühlung mit dem Gerührten vermischt. Dann wird der steife, mit Vanille gesüßte Schlagrahm dazu gegeben, worauf die Speise in einer Glasschüssel sofort serviert werden kann.

1391 b. Schokolade-Creme, andere Art.

Schokolade und Kakao werden unaufgelöst mit Zucker vermischt und unter den steif geschlagenen Rahm gegeben.

1392. Gesulzte Haselnusscreme.

Zutaten: 200 g Haselnüsse, ½ l Milch, 8 Eigelb, 300 g Zucker, ½ l Rahm, 15 g Gelatine.

Die Haselnüsse werden auf einem Blech im Ofen geröstet und nachdem mit einem Tuch die braune Haut abgerieben ist, durch die Mandelmühle getrieben, mit ½ l kochender Milch übergossen zugedeckt und zum Erkalten gestellt. Eigelb und Zucker werden in einer Kasserole verrührt, Rahm und Haselnussmilch zugegeben, auf dem Feuer abgerührt und kurz vor dem Aufkochen, abseits vom Feuer, mit der vorher eingeweichten Gelatine vermischt. Die Creme wird geschlagen, bis sie kalt ist, dann in einer ausgespülten Form etwa 2 Stunden kalt gestellt. Es wird eine feine Vanillesauce, der 1 Esslöffel Chartreuse zugefügt wird, dazu serviert.

1393. Haselnuss-Creme, andere Art.

Zutaten: 80 g geriebene Haselnüsse, 3 Eigelb, 3 Tassen Milch, 1 Esslöffel Maismehl oder Maizena, 2 Esslöffel Zucker, etwas Vanillemark, eine halbe Tasse Schlagrahm.

Maismehl oder Maizena wird kalt angerührt, die Milch kochend gemacht, das angerührte Mehl sowie die Nüsse und Vanille zugegeben und alles aufgekocht. Eigelb und Zucker werden vermischt, mit der kochenden Masse übergossen und auf dem Feuer nochmals bis nahe zum Kochen gerührt. Dann wird die Masse in einer Schüssel kalt geschlagen, mit dem steifen Schlagrahm vorsichtig gemischt und in einer Glasschüssel kalt gestellt.

1394. Karamel-Creme.

Zutaten: 100 g Zucker zum Bräunen und 1/8 l Wasser, 4-5 Eigelb, 80 g Zucker, ½ l Milch, 10 g Blatt Gelatine, Eiweißschnee oder ¼ l Schagrahm.

Der Zucker wird auf dem Feuer in einer Kasserole gerührt, bis er flüssig und braun geworden ist, dann mit heißem Wasser abgelöscht. 80 g Zucker und die Eigelb werden mit der Milch glatt gerührt, zum gebräunten Zucker gegeben und die Masse unter Schlagen zum Kochen gebracht. Nun wird die aufgelöste Gelatine zugegeben und weiter geschlagen, bis die Masse kalt ist, dann der steife Rahm oder Eierschnee zugegeben, die Speise in Glasschalen kalt gestellt und nach Belieben mit Schlagrahm verziert.

1395. Gebrannte Creme.

Zutaten: 10 Blatt Gelatine, 8 Eiweiß, 170 g Zucker und ½ Tasse Wasser, 1 Löffel Reismehl und etwas Milch, ½ l Milch, ½ Stengel Vanille, 125 g Zucker, 8 Eigelb.

Die Gelatine wird in wenig Wasser eingeweicht, die Eiweiß zu Schnee geschlagen. 170 g Zucker werden schön gelb gebrannt, mit Wasser abgelöscht, die Gelatine zugegeben, gut durchgerührt, dann unter den Eierschnee gemengt, die Masse in eine mit Öl ausgestriche Schüssel gefüllt und kalt gestellt. Das Reismehl wird mit guter Milch angerührt, Milch und Vanille 2-3mal aufgekocht, das angerührte Reismehl hinein gerührt. Zucker und Eigelb werden etwas gerührt, dann die bereitete Milch zugegeben und alles auf dem Feuer gerührt, bis es dick ist, dann kalt gestellt. Es muß öfters umgerührt werden, damit sich keine Haut bilden kann. Vor Gebrauch wird die Creme auf eine Platte gestürzt und die zweite Hälfte rings um dieselbe gegossen.

1396. Gestürzte Mandel-Creme.

Zutaten: 100 g geschälte, geriebene, süße Mandeln, 100 g Zucker, 2 Eigelb, 2 Tassen Milch, 8 g Gelatine, 3/8 l Schlagrahm zum Garnieren.

Die Gelatine wird 15 Minuten in kaltes Wasser gelegt, dann ausgepresst. Zucker und Eigelb werden gerührt, Milch und Mandeln aufgekocht, über das Gerührte gegossen und alles auf dem Feuer bis vor das Kochen gebracht, weggezogen, die Gelatine zugegeben und die Creme geschlagen, bis sie kalt ist, dann 1/8 l Schlagrahm zugegeben und die Creme 1-2 Stunden in einer ausgespülten Form zum Erstarren kalt gestellt. Sie wird gestürzt und mit Schlagrahm verziert.

1397. Feine Mokka-Creme.

Zutaten: 30 g gemahlener Kaffee, ¼ l Wasser, ½ l Milch, 5 Eigelb, 100 g Zucker, Vanille, Kirsch, ½ Tasse Schlagrahm.

Eigelb und Zucker werden schaumig gerührt, heisse Milch und Kaffee zugegeben und auf dem Feuer gerührt, bis nahe zum Kochen, dann rasch durch ein Sieb gestrichen und kalt geschlagen, zuletzt wird der steife, mit Vanille und Kirsch gewürzte Schlagrahm hineingezogen.

1398. Mokka-Creme, andere Art.

Zutaten: 4 Eigelb, 125 g Zucker, Vanille, ¼ l Kaffee (40 g Bohnen, 3/8 l Wasser), ¼ l Milch, 8-10 Blatt Gelatine, Eierschnee oder ¼ l Schlagrahm. (Mit letzerem feiner) Kommentar: 40 g Bohnen, heißt Bohnenkaffee)

Der gut bereitete Kaffee wird durch ein feines Sieb gegossen. Eigelb, Zucker und Vanille werden mit der Milch glatt angerührt, der Kaffee zugegeben und alles unter Schlagen zum kochen gebracht. Dann wird die aufgelöste Gelatine hineingemischt und die Masse geschlagen, bis sie kalt ist, zuletzt Eierschnee oder Schlagrahm hineingezogen, in Kelchgläsern oder Glasschalen kalt gestellt und vor dem Auftragen nach Belieben mit Schlagrahm verziert.

1399. Mokka-Creme.

Zutaten: 6 Eier, ½ l Milch, ¼ l Rahm, 20 g Zucker, 1 Löffel Puder, 30 g Kaffeemehl, 1/8 l Wasser, 10 g Gelatine.

Das Kaffeemehl wird kochend angebrüht und der Extrakt mit den anderen Zutaten auf dem Feuer bis zum Dickwerden geschlagen. Nachdem die erkaltete Masse mit dem steifen Schnee vermengt ist, wird sie in Glasschalen gefüllt, kalt gestellt und vor dem Servieren mit Schlagrahm verziert.

1400. Russische Creme.

Zutaten: 6 Eigelb, 200 g Zucker, 1 kleiner Löffel Puder, ¼ l Milch, 8 Blatt weiße und 4 Blatt rote Gelatine, einige Löffel Arrak oder Bergamotte, ¼ l Schlagrahm oder 6 Eiweiß, Makronen oder Anisbrot, etwas gezuckerten Wein.

6 Eigelb werden mit 200 g Zucker, 1 kleinen Löffel Puder und ¼ l Milch auf dem Feuer geschlagen, bis es dick wird, dann kalt gestellt, 8 Blatt weiße Gelatine und 4 Blatt rote Gelatine werden im Wasser aufgelöst, dann zur erkalteten Masse gerührt, einige Löffel Arrak oder Bergamotte hinzugefügt, sowie der steif geschlagene Eierschnee oder ¼ l Schlagrahm. Eine mit Öl ausgestrichene Form erhält ein wenig von der Creme, dann von Makronen oder Anisbrot, das man in gezuckerten Wein getaucht hat, dann wieder von der Creme und von Makronen oder Anisbrot, bis die Form voll ist. Die Masse wird kalt gestellt, nach Steifwerden gestürzt, mit Schlagrahm garniert. Schlagrahm ist dem Eierschnee vorzuziehen.

1401. Russische Charlotte.

Zutaten: 5 Eigelb, 5 Eiweiß oder ½ l Schlagrahm, ½ l Milch, 100 g Zucker, Vanille, 3-4 Löffel Arrak, etwas Weißwein, 8-10 Blatt Gelatine, 15 Löffelbisquit oder Makronen.

Eigelb, Zucker, Vanille und Milch werden auf dem Feuer geschlagen, bis es dick wird, dann die aufgelöste Gelatine zugegeben und die Creme geschlagen, bis kalt ist, zuletzt der steife Eierschnee zugegeben. Eine glatte Form wird mit Löffelbisquit oder Makronen, die man mit Wein und Arrak oder Kirschengeist angefeuchtet hat, ausgelegt, die Creme eingefüllt, kalt gestellt und vor Gebrauch gestürzt.

1402. Bayerische Kastanien-Creme.

Zutaten: 1 l gesulzte Vanille-Creme, Nr. 1388, 200 g Kastanienpüree, 2-3 Esslöffel Rum, ¼ l Schlagrahm.

Das schwach gesüßte Kastanienpüree wird mit dem Rum vermischt. Bevor die Vanillecrememasse fest wird, wird der steife Rahm mit dem Kastanienpüree vermischt, unter die Crememasse gezogen, das Ganze ist eine mit Wasser ausgespülte Form gegeben und 1-2 Stunden kalt gestellt. Vor dem Auftragen wird die Creme gestürzt, mit glasierten Makronen umlegt und mit Schlagrahm bespritzt.

1403. Nesselrode-Creme.

Zutaten: 4-5 Eigelb, 100 g Zucker, Vanille, ½ l Milch, 8-10 Blatt Gelatine, 40 g geschälte, geriebene Mandeln, 80 g Makronen, 1/8 l Wein oder 3 Esslöffel Arrak, Eiweißschnee oder ¼ l Schlagrahm.

Eigelb, Zucker, Vanille werden mit der Milch glatt angerührt und unter Schlagen zum kochen gebracht. Dann werden Gelatine und Mandeln zugegeben, die Masse kalt geschlagen und mit dem steifen Schnee oder Schlagrahm vermischt. Die Creme wird in eine Form gefüllt, die in kleine Würfel geschnittenen, mit Wein oder Arrak angefeuchteten Makronen lagenweise dazwischen geschichtet, kalt gestellt und gestürzt. Will man die Creme rot haben, dann nimmt man zur Hälfte rote Gelatine.

1404. Gesulzte Weinschaum-Creme.

Zutaten: 200 g Zucker, 8 Eigelb, 2/10 l Weißwein, 15 g weiße Gelatine, 3 Esslöffel Rum, ½ l Sahne.

Die Gelatine wird 10-15 Minuten in kaltes Wasser gelegt, ausgedrückt, mit 2-3 Esslöffel Wasser auf dem Feuer zerschmolzen, aber nicht gekocht. Zucker und Eigelb werden in einer Kasserole schaumig gerührt, der Wein zugegeben und die Masse unter Schlagen bis nahe zum Kochen gebracht, dann wird sie vom Feuer genommen, die Gelatine und der Rum eingerührt und kalt geschlagen. Bevor sie fest wird, gibt man den steifen Rahm löffelweise dazu, füllt die Speise in eine mit Mandelnöl ausgestrichene Form, stellt sie kalt und stürzt sie nach etwa 2 Stunden. Vor dem Servieren wird die Creme ringsherum mit in Arrak getauchten Makrönchen umlegt.

1405. Wein-Creme.

Zutaten: 6 Eier, 180 g Zucker, ½ l Wein, Saft und Schale einer halben Zitrone, 6-8 Blatt weiße Gelatine.

Die Zutaten werden auf dem Feuer geschlagen. Wenn die abgekühlte Masse anfängt fest zu werden, wird der steife Schnee zugegeben, die Creme in eine Glasschale gefüllt, kalt gestellt und mit Schlagrahm serviert.

1406. Wein-Creme, andere Art.

Zutaten: ½ l Wein, ½ l Most, 200 g Zucker, 4 Eier, 60 g Mondamin, nach Belieben Saft und Schale einer halben Zitrone.

Eier und Zucker werden schaumig gerührt. Das kalt angerührte Mondamin wird mit dem Wein aufgekocht und langsam an die schaumige Eiermasse gegeben, die Creme in Glasschalen gefüllt, über Nacht aufs Eis gestellt, mit Schlagrahm garniert zu Tisch gegeben.

1407. Wein-Creme.

Zutaten: ¼ l Weißwein, 3 Eigelb, 1 ganzes Ei, 80 g Zucker, Saft und Schale ½ Zitrone, 4 Blatt Gelatine, 3 Eiweiß oder ¼ l Schlagrahm.

Eigelb, Zucker, Zitronensaft und Schale werden mit dem Wein glatt gerührt, dann auf dem Feuer bis zum Kochen geschlagen, die aufgelöste Gelatine zugegeben, die Masse vom Feuer genommen und geschlagen, bis sie kalt ist. Zuletzt wird der Eierschnee hineingezogen und die Creme in einer Glasschale kalt gestellt, vor Gebrauch gestürzt.

1408. Weinsulz.

Zutaten: ½ l Wein, 200 g Zucker, 3/8 l Wasser, 25 g rote Gelatine, 1 Zitrone.

Die gewaschene Gelatine wird mit Wasser, Zucker und Zitronenschale zum Kochen gebracht, durch ein Sieb gegossen, mit Wein und Zitronensaft vermengt. Nach Belieben kann weiße und rote Gelatine verwendet werden. Die rote Sulz wird in die Glasschale gegeben und mit der weißen, auf Eis zu Schaum geschlagenen Sulz aufgefüllt.

1409. Reis-Wein-Creme.

Zutaten: 250 g Reis, 1 l Wasser, 40 g Butter, 200 g Zucker, 2 Eigelb, 1 Gläschen Weißwein, Saft und Schale einer halben Zitrone, 3 Eiweiß.

Der gebrühte Reis wird mit Butter und Wasser vorsichtig gedünstet, Eigelb und Zucker schaumig gerührt, mit Wein und Zitrone auf dem Feuer geschlagen und der Reis darunter gegeben. Wenn die Masse etwas erkaltet ist, wird der steife Schnee leicht darunter gemengt und die Creme in eine mit kaltem Wasser ausgespülte und mit Grießzucker bestreute Form gefüllt, kaltgestellt und mit Erdbeer- oder Himbeersoße serviert.

1410. Bergamott-Creme.

Zutaten: ½ l Milch, 4 Eigelb, 200 g Zucker, 7 Blatt Gelatine, 1 Glas Bergamott, 4 Eiweiß oder ¼ l Schlagrahm.

Eigelb und Zucker werden schaumig gerührt, mit kochender Milch und der aufgelösten Gelatine unter beständigem Schlagen mit dem Schneebesen angegossen. In die abgekühlte Masse gibt man 1 Glas Bergamott und den steifen Schnee oder Schlagrahm. Die Creme wird in Glasschalen gefüllt und kurz vor dem Servieren mit gezuckerten Orangenscheiben verziert.

1411. Arrak-Creme.

Zutaten: 4-5 Eigelb, 125 g Zucker, ½ l süsser Rahm, 2-3 Esslöffel Arrak, 4 Blatt Gelatine.

Zucker und Eigelb werden schaumig gerührt, Arrak und die aufgelöste Gelatine, sowie der steife Rahmschnee darunter gemengt und in einer Glasschale aufs Eis gestellt.

1412. Punsch-Creme.

Zutaten: 15 g Stärkemehl, ½ l Milch, 4 Eigelb, 120 g Zucker, 1/8 l Rum oder Arrak, ½ l Schlagrahm, 8-10 Blatt Gelatine.

Zucker, Eigelb und die gewaschene Gelatine werden mit der Milch und dem kalt angerührten Stärkemehl in einer Messingpfanne unter Schlagen zum Kochen gebracht, dann durch ein Sieb gegeben, vollends kalt gerührt und der Rum zugegeben. Wenn die Masse anfängt dick zu werden, wird der steife Rahmschnee zugegeben, die Creme in eine vorbereitete Form gefüllt, auf Eis gestellt und mit Makronen serviert.

Cremen zum Füllen und Garnieren.

1413. Frangipane Creme.

Zutaten: 3/10 l Milch, 60 g Mehl, 60 g Zucker, 2 Eigelb, 1 Kaffeelöffel Vanillezucker, 1 Kaffeelöffel Butter, 1 Esslöffel Pralinemasse, oder 2-3 zerdrückte Makronen.

Zucker, Eigelb, Vanillezucker und Mehl werden in einer Kasserole gut gemischt, mit der heißen Milch angerührt und unter tüchtigem Rühren aufgekocht, dann vom Feuer gezogen, Butter und Pralinemasse zugegeben und die Creme in einer Schüssel kalt gestellt.

1414. Vanille-Creme zum Füllen.

Zutaten: ½ l Milch, 100 g Zucker, 50 g Vanille-Cremepulver, 3-4 Eiweiß.

Das Pulver wird mit etwa 3 Esslöffel Milch angerührt, Milch und Zucker werden zum Kochen gebracht, das angerührte Pulver zugegeben, einige Minuten gekocht, dann vom Feuer gezogen, der Eierschnee hineingemischt, worauf die Creme zum Füllen verwendet werden kann.

1415. Schokolade-Füllcreme.

Wird zubereitet wie vorige Nummer. Mit dem Cremepulver wird ein Esslöffel Kakao verrührt.

1416. Weincreme.

Zutaten: 2 Eigelb, 1 Glas Wein, 15 g Maizena, 15 g Zucker, etwas Zitronensaft.

Die Zutaten werden mit dem Schneebesen gut verrührt, bis zum kochen gebracht, dann weiter geschlagen, bis die Creme wieder kalt ist.

1417. Mokkabuttercreme.

Zutaten: 30 g Kaffeemehl, ½ l Wasser, ½ l Milch.

Das Kaffeemehl wird gebrüht. Nachdem es gut ausgezogen ist, wird es abgeseiht, mit Milch aufgefüllt und im Übrigen wie Vanillebuttercreme Nr. 1422 bereitet.

1418. Mandelfülle.

1-2 Eigelb werden mit ¼ Pfund Staubzucker und dem Abgeriebenen einer Zitrone schaumig gerührt, dann mit ¼ Pfund abgezogenen geriebenen, süßen Mandeln vermischt.

1419. Pralinenmasse zum Füllen.

100 g Haselnusskerne werden leicht geröstet, 100 g geschälte, trockene, süße Mandeln und 200 g Zucker hinzugefügt, alles auf dem Feuer gerührt, bis der Zucker geschmolzen ist. Dann wird die Masse auf ein mit Öl gefettetes Blech geschüttet und nach dem Erkalten fein gestoßen.

1420. Nusscremefüllung.

150 g gemahlene Walnusskerne werden mit 150 g Zucker und 1/4 l Schlagrahm gut vermengt.

1421. Buttercreme-Füllung.

Zutaten: ½ l Milch, 150 g Zucker, 50 g Cremepulver, 200 g Butter.

Milch und Butter werden aufgekocht, das mit wenig Milch angerührte Cremepulver zugegeben, alles gut durch gekocht, dann zum Erkalten auf eine Platte gegeben, öfters gut durchgerührt, bis zum völligen Erkalten.

Die Butter wird gerührt, bis sie weiß und schaumig ist, dann die erkaltete Creme löffelweise dazu gerührt. Nach Belieben kann auch 50-80 g heiß gemachtes Kokosfett hinein gerührt werden.

1422. Vanillebuttercreme.

Zur vorigen Nummer wird etwas Vanille gegeben.

1423. Schokoladebuttercreme.

Zutaten: 125-250 g Schokolade, 50 g Kokosfett.

Die Zutaten läßt man im Wasserbad zerschmelzen und rührt sie warm an. Die fertige Vanillebuttercreme Nr. 1422.

1424. Haselnussbuttercreme (zum Garnieren).

Zutaten: 125 g süße Butter, 1 Esslöffel Staubzucker, 1 Esslöffel Pralinenmasse, 1 Tasse Vanillefüllcreme, siehe Nr. 1427/1414.

Pralinenmasse und Creme werden vermischt, im Übrigen Zubereitung wie Nr. 1423.

1425. Gebrannte oder glasierte Mandeln (zum Garnieren).

Zutaten: 100 g geschälte, trockene, süße Mandeln, 150 g Zucker.

Der Zucker wird in einem Pfännchen hellgelb geschmolzen, die Mandeln darin gewendet, bis sie ganz überzogen sind, dann auf einem geölten Blech auseinandergelegt.

1426. Gebrannte oder glasierte Haselnüsse (zum Garnieren).

Zutaten: 100 g Haselnusskerne, 150 g Zucker.

Die Haselnüsse werden auf einem Blech im Ofen erhitzt, mit einem Tuch die braune Haut abgerieben, im Übrigen Weiterbehandlung wie in voriger Nummer.

1427. Vanillecreme zum Füllen.

Zutaten: ½ l Milch, 20 g Zucker und 50 g Zucker, 50 g Cremepulver, 3 Eier, 1 Prise Salz.

Von der Milch werden 3-4 Esslöffel beiseite gestellt, die übrige Milch wird mit dem Zucker zum kochen gebracht, das Cremepulver, das mit 3-4 Esslöffeln Milch und 3 Eigelb angerührt wurde, zugegeben, sowie das Salz. Das Eiweiß wird zu Schnee geschlagen, 20 g Zucker dazu geschlagen und in die heiße Masse gemischt.

1428 a. Erdbeercreme (zum Garnieren).

75 g Butter werden gerührt, 50 g Zucker mit zwei Löffeln Wasser zum Faden gekocht, nach Erkalten fadendünn zur Butter gerührt, mit frisch durchpassierten Erdbeeren oder eingemachten Himbeeren gefärbt.

1428 b. Orange-Füll-Creme.

1 Esslöffel Zucker, 1 Kaffeelöffel Mehl, das Abgeriebene einer Orange, 1 Ei, 1 Eigelb werden in einer Kasserolle gemischt, mit ¼ l heißer Milch angerührt, die Masse unter ständigem Rühren aufgekocht und weiter geschlagen, bis die Creme kalt ist.

Glasuren.

Anmerkung: Bei den meisten Glasuren ist es von Vorteil, sie einige Augenblicke im Ofen trocknen zu lassen.

1429. Eiweißglasur.

Der Schnee von 2 Eiweiß wird mit 200-250 g gesiebtem Puderzucker schaumig gerührt. Etwas Zitronensaft macht den Guss steif und weiß.

1430. Zitronenglasur.

Der Saft einer Zitrone wird mit einem Eiweiß und dem nötigen Puderzucker schaumig gerührt. Die Glasur kann beliebig gefärbt werden.

1431. Arrakglasur.

Zur Eiweißglasur wird 1 Esslöffel Arrak oder Rum gegeben.

1432. Mokkaglasur.

½ Pfund Puderzucker wird mit 4-5 Esslöffeln frischem, heißem Kaffee angerührt. Mokkaglasur kann zu verschiedenem Backwerk verwendet werden.

1433. Schokoladenglasur A.

Zu einer großen Torte werden 300 g Puderzucker, 2 Esslöffel Kakao und 1 Päckchen Vanillezucker gerechnet. Der mit warmem Wasser angerührte Kakao wird gekocht und der Puderzucker damit angerührt, so daß man eine breiähnliche Masse erhält, die sofort verwendet wird.

1434. Schokoladenglasur B.

½ Pfund Schokoladenpulver wird mit 5-6 Esslöffel Wasser vorsichtig auf dem Feuer geschmolzen, dann mit ½ Pfund Puderzucker tüchtig gerührt, bis die Masse dickflüssig und glatt ist.

1435. Schokoladeglasur mit Palmin.

150 g Blockschokolade wird in Dampf weich gemacht und mit 100 g leicht erwärmtem Palmin verrührt. Nach dem Glasieren muß das Backwerk kaltgestellt werden.

1436. Wasserglasur.

300 g Puderzucker werden mit 4 Esslöffeln heißem Wasser 10 Minuten gerührt, dann die Glasur über das etwas abgekühlte Backwerk gezogen.

1437. Gekochte Zuckerglasur.

200 g Sandzucker werden mit 1/8 l Wasser bis zum Faden gekocht. Während dem Gebrauch wird die Glasur in kochendes Wasser gestellt, damit sie hart wird. Nach dem Trocknen soll sie weißliche Farbe haben.

1438. Glasur zu Lebkuchen.

¾ Pfund Zucker werden mit schwach ¼ l Wasser zum schwachen Faden gekocht, 2 Eiweiß zu steifem Schnee geschlagen, mit 10 g Staubzucker vermischt, der gekochte Zucker dazu gerührt, dann mit Bürste oder Pinsel die Glasur aufgetragen.

1439. Fruchtglasur.

½ Pfund Puderzucker, 4 Esslöffel Fruchtsaft von eingekochten Erdbeeren, Himbeeren, Johannisbeeren oder Hägenmark. Der gesiebte Zucker wird mit dem Fruchtsaft zur glatten, dickflüssigen Masse gerührt.

1440. Warme Zuckerglasur.

½ Pfund gesiebter Puderzucker wird in 3 Esslöffeln kochendem Wasser aufgelöst, beliebig gewürzt oder parfümiert und sofort verwendet.

1441. Zitronenglasur.

250 g gesiebter Puderzucker wird mit 3 Esslöffeln Zitronensaft nach Belieben 2 Esslöffel Saft und 1 Löffel Wasser gerührt, bis die Masse glatt und dickflüssig ist.

1442. Kaffeeglasur.

½ Pfund Puderzucker und 4 Esslöffel ganz starker klarer Kaffee werden so lange gerührt, bis die Masse glatt ist und langsam vom Spatel läuft.

1443. Rumglasur.

½ Pfund gesiebter Puderzucker werden mit 4 Esslöffeln Rum zur glatten, dickflüssigen Masse gerührt.

1444. Mandelglasur.

Geschälte, geriebene, süße Mandeln werden mit wenig Zuckersirup angerührt und unter eine fertige Eiweißglasur gemengt.

1445. Braune Spritzglasur.

1-2 Esslöffel geriebene Schokolade oder Schokoladenpulver wird in einem Pfännchen mit 1-2 Esslöffeln Wasser geschmolzen und gerührt, bis die Masse glatt ist.

1446. Das Eis und feine Zubereitung.

Eis-Gefrorenes wird in der Eismaschine gemacht. Es kann auch in einem Eimer zubereitet werden; als Gefrierbüchse nimmt man eine Milchkanne oder saubere Zinnblechbüchse. Wie man es auch bereitet, es müssen folgende Punkte genau beachtet werden.

Die zum Eis bestimmte Masse soll stets so kalt als möglich in die Gefrierbüchse gegeben werden. Wenn vom salzigen Eiswasser etwas in die Büchse dringt, ist die Eisbildung unmöglich gemacht, muss deshalb verhütet werden. Um sicher zu gehen, wird man bei Formen wie zu Pücklereis die Stelle, wo Deckelrand und Büchsenwand zusammenkommen, mit Fett bestreichen.

Das Eis wird in einem Sack in kleine Stückchen zerklopft, eine Lage davon in den Kübel gegeben, mit Salz bestreut, dann die Gefrierbüchse hineingestellt. Dann wird wieder eine Lage Eis und Salz hineingegeben, mit einem Holzscheit kräftig eingestampft, damit das Eis so dicht als möglich die Gefrierbüchse umschließt. Man gibt so lange Eis und Salz hinzu, bis es in gleicher Höhe mit der eingesetzten Form steht. Auf einen kleinen Eimer rechnet man 1-1 ½ Pfund Salz. Das Salz verstärkt die Gefrierkraft. Ungesalzenes Eis gibt keine Glace. Die Gefrierbüchse muss ständig gerüttelt und im Kreise gedreht werden. Nach etwa 3/4 Stunde wird man Gefrorenes haben, in der Eismaschine noch bälder. Mit einem in warmes Wasser getauchten Löffel werden Portionen ausgestochen und in Glasschalen serviert.

1447. Vanille-Eis.

Zutaten: ½ l Rahm, ½ l Milch, 150 g Zucker, 1 Vanillestengel oder Vanillezucker, 7 Eier.

Die Eier werden gut verrührt, die übrigen Zutaten werden aufgekocht, vom Feuer gezogen und unter beständigem Schlagen über die Eier gegossen. Dann wird die Masse wieder bis nahe zum Kochen gebracht, weggezogen und wenn sie gut abgekühlt ist, in die Gefrierbüchse gegeben. Statt Rahm kann auch nur Milch genommen werden; in diesem Falle muß ein weiteres Ei verwendet werden.

1448. Schokolade-Eis.

Zu der Vanille-Eis-Masse Nr. 1447 werden 150-200 g aufgelöste Schokolade hinzugefügt.

1449. Haselnuss-Eis.

Zur fertigen Vanille-Eis-Masse Nr. 1447 mischt man 200 g feingeriebene und geröstete Haselnüsse.

1450. Mandel-Eis.

In die fertige Vanille-Eis-Masse Nr. 1447 werden 150-200 g geschälte, feingehackte Mandeln und 2-3 Tropfen Mandelöl gegeben.

1451. Tutti-Frutti-Eis.

Zum fertigen Vanille-Eis Nr. 1447 mischt man 4-5 beliebige Sorten à 200 g zerschnittene Saisonfrüchte.

1452. Makronen-Eis.

In das fertige Vanille-Eis Nr. 1447 mischt man 200 g klein gebrochene Makronen und ein Gläschen Kirsch.

1453. Frucht-Eis.

Beliebige Früchte werden durch ein Haarsieb gedrückt und mit Puderzucker vermischt. Zitronensaft oder ein Gläschen Kirsch verfeinert den Geschmack.

1454. Frucht-Eis, anderer Art.

Kann auf einfache Art bereitet werden, indem man eine halbe Büchse Konserven-Fruchtmark mit gleich viel Wasser vermischt und in der Eismaschine gefrieren läßt.

1455. Himbeer-Eis.

200 g durch ein Sieb gedrückte Himbeeren, 1/10 l Weißwein, 4/10 l Wasser und ein Gläschen Kirsch werden gut vermischt in die Gefrierbüchse gefüllt. Es kann auch ein halbe Büchse Konserven-Fruchtmark mit gleich viel Wasser vermischt werden.

1456. Erdbeer-Eis.

Wird gemacht wie vorige Nummer.

1457. Aprikosen-Eis.

200 g durch ein Sieb gedrückte Aprikosen werden mit 250 g Puderzucker und ½ l Wasser verrührt und zum Gefrieren in die Eismaschine gegeben.

1458. Praline-Eis.

In das fertige Vanille-Eis Nr. 1447 mischt man 200 g zerdrückte Makrönchen und 50 g Nougat.

1459. Maraschino-Eis.

Ein Glas Maraschino und der Saft von 2 Orangen wird in die fertige Vanille-Eis-Masse Nr. 1447 gemischt.

1460. Mokka-Eis.

Die Vanille-Eis-Masse Nr. 1447 wird statt mit Milch, ½ l starkem Kaffee zubereitet.

1461. Bananen-Eis.

Unter die fertige Vanille-Eis Nr. 1447 mischt man 6 in Scheiben geschnittene Bananen und ein Gläschen Kirsch.

1462. Ananas-Eis.

Unter das fertige Vanille-Eis Nr. 1447 mischt man eine halbe Büchse in Würfel geschnittene Ananas, ein Gläschen Maraschino und den Saft einer Orange.

1463. Orangen-Eis.

Saft von 6 Orangen und einer Zitrone, 250 g Puderzucker, 3/10 l Weißwein und 2/10 l Wasser werden gemischt und zum Gefrieren in die Eismaschine gegeben.

Bomben.

1464 a. Spanische Rahmbombe.

1 l Rahm wird steif geschlagen, mit etwas Maraschino vermischt, dann 250 g klein gebrochene Makronen zugegeben, die Masse in eine Eisbombenform gefüllt und 3 Stunden in einer gut verschlossenen Gefrierbüchse auf gut gesalzenes Eis gestellt. Man taucht die Form einen Augenblick in heißes Wasser und stürzt die Speise auf eine runde Dessertplatte. Sie wird nach Belieben mit Schlagrahm und Waffeln garniert, dann aufgetragen.

1464 b. Italienische Rahmbombe.

1 Liter steif geschlagener Rahm wird mit 6 klein gebrochenen Meringenschalen vermischt. Dann kommen dünne Scheiben von zwei Orangen dazu und etwas Kirsch. Wenn die Bombe 3-4 Stunden in gut gesalzenem Eis gestanden hat, wird die Form einen Augenblick in heißes Wasser getaucht, und die Speise auf eine runde Platte gestürzt, nach Belieben mit Schlagrahm und Orangenscheiben verziert.

1465. Königinnen-Rahm-Bombe.

1 Liter Rahm wird steif geschlagen, gezuckert und mit 200 g frischen, gereinigten Erdbeeren vermischt, nach Belieben rosa gefärbt, in ein gut schließende Eisbombenform gefüllt und ca. 3-4 Stunden zum Gefrieren in gut gesalzenes Eis gestellt. Nach dem Herausnehmen wird die Form einen Augenblick in heißes Wasser getaucht, der Inhalt auf eine runde Dessertplatte gestürzt, mit Schlagrahm (Dressiersack) garniert und sofort serviert.

1466. Himbeerrahmbombe.

Wird zubereitet wie vorige Nummer. Statt Erdbeeren werden 250 g gereinigte Himbeeren und 1 Gläschen Kirsch verwendet. Die Bombe wird mit Himbeeren und Schlagrahm schön verziert.

1467. Fürst-Bückler-Rahmbombe.

1 l Rahm wird steif geschlagen und in 3 Teile geteilt. Der erste Teil wird mit etwas Himbeersirup rosa gefärbt. Der zweite Teil wird mit etwas Maraschino vermischt und mit Schokoladenpulver braun gefärbt. Der dritte Teil wird mit etwas Kirschwasser und 70 g Makronenbröseln vermischt. Dann wird der dritte weiße Teil zuerst in eine Eisform gegeben, dann der rosa gefärbte, zuletzt der braune und die gut verschlossene Form zum Gefrieren ca. 3 Stunden in gesalzenes Eis gestellt, dann einen Augenblick in heißes Wasser getaucht, worauf sich der Inhalt gut loslöst. Auf eine Dessertplatte gestürzt, wird die Speise mit Rahm und nach Belieben mit kandierten Kirschen garniert.

1468. Schokoladerahmbombe.

1 Tafel gute Schokolade wird mit dem nötigen Wasser im Wasserbad zerschmolzen, zu einer dünnen Creme gerührt und mit 2/3 l geschlagenem Rahm vermischt. 1/3 l wird mit etwas Speisefarbe rosa gefärbt, zuerst in die Bombenform gefüllt, mit Schokoladerahm aufgefüllt und die gefrorene Bombe gestürzt und garniert.

1469. Mandelbombe.

¼ - ½ Pfund Mandeln werden geschält, grob gewiegt und mit dem doppelten Quantum Zucker schön gelb geröstet, dann auf eine leicht geölte Platte geschüttet. Nach Erkalten werden sie durch die Mandelmühle getrieben und unter 1 Liter steif geschlagenen Rahm mit dem nötigen Zucker gemengt, in eine ausgespülte Bombenform gegeben, dann zum Gefrieren in gut gesalzenes Eis gestellt (2/3 Eis, 1/3 Viehsalz). Die Form wird ganz mit Eis bedeckt, 3 bis 4 Stunden stehen gelassen. Wenn nötig, wird nochmals Eis nachgefüllt.

1470. Nussbombe.

Statt Mandeln werden Nüsse verwendet, sonst ganz wie vorige Nummer.

1471. Himbeer- und Erdbeerbombe.

Wie Nr. 1469. Die Zucker werden durch ein Haarsieb getrieben.

1472. Eismeringen.

Zwischen zwei Meringenschalen wird ein Esslöffel Vanille-Eis gefüllt. Die Schalen werden leicht zusammengedrückt und mit Schlagrahm verziert (pro Person 2 Stück).

1473 a. Das Einmachen oder Haltbarmachen.

Die Früchte werden, wenn es im Rezept nicht ausdrücklich anders angegeben ist, ohne Zucker und Wasser zugesetzt und 10 Minuten gekocht, vom Feuer genommen, der Zucker (3/4 Pfund auf 1 Pfund Früchte, falls das Rezept nichts weiteres verlangt) zugegeben und gerührt, bis die Masse erkaltet ist. Einmachhilfe wird während der Abkühlung in die noch gut warme Masse (1 Päckchen auf 10 Pfund Beeren) gegeben, darf nicht mitgekocht werden. Die Gläser und alle Geschirre, die beim Einmachen zur Verwendung kommen, müssen peinlich sauber und trocken sein. Für das Zubinden hält man in der Einmachzeit stets Dr. Oetkers Einmachhilfe aufgelöst vorsichtig. 1 Päckchen wird in ¼ l Schnaps aufgelöst und in einer Flasche aufbewahrt. Vor dem Zubinden wird etwas in einen Teller gegossen, die in der Größe der Gläser oder Töpfe geschnittenen Fließpapiere rasch durchgezogen, glatt auf die Früchte gelegt und zugebunden. Das Aufbewahren erfordert kühlen, trockenen Raum.

1473 b. Johannisbeeren, Erdbeeren, Himbeeren, Heidelbeeren.

Sie werden zugesetzt, gekocht und fertig gemacht wie oben angegeben. Erdbeeren und Himbeeren werden schöner, wenn der Zucker mitgekocht wird. Johannisbeeren siehe auch Nr. 1476.

1474. Preiselbeeren oder Kronsbeeren.

3 ½ kg sauber gewaschene und verlesene Beeren werden auf einem Durchschlag mit kochendem Wasser übergossen, wenn sie abgetropft sind, in einem blanken Kupferkessel mit 1 ¾ kg Zucker unter ständigem Rühren zum Kochen gebracht und 15 Minuten langsam weiter gekocht. Während der Abkühlung in einer Steingutschüssel wird bis Einmachhilfe zugegeben und weiter gemacht wie in Nr. 1473 a.

1475. Stachelbeeren.

Stachelbeeren können vor dem Kochen durch die Hackmaschine getrieben, im Übrigen wie Nr. 1473 a zubereitet werden.

1476. Stachelbeeren, andere Art.

Die Beeren werden mit wenig Wasser zugesetzt, wenn sie zehn Minuten gekocht haben, schnell durchpassiert, nochmals zum Kochen gebracht, dann der Zucker hineingerührt (auf 1 Pfund Marmelade ¾-1 Pfund Zucker) und das Ganze bis zum Erkalten weiter gerührt. Im Übrigen wie bei 1473 a. Auch Johannisbeeren können durchpassiert werden. Diese Marmelade kann geschnitten und zum Verzieren von Torten verwendet werden.

1477. Heidelbeeren in Flaschen.

5 Pfund Heidelbeeren werden mit 200 g Zucker vermengt und 1 mal (1 Aufwallen) aufgekocht, in geschwefelte Flaschen gefüllt, oben nochmals geschwefelt und schnell mit Pergament oder Blase zugebunden. Die Flaschen müssen erwärmt fein und es muß sehr darauf geachtet werden, daß sie keiner Zugluft ausgesetzt sind.

1478. Heidelbeeren anderer Art.

Die verlesenen Beeren werden mit oder ohne Zucker (mit Zucker sind sie besser) einmal aufgekocht (kein Wasser), mit 1 Päckchen Einmachhilfe (auf 10 Pfund Beeren 1 Päckchen) vermischt, heiß in trockene Flaschen gefüllt und mit einem Mullläppchen zugebunden.

1479. Hägemark.

Die Hagenbutten werden halbiert, sorgfältig ausgekernt, 3 bis 4 Tage in einer Porzellanschüssel in den Keller gestellt und wenn sie gleichmäßig erweicht sind, durch ein feines Haarsieb gestrichen, dann der Zucker hinein gerührt (auf 1 Pfund Marmelade 1 Pfund Zucker) und das Ganze auf gleichmäßigem Feuer unter ständigem Rühren bis zum Kochen erhitzt, dann bis zum Erkalten weiter gerührt. Durch längeres Kochen geht die schöne rote Farbe verloren.

Oder: 10 Pfund Hägenmark und 10 Pfund Zucker werden 1 Stunde gerührt, 1 Päckchen Einmachhilfe dazu gerührt, in trockene Gläser oder Steintöpfe gefüllt und zugebunden.

1480. Hägemark, andere Art.

1 Pfund Zucker wird mit einem Glas Wein bis zur Perle gekocht und mit 1 Pfund Mark 1 Stunde gerührt.

1481. Zwetschgenmus.

Reife Zwetschgen werden entsteint, mit ganz wenig Wasser in einem Kessel aufgestellt und langsam an der Seite des Herdes 8 bis 10 Stunden gekocht, dann mit Zucker (6 Pfund Zwetschgen, 1 Pfund Zucker) so lange gekocht, bis das Mus dick ist. Es wird feiner, wenn die Zwetschgen vor dem Zuckerzusatz durch ein Sieb gestrichen werden.

1482. Apfel- oder Quittengelee.

Das Obst wird sauber gewaschen, in Schnitze gestellt, mit Wasser bedeckt, zugesetzt und einige Stunden langsam gekocht. Wenn das Mus einige Zeit gestanden hat, wird es durch ein Tuch gegossen, so daß der Saft ruhig ablaufen kann. Dann werden Saft, Zucker (1 l Saft, 2 Pfund Zucker), etwas Zitronensaft und Schale so lange gekocht, bis es dick vom Löffel läuft oder einige auf Eis oder in die Kälte gegebene Tropfen rasch gestehen und das Gelee über einen silbernen Löffel (damit die Gläser nicht springen) in erwärmte Gläser eingefüllt.

1483. Johannisbeergelee.

Die gewaschenen Johannisbeeren werden in einem Topf in den heißen Ofen gestellt, bis sie geplatzt sind, dann in ein Tuch gegeben, daß der Saft ablaufen kann. Der erkaltete Saft wird mit Zucker (1 Pfund Saft, 1 Pfund gestoßener Zucker) in einer Messingpfanne aufs Feuer gebracht und wie in voriger Nummer weiterbehandelt.

1484. Zwetschgen.

8 Pfund gut gereifte, mit einem Tuch abgeriebene Zwetschgen werden entsteint, mit 2 Pfund Zucker bestreut und in einem bedeckten Gefäß an einem kühlen Ort 1 Tag stehen gelassen. Dann werden in blankem, kupfernem oder Emaillekessel etwa 5 Minuten gekocht, vom Feuer genommen, mit 1 Päckchen Oetkers Einmachhilfe vermischt, sofort in trockene saubere Gläser gefüllt und fertig gemacht wie Nr. 1473 a.

1485. Schwefelzwetschgen.

Wasser und Zucker werden gekocht, die Zwetschgen darin einen Wall aufgekocht (6 Pfund Zwetschgen, ¼ l Wasser, 1 Pfund Zucker) sofort in geschwefelte Gläser oder Töpfe eingefüllt, oben mit einer brennenden Schwefelkarte überfahren, schnell zugebunden und an einem kühlen, luftigen Ort aufbewahrt. Zum Zubinden muß alles bereit sein, daß es schnell geht. Schwefelzwetschgen können zu Kuchen oder als Beilagen verwendet werden.

1486. Zwetschgen in Essig.

Zutaten: zu 8 Pfund Zwetschgen 2 ½ - 3 Pfund Zucker, 1 l Weinessig, 15 g Zimt, 8 g Nelken.
Die Stiele der Zwetschgen werden gestutzt, die Zwetschgen abgerieben und jede mehrere Male mit einem Hölzchen durchstochen, dann Essig und Zucker mit Gewürz gekocht und erkaltet über die Zwetschgen gegossen. Am nächsten Tag wird der Saft gekocht und lauwarm darüber gegossen, am dritten Tag werden die Zwetschgen 10 Minuten mitgekocht, herausgenommen, der Saft noch länger eingekocht und alles in Steintöpfe gefüllt. Auf die gleiche Weise können auch Kirschen in Essig bereitet werden.

1487. Kirschen in Essig.

Schöne schwarze Kirschen werden mit nicht zu starkem Weinessig übergossen (4 Pfund Kirschen, ¼ l Weinessig) und 24 Stunden zugedeckt stehen gelassen. Nachdem der Essig abgegossen ist, werden die Kirschen mit einem Pfund Zucker vermengt. Nach 24 Stunden wird der Essigsaft mit einem weiteren Pfund Zucker gekocht, die Kirschen darin weichgemacht, herausgenommen, der Saft dick eingekocht und über die in Gläser gelegten Kirschen gegossen.

1488. Johannisbeeren in Essig.

Zutaten: Zu 2 Pfund Beeren 1 Pfund Zucker, ½ l guter Weinessig, 1 Stückchen Zimt und einige Nelken.

Zucker, Essig, Zimt und Nelken werden gekocht und nach Erkalten über die Beeren gegossen. Nach 2 Tagen wird der Saft nochmals aufgekocht und kalt über die Beeren gegeben. Am dritten Tag werden die Beeren einmal aufgekocht, herausgenommen, der Saft noch länger eingekocht, die Beeren mit dem erkalteten Saft nochmals übergossen, eingefüllt, gut zugebunden und aufbewahrt.

1489. Melonen.

Zutaten: 3 Pfund Melonen, 1 ½ Pfund Zucker und ¾ l Weinessig, mit Wasser gemischt.

Die geschälten Melonen werden in zwei Hälften geteilt, die Kerne sorgfältig entfernt, dann mit dem Buntmesser in Streifen geschnitten oder es werden mit dem Kartoffelausstecher runde Bällchen ausgestochen. Im Übrigen ist die Zubereitung wie bei Essiggurken Nr. 1491.

1490. Kürbis einzumachen.

Der Kürbis muß gelbes festes Fleisch haben, das in große Stücke geschnitten oder ausgestochen wird. Die inneren Teile werden entfernt, dann gleichmäßige, fingerlange und 2-3 cm dicke Stückchen geschnitten. In Weinessig (3/4 l auf 2 Pfund Zucker), Nelken, Zimt und Ingwer werden sie auf gelindem Feuer gekocht, bis sie glasig aussehen, dann in Steintöpfe gefüllt. Der Saft wird, nachdem die Gewürze herausgenommen sind, nochmals aufgekocht und über die Kürbisstückchen gegossen. Sie werden mit Teller und Stein beschwert, mit Pergamentpapier zugebunden und in luftigem kühlen Raume aufbewahrt. Sie müssen stets mit Flüssigkeit bedeckt sein.

1491. Essig-Gurken.

10 Pfund feste, gerade gewachsene, frische kleine Gurken werden sorgfältig gewaschen, gebürstet und mit Salz bestreut. Nach 24 Stunden werden sie mit einem trockenen Tuch abgerieben, alle schlechten Stellen entfernt, in Steintöpfe geschichtet und folgende Gewürze dazwischen eingestreut. Auf 10 Pfund Gurken 1 Pfund Perlzwiebeln, 100 g feinwürflig geschnittener Meerrettich, 15 g Pfefferkörner, etwas Nelkenpfeffer, Lorbeerblätter, Dill und Estragonblätter, als Abschluß ein mit gelben Senfkörner gefüllter Beutel, der die Gurken ganz bedecken muß. Dann werden 1-2 l Wasser und 2 l guter Einmachessig aufgekocht, vom Feuer genommen, ein Päckchen Oetkers Einmachhilfe zugegeben und nach Erkalten über die Gurken gegossen, so daß sie ganz mit Essig bedeckt sind. Ein nochmaliges Aufkochen des Essigs ist nicht notwendig, da die Einmachhilfe das Verderben des Essigs verhindert. Wenn die Gurken gut zugebunden werden, halten sie unbegrenzt, sind sehr würzig und ausgezeichnet im Geschmack.

1492. Kochgurken.

Schlanke Gurken mit wenig Kernen werden geschält und in halbfingerlange, gleichmäßige Stückchen geschnitten, mit Salz bestreut und 12 Stunden stehen gelassen, öfters gewendet. Nachdem sie auf einem Sieb gut abgelaufen sind, werden sie mit einem Tuch abgetrocknet, nach und nach in wenig Essig gekocht, aber nicht zu weich. Die erkalteten Gurkenstücke werden in Steintöpfe geschichtet mit Meerrettich, Perlzwiebeln, Pfefferkörnern, gelben Senfkörnern, Lorbeerblättern und viel grünem Dill. Der notwendige Essig mit Zucker nach Belieben wird aufgekocht, vom Feuer genommen, dann mit Oetkers Einmachhilfe vermischt, auf 10 Pfund 1 Päckchen. Der erkaltete Essig wird über die Gurken gegossen, zugebunden und an einem kühlen Ort aufbewahrt.

1493. Süß-saure Gurken.

2 Pfund Gurken werden geschält, der Länge nach durchschnitten, mit einem Löffel Mark und Kerne entfernt, dann in längliche Streifen geschnitten und in leichtem Essigwasser einigemal aufgekocht. Nachdem sie gut abgelaufen sind, werden sie in Gläser oder Steinguttöpfe geschichtet; dann ¼ l Wasser, 1/8 l Essig, 400 g Zucker, etwas Zimt und Nelken 10 Minuten gekocht und darüber gegossen. Am nächsten Tag wird der Saft abgeschüttet, noch etwas eingekocht, die Gurken zugegeben und gekocht, bis sie glasig sind, dann werden sie ohne Saft wieder in die Gläser gegeben. Der Saft wird noch weiter eingekocht, darüber gegossen und mit Einmachhilfe wie bei Nr. 1473 a zugebunden.

1494. Grüne Tomaten mit Zucker und Essig.

Die grünen, gewaschenen Tomaten werden in kochendes Wasser gegeben, bis die Haut platzt, geschält oder ungeschält (geschält ist feiner), in beliebig große Stücke geschnitten (3 cm lang oder vier Teile). Zucker (3/4 Pfund auf 1 Pfund Tomaten), guter Weinessig (1/4 l auf ein Pfund), etwas Nelken und Zimt werden aufgekocht und lauwarm über die Tomaten gegossen. Nach 3tägigem Stehen wird der Saft abgeschüttet, dick eingekocht, die Tomaten nochmals darin aufgekocht, dann in Töpfe gefüllt und nach Erkalten zugebunden. Nach 2-3 Monaten haben sie erst ihre volle Güte. Sie müssen kühl aufbewahrt werden.

1495. Grüne Tomaten mit Essig und Zucker.

Die Tomaten werden geschält und in Schnitze geschnitten, Zucker mit Essig (per Pfund Früchte ¾ Pfund Zucker, ¼ l schwacher Essig), einigen Nelken und einer Stange Zimt gekocht, dann die Zuckerlösung lauwarm über die Tomaten gegossen. Andern Tags wird der Saft abgegossen, aufgekocht und heiß an die Früchte gegeben. Am dritten Tag wird das Einkochen des Saftes widerholt, die Früchte mitgekocht, bis sie halb weich sind und klar aufstehen, dann werden sie herausgenommen und der Saft vollends eingekocht und wieder über die Tomaten gegossen; nach Erkalten werden sie zugebunden.

1496. Süße Bohnen.

Zutaten: Zu 2 Pfund Bohnen, 700 g Zucker, ½ l Weinessig, das Abgeschälte einer halben Zitrone, 5-6 Nelken, 1 Stückchen Zimt.

Die Bohnen werden in Salzwasser fast weichgekocht, Zucker mit Essig geläutert, die Bohnen eine Zeit lang mitgekocht, dann herausgenommen, der Saft dicker eingekocht und über die Bohnen gegossen, erkaltet zugebunden.

1497. Pfeffergurken.

Werden etwa fingerlang genommen, der Essig etwas schärfer gewürzt und spanischer Pfeffer verwendet.

1498. Russische Gurken.

Sie werden gesüßt und zu den Kräutern gibt man 1-2 Zehen Knoblauch.

1499. Salzgurken.

2/3 Wasser, 1/8 Essig, 250 g Salz werden tüchtig geschlagen, aufgekocht, mit 1 Päckchen Einmachhilfe gemischt. Wenn die Gurken längere Zeit halten sollen, wird der verdünnte Essig kalt, sonst kochend darüber gegossen. Auch der Senfbeutel trägt zu längerer Erhaltung bei. Er wird aus sauberem Leinen in der Größe des Topfes genäht, mit 30-40 g Senfsamen gefüllt, zugenäht und die Gurken vollständig damit bedeckt. Sie werden fest zugebunden und kühl aufbewahrt.

1500. Polnische Gurken.

Diese Zubereitung ist sehr zweckmäßig. Es lassen sich dazu alle Arten Gurken, auch fleckige, verwenden, so daß auch billige Reste eingemacht werden können. Die gewaschenen, geschälten Gurken werden in ½ cm dicke Scheiben geschnitten und mit Zwiebelscheiben schichtweise in einen Topf gelegt. Auf eine zwei Finger dicke Lage kommt ½ Esslöffel Salz. Am zweiten Tag wird das Salzwasser abgeschüttet und halb Wasser, halb guter Essig oder gewöhnlicher Essig kochend darüber gegossen. Am dritten Tag wird der Essig nochmals kochend gemacht und über die Gurken gegeben. Am 4. Tag werden sie auf ein Sieb gegeben, wenn sie abgelaufen sind wieder schichtweise in den Topf gelegt mit 1 Lorbeerblatt, 2 Dillsträutzchen, 1 Esslöffel Meerrettichstreifen, ¼ Teelöffel fein gestoßenem Pfeffer pro Schicht. Mit dem Gewürz wird abgeschlossen. Dann wird 1 l guter Weinessig, 1/3 l Wasser und nach Geschmack 250-750 g Zucker (für Zuckerkranke tropfenweise den erlaubten Zuckersatz) gekocht, danach mit Dr. Oetkers Einmachhilfe gemischt und kochend über die Gurken gegossen, so daß die Flüssigkeit zwei Finger breit über den Gurken steht. Die Gurken nehmen die Flüssigkeit dann auf.

1501. Senfgurken.

10 Pfund große, ausgewaschene Gurken werden geschält, der Länge nach durchschnitten, mit einem silbernen Löffel Mark und Kerne entfernt, dann in beliebig große Stücke geschnitten, schichtweise in einen Topf gelegt, mit Salz überstreut, 24 Stunden stehen gelassen und öfters umgeschwenkt. Nachdem sie dann auf einem Seiher abgelaufen sind, werden sie mit einem Tuch sorgfältig abgetrocknet, und in Töpfe oder Einmachgläser eingelegt wie die Essiggurken Nr. 1491. Dem Gewürz werden jedoch 50 g gelbe Senfkörner hinzugefügt. Im Übrigen alles wie bei Essiggurken. Sie werden gut zugebunden, an einem kühlen Ort gestellt und können nach 4 Wochen verwendet werden.

1502. Rote Rüben.

Mittelgroße, runde und recht dunkelrote Rüben sind die besten. Die Blätter werden bis auf 5 cm abgeschnitten, die Rüben in lauwarmem Wasser gut abgebürstet, doch sollen sie nicht verletzt werden, da sie sonst die schöne rote Farbe verloren geht. Sie werden in wenig Wasser etwa 2-3 Stunden, bis sie sich weich anfühlen und gut abziehen lassen, gedämpft. Es darf nicht mehr mit der Gabel hineingestochen und zum Nachgießen nur kochendes Wasser verwendet werden. Nachdem das Wasser abgeschüttet ist, werden sie kalt abgespült, sofort die Haut abgezogen, in Scheiben geschnitten, mit Meerrettich, Pfefferkörnern, Nelken und nach Belieben Zwiebel, Kümmel, etwas Salz und wenig Zucker in Töpfe geschichtet. 1 Päckchen Einmachhilfe wird in 5 l Essig aufgelöst und über die Rüben gegossen, zugebunden und kühl aufbewahrt.

1503. Bohnen.

Die Bohnen werden geputzt, geschnitten und gewaschen, dann in kochendes Wasser gegeben und einmal aufgekocht (1 Wall), abgeschüttet und kalt abgeschwenkt, erkaltet in einem Steintopf gelegt, dann folgende Lösung bereitet: Zu 20 Pfund Bohnen werden 3 Liter Wasser, 1 Pfund Salz, ½ l guter Weinessig aufgekocht und kalt über die Bohnen gegossen. Mit Brett und Stein wird beschwert.

1504. Petersilie und Schnittlauch.

Werden gewaschen, an der Luft getrocknet, geschnitten oder gehackt, mit Salz vermischt und fest eingestampft. Sellerieknollen und Porree, auch Petersilienwurzeln werden in angefeuchtetem Sand im Keller aufbewahrt.

1505. Apfelsinen und Zitronenschale.

(Zum Aufbewahren).

Apfelsinenschale wird dünn abgeschält – von der weißen Schale soll nichts sitzen bleiben – mit feinem Zucker bedeckt, gut durcheinander geschüttelt und das Glas mit Pergamentpapier zugebunden. Zitronenschale kann abgerieben und mit Zucker vermischt werden. Ist ebenfalls luftdicht abzuschließen, ein Überstreuen mit 1 Prise Dr. Oetkers Einmachhilfe ist zu empfehlen.

1506. Eierfrischhaltung mit Wasserglas.

Ganz frische, sorgfältig abgewaschene Eier werden in einen Steintopf oder in eine saubere hölzerne Tonne gelegt. Dann wird von 1 l Wasserglas (reicht für 100-120 Eier) und 9 l Wasser (oder Garantol nach Anweisung) eine Lösung bereitet. Wasserglas ist dickflüssig und muß deshalb ständig gerührt werden. Man gießt die Lösung vorsichtig über die Eier, sie soll 2 Finger breit über den Eiern stehen. Der Topf wird am besten im Keller auf dem Boden aufbewahrt, zugebunden oder zugedeckt.

Getränke.

1507. Kaffee.

Zutaten: 1 l Wasser, 40 g Kaffee.

Es wird ganz wenig Zichorie mit Wasser gekocht und über den fein gemahlenen Kaffee, in gut verschlossenem Topf, auf der Seite des Herdes gegossen, wo man den Kaffee 10 Minuten ziehen läßt.

1508. Malzkaffee.

Zutaten: 1 l Wasser, etwa 40 g Malzkaffee.

Malzkaffee wird mit Zichorie 5-10 Minuten gekocht, dann auf die Seite des Herdes gestellt, wo durch Zusatz einiger Tropfen kalten Wassers das Setzen beschleunigt werden kann.

1509. Schokolade.

Schokolade wird mit kalter Milch aufs Feuer gebracht. Wenn sie kocht, wird die Milch abgegossen, die Schokolade verrührt, die Milch wieder daran gegossen und alles noch einmal aufgekocht.

1510. Kakao.

Zu einer Tasse Kakao wird 1 Kaffeelöffel Kakaopulver mit lauwarmem Wasser angerührt und in kochender Milch aufgekocht. Als Mittel gegen Durchfall wird Kakao nur mit Wasser bereitet.

1511. Schwarzer Tee.

Der Tee wird mit kochendem Wasser übergossen, gut zugedeckt. Nach 5 Minuten wird er abgegossen und mit ungekochtem Rahm serviert.

1512. Gemischter Kräutertee.

Wird am besten kochend übergossen, nach 15 Minuten abgegossen, nochmals aufgesetzt und 3-5 Minuten gekocht. Die beiden Sude ergeben zusammen Aroma und Heilwerte. Hagebutten und Wurzeln müssen länger gekocht werden.

1513. Frühstucks- und Abendtee.

Brombeerblätter, Erdbeerblätter, Waldmeister (gleiche Teile), 1 Teil Thymian.

1514. Heiltee (siehe Anhang).
1515. Mandelmilch.

Zutaten: 40 g süße, 2 bittere Mandeln, 20 g Zucker, ½ l frisches Wasser.

Die Mandeln werden einige Augenblicke in kochendes Wasser gehalten, geschält und fein gerieben, währenddessen nach und nach das Wasser zugegeben wird. Nachdem die Masse 2 Stunden gestanden hat, wird sie durch ein Tuch gepresst und der erhaltenen Flüssigkeit Zitronensaft, Rosenwasser oder Orangenblütenwasser hinzugefügt.

1516. Eiweißwasser.

¼ l abgekochtes, erkaltetes Wasser und 2 Eiweiß werden mit einer kleinen Prise Salz und einem Teelöffel Zucker geschlagen, bis sich das Eiweiß mit dem Zucker verbindet, dann durchgeseiht. Es kann ein halber Teelöffel Kognak hinzugefügt werden.

1517. Brotwasser.

Brotscheiben werden braungeröstet, mit kochendem Wasser übergossen, nach dem Erkalten abgeseiht. Zucker und Zitronensaft werden nach Belieben hinzugefügt.

1518. Orangenlimonade.

Die Schalen von 2 Orangen werden mit ¼ l kochendem Wasser übergossen. Nach dem Erkalten wird der Saft von 2 Orangen hinzugefügt, die Flüssigkeit geseiht und nach Belieben mit Zucker versüßt.

1519. Warmer Eierwein.

Zutaten: ¼ l Weißwein, 1 ganzes Ei, 1 Esslöffel Zucker.

Die Zutaten werden auf dem Feuer bis zum Kochen geschlagen.

1520. Kalter Eierwein.

Zutaten: 2 Eigelb, ¼ l Wein, 1 Esslöffel Zucker.

Eigelb und Zucker werden 5 Minuten gerührt, nach und nach der Wein dazugegeben.

1521. Milchlimonade.

Zutaten: Schale und Saft einer halben Zitrone, 25 g Zucker, 1/8 l Wasser, ½ l gekochte Milch, 1/8 l Weißwein.

Zitronenschale und Zucker werden mit kochendem Wasser übergossen, nach dem Erkalten Milch, Wein und Zitronensaft hinzugefügt und nach 10 Minuten die Limonade durch ein Tuch geseiht.

1522. Warme Zitronenlimonade.

Zutaten: ¼ l abgekochtes Wasser, Saft einer ½ Zitrone, 20 bis 25 g Zucker.

1523. Gerstenwasser.

1 Esslöffel feines Gerstenmehl wird kalt angerührt und mit 1 l kochendem Wasser und 2 Zitronenscheiben 1 Stunde langsam gekocht, durch ein Sieb gegossen und mit Zucker verrührt.

1524. Apfelsinenbowle.

Zutaten: Schale einer halben Apfelsine, ½ Flasche Wein, Scheiben von 3 Apfelsinen, 200-300 g Zucker, 2-3 Flaschen Wein, 1/2 Flasche Sekt.

Sämtliche Zutaten werden in einer Schüssel bis zum Gebrauch auf Eis gestellt. Vor dem Anrichten wird der Sekt zugegeben.

1525. Erdbeerbowle.

Zutaten: 1-1 ½ l Erdbeeren, 375 g Zucker, ½ l Weißwein, 5 g Zimt, 1 Glas Wein oder Wasser, 2 Flaschen Wein, ½ Flasche Sekt oder Mineralwasser.

Die Erdbeeren werden mit Zucker überstreut und mit Wein vier Stunden angesetzt, der Zimt mit Wein oder Wasser aufgekocht, abgesetzt und mit dem übrigen Wein zu den Beeren gegeben. Das Ganze soll so kühl wie möglich auf Eis gestellt werden. Vor Gebrauch wird Sekt oder Mineralwasser dazugegeben.

1526. Zimtansatz.

3 g Zimt und 1 Muskatnuss werden kleingestoßen und mit zwei Eigelb und etwas Wein angerührt, ½ l Rotwein mit 40 g Kandiszucker heißgemacht, unter das andere gemischt, dann das Getränk in eine Flasche gefüllt.

1527. Maibowle.

Zutaten: 1 Flasche leichter Rheinwein, 1 Sträusschen Waldmeister, 60-70 g Zucker, ½ Orange oder Zitrone, ½ Flasche Sekt oder Mineralwasser.

Vom Waldmeister womöglich ohne Blüten, werden bis unteren Stiele abgeschnitten, dann läßt man sie mit Orangenscheiben und Zucker zugedeckt 1 Stunde im Wein ziehen. Besser ist es, wenn der Zucker geläutert wird. Nach Belieben kann auch statt Rotwein Weißwein, bei Gebrauch Sekt oder Mineralwasser dazugegeben werden.

1528. Maibowle anderer Art.

In eine Suppenschüssel oder ein Bowle Geschirr gibt man zwei Hände Waldmeister (vor der Blüte) und 2 in dünne Scheiben geschnittene Orangen, ½ - ¾ Pfund Zucker, dazu 2-3 Fläschchen Weißwein, nach Belieben auch etwas roten und läßt das Ganze zugedeckt 1 Stunde stehen. Vor dem Servieren wird noch Sekt dazu gegossen. Die Bowle wird besser, wenn der Zucker geläutert wird.

1529. Glühwein.

In ¼ l Rotwein gibt man 4-6 Stückchen Zucker, ein Stückchen Zimt oder Zitronenschale und läßt es bis nahe zum Kochen (nicht kochen) kommen. Durchseihen und servieren.

1530. Grog.

In 1 Glas heißes Wasser gibt man 4-5 Stückchen Zucker und 3 Eßlöffel Kognak oder Arrak.

1531. Warmes Bier.

In eine Pfanne gibt man 1 Eigelb, Zucker, 1/3 Tasse Bier, 2/3 kalte Milch, rührt alles gut durcheinander und läßt es unter ständigem Schlagen recht heiß werden, aber nicht kochen. Es wird langsam und vorsichtig in ein erwärmtes Glas gegossen, damit dieses nicht springt, und serviert.

1532. Eierpunsch.

2 Eigelb werden mit einem Löffel kalter Milch verklopft. ¼ l Rahm wird mit Zucker nach Belieben gekocht, an die Eier gegossen, alles auf dem Feuer mit dem Schneebesen verrührt, dann Arrak oder Punschessenz darangegeben.

1533. Punsch.

¼ l Wasser und 1 Pfund Zucker werden aufgekocht. Mit ¾ l Wasser wird Schwarztee angebrüht. In einer Pfanne werden 2 l Weißwein mit Orangenschalen und einer Zitronenschale heiß gemacht, der Saft von beiden Früchten zugegeben und der Zucker. Wenn alles gut heiß ist, wird der Tee zugegeben, zuletzt etwa ¼ l (nach Belieben auch weniger) Arrak, Rum oder Punschessenz.

1534. Silvesterpunsch.

1 L Wasser, 1 Pfund Zucker, Zitronen- oder Orangenschale werden aufgekocht, 1 Flasche Rotwein und 1 Flasche Weißwein zugegeben, nochmals aufgekocht. Zuletzt wird 1/8 l Rum oder Arrak oder Punschessenz zugegeben, der Punsch heiß aufgetragen.

1535. Eierpunsch.

Zutaten: 2 Eigelb, ¼ l süßer Rahm, 1/8 l Arrak oder Rum.

Der Rahm wird mit Zucker nach Geschmack gekocht, an die mit Rahm verklopften Eigelb gerührt und auf dem Feuer mit dem Schneebesen geschlagen, zuletzt der Arrak zugegeben und der Punsch heiß aufgetragen.

1536. Eierpunsch anderer Art.

Zutaten : 3 Eigelb und 3 ganze Eier, 100 g Zucker, 3 Esslöffel Rum oder Kognak, ¼ l Milch.

Eier und Eigelb werden mit dem Zucker schaumig gerührt, dann der Rum und das Wasser zugegeben und alles auf dem Feuer schaumig geschlagen, der Punsch in Gläser gefüllt und heiß aufgetragen.

Oder: Es werden die Eier mit 150 g Zucker verrührt, die Schale einer Zitrone hinzugefügt, sowie ¼ l Milch, im Übrigen wie oben.

1537. Punschessenz.

1 Flasche Weißwein wird mit 2-2 ½ Pfund Zucker aufgekocht, der Saft und die Schale einer Orange, der Saft von 6 Zitronen, eine halbe Flasche Rum und eine halbe Flasche Arrak zugegeben. Die Essenz wird zu Punsch oder Backwerk verwendet.

1538. Kardinal.

Die Schale einer Orange, Saft von 3 Orangen, ½ Pfund Zucker und ½ l Weißwein werden 6 Stunden vor Gebrauch angesetzt. Das zurückgebliebene Mark kann noch extra mit Wein angesetzt und nach einigen Stunden zum andern gegeben werden. Nach 6 Stunden wird alles geseiht, 2 l Weißwein und 1 Flasche Selterwasser, sowie am Tisch noch ½ Flasche Champagner hinzugefügt.

Säfte und Liköre.

1539. Himbeer-Erdbeer-Johannisbeer-Brombeer-Heidelbeer-Holunder-Stachelbeer-Saft.

Zutaten: 3 Pfund Beeren, 1 ½ l Wasser, 45 g Weinsteinsäure.

Das Wasser wird mit Weinsteinsäure gekocht, über die Beeren gegossen und 24 Stunden stehen gelassen. Nachdem der Saft durch ein Tuch gut abgelaufen ist, wird er mit 4 ½ Pfd. Zucker 5 Minuten gekocht, abgeschäumt und in Flaschen gefüllt. Um das Gelieren des Saftes zu verhindern, müssen die Flaschen nach dem Einfüllen tüchtig durchgeschüttelt werden.

1540. Hagenbutten-Wein.

10 ½ Pfund Zucker werden mit 12 l Wasser gekocht, dann lauwarm über 9 l weiche Hagenbutten gegossen. Von September bis Januar werden sie an einen warmen Ort gestellt, täglich geschüttelt, dann ruhig stehen gelassen bis Juni, wonach der Wein abgeseiht, in Flaschen gefüllt, gut verkorkt und im Keller aufbewahrt wird.

1541. Johannisbeer-Wein.

Die reifen Beeren werden zerdrückt, dann der Saft gut ausgepresst. Zu je 1 l Saft werden 450 g Zucker in 1 l Wasser aufgelöst oder zu 1 l Saft 1 Pfund Zucker in 1 ½ l Wasser und zu dem Saft gegeben. Er wird in einen Glaskolben oder ein Fässchen gefüllt. Das Gefäß muss ganz voll sein, damit sich das Unreine oben herausschaffen kann. Während der Gährung wird ein Sandsäckchen obenauf gelegt oder, was noch besser ist, das Gefäß mit einem Gärspunden verschlossen. Wenn der Wein ganz klar ist, wird er in Flaschen abgefüllt, verkorkt, versiegelt und stehend aufbewahrt.

1542. Stachelbeer-Wein.

Die gut ausgereiften Beeren werden zerdrückt und 6-8 Tage in den Keller gestellt, dann ausgepresst. Zu jedem Liter Saft werden 1 l Wasser und 1 Pfund Zucker hinzugefügt. Im Übrigen ist die Zubereitung wie in vorigen Nummer. Beim Abfüllen ist darauf zu achten, daß zwischen Wein und Kork ein kleiner, freier Raum bleibt.

1543. Pfefferminzlikör.

500 g grüne Pfefferminze, 3 g Muskatblüte, Schale einer Orange, 5-6 ganze Nelken werden mit 1 l Weingeist übergossen und 2-3 Wochen an die Sonne gestellt, dann filtriert, 300 bis 400 g Zucker in 8/4 l Wasser geläutert und hinzugefügt.

1544. Orangensaft.

Man kocht 1 ½ l Wasser und läßt es wieder erkalten. Unterdessen schneidet man die Schalen von 6 Orangen in feine längliche Streifen, gibt sie in eine Schüssel und 4 Pfund Kristallzucker und 50 g kristallisierter Zitronensäure, übergießt sie mit dem gekochten Wasser, rührt alles durcheinander, deckt zu und läßt es stehen (öfters umrühren) bis der Zucker aufgelöst ist, was in 2 Tage der Fall sein wird. Der Saft wird ohne zu drücken durchgeseiht, in Flaschen gefüllt und verkorkt. Er hält sich an kühlem Ort sehr lang, kann auch sofort verwendet werden.

1545. Johannisbeersaft.

In 2 l frischem Brunnenwasser werden 40 g Weinsteinsäure aufgelöst, 3 l zerquetschte Johannisbeeren damit übergossen und 24 Stunden ohne zu rühren, an einem kühlen Ort stehen gelassen. Dann läßt man den Saft ohne zu drücken, durch ein Tuch laufen, misst ihn und gibt zu ½ l Saft 1 Pfund feinen Zucker, rührt solange, bis der Saft mit dem Zucker ganz vermischt und die Flüssigkeit klar geworden ist. Er wird ungekocht in Flaschen gefüllt, mit einem Leinwandfleckchen zugebunden und im Keller aufbewahrt. Von einer Mischung schwarzer und roter Johannisbeeren erhält man einen ausgezeichneten Saft, auch Himbeersaft kann auf diese Weise bereitet werden.

1546. Likör von schwarzen Träuble.

Zu 2 Pfund Beeren werden 1 l Weingeist und 4 Nelken gegeben und dieses 3-4 Wochen an die Sonne gestellt. Dann werden Wasser und Zucker gekocht (1 l Saft, ½ l Wasser, 450 g Zucker) und erkaltet zum Ansatz gegeben.

1547. Quittenlikör.

4 ½ l Quittensaft, 1 ½ l Kirschengeist, 375 g Zucker, 30 g ganzer Zimt, 15 g ganze Nelken, 60 g gestoßene, bittere Mandeln werden 14 Tage in der Sonne gestellt, täglich umgerüttelt und dann filtriert.

1548. Nusslikör.

Nüsse, brauchbar von Ende Juni bis Mitte Juli, werden in kleine Stücke zerschnitten, dann in eine grosse Flasche gegeben, mit Branntwein übergossen (1 Pfund grüne Nüsse, 1 ½ l Branntwein) und an die Sonne gestellt. Nach 14 Tagen wird der Branntwein durch ein Tuch geseiht und in eine andere Flasche gegeben. Dann werden auf 1 ½ l je 15 g ganzer Zimt und 8 g ganze Nelken hinzugefügt und der Ansatz nochmals stehen gelassen. Nach 8 Tagen werden Zucker und Wasser (1 ½ l Saft, ¾ Pfund Zucker, ¾ l Wasser) zum Faden gekocht und abgekühlt zum durchgeseihten Likör gegeben. Er wird in Flaschen gefüllt, zugekorkt und aufbewahrt.

1549. Kaffeelikör.

250 g frisch gemahlener Kaffee wird mit ½ l kochendem Wasser angebrüht, zum Ziehen 10 Minuten beiseite gestellt, dann durchgeseiht und 250 g Zucker hinzugefügt. Wenn dieses erkaltet ist, wird es unter einen Liter guten Branntwein gemischt.

1550. Rumlikör.

Zutaten: *1 l 95%iger Weingeist, für 40 Pfennig Rumessenz, ¾ l Wasser, ½ Stange Vanille, 300 g Zucker, 5 g Orange- Zitronen- und Nelkenöl.*

Essenz, Wasser und Zucker werden gekocht, 1 Esslöffel Zucker gebrannt und hinzugefügt. Das angegebene Öl wird gemischt, 10 Tropfen im Weingeist gelöst und das Zuckerwasser erkaltet mit dem Branntwein vermischt. (Zucker brennen: in einer schwarzen Pfanne rösten, bis er braun ist, dann je nach Bedarf mit Wasser oder Milch ablöschen).

1551. Kaffee-Extrakt.

Man läßt 1 Pfund Zucker auf dem Herd zerlaufen, dann wird ¼ l starker Mokka aufgegossen. Nach Erkalten kann der Extrakt beliebig verwendet, auch in ein Glas gefüllt und aufbewahrt werden.

Rohkost.

1552. Gemüsekräuter.

Schnittlauch, Sellerieblättchen, Petersilie, Brennnessel, Sauerampfer, Majoran, Dill und Thymian, zu gleichen Teilen, werden getrocknet und zu Pulver gemahlen. Vor dem Mahlen müssen die Kräuter im Ofen erwärmt werden. Sie dienen zum Würzen von Rohkost, Suppen, gedünsteten Kartoffeln, auf Butterbrot, Pellkartoffeln und Butter, sind außerdem ein wichtiges Nahrungsmittel, weil kalk- und nährsalzreich.

1553. Selleriesalat.

Sellerie wird roh in einen Löffel Wasser, der mit Zitronensaft vermischt ist, gerieben, mit Mayonnaise und Salz angemacht.

1554. Ackersalat.

Ackersalat wird mit einer rohen geriebenen roten Rübe, Zitronensaft, Öl und Selleriesalz gut vermengt. Nach Belieben kann saurer Rahm darüber gegeben werden.

1555. Rohkost.

½ Pfund Sauerkraut wird fein geschnitten, 1 Kohlrabi und 1 große Zwiebel gerieben und mit Öl, Zitronensaft und Selleriesalz, Majoran oder Gemüsekräutern gut vermengt. Dieser Salat kann mit Kopfsalat garniert werden.

1556. Rot-Rüben-Salat.

1 große oder 2 kleine rote Rüben werden grob gerieben, sowie 2 Äpfel mit der Schale und mit Zitronensaft, Öl oder Mayonnaise angemacht.

1557. Rote-Rüben-Salat.

Die roten Rüben werden eine halbe Stunde gekocht, dann geschält, gerieben oder gehobelt, geriebener Meerrettich, Zitronensaft, Öl, Selleriesalz und Kümmel gut darunter gemengt und nach dem Ziehen mit grünem Salat verziert.

1558. Rohkost.

Zwei Kohlrabis werden, geschält, gerieben und mit geriebenem Meerrettich, Selleriesalz, Zitronensaft, Öl, Gemüsekräutern oder Majoran oder Schnittlauch gut vermengt. Nach dem Ziehen wird mit grünem Salat verziert.

1559. Kopfsalat und Kresse.

Kresse wird fein geschnitten, 10 g Radieschen gerieben, Schnittlauch, Selleriesalz, Zitronensaft und Öl dazu gegeben, alles mit Kopfsalat vermengt.

1560. Rohkost.

2 Rettiche und 1 Kohlrabi werden geputzt und gerieben. 1 fein geschnittene Zwiebel, Selleriesalz, Öl, Zitronensaft, Schnittlauch oder Gemüsekräuter beigefügt, alles gut vermengt und mit Kopf-, Acker- oder Endiviensalat verziert.

1561. Rohkost.

2 gelbe Rüben, 1 zartes Kohlrabi, 10 Radieschen werden gerieben, mit Schnittlauch, Zitronensaft, Selleriesalz und Öl gut vermengt und mit Kopfsalat verziert.

1562. Falsche Spiegeleier.

Auf ein Plättchen werden geschnittener Spinat, außen herum ein Kränzchen geriebene weiße Rüben und in die Mitte geriebene gelbe Rüben, in der Größe von Spiegeleiern, gegeben, dazu etwas Zwiebel, Knoblauch und Salatsoße.

1563. Bunter Salat.

Tomaten werden in Scheibe geschnitten, Gurken in feine Blättchen und diese im Kranze abwechselnd auf eine Platte gelegt, mit Schnittlauch bestreut, um den Rand Brunnenkresse und in die Mitte geraspelte Kokosnüsse gegeben. Das Ganze wird mit Salatsoße übergossen.

1564. Erbsensalat.

Zarte grüne Erbsen werden einige Zeit in Salatsoße gelegt, dann bergartig angerichtet und mit Endiviensalat und kleinen Häufchen geriebener Sellerie verziert.

1565. Münchner Salat.

Eine Salatschüssel wird mit Kraut ausgelegt und mit Kümmel betreut. Salatblätter werden mit verschiedenen gehackten Gemüsen gefüllt, aufgerollt und so zugeschnitten, daß man die verschiedenen Füllungen sieht, wenn sie aufrecht in der Schüssel stehen. In die Mitte gibt man einen in Scheiben gedrehten Rettich, zur Füllung werden verwendet: geriebene, gelbe Rüben, gehackte Gurken, fein gewiegter Spinat, geschnittene Tomaten, geriebene Schwarzwurzeln, gehackter Blumenkohl, fein gehacktes Blaukraut. Zuletzt wird mit Zwiebelringen verziert und Salatsoße darüber gegossen.

1566. Feiner Spargelsalat.

Spargelköpfchen und Blumenkohlröschen werden mit Salatsoße mariniert, dann eine Salatschüssel mit Tomatenscheiben belegt, diese mit Öl und Zitronensaft beträufelt und feingehackte Zwiebeln darüber gegeben. Zwischen die Tomaten werden schüsselförmig Salatblätter gesteckt, dann aufgefüllt mit Spargelköpfchen, Blumenkohl, geriebenen gelben Rüben und grünen Erbsen. Um den Rand gibt man rote Radieschen.

1567. Gefüllter Tomatensalat.

Das Tomatenmark wird mit würflig geschnittenen Kohlraben, Karotten, Sellerie, Blumenkohl mit grünen Erbsen, mit wenig Salz, Öl und Zitronensaft gemischt und vor dem Anrichten fein geschnittene Äpfel und geriebener Meerrettich darunter gemengt. Die Masse wird in die ausgehöhlten Tomaten gefüllt und diese auf grüne Salatblätter gesetzt.

1568. Rotkrautsalat.

Das geriebene Kraut wird mit ungeschälten, sauren, geriebenen Äpfeln vermengt, mit Kümmel, wenig Salz, Öl und Zitronensagt gewürzt. Es wird mit einem Holzteller wenigstens 2 Stunden beschwert. Mit kleinen Schalottenzwiebeln wird angerichtet.

1569. Gemischter Salat.

Kopfsalat, 1 zarte geriebene rote Rübe und eine halbe fein geschnittene Zwiebeln werden mit Selleriesalz, Zitronensaft und Öl, sowie Schnittlauch gut vermengt. Nach Belieben kann saurer Rahm darüber gegeben werden.

1570. Rohkost.

1 mittlere rote Rübe und 2 säuerliche Äpfel werden roh gerieben, 1 fein geschnittene Zwiebel, 1 Messerspitze geriebene Senfkörner, Öl, Zitronensaft und Selleriesalz gut darunter gemengt. Die Speise kann mit Kopfsalat und Topfenkäse verziert werden.

1571. Rohkost.

20 Radieschen, 5 zarte gelbe Rüben, reichlich Schnittlauch und Kresse werden mit zerkleinertem Kopfsalat, Selleriesalz, Zitronensaft und Öl gut vermengt und mit etwas Topfenkäse verziert.

1572. Lauchsalat.

10 Stück schöne dicke Lauchstengel werden geputzt und in große Stücke geschnitten. Dann werden sie in wenig Wasser mit etwas Salz zugedeckt ¼ Stunde gedünstet. Wenn sie noch weich sind, werden sie mit Zitronensaft, Öl, Schnittlauch oder Gemüsekräutern vermengt und mit Kopfsalat verziert.

1573. Salat.

2 geriebene Rettiche werden mit einem Esslöffel geriebenen rohen Erdnüssen, etwas Selleriesalz, Schnittlauch, Zitronensaft und Öl vermengt. Das Ganze kann auch mit Lauch oder Kopfsalat verziert werden.

1574. Rohkost.

1 kleine Gurke und 1 mittlerer Rettich werden gerieben, Knoblauch zerdrückt, Selleriesalz, Zitronensaft, Öl, Schnittlauch und reichlich Kopfsalat mit 1-2 Esslöffel geriebenen rohen Erdnüssen vermengt und dazu gegeben.

1575. Kürbissalat.

1 geriebener Rettich, 1 Kürbis (so viel wie Rettich), 1 fein geschnittene Zwiebel, 2 Endivienstöcke und Schnittlauch werden mit Zitronensaft, Öl und Salz zu Salat angemacht. Nach Belieben kann saurer Rahm dazu gegeben werden.

1576. Rohkost.

2 Rettiche und 4 Äpfel werden gerieben. Saft von 2 geriebenen durchgedrückten roten Rüben, Zitronensaft, Öl und Salz zugegeben, mit Kopfsalat verziert und Schnittlauch darüber gestreut.

1577. Rohkost.

2 Kohlrabi und 1 kleiner Rettich werden geputzt und gerieben, 4 reife Tomaten in Scheiben geschnitten und durch ein Drahtsieb gedrückt. Alles wird mit Selleriesalz, Öl, Zitronensaft, Schnittlauch, Majoran oder Gemüsekräutern und einer gut zerhackten Knoblauchzehe vermengt. Am Schluss wird reichlich Kopfsalat verziert.

1578. Salat.

2 Köpfe Salat, feingeschnittene Kresse, feingeschnittene Sauerampferblätter, sowie junge Brennnesseln, eine zerhackte Knoblauchzehe, Selleriesalz, Öl und Zitronensaft werde gut untereinander gemengt. Zuletzt wird Schnittlauch und nach Belieben Dickmilch darüber gegeben.

1579. Rohkost.

1 Sellerieknollen und 2 gelbe Rüben werden gerieben, 1 fein geschnittene Zwiebel, Schnittlauch oder Gemüsekräuter, Öl, Salz und Saft einer halben Zitrone darunter gemengt. Wenn der Salat zu trocken ist, kann die ausgedrückte Zitrone nochmals mit Wasser gefüllt und ausgedrückt werden. Zuletzt wird mit Kopfsalat verziert.

1580. Salat.

Kopfsalat wird mit geriebenen roten Rüben, geriebenen Radieschen, Schnittlauch, Selleriesalz, Zitronensaft und Öl vermengt.

1581. Salat.

Kopfsalat, Schnittlauch, Kresse, einige roh durchgepresste Tomaten, Selleriesalz, Öl und Zitronensaft werden gut vermengt. Nach Belieben kann Dickmilch darüber gegeben werden.

1582. Blumenkohl-Rohkost.

1 schöner Blumenkohl, 1 große Zwiebel und 1 kleine Salzgurke werden durch die Gemüsemaschine getrieben, Selleriesalz, Öl, Zitronensaft, Schnittlauch oder Gemüsekräuter gut darunter gemengt. Dann wird mit einer Salatsorte verziert.

1583. Margaritensalat.

Zutaten: Geschnittener Spinat, geriebene gelbe Rüben, Rettichstreifchen, grüner Salat.

Jede Sorte wird für sich mit Mayonnaise angemacht. Auf ein kleines Tellerchen macht man außen herum einen Kranz von geschnittenem Spinat. In der Mitte gibt man gelbe Rüben, auf dieselben kleine Streifen von Rettich, so verteilt, daß es einer Margaritenblume gleichkommt, von grünem Salat einen Stiel.

1584. Schwarzwurzeln – Rohkost.

1 Pfund Schwarzwurzeln werden geputzt und gerieben, mit einer in Streifen geschnittenen Salzgurke, 2 grossen, feingeschnittenen Zwiebeln, einer fein verpackten Knoblauchzehe, Gemüsekräutern oder gemahlenen Senfkörnern, mit Selleriesalz, Öl und Zitronensaft gut vermengt und mit Kopfsalat verziert.

1585. Gemischter Salat mit Mayonnaise.

1 Sellerieknollen, 3 schöne gelbe Rüben, 1 Pfund Kartoffeln, mit der Schale gekocht und geschält, werden beliebig geschnitten oder grob getrieben, 10 Spargeln geputzt, in Stücke geschnitten und in wenig Salzwasser weichgekocht. Dann werden ein Apfel und ein kleiner Rettich gerieben, alles mit einer großen, feingeschnittenen Zwiebel, einer fein verhakten Knoblauchzehe, Salz, Gemüsekräutern und Kümmel vermengt und folgende Ölsoße darüber gegossen: vier Eigelb werden gut abgerührt, tropfenweise 1 Tasse Öl hineingegeben, etwas Salz, der Saft einer halben Zitrone und etwas gemahlene Senfkörner.

1586. Blaukraut – Rohkost.

Ein halber Blaukrauttopf wird durch die Gemüsemaschine getrieben, 1 Rettich und 2 Apfel werden gerieben, 1 große Zwiebel fein geschnitten. Dann wird der Salat mit Selleriesalz, Öl, Gemüsekräutern und Zitronensaft gut vermengt, zuletzt mit Kopf- oder Ackersalat verziert.

1587. Gelbe Rüben – Äpfel – Rohkost.

10 gelbe Rüben und 4 Äpfel werden gerieben, eine Zwiebel feingeschnitten, etwas Meerrettich, Kümmel, Schnittlauch, Öl, Zitronensaft und Selleriesalz dazu gegeben, alle gut durcheinander gemengt und mit Kopfsalat garniert.

1588. Tomaten – Rettich – Rohkost.

Zwei Rettiche werden gerieben, 4-5 reife Tomaten durch ein Drahtsieb gedrückt, mit 2 Esslöffeln geriebenen Erdnüssen, Selleriesalz, Zitronensaft, Öl und 2 fein zerdrückten Knoblauchzehen, reichlich Schnittlauch oder Gemüsekräutern vermengt und mit Kopfsalat garniert.

1589. Tomaten und Kopfsalat.

Schöne reife Tomaten werden in Scheiben geschnitten, der Rand einer Platte damit belegt. In die Mitte wird reichlich Kopfsalat, angemacht mit Selleriesalz, Öl, Zitronensaft und einer fein verhakten Knoblauchzehe, gegeben, über das Ganze Schnittlauch und nach Belieben saurer Rahm.

1590. Blaukraut, Äpfel und Kohlraben.

1 Pfund Blaukraut wird durch die Gemüsemaschine getrieben, 1 Kohlrabi und 4 Äpfeln werden gerieben, 2 Zwiebeln feingeschnitten, 1 Messerspitze gemahlene Senfkörner, sowie Zitronensaft, Öl und Salz dazu gegeben, das Ganze gut vermengt, zum Ziehen bei Seite gestellt und mit einer Salatsorte angerichtet.

1591. Weiße und gelbe Rüben.

3 weiße Rüben und 1 gelbe Rübe werden gerieben, 1 große feingeschnittene Zwiebel, Selleriesalz, Öl und Zitronensaft, Gemüsekräuter, Majoran oder Schnittlauch darunter gemengt und alles mit grünen Salat angerichtet.

1592. Weißkraut, Kohlrabi und Äpfel.

1 halber Krautkopf, 1 Kohlrabi, 2 gelbe Rüben, 3 Äpfel werden durch die Gemüsemaschine getrieben, 1 Rettich gerieben, eine Zwiebel feingeschnitten. Alles wird mit Öl, Zitronensaft, Selleriesalz und Gemüsekräutern gut vermengt und mit einer grünen Salatsorte angerichtet, nach Belieben mit saurem Rahm übergossen.

1593. Gelbe Rüben und Rettich.

1 Pfund gewaschene gelbe Rüben und 1 Rettich werden gerieben, 1 große Zwiebel, Zitronensaft, Schnittlauch, Öl, und Selleriesalz dazugegeben, alles gut vermengt mit Kartoffelsalat angerichtet.

1594. Kürbis und Äpfel.

2 Pfund Kürbis und 4 Äpfel werden gerieben, 1 Zwiebel feingeschnitten, 4 rohe Tomaten durchgedrückt, alles mit Öl, Selleriesalz und Zitronensaft gut vermengt. Zuletzt wird mit feingeschnittenem Endiviensalat angerichtet und Schnittlauch oder Gemüsekräuter darüber gegeben.

1595. Bodenkohlsalat.

1 mittleres Kohlrabi wird geputzt, grob gerieben, mit zwei Tassen Wasser, 50 g Butter, 1 fein geschnittenen Zwiebel gedämpft, 3-4 saure, geriebene Äpfel und eine fein zerdrückte Knoblauchzehe dazu gegeben und mitgedämpft. Bein Anrichten werden einige Löffel saurer Rahm dazu gegeben.

1596. Sellerie mit Reis.

1 großer Sellerie wird gewaschen, geputzt und gerieben. 200 g Reis werden angebrüht und nachdem das Wasser abgeschüttet ist, mit so viel kochendem Wasser zugesetzt, daß es 2 Finger hoch darüber geht. Wenn dieses eingekocht ist, werden eine fein geschnittene Zwiebel, feingeschnittene Sellerieblätter, geriebene Sellerie, Salz, 50 g Butter und noch etwas Wasser nachgegeben und alles auf der Seite des Herdes weichgedünstet.

Obstgerichte.

1597 a. Sauce delice zu Kompotten und Fruchtsalaten.

Honig oder Zucker werden mit Zitronensaft gemischt, Vanille dazu gegeben und damit das Kompott oder der Salat beträufelt.

1597 b. Feiner Obstsalat.

Feine Scheiben von Äpfeln, Bananen, Ananas und Apfelsinen werden gemischt, gemahlene Nüsse und Mandeln dazu gegeben, mit Sauce delice reichlich überzogen und mit Kirschen oder Erdbeeren verziert.

1598. Birnen naturell.

Schöne, saftige Birnen, mit oder ohne Schale, werden halbiert und vom Kernhaus befreit, mit der Schnittfläche nach oben in eine Schüssel gelegt, die Höhlung mit frischen Himbeeren oder Brombeeren gefüllt, die Früchte mit Sauce delice beträufelt und dann zugedeckt. Nach kurzer Zeit hat sich Saft gebildet und das Kompott ist überaus wohlschmeckend.

1599. Melonenstern.

Eine schöne Zuckermelone wird sternförmig geschnitten, die Zwischenräume abwechselnd mit halbierten Birnen, Pfirsich, Aprikosen, Trauben und dergl. gefüllt.

1600. Erdbeerkaltschale.

Von einem Pfund Erdbeeren wird die Hälfte durchpassiert und dieses Mus mit ungefähr 300 g Zucker oder Honig gerührt, nach Belieben Zitronensaft und Vanille zugegeben, die Masse über die ganzen Erdbeeren gegossen und in einer Glasschale auf Eis gestellt.

1601. Feigenkompott.

Feigen werden in Scheiben geschnitten, Birnen in Schnitze, Pfirsiche werden halbiert, Melonen in Spalten geteilt. Die Feigen werden schuppenförmig übereinander in eine Kompottschüssel gegeben, darüber eine Reihe Birnen, Pfirsiche und zuletzt Melonen. Das Ganze wird mit Sauce delice beträufelt und geriebene Kokosnüsse darüber gestreut.

1602. Götterspeise.

Geriebene Äpfel werden mit Honig und Nüssen gemischt, bergartig auf einer Platte angerichtet und mit halben Nüssen und Beeren schön verziert.

1603. Traubenkonfekt.

Schöne Trauben werden mit der Schere in verschiedene Zweige geteilt; diese in Honig getaucht, in feinem Kristallzucker gewendet und über Nacht getrocknet. Sehr schön machen sich auf der Platte weiße und blaue Trauben. Ebenso bereitet man Kirschen und Johannisbeeren.

1604. Obstsalat in Gläsern.

Gelbe und rote Orangen werden geschält, in Scheiben geschnitten, die Kerne entfernt, abwechselnd in Weingläser geschichtet, mit gewässertem Honig übergossen und mit grobgehackten Mandeln und etwas geriebener Orangenschale bestreut. Es können Rosinen in Sternform darauf gelegt werden. Diese Speise soll eine Stunde vor Mahlzeit kalt stehen. Auf die gleiche Art können Orangen- und Bananenscheiben eingefüllt und mit geriebenen Haselnüssen bestreut werden.

1605. Igel aus Marzipan.

Man gibt zu fein gewiegten Kokosflocken etwas abgeriebene Zitronenschale, Saft und so viel Honig, daß man Kugeln in Nussgröße formen kann. Dieselben werden mit Mandelstiften gepickt. Ein Teil derselben kann nach Belieben braun gefärbt und abwechselnd auf die Platte gegeben, statt Zitrone, einige Tropfen Pfefferminzöl verwendet werden.

1606. Pflaumenwurst.

2/3 durch die Hackmaschine geriebene Dörrpflaumen werden mit ½ grob gehackter Nüsse, etwas Zitronenschale, Saft und Honig untereinander gemengt. Dann wird eine Wurst geformt, in geriebenen Nüssen gewälzt und trocken in Scheiben geschnitten.

1607. Gemischte Orangenplatte.

Gedörrte Pflaumen werden eingeweicht, durch die Hackmaschine getrieben, mit grobgeschnittenen Nüssen vermengt und auf eine Platte gestrichen. Eine Orange wird abgerieben und samt der Schale in dünne Scheiben geschnitten, die, nachdem die Kerne entfernt sind, auf das Pflaumenmus geschichtet, mit Korinthen bestreut und mit verdünntem Honig übergossen werden.

1608. Fruchttorte.

Geriebene Äpfel werden mit Honig und Gewürz, geriebenen Nüssen, mit Mandelmilch und Honig oder Zucker und zerdrückten süßen Beeren vermengt. Eine Tortenform wird mit Öl ausgestrichen, eine Lage Äpfel, dann Erd-, Him- oder Brombeeren, dann Nüsse, wieder Äpfel, Beeren, Nüsse usw. eingefüllt. Die Masse wird über Nacht mit einem Teller beschwert und kaltgestellt. Tags darauf wird sie gestürzt, mit geriebenen Pistazien oder Mandeln bestreut und mit schönen Beeren verziert.

1609. Bavariaschnitten.

Eingeweichte Feigen, Datteln, Haselnüsse werden durch die Hackmaschine getrieben. Dann gibt man Korinthen dazu, mischt so viel Mandelmilch oder Honig darunter, daß man eine Wurst formen kann. Diese muss einige Tage trocknen und wird dann in dünne Scheiben geschnitten.

1610. Christbaumpflaumen.

Einige weithalsige Flaschen werden mit schönen blauen Pflaumen gefüllt, gut verkorkt und ein halb Meter tief in die Erde eingegraben. Am 24. Dezember nimmt man sie heraus und dieselben sind ganz frisch.

1611. Rosenzucker.

Man gibt Zucker in einen kleinen Steintopf, dann eine Lage frische Rosenblätter, dann wieder ein Lage Zucker und so fort, bis der Topf voll ist. Er wird mit Pergamentpapier zugebunden.

Krankenkost.

Vorschriften und Rezepte.

Zur Verfügung gestellt von Fräulein U. Bayer, Leiterin der Diätküche im Krankenhause Cannstatt.

Zur Beachtung: Zu den Diätvorschriften gehören die jeweiligen Rezepte, die aus drucktechnischen Gründen gesammelt hinter den Diätvorschriften angefügt sind.

*

1a. Diagnose: Diabetes.

Diätvorschrift: 60 E - 50 R - 1500 Kalor.

	Eiweiß	Fett	Kohlehydrat	Kalor.
1 Frühstück:				
200 g Bohnenkaffee				
100 g Milch (für den ganzen Tag)	3,1	3,4	4,7	65
45 g Burkhardbrot (für den ganzen Tag)	2,7	-	19,8	95
20 g Butter (für den ganzen Tag)	-	16,0	-	155
1 Ei	5,5	5,0	-	70
Zwischensumme:	11,3	24,4	24,5	385
2. Frühstück:				
Appetitbrötchen				
½ Luftbrot mit Ei (Rheinhardt), 10 g Butter, ca. 10 g Sardelle	7,0	13,3	2,5	161
Mittagessen:				
200 g Fleischbrühe mit 30 g Tomaten-Mark und ca. 10 Butter	2,0	10,0	2,0	109
Weißkohl auf spanische Art:				

200 g Weißkohl, 200 g Fleischbrühe, 50 g Karotten, Zwiebel, Salz, Petersilie, Thymian, 50 g Madeira, 20 g Fett, 1 Lorbeerblatt	3,0	18,0	12,0	228
Kalbsroulade:				
100 g Kalbsfleisch, 10 g Speck, 20 Gürkchen	19,0	9,5	-	165
Rahmschokolade:				
50 g Sahne, 5 g Schokolade	1,9	10,7	5,3	129
Zwischensumme:	25,9	48,2	19,3	631
Nachmittag:				
200 g Bohnenkaffee etc.				
Abendessen:				
80 g Räubersalat:				
40 g Saitenwürstchen, 20 g Schweizerkäse 1 Ei, 10 g Mayonnaise	15,2	24,7	1,8	298
100 g Endiviensalat mit 5 g Öl	1,5	5,0	2,0	29
200 g Tee				
Zwischensumme:	16,7	29,7	3,8	327
Insgesamt:	**59,9**	**115,6**	**50,1**	**1504**

	Eiweiß	Fett	Kohlehydrat	Kalor.

1 b. Diagnose: Diabetes.

Diätvorschrift: 60 E - 50 R - 1500 Kalor.

1 Frühstück:

200 g Bohnenkaffee				
100 g Milch, (für den ganzen Tag)	3,1	3,4	4,7	65
30 g Burkhardbrot	1,8	-	13,2	61
20 g Butter	-	16,0	-	155
1 Ei	5,5	5,0	-	70
Zwischensumme:	10,4	24,4	17,9	351

2. Frühstück:

200 g Pfifferlingsalat:

200 g Pfifferling, 10 g Öl, Zwiebel, Zitrone	3,0	11,0	5,0	134

Mittagessen:

200 g klare Fleischbrühe mit Eierstich	3,7	3,5	-	47
(1/2 Ei), 100 g frische Ochsenzunge mit pikantem Gemüse:	15,5	17,0	-	221
100 g Tomaten, 100 g Gürkchen, 30 g Speck	2,0	21,0	9,0	195
70 g Äpfel	0,3	-	7,7	32
Zwischensumme.	21,5	41,5	16,7	495

Nachmittag:

200 g Bohnenkaffee

60 g Quark	9,6	1,0	2,0	56

(Brot und Butter geteilt vom Frühstück)

Abendessen:

100 g gebratene Schinkenwurst	12,0	32,0	2,5	356
2 römische Pasteten mit 100 g Spargelspitzen und 100 g grünen Bohnen	3,0	8,0	6,0	110

200 g Tee

Zwischensumme:	15,0	40,0	8,5	466
Insgesamt:	**59,6**	**116,9**	**50,1**	**1502**

	Eiweiß	Fett	Kohlehydrat	Kalor.

1. c. Diagnose: Diabetes.

Diätvorschrift: 60 E - 50 R - 1500 Kalor.

1. Frühstück:

200 g Bohnenkaffee

100 g Milch (für den ganzen Tag)	3,1	3,4	4,7	65

	Eiweiß	Fett	Kohlehydrat	Kalor.
45 g Burkhardtbrot (für den ganzen Tag)	2,7	-	19,8	95
50 g Butter (für den ganzen Tag)	-	40,0	-	372
1 Ei	5,5	5,0	-	70
Zwischensumme:	11,3	48,4	24,5	602
2. Frühstück:				
Fliegenpilz: ½ 1,1 Ei, 10 g Mayonnaise, Tomaten, Petersilie	6,7	13,0	2,5	157
Mittagessen:				
200 g Fleischbrühe mit Spargelspitzen 30 g	1,0	1,0	0,6	16
Krautwickel: 50 g Kalb-, 50 g Schweinefleisch, 100 g Kraut, 10 g Fett, Pfeffer, Salz	19,2	16,0	9,0	263
Schlempenkraut: 100 g Weißkraut, 5 g Fett	1,0	4,0	3,5	55
Aprikosencreme: ½ Ei, 30 g Aprikosen, ½ Blatt Gelatine	2,7	2,5	3,3	46
Zwischensumme:	23,9	23,5	16,2	380
Nachmittag:				
200 g Bohnenkaffee etc.				
30 g Käse	6,9	8,1	-	105
Abendessen:				
100 g Heringssalat, 25 g Hering	4,8	3,9	-	-
25 g rote Rüben	-	-	1,7	-
25 g Apfel	-	-	2,7	-
25 g Rindfleisch	4,8	13,5	-	218
10 g Mayonnaise				
100 g Feldsalat mit 5 g Öl	1,5	5,0	2,5	62
200 g Tee				
Zwischensumme:	11,1	22,4	6,9	280
Insgesamt:	**60,2**	**115,4**	**50,1**	**1519**

II. Diagnose: Nierenentzündung.

Diätvorschrift: Nierenkost (salzlos).

1. Frühstück: Kaffee mit Milch, Brötchen oder Wecken, 20 g Butter.

2. Frühstück: Aprikosenkompott, Burkhardtbrot (salzlos), 20 g Butter.

Mittagessen: Vegetarische Suppe mit Grießklößchen, Rosenkohl und gedämpfte Kastanien, Obstsalat.

Nachmittag: Kaffee und Milch, Brötchen, Marmelade, Butter.

Abendessen: Rohkost: Müsli, Bananen, Äpfel, Erdnüsse, Burkhardtbrot (salzlos), 20 g Butter.

III. Diagnose: Nierenbeckenentzündung.

Diätvorschrift: Alkalotische Kost im Wechsel.

1. Frühstück: Tee mit Milch und Zucker, Äpfel, Orange, Feigen, Rosinen.

2. Frühstück: -

Mittagessen: Spargelsalat, vegetarisches Ragout, Obstsalat.

Nachmittag: -

Abendessen: geriebener rote Rübensalat, gelbe Rüben- oder Rettichsalat, Blaukrautsalat, geriebener Sellerie- und Gelbe-Rübensalat. Früchte, Feldsalat.

IV. Diagnose: Nierenbeckenentzündung.

Diätvorschrift: Alkalotische Kost im Wechsel.

1. Frühstück: Kaffee mit Sahne (ohne Zucker), Brötchen und Butter.

2. Frühstück: Quark mit Kümmel auf Toast mit Butter.

Mittagessen: Baumwollsuppe, Schwalbennester und gedämpfter Reis, Rosmarin.

Nachmittag: Kaffee mit Sahne (ohne Zucker), Zwieback, Butter.

Abendessen: Hering und Käsebrötchen.

V. Diagnose: Knochentuberkulose.

Diätvorschrift: Gerson-Kost (salzlos)

1. Frühstück: Dünner Kaffee mit viel Milch, salzloses Brot, 20 g Butter, Marmelade oder Bienenhonig.

2. Frühstück: ½ l rohe Milch, geröstete Haferflocken.

Mittagessen: Baumwollsuppe, Rosenkohl und gedämpfte Kastanien, Ochsenfleisch, Zitrone mit Eigelb.

Nachmittag: ½ l rohe Milch, Butter, Zwieback.

Abendessen: Butterbrotauflauf und eingeweichte Aprikosen.

VI. Diagnose: Perniziöse Anämie.

Diätvorschrift: Leberdiät (siehe nur Rezepte)

VII. Diagnose: Magengeschwür.

Diätvorschrift: 14, Ulcustag, 8 Mahlzeiten

	Eiweiß	Fett	Kohlehydrat	Kalor.
8 Uhr:				
150 g Milch	4,6	5,3	7,1	98,0
35 g Weißbrot	1,9	-	19,7	91,0
15 g Butter	-	12,0	-	115,0
1 Weichei	5,5	5,0	-	75,0
Zwischensumme:	12,0	22,3	26,8	379,0
10 Uhr:				
Mondaminkaltschale:				
200 g Milch, etwas Vanille	6,2	7,0	9,4	130,0
10 g Mondamin	0,7	0,2	6,9	34,0
10 g Zucker	-	-	10,0	35,0
1 Ei	5,5	5,0	-	75,0

11 Uhr:

170 g Milch	5,2	5,9	7,9	100,0
Zwischensumme:	17,4	18,1	34,2	384,0

12 Uhr:

Durchgerührte Gerstgrützsuppe:

200 g Milch	6,2	7,8	9,4	130,0
25 g Gerstengrütze	1,8	0,2	19,0	88,0
1 Eiweiß	3,5	-	-	14,0

14 Uhr:

Bayerische Creme mit Mandeln:

80 g Milch	2,5	2,8	3,8	52,0
10 g Mandeln	1,5	4,8	1,1	55,0
25 g Zucker	-	-	25,0	91,0
1 Eigelb, ½ Blatt Gelatine	2,5	5,0	-	60,0
50 g geschlagene Sahne	1,8	10,0	1,8	110,0
Zwischensumme:	19,8	29,8	60,1	600,0

16 Uhr:

150 g Milch	4,6	5,3	7,1	98,0
30 g Zwiebel	2,2	0,6	21,9	105,0
15 g Butter	-	12,0	-	115,0
Zwischensumme:	6,8	17,9	29,0	318,0

18 Uhr:

Geschlagener Grieß: 200 g Milch	6,2	7,0	9,4	130,0
20 g Grieß	0,7	0,2	14,0	66,0
10 g Zucker	-	-	10,0	35,0
1 Ei	5,5	5,0	-	75,0
100 g Milch, 35 g Weißbrot, 20 g Butter	5,0	19,5	24,4	311,0

20.00 Uhr:

150 g Milch	4,6	5,3	7,1	98,0
Zwischensumme:	23,0	37,0	74,9	715,0
Insgesamt:	**79,0**	**125,1**	**221,0**	**2396,0**

I a. Diabetes.

1612. Appetitbrötchen mit Ei und Sardelle.

Zutaten: ½ Luftbrot, 10 g Butter, 10 g Sardelle, 1 Ei.

½ Luftbrot wird mit der Butter bestrichen, das hartgekochte Ei in Scheiben darauf gelegt und mit den gewässerten Sardellenhälften hübsch garniert. Beim Anrichten schneidet man das Brot in zwei Hälften und serviert es.

1613. Weißkraut auf spanische Art.

Zutaten: Für 1 Person: 200 g Weißkohl, 200 g Fleischbrühe, Zwiebeln, Petersilie, Thymian, Madeira, 20 g Fett, 1 Lorbeerblatt, Salz.

Der Weißkohl wird fein geschnitten, gut gewaschen und nach dem Abtropfen in heiß gemachter Butter langsam gedünstet. Indessen schneidet man Karotten, Zwiebeln, etwas Petersilie und Thymian klein und dämpft es mit Lorbeerblatt in Fleischbrühe und Madeira, seiht diese Brühe dann durch und gießt sie unter das schmorende Kraut, das vollends damit weichgedünstet wird.

1614. Kalbsroulade.

Zutaten: 100 g Kalbfleisch, Salz, 20 g Gurke, 10 g frischen, fetten Speck wenig Pfeffer, etwas Sahne, Wasser.

In das schon dünn geschnittene, breite Rouladenstück, das man zuvor gesalzen und wenig gepfeffert hat, legt man die feingeschnittene Gurke und den Speck, rollt das Fleisch vorsichtig zusammen und bindet es, damit die Füllung nicht herausfällt. Die so hergestellte Roulade wird in eine Kasserole mit Butter schnell angebraten, mit Wasser ausgefüllt und weich geschmort. Um die Tunke gebunden zu machen, gibt man 1 Esslöffel saure Sahne zuletzt hinein. Beim Anrichten nimmt man den Faden ab und serviert das Fleisch auf gewärmter Platte.

1615. Rahmschokolade.

Zutaten: 50 g Sahne, 5 g Schokolade.

Unter die steifgeschlagene Sahne wird die geriebene Schokolade gemengt, in den Spritzsack gefüllt und in einer Glasschale bergig angerichtet.

1616. Räubersalat.

Zutaten: 50 g Saitenwürstchen, 30 g Schweizerkäse, 1 hartgekochtes Ei, 20 g Mayonnaise.

Gekochte Saitenwürstchen oder Schützenwurst wird abgezogen, in Scheiben geschnitten, ebenso der Käse und das hartgekochte Ei. Mit gut abgeschmeckte Mayonnaise vermengten, auf Endivie oder Kopfsalat bergig anrichten. Etwas Mayonnaise darüber gießen, mit harten Eischeiben verzieren.

I b. Diabetes.
1617. Eierstich.

Zutaten: 1 Ei, 15 g kochendes Wasser, Salz.

Man verquirle 1 Ei mit 15 g kochendem Wasser und etwas Salz, tut das Ganze in eine verschollene Porzellanform und läßt es im Wasserbad leicht ziehen. Kurz vor dem Anrichten zerschneidet man das Ei mit einem Buntmesser in kleine Streifen oder in Würfel.

1618. Pikantes Gemüse.

Zutaten: 100 g Tomaten, 100 g saure Gürkchen, 30 g fetten Speck, Sahne, Salz, Pfeffer, Maggi-Fleischbrühe.

30 g fetter, leicht geräucherter Speck wird in kleine Würfel geschnitten und in einer Kasserole leicht angebraten. Die in Würfel geschnittenen Gürkchen, sowie Tomatenscheiben dämpft man nun mit dem Speck, schmeckt mit obenstehendem Gewürz ab, füllt mit Fleischbrühe auf und gibt etwas Sahne dazu. Mit feingewiegter Petersilie beim Anrichten bestreuen.

1619. Gebratene Schinkenwurst.

Zutaten: 100 g Schinkenwurst, 10 g Butter.

Die Wurst mit einem Tuch gut abreiben. In heißer Butter wird nun die Wurst an beiden Schnittflächen goldbraun angebraten, auf kleinem Feuer bei zugedeckter Kasserole. Mit Fleischbrühe ablöschen.

1620. Römische Pasteten.

Zutaten: 200 g Mehl, 2 Eigelb, 2 Eßlöffel Öl, Wasser, Muskatnuss und Salz.

Obige Zutaten werden zu einem pfannkuchenähnlichen Teig verrührt und in heißem Fett mit Hilfe des Pasteteneisens gebacken.

I c. Diabetes.

1621. Fliegenpilz.

Zutaten: 1 hartgekochtes Ei, ½ Luftbrot, 30 g Mayonnaise, eine halbe Tomate (25 g), Petersilie.

Das geschälte Ei wird mit einem Häufchen aus der halben Tomate durch Abschneiden der oberen Suppe verziert, auf eine Platte gebracht, die Mayonnaise um das Ei garniert, mit Petersilie geschmückt.

1622. Krautwickel.

Zutaten: 50 g Kalbfleisch, 50 g Schweinefleisch, 100 g Kraut, Salz, Pfeffer.

1 Krautkopf wird gereinigt, der Dorsch entfernt, in Salzwasser kurz aufgekocht. Die äußeren Blätter losgelöst, 100 g, ungefähr 2 Blätter, werden nun mit 50 g Kalb- und 50 g Schweinfleisch (durchgetriebenem), welches mit Salz und Pfeffer gewürzt, gefüllt und zusammengeschlagen. In Kasserole mit heißem Fett gegeben, auf beiden Seiten angebraten, mit Fleischbrühe aufgefüllt und langsam durchgedämpft.

1623. Schlempenkraut.

Der übrige Kraut wird in viereckige Stücke geschnitten, in heißem Fett, Zwiebel gelb färben und darin das Kraut, welches gesalzen wird, fertig dämpfen. Mit dem Krautwasser, in welchem der Kopf zunächst aufgekocht wurde, auffüllen, mit etwas Paprika und ein paar Tropfen Maggi abschmecken.

1624. Aprikosencreme.

Zutaten: Ein halbes Ei, 30 g Aprikosen, 50 g Wasser, ein halbes Blatt weiße Gelatine.

Fruchtpüree mit kaltem Wasser vermengt, wird mit dem verquirlten Eigelb und der gelösten Gelatine vermischt, abgeschmeckt (evtl. Sacharin) und kalt gestellt. Sobald die Masse anfängt steif zu werden, wird das geschlagene Eiweiß darunter gezogen.

1625. Heringsalat.

Zutaten: 25 g Hering, 25 g Rindfleisch, 25 g rote Rüben, 25 g Äpfel, 10 g Mayonnaise.

Die obenstehende Zutaten werden in feine Würfel geschnitten, mit gut abgeschmeckte Mayonnaise vermischt, bergig angerichtet und mit grünem Salat garniert.

1626. Haferflockenbrötchen am Haftertag.

Zutaten: 250 g Hafermehl, 125 g Butter, 1 Ei, 5 g Backpulver, 1 Gläschen Kognak.

Butter schaumig rühren, mit obigen Zutaten vermengt (wenn je zu fest, etwas Wasser dazu), durch die Spritze aufs Blech geben und in nicht zu warmem Ofen backen.

II. Nierenentzündung – Nierenkost.

1627. Aprikosenkompott.

Zutaten: 100 g getrocknete Aprikosen, 20 g Butter, Zitronenscheiben.

Die getrockneten Aprikosen werden gut gewaschen in einer Schüssel mit ½ l kaltem Wasser übergossen, den Zucker und die Zitronenscheibe dazu. 6-8 Stunden im kühlen stehen gelassen (gut erfrischend).

1628. Helle vegetarische Brühe.

Man setzt kaltes Wasser zu, gibt 1-2 geschabte gelbe Rüben hinein, ebenso viel Kartoffeln, 2-3 Blätter Kraut und Wirsing, (eine halbe Selleriewurzel), eine halbe Zwiebel, 1 Stengel Lauch, (der jedoch nur 5 Minuten mitkochen soll), etwas Petersilie und von jedem Gemüse, wie die Jahreszeit gerade bietet, einen kleinen Teil. Damit die Brühe klar bleibt und gut wird, darf dieselbe nur 2 Stunden auf gelindem Feuer kochen; nachher werden mittels eines Haarsiebes die Kräuter und Gemüse getrennt und nur die Brühe zur Suppe verwendet, weil die Rückstände im Sieb die Verdauung belästigen und für die Ernährung des Körpers wertlos sind. In diese vegetarische Brühe kann jede beliebige Einlage gemacht werden.

1629. Grießklößchen.

Zutaten: ½ l Milch, 25 g Butter, 125 g Grieß, 2-3 Eier.

½ l Milch wird mit 25 g Butter siedend gemacht, 125 g Grieß rasch hinein gerührt und unter beständigem Rühren gekocht, bis sich die Masse von der Pfanne löst. Nun schüttet man den Teig in eine Schüssel und schlägt, solange er noch warm, 2-3 Eier daran. Nach dem Erkalten formt man kleine Klößchen und läßt sie 15-20 Minuten kochen.

1630. Gedämpfte Kastanien.

Die Kastanien werden mit der Schale in kochendes Wasser geworfen und etwa 5 Minuten in dem nicht mehr kochenden Wasser ziehen gelassen. Die Schale geht auf diese Weise mit einem Messer leicht ab. In Butter werden die Kastanien weich gedünstet.

1631. Obstsalat.

Zutaten: 1 Orange, 1 Banane, 100 g Äpfel, 4 Feigen, Zucker, ein paar Tropfen Arrak, Zitronensaft.

Orange, Banane von der Schale befreien, den Apfel jedoch nicht. Die Früchte in kleine Scheiben schneiden, untereinander mengen, mit ein paar Tropfen Arrak beträufeln, Zucker darüber streuen und eine Stunde durchziehen lassen.

1632. Müsli.

Zutaten: (nach Dr. Bircher-Benner) 150 g Äpfel, 30 g Haferlocken, 10 g geriebene Nüsse oder Mandeln, 10 g Bienenhonig, 1 Esslöffel Rahm, 10 g Sultaninen, den Saft einer halben Zitrone, abgeriebene und gezuckerte Zitronenschale, 3 Esslöffel Wasser.

Die Haferflocken werden mit 3 Esslöffel Wasser mindestens acht Stunden vorgeweicht, die erweichten Flocken werden tüchtig verrührt und dabei vermengt mit obigen Zutaten. Die fertige Speise wird in Glasschale angerichtet und mit Haselnüssen oder Sultaninen verziert.

Es läßt sich so ziemlich jede Art von Obst für diese Speise verwenden. Am besten eignen sich leichte Äpfel (2 Stück, köstlicher Rosenäpfel), die samt Schale und Gehäuse auf einer Glasreibe gerieben werden, ferner Bananen, frische Beeren, (1/4 l Erdbeeren, Himbeeren, Heidelbeeren, Brombeeren). Die Bananen werden geschabt, die Beeren mit dem Löffel zerdrückt. Frische Kirschen, Zwetschgen, Aprikosen, Pfirsiche werden entsteint und durch die Hackmaschine getrieben.

III. Nierenbeckenentzündung.
Alkalotische Kost im Wechsel.

1633. Vegetarisches Ragout.

Man kocht 325 g Kartoffeln, schält und schneidet sie in Würfel, ebenso 3-4 kleine rote Rüben, 1 große Gurke (oder Salzgürkchen) und 500 g Äpfel werden ebenfalls geschält, würflig geschnitten und in wenig Wasser weich gekocht. In ganz wenig Butter werden nun 325 g rohe, in Würfel geschnittene Kartoffeln und feingewiegte Kapern weich gedämpft, gibt man die verschiedenen Zutaten nebst 1 Büchse klein geschnittener Champignons hinein, löscht mit ¼ l alkoholfreiem Wein und genügend Wasser ab, läßt alles gut aufkochen und schmeckt es gut ab.

1634. Rote-Rüben-Salat.

Rohe rote Rüben werden auf der Reibmaschine „Flott" gerieben, mit Salz, Zitrone und ein wenig Rahm angemacht.

1635. Gelbe Rüben- und Rettich-Salat.

Gelbe Rüben und Rettich werden auf der „Flott"-Maschine geraspelt, die Rettiche eingesalzen (pressen und ziehen lassen), mit Salz, Zitrone und wenig Öl vermengt.

1636. Blaukrautsalat.

Das gut gereinigte Kraut wird gehobelt, gesalzen, feingeriebene Zwiebel dazu, in einer Schüssel 3-4 Stunden gepresst, mit verdünnter Mayonnaise angemacht.

1637. Sellerie und Gelbe Rüben-Salat.

Sellerie und gelbe Rüben auf der „Flott"-Maschine reiben, sofort Zitrone darangeben, weil sonst der Sellerie sich zu sehr verfärbt, Salz und Rahm dazu.

IV. Nierenbeckenentzündung.
Acidotische Kost im Wechsel.

1638. Baumwollsuppe (Für 6-8 Personen).

Zutaten: 125 g Butter, 6 Eigelb, 200 g Mehl, 6 Eiweiß, Wasser und Salz.

125 g Butter werden leicht gerührt, 6 Eigelb, 200 g Mehl, ein wenig Wasser (sonst Milch) und Salz nach und nach daran getan und zuletzt der steife Schnee der 6 Eiweiß leicht um die Masse gezogen. In gut kochender Fleischbrühe wird die präparierte Masse mit dem Kochlöffel hinein gezettelt.

1639. Schwalbennester.

Kalbsschnitzel werden leicht geklopft, mit Pfeffer und Salz eingerieben, 1 Scheibe gekochter Schinken darauf gelegt, sowie ein hartgekochtes Ei; das Fleisch zusammengerollt, gebunden und schön braun gebraten.

1640. Rosmarie.

100 g saurer Rahm wird gut geschlagen, ½ Blatt Gelatine gut gewaschen, in dem abtropfenden Wasser aufgelöst (aber nicht gekocht, da sonst der Gelatine-Geschmack hervortritt), ein paar Tropfen Arrak darein, abgeriebene Zitronenschale und 1 Tablette Süßstoff. Dieses nun mit dem sauren Rahm vermengen, in Glasschale füllen und kaltstellen.

V. Knochentuberkulose – Gersonkost.

1641. Geröstete Haferflocken.

Zutaten: (Für 5 Personen) 250 g Haferflocken, 100 g Zucker, 50 g Butter.

Am besten in Flädlespfanne wird Butter heiß gemacht, die Haferflocken hinein gegeben und unter ständigem Rühren die Flocken hellbraun geröstet. Der Zucker darunter gemischt und auf *kleinem* Feuer die Flocken vollends braun geröstet. Die Speise muß durch Rühren abgekühlt werden.

1642. Butterbrotauflauf.

Zutaten: 1 Dampfnudeln, 1 Ei, 15 g Zucker, schwach ¼ l Milch, Mandeln, Zitronenscheibe, Butter, Rosinen.

Die Dampf- oder Ofennudeln werden in zentimeterdicke Scheiben geschnitten, auf einer Seite mit Butter bestrichen, lagenweise in eine vorbereitete Form gefüllt, geriebene Mandeln und Rosinen dazwischen gestreut. Eier, Zucker, Milch und etwa Vanillezucker wird gut verrührt über die Masse gegeben. Oben auf legt man Butterstückchen. In mäßiger Hitze läßt man den Auflauf 1 Stunde im Ofen backen.

VI. Perniziöse Anämie – Leberdiät.

1643. Lebervögerl.

100-150 g Kalbsleber schneidet man in feine Scheiben, bestreut sie mit feingehackter Petersilie, legt zwischen je zwei Scheiben ein Stückchen gekochten Schinken, wickelt die so zusammengelegten Scheiben in Stücke von Kalbsnetz, brät alles mit etwas Butter, bestreut sie mit Petersilie und Salz. Gewürz nach Geschmack. Als Beilage Karottengemüse.

1644. Tiroler Leber.

150-200 g Kalbsleber wird in fingerdicke Scheiben geschnitten, in Mehl gedreht, in heißem Fett schnell angebraten, mit Rahm übergossen, nudelig geschnittene Zitronenschale und Kapern mit verkocht, dann gesalzen und angerichtet. Als Beilage Kartoffelpüree.

1645. Leber mit Rahm und Tomate.

150 g Leber wird in kleine, feine Scheibchen geschnitten, in heißer Butter rasch umgedreht, Mehl darüber gestaubt, mit Fleischbrühe abgelöscht. Tomatenmark, welches mit saurem Rahm vermengt, dazu Salz, kurz aufkochen lassen.

VII. Magengeschwür — 8 Mahlzeiten.

1646. Mondaminkaltschale.

200 g Milch wird mit etwas Vanille oder dünngeschälter Zitronenschale aufgekocht und geseiht, 10 g Zucker und 10 g Mondamin und 1 Eigelb werden mit 2 Esslöffel Wasser zu einem Teig verrührt und in geseihte kochende Milch gerührt. Die Suppe gut durchkochen lassen, nochmals abschmecken, auf Eis auskühlen; dann das geschlagene Eiweiß unterziehen, oder als kleine Bällchen auf die Kaltschale setzten.

Das gleiche Rezept kann auch mit Weizenmehl gemacht werden.

1647. Bayerische Creme mit Mandeln.

Zutaten: 80 g Milch, 10 g Mandeln, 20 g Zucker, 1 Eigelb, ein halbes Blatt Gelatine, 100 g geschlagene Sahne.

Die Milch wird mit den Mandeln 10 Minuten lang gekocht, geseiht mit dem Eigelb, Zucker und der verquollenen Gelatine verrührt und kalt gestellt. Unter die halbgestockte Creme zieht man die geschlagene Sahne, füllt sie in eine Glasschale und stellt diese auf Eis.

1648. Geschlagener Grieß.

Zutaten: 100 g Milch, Zitronenschale, 10 g Grieß, 1 Ei, Zucker nach Geschmack.

Die Milch mit etwas Zitronenschale und dem Zucker aufkochen, langsam den Grieß trocken hinein streuen, Eigelb hinzufügen und so lange schlagen, bis die Speise kalt ist. Zuletzt das steifgewordene Eiweiß unterziehen.

Besondere Rezepte.

Zur Verfügung gestellt von Fräulein E. Mayer, Haushaltskursleiterin des Stuttgarter Gaswerkes.

Kleine Vorspeisen.

1649. Muschelragout.

Zutaten: ½ Pfund Kalbfleisch, 50 g Butter, 50 g Mehl, Flüssigkeit, Salz, Zitronensaft, Eigelb, Rahm, Käse.

Kalbfleisch weich dämpfen und in kleine Würfel schneiden. Von Butter und Mehl Buttersoße bereiten und mit Eigelb und Rahm abziehen, würzen und mit dem Fleisch mengen. Auf kleine Muscheln bergig aufstreichen, mit geriebenem Käse bestreuen, Butterstückchen belegen und überbacken.

1650 a. Pastetchen mit Käsefülle.

Zutaten: Blätterteig: 125 g Mehl, Wasser, Salz, 1 Teelöffel Rum oder Essig, 125 g Butter.

Fülle: ½ Kaffeelöffel Stärkemehl, 1/8 l Milch, 3 Eier, Salz, 6 Esslöffel geriebener Käse.

Kleine Förmchen mit Blätterteig belegen und Fülle 2/3 einfüllen und bei starker Hitze backen.

1650 b. Hirnschnitten.

Zutaten: 1 Hirn, 1 Brötchen, Zwiebel, Petersilie, 1 Ei, Gewürze, Raspelbrot.

Hirn in kaltes Wasser legen, häuten, fein wiegen. Zwiebel und Petersilie mit dem eingeweichten Brötchen dämpfen, das Hirn mitdämpfen und mit Eier, Salz und Muskat vermengen. Brot in Scheiben schneiden, die Fülle aufstreichen und in heißem Fett backen. Statt Hirn kann auch Leber genommen werden.

Fischgerichte.

1651. Fischrollen mit Holländer Soße.

Fischfilets von Rotzungen mit Salz und Zitronensaft marinieren, aufrollen und auf eine Platte nebeneinander setzen. Die fertige holländische Soße darüber streichen, etwas geriebenen Parmesankäse draufgeben und überbacken.

1652. Holländische Soße.

Zutaten: *1 Esslöffel Mehl, ¼ l kalte Flüssigkeit, 1-2 Eigelb, 40 g Butter, Salz, 1 Prise Zucker, Zitronenschale, Wein, Rahm.*

Mehl und kalter Flüssigkeit anrühren, Eigelb dazu geben, im Wasserbad dicklich rühren, Butter stückweise und zuletzt die Gewürze dazu geben.

1653. Fisch auf Norderney-Art mit Senfbutter.

Entgrätete Fischfilets mit Salz und Zitronensaft marinieren, in Mehl und dann in Ei wenden und auf flacher Pfanne in Butter goldgelb backen. Zur Senfbutter 80 g Butter schaumig rühren, ein Esslöffel Senf, Salz und Pfeffer und 1 feingewiegtes hartes Ei gut darunter mengen und besonders servieren.

1654. Fischmayonnaise.

Fische in der Tüte dämpfen, entgräten und in kleine Stücke teilen. Glasplatte mit gelben Salatblättern belegen und 1 Lage Fische darauf verteilen, etwas mit Salz und Zitronensaft beträufeln und 1 Lage Mayonnaise darüber streichen und so mit Fisch und Mayonnaise fortfahren, bis die gewünschte Höhe erreicht ist. Zuletzt das Ganze mit Mayonnaise bestreichen und mit hartgekochten Eischnitzen, Tomaten und etwas Gurken verzieren.

1655. Mayonnaise.

1 Eigelb mit Zitronensaft gut vermengen, Öl langsam dazurühren etwas Sahne und Salz, Zucker beifügen. Soll die Mayonnaise leichter verdaulich sein, dann dämpft man 1 Teelöffel Mehl in 1 Esslöffel Öl, löscht mit Milch ab, läßt auskochen und mengt dies abgekühlt unter die echte Mayonnaise. Ist dieselbe zum Aufspritzen, kann man 1 Blatt aufgelöste Gelatine unterrühren.

Kartoffelgerichte.

1656. Kartoffeln mit Meerrettich.

Zutaten: 1 Pfund rohe Kartoffeln, 2-3 Esslöffel Butter, eine halbe Stange Meerrettich, 1/8 l Milch, ¼ l Wasser oder Fleischbrühe, Salz.

Den Meerrettich schaben, auf dem Reibeisen reiben, in der Butter dämpfen, mit Fleisch- oder Gemüsebrühe und Milch ablöschen, die geschälten, in Würfel geschnittenen Kartoffeln darin weichdämpfen und würzen.

1657. Schnippelkuchen.

Zutaten: 1 Pfund rohe Kartoffeln, 20 g Mehl, Salz.

Rohe Kartoffeln schälen, fein rädeln und in Stifte schneiden. Mit Mehl und Salz vermengen, auf einer Stielpfanne Fett heiß werden lassen, einige Löffel von der Masse darauf geben und auf beiden Seiten schön backen. Backzeit 15 Minuten.

1658. Buntes Kartoffelgemüse.

Zutaten: 2 Pfund Kartoffeln, viel Suppengemüse, Salz, Butter.

Rohe Kartoffeln schälen und in Stücke schneiden und mit reichlich gelben Rüben, Sellerieblättern und Petersilie, etwas Zwiebeln, Salz und so viel Wasser, daß die Kartoffeln nicht ganz bedeckt sind, weichkochen. Danach das Ganze durch die Hackmaschine treiben, nochmals erhitzen und 80-100 g Butter dazu geben.

1659. Kartoffelauflauf mit Fleisch.

Zutaten: 1 ½ Pfund gekochte Kartoffeln, ¾ Pfund gehacktes Fleisch, Zwiebeln, 50 g Fett, 30 g Mehl, ½ l Milch, Salz, Pfeffer, 50 g Käse.

Gekochte Kartoffeln in Scheiben schneiden, das Fleisch in Fett mit feingeschnittenen Zwiebeln weichdämpfen.

Milchbuttersoße bereiten: dazu Zwiebeln in Butter dämpfen. Mehl dazu geben, mit Milch ablöschen, auskochen lassen und würzen. Auflaufform mit Butter bestreichen, eine Lage Kartoffeln, 1 Lage Fleisch, darüber Milchbuttersoße geben und so fort, bis die Form voll ist. Letzte Lage ist

Kartoffeln und Soße. Obenauf Butterflöckchen und den geriebenen Käse geben. Im Backofen aufziehen. Statt Fleisch kann man auch Salzheringe nehmen. Backzeit 40-50 Minuten.

1660. Pfälzer Kartoffeln.

Rohe Kartoffeln schälen und in Würfel schneiden. Mit so viel Wasser, daß sie zur Hälfte darin liegen, auf das Feuer setzen und Butter, Salz, ein Lorbeerblatt, 3 Nelken dazu geben und weichdämpfen. Beim Anrichten mit gewiegter Petersilie überstreuen.

Gemüse.

1661. Strunkgemüse.

Strünke von Weißkraut von den Blattansätzen befreien, so daß das Mark übrig bleibt und mit dem Gurkenhobel einschneiden und in Wasser weichdämpfen. Dünne Buttersoße bereiten, auskochen, die Strunkblättchen darin erhitzen, würzen und mit Ei und Sahne abziehen.
Man kann die Strunkblättchen, wenn sie weich sind, auch als Salat zubereiten und mit einer Ölsoße übergießen und durchziehen lassen.

1662. Gedämpfter Wirsing.

Jungen Wirsing von den Außenblättern befreien, zerteilen, waschen und in Streifen schneiden. In Butter und wenig Wasser weichdämpfen und würzen.

1663. Gedämpfte Tomaten.

Zwiebel in Scheiben schneiden und in Butter halbweich dämpfen, Tomaten waschen, in Stücke teilen und mit den Zwiebeln weichdämpfen, salzen.

1664. Salatgemüse.

Salatköpfe in Stücke schneiden, gut waschen und mit kochendem Wasser überbrühen. Abgießen und in Butter weichdämpfen, nach Belieben etwas Zwiebel und Mehl beifügen und würzen.

1665. Krautsalat.

Zutaten: 1 Kopf Weiß- oder Rotkraut, 1 Löffel Butter, Salz, Zitronensaft, Öl.

Das Kraut von Außenblättern befreien, den Strunk ausbohren und einhobeln. Das Kraut in Butter dämpfen bis es zusammenfällt, etwas Wasser dazu fügen und gardämpfen. Dann kühlen lassen und mit Salz, Zitronensaft oder Essig und Öl anmachen.

1666. Gemüsesalat.

Zutaten: 1 rote Rübe, 3 gelbe Rüben, 8 Kartoffeln, 1 Sellerieknolle, 7 Essiggurken, 4 Äpfel, 1 Ei, Salz, Essig oder Zitronensaft. Mayonnaise.

Kartoffeln und Gemüse weichdämpfen, schälen und in Würfel schneiden. Apfel, Essiggurken und hartgekochtes Ei ebenso schneiden und alles gemischt mit Salz und Zitronensaft marinieren. Mayonnaise und sauren Rahm untermischen und mit Salz, wenig Zucker, Zitronensaft würzen. Beim Anrichten mit roten Rüben, Gurken und Eierschnitzen verzieren.

Nachspeisen.

1667. Rote Grütze.

Zutaten: 1 l Fruchtsaft, 200 g Zucker, 150 g Grieß, Sago oder Stärkemehl.

Wird eingekochter Fruchtsaft verwendet, dann ist halb Wasser und kein Zucker zu nehmen. Saft und Zucker zum Kochen bringen und Grieß oder Sago langsam unter rühren einstreuen und kochen, aber nicht zu dick werden lassen. Bei Stärkemehl muß dieses zuvor mit einem Teil der Flüssigkeit kalt angerührt werden. In eine Form füllen, kalt werden lassen, stürzen und mit Schlagrahm oder Vanillesoße servieren.

1668. Pommersche Speise.

Zutaten: ½ l Schlagrahm, 100 g Zucker, 125 g Schwarzbrot, Marmelade.

Unter den steifgeschlagenen Rahm Zucker und das geriebene Schwarzbrot mengen und dies abwechslungsweise mit guter Marmelade in eine Glasschale füllen und obenauf mit Marmelade verzieren.

1669. Apfelschaum.

Zutaten: 1 Pfund Äpfel, 100 g Zucker, 2 Eiweiß, etwas Zitronenschale.

Die Äpfel braten und durch ein Sieb streichen; Zucker, Zitrone und steifen Eierschnee so lange darunter schlagen, bis die Masse dick und schaumig ist.

1670. Apfelsinen-Kaltschale.

Zutaten: 3 Eigelb, 125 g Zucker, Saft von 3 Orangen, 1/8 l Wasser, 8 Blatt Gelatine, ¼ l Schlagrahm.

Saft der Orangen, Wasser, 8 Blatt Gelatine heiß machen, doch nicht kochen lassen, zum Abkühlen stellen. Eigelb und Zucker schaumig rühren, zu dem steifgeschlagenen Rahm geben, zuletzt den nur wenig warmen Orangensaft. In einer Form verkühlen lassen, stürzen und nach Belieben mit Schlagrahm spritzen.

Gerichte aus Quark (Topfen).

1671. Quarkauflauf mit Nudeln.

Zutaten: 250 g Quark, ½ l Milch, 125 g Fadennudeln, 25 g Butter, 50 g Zucker, 30 g Sultaninen.

Nudeln in der Milch weich und dicklich kochen und abkühlen lassen, Butter, Zucker schaumig rühren, den durchgetriebenen Quark dazugeben, ebenso die Nudeln und Sultaninen. In der Auflaufform eine halbe Stunde im Backofen aufziehen.

1672. Quarkblätterteig.

Zutaten: 200 g Mehl, 100 g Butter, 200 g Quark, 25 g Zucker, etwas Zitronenschale, 1 Prise Salz, Marmelade zum Füllen.

Die Zutaten aufs Nudelbrett nehmen und zusammenbacken, kurz kneten und kaltstellen. Auswellen, Formen ausstechen, mit Marmelade füllen und aufrollen, mit Eigelb bestreichen und in starker Hitze backen.

1673. Quarkstrudel.

Zutaten: 250 g Mehl, 1 Ei, Wasser, Salz, ½ l Milch, 250 g Quark, 50 g Butter, 30 g Zucker, 50 g Sultaninen, 50 g Zucker, 1 Vanillezucker.

Aus Mehl, Ei, Wasser und Salz einen zähen Teig herstellen und dünn ausziehen. Butter, Zucker schaumig rühren, Quark und Sultaninen dazu fügen und den Strudelteig damit bestreichen. Das Ganze aufrollen. In einer Pfanne Milch, Zucker und Vanillezucker heiß werden lassen, den Strudel hineinlegen und im Backofen aufziehen.

1674. Quarkpudding mit Semmel.

Zutaten: 250 g Quark, 75 g Semmel oder Weckbrösel, 100 g Butter, 4 Eier, 80 g Zucker.

Butter, Zucker und Eier schaumig rühren, den durchgestrichenen Quark und Semmel dazugeben und in Puddingform ¾ Stunden kochen.

1675. Quark-Kaltschale.

Zutaten: 125 g Quark, 1/8 l Rahm, 1 Päckchen Vanille, rohe Preiselbeeren nach Geschmack.

Quark, Rahm und Vanille dick schaumig schlagen und Preiselbeeren untermischen.

1676. Quarkküchlein (gesalzen).

Zutaten: 1 Pfund Kartoffeln, 125 g Quark, 2 Esslöffel Mehl, Salz, Muskat, Backfett.

Die gekochten Kartoffeln mit anderen Zutaten mischen, runde Küchlein formen und auf flacher Pfanne in Fett backen.

Anhang.

1677. Käseklötze für Zuckerkranke.

Zutaten: 100 g geriebene Käse, 70 g Butter, 60 g Mehl, 1 Ei, Zwiebel, Petersilie.

Die Zubereitung ist dieselbe wie bei Butterklötzen Nr. 82/83.

1678. Orangenschaumspeise für Zuckerkranke.

Der Saft von 6 Orangen, die abgeriebene Schale einer Orange, 4 ganze Eier, 4 Eigelb, ½ l Weißwein und einige Sacharin-Tabletten werden auf dem Feuer geschlagen, 8 Blatt Gelatine zugegeben und dann die Masse wieder kalt geschlagen. In Glasschalen läßt man sie vollends erkalten.

1679. Nussroulade.

5 Eigelb werden mit 50 g gesiebtem Sionon schaumig gerührt, dann werden 100 g geröstete, geriebene Haselnüsse dazugegeben, zuletzt der steife Eierschnee. Auf einem gefetteten Blech (finderdick aufgestrichen) wird die Masse schnell gebacken. Nach Erkalten wird ein ¼ l Schlagrahm darauf gestrichen, aufgerollt, dann Scheiben geschnitten.

1680. Haferflockenauflauf für Zuckerkranke.

Eine gute Hand voll Haferflocken wird mit einer Tasse kochender Milch überbrüht. ¼ Selleriewurzel wird roh fein geschnitten und dazu gegeben, ebenso ½ Esslöffel voll gewiegte Petersilie, 6-8 Eigelb und zuletzt der steife Eierschnee. Kleine Auflaufförmchen (etwa 10 Stück) werden ausgefettet, die Masse hinein gefüllt (3/4 voll) und im Ofen etwa eine halbe Stunde gebacken.

1681. Apfelsinen-Rahmspeise (Zuckerkranke).

Zutaten: ¼ l Schlagrahm, 1 Tasse geriebene Haselnüsse, 1 Apfelsine, 1 Päckchen Sacharin, 3 Blatt Gelatine.

Die Schlagrahm wird mit den Nüssen, dem Sacharin und dem Saft einer großen Apfelsine vermischt, die aufgelöste Gelatine darunter gezogen; nach Erkalten wird die Speise gestürzt.

1682. Nuss-Auflauf (für Zuckerkranke).

Zutaten: 1 Esslöffel Butter, 1 Eigelb, 3 Esslöffel Quark, 2 Plätzchen Sacharin, 1 ½ Tassen geriebene Nüsse, Eiweiß (geschlagen), Semmelbrösel.

Die Butter wird gerührt, Eigelb, Quark, Sacharin, die Nüsse und das Eiweiß hinzugegeben, alles gut verrührt, in eine mit Butter ausgestrichene und mit Semmelbrösel bestreute Form gefüllt. Backzeit ½ Stunde.

1683. Saurer Milchsterz (für Zuckerkranke).

Zutaten: ¼ l gute saure Milch, abgeriebene Schale und der Saft einer kleinen halben Zitrone, 2 Esslöffel Arrak, ½ Tasse geriebene Nüsse, 6 Blatte rote, gut aufgelöste Gelatine und Sacharin.

Die saure Milch wird gequirlt und schaumig gerührt, dann mit den übrigen Zutaten gut vermischt, zuletzt die aufgelöste Gelatine und das gleichfalls ausgelöste Sacharin darunter gegeben. Die Masse wird in eine gespülte Porzellanform geschüttet und kalt gestürzt.

1684. Käse-Auflauf.

Zutaten: 4 Löffel geriebene Käse, knapp ¼ l Sahne, 4 Eier, 1 Prise Salz.

Käse, Sahne und Eigelb werden gut vermengt, das Eiweiß geschlagen, dann leicht darunter gezogen. Die Masse wird in gut gebutterter Form bei gelinder Hitze gebacken.

1685. Spinat-Pudding.

Zutaten: ½ Suppenteller gekochter Spinat, ½ Teelöffel Salz, eine Scheibe gekochter Schinken, etwas kalter Braten, 3 Eier, 1 Teelöffel gewiegte Petersilie, ½ Esslöffel Butter.

Der gewiegte Spinat wird in Butter fertig gedämpft, mit dem feingewiegten Fleisch und dem Eigelb vermischt, der Eierschnee und Salz hinzugegeben. Eine Form wird gut mit Butter ausgestrichen, mit Brösel von Grahambrot bestreut, die Spinatmasse hineingegeben und 20 Minuten gebacken oder 1 Stunde in geschlossener Form im Wasserbad gekocht. Vor dem Servieren wird der Pudding mit Butter übergossen.

1686. Apfelspeise (für Zuckerkranke).

Zutaten: 2 Pfund saure Äpfel, Saft einer Zitrone, Schale einer halben Zitrone, 1 Glas Weißwein, Sacharin nach Geschmack, etwas Vanille, 2 Eiweiß.

Die Äpfel werden zu dickem Brei gekocht, Zitronensaft und Schale, Wein, Sacharin und Vanille hinzugegeben, zuletzt die in Wein aufgelöste Gelatine und kurz vor dem Erstarren der steife Eierschnee. In ausgespülter Form erkalten lassen und stürzen.

1687. Mandelbrot (für Zuckerkranke).

Zutaten: 80 g Mandeln oder Nüsse, kleine Messerspitze Backpulver, 1 Eigelb, abgeriebene Schale einer ¼ Zitrone, ½ Päckchen Sacharin, 3 Eiweiß.

Die Zutaten werden vermengt, zuletzt mi dem Eierschnee, dann in einer mit Butter ausgestrichenen kleinen Form gebacken.

1688. Schwarz-Weiß-Konfekt.

Zutaten: 250 g Butter, 3 Löffel Rahm, 3 Eier, 1 ¼ Pfund Mehl, 2 Esslöffel Kakao, ½ Päckchen Backpulver.

Der Kakao wird mit 2-3 Esslöffeln Wasser angefeuchtet, der Teig in zwei Teile geteilt. In die eine Hälfte wird der Kakao hineingearbeitet. Von diesen zwei Massen kann dreierlei Konfekt hergestellt werden.

1. Es werden beide Teige dünn ausgerollt, 2 cm breite Streifen geschnitten, davon Karo. Man feuchtet sie etwas mit Wasser an und setzt sie, abwechselnd in den Farben, zu Streifen zusammen. Nun werden auch die Streifen zusammengesetzt, aber so, daß neben das braune Karo ein weißes kommt. Dann werden runde Plätzchen ausgestochen.

2. Von den beiden dünn ausgewellten Teigen werden runde Plätzchen ausgestochen, jedes in 4 Teile geteilt. Die Stückchen werden mit Wasser angefeuchtet, wieder zusammengesetzt, doch so, daß auf ein Plätzchen 2 braune und 2 weiße Stückchen, im Wechsel zusammenkommen.

3. Von den dünn ausgewellten Teigen werden beliebig lange, 2 cm breite Streifen geschnitten, abwechselnd in den Farben nebeneinander zusammengesetzt, gut zusammengestoßen, so daß eine beliebig breite Bahn entsteht. Davon werden runde Ausstecher gemacht.

Alle drei Arten Ausstecher werden mit einem dünnen braunen Teigstreifchen eingefaßt, was schön ist und die Stückchen zusammenhält. Auf einem dünn gestrichenen Blech werden sie in ganz gelinder Hitze gebacken. Der weiße Teig soll weiß bleiben.

1689. Buttergebäck – Friesenkuchen.

Zutaten: 500 g Mehl, 250 g Butter, 4 Eigelb, 125 g Zucker, Vanillesamen, nach Belieben 3 Esslöffel saure Milch.

Aus diesen Zutaten wird dreierlei Konfekt hergestellt: Friesenkuchen, Spekulatius und Marmorplätzchen. Mehl, Zucker und Vanillesamen werden gemischt, die Butter in Flöckchen zerpflückt, zugegeben, auch die Eigelb. Wenn die Masse gut geknetet ist, wird der Teig in drei Teile geteilt, eine halbe Stunde kalt gestellt. Dann wird ein Teil ausgerollt und eine 2 cm dicke Rolle davon hergestellt, Scheiben abgeschnitten, mit Ei bepinselt und gebacken.

1690. Spekulatius.

Der zweite Teil des obigen Teiges wird dünn ausgerollt, mit Spekulatiusförmchen ausgestochen und nach Belieben mit Ei bepinselt und gebacken.

1691. Marmorplätzchen.

Der dritte Teil des obigen Teiges wird in zwei Teile geteilt, der eine Teil wird zu einer dünnen Platte ausgerollt, der andere Teil wird mit 3-4 Esslöffeln Kakao verknetet, dann ebenfalls ausgerollt. Nun werden beide Teige aufeinandergelegt, zusammengerollt, in Scheiben geschnitten und gebacken.

1692. Zwiebelsuppe.

Zutaten: 2 Teller Brotscheiben, 2 Löffel Fett, 2 Löffel Mehl, 3-4 Zwiebeln, Salz, Pfeffer.

Die feingeschnittenen Zwiebeln werden in Fett hell geröstet, das Mehl noch etwas mitgeröstet, Wasser und Brot zugegeben, alles eine halbe Stunde gekocht, gewürzt, dann durch ein Haarsieb gestrichen.

1693. Milchkaltschale mit Quark und Obst (4 Personen).

125 g Quark werden mit 5 Esslöffel Zucker verrührt, 1 l Milch zugegeben, desgleichen ein halbes Pfund Johannisbeeren oder Himbeeren oder Erdbeeren, 4 Esslöffel geriebenes Vollkornbrot, 5-6 Esslöffel Zucker.

1694. Tomaten mit Quark und Schnittlauch gefüllt.

Von den gewaschenen und abgetrockneten Tomaten wird ein Deckelchen abgeschnitten, der durchgesiebte Quark mit süßer Milch oder Rahm verrührt, mit etwas gehackter Zwiebel und Salz vermischt. Die Tomaten werden gefüllt, mit Schnittlauch bestreut und mit grünem Salat auf eine Platte schön angerichtet.

1695. Quarkauflauf mit Schinken.

Zutaten: 2 Pfund Rahmquark, 2 Eier, Salz nach Geschmack, 6 Eßlöffel Brösel, 1/8 l Rahm, 125 g feingeschnittener Schinken, gehackte Petersilie.

Der durch ein Haarsieb gestrichene Quark wird mit den Zutaten vermengt, in eine gefettete und ausgebröselte Auflaufform gegeben, mit geriebener Käse bestreut, mit kleinen Butterstückchen belegt und ½ - ¾ Stunden gebacken.

1696. Süßer Quarkauflauf.

Zutaten: Pfannkuchen von ½ Pfund Mehl, ½ Pfund Quark, 3 Eßlöffel Zucker, 1/8 l Milch, abgeriebene Zitronenschale, 50 g Korinthen.

Der durch ein Haarsieb gestrichene Quark wird mit Milch glattgerührt und mit den übrigen Zutaten vermengt. Eine ausgefettete Auflaufform wird mit einem Pfannkuchen ausgelegt, dieser dick mit Quark bestrichen. Darauf kommt wieder ein Pfannkuchen, dann süße Marmelade. Nun nochmals ein Pfannkuchen mit Quark usw. Der oberste Pfannkuchen wird mit kleinen Butterstückchen belegt. Man läßt das Ganze im Backofen 15-20 Minuten heiß und braun werden.

1697. Quark mit Schnittlauch.

Zutaten: 1 Pfund frischer Quark, 1/8 l saurer Rahm, ¼ l Milch, etwas Salz, 2 Eßlöffel fein geschnittener oder gewiegter Schnittlauch.

Der durchgestrichene Quark wird mit Milch und Rahm gut verrührt, Schnittlauch oder Spinat dazu gerührt, mit Salz abgeschmeckt.

1698. Quark mit Zucker und Zimt.

½ Pfund durchgestrichener Quark wird mit Milch und Rahm glatt gerührt, mit Zucker abgeschmeckt und mit Zucker und Zimt bestreut serviert.

1699. Quark mit Preisselbeeren und Pumpernickel.

Durchgestrichener Quark wird mit Milch glatt gerührt, mit Zucker gesüßt, auf Preisselbeeren angerichtet und mit geriebenem Pumpernickel bestreut.

1700. Quarkbällchen.

Zutaten: 125 g Quark, 125 g Mehl, 1 großes Ei, 2 Esslöffel zerlassene lauwarme Butter, 2 Esslöffel Zucker, etwas abgeriebene Zitronenschale, 2 Esslöffel warme Milch, 15 g Hefe.

Die Zutaten werden mit dem durchgestrichenen Quark gut vermischt, dann zum Gehen bei Seite gestellt. Nach 30 Minuten werden kleine Kugeln geformt, auf ein mit Mehl bestreutes Emaillebrett gelegt und wenn sie nochmals gegangen sind, schwimmend in Fett gebacken, mit Zucker bestreut.

1701. Maultaschen aus Blätterteig mit Quark.

Zutaten: 125 g Mehl, 125 g Butter, 125 g Quark, Marmelade.

Mehl, Butter und Quark werden vermengt, bis der Teig zusammenfällt. Dann werden dreimal 3 Touren ausgerollt wie bei Blätterteig, über Nacht kalt gestellt. Am nächsten Tag wird der Teig ausgerollt, Formen ausgestochen, der Rand mit Eiweiß bestrichen, in die Mitte Marmelade gegeben und die Maultaschen zusammengeklappt. Sie werden mit Eigelb bestrichen und in heißem Ofen hellbraun gebacken, mit Puderzucker bestäubt.

1702. Quarkblätterteig mit Wurst gefüllt.

Zutaten: Wie voriger Nummer.

Es wird ein Blätterteig hergestellt wie in Nr. 1701. Mit dem Backrädchen werden Quadrate ausgerädelt, mit grob gehackten Bratwürsten belegt, zusammengerollt, mit Eigelb bestrichen und goldgelb gebacken.

1703. Scharfe Käsetorte.

Zutaten: Hefeteig von 250 g Mehl, 250 g Quark, 1/8 l Milch oder Rahm und Salz vermischt.

Nachdem der Hefeteig in einer Springform gegangen ist, wird er gebacken, nach Erkalten durchschnitten, mit dem vermischten Quark gefüllt, außen mit Quark bestrichen und mit geriebenem Pumpernickel bestreut. Mit Radieschen und Petersilie kann die Torte hübsch garniert werden.

1704. Schokoladenquark.

Zutaten: 200 g Quark, 6 g Kakao, 20 g Schokolade, 20 g Zucker.

Wie Nr. 1705. Statt Fruchtmus wird Kakao und geriebene Schokolade unter den Quark gemischt.

1705. Fruchtquark.

Zutaten: 200 g Quark, 2/3 Tassen Milch, 100 g Apfel- oder Aprikosenmus oder Erd- oder Heidelbeeren, Zucker nach Geschmack.

Der Quark wird durch ein Haarsieb gestrichen, die Milch zugegeben, ein beliebiges Fruchtmus hineingerührt, mit Zucker abgeschmeckt.

1706. Fruchtquark anderer Art.

Zutaten: 150 g Quark, 60 g Schlagrahm, 2 Eigelb, Zucker nach Belieben, Früchte wie in Nr. 1705 oder 50 g getrocknete Aprikosen.

Eigelb und Zucker werden gut verrührt, Quark (durchgestrichen), Schlagrahm und Fruchtmus zugegeben, mit Zucker abgeschmeckt. Aprikosen werden in ganz wenig Wasser weich gekocht und durch ein Haarsieb gestrichen.

1707. Quarkcreme (2 Portionen).

Zutaten: 150 g Quark, 60 g Schlagrahm, 1 Eigelb, 20 g Zucker, 40 g Fruchtgelee.

Wird gemacht wie Nr. 1708. Statt Milch wird Schlagrahm verwendet.

1708. Quarkspeise.

Zutaten: 150 g Quark, 4 Esslöffel Milch, ½ Eigelb, 20 g Zucker, 40 g Fruchtgelee.

Eigelb und Zucker werden gut verrührt, der durchgestrichene Quark und die Milch dazu gegeben. In eine Glasschale gibt man Fruchtgelee, dann Quark, obenauf mit Spritzbeutel eine hübsche Garnierung von Quark.

1709. Quarkauflauf.

Zutaten: 150 g Quark, 1 Ei, 60 g gekochte geriebene Kartoffeln, 4 Teelöffel Milch, 30 g Zucker, Zitronensaft, 10 g geriebene süße Mandeln.

Der durch ein Sieb gestrichene Quark wird mit Eigelb, Milch und Zucker gut vermengt, Kartoffeln, Mandeln und Korinthen zugegeben, mit Zitronensaft abgeschmeckt, in einer gefetteten Auflaufform im Ofen gebacken.

1710. Reisauflauf mit Quark.

Zutaten: 2 Tassen Milch, 70 g Reis, 30 g Zucker, 10 g Butter, 140 g Quark (durchstreichen), 16 g Korinthen, 1 Ei, Zitronensaft, 10 g Butter.

Der gewaschene Reis wird in die kochende Milch gegeben, mit Butter und Zucker zum Brei gekocht, den man erkalten läßt. Der Quark wird mit Korinthen, Eigelb und Zitronensaft zum Reis gemengt, der steife Eierschnee hinein gezogen, die Masse in einer gefetteten Auflaufform mit Butterstückchen belegt und im Ofen gebacken.

1711. Quarkküchlein.

Zutaten: 250 g gekochte Kartoffeln, 120 g Quark, 35 g Mehl, 1 Ei, 20 g Zucker, 25 g Korinthen, Semmelmehl, Bratfett.

Gekochte Kartoffeln vom Vortag werden gerieben, der Quark durch ein Haarsieb dazu gestrichen, mit Mehl, Ei, Zucker und Korinthen vermengt. Mit Brösel werden auf den Handtellern runde, flachgedrückte Küchlein geformt und in der Pfanne mit heißem Fett auf beiden Seiten braun gebacken.

1712. Quarkküchlein anderer Art.

Zutaten: 300 g Quark, 100 g Mehl, 2 Eier, 50 g Zucker, Bratfett, Brösel.

Der möglichst trockene, durchgestrichene Quark wird mit Mehl, Ei und Zucker vermengt. Mit Brösel werden auf den Handtellern runde, flachgedrückte Küchlein geformt und in heißem Fett auf beiden Seiten schön braun gebraten.

1713. Quarkklöße.

Zutaten: 200 g Quark, 80-100 g Kartoffelmehl, 80-100 g Weizenmehl, 80 g Zucker, 4-6 gekochte Kartoffeln, 80 g Korinthen, 2 Eier, Salz, Butter, Zucker und Zimt.

Eier und Zucker werden gerührt, mit dem durchgestrichenen Quark, Kartoffel- und Weizenmehl vermengt. Dann werden die gekochten, geriebenen Kartoffeln zugegeben, sowie Korinthen und Salz, mit etwas Mehl wird die richtige Stärke erreicht. Mit 2 Eßlöffeln werden Klöße abgestochen, bis man in kochendem Wasser 10 Minuten ziehen läßt. Es werden braune Butter, Zucker und Zimt dazugegeben.

1714. Quarkpudding.

Zutaten: 100 g Quark, 100 g Griess, 30 g Zucker, 30 g Butter, 3 Esslöffel Milch, ½ Ei, ¼ Päckchen Backpulver.

Butter, Zucker und Eigelb werden gerührt, Quark, Milch, Grieß und Backpulver vermischt, dazu gegeben, alles gut vermengt, der steife Eierschnee dazu gegeben, die Masse in eine ausgefettete und gebröselte Form gefüllt (halbvoll) und 1 ½ Stunden im Wasserbad gekocht.

1715. Quarksplitter (30–40 Stück).

Zutaten: 250 g Quark, 250 g Mehl, 250 g Kokosfett, Puderzucker, Marmelade zum Füllen.

Zur gerührten Butter gibt man den durchgetriebenen Quark und das Mehl. Nachdem alles gut verrührt ist, wird der Teig kalt gestellt, mehrere mal ausgewirkt und wieder kalt gestellt, dann ¼ cm dick ausgerollt. Mit dem Backrädchen werden Quadrate abgerädelt, in die Mitte etwas Marmelade gesetzt, bis 4 Ecken in der Mitte zusammendrückt und die Plätzchen auf einem gefetteten Backblech in mittlerer Hitze goldgelb gebacken. Nach dem Erkalten werden sie mit Puderzucker bestreut.

1716. Bircher-Müsli (1 Portion).

Anmerkung: Statt Haferflocken können auch Hafermark, Weizenflocken und Weizen- oder Roggenschrotmehl verwendet werden oder dünn gewalzte Haferflocken, die nur eine halbe Stunde eingeweicht werden müssen.

Zutaten: 1 Esslöffel Haferflocken, 3 Esslöffel Wasser, Zucker, eine halbe Zitrone, 1 Esslöffel dicke süsse Kondensmilch oder süßer Rahm mit einem Esslöffel Honig, 1 Esslöffel geschabte Nüsse oder Kokosflocken.

Dazu beliebige Früchte: Stachelbeeren, Birnen; geschabte Äpfel, Korinthen; Bananen, Apfelsinen; Pfirsiche, Weintrauben, Korinthen; rote Johannisbeeren, Bananen, ungebleichte Sultaninen; Heidelbeeren, Bananen; Himbeeren, Äpfel, Korinthen; Äpfel, Korinthen, ungegorener Obstsalat; geriebener Kürbis, Äpfel, Korinthen; Melone, Weintrauben, Äpfel, Feigen in Würfel geschnitten, Backpflaumen; Apfelsinen, Datteln und Korinthen; eingeweichte, getrocknete Aprikosen (in Würfel oder durchpassiert); (Sommerfesttagsmüsli); Frische Ananas, Erdbeeren, Mandeln, Schlagrahm; (Winterfesttagsmüsli); Apfelsinen oder Mandarinen, Äpfel, getrocknete Bananen, Korinthen, Schlagrahm.

Die Menge des Obstes soll immer der Menge von zwei großen Äpfeln auf 1 Esslöffel Haferflocken entsprechen.

Zubereitung: Die Haferflocken werden 12 Stunden im Wasser eingeweicht. Die Speise soll kurz vor dem Anrichten zubereitet werden, da sie durch Stehen unansehnlich wird. Zu den Haferflocken gibt man Zitronensaft, dann die Früchte (Äpfel mit Schale gerafelt), Kondensmilch oder süßer Rahm mit 1 Esslöffel Honig. Alles gut mischen. Die fertige Speise wird mit Nüssen oder Kokosflocken bestreut.

1717. Hafermehl-Eierkuchen.

Zutaten: 360 g Hafermehl, 12 Eier, 1 1/3 l Wasser, Salz, etwas Zucker oder Süßstoff, Fett.
Das Eiweiß wird zu Schnee geschlagen und zu den übrigen Zutaten, die glatt gerührt sind, gegeben. Davon werden dünne Kuchen gebacken.

1718. Haferflocken-Pilzauflauf.

Zutaten: 720 g Haferflocken, 240 g Butter, 12 Eier, 2 1/4 Pfund Pfifferlinge, 180 g Speck, feingeschnittene Zwiebel, Petersilie, Salz, etwas Gemüsebrühe.
Die Haferflocken werden in der Butter hellbraun geröstet, zum Abkühlen auf die Seite gestellt. Die sauber geputzten und gewaschenen Pfifferlinge werden klein geschnitten, im zerlassenen Speck mit etwas Zwiebel und Salz gedünstet. Petersilie zugegeben; die Haferflocken werden mit Eigelb und Salz verrührt, der Eierschnee zugegeben. Dann gibt man in eine gefettete Auflaufform lagenweise Haferflocken, Pilze, zuletzt Haferflocken und backt den Auflauf im heißen Ofen.

1719. Haferflocken-Auflauf.

Zutaten: 360 g Haferflocken, 2/3 l Gemüsebrühe, 12 Eier, 240 g Butter, Salz.
Der Haferflocken werden 20 Minuten in der Gemüsebrühe eingeweicht, Butter und Eigelb gerührt, die Flocken zugegeben, sowie Salz und Eierschnee und die Masse in einer gefetteten Auflaufform gebacken.

1720. Halbrohe Hafersuppe.

3-4 Esslöffel Haferflocken werden 12 Stunden eingeweicht. Kurz vor dem Anrichten wird die Hälfte einmal aufgekocht, die andere Hälfte roh dazu gegeben. Mit etwa heißer Milch, Butter und etwas Salz oder Obstsäften wird eingerichtet.

1721. Hafermehlsuppe.

Zutaten: 240 g Hafermehl, 4 l Fleischbrühe oder Wasser, Butter, Salz.

Das Mehl wird mit wenig Wasser angerührt, dann in die kochende Fleischbrühe gerührt und ¼ Stunde langsam gekocht, Butter und Salz zugegeben.

1722. Hafermehlklößchen.

Zutaten: 4 l Fleischbrühe, 240 g Hafermehl, 6 Eier, 180 g Butter, Petersilie, Salz.

Die Butter wird gerührt, die übrigen Zutaten zugegeben, zuletzt der steife Eierschnee. Es werden kleine Klößchen in kochendes Wasser gelegt und wenn sie fertig sind (nur ziehen lassen), gibt man sie in Fleischbrühe zu Tisch.

1723. Haferflockenbratlinge.

Zutaten: 600 g Haferflocken, 2/3 l Gemüsebrühe, 6 Eier, Salz, Fett.

450 g Haferflocken werden mit der Gemüsebrühe langsam zu dickem Brei gekocht; wenn er etwas abgekühlt ist, werden Ei und Salz zugegeben, Würstchen geformt, in den restlichen Haferflocken gewendet, dann in heißem Fett goldgelb gebacken.

1724. Haferbratlinge mit Gemüse.

Zutaten: 600 g Haferflocken, 60 g Karotten, 60 g Sellerie, 60 g Blumenkohl, 120 g Tomaten, ½ l Gemüsebrühe, 2 große Zwiebeln, 120 g Butter, 6 Eier, Salz, Fett.

450 g Haferflocken werden ½ Stunde in der Gemüsebrühe eingeweicht, die geputzten, geraffelten oder fein geschnittenen Gemüse mit geriebenen Zwiebeln in Butter gedünstet. Wenn sie etwas abgekühlt sind, werden sie mit den eingeweichten Haferflocken, mit Ei und Salz vermengt, Würstchen geformt, in den restlichen Haferflocken gewendet und in heißem Fett schön braun gebacken.

1725. Haferflocken-Tomaten-Brätlinge.

Zutaten: 600 g Haferflocken, 600 g Tomatenmark (frisch), 6 Eier, Zwiebel, Salz, Fett.

Die Haferflocken werden in 2/3 l Wasser ½ Stunde eingeweicht, mit den übrigen Zutaten vermengt, Würstchen geformt und in heißem Fett gebraten.

1726. Haroh mit Früchten.

(Haroh und Weihroh sind festgestampfte Hafer- oder Weizenflocken, die in jedem Reformhaus zu haben sind).

Zutaten: 6 Scheiben Haroh, 100 g Apfelmus, 30 g Schlagsahne, Süßstoff.

Apfelmus wird mit Schlagrahm vermischt, mit Süßstoff abgeschmeckt. Davon gibt man in eine Glasschale abwechselnd mit Haroh, schließt mit Apfelmus ab und läßt das Ganze 1-2 Stunden ziehen.

1727. Haroh mit Früchten anderer Art.

Zutaten: 6 Scheiben Haroh, 50 g Preisselbeeren, 50 g Birnen, Süßstoff.

Die Früchte werden gekocht, mit Süßstoff abgeschmeckt, dann mit Hafer- oder Weizenflocken vermischt.

1728. Hafergrütze.

Zutaten: 720 g Hafergrütze, 6 l Wasser, Butter, Salz.

Grütze und Wasser werden zum Kochen gebracht. Nach gutem Durchquellen wird nach Belieben Butter und Saft zugegeben.

1729. Haferbrei.

Zutaten: 420 g Haferflocken, 1 ¾ l Milch, 1 ¾ l Wasser, 75 g Zucker, Salz, 2-6 Eier.

Milch und Wasser werden zum Kochen gebracht, die Haferflocken zugegeben und nach gutem Durchquellen mit Zucker, Eigelb und Salz vermischt, zuletzt mit dem steifen Eierschnee.

1730. Haferschleim.

Zutaten: 300 g Haferflocken, 6 l Wasser, Butter, Salz.

Haferflocken und Wasser werden zum Kochen gebracht, 30 Minuten gekocht, dann durch ein Haarsieb gegeben. Der Schleim wird mit Butter und Salz fertig gemacht.

1731. Porridge.

Zutaten: 420 g Haferflocken, 3 ¾ l Gemüsebrühe oder Wasser, 120 g Butter oder 1 ¼ l Rahm, Salz.

Nachdem der Haferflocken in der kochenden Gemüsebrühe gut durchquollen sind, werden Butter und Rahm zugegeben, sowie das nötige Salz.

1732. Gerstenschleim.

Zutaten: 720 g Gerstengrütze, 6 l Wasser, Butter und Salz.

Zubereitung wie in Nr. 1730.

1733. Reisschleim.

Zutaten: 600 g Reis, 6 l Wasser, Butter, Salz.

Der gewaschene Reis wird ins kochende Wasser gegeben, gekocht, dann durch ein Haarsieb gegossen. Butter und Salz nach Belieben.

1734. Grießbrei.

Zutaten: 360 g Grieß, 2 l Milch, 2 l Wasser, 150 g Fett, 75 g Zucker, Salz, 2-6 Eier.

Milch und Wasser werden zum Kochen gebracht, der Grieß eingestreut und unter Rühren 20 Minuten langsam gekocht. Dann werden Salz, Fett, Eigelb und Zucker zugegeben, zuletzt der steif geschlagene Eierschnee.

1735. Mondaminbrei.

Zutaten: 360 g Mondamin, 3 ¾ l Milch oder ½ l Milch und ½ l Wasser, 75 g Zucker, 120 g Fett, Salz 2-6 Eier.

Das Mondamin wird mit wenig Wasser glatt gerührt, in die kochende Milch gegeben und etwas aufgekocht. Nach Zugabe von Eigelb, Butter, Zucker und Salz wird der steife Eierschnee hineingemengt.

1736. Weizenmehlbrei.

Zutaten: 360 g Weizenmehl, 3 ¾ l Milch oder ½ l Wasser, ½ l Milch, 75 g Zucker, 120 g Fett, 2-6 Eier, Salz.

Das Mehl wird mit wenig Wasser glatt gerührt, in die kochende Milch gegeben und langsam ¼ Stunde gekocht, dann die übrigen Zutaten zugegeben, zuletzt der steife Eierschnee.

1737. Zwiebackbrei.

Zutaten: 75 Stückchen Zwieback, 2 l Milch, 180 g Butter.

Der klein gebrochene Zwieback wird mit kochender Milch übergossen, die Butter zugegeben. Nach 10 Minuten Ziehen ist er fertig, kann nach Belieben durch ein Haarsieb gegeben werden.

1738. Reisbrei.

Zutaten: 720 g Reis, 75 g Zucker, 120 g Fett, Salz, 2-6 Eier, 3 ¾ l Milch oder ½ l Milch und ½ l Wasser.

Man läßt den Reis in die kochende Milch einlaufen, langsam ausquellen, gibt Eigelb, Butter, Zucker, Salz und zuletzt den steifen Eierschnee dazu.

1739. Reisbrei anderer Art.

Zutaten: 600 g Reis, 1 ¼ l Rahm, 75 g Zucker, etwas Zitronenschale, 1 ¾ l Wasser.

Wasser, Rahm, Zitronenschale und der gewaschene Reis werden zum Kochen gebracht. Man läßt den Reis langsam kochen, nimmt die Zitronenschale heraus und schmeckt mit Zucker ab.

1740. Butterreis.

Zutaten: 750 g Reis, 3 ½ l Wasser, 150 g Butter, Salz.

Der gewaschene Reis wird in kochendes Wasser gegeben; nachdem er mit Butter und Salz weich (aber noch körnig) geworden ist, schmeckt man nochmals ab und gibt ihn zu Tisch.

1741. Butterreis anderer Art.

Zutaten: 720 g Reis, etwas Petersilie, Curry, Salz, 150 g Butter, 3 ¾ l Wasser.

Zubereitung wie voriger Nummer . Mit Curry wird abgeschmeckt, mit grüner Petersilie fertig gemacht.

1742. Pilzreis.

Zutaten: 600 g Reis, 1 ½ - 2 Pfund Pfifferlinge oder Champignons (Konserve), 3 l Fleisch- oder Gemüsebrühe, 240 g Butter, nach Belieben etwas gedünstete Zwiebel, Salz.

Der gewaschene Reis wird mit Butter und etwas gedünsteter Zwiebel in Fleisch- oder Gemüsebrühe langsam weich gekocht, dann mit den gewiegten vermischt.

1743. Apfelreis.

Zutaten: 1 ¼ Pfund Reis, 2 ½ Pfund Äpfel, 1 ½ l Sud von den Äpfeln oder Wasser, 1 ½ l Milch, Zucker und Salz.

Die Äpfel werden geschält, in vier Teile, nach Entfernung des Kernhauses in dünne Scheiben geschnitten, in kochendes Zuckerwasser gegeben und 5 Minuten langsam gekocht, aber nicht bis zum Zerfallen, mit etwas Zitronensaft abgeschmeckt.

Der gewaschene Reis wird mit dem Apfelwasser, mit Milch, Salz und Zucker zum Kochen gebracht. Wenn er weich, aber noch körnig ist, die gekochten Äpfel zugeben und nochmals abschmecken.

1744. Apfelsinenreis.

Zutaten: 600 g Reis, Saft von 15 Orangen, 1 ½ l Milch, 1 ¼ l Wasser, Zucker, Salz.

Zubereitung wie Apfelreis. Der Orangensaft wird dem fertigen Gericht hinzugefügt.

1745. Aprikosenreis.

Zutaten: 600 g Reis, 1 ½ l Milch, 1 ½ l Wasser, 360 g getrocknete Aprikosen, 240 g Zucker, Salz.

Die Aprikosen werden in kochendem Zuckerwasser langsam nicht zu weich, gekocht, sie können dann durchpassiert werden. Im Übrigen wie Apfelreis Nr. 1743.

1746. Risotto.

Zutaten: 600 g Reis, 3 l Gemüsebrühe, 120 g Tomatenmark, 240 g geriebene Tilsiter Käse, 240 g Butter, feingeschnittene Zwiebel, Salz.

Der gewaschene und mit sauberem Tuch getrocknete Reis wird mit Butter und Zwiebeln braun geröstet, dann Gemüsebrühe, Tomatenmark und Salz zugegeben, der Reis langsam weich gekocht, mit geriebenem Käse bestreut und angerichtet.

1747. Apfelgrütze.

Zutaten: 5 Pfund Apfelmus, 3 l Wasser, 420 g Sago, Zucker.

Apfelmus und Wasser werden zum Kochen gebracht, dann läßt man den Sago einlaufen, unter Rühren langsam quellen. Mit Zucker wird abgeschmeckt.

1748. Kirsch-, Himbeer- oder Johannisbeer-Grütze.

Zutaten: 85 g Sago, 4/10 l Fruchtsaft, 8/10 l Wasser, Zucker.

Zubereitung wie Nr. 1747.

1749. Sagobrei.

Zutaten: 360 g Sago, 3 ½ l Milch, (oder halb Milch, halb Wasser), 75 g Zucker, 150 g Fett, 2-6 Eier, Salz.

Der Sago wird in die kochende Milch gegeben, 20 Minuten unter Rühren langsam gekocht, Fett, Eigelb, Zucker und Salz zugegeben, zuletzt der steife Eierschnee.

Abführende Süßspeisen (6 Portionen).

1750. Paraffin-Apfelmus.

Zutaten: 2 1/4 Pfund Apfelmus, 100 g Zucker, Zitronensaft, 6 Blatt weiße Gelatine, 360 g Paraffin.

Das Apfelmus wird mit Zucker und Zitronensaft gut abgeschmeckt, mit Paraffin tüchtig verrührt, dann die in wenig heißem Wasser aufgelöste Gelatine zugegeben.

1751. Paraffin-Aprikosenmus.

Zutaten: 1 Pfund getrocknete Aprikosen, 100 g Zucker, 6 Blatt weiße Gelatine, 360 g Paraffin.

Die eingeweichten Aprikosen werden weich gekocht, durch eine Haarsieb gestrichen, mit Zucker abgeschmeckt, mit der aufgelösten Gelatine vermischt und mit dem Paraffin tüchtig verrührt.

1752. Paraffin-Buttermilchspeise.

Zutaten: 1 ½ l Buttermilch, 65 g Zucker, etwas Zitronenschale, 9 Blatt weiße, 3 rote Gelatine, 360 g Paraffin.

Die Buttermilch wird mit Zucker und Zitronensaft verrührt, die aufgelöste Gelatine zugegeben. Bevor die Speise dick wird, rührt man das Paraffin ein, füllt die Speise in Glasschalen und läßt sie erstarren.

1753. Paraffin-Zitronencreme.

Zutaten: 3 Eier, 3 Zitronen, 1/3 l Wasser, 60 g Zucker, 6 Blatt weiße Gelatine, 180 g Paraffin.

Zitronensaft und Wasser werden vermischt und zu Eigelb und Zucker, die man schaumig gerührt hat, gegeben. Dann wird die aufgelöste Gelatine zugesetzt, die Speise kalt gestellt, bevor sie ganz fest ist, das Paraffin eingerührt und der Eierschnee hineingezogen. Wird in Glasscheiben serviert.

1754. Paraffin-Schokoladenpudding.

Zutaten: 2/3 l Milch, 50 g Mondamin, 30 g Zucker, 20 g Kakao, 1 Ei, 180 g Paraffin.

Mondamin und Kakao werden in wenig kaltem Wasser glatt gerührt, in die kochende Milch gegeben und aufgekocht. Dann wird mit Zucker abgeschmeckt, das verklopfte Eigelb zugegeben, das Paraffin gut eingerührt, der Eierschnee hineingezogen und in eine Glasschale gegossen. Nach Erstarren kann die Speise gestürzt werden.

1755. Mondaminpudding mit Paraffin.

Zutaten: 4 Tassen Milch, 50 g Mondamin, 30 g Zucker, 2 Eier, Vanille, 180 g Paraffin.

Mondamin wird in wenig Wasser glatt gerührt, dann in die kochende Milch gegeben und aufgekocht. Dann werden Zucker, das verklopfte Eigelb und Salz zugegeben, das Paraffin eingerührt, der Eierschnee hineingezogen und die Masse in eine kalt ausgespülte Form gegossen. Nach Erkalten wird der Pudding gestürzt.

1756. Paraffin-Pflaumenmus.

Zutaten: 450 g Pflaumenmus (fest), 150 g Wasser, 30 g Zucker, 180 g Paraffin, ev. 3 Blatt Gelatine.

Pflaumenmus, Wasser, Zucker und Paraffin werden tüchtig verrührt, nach Belieben aufgelöste, Gelatine zugegeben.

1757. Paraffin-Quark-Creme.

Zutaten: 450 g Quark, 180 g Milch, (1 große Tasse), 2 Eigelb, 60 g Zucker, 60 g Fruchtgelee, 180 g Paraffin.

Der Quark wird durch ein Haarsieb gestrichen und tüchtig mit dem Paraffin verrührt. Eigelb und Zucker werden gut gerührt, Quark und Milch zugegeben. Dann gibt man in eine Glasschale zuerst von Fruchtgelee, dann Quark, mit Spritzbeutel als Garnitur den Rest von Quark.

1758. Paraffin-Rote-Grütze.

Zutaten: 180 g Fruchtsaft (2 Weinglas) oder Fruchtmark, 420 ccm (5 Weinglas) Wasser, Zucker, 50 g Mondamin oder 60 g Grieß, 180 g Paraffin.

Fruchtmark, Wasser und Zucker werden zum Kochen gebracht, Grieß oder Sago darin gekocht oder das in wenig Wasser glatt gerührte Mondamin zugegeben und nochmals aufgekocht, dann das Paraffin tüchtig hinein gerührt. Nachdem die Speise mit Zucker gut abgeschmeckt ist, wird sie zum Erkalten in Glasschüsseln gefüllt.

1759. Paraffin-Rotwein-Creme.

Zutaten: 300 ccm (2mal Wasserglas) herber Rotwein, 1 Glas Wasser, 60 g Zucker, 6 Blatt weiße Gelatine, 3 Eier, 180 g Paraffin.

Zubereitung wie Nr. 1753.

1760. Feigen-Pflaumen-Sennepaste.

Zutaten: 3 Pfund Backpflaumen, 3 Pfund Feigen, 60 Senneschoten, 15 Blatt weiße Gelatine.

Backpflaumen und Feigen werden über Nacht eingeweicht, die Pflaumen morgens entsteint, dann mit den Feigen durch die Fleischmaschine getrieben. Die Senneschoten werden mit kochendem Wasser übergossen und zugedeckt 20 Minuten stehen gelassen. Der Ertrakt der Senneschoten wird mit der aufgelösten Gelatine unter die durchgetriebenen Früchte gerührt.

1761. Quitten-Milchzucker-Paste.

Zutaten: 2 Pfund Quitten, 1 Pfund Milchzucker, 1 Pfund Zucker.

Die gut gewaschenen Quitten werden in vier Teile geschnitten und in nicht zu viel Wasser weich gekocht, dann durch ein Haarsieb gestrichen und unter ständigem Rühren dick eingekocht. Wenn die Masse schön braun aussieht, wird sie zentimeterdick auf ein gefettetes Backblech gestrichen. Nach 1-2 Tagen können Würfel geschnitten werden.

1762. Pumpernickel-Leberspeise.

Je 100 g feingewiegte Leber wird mit geriebenem Pumpernickel, geriebener Schokolade und etwas Zucker vermischt. Die Masse wird abwechselnd mit Fruchtgelee und steifem Schlagrahm in Glasschälchen gefüllt.

1763. Leberkuchen.

Zutaten: 30 g Butter, 15 g Zucker, 40 g Kuchenkrümel (oder geriebene Leibnizkeks oder Zwieback), etwas gemahlener Zimt und Nelken, 1 Eigelb, Schnee vom Ei, 75 gewiegte Leber.

Die Masse wird gut verrührt und in mittelheißem Ofen schnell gebacken. Vor dem Auftragen durchschneiden und mit Marmelade oder Schlagrahm füllen.

1764. Pilz-Lebersteak.

Zutaten: 125 g Leber, Champignons, Steinpilze, Pfifferlinge (nach Belieben), 1 Sardelle, Salz, Pfeffer, Lebermehl oder Mehl und Eigelb.

Die Pilze werden kurz gedünstet, mit der Sardelle durch die Hackmaschine getrieben; dann mit der feingewiegten Leber vermischt, in Butter leicht gebraten und mit Tomatensauce zu Tisch gegeben.

1765. Leber mit Tomaten.

Zutaten: 200 g Leber, 1 fein gewiegte Zwiebel, 2 Esslöffel Tomatenmark, Salz, Pfeffer, 1 Teelöffel Orangensaft, etwas Maggi.

Die Leber wird fein verwiegt, mit den übrigen Zutaten gut vermengt, evtl. etwas verdünnt und kalt gestellt.

1766. Leberpaste.

Gewiegte Sardelle, Butter und fein gewiegte Leber werden sehr glatt gerührt, die Paste auf Toast gereicht.

Toast: Brot auf einem Toastbröster oder auf sauberer Herdplatte auf beiden Seiten rösten.

1767. Pikante Leber.

Zutaten: 30 g Leber, Butter, feingewiegte Zwiebel, Gewürz, gewiegte Kräuter, saure Gurke, Sardellen, etwas saurer Rahm.

Die Leber wird in kleine runde Scheiben geschnitten, mit fein gewiegten Kräutern bestreut, und kurz gebraten. Von Bratensaft, Rahm und etwas Mehl wird eine Sauce bereitet. Die Leberscheibchen werden mit Gurkenscheibchen serviert, in deren Mitte eine gerollte Sardelle gelegt wird. Als Beilage grüne Bohnen oder Spinat.

1768. Heringssalat mit Leber.

Zutaten: 50 g Kartoffeln, 50 g Sellerie, 30 g rote Rüben, 50 g Apfel (roh), 1 gewässerter Salzhering.

Werden zu Würfel geschnitten, mit 125 g fein gewiegter Leber vermischt und mit pikanter Mayonnaise angemacht.

Salate von Reis (6 Portionen).

1769. Reissalat mit Petersilie.

Zutaten: 300 g Reis, Zitronensaft, 6 Esslöffel Öl, reichlich gewiegte Petersilie.

Der gewaschene Reis wird in kochendem Wasser körnig gekocht, auf einem Haarsieb mit kaltem Wasser abgespült. Von Zitronensaft und Öl wird eine Marinade bereitet und mit Petersilie zum Reis gegeben, mit einer Gabel vorsichtig vermengt.

1770. Reissalat mit Gemüse.

Zutaten: 300 g Reis, je 120 g von Karotten, grünen Erbsen, Blumenkohlröschen, Tomaten, 6-9 Esslöffel Mayonnaise.

Der Reis wird zubereitet wie in voriger Nummer. Das Gemüse wird in Wasser weich gekocht, Tomate und Karotten in Streifen geschnitten, Reis, Gemüse und Mayonnaise gut vermischt.

1771. Reissalat mit Mayonnaise.

Zutaten: 300 g Reis, 6 Esslöffel Mayonnaise, etwas geriebene Zwiebeln, fein gehackte Kräuter: Dill, Kerbel, Schnittlauch.

Der Reis wird zubereitet wie in Nr. 1769. Die übrigen Zutaten werden vermischt und vorsichtig mit einer Gabel unter den Reis gegeben.

1772. Reissalat mit Pilzen.

Zutaten: 300 g Reis, 300 g Champignons, 6 Esslöffel Öl und Essig oder 6 Esslöffel Mayonnaise, wenig geriebene Zwiebel.

Zubereitung wie bei Reis Nr. 1769. Champignons werden geputzt, fein geschnitten, in Butter gedünstet und unter den Reissalat gemischt.

1773. Reissalat mit Tomate.

Zutaten: 300 g Reis, 300 g Tomaten, 6 Esslöffel Öl, Zitronensaft oder Essig.

Zubereitung wie der Reis Nr. 1769. Anstatt Petersilie werden in Streifen geschnittene Tomaten hinzugegeben.

1774 a. Spaghettisalat mit Tomatenmayonnaise.

Zutaten: 300 g Spaghetti, 6-9 Esslöffel Mayonnaise, 60 g Tomatenmark, Zitronensaft.

Spaghetti werden in Wasser gekocht und nachdem sie abgetropft und erkaltet sind, in 2 cm große Stückchen geschnitten. Mayonnaise wird mit Tomatenmark und etwas Zitronensaft verrührt und an die Spaghetti gegeben.

1774 b. Nudelsalat mit Tomatenmayonnaise.

Auch Hausmacher-Suppennudeln können wie Salat zubereitet werden.

1775. Gefüllte Eier.

Die Eier werden 7 Minuten gekocht, geschält, längs halbiert. Das Eigelb wird mit 10 g gerührter Butter (pro Ei) und Schnittlauch.

Oder: mit 10 g gerührter Butter und 3 g Tomatenmark,

Oder: mit 10 g gerührter Butter und 3 g Senf und Petersilie,

Oder: mit 10 g gerührter Butter und 1 Sardelle,

Oder: mit 10 g gerührte Butter und gebratenem passiertem Kalbschnitzel, gut verrührt mit Spritzbeutel in die leere Eierhälften gespritzt.

1776. Bratheringe zu bereiten.

Zutaten: grüne Heringe, Mehl, Salz, Backfett, Marinade von ½ Essig, ½ Wasser, Gewürzkörnern, Lorbeerblatt, Zwiebelscheiben, Salz.

Die Heringe werden ausgenommen, gewaschen, mit Salz eingerieben, in Mehl gewendet und in Fett gebraten. Von den übrigen Zutaten wird eine Marinade gekocht und abgekühlt über die Bratheringe gegossen.

1777. Andere Art.

Statt Salz werden reichlicher Gewürz und Zwiebeln verwendet.

1778. Pikanter Fischsalat (1 Portion).

Zutaten: 100 g gekochter Fisch, 3-5 Kapern, 2-3 Champignons, 20 g Mayonnaise, etwas Senf, Zitronensaft, reichlich Salz.

Der gekochte Fisch wird von Haut und Gräten befreit, die Mayonnaise mit den übrigen Zutaten verrührt und zum Fisch gegeben.

1779. Heringsfilet pikant.

Zutaten: 6 große fette Heringe, ¼ l Essig, 25 g Zucker, 4 Zwiebeln, 5 Pfefferkörner, 10 g gemahlener Pfeffer, Lorbeerblatt, Dill, Senfkörner, ein Esslöffel Öl.

Die Heringe werden gut gereinigt, die Haut abgezogen, die Filets gewaschen und wenn sie gut abgetropft sind, in eine Schüssel geschichtet, abwechselnd mit Zwiebelringen und Gewürzen. Essig, Zucker und Öl werden aufgekocht, nach Erkalten darüber gegossen. Nach 1-2 Tagen werden die Filets wie Gabelbissen zerschnitten (längliche Streifen).

1780. Heringsschüssel.

Matjesheringe werden gut gereinigt, die Filets gewaschen und nach Abtropfen in eine Schüssel geschichtet, mit Mayonnaise übergossen, mit quer halbierten Eiern belegt und mit Gewürzgurken und Tomatenscheiben garniert.

1781. Sauerkraut ohne Salz.

Zutaten: 10 Pfund Weisskohl, 20 g Hefe.

Der Weisskohl wird fein geschnitten. In einem Steintopf wird 1/3 Kohl gut eingestampft. Darauf kommt ein dünnerer Stoffbeutel mit der Hefe, dann der restliche Kohl. Wenn er tüchtig eingestampft ist, wird so viel abgekochtes kaltes Wasser zugegeben, daß es darüber geht. Mit weißem Tuch bedeckt, Brett und Stein beschwert, läßt man das Kraut stehen, bis sich oben Blasen bilden. Dann wird das Wasser abgegossen und erneuert. Sobald das Wasser klar bleibt, braucht es nicht mehr erneuert zu werden. Tuch, Brett und Stein müssen bei jedem Wechsel gründlich gereinigt werden.

1782. Sauerkraut ohne Salz, andere Art.

Zutaten: 10 Pfund Weißkohl, Milchmolken, Ripakombin A.

Der fein geschnittene Kohl wird unter Zusetzen von so viel Milchmolken eingestampft, daß er immer von Flüssigkeit bedeckt ist. Es wird mit einem Tuch bedeckt, mit Brett und Stein beschwert. In Zwischenräumen von 6-8 Tagen müssen Tuch, Brett und Stein gereinigt werden. Sobald das Kraut den gewünschten Säuregrad hat, wird Ripakombin A nach Vorschrift zugesetzt. Dadurch wird große Haltbarkeit bei unverändertem Säuregeschmack erreicht.

1783 a. Sauerkraut ohne Salz.

Das Sauerkraut wird mit feingeschnittener Zwiebel trocken in Butter weich gedünstet, mit Rahmzusatz fertig gemacht.

1783 b. Sauerkraut ohne Salz.

Zutaten: 4 Pfund Sauerkraut ohne Salz, 400 g Äpfel, 160 g Fett, Zwiebel, Gemüsebrühe, 400 ccm (4 Weingläser) Weiß- oder Apfelwein.

Das Kraut wird mit Fett und Gemüsebrühe nahezu fertig gekocht, dann die in Fett gedünsteten Zwiebeln und die fein geschnittenen Apfelscheiben zugegeben, das Kraut vollends weich gekocht, mit Wein abgeschmeckt.

1784. Gemüsebratlinge mit Flocken (statt Fleisch).

Zutaten: 300 g Haferlocken, 120 g grüne Bohnen, 180 g Möhren, 30 g Sellerie, 60 g Blumenkohl, Zwiebeln, 3 Eier, Semmelmehl, Bratfett.

Die gut gewaschenen Gemüse werden roh gerafelt oder sehr fein geschnitten, etwas Zwiebeln in Fett angedünstet, dann alles gut vermengt, Würstchen geformt, in Brösel gewendet und in heißem Fett braun gebraten.

1785. Gemüseküchlein (statt Fleisch).

Zutaten: 1 Pfund verschiedenes Gemüse, 300 g gekochte Kartoffeln, Zwiebel, 3 Eier, 60 g Weizenmehl, Petersilie und Frischkräuter, Muskat, Backfett.

Das gekochte gut abgelaufene Gemüse wird mit den Kartoffeln durch die Hackmaschine getrieben, die Zwiebeln werden in Fett etwas angedünstet. Dann wird alles gut verknetet, Klops geformt, in heißem Fett gebraten, mit Zwiebelringen belegt.

1786. Grünkernwürstchen (statt Fleisch).

Zutaten: 300 g Grünkernschrot, 60 g Grünkernmehl, 300 g Suppengemüse, Zwiebel, 3 Eier, Bratfett.

Die gut gewachsenen Gemüse werden gerafelt und mit etwas Zwiebeln in Fett gedünstet, dann mit den übrigen Zutaten vermengt. Nach einer Stunde Ruhezeit werden Würstchen geformt und in der Pfanne in heißem Fett braun gebraten.

1787. Gebackene Gurkenscheiben (statt Fleisch).

Geschälte Gurken werden in ½ cm dicke Scheiben geschnitten, mit Zitronensaft beträufelt in verklopftes Eigelb getaucht, in Brösel gewendet und in heißem Fett gebraten.

1788. Gebackene Selleriescheiben mit Kräutermayonnaise (statt Fleisch).

Geschälte, gekochte Sellerie wird in große, 1 cm dicke Scheiben geschnitten, in verklopftes Ei getaucht, in Brösel gewendet und in heißem Fett gebraten.

1789. Gebackene Tomatenscheiben (statt Fleisch).

Tomaten werden in ½ cm dicke Scheiben geschnitten, gesalzen, mit geriebenem Parmesankäse bestreut, in verklopftem Ei und Brösel gewendet, dann in heißem Fett gebraten.

1790. Gemüsehackbraten (12 Portionen) (statt Fleisch).

Zutaten: Von Lauch, Sellerie, Möhren, Wirsing und Blumenkohl je 200 g 60 g Fett, 500 g Reis, 2 l Gemüsebrühe, Petersilie, Brösel.

Der gewaschene, in der Gemüsebrühe weich gedünstete Reis wird mit dem Gemüse, das man in Fett gar gedünstet hat, durch die Fleischmaschine getrieben, dann mit der feingeschnittenen und gerösteten Zwiebel, sowie den übrigen Zutaten gut vermengt, zu einem Stollen geformt, mit Brösel paniert und in heißem Fett in der Pfanne schön braun gebraten. Falls die Masse nicht hält, wird mit etwas Brösel nachgeholfen.

1791. Käseküchlein (statt Fleisch).

Zutaten: 1 ½ Pfund trockener Quark, 6 Eier, 90 g Weizenmehl, etwas Grieß, Bratfett.

Der Quark wird durch ein Haarsieb gestrichen, mit Eigelb und Mehl verknetet, der Eierschnee zugegeben. Mit dem Löffel werden Küchlein abgestochen, in Grieß gewendet und in heißem Fett (Pfanne) schön braun gebraten.

1792. Vegetarische Schnitzel (statt Fleisch).

Zutaten: 2 ¼ Pfund Blumenkohl, ½ Pfund Haferflocken, 3 Eier, 60 g Butter, ev. 60 g Parmesankäse, Brösel, Bratfett.

Der gekochte, gut abgetropfte Blumenkohl wird durch die Fleischmaschine getrieben, die Haferflocken werden in ganz wenig Milch zum Aufquellen gebracht. Dann werden alle Zutaten vermengt, kleine Schnitzel geformt, in Brösel gewendet und in der Pfanne mit heißem Fett gebraten.

1793. Fleischkügelchen.

Zutaten: 200 g Kalbfleisch, 200 g Rindfleisch, 100 g Schweinefleisch, 1 Löffel Fett, ½ Zwiebel, in Milch und Wasser eingeweichtes Brot, 1 Ei, Salz und Muskat, Grünes.

Das gehackte Fleisch wird mit Gewürz, Grünem und den gedämpften Zwiebeln, Ei und einer Tasse Brösel gut vermengt, Kügelchen davon geformt und im heißen Salzwasser gelassen, bis sie oben schwimmen, dann herausgenommen und mit einer weißen Sauce serviert.

1794. Käsegericht.

In eine Schüssel wird eine Lage feingeschnittenes Weißbrot, darauf eine Lage Käse, wieder Brot und wieder Käse gefüllt, bis das gewünschte Quantum erreicht ist, dann mit kochendem Wasser gut überbrüht und zugedeckt stehen gelassen. Das Wasser soll nicht über das Brot gehen. Nach etwa 1 Stunde gibt man das Ganze in heißes Fett und läßt es ganz langsam auf schwachem Feuer durchkochen, währenddessen das Brot etwas zerflossen wird. Oben schwimmendes Fett wird abgenommen und wenn das Gericht eine Kruste hat, angerichtet. Man gibt diese Speise zu Apfelkompott.

1795. Rohes Sauerkraut.

Zerschnittene Zwiebeln werden in heißem Öl oder Fett geröstet und über das ungewaschene, klein geschnittene, auseinandergezupfte Sauerkraut gegeben. Kann auch mit Salattunke bereitet werden.

1796. Fisch mit Dilltunke.

Zutaten: 4 Pfund Schellfisch oder Kabeljau, 2 Eßlöffel Fett, 120 g Mehl, 4 Eßlöffel Dill, 1 l Milch, Salz nach Geschmack, 30 g Butter, 4 Eßlöffel Parmesankäse.

Der gewaschene, gehäutete und entgrätete Fisch wird mit Salz in eine Auflaufform gegeben. Aus Fett, Mehl, Milch, Dill und Salz wird eine dicke, helle Mehlschwitze gemacht und darüber gegossen. Das Ganze wird mit Parmesankäse bestreut mit Butterstückchen belegt, eine halbe Stunde überbacken. Der Rand kann mit Kartoffelbrei bespritzt und mitüberbacken werden (sehr hübsch).

Diät und Früchtbrote.

1797. Diätbrot von Weizenflocken.

2 Tassen kaltes Wasser, 2 Esslöffel Öl, 1 Teelöffel Salz und 2 Teelöffel Rohrzucker werden in einer Schüssel gut geschlagen, ein halbes Pfund Weizenflocken dazu gegeben und etwas Mehl. Vom gut gekneteten Teig werden flache runde Kuchen geformt, auf einem Blech eine halbe Stunde gebacken.

1798. Flockenkuchen.

½ Tasse Öl, 1 Tasse brauner Rohrzucker, den man mit etwas Wasser zuvor auf dem Feuer auflöst, 2 Eigelb, 4/10 l Milch werden in einer Schüssel gut geschlagen, etwas Salz, das Abgeriebene einer Zitrone, ½ Pfund klein geschnittene, getrocknete Früchte, 50 g gehackte Mandeln, 250 g Weizenflocken, ½ Tasse Mehl dazu geknetet, zuletzt 1 Päckchen Backpulver und der Eierschnee zugegeben, alles in eine geölte Form gefüllt und 1 Stunde gebacken.

1799. Haferfruchtkuchen.

Ein halber Liter Fruchtsaft, 1/10 Liter Öl oder geklärte Butter und 2 Eigelb werden tüchtig geschlagen, ein halbes Pfund gemahlene Haferflocken, 125 g Rosinen, 125 g Backpflaumen, 100 g gemahlene Mandeln, 1 Teelöffel Zimt und 1 Päckchen Backpulver, zuletzt der Eierschnee dazu gearbeitet, alles in einer geölten Form 1 Stunde gebacken.

1800. Gewürzkuchen.

Zutaten: 1 Tasse Honig, 100 g geklärte Butter, 3 Eigelb, 1 Teelöffel Zimt, 1 Messerspitze Anis, Muskatblüte und 2 Tassen Milch, 3 Tassen Mehl, 125 g Sultaninen, 125 g Orangeat, 100 g gehackte Mandeln und ein Päckchen Backpulver.

Honig, Butter und Eigelb werden gut gerührt, die übrigen Zutaten zugegeben, zuletzt Backpulver und Eierschnee. Die Masse wird in einer englischen Teekuchenform 1 Stunde gebacken.

1801. Diätbrot von Haferflocken.

Zutaten: 2 Tassen kaltes Wasser, 2 Esslöffel Öl, ½ Pfund gemahlene Haferflocken, etwas Weißmehl oder Hafermehl, 2 Teelöffel Backpulver.

Öl und Wasser werden gut geschlagen, dann mit den übrigen Zutaten zu einem Teig verarbeitet, Kuchen geformt und eine halbe Stunde gebacken.

1802. Diätbrot von Kleie.

Zutaten: 3 Tassen kaltes Wasser, 3 Esslöffel Öl, 2 Teelöffel Zucker, etwas Salz, Mehl, 2/3 Weizenkleie, 1/3 Mehl, 1 Teelöffel Backpulver.

Wasser, Öl, Zucker und Salz werden gut geschlagen und mit Mehl zu einem festen Teig verarbeitet, zuletzt das Backpulver zugegeben, flache, runde Kuchen auf ein Blech gesetzt und eine halbe Stunde gebacken.

1803. Kleienbrötchen.

Zutaten: 2 Tassen kalte Milch, 2 Tassen Wasser, 4 Esslöffel Öl, 3 Teelöffel Zucker, 1 Paket Backpulver, etwas Salz, Mehl: ½ Kleie, ½ Mehl.

Milch, Wasser, Öl, Zucker und Salz werden gut geschlagen, mit den übrigen Zutaten ein guter Brotteig hergestellt, Brötchen geformt und auf einem Blech ½ - ¾ Stunden gebacken.

1804. Fruchtbrötchen.

Dem Kleinbrötchenteig werden Rosinen, klein geschnittene Feigen und Backpflaumen zugesetzt.

1805. Schrotbrötchen.

Zutaten: ½ l lauwarmes Wasser, 3 Esslöffel Öl, Salz und 2 Teelöffel Zucker, 2 Teelöffel Backpulver, mittelfeiner Weizenbrot.

Wasser, Öl, Salz und Zucker werden gut geschlagen, Weizenschrott dazu gerührt, so viel die Flüssigkeit annimmt. Nach 6-stündiger Ruhezeit wird mit Mehl und Backpulver ein Teig gemacht, davon werden Brötchen geformt und in schwacher Hitze 1 Stunde gebacken.

1806. Fruchtkuchen.

Zutaten: 100 g geklärte Butter, ½ Tasse gebrannter Zucker, 2 Eigelb, 4/10 l Milch, etwas Salz, ½ Pfund klein geschnittene getrocknete Früchte, 50 g Nüsse, 1 Teelöffel Zimt, 3 Tassen Mehl und 1 Päckchen Backpulver.

Butter, Zucker, Eigelb, Milch und Salz werden gut geschlagen, die übrigen Zutaten dazu gemengt, zuletzt Backpulver und Eierschnee. In einer englischen Teekuchenform wird der Kuchen 1 Stunde gebacken.

Eintopfgerichte.

1807. Weinmus.

(für Kranke sehr nahrhaft und bekömmlich).

In heißer Butter wird fein geschnittenes Weißbrot geröstet, dann mit halb Wein, halb Wasser abgelöst und mit Zucker und etwas Zimt auf schwachem Feuer langsam gut durchgekocht. Wenn das Gericht eine leichte Kruste hat, wird es angerichtet.

1808. Himmel und Erde.

Halb Kartoffelbrei, halb Apfelbrei werden tüchtig miteinander auf dem Feuer verrührt, dann lagenweise in eine Schüssel gegeben, dazwischen Kräuterkäse gestreut, mit Käse abgeschlossen und abgeschmälzt. Im Rohr ziehen lassen.

1809. Huhn in Reissuppe (Eintopfgericht).

Zutaten: 4 Pfund Suppenhuhn, 480 g Reis, Salz, 3 l Wasser.

Das Huhn wird mit Suppengrün und kaltem Wasser zugesetzt und weich gekocht. Die Brühe wird durch ein Haarsieb gegossen, entfettet und der gewaschene Reis weich darin gekocht. Das Fleisch wird in kleine Stückchen geschnitten, zum Reis gegeben und das Gericht mit Salz und grüner Petersilie fertig gemacht.

1810. Huhn in Nudelsuppe (Eintopfgericht).

Zutaten: 4-6 Pfund Suppenhuhn, 420 g Fadennudeln, Suppengemüse, 3 l Wasser, Salz.

Zubereitung wie in voriger Nummer.

1811. Hammelfleischbrühkartoffeln (Eintopfgericht).

Zutaten: 6 Pfund Hammelfleisch mit Knochen, 6 Pfund Kartoffeln, 6 l Fleischbrühe, Suppengrün, etwas Kümmel, 300 g Fett, 300 g Mehl, 6 kleine Zwiebeln.

Nachdem Fleisch und Knochen gewaschen sind, werden sie mit kaltem Wasser zugesetzt und gekocht, bis das Fleisch weich ist. Kartoffeln werden geschält, in kleine Stückchen geschnitten, das Suppengrün in kleine Würfel, mit ein Drittel des Fettes angedünstet, und mit der Hälfte der Brühe fertig gekocht. Vom restlichen Fett und Mehl wird eine helle Mehlschwitze bereitet, mit der übrigen Brühe abgelöscht, eine halbe Stunde gekocht, mit Petersilie zu den Kartoffeln gegeben, mit Kümmel und gerösteten Zwiebeln und dem in Würfel geschnittenen Fleisch vermischt und abgeschmeckt.

1812. Rindfleischbrühkartoffeln (Eintopfgericht).

Zutaten: 3 Pfund Rindfleisch, 3 Pfund Knochen, 6 Pfund Kartoffeln, 6 l Fleischbrühe, Suppengrün, 400 g Fett, 400 g Mehl, Petersilie, Salz.

Zubereitung wie in voriger Nummer. Statt mit Kümmel und Zwiebeln wird mit Salz und Petersilie fertig gemacht.

1813 a. Hausmachernudelsuppe mit Kalbfleisch.

(Eintopfgericht).

Zutaten: 3-4 Pfund Kalbsbug mit Knochen, 9 l Wasser, Suppengemüse, Salz, Hausmachernudeln; 2 ¼ Pfund Mehl, 120 g Butter, 1 große Tasse Milch, 2 Eier oder wie Nr. 1813 b.

Das gewaschene Kalbfleisch wird mit Suppengrün und kaltem Wasser zugesetzt und weich gekocht, die Brühe durch ein Haarsieb gegossen. Von den übrigen Zutaten wird ein fester Teig gemacht, dünn ausgerollt und nach Abtrocknen der Kuchen zu Nudeln geschnitten. Man gibt sie in beliebigem Quantum in die kochende Fleischbrühe, das in Würfel geschnittene Kalbfleisch dazu und schmeckt mit Salz ab.

1813 b. Hausmachernudeln.

Zutaten: 2 Pfund Mehl, 4 Eier, 1 ¼ l Milch oder ½ l Milch, ½ l Wasser. Oder: 2 Pfund Mehl, 100 g Butter, 1 Tasse Milch, 10 Eier.

Die Eier werden mit Milch verquirlt, mit Butter und Mehl zu einem festen Teig verknetet, dann so dünn als möglich ausgerollt. Wenn die Kuchen etwas abgetrocknet sind, können Nudeln in beliebiger Breite geschnitten und zu Suppen, Nudelsalat oder Eintopf Nr. 1813 b verwendet werden.

1814. Kartoffelsuppe mit Fleischbällchen Eintopfgericht.

Zutaten: 6 l Fleisch- oder Gemüsebrühe, 6 Pfund Kartoffeln, reichlich Suppengrün, 400 g Fett, 400 g Mehl, Petersilie, Salz, Fleischbällchen: 600 g gewiegtes Rind- oder Kalbfleisch, 120 g Semmelbrösel, 3 Eier, Salz.

Die Kartoffeln werden geschält und in kleine Stückchen geschnitten, das Suppengrün in kleine Würfel. Beides wird in einem Drittel des Fettes angedünstet, die Hälfte der Brühe zugegeben und weich gekocht. Vom restlichen Fett und Mehl wird eine helle Mehlschwitze bereitet, mit der übrigen Brühe abgelöscht, eine halbe Stunde durchgekocht, dann wird Petersilie zugegeben und das nötige Salz. Die in etwas Wasser eingeweichten Semmeln werden fest ausgedrückt, durch ein Haarsieb zum gewiegten Fleisch gegeben und mit Eiern und Salz gut vermengt. Man formt kleine Fleischbällchen, läßt sie 10 Minuten in kochendem Wasser ziehen und gibt sie dann in die fertige Suppe.

1815. Erbsensuppe (Eintopfgericht).

Zutaten: 6 l Wasser, 5 Pfund Kartoffeln, 3 Pfund geschälte gelbe Erbsen, 3 Pfund Schweinsrippchen (nicht gepöckelt), Suppengrün, Majoran.

Die gewaschenen, über Nacht eingeweichten Erbsen werden mit dem klein geschnittenen Suppengrün, dem Einweichwasser und den Rippchen aufs Feuer gebracht und weich gekocht. Die Kartoffeln werden geschält, klein geschnitten, gedämpft und zur fertigen Suppe gegeben, die mit etwas Majoran abgeschmeckt wird.

1816. Gekochtes Kalbfleisch in Reissuppe (Eintopfgericht).

Zutaten: 3 Pfund Kalbsbug, 1 Pfund Reis, 6 Liter Wasser, Suppengrün, Salz.

Zubereitung wie Nr. 1809.

1817 a. Gekochtes Rindfleisch in Reissuppe.

(Eintopfgericht).

Zutaten: 3 Pfund Rindfleisch, 3 Pfund Knochen, 6 Liter Wasser, Suppengrün, Salz, 1 Pfund Reis

Zubereitung wie Nr. 1809.

1817 b. Sauerkrautsuppe.

Sauerkraut wird klein geschnitten und mit genügend kaltem Wasser und nicht zu stark gesalzenem gepöckeltem Schweinefleisch gekocht. Beim Anrichten wird saurer Rahm mit Mehl angerührt und der Suppe zugesetzt. Vorzügliches Mittel gegen Gicht und Podagra, wenn diese Suppe längere Zeit hindurch genossen wird. Sie kann aufgewärmt und deshalb in größeren Mengen gekocht werden.

1818. Frühlingssuppe.

Eine Hand voll Brennnesseln, Löwenzahn und Sauerampfer, etwas Bibernelle, Kerbel oder Petersilie werden gekocht, dann gehackt, mit der Brühe vermischt, mit Fleischextrakt, saurem Rahm und etwas Mehl sämig gemacht. Auf dieselbe Weise werden, Kerbel, Schafgarben-Schlüsselblumenblätter und Sauerampfer zubereitet.

1819.

Oder: eine Hand voll von Brennnesseln, Brombeer-, Erdbeer-, Löwenzahn-, Schafgarbenblättern, Sauerampfer, Gänseblümchen, etwas Hopfenspitzen und Gundermann werden tüchtig gekocht, dann durch ein Sieb geschüttet. Der Absud wird mit einer Mehlschwitze, etwas Muskat und Zwiebeln nochmals zum Kochen gebracht. Dieses ist eine ausgezeichnete Frühlingssuppe.

1820.

Oder: Schafgarben, Brennnesseln, Brombeer-, Erdbeer-, Löwenzahnblätter, Sauerampfer und etwas Gundermann werden wie oben gekocht, nach dem Durchseihen Graupen oder Kartoffeln zugegeben und mit einer Mehlschwitze fertig gemacht.

Diese blutbildenden und blutverbessernden Gemüse wirken ganz besonders im Frühjahr auf den ganzen Organismus wohltuend ein, Segen und Nutzen derselben ist während des ganzen Jahres in reichlichem Maße zu verspüren.

1821. Wildwachsende Salate.

Der Salat ist eines der allergesündesten Nahrungsmittel. Er liefert mit dem Gemüse den notwendigen Zellfasernstoff für den Verdauungskanal, kräftigt das Blut und trägt zum Stoffwechsel bei. Er hat seine Kräfte von der Sonne und wird nicht durch Kochen entwertet. Ackersalat, Bachbunge, Brunnenkresse, Gartensalat, Hirtentäschel, Sauerampfer (die beiden vorher brühen), junge Sprossen von Holunder, Huflattich (sehr vitaminreich), Löwenzahn (Herzchen, sehr blutbildend), Kapuziner, Kerbel, Mauerpfeffer, Nelkengewürz, Rapunzel, Spinat, Spitzwegerich, Scharbockskraut, Veilchenblätter, Waldrapunzel und Wegwarte.

Zubereitung: Der Salat wird gut gewaschen, von Sand und Erde gereinigt, jedoch nicht etwas vorher in Wasser eingeweicht oder gar zerschnitten. Dadurch würden die leicht löslichen Natronsalze, Nährwerte und Vitamine im Wasser verloren gehen. Öl, Zwiebel und Zitronensaft werden nach Belieben zugesetzt. Durch Zusatz von etwas Boretsch, Majoran oder Gurken (Bohnen-)kraut können Salate, auch Kopfsalat verfeinert werden.

1822. Grundkost oder Dauerkost für Zuckerkranke.

Frühstück:

1 Birchermüsli mit Rahm ohne Haferflocken und 1 Tasse Mandelmilch; 2 verschiedene Rohgemüse, mit Öl und Zitrone angemacht, dazu eine Schnitte Vollkornbrot mit Butter.

10 und 16 Uhr 1 Apfel, Orange oder Banane und viel Nüsse. Abendessen wie Frühstück.

Mittagessen:

1. Tag:	Gemüsesuppe, Rindsrouladen und Salat, Käse, Butter.
Veg.:	Gemüsesuppe, Spinatauflauf mit Rührei, Butter.
2. Tag:	Haferflockensuppe, Schweinsrippchen und Schwarzwurzel, 1 Apfelsine.
Veg.:	Haferflockensuppe, Muschelpastete mit Rosenkohl, 1 Apfelsine.
3. Tag:	Tomatensuppe, gedämpfter Schellfisch mit Senftunke und Salat, Zitronen.
Veg.:	Tomatensuppe, russische Eier mit Senftunke und Salat, Zitrone.
4. Tag:	Rohkostplatte, Rindfleisch mit Wirsing und 1 Pellkartoffel, 1 Apfelsine.
Veg.:	Rohkostplatte, Sauerkrautauflauf und Pellkartoffel, eine Apfelsine.
5. Tag:	Mit Quark gefüllte Tomaten, Pfifferlinge mit Risotto, eine Banane.
Veg.:	Mit Quark gefüllte Tomaten, Pfifferlinge mit Risotto, eine Banane.
6. Tag:	Blumenkohlsuppe, Rührei mit Schinken und Salat, Apfelschnee.
Veg.:	Blumenkohlsuppe, Rührei mit grillierten Tomaten und Salat, Apfelschnee.
7. Tag:	Gemischter Salat, Rotkohl und Schweinekotelette, Käse und Butter.
Veg.:	Gemischter Salat, Karotten- oder Blumenkohlauflauf mit Salat, Käse, Butter.

Strenger Diabetiker-Rohkosttag.

Frühstück: Rohe Gemüse, mit Olivenöl und Zitronensaft angemacht, grüner Salat mit saurem Rahm angemacht, 1 Tasse Mandelmilch.

Mittagessen: 1 Apfel, 1 Tasse Gemüsebouillon oder 1 Tasse roher Gemüsesaft mit Zitronensaft, Rohtopfplatte mit verschiedenen Gemüse und grünem Salat mit Olivenöl, Zitronensaft und Rahm angemacht. Nüsse aller Art außer Erdnüssen.

Abendessen: wie Frühstück.

Gemüsetag.

Frühstück: z. B. Grüne frische Bohnen gedämpft.
Mittagessen: z. B. Kohlrabi gekocht.
Abendessen: Rohkostplatte, dazu gekochter Spinat.
Anmerkung: Alle Gemüse mit reichlich Fett gedämpft, Mehlfrei zubereitet, in solcher Menge, daß sie den Kranken völlig sättigen. Jede Art von Gemüse ist erlaubt.

Obsttag.

Man gibt zu 2 Pfund Äpfel, gute Sorte, nicht zu süß, die der Kranke nach Belieben roh verzehrt. Man kann einige Äpfel auch als zuckerfreies Apfelmus mit reichlich Rahm geben.

Hafertag.

Bis zu 250 g feste Haferflocken (Klopfer- oder Gebirgshaferflocken) werden nicht gekocht, sondern mit Milch und Wasser eingeweicht und dann langsam erhitzt, bis sie etwas aufgequollen und weich geworden sind. Dieser Haferbrei wird mit reichlich Butter vermengt. Am besten wird der Hafertag jeweils durch einen Gemüsetag eingeleitet.

1823. Speisenfolgen zusammengestellt.

Für billige einfache, neuzeitliche und für vegetarische Diätküche.

Januar.

Mittags:	Weißkrautsalat, Gulasch mit Pellkartoffeln, Apfelmus.
Veg.:	Weißkrautsalat, Kastanien oder Pellkartoffeln, Apfelmus.
Abends:	Apfelsine, Petersilkartoffeln, rote Rüben.
Oder:	
Mittags:	Weißkrautsalat, Hammelgulasch mit Kartoffelbrei oder Pellkartoffeln.
Veg.:	Weißkrautsalat, Schwarzwurzeln und Kartoffelbrei oder Pellkartoffeln.
Abends:	Grießklöß mit Salat oder Backobst.

Februar.

Mittags:	1 Apfelsine, Winterkohl mit Speck und Pellkartoffeln.
Veg.:	1 Apfelsine, Winterkohl mit Bratkartoffeln.
Abends:	Hering mit Pellkartoffeln und gerösteten Zwiebeln.
Oder:	
Mittags:	Frischkost, Selleriesuppe, Linsen mit Würstchen und Bratkartoffeln.
Veg.:	Frischkost, Selleriesuppe, Linsen mit Kartoffeln.
Abends:	Apfelpfannkuchen, Johannisbrottee.

März.

Mittags:	1 Apfel, Orangensalat, dicke Gemüsesuppe mit Ochsenwürfeln.
Veg.:	1 Apfel, Orangensalat, dicke Gemüsesuppe mit Nudeln.
Abends:	Salat, Schwäbische Spätzle mit Obst (Apfelkompott).
Oder:	
Mittags:	Früchte, Irish Stew.
Veg.:	Frischkost oder Früchte, Blumenkohl gratiniert, Kartoffelbrei.
Abends:	Brei von Polenta, garniert mit Kompott, Hagenbutten-Tee.

April.

Mittags:	1 Apfel, Kartoffelsuppe mit Speckwürfeln und Semmelbrötchen, Quark mit Zucker&Zimt.
Veg.:	1 Apfel, Kartoffelsuppe mit gebräunten Zwiebeln, Quark mit Zucker und Zimt.
Abends:	Dörrobst und Nüsse, Sauerkraut und Kartoffelbrei.
Oder:	
Mittags:	Früchte, Kalbsgulasch mit Kartoffelbrei, verschiedene Salate, Kompott.
Veg.:	Früchte, Zwiebelgemüse mit Kartoffelbrei, verschiedene Salate, Kompott.
Abends:	Gebackene Grießschnitten, Salat.

Mai.

Mittags:	Rohkostplatte, Ochsenfleisch mit Pellkartoffeln und Meerrettichtunke.
Veg:	Apfelsinen, Kräuteromelette und Salat (Wildkräutersalat).
Abends:	Sauermilch, Petersilienkartoffeln, Salat.
Oder:	
Mittags:	Apfelsinen, Leberknödel mit Sauerkraut.
Veg.:	Rohkostplatte (Wildkräutersalate), Sauerkraut, Spätzle.
Abends:	Topfenkäse, Pellkartoffeln, Kräutertee.

Juni.

Mittags:	Kopfsalat und Gurken, Blumenkohl mit weißer Tunke, Schinkenscheibe und Kartoffeln.
Veg.:	Kopfsalat und Gurken, hartgekochtes Ei, Blumenkohl mit weißer Tunke und Kartoffeln.
Abends:	Rührei mit Salat und Bratkartoffeln.
Oder:	
Mittags:	Kopfsalat und Radieschen, Fleischpichelsteiner.
Veg.:	Kopfsalat und Radieschen, Gemüsepichelsteiner.
Abends:	Salat, Gemüsesuppe, Brot mit Butter.

Juli.

Mittags:	Heidelbeeren in Milch, Spinat mit Kartoffeln und Schmorbraten.
Veg.:	Heidelbeeren in Milch, Spinat mit Spiegelei und Pellkartoffeln.
Abends:	Rohkostplatte, Stachelbeergrütze mit Vanilletunke (Obstgrütze).

Oder:

Mittags:	Frischkost, Kalbsnierenbraten mit Bohnen und Kartoffeln.
Veg.:	Frischkost, Bohnen und Spätzle.
Abends:	Obstplatte mit frischen Früchten, Butterbrot.

August.

Mittags:	Kopfsalat und Tomatenscheiben, Bohnen und Specksoße mit Kartoffeln.
Veg.:	Kopfsalat und Tomatenscheiben, Bohnengemüse und Bratkartoffeln.
Abends:	Heidelbeeren, Kopfsalat und Bratkartoffeln.

Oder:

Mittags:	Obst, Fleischküchlein mit Mischgemüse und Kartoffeln.
Veg.:	Obst, Mischgemüse, (Leipziger Allerlei), mit Kartoffeln.
Abends:	Haferflockenbrei mit Pfirsichkompott, Kräutertee.

September.

Mittags:	Salat, Irish Stew.
Veg.:	Vegetarisches Irish Stew.
Abends:	Pellkartoffeln mit Zwiebeltunke und Salat.

Oder:

Mittags:	Obst, gebackene Leber, Rahmkartoffeln, Salat.
Veg.:	Obst, Grünkernkoteletten und Rahmkartoffeln, Salat.
Abends:	Schneemilchsuppe oder Brot mit Butter. *oder:* Topfenomelette, Apfelschalentee.

Oktober.

Mittags:	1 große Tomate, Bratklops mit Brechbohnen und Pellkartoffeln.
Veg.:	1 große Tomate, Kartoffelplätzchen mit Brechbohnen.
Abends:	Endiviensalat mit Bratkartoffeln, süße rohe Milch, Käsebrot.
Oder:	
Mittags:	Frischkost, Fischkoteletten, mit Tomaten-Weißkraut (Gemüse oder Salat) und Kartoffeln.
Veg.:	Frischkost, Tomaten-Weißkraut mit Majorankartoffeln.
Abends:	Reis- oder Grießbrei mit Kompott, Käsebrot, Tee.

November.

Mittags:	1 Apfel, Schinkennudeln oder Schinkenkartoffeln, Salat.
Veg.:	1 Apfel, gebackene Nudeln oder Weizenbrätlinge, Salat.
Abends:	Rohes Sauerkraut mit gerösteten Zwiebeln und Pellkartoffeln.
Oder:	
Mittags:	Rohkost, Koteletten, gelbe Rüben und Kartoffeln.
Veg.:	Rohkost, gelbe Rüben und Bratkartoffeln.
Abends:	Pfannkuchen mit gemischtem Kompott oder Apfelmus.

Dezember.

Mittags:	Salat, Kohlrollen: Weißkraut mit Fleischfarce, Kaperntunke und Pellkartoffeln.
Veg.:	Salat, Kohlrollen: Weißkraut mit Reis gefüllt, weiße Tunke und Pellkartoffeln.
Abends:	Geröstete Nudeln mit Salat.
Oder:	
Mittags:	Frischkost oder Früchte, Kalbskotelett mit Rotkraut, Kastanien.
Veg.:	Frischkost oder Früchte, Rotkraut mit Makkaroni, Kartoffeln.
Abends:	Tomatennudeln mit geriebenem Käse, Salat. Oder: Vollkornnudeln, Kompott oder Salat.

1824. Besonders für die Wintermonate.

Mittags: Bananen oder Orange und Nüsse, Gemüsesuppe, Speckpfannkuchen, Kompott oder Salat.

Veg.: Bananen oder Orange und Nüsse, Gemüsesuppe, Pfannkuchen, Kompott oder Salat.

Abends: Rotrübensalat grüner Salat und Bratkartoffeln, Butterbrot, Quark, Tee.

Mittags: Obst, Nüsse, Lauchsuppe, Leberknödel, Sauerkraut, Kartoffeln, rote Grütze, Vanilletunke.

Veg.: Obst, Nüsse, Lauchsuppe, Erbsbrei und Sauerkraut, Kartoffeln, rote Grütze und Vanilletunke.

Abends: Rohkostplatte, grüner Salat, Gelbrübensalat, Sellerie, Reiscreme mit Kompott.

Mittags: Salat, Rotkraut, Schweinskotelette mit Pellkartoffeln und Pfannentunke, Schokoladenflammerie und Vanilletunke.

Veg.: Salat, 1 Ei, Rotkraut, Kastanienpüree oder Pellkartoffeln und Pfannentunke, Schokoladenflammerie und Vanilletunke.

Abends: Sauerkrautauflauf, Resteverwertung von gestern, vegetarischen Schnittchen.

Mittags: Haferflockensuppe mit Tomaten oder Tomatenpüree, gebackene Schinkenscheiben mit Salat, Apfelspeise.

Veg.: Haferflockensuppe mit Tomaten oder Tomatenpüree, Kräuteromelette, gebackene Schinkenscheiben mit Salat, Apfelspeise.

Abends: Reispudding und Apfel- oder Apfelsinensalat, Käseplatte und Tee.

Mittags: Kartoffelsuppe, Fischfrikasse mit Dämpfkartoffeln und grünem Salat, Bratäpfel.

Veg.: Kartoffelsuppe, Weizenbrätlinge mit Rotrübensalat und grünem Salat, Bratäpfel.

Abends: Apfelsine, Buchweizenpfannkuchen mit Salat oder Apfelkraut. 1 Tasse Milch.

Mittags: Apfel, Bouillon mit Grießklößchen, Ochsenfleisch, Kartoffeln und Meerrettichtunke, Mondaminflammeri mit Himbeersaft.

Veg.: Apfel, Gemüsebouillon mit Grießklößchen, Bratkartoffeln und Salat, Mondaminflammeri mit Himbeersaft.

Abends: Buttermilchsuppe mit Pflaumen oder Gerstensuppe, Bückling mit Bratkartoffeln und Salat.

Veg.: Buttermilchsuppe mit Pflaumen oder Gerstensuppe, Spiegeleier mit Bratkartoffeln und Salat.

Mittags: Rohkostplatte, Hasenbraten mit Apfelkompott und Dampfkartoffeln, Zitronencreme.

Veg.: Rohkostplatte mit Ei, Rosenkohl mit Kastanien und Dampfkartoffeln, Zitronencreme.

Abends: Gekochte Eier, Kartoffelsalat, grüner Salat, Selleriesalat, Aufschnitt, Butterbrot, Tee.

Veg.: Gekochte Eier, Kartoffelsalat, grüner Salat, Selleriesalat, Käseplatte, Butterbrot, Tee.

1825. Speisezettel für bürgerliche und größere, gemischte und vegetarische Ansprüche.

Mittags: Rohkostplatte, Hafermehlsuppe mit Tomaten, Schweinskoteletten, Kartoffelbrei, Blumenkohl- und Tomatensalat.

Veg.: Rohkostplatte, Blumenkohl, Kartoffelbrei, Milchreis, Obstsalat.

Abends: Gelbe Rübensuppe, Fleischkügelchen, Pommes frites oder Kartoffelstücke, Salat.

Veg.: Rohkostplatte, Italienische Flädchen, mit Gemüse gefüllt, Salat, Früchte.

Mittags: Rohkost, Suppe, Kalbsfrikandeau, Breite Nudeln, geschmälzter Blumenkohl, Früchte.

Veg.: Rohkost, Suppe, Mailänder Omeletten, Lauchgemüse, Bratäpfel.

Abends: Tomatensuppe, Reisring mit Leber, Salat, Früchte.

Veg.: Tomatensuppe, Pilzragout oder Wecknödel, Pflaumenkompott.

Mittags: Rohkost, Suppe, Roastbeef, Erbsen mit Karotten, Kopfsalat, Früchtekuchen.

Veg.: Früchte, Pastete gefüllt mit Blumenkohl, Spinatpudding, Salat, oder:

Veg.: Früchte, belegte Brötchen, Blumenkohl mit Tomaten, Kartoffeln und Salat.

Mittags: Rohkostplatte, Einlaufsuppe, Schmorbraten, Wirsing, Riedernauer Kartoffeln, Obst.

Veg.: Rohkostplatte, Kümmelkraut, Bratkartoffeln, Eierhaber mit Kompott.

Abends: Markklößchensuppe, Kalbsbraten und Rosenkohl, Bratkartoffeln, Tomatensalat, Süßspeise.

Veg.: Suppe, Kartoffelauflauf, Rosenkohl, Grießpudding mit Kompott oder Obst.

Mittags: Rohkost, Grünkernsuppe, Nieren oder Leber, Risotto, Obstsalat.

Veg.: Gemüseschnitten, Käseschnitten mit Apfelmus, Risotto mit Tomaten, gemischter Salat.

Abends: Rohkost, Zwiebelsuppe, Sauerbraten, Kartoffelknödel, geschmälzte Bohnen, Früchte.

Veg.: Rohkost, Suppe, Kartoffelknödel, Bohnensalat, Reisauflauf mit Kompott.

Mittags: Früchte und Nüsse, Gemüsesuppe, Schinkenomeletten, Salat, Apfelkompott.

Veg.: Früchte und Nüsse, Gemüsesuppe, Pfannkuchen, Salat, oder Kompott.

Abends: Bürg.: Rotrübensalat, grüner Salat und Bratkartoffeln, Brot, Butter, Quark, Tee.

Veg.: Dasselbe

Mittags: Obst und Nüsse, Lauchsuppe, Leberknödel, Sauerkraut, Pell- oder Salzkartoffeln, rote Grütze und Vanilletunke.

Veg.: Obst und Nüsse, Lauchsuppe, Sauerkraut, Erbsenbrei und Pellkartoffeln, rote Grütze und Vanilletunke.

Abends: Rohkostplatte von grünen Salaten, gelben Rüben und Sellerie, Reiscreme mit Kompott.

Veg.: Dasselbe.

Mittags: Haferflockensuppe mit Tomaten oder Tomatenpüree, gebackene Schinkenscheiben mit Salat, Apfelspeise aus deutschem Edelsago mit Vanilletunke.

Veg.: Statt Schinkenscheiben, Kräuteromelette, sonst daßelbe.

Abends: Reispudding oder Apfelsinensalat, Käseplatte und Tee.

Veg.: Dasselbe.

Mittags: Kalbskopfsuppe, italienischer Salat, garniert, junge Bohnen gebraten.

Veg.: Sonntagswindbeutel, frische Karotten mit Erbsen und Salat, Erdbeerkuchen mit Schlagrahm, Kaffee.

Abends: Nudelsuppe, Pariser Schnitzel, Salzkartoffeln und Salat, Kompott.

Mittags:

1. Rohkostplatte mit Rettich, gelben Rüben, Weißkraut und Rapunzelsalat.

Veg.: Dasselbe. Salat garniert mit einem halben gekochten Ei pro Person und gebackene Kartoffelklöße.

2. Schmorbraten oder Sauerbraten mit Kartoffelklößen.

Veg.: Mehlspeise mit Zitronentunke.

3. Apfelsinen, Äpfel, Nüsse.

Abends:

Müsli, Rosenkohl mit Bratkartoffeln.

Mittags:

1. Rohkostplatte wie oben oder Früchte.

Veg.: Obst.

2. Kalbsroulade mit Semmelklötzen und Salat.

Veg.: Gebackene Sellerie mit Kartoffelbrei und grünem Salat.

3. Weincreme.

Abends:

Topfen mit grünem Salat, Pellkartoffeln oder Brot.

Mittags:

1. Obstsalat von Apfelsinen, Äpfeln und Nüssen.

Veg.: Dasselbe.

2. Winterkohl, gekochte Mettwurst und Brat- oder Pellkartoffeln.

Veg.: Spinat, Spiegelei, Pellkartoffeln.

3. Äpfel im Schafrock.

Abends:

Obst, Rahmkartoffeln, 1 gekochtes Ei (pro Person), und Endiviensalat.

Mittags:

1. Frischkost oder Früchte.

Veg.: Dasselbe.

2. Kalbsbraten mit Blumenkohl und Kartoffeln.

Veg.: Spinat, Spiegelei, Pellkartoffeln.

3. Äpfel im Schlafrock.

Abends:

Obstsalat, vegetarische Schnitten, Tee.

Mittags:

1. Vegetarische Schnittchen mit Quark, Petersilie u. Schnittlauch.

Veg.: Dasselbe.

2. Senfhammelbraten und Bayer. Kraut mit Pellkartoffeln.

Veg.: Vegetarischer Pickelsteiner und Salat.

3. Karamelcreme.

Abends:

Endiviensalat und Tomaten mit Quark gefüllt, Himmel und Erde mit gerösteten Zwiebeln und Leberscheiben.

Oder:

1. Früchte.

Veg.: Dasselbe.

2. Verschiedene Gemüsesalate und gebratener Hahn.

Veg.: Verschiedene Gemüsesalate und Kartoffeln.

3. Karamelcreme.

Mittags:

1. Bananen und Nüsse.

Veg.: Dasselbe.

2. Gemüsebrühe.

Veg.: Dasselbe.

3. Rouladen mit Salat und Kartoffeln.

Veg.: Pfannkuchen und Salat.

4. Saures Milchgelee und Vanillesoße.

Veg.: Dasselbe.

Abends:

Obstsalat von Apfelsinen und Äpfeln, Gemüsesülze und Bratkartoffeln.

Oder:

1. und 2. Wie oben.

3. Sauerbraten mit Semmelknödeln.

Veg.: Geröstete Semmelknödel mit Salat.

4. Kompott.

Mittags:

1. Frische Gurken gefüllt mit rohem Möhrensalat.

Veg.: Dasselbe.

2. Schweinsfilet mit Spargeln und Kartoffeln.

Veg.: Omelette, gefüllt mit Spargeln.

3. Obstcreme.

Abends:

Ananasscheibe, Spinatpudding mit holländischer Tunke und Pellkartoffeln.

Oder:

1. Frischkost, (Löwenzahn, Brennnesseln, Schafgarbe usw.).

Veg.: Dasselbe.

2. Schweinsfilet mit Spargeln und Salzkartoffeln.

Veg.: Spargeln und Buttertunke und Kartoffeln.

3. Rhabarberkompott.

Abends:

Salatplatte mit Butterbrot.

Mittags:

1. Erdbeeren.

2. Spargelpudding mit gekochtem Schinken, abgeschlag. Holländ. Tunke und Kopfsalat.

Veg.: Spargelpudding mit abgeschlag. holländischer Tunke und Kopfsalat.

3. Schokoladenspeise.

Abends: Bananen und Nüsse, junge Erbsen und Karotten mit neuen Kartoffeln.

Oder:

1. Früchte.

2. Gebratene Tauben, Kartoffelbrei, Kopfsalat.

Veg.: Spinat mit Kartoffelküchlein.

3. Rote Grütze mit Vanilletunke.

Abends:

Kartoffelsuppe mit Kompott oder Salat.

Mittags:

1. Gezuckerte Johannisbeeren.

2. Netzbraten und Kohlrabi in Milchtunke und Kartoffeln.

Veg.: Kohlrabigemüse, Pellkartoffeln, Salat

3. Eis und Zimtwaffeln.

Abends:

Salatplatte von jungen Gemüsen, Obst- oder Beerenpfannkuchen.

Oder:

1. Frischkost oder Früchte.

2. Gebackenes Kitz, Gurkensalat, Kartoffeln.

Veg.: Gurkengemüse mit Rahm und Kartoffelküchlein.

3. Erdbeerkuchen.

Abends:

Heidelbeeren in Milch oder Kirschenmichel.

Mittags:

1. Obst.

Veg.: Tomaten mit versch. Gemüse und Mayonnaise gefüllte Bratkartoffeln.

2. Leipziger Allerlei mit neuen Kartoffeln und Wiener Schnitzel.

Veg.: –

3. Creme a la Nesselrode.

Abends: Salat, Semmelklötze mit Buttertunke, Birnen- oder Pflaumenkompott.

Oder:

1. Geschlagene Sauermilch mit Himbeeren.

2. Hackbraten mit Kartoffelbrei und grünem Salat.

Veg.: Wirsing in Butter, Eierküchlein, Salat.

3. Obst.

Abends:

Nudeln oder Reisrand mit Pfifferlingen, Kompott.

Mittags:

1. Rohkost.

Veg.: Obst.

2. Schwalbennester mit Kartoffeln und grünem Salat.

Veg.: Weizenbrätlinge mit Tomatentunke und Salat.

3. Weintrauben, Nüsse.

Veg.: Fruchtgelee mit Rahm.

Abends:

Müsli, Bohnensalat und Bratkartoffeln.

Oder:

1. Früchte.

2. Rebhuhn mit Majorankartoffeln und grünem Salat.

Veg.: Gefüllte Rohrädchen und Majorankartoffeln.

3. Tutti-Frutti.

Abends:

Müsli mit Steinmetzbrot und dicke Milch. Oder: Salat, Karthäuserklöße, Kompott.

Mittags:

1. Müsli und Trauben.

Veg.: Müsli mit Bananenscheiben.

2. Schweinskotelett mit Rotkraut und Pellkartoffeln.

Veg.: Kartoffelplätzchen mit Rotkraut und Kopfsalat.

3. Reisauflauf mit Aprikosentunke.

Abends:

Endiviensalat mit Tomaten garniert, Pellkartoffeln, Quark mit Rahm und Schnittlauch angemacht, Brot und Butter, süße rohe Milch.

Oder:

1. Salat.

Veg.: Obst.

2. Schweinskarree mit Bayer. Kraut und gekochten Kartoffelklötzen.

Veg.: Gekochte Kartoffelklötze mit zerlassener Butter, Weisskraut und Salat.

3. Fruchtgelee mit Vanilletunke.

Veg.: Traubensaft.

Abends:

Gemüseplatt, Pellkartoffeln, Tee.

Mittags:

1. Obst.

2. Kalbsbraten mit Endiviensalat, gedämpfter abgezogene Kartoffeln.

Veg.: Gebackener Blumenkohl und Endiviensalat.

3. Schokoladeflammerie und Vanilletunke.

Abends:

Obst und Nüsse, geröstete Nudeln mit Endiviensalat, Brot, Butter und Käse.

Oder:

1. Früchte.

2. Hasenrücken, gespickt, Kartoffeln oder Semmelklötze, Sellerie und grüner Salat.

Veg.: Grünkernkotelett, Sellerie und grüner Salat.

3. Kompott.

Veg.: Kompott und Gebäck.

Abends:

Brotauflauf oder Apfelbettelmann mit gemischtem Kompott.

Mittags:

1. Obst.

2. Durchgeschlagene gelbe Erbsensuppe mit Speckbrötchen.

Veg.: Dicke Erbsensuppe.

3. Fischkotelett mit Kartoffel- und grünem Salat.

Veg.: Spiegelei, Bratkartoffeln und grüner Salat.

4. Wein- oder Obstgelee mit Schlagrahm.

Abends:

Rohkostplatte von Sellerie, gelben Rüben, Weißkraut und Salat, Reibekuchen und Apfelmus, Tee, Käsebrot.

Oder:

1. Früchte.

2. Beefsteak mit Ei und verschiedenem Gemüse.

Veg.: Spinatauflauf, Salat.

3. Apfelblätterteig mit Schlagrahm.

Abends:

Grießschnitten mit Kompott, Tee, Käsebrot, Rettich.

1826. Mittags-Speisezettel für die hohen Feiertage.

Ostern:

1. Früchte, Nüsse.
2. Grünkernsuppe. Legiert mit Sellerieschieben.
3. Lammrücken mit Kopfsalat, frischem Gurkensalat, Kartoffeln.

Veg.: Kräuteromelette mit Kopfsalat, frischem Gurkensalat, Kartoffeln.

4. Rest aus Obstgelee mit Mandelmilch-Eiern, Gebäck.
1. Rohkostplatte.
2. Lauchsuppe.
3. Hühnerfrikassee im Reisrand.

Veg.: Pilze im Reisrand.

4. Schokoladencreme mit Mürbegebäck

Pfingsten:

1. Erdbeeren und Kirschen.
2. Roastbeef, Spargeln und Kartoffeln.

Veg.: Spargelpudding, Holländ. Tunke, Kartoffeln, Salat.

3. Vanille und Schokoladen-Eis mit Gebäck.
1. Gefüllte Eier, Kopfsalat, Gurkensalat.
2. Schweinsbraten, junge Erbsen, Möhren und Kartoffeln.

Veg.: Römische Pastete mit Pilzen gefüllt und 3. Erbsen, Möhren, Petersilkartoffeln.

3. Karameltunke und Vanilletunke.

Veg.: Creme aus rohen Erdbeeren mit Schlagrahm.

Weihnachten:

1. Apfelsinen, Bananen, Traubenkuchen, Nüsse, Krachmandeln.
2. Gemüsebrühe, Käsestangen oder Käsewindbeutel.
Veg.: Dasselbe.
3. Gänsebraten, mit Äpfeln gefüllt, Rosenkohl Salzkartoffeln.
Veg.: Blumenkohl überbacken mit holländ. Tunke.
4. Zitronencreme, 5. Malzkaffee, Weihnachtsgebäck.
Veg.: Plumpudding u. Fruchtsaft, 5. Weihnachtsgebäck, Malzkaffee.
1. Weintrauben, Nüsse.
Veg.: Rohkostplatte mit Mayonnaise und Eiern.
2. Omelette mit feinen Kräutern und Kopfsalat.
Veg.: Rosenkohl oder Winterkohl mit kleinen ausgestochenen Bratkartoffeln.
3. Hasenbraten, Apfelmus, Preiselbeeren.
Veg.: -
4. Ananas mit Schlagrahm.
5. Malzkaffee, Christstollen.
Veg.: Vanillecreme mit Obst, 5. Dasselbe.

Silvesterabend:

1. Obstplatte und Nüsse.
2. Karpfen mit Sahnemeerrettich.
Veg.: Gefüllte Eier mit Mayonnaise, Kartoffelsalat und grüner Salat.
3. Käseplatte und Tee.

Neujahr:

1. Rohkostplatte.

2. Filet mit verschiedenen Gemüsen, Bratkartoffeln.

Veg.: Grünkern- oder Weizenbrätlinge, verschiedene Gemüse, Bratkartoffeln.

3. Neujahrskuchen mit Schlagrahm.

1. Verschiedenes Obst und Nüsse.

2. Schwalbennester (Kalbsroulade mit Ei gefüllt) Endivien- od. Kartoffelsalat.

Veg.: Tomaten mit verschiedenen Gemüsesalaten gefüllt.

3. Bananencreme. *Veg.:* Spinatpudding mit Kaperntunke.

4. Käseplatte. *Veg.:* Dasselbe.

1. Blumenkohlsuppe.

2. Römische Pasteten mit Pilzen gefüllt.

Veg.: Rohkostplatte mit Mayonnaise und ½ Ei pro Person.

3. Rehbraten, Apfelmus, Kartoffeln.

Veg.: Pilzauflauf mit Nudeln.

4. Fruchtsalat in Melone.

Veg.: Schokoladeflammerie mit Vanilletunke.

1827. Festtagsspeisezettel.

1. Schwedenplatte, Kalbstopfsuppe, Forellen mit frischer Butter und Salzkartoffeln, Roastbeef garniert, Kapaunen, Salat und Kompott, Fürstpücklerbombe. Kaffee.

2. Gefüllte Eier, Königinsuppe, Rheinlachs und holländische Soße. Große Pastete mit Briesfülle, junge Hahnen, Salat und Kompott, Haselnusstorte mit Buttercreme gefüllt.

3. Knödelsuppe, Ochsenfleisch mit Wirsing, Gurkensalat und Preiselbeeren. Gefüllte Tauben, Salat, Kompott. Bacherin, Kaffee.

4. Italienischer Salat garniert, Kalbskopfsuppe, junge Hahnen, gebraten, Windbeutel, junge Karotten mit Erbsen, Salat, Erdbeerkuchen mit Schlagrahm, Kaffee.

Abends: Nudelsuppe, Pariser Schnitzel, Salzkartoffeln, Salat, Kompott.

Montag:

5. Knödelsuppe, Ochsenmaul mit Mayonnaise, angemacht, mit Tomaten und grünem Salat garniert. Rehbraten in Rahmsoße, mit geschmälztem Blumenkohl garniert, Spätzle und gemischter Gurkensalat. Bisquitpudding (mit Bisquitbröseln und geschälten, geriebenen Mandeln), Weinschaum.

Abends: Reisflockensuppe mit Ei und Rahm legiert. Kalter Aufschnitt mit Fliegenpilz garniert. Neue Kartoffeln, Butter und Tee.

Dienstag:

6. Grießspätzlesuppe, Gefüllte Tomaten mit Fleischsalat, Kalbsrolle, Nudelküchlein, Kohlraben in Rahm und grüner Salat. Kaffeecreme mit Schlagrahm garniert, Waffeln, Kaffee.

Abends: Einlaufsuppe, ungarischer Rostbraten mit Kartoffelstengele (angebratene), Salat und Kompott.

Mittwoch:

Flädlesuppe, 1 gefülltes Ei auf Glasteller, Schweinskoteletten mit pikanter Sauce oder Mailänder Koteletten, Tomatenkraut, Kartoffelknopf, Kirschenkuchen (Schwarzbrottortenmasse), Kaffee.

Abends: Riebelesuppe, Kalbsragout, italienische Makkaroni oder Spagetti, gemischter Salat, Kompott.

Wurstsalat mit Mayonnaise.

Donnerstag:

Filet, englisch oder Husarenbraten, garniert mit Bohnen, Karotten, Blumenkohl, Reis und Pommes frites, gebackene Kartoffelstengele oder Bohnen gedämpft und Riedernauer Kartoffeln, Salat.

Abends: Gebähte Schnittensuppe, Kalbsbraten, Eierhaber, Salat, Kompott.

Freitag:

Tomatensuppe, Forellen blau, frische Butter und Kartoffeln, Gurkenspätzle, Strauben und Kompott.

Abends: Blinde Schokoladensuppe, französische Omeletten mit Tomaten und Salat. Käseplatte, Laugenbrezeln und Tee.

Samstag:

Kleine garnierte, Sülzchen, Hirnspätzle oder Gemüsesuppe, Wiener Tomatenschlegel, Schinkennudeln und Salat, Weinspeise.

Abends: Gerstensuppe mit saurem Rahm und Ei, Nelsonkoteletten und Röstkartoffeln. Salat und Kompott.

Diätformen.

1828. Grundkost oder Basiskost.

Frühstück: Rohes Obst oder Möhren, rohes Sauerkraut und dergleichen, halbrohe Hafersuppe, Bircher Müsli oder Roggenmehlsuppe, oder Weizenflockensuppe, oder Kneipp'sche Kraftsuppe, Vollkornbrot, Butter, Marmeladen- besser Pflaumenmus, Honig, rheinisches Apfelkraut, Rübensaft, Kathreiner Malzkaffee mit viel Milch oder Kräutertee, wie verordnet.

Mittags: Zuerst immer Salat und Rohkost, je nach Jahreszeit. Verschiedene Gemüse als Rohkost, dann gedünstete Gemüse und Pellkartoffeln. Zur Abwechslung Gemüseauflaufe oder bergl., Mehlspeisen mit Kompott. Bei Mehlspeisen immer zuerst viel Rohkost geben.

Abends: Zuerst Salate oder Obst mit Nüssen oder Bircher Müsli, 3mal wöchentlich (mindestens) Quark mit Zwiebeln und Schnittlauch angemacht, Pellkartoffeln und etwas Butter dazu, oder Apfelreis oder Nudeln mit Tomatensoße oder Dickmilch mit Vollkornbrot oder vegetarische Schnittchen mit Kräutertee.

<u>Regeln:</u> *3 Mahlzeiten genügen. Der Magen braucht diese Zeit, um genügend Magensaft entwickeln zu können. Das Frühstück soll ausgiebig fein, darf nie ausfallen, das gilt auch besonders Schulkindern und Geistesarbeitern. 2 Stunden vor dem Schlafengehen soll das Abendessen beendet sein; es kann auch durch einen kleinen Imbiss um 17 oder 18 Uhr ersetzt werden (Z. B. Butterbrot mit Tomaten oder Obst). Das Abendessen soll leicht und bescheiden sein, darf auch ausfallen, daß Frühstück nie.*

Speisezettel für Kochkurse (6 Wochen).

1. Woche:

Montag: Einlaufsuppe – Ochsenfleisch, Salzkartoffeln, Wirsing – Johannisbeerkuchen.

Dienstag: Flädensuppe – Bienenkörbchen oder Fleischpasteten, gemischter Salat – Apfelkuchen von Hefenteig mit Bisquitguß – Kaffee.

Mittwoch: Lebereinlaufsuppe – Roastbeef, Kartoffelwürstchen, Blumenkohl – Himbeerhörnchen, Kaffee.

Donnerstag: Hirnsuppe – Schweinskotelettes, Kartoffelpüree, Blaukraut – Zwiebelkuchen.

Freitag: Kräutersuppe – Schneckennudeln, Dörrobst, Reispudding, Rotweinsoße.

Samstag: Eiergrießsuppe – Ochsenfleisch, Meerrettich, geröstete Kartoffeln, süße Gurken und Rettichsalat – Käsekuchen.

Sonntag: Brätklößchensuppe – Spargeln mit Omelette – gebratene Gans mit Salat und Kompott – Gefrorenes mit Eiswaffeln.

2. Woche:

Montag: Klare Reissuppe – Lendenschnitten, geriebener Kartoffelsalat, Makkaroni – Apfelkuchen von Mürbteig mit Guß.

Dienstag: Butterklößchensuppe – Kalbsschnitzel naturell, Rosenkohl, gebackene Kartoffelstäbchen – Punschschnitten.

Mittwoch: Selleriesuppe – Lendenbraten mit Rahmsoße, breite Nudeln – Englischer Pudding mit Chaudeau.

Donnerstag: Riebelesuppe – Rissolen von Blätterteig, Kartoffel- mit Ackersalat – Kirschkuchen.

Freitag: Maultaschensuppe – Krautnudeln – Waffeln und Apfelkompott.

Samstag: Gerstensuppe – gesalzene Ochsenzunge mit sterilisierten Erbsen und Karotten – Apfelstrudel.

Sonntag: Kalbskopfsuppe – Briespastete – Poularde, Salat, Kompott – Diplomatenpudding.

3. Woche:

Montag: Nudelsuppe – Kalbsbraten, Schneeomeletten, Spargeln – Gedeckter Apfelkuchen.

Dienstag: Bisquitsuppe, Hafenziemer mit Rotkraut, Kartoffelknödel – Tabaksrollen.

Mittwoch: Grünkernsuppe mit Eierkäse – Schweinskarree mit Sauerkraut und Weckknödeln – Bisquitapfelkuchen.

Donnerstag: Markklößchensuppe – Hammelbraten mit Bohnen und ausgestochenen Kartoffelklößchen – Strudelring, Kaffee.

Freitag: Eiergerstensuppe – Gebackener Kabeljau, Salat – Pfitzauf und Kirschenkompott.

Samstag: Reissuppe mit Tomaten – Gefüllter Kraufkopf mit Buttersoße, Riedernauer Kartoffeln – Apfelschnee.

Festtag-Sonntag: Blumenkohlsuppe – Forellen blau mit Kartoffeln und Holländischem Beiguß – Rehziemer mit Rahmsoße und Makkaroni – Haselnusstorte, Schlagrahm.

4. Woche:

Montag: Gebackene Erbsensuppe – Eingemachtes Kalbfleisch mit Spätzchen – Schinkenpastete – Äpfel im Schlafrock.

Dienstag: Schwammklößchensuppe - Ochsenfleisch mit Zwiebelsoße, Kartoffelstengele – Kaffeeküchlein mit Schlagrahm.

Mittwoch: Ochsenschweifsuppe – Lendenbraten mit verschiedenen Gemüsen garniert, Kartoffel nach Herzoginnen Art – Russische Creme mit Schlagrahm.

Donnerstag: Leberklößchensuppe – Kalbskoteletten, Kartoffel- und Endiviensalat mit hartgekochten Eiern garniert, Apfelkompott – Haselnusstorte.

Freitag: Panaden Suppe, Schellfisch blau, Fischkartoffeln, Holländischer Beiguss – Schwarzbrotpudding mit Himbeersoße.

Samstag: Sagosuppe – Italienische Flädchen mit Salat – Apfelkuchen mit Mandeln.

Sonntag: Leberspätzchensuppe – Mannheimer Braten, Sauerkraut, Spätzchen – Linzertorte und Obst.

5. Woche:

Montag: Baumwollsuppe – Ochsenfleisch, gedämpftes Weißkraut, Kartoffeleierhaber – Freiburger Brezeln, Kaffee.
Dienstag: Gebackene Grießknödelsuppe – Königsberger Klops, gestürzter Reis – Apfelküchlein.
Mittwoch: Königinsuppe – Schwalbennestchen, gemischter Salat, Apfelkompott – Baumstamm.
Donnerstag: Hirnklößchensuppe – Karotten mit Brockelerbsen – Gebratene Tauben und Salat – Meringen mit Schlagrahm.
Freitag: Brennsuppe – Spaghetti mit Tomaten – Reisauflauf mit Birnenkompott.
Samstag: Butterspätzchensuppe – Hackbraten, Bratkartoffeln mit Endiviensalat – Zwetschenkuchen mit Mandelguß.
Sonntag: Schinkenklößchensuppe – Hecht mit Salzkartoffeln und Fischsoße – Kalbsfrikando mit gedünsteten Bohnen und Kartoffel Pavesen – Frankfurter Kranz.

6. Woche:

Montag: Grüne Rockensuppe – Muschelragout – Kalbfleischvögele, Spinat mit Ochsenaugen – Storchennestchen.
Dienstag: Tomatensuppe – Kalbskopf in brauner Soße, Weckknödel – Eier auf der Platte.
Mittwoch: Hirnpasteten zur Suppe – Schweinskoteletten, Bayerisches Kraut, Kartoffelstengele – Apfelschaum.
Donnerstag: Lebernockerlsuppe – Nierenbraten, Winterkohl, Kartoffelküchlein – Krokantschnitten.
Freitag: Rumford'sche Suppe – Forellen blau mit Fischkartoffeln und Schaumbutter – Grießauflauf mit Aprikosenkompott.
Samstag: Milzschnittensuppe – Reismeridon – Gebackene Kalbsbrust und Salat – Schuhsohlen.
Sonntag: Kraftbrühe mit Eierstich – Husarenbraten, Schwarzwurzeln, Fleurons – Mokkaschnitten.

1829. Strenge Rohkost in fester Form.

Frühstück und Abendessen: Zuerst reichlich verschiedenes Obst und Nüsse, dann Bircher Müsli.

Mittags: 1. Reichlich Obst und Nüsse, 2. Rohkostplatte: Tomaten mit Weißkraut, Sellerie und Blumenkohl gefüllt, 3. Salat.

Mittags: 1. Reichlich Obst und Nüsse, 2. Rohkostplatte: Gelbe Rüben mit Mayonnaise angemacht, Sellerie mit süßem Rahm angemacht, Weißkraut geklopft, 3. grüner Salat.

Mittags: 1. Reichlich Obst und Nüsse, 2. Rohes Sauerkraut mit gebackten Zwiebeln als Salat angemacht, 3. grüner Salat mit geschabten gelben Rüben gemischt.

Mittags: 1. Salat, 2. Gurken als Salat und Salat und Gurken mit verschiedenen rohen Gemüsen gefüllt, 3. Melonenscheiben mit ungeblautem Zucker.

Mittags: 1. Reichlich Obst und Nüsse, 2. Rohkostplatte: Blumenkohl oder Blumenkohl mit Weißkraut, geraffelte Gurke, Kohlrabi oder Rettich, 3. grüner Salat und Tomatensalat gem.

Mittags: 1. Grüner Salat, 2. Rohkostplatte aus Tomaten und Gurkensalat gemischt, geschabte Sellerie und geschabte gelbe Rüben, 3. Obstsalat.

Mittags: 1. Apfel, Feigen, Datteln, Nüsse, 2. Rotkraut, Äpfel und Meerrettich gemischt, 3. Salat.

1830. Strenge Rohkost in flüssig breiiger Form.

(wird anfangs leichter ertragen).

Frühstück und Abendessen: 1. Feingeschabter Apfel (Glasreibe), Bircher Müsli flüssig, 1 Tasse selbstgepreßter Obstsalat (von Trauben, Äpfeln, Kirschen, Tomaten etc.) ohne Zucker.

10 Uhr: 1 Tasse Mandelmilch oder süßer Rahm, 1 Tasse Obstsalat.

Mittags: 1 Tasse Gemüsesaft, Obstkaltschale mit Flocken.

16 Uhr: wie 10 Uhr.

1831. Gemilderte Rohkost: Übergangskost.

Frühstück: Rohes Obst, halbrohe Hafersuppe, Vollkornbrot mit Butter und Honig, evtl. bei Durst darauf Malzkaffee mit Milch.

10 Uhr und 14 Uhr: Haroh und Weißbrot (festgestampfte Hafer- bzw. Weizenflocken) gut kauen bis sie milchartig werden, dazu Obst oder Rosinen oder Korinthen.

Mittags: 1. Obst und Nüsse, 2. Pellkartoffeln mit Quark und Schnittlauch, 3. Salat.

Abends: 1. Bircher Müsli, 2. Salat, gebackene Nudeln, Kräutertunke.

Mittags: 1. Obst und Nüsse, 2. Rohkostplatte mit geschabten, gelben Rüben, Gurken mit verschiedenen Gemüsen, gefüllt, geschabte Sellerie mit Rahm, Kümmelkartoffeln, 3. Salat.

Abends: 1. Gequollene rohe Backpflaumen und Nüsse, 2. Vegetarische Schnitten mit Tomaten, Radieschen, Rettich, Kräuterbutter belegt und Hagebuttentee.

Mittags: 1. Äpfel und Nüsse, 2. In der Schale gebratene Kartoffeln mit Rohkostplatte aus Tomatensalat, Blumenkohlsalat mit Mayonnaise, Weisskrautsalat, 3. grüner Salat.

Abends: 1 Buttermilch, 2. Tomaten mit Quark gefüllt, Pellkartoffeln und Salat.

Mittags: 1. Bananen und Walnüsse, 2. Risotto mit Kohlrabisalat, Tomatensalat, Gurkensalat, 3. rohe Haferflocken mit Fruchtsaft.

Abends: 1. Kartoffelsuppe, 2. Salatplatte von grünem Salat, Tomaten-, Sellerie-, Gurkensalat mit Vollkornbrot und Butter, 3. Obst.

Mittags: 1. Obst und Nüsse, halbrohe Hafersuppe, 2. Reisbratlinge mit Tomatensalat, grünem Salat und Gurkensalat, 3. Kompott.

Abends: 1. Obst und Nüsse, 2. Petersilienkartoffeln mit Gurkensalat und Tomatensalat, 3. grüner Salat.

Mittags: 1. Äpfel und Bananen, 2. Pellkartoffeln mit Quark, 3. Salat.

Abends: 1. Bircher Müsli, 2. Salatplatte aus Gurken mit gelben Rüben gefüllt, Spinatsalat, dazu im Rohr gebratene Kartoffeln, 3. Obstsalat.

Mittags: 1. Gemüsesuppe, 2. Bunte Salatplatte mit Weizenbratlingen und Kräutertunke, 3. Obst.

Abends: 1. Obst und Nüsse, 2. Halbroher Spinat mit Pellkartoffeln, 3. Salat.

1832. Kochsalzlose Diät.

Kleine Fleischportionen sind gestattet. Künstliches Salz soll vermieden werden, dagegen sind Würzkräutermischungen sehr gut.

Durch Zusatz von Kokosnuss, Nüssen, Rosinen, Vanille, Zimt, Lauch, Dill, Zitronen, Knoblauch, Vitamine-R und Kräuter-Vitamine R (im Reformhaus erhältlich) können die Speisen schmackhaft gemacht werden.

Frühstück: Obst und Nüsse mit Butter (salzlos), Vollkornbrot und Honig oder Quark, Milchkathreiner oder Kräutertee.

10 Uhr: 1 roher Eidotter mit Zitronensaft und Zucker geschlagen, Vollkornbrot, Butter.

16 Uhr: Haroh oder Weihroh (gestampfte Flocken) mit Obst.

Mittags: 1. Rohkostplatte mit verschiedenen Gemüsen, kochsalzloser Salattunke und Mayonnaise.

2. Gedünstete Tomaten mit Kalbsfleischhaschee gefüllt und Dämpfkartoffeln. Grießflammerie mit Fruchtsaft.

Abends: 1. Obst und Nüsse, 2. Pellkartoffeln, Quark und sauerm Rahm und Schnittlauch, grüner Salat.

Mittags: 1. Obstsalat, 2. Lauchgemüse und Pellkartoffeln und grüner Salat, 3. Apfelsinencreme oder Zitronencreme.

Abends: 1. Salat, Rohkost, 2. Nudelauflauf und Kompott.

Mittags: 1. Obst und Nüsse, 2. Wiener Schnitzel, Schwarzwurzeln und Dämpfkartoffeln, 3. Schokoladenflammerie mit Vanilletunke.

Abends: Bircher Müsli, 2. Grießschnitten mit Preiselbeeren.

Mittags: 1. Rohkostplatte mit hartem Ei, 2. Kohlrabi mit der Schale gebackenen Kartoffeln, 3. Obst.

Abends: 1. Salatplatte, 2. Blumenkohl und gebackene Leber.

Mittags: 1. Spargelsalat, 2. Spinat mit Spiegelei, 3. Erdbeeren mit Zucker oder Buttermilchkaltschale.

Abends: 1. Rohkostplatte mit ½ Ei, 2. Reispudding mit Himbeertunke.

Mittags: Rohkostplatte, 2. Dicke Linsensuppe mit Kartoffelstückchen, 3. Obstsalat.

Abends: 1. Bircher Müsli, 2. Gefüllte Tomaten mit Quark. Salat und Kartoffeln oder gefüllte Tomaten mit Reis und Salat.

Mittags: Obst und Nüsse, Fisch in Kräutertunke mit Pellkartoffeln und grünem Salat, 3. Himbeerkaltschale.

Abends: 1. Gemüseauflauf mit Rahmtunke und Salat, 2. Obstsalat.

Verbotene Gewürze: Anis, Curry, Fleischextrakt, Gewürznelken, Ingwer, Kapern, Kardamon, Kümmel, Lorbeer, Maggi, Meerrettich, Muskat, Nelkenpfeffer, Paprika, Pfeffer, Radieschen, Rettich, Sellerie, Senf.

1833. Schonungsdiät für Magen, Darm- und Gallenleidende.

Leicht verdauliche milde Speisen, Gemüse und Fleisch, jung und zart, Speisen, möglichst flüssig-breiig, ev. Durchgeschlagen, feine Gewürz- und Reissstoffe, feine Röstprodukte, außer Toast. Gute Butter, Olivenöl.

Verboten sind: Andere Fette (Schmalz, Rindertalg, Palmin, Speck), braune Tunken, starke Gewürze (Kraute), Gurken, Zwiebel, Petersilie, Schnittlauch, Obst. Es muß ausprobiert werden, welche Obst- und Gemüsesäfte am besten ertragen werden; diese werden dann mit Brei oder Suppe vermischt, niemals allein gegeben. Gemüse werden mit wenig Fett zugesetzt, mit Butter fertig gemacht. Die Speisen sollen kurz gekocht, fleißig mit Obst- und Gemüsesäften vermischt werden, um Vitaminemangel vorzubeugen; Fleisch so wenig als möglich, am besten keines.

Erlaubt sind: Gedünstetes weißes Fleisch (durchpassiert), Bries, Kalbsmilch, Kalbfleisch, Kalbsfüsse, Geflügel, Hirn, magere Fische, Forelle, Schellfische. Reichlich Quark, etwas Zucker und Honig (wenig), Milch, Buttermilch, saure Milch (wenig), etwas geriebene Schweizerkäse mit den Speisen, Getreideprodukte (je nach Verdaulichkeit mehr oder weniger). Reihenfolge nach der Verdaulichkeit: Maizena, Mondamin, Weizenmehl, Reis, Kartoffelmehl (Kartoffel), Hafer, Roggen, Gerste, Eier nie gebacken, höchstens in Speisen oder als Rührei und Ochsenaugen im Wasserbad zubereitet. Fleisch ohne Fettgrillen oder in gefettetem Pergamentpapier braten.

Frühstück: 1 Tasse Milchkathreiner, etwas Toast; Butter, Quark, Sahne- oder Gervaiskäse.

10 und 16 Uhr: 1 Tasse frisch gepreßter oder ungegorener Obstsaft, dazu werden etwas Hafer oder Weizenflocken im Munde gekaut, bis sie breiig werden und süßlich schmecken.

14 und 18 Uhr: ev. 1 Tasse Milch oder Rahm mit Toast oder eine Tasse durchpassierte Hafenflockensuppe mit Fruchtsaft oder Eigelb.

Mittags: Gerstenschleimsuppe mit Apfelsaft, Möhren mit Kartoffelschnee, Organgencreme.

Vegetarisch: Dasselbe.

Abends: Grießpudding mit Apfelsaft, Hühnerfrikasse mit Reis oder Reis mit Tomatentunke.

Vegetarisch: Milchsuppe mit rohem Spinatsaft, Reis mit Tomatentunke, Schlagsahne und Fruchtsaft.

Abends: Gemüsebrühe mit etwas Saft von rohen gelben Rüben, Kalbfleischgelee mit Kartoffelschnee oder Quark mit saurem Rahm und Kartoffelschnee.

Vegetarisch: Milchsuppe mit rohem Spinatsaft, Reis mit Tomatentunke, Schlagsahne mit Fruchtsaft.

Mittags: Spinat mit Rührei und Kartoffelschnee, Traubensaft mit Haferflocken.

Veg.: 1 Tasse Gemüsesaft mit einem Esslöffel Hafermark verrührt, Spinat mit Kartoffelschnee, Reispudding.

Abends: Müsli, durchpassiert, Zungenfrikasse oder Salatgemüse. Mit Nudeln.

Veg.: Müsli, durchpassiert, Schwarzwurzeln mit weißer Soße und Nudeln.

Mittags: Blumenkohlpüree mit Salzkartoffeln und Klops aus Kalbfleisch mit weißer Tunke. Quark mit süßem Rahm angemacht.

Veg.: 1 Glas Obstwein, Blumenkohlpüree mit holländischer Tunke und Salzkartoffeln, Quark mit süßem Rahm angemacht.

Mittags: Nudelsuppe mit Huhn, Schokoladen-, Zitronen- oder Vanillecreme.

Veg.: Haferflockensuppe mit rohem Spinatsaft, junge Erbsen und Möhren mit Kartoffelschnee, Vanillecreme.

Abends: Grießbrei mit geriebenem Apfel, Toast, Butter und Gervais.

Mittags: Obstsuppe mit Flocken, Spargeln mit zerlassener Butter und Kartofelpüree.

Veg.: Dasselbe.

Abends: Kalbsmilcher, durchpassierter Spinat (mit süßem Rahm angemacht), Toast mit Quark und Butter.

Veg.:	Mehlsuppe & Fruchtsaft, Salatgemüse an Kartoffelschnee, 1 Tasse Buttermilch & Toast.
Mittags:	Mehlsuppe mit Salatsaft, Reis mit roher Tomatentunke.
Veg.:	Bananenmüsli durchpassiert, Nudeln in Tomatentunke, Kastanienpüree & Apfelkompott.
Abends:	Grießsuppe mit Apfelsaft, Quark mit Pellkartoffeln und Butter.

1834. Fieberdiät.

Bei akutem Fieber ist Fasten das Beste, da der Körper mit der Krankheit leichter fertig wird, wenn er nicht mit der Nahrung zu tun hat. Mit einigen Esslöffeln Öl kann man sich Tage lang erhalten. Für den Durst die bekannten Tee oder Zitronenlimonade mit viel Zucker oder Honig oder andere Fruchtsäfte. Bei Bedarf gibt man zuerst süßes Apfelkompott und Kartoffelpüree (zuerst ohne Milch und Butter). Möglichst langsam geht man über zu gutem reifem Obst, Gemüsebreien, leichten Milch- und Mehlspeisen mit rohem Obstsaft, je nach dem Befinden des Kranken. Bei längerem Fieber ist dafür zu sorgen, daß genügend Eiweiß zugeführt wird. Vor tierischen Nahrungsmitteln ist jedoch zu warnen, um den Körper in seinem Heilungsbestreben nicht zu stören. Bei Durchfall gibt man Reisschleim und Heidelbeertee, getrocknete Heidelbeeren oder einen geschabten Apfel. Das Reinigungsbestreben des Körpers soll durch Einläufe, ev. durch Abführtee unterstützt, keine stopfenden Mittel angewendet werden.

1835. Schrot- und Trockenkur.

Die Ernährung besteht während der Kur nur aus Semmeln und in Wasser gekochten dicken Getreidebreien.

Trockentag: Patient bekommt trockene Semmeln in beliebiger Menge, zweimal pro Tag einen kleinen Teller mit dicker Suppe aus Grieß, Weizen, Graupen, Gerste und ähnlichem, nur mit etwas Wasser und Salz gekocht. Alles muß gut gekaut werden. Der Trockentag wechselt mit großen und kleinen Trinktagen.

Kleiner Trinktag: Vormittags trockene Semmeln nach Belieben. Mittags eine kleine Platte Rohkost und 1 gebackene Kartoffel.

Um 16 Uhr bis zu einem ½ Liter warmer Wein. Er muss schluckweise getrunken werden im Laufe der Stunden bis zum Abend. Noch besser ist es, wenn der Wein durch frisch ausgepreßte Obst- oder Gemüsesäfte ersetzt wird.

Der große Trinktag: Morgens 1 Glas warmer Kathreiner mit Zucker. Vormittags Semmel. *Mittags:* 1 Apfel, 1 kleiner Teller dicke Gemüsesuppe, gedämpftes Gemüse und Pellkartoffel, Kompott aus Dörrpflaumen.

Nachmittags Semmel.

16 Uhr bis abends: 1 Glas bis 1 Liter Wein oder Obst- oder Gemüsesäfte, warm oder kalt. Die Reihenfolge hängt von der ärztlichen Verordnung ab, da sie sehr stark wirkt und das Herz kontrolliert werden muß.

Das Tischdecken und Servieren.

Wenn man vom Tischdecken und Servieren spricht, so denkt man meistens nur an besondere Festlichkeiten, an Einladungen usw. Es ist gewiß notwendig, daß man weiss, wie zu einem Festmahl der Tisch gedeckt und wie serviert werden muß, damit die Behaglichkeit der Festteilnehmer nicht gestört wird. Fast noch wichtiger ist es, zu wissen, wie der tägliche, einfache Familientisch gedeckt sein muss (damit sich die Familienangehörigen auch wohl fühlen), denn die Mahlzeiten sind in vielen Familien der einzige Gelegenheit zu gemütlichem Zusammensein. Deshalb soll sich die Hausfrau bemühen, den Tisch pünktlich und rechtzeitig zu decken, wie auch mit dem Essen immer zur rechten Zeit fertig zu sein.

Um diesen Anforderungen neben der vielen anderen Arbeit, die sich im Haushalt täglich wiederholt, gerecht zu werden, muß die Hausfrau ihre Arbeit schon am Tag vorher überlegen. (Noch besser ist ein Wochenplan). Sie darf sich nicht erst um 10 Uhr, wenn es höchste Zeit ist, besinnen: was will ich heute kochen? Dann reicht es ganz sicher nicht mehr zu einem pünktlichen Tischdecken. Es wird auch keine Zeit mehr bleiben, das Zimmer noch behaglich zu ordnen.

Nun zum Tischdecken selbst? Für warme Essen (Mittags- und Abendessen) wählt man immer weiße Tischdecken. Für Morgen- und Nachmittagskaffee und für Teetisch können auch bunte Decken verwendet werden. Das Tischtuch legt man genau ausgebreitet, mit dem Mittelbruch nach oben, auf den Tisch. Ist die Tischplatte poliert, oder hoch aus empfindlichem Holz, so kommt zur Schonung der Platte noch ein Molton darunter.

Grundbedingung für das Auflegen der Gedecke ist, daß nichts über den Tischrand herausragt. Alles soll so zu liegen kommen, daß es entweder mit dem Tischrand oder noch besser 1 cm nach innen abschließt.

Die flachen Teller kommen, falls sie nicht warm gestellt werden, gleich an den Platz. Die Suppenteller werden am einfachen Familientisch neben den Platz der Hausfrau gestellt, weil sie die Suppe schöpft. Nur, wenn Bedienung da ist, kommen die Suppenteller auf den Serviertisch. Die Gabel kommt links, das Messer mit der Schneide nach innen rechts neben dem Teller. Der Löffel kann rechts Kompottlöffel liegt immer oben über dem Teller, der Kompotteller neben das Messer, oder oben über den Teller gelegt werden. Der wird links über die Gabel gestellt. Die frische Serviette kommt, ins Dreieck gelegt, oder sonst einfach gefaltet, auf den Teller; ist sie im Ring oder in der Tasche, dann ist der Platz links neben dem Teller. Kunstfertig gefaltete Servietten sind ganz unmodern; sie passen nicht zu dem Einfachen von heute. Das Vorlegebesteck (Suppenschöpflöffel, Gemüselöffel, Salatbesteck usw.) wird gewöhnlich rechts neben dem Platz der Hausfrau aufgelegt; es kann ebenso gut auf der Anrichte sein und beim Auftragen der Schüsseln gleich in diese hineingelegt werden. Nur der Kompottlöffel liegt neben der Schüssel, die auf dem Tisch steht. Messerbänkchen benutzt man bei Festgedecken nicht mehr und auch am gewöhnlichen Tisch bleiben sie der Umständlichkeit halber meist weg.

Nie soll auf dem Tisch Salz fehlen, dagegen stellt man Pfeffer, Senf und dergl. nur auf, wenn es unbedingt nötig ist.

Zur Schonung des Tischtuches soll auf dem einfachen Tisch immer ein sauberer Untersetzer oder ein Tablett sein.

Zum Schmuck legt man früher gern einen Tischläufer auf, dafür hat man heute eine runde, ovale oder viereckige Decke. Bei den modernen gestickten Tafeltüchern erübrigt sich beides. Dagegen sollen Blumen auf keinem Tisch fehlen, wenigstens am Sonntag nicht und wären es auch nur ein paar Feldblumen. Sie dürfen aber nie so aufgestellt werden, daß sie die Aussicht des Einzelnen behindern oder das Reichen einer Schüssel erschweren; es dürfen keine zu stark riechenden Blumen sein; denn dies alles stört die Behaglichkeit.

Für besondere Festlichkeiten ist es angebracht, den Tisch etwas reicher zu zieren. Man hüte sich aber vor Überladung; da bei der Ausstattung der Wohnung die strenge gerade Linie, das Niedere und Flache bevorzugt wird, wählt man auch für den Tisch flache Vasen und Schalen. Ebenso ist es bei Verzierungen mit Zimmergrün oder Asperagus direkt auf den Tisch. Beides wird in der geraden Linie sehr gut, während es in Rankenform ziemlich unruhig wirkt. Kommt zu einer solchen Verzierung noch ein Blumenstock in die Mitte des Tisches oder seitlich, so genügt das vollauf. Selbstverständlich paßt man den Tischschmuck der Veranlassung an. Für einen Kinder- oder Jugendmädchenfesttisch wird man andere Blumen wählen als für einen Damen-Kaffeetisch. Ferner paßt man den Tischschmuck auch der Zeit an, z.B. sieht ein Weihnachtstisch mit einem Kränzchen aus Tannenzweigen und Lichtlein dazwischen sehr hübsch aus.

Für Festlichkeiten wird das Gedeck dem Mahle entsprechend erweitert. Es kommt beispielsweise noch ein Salatteller, weiteres Besteck, ein Weinglas dazu. Der Salatteller kommt links neben die Gabel, das Weinglas rechts über Messer und Löffel. Das Besteck wird so gelegt, daß es nachher von außen nach der Mitte zu benützt werden kann.

Der Kaffeetisch, so einfach er fein mag, soll doch richtig gedeckt sein. Heute kommt der Dessertteller vor den Gast, nach rechts oben die Kaffeetasse (mit Untertasse) mit dem Henkel nach rechts, der Kaffelöffel mit dem Griff nach rechts. Das Messer rechts neben den Teller oder schräg auf den Teller. Die Kuchengabel über den Teller. Gibt man aber zum Frühstück Aufschnitt, so soll die Gabel links neben dem Teller liegen. Die Kaffeekanne wird rechts neben die Hausfrau gestellt, wenn nicht serviert wird. Auf den Tisch gehören Milch, Zucker, Brot und was man sonst noch geben will.

Für das Servieren gilt als allgemeine Regel: Es sollen nur pünktlich angerichtete Schüsseln und Platten auf den Tisch kommen. Die Bedienenden haben stets in tadellos sauberem Anzug zu erscheinen.

Man beginnt beim Servieren stets bei der Personen, der am meisten Ehre gebührt: In der Familie beim Hausvater, bei Familienfesten beim Festtagskind; sind Gäste da, so beginnt man beim vornehmsten, ältesten.

Anbieten muß man stets von links, damit der Gast bequem mit der rechten Hand die Speisen schöpfen kann.

Hinstellen, Abräumen, Einschenken geschieht von rechts. Werden Teller ausgewechselt, dann nimmt man mit der rechten Hand den gebrauchten Teller von rechts fort und stellt den neuen mit der linken Hand von links auf.

Unter die heißen Platten nimmt man eine Serviette, da auf die Dauer die Hitze auf der Hand nicht erträglich ist; bei kalten Platten, besonders bei Eis, soll durch die Serviette die Wärme der Hand zurückgehalten werden.
Die Platte soll so auf der Hand ruhen, daß die Fingerspitzen vorn nicht zu sehen sind. Werden Löffel und Gabel auf die Platte gelegt, dann wird der Löffel über die Gabel gelegt und zwar beides mit der Wölbung nach oben.

Damit man sich nie über den Gast zu beugen braucht, stellt man beim Anbieten den linken Fuss etwas vor, zwischen die Stühle; arbeitet man von rechts, so stellt man den rechten Fuss vor. Den jeweils freien Arm legt man zurück. Man beugt sich leicht in den Hüften; den Kopf hält man seitwärts, damit man weder den Gast noch die Speisen anhaucht.

Am Familientisch wird die Suppe von der Hausfrau auf dem Tisch geschöpft. Sind Gäste da, wird die Suppe an der Anrichte geschöpft und der Suppenteller entweder einfach von rechts hingestellt oder auf einem flachen Teller von links dem Gast angeboten.

Beim Abräumen ist darauf zu achten, daß niemals ein gebrauchtes Besteck von einem Teller, sondern stets mit dem Teller abgetragen wird. Gewöhnlich nimmt man den 1. Teller samt Besteck mit der rechten Hand rechts weg, hält ihn mit der linken so, daß er auf dem Handteller ruht. Der 2. Teller ruht auf Handwurzel und Unterarm; das Besteck kommt alles auf den 1. Teller. Weil diese Art des Abnehmens der Teller etwas schwierig ist, wird manchmal auch ein Besteckkorb an den Arm gehängt. Vielfach wird mit dem Tablett abgedeckt, dabei kommen die Löffel (das Besteck) ebenfalls auf den 1. Teller, der vorn auf dem Tablett stehen muß.

Werden zwei verschiedene Gerichte zugleich serviert, so nimmt man auf die linke Hand dasjenige, das zuerst gereicht wird; das auf der rechten Hand ruhende muß oder trotzdem von links gereicht werden.

Das Bedienen am Kaffeetisch: Kaffee wird von rechts eingeschenkt, dabei bleibt die Tasse auf dem Tisch stehen. Die Servierende hält die Kaffeekanne in der rechten Hand, in der linken eine Serviette. Bedient die Hausfrau, so bleibt sie an ihrem Platz sitzen, bittet um die Tassen, füllt sie und reicht sie zurück. Sie bedient sich selbst zuletzt.

Tee serviert man von links. Es wird an der Anrichte eingeschenkt. Es ist beim Anbieten darauf zu sehen, daß die Gäste die Tassen bequem vom Tablett nehmen können. Beim Nachservieren nimmt man die Tasse mit Untertasse, geht zur Teekanne, schenkt ein und stellt sie jetzt von rechts hin.

Die beste Zutat zu jeder Speise ist die Liebe. Man sieht es der angerichteten Schüssel an, ob sie dabei ist oder nicht. Das Anrichten sollte uns selbst die Belohnung unserer Arbeit sein, denn was ist schöner als ein fröhliches Lächeln und leuchtende Augen um den Tisch! Und jeden Tag kann der gedeckte Tisch eine neue kleine Überraschung sein.

(Aus Klara Neundörfer, Haushalten).

Alphabetisches Inhaltsverzeichnis.

Aufläufe:

Apfelauflauf	1277, 1278
Apfelauflauf mit Reis	1282
Apfelspeise	1279, 1280
Bananenauflauf	1287
Bettelmann	1281
Birnenberg	1302
Blumenkohlauflauf	1732
Butterbrotauflauf	1642
Zitronenauflauf	1286, 1300
Diplomatenspeise	734
Eierauflauf mit Äpfeln	1284
Erdbeerenauflauf	1293
Erdbeer- oder Himbeerschaum	1294
Fischauflauf	223
Fischauflauf von gekochten Fischresten	240
Flädchenauflauf	1308, 1309
Fleischauflauf	383
Fruchtpürre-Auflauf	1288
Grießauflauf	1303, 1304, 1305, 1306
Haferflockenauflauf	1680, 1719
Haferflocken-Pilzauflauf	1718
Kartoffel-Auflauf	1658
Kaffeeauflauf	1300
Kalbsbader Auflauf	1314
Kartoffelauflauf	872
Kartoffelauflauf mit Rauchfleisch und Sauerkraut	873
Kartoffelauflauf mit Fleisch	1659
Kartoffelauflauf mit Hering	874
Kartoffelauflauf mit Schinken	875
Kapuziner	1315
Käseauflauf	1312, 1684
Kirschauflauf	1296, 1283
Kirsch-Charlotte	1295
Makkaroni Auflauf	728, 822
Mehlauflauf	1310
Nudelauflauf mit Tomaten	574
Nudelauflauf mit Quark	729
Nussauflauf	1682
Orangenauflauf	1300, 1285
Orangenblütenauflauf	1300
Pitsauf	1316
Quarkauflauf	1709, 1311
Quarkauflauf süß	1696
Quarkauflauf mit Nudeln	1671
Quarkauflauf mit Schinken	1695
Rahmauflauf	1307
Reisauflauf mit Quark	1710
Reisauflauf mit Brösel	724
Reisauflauf mit Äpfeln	1289
Reisauflauf mit Obst	1291, 1290
Reisauflauf mit Sago	1302
Sauerkrautauflauf	730
Scheiterhaufen	1313
Schinkenauflauf	725, 726, 727
Schokoladenauflauf	1317, 1299
Schweizer Rahmauflauf	733
Teeauflauf	1300
Tomatenauflauf	569
Tomaten Soufflé	731
Vanilleauflauf	1298
Auflauf mit Wildgeflügel	
Wiener Grießauflauf	1306
Auflauf von gebranntem Zucker	1300

Bomben:

Himbeer- und Erdbeereisbombe	1471
Fürst Pückler Rahmbombe	1467
Himbeer-Rahm-Bombe	1466
Himbeer-Bombe	1471
Italienische Rahmbombe	1464b
Königinnen Rahmbombe	1465
Mandelbombe	1469
Nussbombe	1470
Spanische Rahmbombe	1464a
Schokolade Rahmbombe	1468

Brei:

Apfelgrütze	1747
Apfelmus	1808
Bircher Müsli	1632, 1716
Grießbrei	1734
Haferbrei	1729
Hafergrütze	1728
Harroh und Weiroh	1726, 1727
Himbeer-Grütze	1748
Johannisbeergrütze	1748
Kirschgrütze	1748
Mondaminbrei	1785
Reisbrei	1738, 1739
Sagobrei	1749
Weinmus	1807
Weizenmehlbrei	1736
Zwiebackbrei	1737

Brötchen, belegte:

Appetitbrötchen mit Ei und Sardellen	1612
Brotaufstrich	163
Frühlingsbrötchen	170
Gemüsebrötchen	167
Haferflockenbrötchen	1626
Heringsaufstrich	158, 159
Kaviarbrötchen	172
Käseaufstrich	164
Käsebrot	1233, 133, 169
Kräuterbutter	153, 161
Pikanter Aufstrich	162
Rettichaufstrich	165
Sardellenbrötchen	173, 154
Schinkenaufstrich	160
Tomatenaufstrich	166
Verschiedene Brötchen	171
Verschiedene Arten Brötchen	168
Gefüllte Brötchen zu Wildgeflügel	709, 710

Cremen:

Ananascreme	1363
Aprikosencreme	624, 1378
Bananen- und Arrakcreme	1387, 1411
Bayerischecreme mit Mandeln	1647
Bergamottcreme	1410
Brestlingceme	1379
Buttercremefülle	1421
Zitronencreme	1375, 1376, 1377
Erdbeercreme	1380, 1381, 1353

Erdbeercreme zum Garnieren	1428
Frangipanecreme	1413
Fruchtcreme mit Sago	1385
Gebrannte Creme	1395
Haselnusscreme gesulzt	1392
Haselnusscreme, andere Art	1393
Hägenmarkcreme	1386
Haselnussbuttercreme	1424
Himbeercreme	1381, 1353
Johannisbeercreme	1382, 1353
Karamelcreme	1394
Kastaniencreme	1402
Mandelcreme gestürzt	1396
Mandel-Fülle	1418
Mokkacreme, feine	1397
Mokkacreme, andere Art	1398, 1399
Mokkabuttercreme zum Füllen	1417
Nesselrodecreme	1403
Nusscremefüllung	1420
Orangencreme	1384
Pfirsichcreme	1378
Pralinenmasse zum Füllen	1419
Punschcreme	1412
Reis-Wein-Creme	1409
Russische Creme	1400
Russische Charlotte	1401
Schokoladecreme mit Schlagrahm	1390
Schokoladecreme andere Art	1391
Schokoladecreme zum Füllen	1415
Schokoladebuttercreme zum Füllen	1423
Vanillecreme gesulzt mit Schlagrahm	1388
Vanillecreme feine mit Schlagrahm	1389
Vanillecreme zum Füllen	1427, 1414
Vanillebuttercreme zum Füllen	1422
Weincreme	1405, 1406, 1407
Weincreme zum Füllen	1416
Weinschaumcreme gesulzt	1404
Weinsulz	1408

Eierspeisen:

Eierkuchen mit Hühnerleber	700
Eierkuchen mit Kräutern	701
Eierkuchen mit Tomaten	698
Ei im Nest	799
Eier (harte) mit Tomaten im Aspik	818
Eier gefüllt	678, 679, 80, 1775
Hafermehleierkuchen	1717
Holländische Eier	688
Italienische Eier	677
Italienischer Eierkuchen	772
Kanapees von Eiern	681
Omelette Konfitüre	1214
Omelette französisch	702
Omelette mit Käse	706
Omelette mit Kräutern	707
Omelette Kalbsbader	797
Omelette Mailänder	708
Omelette mit Nieren	704
Omelette mit Tomaten	705
Omelette mit Schinken	703
Pfannkuchen	773
Rühreier	691
Rühreier mit Tomaten	692
Rühreier mit Schinken	693, 94, 695

Salat von Eiern	620	Kürbis		1490
Saure Eier	684	Melonen		1489
Sardellen Eier	685	Preiselbeeren		1474
Saucen Eier	687	Pommeranzenschale		1505
Spiegeleier mit Nieren und Hirn	697	Quittengelee		1482
Susanna-Eier	686	Stachelbeeren	1475,	1476
Schiffchen-Eier	815	Schwefelzwetschgen		1485
Tomaten-Eier	689	Tomaten grüne Zucker u. Essig		1494
Tomaten-Eierkuchen	699	Zwetschgen	1484,	1485
Tomaten-Spiegeleier	696	Zwetschgen in Essig		1486
Ungarische Eierspeise	795	Zwetschenmus		1481
Verlorene Eier	682, 683			
Wiener Eierspeise mit Pilz	771			

Einmachen:

Eintopfgerichte:

		Apfelmus	1808
		Bigosch	366
Apfelgelee	1842	Erbsensuppe	1815
Bohnen, süße	1496	Hammelfleischbrühkartoffeln	1811
Bohnen in Salz	1503	Hausmachernudeln mit Kalbfleisch	1813
Zitronenschale	1505	Huhn in Nudelsuppe	1810
Eier in Wasserglas	1506	Huhn in Reissuppe	1809
Gurken in Essig	1491, 1492, 1497, 1498, 1499, 1500, 1501	Kalbfleisch in Reissuppe	1816
		Kartoffelsuppe mit Fleischbällchen	1814
Gurken süß-sauer	1493	Rindfleisch in Reissuppe	1817
Hägemark	1479, 1480	Rindfleischbrühkartoffeln	1812
Heidelbeeren	1473	Weinmus (bes. für Kranke)	1807
Heidelbeeren in Flaschen	1477, 1478		
Himbeeren	1473		
Johannisbeeren	1473		
Johannisbeer-Gelee	1483		
Johannisbeeren in Essig	1488		
Kirschen mit Essig	1487		

Eis:

Ananaseis	1462
Aprikoseneis	1457
Bananeneis	1461
Erdbeereis	1456
Fruchteis	1453, 1454
Haselnusseis	1449
Himbeereis	1455
Mandeleis	1450
Makroneneis	1452
Maraschinoeis	1459
Mokkaeis	1460
Orangeneis	1463
Pralineneis	1458
Schokoladeeis	1448
Tutti frutti Eis	1451
Vanilleeis	1447

Fische:

Aal gekocht	200
Aal in Salbei	201
Backen der Fische	181
Barbe gedämpft	190
Barsch	216
Blaufelchen in Wein gedämpft	186
Blaufelchen auf Müllerin Art	187, 188
Dilltunke zu Fisch	1796
Filet	211, 212
Filet mit Senf und Tomatenmark	224
Fischhackbraten	218
Fischkotelette	220, 221
Fischküchlein	219
Fischknödel	233
Fischmayonnaise	238a, 238b, 1654, 1655
Fisch in Muscheln	229
Fisch menniere	213
Fischpastete	227, 228
Fischrollen mit holländische Soße	1651, 237a
Fischsalat	157
Fischwurst	222
Forellen blau	182
Forellen gedämpft	183
Forellen mit Aspik	184
Forellen gesulzt	185
Frikadellen	234, 235
Frikassee	232
Gratinierter Fisch	239
Hecht	196
Hecht blau	197
Hecht gebraten	198
Hecht-Kraut	199
Hering-Aufstrich	158
Hering-Salat	1625, 627
Hering-Schüssel	1780
Hering Bismark – Rollmops	156
Hering Brathering zubereiten	176, 177
Holländische Fischsoße	237b
Kabeljau	210
Kabeljau gebacken	217
Karpfen in der Soße	192
Karpfen gefüllt	193
Karpfen, bemooster	194
Kaviar	172, 155

Krabbenmayonnaise mit Heringschlupfen	139b
Lachs oder Salm gekocht	202
Lachs gebraten	203
Lachs mit Kräuterbutter	208
Lachs, Hering	175, 176, 177, 178
Fisch Norderney-Art mit Senfbutter	236, 1653
Pasteten von Fisch	277
Pichelsteiner von Fisch	230
Pudding von Fisch	226
Ragout von Fisch	231
Rheinsalm gedämpft	204
Rheinsalm gesulzt	207
Restverwertung von Fisch	223, 240
Salm mit Mayonnaise	205
Salm auf dem Rost gebraten	206
Sardellen	154, 173
Sardinen	174
Silberfelchen	189
Sud	180
Sulz	241
Schellfisch	209
Schollen in Weintunke	195
Schwedische Fischspeise	225
Stockfisch	214
Stockfischkraut	215
Weißfisch	216
Zander gekocht	191

Frösche:

Froschschenkel in der Soße	242
Froschenkel gebraten	243
Froschenkel gebacken	244

Flammeris:

Zitronenflammeris	1320
Grießflammeris	1648, 1318
Sagoflammeris	1319
Schokoladenflammeris	1321

Fruchtspeisen-Gelee:

(siehe auch Kaltschalen und kalte Pudding)

Apfelspeise für Zuckerkranke	1686
Apfelspeise feine	1368
Apfelschaum	1362, 1363, 1368
Apfelschnee	1364
Aprikosenplatte	1357
Aprikosen-Fruchtspeise	1933b
Zitronengelee	1372
Diplomatenpudding	1374
Erdbeeren mit Quark	1354
Erdbeeren mit Rhabarber	1366
Früchtesulz	1367
Himbeergrütze	1748
Johannisbeergrütze	1748
Kapuziner-Apfel	1360
Kirschgrütze	1748
Milch-Gelee	1334
Mont Blanc mit Erdbeeren	1352
Nussroulade	1679
Orangengelee	1373
Orangenschaumspeise	1678
Pfirsichspeise	1933b, 1369
Pommersche Fruchtspeise	1667

Weinspeise mit Früchten	1368
Wein-Gelee	1335
Wein-Gelee mit Früchten	1336
Zwetschgen Fruchtspeise	1933b

Geflügel:

Dressieren des Geflügels	427
Gänsebraten	440
Ganz gefüllt	441
Gänseklein	442
Hahnen jung	428
Hahn gedämpft	429
Huhn mit Reis	430
Huhn nach Jägerart	433
Huhn in Nudelsuppe	1810
Huhn in Reissuppe	1809
Hühnerragout	431
Hühnerfrikassee	432
Fasanen	434
Poularden	434
Rebhühner gebraten	443
Rebhühner mit Gemüse	446
Rebhühner gebraten mit Rahm	444
Rebhühner mit Sauerkraut	445
Tauben gebraten, gefüllt	435, 436
Tauben eingemacht	437
Tauben gedämpft	438
Taubensalmy	439

Getränke:

Abendtee	1513, 1833 - 1873
Apfelsinenbowle	1524
Bier warmes	1531
Zitronenlimonade	1522
Eiweißwasser	1516
Eierwein warmer	1519
Eierwein kalt	1520
Eier-Punsch	1532
Erdbeer Bowle	1525
Frühstucks- und Abendtee	1513, 1833
(siehe auch Anhang Kräutertee bis 1873)	
Gerstenwasser	1523
Glühwein	1529
Grog	1530
Kaffee	1507
Kakao	1510
Kardinal	1538
Kräutertee	1833-1873, 1512
Malzkaffee	1508
Maibowle	1527, 1528
Mandelmilch	1515
Milchlimonade	1521
Orangenlimonade	1518
Punsch	1532, 1533, 1535, 1536
Punsch Sylverta (Silvester-Punsch)	1534
Punsch Essenz	1537
Schokolade	1509
Schwarzer Tee	1501

Getränke: Weine

Apfelwein	1827
Brombeerwein	1825
Erdbeerwein	1825
Hagebuttenwein	1540, 1825
Heidelbeerwein	1825
Himbeerwein	1821a
Holunderwein	1823, 1825
Johannisbeerwein	1541, 1824
Malvenwein	1826
Stachelbeerwein	1824, 1542
Schleyenwein	1821b
Wachholderwein	1822
Wermutwein	1826

Getränke: Säfte

Brombeersaft	1539
Erdbeersaft	1539
Heidelbeersaft	1539
Himbeersaft	1539
Holundersaft	1539
Johannisbeersaft	1539, 1545
Orangensaft	1544
Stachelbeersaft	1539

Getränke: Likör

Kaffeelikör	1549
Kaffee-Extrakt	1551
Nusslikör	1548
Pfefferminzlikör	1543
Quittenlikör	1547
Rumlikör	1550
Träubele (schwarz)	1546

Gemüse:

Artischocken	558
Bayrisch Kraut	515
Blau- oder Rotkraut	516
Blumenkohl	535, 536
Blumenkohl gebacken	537
Blumenkohl überbacken	538, 539
Bodenkohlrüben	527
Bohnen eingemacht	543
„ gedörrte	544
„ geschmälzt	542
„ grüne	540, 541
„ Pudding	547
„ Püree	546
„ Puff	545
Bratlinge mit Flocken	1784
Büchsengemüse	528
Erbsenpüree	551
Gelbe Rüben mit Erbsen	520
Gurkengemüse	514, 559
Gurkenscheiben gebacken	1787

Hackbraten von Gemüse	1790	Teltower Rübchen	521, 522
Karotten	519	Vegetarisches Ragout	1633
Kastanien	552	Vegetarische Schnitzel	1792
Kernbohnen	550	Weißkraut auf schwedische Art	1613
Kohlraben	526	Weißkraut gefüllt	379
Krautwickel	1622	Weißkraut-Kümmelkraut	512
Küchlein	1785	Weiße Rüben	525
Lauchgemüse (Porridge)	529	Wildgemüse	510
Leipziger Allerlei	524	Winterkohl	509
Linsen	548	Wirsing	511
Linsenpüree	549	Wirsing gedämpft	1661
Mangold- und Meldeblätter	502		
Mangold- und Stielgemüse	503, 504		
Meerrettichgemüse	553		
Meerrettich mit Rahm	554, 555, 556, 557		
Pikantes Gemüse	1618		

Gewürzkräutermischungen:

Kräuterdauermischung	1916
Kochsalz ersetzende Würzkräutermischung	1915
Magenstärkende Gemüsemischung	1914
Verdauungsfördernde Kräuter und Gemüse	1913

Rosenkohl	513
Salatgemüse	1663
Sauerkraut	517, 518
Sauerkraut ohne Salz	1781, 1782, 1783a/b
Sauerkraut roh	1795
Selleriegemüse	530, 531
Sellerie gebacken mit Kräuter-Mayonnaise	1788
Sellerie überbacken	532
Spargeln	534
Spinat	501
Spinat-Auflauf	506
Spinat-Küchlein	505
Spinat-Pudding	507
Spinat-Würste	508
Strunkgemüse	1660
Schlempenkraut	1623
Schwarzwurzeln	533

Glasuren und Garnierhilfsmittel:

Arrakglasur	1431
Zitronenglasur	1430, 1441
Eiweißglasur	1429
Fruchtglasur	1439
Kaffeeglasur	1442
Lebkuchenglasur	1438
Mandelglasur	1444
Mokkaglasur	1432

Rumglasur	1443
Spritzglasur braune	1445
Schokoladeglasur	1433, 1434
Schokoladeglasur mit Palmin	1435
Weisse Glasur	1436
Zuckerglasur gekocht	1437
Zuckerglasur warm	1440

Garnieren:

(Füllcremen siehe Creme).

Gebrannte oder glasierte Mandeln	1425
Gebr. oder glasierte Haselnüsse	1426

Grieß:

Aufläufe	1292, 1297, 1303, 1304
Aufläufe	1305, 1306
Grießblättchen	1165
Grießbrei	1734
Grießflammerie	1318
Grieß Geschlagener (kalt)	1648
Grießklöße	761, 787, 788, 789, 1629
Grieß-Rockerl	762
Grieß-Pudding	1274, 1275, 723
Grieß-Pudding (kalt)	1331
Grieß Römischer	760
Grieß Schnitten	759
Grießkuchen	952, 958, 959, 996

Haferspeisen:

Hafer-Brei	1729
Hafer-Grütze	1728
Harroh (festgestampfte Haferflocken)	1726, 1727
Haferflockenauflauf	1680, 1719
Haferflocken geröstet	1641
Haferflockenbratlinge	1723
Haferflockenbratlinge mit Gemüse	1724
Haferflockensuppe	1315
Haferflockentomatenbratlinge	1725
Hafermehleierkuchen	1717
Hafermehlklößchen	1722
Hafermehlsulzauflauf	1718
Hafermehlsuppe	1721
Porridge	1731
Hafersuppe (halb roh)	1720
Haferschleim	1730

Hammelfleisch – Schaffleisch:

Hammelbraten	407
Hammelfleisch gedämpft	412
Hammelkoteletten (gedünstet)	409, 413
Hammel-Osterlammrücken	414
Hammelragout	410
Hammelrücken	411
Hammelschlegel auf Wildart	408

Hasen siehe auch Kaninchen:

Hasenbraten	419
Hase gebeizt	420
Hase Ragout	421

Hefenbackwerk:

Anisbrot	907
Anchovisbrötchen	942
Butterbrezeln	915
Brezeln russische	919, 920
Butterhörnchen	909
Christstollen	912
Dampfnudeln	934, 935, 936
Flachswickel	914
Galopp Gugelhopf	930
Gesundheitsgugelhopf	927, 928
Gugelhopf	923, 924, 925, 926
Haselnussring	905
Himbeerbrötchen	908
Hutzelbrot	943
Hefenkranz	900, 901, 902, 903
Käsekuchen	932
Laugenbrezeln	921, 922
Mandelbrot	906
Marmorierter Gugelhopf	929
Ofennudeln	937
Rosinenkuchen	938
Salzstangen	917
Saurer Rahmkuchen	940, 941
Saverin	944
Stolle – Hefen	910
Streusselkuchen	933a
Strudelring	904
Schnecken – Hefe – gefüllt	939
Hefeteig A	897
Hefeteig B	898
Hefeteig C	899
Teestangen	916
Weihnachtsstolle	911
Wiener Gugelhopf	931
Zwetschgenknödel	933b
Zwieback	913
Zuckerbrezeln	918

Kalbfleisch:

Kalbfleisch eingemacht	306
Kalbfleisch gebraten	290
Kalbfleisch gebeizt	292
Kalbfleisch gepickt	291
Kalbs-Brieschen gedämpft	336
Kalbs-Brieschen gebacken	337
Kalbsbrust gebacken	299
Kalbsbrust gedämpft mit Madeira	301
Kalbsbrust gefüllt	298
Kalbsbrust glasiert	300
Kalbsfilet	305
Kalbsfrikassee	306
Kalbsfrikando	307
Kalbsgekröse	353

Kalbsgeschnetzeltes	313	Kalbsleber Pikante	1767
Kalbsgulasch	331	Kalbsleber Pudding	352
Kalbshachee für Magenkranke	356	Kalbsleber mit Rahm u. Tomate	1645
Kalbshaxe gebacken	332	Kalbslebervögel	1643
Kalbshaxe gebraten	333	Kalbsleber italienisch	349
Kalbshaxe saurer	334	Kalbsleber Tiroler	1644
Kalbsherz gedämpft	345	Kalbsleber, Lunge, Herz und Gekröse, sauer	355
Kalbsherz, Lunge, Gekröse	354	Kalbslunge sauer	347
Kalbshirn gedämpft	338	Kalbsmuschelragout	1649
Kalbshirn gebacken	339	Kalbsnierenbraten	255
Kalbshirn in Muscheln	145	Kalbsnierenbraten Westfäl.	296, 297
Kalbshirn in Ei	340	Kalbsnuss	304
Kalbshirn-Roulade	341	Kalbsnieren	346
Kalbshirn-Koteletten	342	Kalbs-Pariser-Schnitzel	316
Kalbs-Holsteiner-Schnitzel	320	Kalbs-Paprika-Schnitzel	319
Kalbs Jägerschnitzel	321	Kalbs- Polnische Art	308
Kalbskopf bürgerlich	335a, 335b	Kalbsragout	329
Kalbskopf paniert	335c	Kalbs-Rahmkoteletten	322
Kalbssteak	327	Kalbs-Rahmschnitzel	318
Kalbs gehackt	328	Kalbsrolle	309
Kalbs-Koteletten Naturelle	326	Kalbs-Röllchen	311
Kalbs-Koteletten Nelson	325	Kalbsroullade	1614
Kalbs-Koteletten gespickt u. paniert	324	Kalbsrücken mit Gemüse	294
Kalbs-Koteletten paniert	323	Kalbfleisch sauer	330
Kalbsleber gedämpft	348	Kalbs-Schinken	293
Kalbsleber gebacken	350	Kalbsschlegel gefüllt	302
Kalbsleber geröstet	351	Kalbsschnitzel naturelle	317
Kalbsleber Cocktail	1765	Kalbs-Rahmschnitzel	318
Kalbsleber Kuchen	1763	Kalbs-Holsteinerschnitzel	320
Kalbsleber mit Heringsalat	1768	Kalbs-Paprikaschnitzel	319
Kalbslebersteak mit Pilz	1764	Kalbs-Pariserschnitzel	316
Kalbsleberspeise	1762	Kalbs-Wienerschnitzel	315
Kalbsleberpastete	1766	Kalbs-Schwalbennestchen	312, 1639

Kalbsvögele	310	**Kaninchen:**		
Wiener Tomatenschlegel	303			
Wienerschnitzel	315	Kaninchen gebacken		423
Zephir von Kalbfleisch	314	Kaninchen in Rahmsoße		422
Zunge gebacken	343	Kaninchen-Ragout		424
Zunge in Rahmsoße	344	Kaninchen in weißer Soße		425

Kaltschalen – Köpfchen:

Kartoffeln:

		Kartoffelauflauf	872
Apfelkaltschale	1339	Kartoffelauflauf mit Hering	874
Apfelsinenkaltschale	1341, 1668	Kartoffelauflauf mit Rauchfleisch	
Buttermilchkaltschale	1338	und Sauerkraut	873
Zitronenkaltschale	1340	Kartoffelauflauf mit Fleisch	1659
Erdbeerkaltschale	1342, 1600	Kartoffelauflauf mit Schinken	875
Fliedermilchkaltschale	1341b	Kartoffelbavesen	863
Himbeerkaltschale	1342	Kartoffelbällchen	855
Johannisbeerkaltschale	1342	Kartoffelbienenkörbchen	856
Kirchkaltschale	1339	Kartoffelbirnen	878
Milchkaltschale mit Quark und Obst	1693	Bratkartoffeln	826, 829, 830, 832
Mondaminkaltschale	1646	Butterkartoffeln	170, 851
Quarkkaltschale	1674	Buntes Kartoffelgemüse	1658
Rhabarberkaltschale	1339	Dampfkartoffeln	843
Rahm-Schokolade	1615	Diätkartoffeln	840
Rosmarie	1640	Kartoffel-Dreieck feine	863
Stachelbeerköpfchen	1326	Kartoffel-Eckchen	866
Stachelbeerkaltschale	1339	Fränkische Kartoffelklöße	880
Weinkaltschale mit Schneeklößchen	1337	Geriebene Kartoffeln, geröstet	826
		Gestürzte Kartoffelspeise	867
		Klöße, Fränkische	880, 881
		Knusperkartoffeln	828
		Kartoffelknödel	849

Kartoffelknopf	850
Königinkartoffeln	845
Kartoffelküchl, feine (Kroketten)	860, 864, 865
Kartoffelküchlein von Hefe	859
Kartoffelküchlein mit Käse	879
Küchlein mit Meerrettich	1655
Riedernauer Kartoffeln	835, 836
Kartoffel-Nockerl	852
Paprika-Kartoffeln	827
Petersilien-Kartoffeln	833, 834
Pfälzer Kartoffeln	1660
Pommes Frites	840
Kartoffel-Pudding	869
„ Pudding mit Grieß	870
„ Pudding mit Nudeln oder Makkaroni	871
„ Pudding mit Schinken	876, 877
„ Püree	837
„ Püree mit Spiegeleier	848
„ Püree mit Bienenkörbchen	856
Rahmkartoffeln	846, 847
Röstkartoffeln	825
Kartoffel-Roulade	854
„ Salat	601
„ Salat, geriebener	602
Salzkartoffeln	824
Kartoffeln Saure	838
Souffleekartoffeln	839
Kartoffel-Spätzle	868
„ Suppe mit Fleischbällchen	1814
Kartoffel-Strauben	862
Schalenkartoffeln	823
Schneekartoffeln	857
Schnippelkuchen	1657
Vegetarische Würstchen	881, 853
Vegetarische Würstchen mit Grieß	858

Kleinbackwerk:

Anisbrot	1097
Anisbrötchen	1096
Anisschnitten	1108
Ausstecher, billige	1077, 1079, 1080
Ausstecher, gute	1078
Ausstecher Rottweiler	1083
Ausstecher Butterteig feine	1084
Ausstecher Zimt	1081, 1082, 1083
Belgrader Brot	1105
Brezeln, kleine	1115, 1121
Buttergebäck	1086
Cedernbrötchen	1109
Cremetörtchen	1130
Cokosbrötchen	1129
Croquettschnitten	1117
Gute Albertle	1103, 1104
Grießmakronen	1141
Haselnussbrötchen	1091, 1131
Haselnußschnitten	1092, 1093
Helenenschnitten	1118
Himbeertörtchen	1106, 1107
Kaiserbrot	1134
Kokosnussbrötchen o. Ringe	1151, 1156b, 1150
Kokosnusshäufchen	1152
Kokosnussmakronen	1144, 1145
Konfekt, einfaches	1100, 1101, 1102

Lebkuchen:	1062, 1063
Baslerlebkuchen	1060, 1069, 1070
Honiglebkuchen	1066, 1067, 1068
Milchlebkuchen	1072
Schokolade-Lebkuchen	1073
Weiße Lebkuchen	1064, 1065, 1072, 1073
	1061, 1066, 1067, 1068, 1060, 1069, 1070
Weiße Lebkuchen, feine	1071
Zuckerlebkuchen	1061
Mailänder	1135, 1136, 1137
Makronen	1138, 1139, 1140, 1141
	1142, 1143, 1144, 1145
Mandelbögen	1123
Mandelmakronen	1139, 1140
Mandelhäufchen	1090
Marzipanmasse	1153
Marzipankartoffeln	1154, 1155
Meringen	1124
Nussbrötchen	1128
Nußstängerl	1126
Pfeffernüsse	1148
Pommeranzenbrötchen	1095
Weinkonfekt	1147
Pommeranzenschalen	1156
Ringchen, feine	1113, 1121
Rosinenbrötchen	1098, 1099, 1119, 1920, 1121
Haselnuss-S	1122
Sandplätzl	1127
Springerle, Eier	1074
Springerle, Milch	1076
Springerle, Wasser	1075
Spritzgebackenes	1132, 1133
Schokoladenmakronen	1138

„ Brezeln	1149
„ Brötchen	1094
„ Muscheln	1146
„ Schäumchen	1125
Tiroler-Kräpfchen	1089
Vanille-Brötchen, feine	1110
„ Brezeln	1114
„ Kipferl	1111
„ Gebackenes	1087
„ Ringchen	1112
Wasserspringerle	1075
Weinkonfekt	1147
Zimtbrötchen, feine	1116
Zimtstern	1085

Kompotte:

Apfelkompott	653
Apfelstückchen	654
Aprikosen- oder Pfirsichkompotte	662, 1625
Birnenkompott	655, 656
Brestlinge- und andere Beerenkompotte	664b
Dörrobst	663
Himbeer- und Erdbeerkompott	660
Johannisbeer- und Heidelbeerkompott	659
Kirschenkompott	657
Stachelbeerkompott	658
Steinfrüchte	664a
Zwetschgen- oder Pflaumenkompott	661

Kuchen:

Apfelkuchen, geriebener	945, 946, 947
Apfelgitterkuchen	950
Apfelkuchen, feiner	953
„ mit Creme	951
Aprikosenkuchen	963, 964
„ (getr. Früchte)	965
Billiger Kuchen	952
Birnenkuchen	955, 956
Blitzkuchen	1000
Brombeerkuchen	988
Erdbeerkuchen	980, 981, 981b, 982, 983, 984
Grießkuchen	996
„ Kirschenkuchen	958, 959
„ Obstkuchen	952
Heidelbeerkuchen	985, 987
Himbeerkuchen	982, 983, 984
Johannisbeerkuchen	973, 974, 975, 976, 977
Kaiserkuchen	954
Käsekuchen	989
Kirschenkuchen	961b, 962, 957
„ mit Creme	960
Kuchenguß	948, 949
Mirabellenkuchen	966
Nussmehlkuchen	991
Nussroullade	997
Plumcake	998
Rhabarberkuchen	985
Speckkuchen	995
Stachelbeerkuchen	978, 979
Streusselkuchen gerührter	990
Traubenkuchen	969, 970
„ mit Meringenguß	971
Weinkuchen	999
Wienerkuchen	972
Zwetschgenkuchen mit Guß	967, 968
Zwiebelkuchen	993, 994

Mehlspeisen u. Resteverwertung:

Bayerische Knödel	790
Bienenkörbe	804
Blätterteigpastete	735
Blumenkohlauflauf	732
Brätlinge	820
Breite Nudeln	752
Brieslespudding	714, 715
Brötchen zu Wildgeflügel	709, 710
Croquettes von Geflügel, Bries und Wild	745
Diplomatenspeise	734
Dicker Pfannkuchen	774
Eierhaber	769
Ei im Rest	799
Eierküchlein	803
Englischer Pudding	718
Flädchen gefüllt	776
Fleischreste im Kartoffelrand	749
Fleischpastete	739, 740
Gansleber gedämpft	747
„ gesulzt	748
Geflügel Pudding	716
Geflügel-Reis	766

Gestürzter Reis	763	Kuchenmichel	801
Gemüseplatte mit Gemüsebällchen	807	Leberpastete	737, 738
Gemüse-Pliefen	996	Leberknödel (siehe Knödel)	
„ Pudding	720	Makkaroni-Auflauf	728
„ Roullade	810, 811	„ au gratin (überbacken)	821
„ Schnitten	800	„ mit Käse	755
Gestürzter Reis	763	„ mit Tomaten	757
Grießplättchen	1165	„ Italienische	758
Grießbrei	1734	„ Timbal	805
Grieß-Klöße	761	Nudelauflauf mit Quark	729
„ ausgestochen	788	Nudelküchlein	753
„ gekocht	787	Nudelring	802
„ im Wasserbad	789	Nürnberger Gemüseschnitten	812
Grieß-Nockerl	762	Nusskoteletten	798
„ Pudding	723	Österreichische Knödel (f. Knödel)	
„ Römischer	760	Pariser Nockerl	782
„ Schnitten	759	Pastetenfülle von gebratenen Gansresten	743
Grünkernwürstchen	786	Pastetchen mit Gemüsefüllung	744
Gurkenfleisch	746	Pastetchen mit Kalbfleischfarce	742
Harte Eier mit Tomaten in Aspik	818	Pastetchen mit Wildpret	741
Hefe-Klöße	791, 792	Pfannkuchen	773
Italienischer Eierkuchen	772	„ dick	774
Italienische Flädchen	777	Pikante Torte	809
Italienische Platte	813	Rehpudding	712
Kalbfleischpudding	713, 717	Reisauflauf mit Briesle	724
Karlsbader-Omlett	797	Reiskonfomme	768
Käsebällchen und Gemüsebällchen	808	Reismeridon	765
Knödel-Servietten	784	Reisschnitten	767
„ Spinat	785	Risotto	764
„ Bayerische	790	Römischer Grieß	760
„ Österreichische	794	Römische Pasteten	1620
„ Leber	781, 778, 779	Salzburger Rockerl	783
Krautnudeln	751	Sauerkrautauflauf	730

Schiffcheneier	815	Apfelpfannkuchen	1196
Serviettenknödel	784	Aprikosenkrusteln	1244
Spaghetti mit Tomaten	757	Baumstamm	1227
Spätzle	750	Beckerpastete von Reis	1221
Spinatknödel	785a	„ von saurem Rahm	1224
Spinatpudding (siehe auch Puddinge)		Bisquitwaffeln	1210
	719, 722, 785b, 1685	Bürgermeister	1229, 1230
Schinkenauflauf	725, 726, 727	Cremeschnitten	1235
„ Makkaroni	756	Düten gefüllt	1237, 1238, 1239, 1240
„ Nudeln	754	Erdbeerschnitten	1202
„ Pastete	736	Frankfurter Kranz	1228
Schneeküchlein	775	Goldschnitten	1204
Schweizerrahmauflauf	733	Haselnussroulade	1241
Tomatenpudding	721	Hobelspäne	1239
Tomatenreis	764	Kachelmus	1219
Tomatensouffle	731	Kaiserschmarren	1195
Ungarische Eierspeise	795	Kirschenpfannkuchen	1197
Vegetarischer Hackbraten	819	Königs-Ecclairs	1231
Weckeierhaber	770	Mohrenköpfe	1225
Weckklöße	793, 780	Pfannkuchen gefüllt	1198
„ feine	786	„ mit Äpfeln	1196
Wienereierspeise mit Pilz	771	„ mit Kirschen	1197
Wildschnitten	711	„ mit Obst	1199
Wirsingrolle	806	Omelette Konfitüre	1214
		Quarkbrötchen	1233
		Rhabarberschnitten	1203
		Reisberg	1220
		Reisschnitten	1223
		Reiswürstchen	1222
Ananaskrusteln	1245	Rheinischer Bund	1226
Apfelbratline	1205	Röllchen und Düten	1240
Apfel im Schlafrock	1200, 1201	Spanisches Brot	1236
Apfelkrapfen	1232	Soufflee	1216b

Mehlspeisen mit Zucker:

Storchennestchen	1215
Schillerlocken	1243
Schneeeier mit Vanillemilch	1216
Schuhsohlen	1234
Waffeln	1208, 1209
„ feine	1211
„ gefüllt	1213
„ einfache	1212
Wickelmus	1218
Wickelroullade	1217
Weinkoch	1242
Weinschnitten	1206, 1207

Obstgerichte: (siehe auch Kaltschalen, Köpfchen, Schlagrahmspeisen)

Aprikosen- oder Pfirsichkompott	672
Bavariaschnitten	1609
Birnen naturell	1598
Christbaumpflaumen	1610
Feigenkompott	1601
Fruchttorte	1608
Götterspeise	1602
Igel aus Marzipan	1605
Melonenstern	1599
Orangenplatte gemischt	1607
Pflaumenwurst	1606
Rosenzucker	1611
Sauce belice	1597a
Traubenkonfekt	1603

Obstsalate:

Apfelsalat	670, 671
Aurorasalat	667
Bananenschiffchen	696
Evasalat	665
Fruchtsalat gemischt	673
Kompottfrüchtesalat	675
Obstsalat feiner	1597b, 1631
Obstsalat in Gläsern	1604
Orangen mit Bananen	674
Walddorfsalat	666

Ochsenfleisch – Rindfleisch:

Beefsteak:	
Englisches Filetbeefsteaks,	277
gehacktes	279
Rohes oder a la Tartar	281, 282
Tiroler	278
Bratengewürz	246b, 246c
Carbonaden mit Ei	280
Entrecotes	266
Filet- o. Schlachtbraten	269
mit Gemüse garniert	273
Filetbraten in Madeirasoße	272
„ englisch	270
Hufarenbraten	271
Jäger- oder Lendenschnitten	244
Italienische Ochsenzunge	284

Kutteln geröstet	288
Lendenschnitten gefüllt	276
„ mit Ei	275
Nieren sauer	287
Ochsenfleisch gekocht	247a
Ochsenschweif	289
Pöckelbrust	268
Rindsfiletgoulasch	283
Rindfleisch mit Sardellen und Rahm	250
Rindsbraten in Rahmsoße	251
„ mit Gurkensoße	253
Rindsbraten ohne Fett	259
Rindsfleischbrühkartoffeln (Eintopf)	1812
Rindfleisch in Reissuppe (Eintopf)	1817
Rindsroullädchen	267
Roastbeef	260
„ garniert	261
Rostbraten: Schwedischer	264
„ Ungarischer	263
Rostbraten: Wiener	262
Rumpsteak	265
Sauerbraten	256
Siedfleisch gebacken	247b
„ geröstet	248
Schmorbraten	257
Schwedischer Rostbraten	264
Tomatenbraten	252
Ungarischer Rindsbraten	254
Wurzelbraten	255
Zunge gefüllt	285
„ geräuchert	286
Zweibelfleisch	249

Pasteten:

Beckerpastete von Reis	1221
„ von saurem Rahm	1224
Blätterteigpastete	735
Briesles-Pastete	118
Fleischpasteten	384, 739, 740, 120
Fleischpasteten gefüllt mit gebratenen Gansresten	743
Fischpastete	227
„ mit Gemüsefüllung	744
Hasenpastete	123
Hirnpastete	119
Leberpastete	737, 738
Römische Pastete	117
Schinkenpastete	736
Wildpastete	121, 122
Pastetchen gefüllte	
„ mit Kalbsfleischfarce	742
„ mit Kalbfleisch	115
„ mit Käse	127, 1650
„ mit Ragout	124
„ mit „ fein	116
„ mit Schinken	126
„ mit Wildpret	125, 741

Paraffin Süßspeisen:

Paraffin Apfelmus	1750
„ Aprikosenmus	1751
„ Buttermilchspeise	1572
„ Zitronencreme	1753

„	Mondaminpudding	1755	
„	Schokoladenpudding	1754	
„	Pflaumenmus	1756	
„	Quarkcreme	1757	
„	Rote Grütze	1758	
„	Rotwein-Creme	1759	
Feigen-Pflaumen-Semespaste		1760	
Quitten, Milchzucker-Paste		1761	

Quarkpudding mit Semmel	1674
Rehpudding	712
Reispudding mit Brotzusatz	1272, 1273
Sagopudding	1276
Semmelpudding	1267
Spinatpudding	719, 722, 785b, 1685
Schokoladepudding	1264, 1265
Schwarzbrotpudding	1253, 1254, 1255, 1256
Tomatenpudding	573, 721

Pudding: (warme)

Bisquitpudding	1263
Bohnenpudding	547
Brieslepudding	714, 715
Brotpudding	1253, 1254, 1255, 1256
Bröselpudding	1257
Zitronenpudding	1270
Eier-Pudding	1269
Englischer Pudding	718
Fischpudding	226
Geflügelpudding	716
Gemüsepudding	720
Grießpudding	12, 74, 75, 723
Haselnusspudding	1260
Kabinettpudding	1262
Kalbfleischpudding	717, 713
Kalbsleberpudding	352
Kartoffelpudding	869, 870, 871, 876, 877
Mandelpudding	1261
Mehlpudding	1259
Mohr im Hemd	1266
Quark-Pudding	1268, 1714

Pilze:

Champignon	514
Champignon-Soße	586, 592
Einmachen der Pilze in Essig	593
Getrocknete Pilze	584
Pfifferling	594
Pilz mit Tomaten	512
Pilz-Pulver (Vorbereitung+Verwendung)	588, 589
Pilz-Ragout	587
„ im Reisring	590
Pilzreis	1742
Rehling	594
Pilz-Suppe	503
„ feinere	585
Pilze zur Verfeinerung von Suppen	582

Pudding (kalt)

Apfelgrütze	1329
Ananas-Pudding	1330
Dreifarbenpudding	1333a
Diplomatenpudding	1374
Grießschokoladepudding	1331
Götterspeise	1322, 1323
Kalter Pudding	1646
Reis nach Trautmannsdorf	1324
Rote Grütze	1327, 1328, 1666
Viktoria-Reis	1325

Quarkspeisen: (Topfen)

Quark-Auflauf	1709, 1311
„ mit Nudeln	1671
„ mit Schinken	1695
„ süß	1696
Quark-Blätterteig	1672
„ mit Wurst gefüllt	1702
„ Brötchen	1233
„ Creme	1707
„ Erdbeeren mit Quark	1354
„ Fruchtquark	1705, 1706
„ Kaltschale	1675
„ Käsetorte	1703
„ Klöße für Zuckerkranke	1677
„ Klöße	1713
„ Küchlein	1676, 1771, 1711, 1712
Quarkkrebbel	1700
Milchkaltschale mit Quark und Obst	1693
Maultaschen und Blätterteig mit Quark	1701
Nudelauflauf mit Quark	729
Quark-Pudding	1268
„ mit Preiselbeeren und Pumpernickel	1699
„ Pudding	1714
Reisauflauf mit Quark	1710
Quark-Strudel	1673
„ Splitter	1715
„ Speise	1708
„ mit Schnittlauch	1697
Schokoladenquark	1704
Tomaten mit Quark u. Schnittlauch gefüllt	1694
Quark mit Zucker und Zimt	1698

Reis-Gerichte:

Reis-Auflauf mit Briesle	724
Reis-Auflauf	1302, 1291
Apfelreis	1743
Reis mit Äpfeln	1289
Apfelauflauf mit Reis	1282
Apfelsinenreis	1744
Aprikosenreis	1745
Becherpastete von Reis	1221
Reis-Brei	1738, 1739
Reis-Berg	1220
Butterreis	1740, 1741
Gestürzter Reis	763
Geflügelreis	766
Reis mit Gemüse	1776
Reiskonsomme	768
Reis Küchlein	1190

„ Meridon	765	Gelbe Rüben – Rettich	1593, 1635
„ mit Obst	1290	Gemischter Salat	1569
Pilzreis	1742	„ „ mit Mayonnaise	1585
Reispudding mit Brotzusatz	1258	Gemüsekräuter	1552
Reis Risotto	1746, 764, 1272	Kopfsalat,	1559, 599
„ Salat mit Petersilie	1769	Krautsalat	1664, 621
„ „ mit Mayonnaise	1771	Kresse	600, 1559
„ „ mit Tomaten	1773	Kürbissalat	1575
„ „ mit Pilzen	1772	Kürbis – Äpfel	1594
Sellerie mit Reis	1596	Lauchsalat	1572
Reis Suppe mit Rindfleisch	1817	Margritensalat	1583
„ „ mit Huhn	1809	Münchner Salat	1565
Reis Suppe	7, 10, 11, 12	Rohkost	1555, 1558, 60, 1561, 1570
„ Strudel	1251		71, 74, 76, 77, 1579
„ Schnitten	1223, 767	Rotkrautsalat	1636, 1568
„ Schleim	13, 1733	Rotrübensalat	1556, 1557, 1634
Tomatenreis	764, 1746	Salat, bunter	1563, 1573, 1578, 80, 81
Reis nach Trautmannsdorf	1324	Selleriesalat	1553
Viktoria-Reis	325	Sellerie mit Reis	1596
Reiswürstchen	1222	Sellerie, Gelbe Rüben-Salat	1637
„ Wein-Creme	1408	Spargelsalat, feiner	1566
		Spiegeleier, falsche	1562
		Schwarzwurzeln – Rohkost	1584

Rohkost:

		Tomatensalat, gefüllter	1567
		Tomaten – Rettich – Rohkost	1588
Ackersalat	1554	Tomaten – Kopfsalat	1589
Blaukraut – Rohkost	1586	Weiße- und Gelbe Rüben	1591
Blaukraut, Apfel, Kohlraben	1590	Weißkraut. Kohlrabi und Äpfel	1592
Blumenkohl – Rohkost	1582		
Bodenkohlrabi	1595		
Bunter Salat	1563		
Erbsensalat	1564		
Geibe Rüben – Apfel	1587		

Salate:

Ackersalat	1554, 600
Berliner Salatplättchen	648
Bellina Salatplättchen	643
Berschner Salatplättchen	641
Blaukrautsalat mit Kartoffelsalat und Ei	623
Blaukrautsalat	622, 1568, 1636
Blumenkohlsalat	619
Bohnensalat	609, 610
Bunter Salat	624, 625, 1563, 1573, 1578, 1580, 1581
Eiersalat	620, 637
Endiviensalat	600
Estragonessig	598
Erbsensalat	1564
Felicitas-Salatplättchen	644
Fischsalat pikant	1778
Fischsalat	634, 635
Fischsalat mit Tomaten und Aspik	636
Fleischsalat	632
Flümser Salat- Plättchen	642
Gelbrübensalat	1637, 606
Gemischter Salat	1569
Gemischter Salat mit Mayonnaise	1585, 628
Gemüsesalat	1665, 626
Gertrud-Salat-Plättchen	649
Gurkensalat	614
Gurkensalat mit Rahm	615
Helmut-Salatplättchen	651
Heringsalat	627
„ mit Leber	1768
Heringsfilet pikant	1779
Heringschüssel	1780
Italienischer Salat	630, 631
Kartoffelsalat	601
Kartoffelsalat gerieben	602
Kalbsfußsalat	640
Käsesalat	633
Kernbohnensalat	613
Kopfsalat	1559, 599
Krautsalat	1664, 621
Kresse	600, 1559
Kürbissalat	1575
Lattichsalat	600
Lauchsalat	629, 1572
Margritensalat	1583
Mischsalat	638
Münchner Salat	1565
Ochsenmaulsalat	639
Pilzsalat	652
Räubersalat	1616
Reissalat mit Petersilie	1769
„ mit Gemüse	1770
„ mit Mayonnaise	1771
„ mit Pilzen	1772
„ mit Tomaten	1773
Rettichsalat	616
Rotrübensalat	617, 618, 1556, 1557, 1634
Russischer Salat	611, 612a, 612b
Salatsoße einfache	597
„ mit Ei	596
Selleriesalat	603, 604, 605, 1553
Spanisches Salat-Plättchen	646
Spaghetti oder Nudelsalat mit Tomatenmayonnaise	1774

Spargelsalat	608
„ feiner	1566
Tomatensalat gefüllter	1567
Tomatensalat	607
Tomaten-Kopf-Salat	1589
Vinaigrette Sauce	595
Wiler Salat Plättchen	645
Wildwachsende Salat und Zubereitung	1820b
Zichoriensalat	650

Saucen:

Aprikosen-Sauce	483
Bernaisse-Sauce	463
Bechamelle-Sauce	448
Braune Sauce ohne Fett	467
Ghaudeau	497, 498, 499
Cumberland	478
Einmachsoße weiße	449
Fischsoße einfach	452
„ geschlagen	453
Frikassee Sauce	449
Grund- oder Buttersoße weiß	447
Grundsoße braun	465, 466
Himbeer- oder Johannisbeersoße	484
Hägenmarksoße	485
Holländischer Beiguß	454, 455
Hollandaise, andere Art	456, 1652
Holländische Fischsoße	237b
Karamelsauce	500
Kapernsoße zu Fischen	451
Madeirasoße	471
Mayonnaise	238a, 238b, 475
„ gekocht	476, 447
Milchsoße mit Zitronen	491
Mouslen Sauce	457
Petersilien-Sauce	462
Rahmsauce zu Fischen	450
Remouladensoße	481, 480
Sardellensoße braune	469
„ frikassierte	470
Senfsoße	458
„ geschlagen	459
Sulzsoße braune	473
„ weiße	474
Schaumsoße	482
Schnittlauchsoße, warm	460
Schokoladesauce	492, 493, 494
Tomatensoße geschlagen	472
Vanillesoße	487, 488, 489, 490
Vinaigrette-Kräutersoße	479a, 479b
Waldmeistersoße	486
Weinsoße	495, 496
Weinschaum geschlagen	497, 498, 499
Zwiebelsoße weiß	464
„ braun	468

Schinken:

Schinken gebacken	387
„ geräuchert und gekocht	386
„ Aufläufe	725, 726, 727
„ Eier in der Form	149
„ Eier	693, 694, 695

„ Nudeln	754	
„ Makkaroni	756	
Bauernfrühstück	391	
Schinkenkrapfen	385	

Schlagrahm-Spezialitäten:

Aprikosen-Rahmspeise	1356
Erdbeeren mit Schlagrahm	1351a, 1351b, 1358, 1359
Himbeeren mit Erdbeeren und Schlagrahm	1355
Heidelbeeren mit Schlagrahm	1370
Kastanien-Rahmspeise	1348, 1349
Kastanienkranz mit Schlagrahm	1350
Ministerspeise	1371
Meringen mit Schlagrahm	1345
„ mit Eis	1345
Makronenrahmspeise	1347
Orangen-Rahmspeise	1681
Schneeberg	1365
Vacherin	1346

Schmalzgebackenes:

Apfelküchlein	1157, 1158, 1159b
„ gefüllt	1160
Apfeltrauben	1161
Apfelwürstchen	1162
Arme Ritter	1193
Berliner Pfannkuchen	1174
Bisquit Apfel	1164
Ecclairs	1182
Fastnachtsküchlein	1170, 1171
„ feine	1172
„ ausgerollte	1173
Gold- oder Weckschnitten	1192
Grießplättchen	1165
Kaffeeküchlein	1181
Käsekugeln	1193b
Karthäuserklöße	1187
Kirchen gebacken	1163
Luftküchlein	1169
Mundküchlein	1168
Müsschen	1189
Nürnberger Mandelklöße	1176
Pölsterchen	1177
Rahmküchlein	1167
Reisküchlein	1190
Ringe von Brandteig	1184
„ von Hefenteig	1185
Rosen, Pilze, Becker	1183
Strauben	1178
Schneeballen	1179, 1180
Tabaksrollen	1188
Windbeutel	1175
Weinnudeln	1186
Weinwürstchen	1191

Schnecken:

Schnecken gefüllt	245

Schnitten:

Cremeschnitten	1053a
Fürstenbrot	1057
Hindenburgschnitten	153b
Himbeerschnitten	153c
Magenschnitten	1047
Milchbrötchen	1051
Schokoladeschnitten	1049
Teestangen	1055
Teestollen	1056
Zimtschnitten	1052

Schweinefleisch:

Bigosch	366
Braten	357
Braten, gebeizt	359
Bauernfrühstück	391
Filet	361b
Fleischauflauf	383
Fleischkügelchen	1793
Fleischküchlein oder Frikandellen	382
Fleisch-Pasteten	384
„ Strudel	392
„ Würstchen	390
Schweins-Haxen	370
Hackbraten	380
„ gefüllt	381
Schweinskarree	360
Kasseler Ripple	376
Königsberger Klöps	393
Koteletten, Mailänder	365
„ naturelle	363
„ paniert	364
„ mit pikanter Tunke	373
Mannheimer Braten	369
Pöckelfleisch	358
Pöckeln und räuchern	375
Schweinsrippchen gedünstet	362
Schweinsrollen	374
Schweinesulz	377
Sulzkoteletten	378
Schinkenkrapfen	385
Schinken gekocht und geräuchert	386
Schinken gebacken	387
Schweineschlegel	361a
Schnitzel, naturelle	371
„ paniert	372
Schwarzwildart	367, 368
Weisskraut gefüllt	379
Würstchen gebacken	389

Speisezettel:

Einfache, neuzeitliche und vegetarische Küche	1823
Für die Wintermonate	1824
Für Bürgerliche und größere Ansprüche, gemischte und vegetarische	1825
Für höhere Feiertage	1826
Festtagsspeisezettel	1827
Zusammengestellt besonders für Kochkurse	1828
Servieren und Tischdecken	1836

Strudel:

Strudelteig I	1246
„ II mit Hefe	1247
Apfelstrudel	1248
Kirschenstrudel	1249
Rahmstrudel	1250
Reisstrudel	1251
Schinkenstrudel	1252

Suppen:

Baumwollsuppe	1638, 77
Bisquitsuppe	70, 71
Bisquitschöberl	34
Blumenkohlsuppe	54, 55
Brätknödel	36
Brätklöße	38
Brennsuppe	103
Bröselsuppe	101
Butterknödel	82
Butterklöße	83
Butterspätzchen	67
Eiergrießsuppe	17
Eiergerstensuppe	105
Eierstich	95a, 1617
Eierstich mit Tomaten	95b
Einlaufsuppe	18
Endiviensuppe	111
Erbsensuppe	51
„ mit Schweinsohren	59
Flädchen gebacken	76, 78, 79
Fleischklößchen	91
Fleischklöße mit Muschelmehl	24
Fleischknödel feine	90
Fleischbrühe nach Golpert	37, 47
Frühlingssuppe	1818, 1819, 1820
Gelbe Rübensuppe	50
Gemüsebrühe	6, 1628
Gerstensuppe	14
Gerstenschleim	13, 1732
Grießsuppe	16
„ geröstet	104
Grießknödel	80, 1629
„ von rohem Grieß	81
Grießspätzle	45
Grünkernsuppe	19
Grünkernmehl	43a, 48b
Grünkernschleim	13
Haferflockensuppe	15
Hirnklößchen	39
Hirnsuppe	58
Hirnpastetchen zur Suppe	50
Hühnerbrühe	3
Kalbskopfsuppe	99
Käsenocken	72
Kartoffelsuppe mit Kräutern	53
Kartoffelklößchen	85, 86
Knochenbrühe	4
„ von Bratenknochen	5
Kraftbrühe	2
Kräutersuppe	52
Lauchsuppe	112
Kaviarsuppe	112
Lebereinlaufsuppe	63

Leberklößchen	61
Lebernocken	62
Leberreissuppe	64
Leberspätzchen	65, 66
Linsensuppe	113
Maultaschensuppe	75
Mailänder Kartoffelsuppe	31
Markklößchen	84
Milchsuppe	107, 108
Milzschnitten	41, 42
Milzwurst	43
Minestra	35
Mutschelmehl-Klößchen	22
„ mit Butter	23
Mutschelmehlsuppe	20
„ geröstet	21
Nudelsuppe	93
Nudelfleckchen	94
Nocken, grüne	37
Ochsenschweifsuppe	98
Rahmsuppe	106
Reissuppe klare	7
„ mit Tomaten	10
„ mit Gemüse	11
„ mit Lauch	12
Reisschleim	13
Riebelesuppe	92
Rumford'sche Suppe	30
Sagosuppe, braune	8, 9
Sauerkrautsuppe	1817b
Selleriesuppe	49
Semmelsuppe, feine	28
Schaumklößchen	73

Schinkenklößchen	46
Schlossersuppe	110
Schwammklößchen	68, 69
Schwarzbrotsuppe	100
Schwämmchensuppe	74
Schwemmelklößchen	87
Spargelsuppe	57
Spinatsuppe	109
Suppengrün	246a
Tomatensuppe	56
Vegetarische Brühe	1628
Weckklößchen	60
Weinsuppe	25, 26, 27
Windsorsuppe	32
Wildsuppe	33
Zwiebelsuppe	1692

Teige:

Ausbackteig	891
Blätterteig	893, 894
Blätterteig, einfacher	896
Gebrühter Teig	892
Geriebener Teig für Krusteln und Pasteten	886
Geriebener Teig oder Mürbteig	885
Halbblätterteig	895
Hefenteig	897a, 898b, 899c
Mandelmürbteig	887
Mürbteig zu allen Kuchen	888
Rahmteig, saurer zu Fruchtkuchen und Törtchen	889
Süßer Küchenteig zu blind gebackenen	

Kuchenböden oder Teestängelchen	890
Zuckerteig für Obstkuchen	883
Zuckerteig, gerührter	884

Tomaten:

Tomaten-Auflauf	569
„ Braten	252
„ Eier	689
Eierkuchen mit Tomaten	698, 699
„ Einmachen – grüne Tomaten in Zucker und Essig	1494
„ Fleisch	150
„ Fliegenpilz	580
„ Frikasse	570
„ Gedämpft	1662
„ Gefüllt	561, 562
„ Gefüllt mit Erbsen	148
„ „ mit grünen Erbsen	581
„ „ mit Hackfleisch	564
„ „ mit Reis	563
„ „ mit Sellerie	578
„ „ mit pikant	577
„ „ mit ital. Salat	566
Harte Eier mit Tomaten im Aspik	818
Italienische Tomaten	568
Tomatenkraut	576
Tomatenkörbchen	579
Tomaten und Kopfsalat	1589
Tomaten mit Makkaroni	575
Makkaroni mit Tomaten	757
Nudelauflauf mit Tomaten	574

Omelette mit Tomaten	705
Pudding	721, 573
Tomaten mit Quark und Schnittlauch gefüllt	1694
Tomaten Reis-Risotto	764, 1746
Tomaten mit Russischem oder Gemüsesalat	567
Tomaten-Ragout	587
Tomaten-Rettichsalat	1588
Rühreier mit Tomaten	692
Tomaten mit Sauerkraut	565
„ Salat	607
„ Salat gefüllter	1567
„ Soße	586
„ Soufflee	731
„ Spiegeleier	696
„ Schnitzel	571
„ Schnitten	572
„ Scheiben gebacken	1789

Torten:

Apfelbieder	1040d
Apfeltorte (Schwedisch)	1040c
Bisquit-Torte	1018, 1019, 1035
„ „ feine	1020
Bisquitmasse	1028
Bisquitroullade	1034
Brottorte (siehe Schwarzbrottorte)	
Erdbeer Creme	1006
Gelbe Rübentorte	1017
Grießtorte	1008
Haselnusstorte, feinere	1011, 1012
Igel-Mokka	1029

„ französischer	1030	Quarktörtchen	1050
„ Schokoladen	1031	Rhabarbeertörtchen	1043
Kabinettstorte	1010	Rumtörtchen	1054
Kartoffeltorte	1027	Rehrücken	1059
Linzertorte	1001, 1002	„ süßer	1058
„ einfach	1004	Schokoladerehrücken	1059b
„ gerührte	1003	Torteletten	1042
Marmortorte	1009	Traubentörtchen	1044
Meringentorte	1025		
Orangentorte	1007		

Vorspeisen:

Portugiesertorte	1026
Pralinentorte	1033
Prinzregententorte	1032
Punschtorte	1021
Sandtorte	1022
Sandtorte echte	1023
Stachelbeertorte	1005
Schokoladentorte	1036, 1037, 1038, 1039, 1040
Schwarzbrottorte	1014, 1015, 1016
Schwarzbrot besonders fein	1016
Schwarz-Weiß-Torte	1024
Trüffel-Torte	1013
Wienermasse	1040b

Bismarckhering und Rollmops	156
Brotaufstrich	163
Eier gefüllt	146
Falscher Lachs	139a
Fischsalat	157
Frühlingsbrötchen	170
Frühstücksplatte	140, 141
Gurken	142
Gemüsebrötchen	167
Heringsaufstrich	158, 159
Hirn in Muscheln	145
Kaviar	172, 155
Käseaufstrich	164
Käsegebäck	131

Törtchen:

Apfel- oder Rhabarbertörtchen	1043
Erdbeertörtchen mit Rahm	1048
Makkaronentörtchen	1045
Mantelhäufchen	1090
Obsttörtchen	1041
Prinzesstörtchen	1046

Käsebrötchen zur Käseplatte	133
Käsebrot	169
Käsestäbchen	130
Käseröllchen	132
Käseschnitten	135
Käsewindbeutel	134
Käsering veget.	136
Kartoffelsalatschüssel mit Braten-	

und Tomatensulzen	144
Krabbenmayonnaise mit Heringschlupfen	139b
Kräuterbutter	153
Kräuteraufstrich	161
Lachs in Öl	176
Lachsbrot	177
Lachshering	178
Lachs, geräucherter	175
Luzerner Pfannkuchen	171
Pastetchen	114
Brieslepastetchen	118
Fleischpastetchen	120
Pastetchen gefüllt mit Käse	127
„ „ mit Kalbfleisch	115
„ „ mit feinem Ragout	116, 124
Hasenpastete	123
Hirnpastete	119
Rettichaufstrich	165
Rissolen	129
Sardellenbutter	154
Sardellenbrötchen	173
Sardinen	174
Spinat im Ei	147
Schinkenaufstrich	160
Schinkeneier in der Form	149
Schinkenfülle	126
Schwedische Platte	138
Tomatenhälften mit Erbsen gefüllt	148
Tomatenaufstrich	166
Tomatenfleisch	150
Verschiedene Arten von belegten Brötchen	168, 171
Wurstkörbchen	137

Wildschweinbraten:

Wildschweinbraten	426

Würste:

Bratwürstchen	396, 397
Blutwurst	400
Leberwurst	399
Leberkäse	404
Netzwürste	394, 395
Presswürst	401
Presskopf	402
Servelatwurst	398
Streichwurst	406
Schinkenwurst	405
Schwartenmagen	401, 403

Anhang.

Diät- und Fruchtbrote:

Diätbrot von Weizenflocken	1797
„ von Haferflocken	1801
„ von Kleie	1802, 1803
Haferfruchtkuchen	1799
Gewürzkuchen	1800
Flockenkuchen	1798
Fruchtbrötchen	1804
Fruchtkuchen	1806
Schrotbrötchen	1805

Diätformen:

Fieberdiät	1834
Grund- oder Basiskost	1828
Kochsalzlose Diät	1832
Magen-Darm-und Gallen-Diät	1833
Rohkost, feste Form	1829
„ flüssige Form	1830
„ Übergangsform	1831
Schrotkur oder Trockenkur	1835

- FIN -

www.ingramcontent.com/pod-product-compliance
Lightning Source LLC
Chambersburg PA
CBHW031247230426
43670CB00005B/75